제국의 권력과 식민의 지식

이 책은 동아시아역사연구소 총서 12권입니다.

제국의 권력과 식민의 지식

초판 1쇄 발행 2015년 6월 30일

지은이 ㅣ 최규진 외
펴낸이 ㅣ 윤관백
펴낸곳 ㅣ 도서출판선인

등록 ㅣ 제5-77호(1998.11.4)
주소 ㅣ 서울시 마포구 마포대로 4다길 4(마포동 324-1) 곳마루빌딩 1층
전화 ㅣ 02)718-6252 / 6257
팩스 ㅣ 02)718-6253
E-mail ㅣ sunin72@chol.com
Homepage ㅣ www.suninbook.com

정가 39,000원
ISBN 978-89-5933-899-3 93900

제국의 권력과 식민의 지식

최규진 외

도서출판선인

서문

20세기에 일본이 '제국'이라는 말을 쓸 때는 팽창주의 욕망을 보여주는 것이었다. 특히 1930년대 천황제 파시즘이 뿌리를 내릴 때는 국가권력이 더욱 '제국'이라는 말을 즐겨 썼다. 요즈음 연구자들도 '일제' 못지않게 '제국 일본'이라는 말을 두루 쓴다. 그렇기는 해도 '제국'의 의미가 모두 같은 것만은 아닌 듯하다. 심지어 '제국주의'와 '제국'을 일부러 구별하려는 사람마저 있을 수 있겠다. 그러나 이 책에서는 굳이 일본 제국주의와 제국 일본을 다른 말이라고 여기지 않는다.

이 책이 문제 삼는 것은 제국주의 자장 안에서 식민지의 지식장(場)이 변화하는 모습이다. "제국주의 체제 속에서 식민지 지식의 자리는 어디일까"하는 것이 문제의 초점이다. 식민 지배를 위한 지식장치를 되짚고, 지식에 새겨진 권력의 모습을 헤집어 보려 했다. '곡학아세'(曲學阿世)는 권력과 지식의 수직 관계를 보여주는 말이다. 굳이 푸코를 떠올리지 않더라도 권력과 지식의 유착관계를 짐작할 수는 있겠다. 그러나 '권력－지식'의 문제는 그렇게 간단하지 않다. 도대체 국가권력이란 무엇이고 지식인은 또 누구인가 하는 것은 오랜 숙제다. 국가와 권력은 강압과 억압만으로 작동되지 않는다. 권력은 지식을 생산하고 지식은 권력에게 어떤 효과를 불러일으킨다. 권력은 지식의 장치를 조직하고 지식 유통의 맥을 틀어쥐고 있다. 그러나 '지배로서의 지식'만 있는 것이 아니다. 권력과 지식 사이의 균열과 틈새도 있다. 그 틈새에 지식인이 자리하고 있다. 이 책은 역사적 존재로서의 지식인도 함께 문제삼는다.

*

이 책은 여러 학술지에 발표한 논문 묶음이다. 그렇기는 해도 개별 논문을 쭉 늘어놓은 것만은 아니다. 제국주의 권력과 지식생산의 관계를 해명한다는 문제의식에 따라 책을 3부로 나누었다.

제1부는 식민주의적 근대 지식과 역사학의 관계를 살피는 5편의 논문을 묶었다. 근대 지식이 역사학에 스며드는 과정을 살피는 작업이다.

김종복은 '근대 민족주의역사학의 창시자'인 박은식의 발해사 인식을 파고든다. '민족의식'을 드높이려는 박은식이었기에 망명지에서 쓴 발해사 서술에서는 사실과 실증에서 한계가 있었음을 지적한다. 그러나 박은식이 『한국통사』를 쓸 무렵에는 문명개화론을 벗어나려는 모습이 보인다고 했다.

김지훈은 중국 사상사에서 중요한 자리를 차지하는 량치차오(梁啓超)를 주요하게 다루었다. 신사학의 내용과 '사계(史界)혁명'의 방향을 이 글에서 읽을 수 있다. 이 글은 신사학의 뼈대를 소개한 뒤에 그 내용이 실제 역사교육에 얼마나 반영되었는지를 묻는다.

이규수는 일본의 수사(修史) 사업을 분석하여 근대 일본 역사학이 성립하는 과정을 포착한다. 역사서술 방법론을 둘러싸고 수사관 내부의 의견 차이를 들추어 메이지 시기 일본 사학계의 동향을 설명했다.

이진일은 서구의 민족사 서술이 일본과 중국에 전이되는 과정을 랑케 역사학의 수용과정을 통해 설명한다. 이 글은 문화전이의 관점과 비교사적 관점에 충실하려 했다. 이 글은 일본과 중국에서 어떻게 랑케 역사학을 다르게 전유했는지를 말하고 있다. 이 글에 따르면, "랑케는 보편적 글쓰기로서의 역사를 지향했지만, 그의 의도는 좁은 전문가의 역할로 제한되어 해석되었다"고 한다.

정현백은 제국주의 열기가 뜨겁던 19세기 말, 20세기 초 독일에서 한 동아시아학자가 쓴 동아시아 역사서술을 분석했다. 제국주의 시대 서구 지식인의 동아시아에 대한 시선을 다루었다. 학문적 연구와 활동이 식민주의의 확산에 우회적으로 이바지하는, 즉 '간접적 식민주의'에 해당하지 않느냐는 해석을 조심스레 개진하고 있다.

제2부는 일제 식민지정책이 역사인식에 미친 영향을 집중적으로 분석했다는 점에서 특별하다. 4편 논문의 함의가 조금씩 다른 것이 있다면, 그것이 오히려 더 흥미로울 수 있다.

박찬흥은 『조선사』의 체제와 성격을 분석했다. 『조선사』는 일제시기 조선사편수회에서 편수한 편년체 역사서이자 사료집이다. 그는 『조선사』 제1편 1권을 분석하면서 『조선사』란 식민통치를 합리화하려고 만든 것이라는 기존 학설을 다시 확인했다. 여기서 한 걸음 더 나아가 관련 역사서나 원문과 비교하여 잘못된 곳도 여럿 밝혔다.

도면회는 시대와 사회가 변화하면서 연구경향도 바뀌는 '식민사학'의 내용을 밝히려 했다. 조선총독부는 1920년대부터 조선 문화를 존중하는 정책을 기조로 한 위에서, 1930년대에 들어서는 일본의 중국 대륙 침략과 함께 조선 문화를 제국 영역 안의 향토 문화로 규정짓기 시작했다. 이 글은 총독부가 1922년부터 추진한 『조선사』 편찬 작업이나 1935년에 발간한 『조선사의 길잡이』는 이러한 맥락 속에서 이해해야 한다고 주장한다.

김종준은 (일본)국사, 조선사의 위상을 시기별로 비교하면서 역사교

육에 어떻게 반영되었는지를 밝혔다. 그는 1930년대 후반에 국사교과
서를 개정할 때 조선사 포섭 논리가 강화되었다면서 (일본)국사와 조
선사의 연쇄 관계를 상정하고 있다. 국사교과 구성에는 당대 국가권력
의 입장이 반영된다. 이 글은 식민지 경험에 대한 성찰이 중요함을 다
시금 일깨운다.

　장신은 1935년 2월에 설치한 '임시역사교과용도서 조사위원회'에서
논문을 실마리를 풀어간다. 그가 자료 구사력을 발휘하여 주목하는 것
은 '국사의 체계'를 둘러싼 동상이몽(同床異夢)이다. 조선에서 역사교
육, 특히 조선사교육의 목표를 놓고 조선총독부와 민간 전문가, 또는
조선총독부 안에서 적잖은 갈등이 있었다고 한다.

　제3부는 제국의 영향권 안에서 빚어지는 지식의 파동을 다룬다. 근
대지식과 제국주의 권력의 상관관계를 드러내려고 했다.

　임경석은 일제하 조선 사회주의 운동에 관한 반공주의적 해석의 기
원을 탐색했다. 이 글에서 조선총독부 관료 기구 속에서 사회주의를
적대시하는 전문 부서가 형성되는 과정을 살폈다. 그와 함께 조선총독
부 고등법원 검사국이 발행한 대외비 간행물 『고검사상월보』의 편집자
인 이토 노리오(伊藤憲郞)를 주목했다. 이토 노리오는 "사회주의 사상
을 연구하여 사회주의를 박멸하는 것을 목표로" 삼고 있었다. 만약 독
자가 사상검사가 그려낸 조선 사회주의 이미지와 반공주의적 연구경
향을 서로 견주어 본다면 착잡한 느낌도 들겠다.

　이경돈은 1925에 창간해서 1933년까지 발행한 관제 매체 『신민(新
民)』을 분석하면서 지식의 풍향계와 '혼성의 식민성'을 보여주려 했다.
『신민』은 총독부의 준기관지로서 제국주의적 '계몽' 책무를 맡았다. 그
러나 미디어로서 식민지 '여론'을 거스르기도 어려웠다. 『신민』은 그
둘 사이에서 끊임없이 흔들려야 했다. 『신민』 폐간 몇 년 뒤에 식민지

조선에서 '여론시대'는 끝났고 '신민(新民)'은 '신민(臣民)'이 되어야 했다는 것이 이 글의 논지다.

최규진은 일제의 침략논리인 대동아공영권이 우격다짐만은 아니었다고 한다. 대동아공영권은 그 나름의 '문법체계'를 가지고 있었고, 식민지 지식인에게 '번역과 해석의 문제'를 던져주었다. 이 글은 협력적 지식인의 인식소를 추출하면서 일제와 협력적 지식인 사이의 연루와 착종을 살폈다. "협력적 지식인은 자기기만과 환각에 빠졌으며 대안적 지식인은 비록 '혁명적 낙관주의'를 가졌지만 여러 질곡에 빠졌다"면서 전시체제기 사상의 지형도를 스케치했다.

이상의는 미국 유학생을 통해 근대 지식이 유입되는 과정을 분석했다. 이 글은 일제 강점기 미국유학생 출신 지식인 가운데 해방 뒤에 노동정책과 연관을 맺고 있었던 사람들을 중심으로 그들의 경제인식과 노동관을 고찰하고 있다. 미국 유학생들을 크게 경제적 자유주의 그룹과 경제적 민주주의 그룹으로 구분하여 그들의 근대화론과 노동관을 비교했다.

문명기는 일본 식민지 가운데 하나일 뿐만 아니라, 일본 식민통치의 모델이 되기도 했던 대만통치와 통계의 상호연관성을 다루었다. 통계란 수량화된 지식과 통치가 결합된 근대국민국가의 특유의 지식형태이다. 이 글은 바로 그 통계를 통해 일제가 대만을 '수량적으로 관리할 수 있는' 사회로 바꾸는 과정을 보여준다. 식민통치의 효율성과 '문명의 학정(虐政)'을 통해 대만인을 타자화하는 과정에서 식민주의의 한 모습을 본다.

*

푸코는 권력/지식의 개념으로 근대 정치의 특성을 파악하려 했다. 그러나 굳이 푸코가 아니더라도 지식의 밑바탕에 권력이 작동하고, 지식은 권력을 생산한다는 것을 알겠다. 오늘날 미디어를 비롯한 온갖 의식산업(意識産業)이 앞장서서 '권력의 지식' 또는 '지식의 권력'으로 사람들을 포획하는 것을 선명하게 본다. 그러나 이 책은 그런 큰 이야기를 드러내놓고 말하지 않는다. 다만 이 책은 제국주의 시대 역사 사례를 추적하면서 식민주의 근대지식과 제국의 관계를 촘촘하게 설명하려 했을 따름이다. 이 책에서 어떤 시사를 받을 것인가. 그것은 독자의 몫이다.

2015년 6월

최 규 진

차례

서문 / 5

제1부 '근대'의 지식과 역사

◗ 박은식의 발해사 인식과 그 서술 전거 ǀ 김종복 ·························· 19
  1. 머리말 / 19
  2. 『황성신문』 논설을 통한 발해사 강조 / 21
  3. 『발해태조건국지』의 내용과 그 전거 / 32
  4. 『한국통사』의 발해사 인식과 서술 내용 / 40
  5. 맺음말 / 46

◗ 근대 중국 신사학의 수용과 변용 ǀ 김지훈 ······························ 49
  : 20세기 초 신사학의 수용과 『중등역사교과과정』의 인식변화를 중심으로
  1. 머리말 / 49
  2. 근대 중국에서 신사학의 수용 / 52
  3. 1923년 『초급중학역사과정강요』의 편찬 / 58
  4. 「고급중학 공공필수 문화사학강요」의 제정 / 65

5. 1923년 신 교과과정에 대한 비판과 시행의 문제점 / 73

6. 맺음말 / 80

🔖 일본의 근대 학문과 국사 편찬 | 이규수 ·················· 83
: 수사(修史) 사업을 중심으로

1. 머리말 / 83

2. 수사국의 창설 / 86

3. 수사 사업의 전개 / 93

4. '구메 필화사건'과 『대일본편년사』 / 98

5. 맺음말 / 102

🔖 서구의 민족사 서술과 동아시아 전이 | 이진일 ·············· 105
: 랑케(Ranke) 역사학의 수용을 중심으로

1. 문제의 제기 / 105

2. '과학적 역사학'의 각기 다른 수용 / 109

3. 고증학적 전통과의 연결 / 120

4. 랑케 역사학의 변용 / 124

5. 글을 맺으며 / 128

🔖 제국주의 시대 독일의 학자가 바라본 동아시아 역사 | 정현백 ······ 133
: 오토 프랑케의 『중국제국사』를 중심으로

1. 머리말 / 133

2. 프랑케의 역사관 / 138

3. 프랑케의 중국사 서술 / 147

4. 프랑케 저술의 의미와 한계 / 157

제2부 식민정책과 역사인식

『朝鮮史』(朝鮮史編修會 編)의 편찬 체제와 성격 | 박찬흥 ········· 165
: 제1편 제1권(朝鮮史料)을 중심으로
  1. 머리말 / 165
  2. 『조선사』의 편찬 배경 / 171
  3. 『조선사』의 편찬 체제 / 178
  4. 『조선사』 제1편 제1권의 편찬 방식 / 184
  5. 맺음말 / 198

조선총독부의 문화 정책과 한국사 구성 체계 | 도면회 ············· 201
: 『조선반도사』와 『조선사의 길잡이』를 중심으로
  1. 머리말 / 201
  2. 일방적 문화 통합 정책과 '韓種族史' 구성 / 205
  3. 조선문화 존중 정책과 '조선민족사' 구성 / 218
  4. 맺음말 / 232

일제 시기 '(일본)국사'의 '조선사' 포섭 논리 | 김종준 ··············· 235
  1. 머리말 / 235
  2. '역사'와 '국사', '조선사'의 위상 비교 / 239
  3. 1930년대 후반 이후 '국사'와 '조선사'의 관계 변화 / 255
  4. 맺음말 / 274

1930년대 경성제국대학의 역사교과서 비판과
조선총독부의 대응 | 장신 ·································· 277
  1. 머리말 / 277
  2. 경성제대의 역사교과서 조사와 '국사의 체계' 인식 / 280

3. 임시역사교과용도서조사위원회의 설치와 활동 / 290

4. 국사의 체계와 조선특수사정론의 충돌 / 300

5. 맺음말 / 310

제3부 식민지식의 파동

¶ 사상검사 이토 노리오(伊藤憲郎)의
조선 사회주의 연구 | 임경석 ·· 315

　　1. 머리말 / 315

　　2. 사상검사라는 존재 / 317

　　3. 사상검사가 그린 조선 사회주의 이미지 / 331

　　4. 맺음말 / 341

¶ 신민(新民)의 신민(臣民) | 이경돈 ······································· 345

　　: 식민지의 여론시대와 관제 매체

　　1. 『신민』을 둘러싼 의문들 / 345

　　2. 식민지의 관제 매체 『신민』 / 350

　　3. 『신민』의 지향: '공민'과 '생활' / 356

　　4. '계몽'과 '여론' 사이의 편집 체제 / 365

　　5. 신민(新民)의 신민(臣民), 신민(臣民)의 신민(新民) / 373

¶ 대동아공영권론과 '협력적' 지식인의 인식지형 | 최규진 ············ 375

　　1. 머리말 / 375

　　2. 전쟁의 수사 또는 이념 / 380

　　3. 포위된 지리와 포섭된 사상 / 389

　　4. '사실의 수리' 대 '혁명적 낙관주의' / 400

　　5. 맺음말 / 407

❧ 일제하 미국유학생의 자본주의 근대화론과 노동관 ｜ 이상의 ······· 411

　　1. 머리말 / 411

　　2. 대공황 전후의 미국사회와 유학생의 현실인식 / 414

　　3. 경제적 자유주의 그룹의 과학적 산업경영론 / 427

　　4. 경제적 민주주의 그룹의 노자협조론 / 439

　　5. 맺음말 / 454

❧ 식민지시대 대만에 있어서의 통계시스템의 정착과

　그 역사적 조건 ｜ 문명기 ·································· 457

　　1. 머리말 / 457

　　2. 총독부관료의 대만통치론(臺灣統治論)과 통계 문제의 인식 / 462

　　3. 통계시스템의 정비와 구조 / 469

　　4. 통계 시스템의 정착과 통치능력의 질적 전환 / 479

　　5. 맺음말 / 485

찾아보기 / 491

제1부

'근대' 지식과 역사

박은식의 발해사 인식과 그 서술 전거

김종복

1. 머리말

박은식(朴殷植, 1859~1925)은 신채호(申采浩, 1880~1936)와 함께 근대 민족주의 역사학의 창시자이다. 두 사람 모두 계몽운동기에 언론인으로서 많은 논설을 통해 독립자주의 차원에서 국사(國史)의 중요성을 강조하는 가운데 단군(檀君)을 중심으로 하는 고대사 체계를 지향하였으나, 국망 이후에 신채호가 줄곧 고대사 연구에 전념한 반면 박은식은 고대사에서 당대사로 연구 방향을 전환하였다. 이들은 개신유학자 출신으로 계몽운동에 적극적이었던 만큼 국사 인식에 있어서는 실학자들의 그것을 계승하되, 국권 상실 과정에서 민족의식을 강조하고 그에 입각한 역사서술의 필요성을 제기하였을 뿐만 아니라 실제로 다양한 저술을 집필하였다.

흔히 국혼론(國魂論)으로 요약되는 박은식의 역사인식은 다음의 4단계를 거치며 발전하였다. 1단계(1905~1910)는 자강론(自强論)에 기초하여 자국정신과 국사를 강조한 시기, 2단계(1911)는 민족정신의 표상인 민족적 영웅에 대한 연구를 수행한 시기, 3단계(1915)는 『한국통사(韓

國痛史)』를 저술하여 자신의 역사관을 국혼론으로 체계화한 시기, 4단
계(1920)는『한국독립운동지혈사(韓國獨立運動之血史)』를 통해 국혼론
적 역사인식을 독립운동사 서술에 적용한 시기이다.[1] 1단계에서 자강
론이 약자의 방어 논리인 동시에 강자로의 지향성도 내포하였다면, 2
단계에서는 사회진화론을 비판하고 평등주의를 지향함으로써 영웅주
의적 역사관도 극복할 소지를 마련하였다. 그리고 국혼론적 역사인식
에는 단군을 신앙의 대상으로 삼는 대종교(大倧敎)가 끼친 영향이 적
지 않았다.[2]

　이러한 변화 발전 과정 속에서 그의 발해사 인식은 어떠했는지를 살
펴보는 것이 본고의 목적이다. 박은식의 사상 및 역사인식에 대해서는
이미 다방면에서 상당한 연구가 축적되었고 최근 발견된『발해태조건
국지(渤海太祖建國誌)』에 대해서도 검토된 바 있다.[3] 여기서는 논의의
중복을 피하기 위하여, 박은식의 발해사 서술이 무엇을 전거로 하였는
지에 주목하고 싶다. 그것은 한국 근대 사학사의 성립과정을 구체적
역사 서술보다 사론(史論) 중심으로 논의되어 온 기존의 설명 방식에
대한 불만이기도 하다.

　박은식은 황성신문의 주필로서 자국사의 중시와 발해사에 대한 적
극적 인식을 촉구하는 논설을 집필하였다. 이러한 경험이 있었기에 그
는 국망 직후 서간도로 망명하여 단기간 집중적으로 고대사 저술에 전
념하였고,『한국통사』에서 집필 의도와 관련하여 발해를 거듭 인용하

---

1) 김기승, 「박은식」, 『한국의 역사가와 역사학』 하 (창비, 1994), 99쪽.

2) 金度亨, 「大韓帝國期 變法論의 전개와 歷史敍述」, 『東方學志』 110, 2000 및 「1910
　년대 朴殷植의 사상변화와 歷史認識―새로 발굴된 자료를 중심으로」, 『東方學志』
　114, 2001.

3) 金度亨, 2001 위의 글 및 임상선, 「朴殷植의『渤海太祖建國誌』의 검토」, 『韓國史
　學史學報』 10, 2004.

였다고 판단된다. 따라서 본고는 먼저 발해사와 관련된 박은식의 논설들을 검토함으로써 당시 사서들의 발해사 인식 및 서술에 대한 그의 불만을 살펴보고자 한다. 한편 박은식은 그 대안으로『발해태조건국지』를 저술하였는데, 그것은 역사서라기보다는 계몽운동기에 유행한 위인전기의 형식에 가까운 만큼 사실과 허구가 혼재되어 있고 오늘날의 학술적 관점에서 볼 때 수용하기 어려운 점도 적지 않다. 그렇지만 그 전거를 확인함으로써 당시 역사 연구 성과와의 관련성을 이해할 수 있을 것이다. 끝으로 근대적 역사서술로서의『한국통사』는 이러한 경험들의 결과물이라는 점에서 그의 발해사 인식이 어떻게 종합 정리되었는지를 알 수 있을 것이다.

2.『황성신문』논설을 통한 발해사 강조

개항 이후 조선에서는 자주적 근대국가의 수립이라는 시대적 요구에 따라 자국사를 새롭게 서술한 20종의 역사(교과)서가 간행되었다. 문자표기면에서 한문체와 국한문체·국문체, 그리고 서술체제상에서 편년체와 신사체(新史體)가 혼재되었는데, 점차 전자에서 후자로 바뀌어갔다. 이들은 기년표기에서 전통적인 방식 즉 간지(干支)·한기(韓紀, 한국 군주의 재위 년도)·중국 연호와 함께 새롭게 조선개국기원(朝鮮開國紀元)·일기(日紀, 일본 군주의 재위 년도)·서기를 병기함으로써 중화질서로부터의 탈피를 내세웠다. 그렇지만 기본적으로 정통론(正統論)을 고수하였고 유년칭원법(踰年稱元法)을 채택하는 등 성리학적(性理學的) 역사인식을 공유하고 있었다.

이 시기의 역사학은 한문체 사서들이 주도하였다. 그 과정에서 중세

사학의 특징인 정통론은 근대이행기에 강화와 동요의 이중적인 양상
을 노출하였다. 즉 자주독립의 차원에서 단기정통론(檀箕正統論)은 그
근거로서 강화되었지만, 발해사와 관련하여 신라정통론(新羅正統論)은
균열을 보이며 남북국사를 지향하였던 것이다. 그러나 뒤이어 편찬된
국한문체 사서들은 전자만 수용하는 데 그쳤다. 이들은 계몽운동 차원
에서 시급하게 편찬된 교과서라는 특성상 최신 연구성과를 모두 수용
하기 어려웠기 때문이다.[4]

박은식은 1898년 9월에 『황성신문』이 창간되자 장지연(張志淵)과 함
께 그 주필이 되었다고 하지만,[5] 그는 1900년에 경학원(經學院) 강사를
거쳐 한성사범학교(漢城師範學校) 교관(教官)으로 재임하는 등 1904년
까지는 언론계 밖에서 활동하였다. 오히려 1905년 8월 『대한매일신보』
국한문판이 나오면서부터 그는 언론계에 투신하였으며, 1908년 4월 무
렵에 『황성신문』으로 자리를 옮겨 활발한 논설활동을 하였다.[6]

『황성신문』 1899년 11월 21일자 서호거사(西湖居士) 기고문은 민간
에 소장된 본국의 역사책을 수집하여 간행할 것을 주장하였다.[7] 종래

---

4) 김종복, 「대한제국기 역사서의 고대사 인식과 유교적 사유체계의 변동」, 이신철
   엮음, 『동아시아 근대 역사학과 한국의 역사인식』 (선인, 2013).

5) 慎鏞廈, 『朴殷植의 社會思想研究』(서울大學校出版部, 1982), 10쪽 이래로 윤병
   석, 「白巖 朴殷植 年譜」, 『백암박은식전집』 6 (동방미디어, 2002) 등도 이를 따르
   고 있다.

6) 노관범, 「大韓帝國期 朴殷植 著作目錄의 再檢討」, 『韓國文化』 30, 2002, 286쪽.

7) 『皇城新聞』 1899년 11월 21일, 寄書(西湖居士) "三國史와 高麗史는 吾東의 歷史
   오, 本朝에 至ᄒ야는 史家者流가 稍稍遺傳ᄒ되 曰 國朝寶鑑 曰 燃藜述 曰 朝野記
   聞 曰 秋江冷話 曰 旬五誌 曰 芝峰類說 曰 陰厓雜記 曰 於于野談 等 百餘種에
   不下ᄒ고, 國史로 一代秘書의 職이 撰定흔바 名山石室에 深藏흔 史牒이 寢備흠
   이 國民의 訓詁와 考據와 資治와 讀本을 作ᄒ기 不許흘 쑨 아니라 中古에는 野
   史類는 文人의 書案에 著存ᄒ기 不敢ᄒ고, 或 史案을 因ᄒ야 刑辟에 陷흔 者ㅣ
   有ᄒ니 如金濯纓·南秋江其人이 다 此에 坐흠이러라. 또 民人에게는 版權이 無
   ᄒ야 實用이 有흔 經濟之學이던지 典古와 格致와 政治와 法律에 可師可法흘

신채호의 저작으로 알려진 『서호문답』이 박은식의 저작이라면,[8] 서호
거사도 박은식의 필명일 가능성이 높다. 평소에 이런 관심을 가졌기에
그는 황성신문 주필로 재직 중에 자국사에 대한 관심을 촉구하는 논설
을 집필할 수 있었던 것이다. 여기서 주목하고 싶은 것은 『황성신문』
1908년 6월 3일자 논설 「역사 저술이 오늘날 필요하다(歷史著述이 爲今
日必要)」이다. 이 논설은 그가 썼거나 최소한 그의 의도가 반영되었을
것이라는 점에서 그의 역사인식을 이해하는 데 간과할 수 없다. 후술
할 2편의 논설도 마찬가지이다.

　무릇 역사라는 것은 국민의 귀감이다. 세계의 정세와 시대의 변천과 국
가의 치란(治亂)과 세도(世道)의 오융(汚隆)과 개인의 선악과 사업(事業)의
흥체(興替)가 모두 여기에 완비되어 있기 때문에, 사람으로 하여금 모범으
로 삼고 징계(懲戒)로 삼을 만한 것이 이보다 중요한 것이 없다. 그러므로
인지(人智)를 증장(增長)하며 국성(國性)을 배양하는 것은 사학(史學)에 있
다고 할 것이다. 대체로 세계의 문명 열강국(文明列國)의 역사를 보건대 사
가(史家)의 종류가 허다하고 사필(史筆)의 특권이 본래부터 있어서 세상사

文籍이라도 志士의 筆端에 螢窓十年의 工夫를 費ᄒᆞ야 成帙成卷ᄒᆞᆫ 書册을 其人
이 一去ᄒᆞ면 書廚册肆間에 鸞飄鳳泊ᄒᆞ다가 覆瓿糊窓의 厄會를 難免ᄒᆞ기로 文獻
이 散亡ᄒᆞ고 學業이 泯滅ᄒᆞ야 書名은 尙存ᄒᆞ나 書種이 久絕ᄒᆞᆫ 者ㅣ 幾十百種에
不止ᄒᆞ고, 坯 如干 藏書家도 其傳世ᄒᆞ야 藏置ᄒᆞ고도 攷緖과 發明과 廣傳ᄒᆞᆯ 計劃
은 本無ᄒᆞ기로 苔黴와 蠹粉에 幾十百年이면 滅絕乃已ᄒᆞ니, 如此ᄒᆞ다가ᄂᆞᆫ 我國의
書種은 祖龍의 一炬를 不借ᄒᆞ고라도 必盡滅ᄒᆞᆯ지니 人類ᄂᆞᆫ 將次 淪胥ᄒᆞ야 爲禽
爲獸乎인뎌. 今에 活版의 利益을 旣知ᄒᆞ얏스니 本國에 餘存ᄒᆞᆫ 書種의 可傳ᄒᆞᆯ 者
를 蒐葺刊行ᄒᆞ야 人民으로 ᄒᆞ야곰 自家故事를 足徵케 ᄒᆞ며, 坯 天下에 現行ᄒᆞᄂᆞᆫ
實用書籍도 廣求繙刊ᄒᆞ야 時務에 朦昧ᄒᆞᆷ이 無케 ᄒᆞ기를 切望ᄒᆞ노라."

8) 김주현, 「『서호문답』의 저자 및 성격 규명」, 『국어교육연구』 50, 2012, 513쪽. 단
김주현은 이 글이 寄書이기 때문에 당시 『황성신문』의 주필이었던 박은식의 글
일 수 없다고 보았다. 그는 沃坡 李鍾一의 일기(『沃坡備忘錄』) 1898년 10월 4일
자에 황성신문의 주필이 된 박은식의 내방 기사를 근거로 제시했다. 그러나 이
비망록은 후세에 가필한 혐의가 있어 사료로 이용하는 데 특별한 주의를 요한다
(李光麟, 「『皇城新聞』 硏究」, 『東方學志』 53, 1986, 5쪽).

일체에 대하여 과거사(過去史)와 현재사(現在史)가 날마다 끊임없이 나오고 심지어 미래사(未來史)에 대한 저술까지 등장하고 있다. 그런데 우리 한국[我韓]은 예로부터 사학이 매우 소략하고 사권(史權)이 완전히 추락하여, 단기(檀箕) 2천년간은 오래되었거니와 삼국시대로부터 역사 저술이 있었으나 세상에 발행된 것은 과거사에 불과하고 현재사는 모두 산중 서고에 보관하여 그 사실 여하와 서술 체제[體製] 여하를 일반국민이 아무도 알 수 없었다. 그래서 사가의 저술이 나라의 금기[國禁]가 되어서 '사기(史記)라는 것은 국가의 교체를 경과하지 않으면 발행할 수 없다'라고 말하니, 무슨 그런 말이 있으며 그런 사례가 있는가? 만약 이런 법도[規模]대로 할진대 일본과 같이 만세일계(萬世一系)로 한 성씨가 계속 전해져[一姓相傳] 교체가 있지 않으면 역사가 처음부터 있을 수 없으리라. 아, 우리 한국민(韓國民)이 국가에 대하여 기념하는 사상이 전멸하니 이것은 역사의 학문이 발달치 못한 까닭이 아닌가? 대개 초학 과정에서 자국 역사를 읽지 않고 저 지나(支那)의 사략(史略) · 통감(通鑑) 등을 익숙하게 읽어대는 것은 일반 국민으로 하여금 타국을 알고 자국을 알지 못하게 함이니, 이것은 망국의 기관(機關)이라 하더라도 부인할 수 없을 것이다.

대개 역사의 저술이 금고(禁錮)를 입어 문인 학사가 감히 쓰지 못하는 원인은 권간(權奸)이 권력을 잡아 마음대로 하고 귀족이 파벌로 나뉘어 경쟁함으로 말미암아 사실을 숨기고 공론을 금지하는 수단으로 생겨났던 것이다. 이런 까닭에 「조의제문(弔義帝文)」 한 편으로 화가 저승까지 미칠 때 사림(士林)이 결딴나고 '궁궐의 버들 푸르고 꾀꼬리 어지러이 우는데(宮柳靑靑鶯亂啼)'라는 한 구절로 유배갔다가 죽는 뜻밖의 재난을 당했으니, 이러한 시대에 어찌 현재사의 저술이 감히 있겠는가? 그러나 현재에 이르러서는 저같은 잘못된 규칙을 고수하여 국사의 필권(筆權)을 발달치 못하면 국성(國性)을 배양할 수 없고 인지(人智)를 증장(增長)할 수 없을 것이니, 이것은 그 관계가 과연 어떠한가? 서양인이 '종교와 역사가 망하지 않으면 그 나라가 망하지 않는다'라고 말하니, 이때를 당하여 문인 학사는 국사 저술에 대해여 착안하고 주의할지어다. (밑줄은 인용자 강조, 아래도 같음)

이 논설은 역사가 '인지(人智)를 증장(增長)하며 국성(國性)을 배양'시키기 때문에 '국민의 귀감'이라고 정의를 내린 다음에, '세계의 문명

열강국[文明列國]과 마찬가지로 우리도 '과거사'뿐만 아니라 '현재사'도
서술해야 한다고 주장하였다. '현재사' 즉 당대의 역사를 서술하지 않
으면 '사실을 숨기고 공론을 금지하는 수단'이 되어 '국성을 배양할 수
없고 인지를 증장할 수 없는' 폐단에 빠지기 때문이라는 것이다.

　주지하듯이 전통시대 동아시아 각국에서는 새 왕조가 등장하였을
때 전 왕조의 역사만 편찬할 뿐 당대사 서술은 기피하는 것이 관행이
었다. 대한제국기의 역사서들도 임태보(林泰輔, 하야시 다이스케)의
『조선사(朝鮮史)』(1892)를 역술한 현채(玄采)의 『동국사략(東國史略)』
(1906)을 제외하고는 대부분 고려시대까지만 서술하였다. 이러한 관행
에 대해 이 논설의 필자는 "'사기(史記)라는 것은 국가의 교체를 경과
하지 않으면 발행할 수 없다'라고 말하니, 무슨 그런 말이 있으며 그런
사례가 있는가? 만약 이런 법도[規模]대로 할진대 일본과 같이 만세일
계(萬世一系)로 한 성씨가 계속 전해져[一姓相傳] 교체가 있지 않으면
역사가 처음부터 있을 수 없으리라."라고 반박하였다.

　그런데 이러한 주장은 현채가 『동국사략』 서문에서 "'역사란 나라가
망한 후에 비로소 쓸 수 있으며, 그 나라 사람이 감히 말할 수 있는 것
이 아니다'라고 말한다. 만약 그렇다면 일본은 이천오백년 동안 한 성
씨가 왕위를 전하며 옮기지 않았으니, 우리 식으로 본다면 그 나라 역
사는 끝내 세상에 나올 날이 없을 것이다"[9]라고 한 발언과 매우 유사하
므로, 이를 참조하였음에 틀림없다.[10]

　한편 이 논설의 말미에는 '종교와 역사가 망하지 않으면 나라가 망하

───────────

9) 『東國史略』 自序 "不但各國治亂興衰之蹟 無以窺見 而乃至本國之史乘 亦令不敢
　出以示人 輒曰 史者 亡國然後 方可下筆 有非其國人所敢言者 嗚呼果然則 日本二
　千五百年來 一姓傳至 神器不移 如以我規之 其國史景無出世之日 …"

10) 1906년 6월에 쓰여진 현채의 『동국사략』 서문은 『대한매일신보』 1906년 10월 17
　일과 18일에 다시 실렸다.

지 않는다'라는 인용문이 있다. 아마도 당시 번역된 서양 서적의 한 구절일 텐데 아직 그 전거를 확인하지 못하였다. 이 구절은 후술할 1910년 4월의 「독발해고」에도 되풀이되고, 특히 『한국통사』 서문의 '나라가 멸망해도 역사는 멸망할 수 없다國家滅 史不可滅]'는 유명한 구절과 논리적으로 연결된다는 점에서 그의 국혼론적 역사인식의 단초를 엿볼 수 있다.

역사가 '국민의 귀감'이기 때문에 '과거사'뿐만 아니라 '현재사'도 서술해야 한다는 인식의 연장선상에서 박은식은 다시 『황성신문』 1909년 2월 10일자 논설 「역사 교과서에서 급속히 개정할 일[歷史 敎科의 急速改正件]」을 통해 역사교과서에 고구려사와 발해사를 적극적으로 서술할 것을 주장하였다.

> 심하다, 우리나라 사가(史家)의 고루하고 소류(疎謬)함이여! 대저 역사라는 것은 넓고 풍부[淹博宏富]한 고증[考據]과 밝고 고상[通明高尙]한 학식과 공평정대(公平正大)한 필법으로 위로는 옛 사람에게 죄를 얻지 않고 아래로는 후세에 증명될 수 있도록 진퇴억양(進退抑揚)과 조종여탈(操縱予奪)이 저울처럼 공평하고 해와 별처럼 밝아서 한 마디 말과 글이 모두 세상에 도움이 될 수 있도록 주의해야 하며, 가장 자국의 정신과 자국의 영광[光輝]을 드러내어 국성(國性)을 배양하며 국수(國粹)를 보전하는 것이 제일 필요한 것이 아닌가? 우리나라는 4천년의 오랜 나라이므로 예전의 문헌이 오래도록 전해지고 세상에 밝게 비친 것이 매우 많았을 것이지만, 단군과 기자 고구려의 3천년 역사책[竹帛]은 이세적(李世勣)의 분탕질을 입어 반도 강산이 어두운 마을로 추락한 것은 만세토록 통한스럽다. 그러나 천만 중에 한둘 남아있는 것도 소위 사필(史筆)을 잡은 자들이 널리 수집하고 두루 살피지[廣搜博考]도 않고 구차하고 소략한 저술로 국민의 교과서[敎科]를 지으니 국성의 배양과 국수 보전에 크게 결점이 있게 되었다. 어찌 탄식할 수 없겠는가?
> 지금 본국 역사에 개정할 일[改正件]이 매우 많거니와 우선 급속히 개정할 것은 2대 문제이니, 하나는 고구려 역사에 광개토왕의 묘비를 증거로

삼아 개정할 것이오, 하나는 발해 역사를 특필(特筆)로 표창하여 고구려의
국통(國統)을 계승하도록 할 것이다.

대개 광개토왕의 비문은 우리나라가 전대에 부강 발달했던 증거이니 세
계 각국인이 이것을 읽으면 우리나라 민족이 본래 굳세고 용감해서 나약
하고 비굴한 성질이 아닌 줄을 충분히 증명할 것이며, 국민을 교육하고 소
년을 배양함에 매우 도움이 있을 것이다. 어째서인가? 비문 전체의 시종
사실은 자세히 열람하지 않아도 먼저 펴보면 제일 중요한 '은택이 하늘까
지 닿고 위무가 사해에 떨쳤다恩澤洽于皇天 威武拂被四海」는 12자가 있으
니 우리나라 사천년 역사에 '위무가 사해에 떨쳤다'는 등의 찬사가 몇 번이
나 나타났는가? 광개토왕 시대 외에는 사필을 잡은 자로 하여금 '위무가 사
해에 떨쳤다'는 글자를 다시는 쓰지 못하게 하였으니, 어찌 대한 남아에게
오랜 여한이 아니리오? 우리 국민이 이 비문을 읽으면 반드시 개탄하면서
'우리 선조 시대에는 위무가 사해에 떨쳤거늘 후인은 무슨 까닭으로 의뢰
사상과 노예 학문으로 자강 자립을 할 수 없었는가' 라고 할 것이다. 또 왕
이 18세에 즉위하여 10만 군사를 인솔하시고 패업을 이루었으니 우리나라
역사에 최고 값어치價格]가 있고, 소년학생계에 감동과 분발을 부여하는
데 가장 유익할 것이니, 이것은 역사 교과서에 급속히 개정할 일이다.

또 발해 건국 군주 대조영씨는 고구려 유신(遺臣)으로 조국[宗國]의 전
복을 만나 뛰어난 병법과 큰 용기로 유민(遺民)을 집합시켜 백두산 아래에
서 강국(强國)을 건설하여 수천리 판도를 차지하며 5경(京) 13도(道)를 배
치하여 독립 형세로 무공이 빛나고 문물이 잘 갖추어져 삼백년 동안 전수
(傳守)하였으니, 세계의 어떤 나라 사람이든지 발해건국사를 읽으면 비록
망국의 유민이라도 강개분발할 사상이 생겨날 것이다. 또한 우리나라 같
은 경우에는 발해사로써 고구려를 계승하여야 두만강 이북 수천리 산천이
원래 우리 강토에 매여있음原係我彊을 증명할 수 있거늘 우리나라 사가
에서 무슨 까닭으로 이것을 말살해서 역사 교과서에도 간략히 몇줄 기사
에 불과하여 타국 민족과 같이 대우하였는가? 천년만에 연천(淵泉) 홍석주
(洪奭周)가 『발해세가(渤海世家)』를 저술하였으나 당당한 강국[堂堂雄國]
으로 고구려와 국통(國統)을 계승치 못하고 세가의 위치에 둔 것이 어찌
큰 결점이 아니리오? 이 또한 역사 교과서의 급속히 개정할 것이라 하니,
오늘부터 역사 편집에 착수하는 자는 깊고 절실하게 주의하라.

여기서는 국사에서 제일 필요한 것이 "자국의 정신과 자국의 영광[光
輝]을 드러내어 국성(國性)을 배양하며 국수(國粹)를 보전하는 것"임에
도 불구하고, 기존의 역사교과서는 이러한 인식도 없을뿐더러 이를 뒷
받침할 사실조차 찾으려 노력하지 않았음을 비판하고 있다. 이 점에서
〈광개토왕비문〉처럼 "우리나라가 전대에 부강 발달했던 증거"로서 "우
리나라 민족이 본래 굳세고 용감해서 나약하고 비굴한 성질이 아닌 줄
을 충분히 증명할" 새로운 사료의 발굴이 필요하며, 그것을 역사교과서
에 적극 반영해야 한다는 것이다.

『황성신문』은 1905년 10월 4일자 「제실 박물관 유람기[游帝室博物館
記] 3」에서 광개토왕비문의 발견 사실을 보도하고 10월 31일에서 11월
6일까지 비문의 원문에 주석을 달아 소개한 바 있고, 또 1909년 1월 6일
에는 「고구려 영락대왕(광개토왕) 묘비 등본을 읽다[讀高句麗永樂大王
(廣開土王)墓碑謄本]」라는 논설을 게재하였다.[11] 이 과정에서 비문의
'위무가 사해에 떨쳤다[威武拂被四海]'라는 구절에 주목하였다. 그것은
"우리 국민이 이 비문을 읽으면 반드시 개탄하면서 '우리 선조 시대에
는 위무가 사해에 떨쳤거늘 후인은 무슨 까닭으로 의뢰 사상과 노예
학문으로 자강 자립을 할 수 없었는가"라고 시대적 과제를 인식할 수
있기 때문이다.

그러한 연장선상에서 발해사도 새삼 주목되었다. 국망이 임박한 위
기 상황에서 "고구려 유신(遺臣)으로 조국[宗國]의 전복을 만나" 발해를
건국한 대조영의 행적은 "비록 망국의 유민이라도 강개분발할 사상이

---

11) 「讀高句麗永樂大王(廣開土王)墓碑謄本」은 박은식이 주필이었던 『西北學會月報』
1권 9호(1909.2)에 皇城子라는 필명으로 다시 게재되었다. 이 논설의 필자를 박
은식으로 보는 종래의 견해에 대해 최근 부정적인 의견(노관범, 앞의 글, 292-293
쪽)이 제기되었다.

생겨나"기 때문이다. 특히 "우리나라 같은 경우에는 발해사로써 고구려를 계승하여야 두만강 이북 수천리 산천이 원래 우리 강토에 매여있음[原係我彊]을 증명할 수 있거늘"이라는 표현은 당시 간도 영유권으로 인한 두 차례의 조청국경회담(1885, 1887)을 염두에 둔 것으로 보인다.

한편 여기서는 "역사 교과서에도 간략히 몇줄 기사에 불과"한 발해사 역시 〈광개토왕비문〉처럼 새로운 사료를 널리 수집한다면 역사 서술에 어려움이 없을 것이라는 낙관론을 엿볼 수 있다. 앞서 제기한 문제점들은 "소위 사필(史筆)을 잡은 자들이 널리 수집하고 두루 살피지[廣搜博考]도 않고 구차하고 소략한 저술로 국민의 교과서[敎科]를 지었기" 때문이다.

실제로 조선후기의 대표적 사서인 『동사강목』이 발해사 기사를 22건이나 수록한 데 비해, 『동사집략』(金澤榮, 1902) · 『대동역사』(鄭喬, 1905) · 『역사집략』(김택영, 1905) 같은 한문체 사서는 정약용의 『(아방)강역고』와 유득공의 수정본 『발해고』까지 참고하여 각각 34 · 31 · 44건이나 수록하였다. 그러나 일반 독자를 대상으로 하는 국한문체 사서는 이러한 연구성과를 전혀 반영하지 못하였다.[12] 따라서 이 논설은 한문체 사서가 이룩한 성과를 국한문체 사서가 수용할 것을 촉구한 것이라고 할 수 있다.

마지막으로 사소한 문제로서 발해의 영역을 5경 '15부(府)'가 아니라 5경 '13도(道)'라고 한 것은 단순한 오식(誤植)일 가능성이 있다.[13] 그렇

---

[12] 반면 국한문체 사서인 『普通敎科 東國歷史』 · 『普通敎科 大東歷史略』 · 『대한력
ᄉ』는 2건, 『新訂 東國歷史』는 4건의 발해 기사를 수록하였다. 그리고 신사체로
쓰인 초등용 교과서는 분량상 발해사를 상세히 서술하지는 못하고 남북국사의
지향점만 받아들였다. 김종복, 앞의 글, 357-370쪽.

[13] 「歷史敎科의 急速改正件」의 '五京十三道'의 '道'가 「讀渤海攷」에서 '五京拾三府'
의 '府'로 수정된 것이 이러한 추정을 뒷받침한다. 다만 '三'과 '五'는 字形上 유사
하여 미처 발견하지 못하였을 것이다.

지만 조선후기의 대표적인 발해사 저술인 유득공의 『발해고』가 아닌
홍석주의 「발해세가」만 언급한 점까지 고려하면 논설의 필자는 아직
발해사에 대한 충분한 지식을 갖추지 못했음을 보여준다.

그러나 여기서 촉발된 발해사에 대한 관심은 뒤이어 『발해고』를 찾
아 읽기에 이르렀다.14) 곧 『황성신문』 1910년 4월 28일자 논설 「발해고
를 읽다[讀渤海攷]」는 바로 그에 대한 독후감 형식을 취한 사론이다.

> 유혜풍이 『발해고』 서문에서 "발해사를 편찬하지 않으니 고려가 부진했
> 음을 알겠다"라고 하였으니, 씨는 실로 국가와 민족에 관하여 역사력(歷史
> 力)이 중요함을 깊이 알고 있는 자이다. 무릇 역사라는 것은 인민의 국성
> (國性)을 배양하는 요소이며, 조상(祖宗)의 강토를 보전하여 지키는 문서
> [契券]이며, 국가의 영광을 드러내는 문장이며, 민족의 계통을 유지하는 보
> 첩(譜牒)인 까닭에 "어느 나라를 막론하고 종교와 역사가 망하지 않으면
> 나라가 망하지 않는다"라는 말을 어찌 믿지 않겠는가?
>
> 대저 발해의 건국 역사로 말하면, 고구려의 종묘 사직이 폐허가 되자 발
> 해 고왕(高王)이 남은 무리를 수습하여 한번 외쳐 40만명을 얻어 5천리 판
> 도를 개척하였으며, 무왕이 지나(支那)의 등주를 공격하여 그 자사를 죽여
> 선왕의 치욕을 갚고 남쪽으로 일본과 교류하며 서쪽으로 돌궐과 통교하여
> 외교를 발전시켰으며, 문왕이 예악문물을 닦아 번성해져서 해동성국의 명
> 예를 사해에 드러냈으니, 그 빛나고 번성한 청화(菁華)가 후대 사가(史家)
> 의 안목을 깨우친 것들이 매우 많았을 것이다.
>
> 그러나 고려 오백년간에 문인 학사들이 전혀 수습하지 않아 300년간 유
> 명한 나라의 역사로 하여금 차가운 굴뚝과 잡초더미로 변하고 회오리 바
> 람에 사라져 그 자취[影響]가 있지 않게 하였으니, 이것이 그 죄의 하나이
> 다. 발해는 고구려의 유족이니 동족의 나라가 성쇠흥망한 역사를 대하여
> 전혀 애석해 하는 사상도 없고 수습하려고 주의하지도 않았으니, 하물며
> 동족을 위하여 위기를 도와주는 의로운 행동조차 가졌겠는가, 이것이 그

---

14) 최남선이 세운 1910년 10월에 세운 光文會에 박은식이 참여한 점을 고려하면, 광
   문회의 간행예정목록에 『渤海考』와 『渤海世家』가 포함된 것(오영섭, 「朝鮮光文
   會 硏究」, 『韓國史學史學報』 3, 2001, 112쪽)은 박은식이 선정했을 가능성이 높다.

<u>죄의 하나이다.</u> 발해의 강토는 고구려의 판도이므로 5천리 산하가 바로 우리 조상의 소유이니, 발해사를 의거[拠]하면 서쪽으로 거란에게 책망하여 돌려받고[責還] 북쪽으로 여진에게 책망하여 돌려받아 우리 강토를 잃지 않고 동양 세계에 일대 강국의 세력을 확장할 수 있거늘, 바로 고려의 문인 학사들이 이를 타인의 강토로 등한시하여 5경 <u>13부(府)</u>의 빛나는 판도로 하여금 이역(異域)에 빠지게 하고 동남쪽 한 모퉁이로 축소되어 약소한 나라를 스스로 만들었으니, 이것이 <u>그 죄의 하나이다.</u>

오호라, 500년간에 한 명의 사학가(史學家)도 이것을 발견하고 언급[見及]한 자가 없었으니 <u>누가 국수를 보존하며 국광(國光)을 발휘</u>하리오? 내가 이에 <u>우리나라 사학가의 소류(疎謬)함을 통한(痛恨)</u>하고 또 <u>국가와 민족에 대하여 역사의 관계가 중요함을 더욱 믿으니, 일반 사학가</u>는 선배의 잘못된 자취를 밟지 말고 십분 정력을 더하여 사천년 역사의 신성한 광채를 더욱 발달케 하기를 빌어마지 않노라.

이 논설은 '국수를 보존하며 국광(國光)을 발휘하'는 데 있어서, 또 '국가와 민족에 대하여' 역사가 얼마나 중요한지를 발해사를 통해 새삼 강조하였다. 그래서 과거에 발해사를 서술하지 않은 고려의 문인 학사들의 세 가지 죄—1) 발해사의 인멸, 2) 동족에 대한 무관심, 3) 자국의 약소국화 초래—를 열거하고, 나아가 그 이후의 '우리나라 사학가'도 이런 잘못을 답습하였기에 "국수를 보존하며 국광을 발휘하"지 못하였으며, 그로 인해 현재의 위기 상황을 초래하였다고 파악하였다.

여기서는 이전 논설「역사 저술이 오늘날 필요하다」에서 강조한 '종교와 역사가 망하지 않으면 그 나라가 망하지 않는다'라는 명제가 여기서도 되풀이되고, 나중에『한국통사』서문까지 연결된다. 국망의 위기 상황을 타개할 역사적 사례로서 발해가 새삼 강조된 것이다.

끝으로 논설 말미에서 자국사에 대한 소략과 오류가 많은 저술을 남긴 기존의 '우리나라 사학가'와 구별되는 존재로서 '일반 사학가'를 언급하고 있는 점이 흥미롭다. 그는 '국가와 민족에 관하여 역사력(歷史

力)이 중요함을 깊이 알고 있'으며 '국수를 보존하며 국광을 발휘'케 하
는 역사가를 의미하는 만큼 논설의 필자인 박은식 자신도 지향하는 바
일 것이다. 그렇다면 과연 그는 발해사를 어떻게 서술하였을지 다음
장에서 살펴보자.

3. 『발해태조건국지』의 내용과 그 전거

박은식은 망국 직후인 1911년 5월에 중국 봉천성(奉天省) 환인현(桓
仁縣) 흥도천(興道川, 또는 橫道川)으로 망명하였다. 일제가 언론을 금
지하고 역사서를 압수하자 "국체(國體)는 비록 망했으나 국혼(國魂)이
불멸(不滅)하면 부활이 가능한데 지금 국혼인 역사마저 분멸(焚滅)되
니 통한을 그치지 못하고", 또 "한마디 말과 글의 자유가 없으니 오로지
해외에 탈출하여 사천년 문헌을 수습하여 오족(吾族)으로 하여금 국혼
을 유지케 할 외에 다른 도리가 없었"기 때문이다.[15] 특히 그가 망명한
환인현을 포함한 서간도(西間島)일대에는 당시 18만의 조선인들이 거
주하였다.[16] 당시 많은 독립운동가들은 서간도와 북간도 지역을 독립
군 양성 기지로 인식하였기 때문에 여기서의 민족 교육도 중시하였다.
박은식이 8개월 동안 『발해태조건국지(渤海太祖建國誌)』를 비롯한 6
종의 고대사 저술을 집필한 이유도 여기에 있었다. 이들은 대부분 위
인전기나 역사소설의 형식으로 쓰여졌다. 그는 나중에 대종교(大倧敎)

---

15) 「白巖 朴殷植 先生 略歷」, 『백암박은식전집』 6 (한국독립운동사 정보시스템,
    http://search.i815.or.kr). 이 이 자료는 원래 박은식의 친필로 된 것을 解放 후에
    그 아들 朴始昌이 옮겨 적었다고 한다.
16) 서굉일, 「단애 윤세복과 독립운동」, 『京畿史學』 7, 2003, 156쪽.

3대 교주가 되는 윤세복(尹世復, 1881~1960)의 집에 기거하였으며, 이러한 저술들은 윤세복의 교열을 거친 만큼 그가 세운 동창학교(東昌學校)에서 민족교육의 교재로 사용되었다.

6종의 저술 순서를 살펴보면,『대동고대사론(大東古代史論)』이 한문체라는 점에서 다른 국한문체 저술에 앞서 착수된 것이 분명하다. 더구나 이 책은 민족사의 시작에 해당하는 단군·기자 조선을 서술 대상으로 삼았다. 그 다음으로 7·8월경에『동명성왕실기(東明聖王實記)』, 9월에『명림답부전(明臨答夫傳)』과『천개소문전(泉蓋蘇文傳)』, 10월에『발해태조건국지』, 11월에『몽배금태조(夢拜金太祖)』가 완성되었다. 결국 박은식은 고대사 저술을 기획함에 있어서 단군·기자 조선→고구려→발해→금나라의 역사를 염두에 두고 시대순으로 집필해 나갔던 것이다.[17]

가장 먼저 쓰여진『대동고대사론』은 6종의 고대사 저술 전체의 서론이라고 할 수 있는데, 여기서는 '대동'이 만주와 한국을 통틀어 부르는 명칭[大東(統稱滿韓)]이라고 정의를 내렸다. 그 본문에서 "민족사에 의거해 논하자면 만주와 한국이 분리된 지 오래되며 … 언어가 통하지 않고 풍속도 같지 않으니 어찌 동족이라고 할 수 있는가? 그러나 고대로 거슬러 올라가면 확실하고 충분한 증거가 있"는데,[18] 그것은 "만주와 한국이 원래 한 나라이고 그 백성은 동족이니 모두 신성한 단군의 후예"라는 점에서 찾고 있다.[19] 결국 박은식은 단군의 후예가 공존하는 공간적 범위로서 '대동'을 강조하였으며, 그렇기 때문에 금나라도 민

---

17) 조준희,「해제－박은식 대통령, 서간도 6개월의 신화」,『대통령이 들려주는 우리 역사』(박문사, 2011), 41-42쪽.
18)『大東古代史論』"蓋據民族史而論之 滿韓之分離久矣 隔江相望 便若秦越 言語不通 風俗不同 則烏在其爲同族乎 然而溯厥古代 確有足徵"
19)『大東古代史論』"滿韓原是一國 其民原是同族 均皆檀祖神聖之裔也"

족사의 범주에 포함시켰던 것이었다.

『발해태조건국지』는 서론에서 "이미 상실한 국토를 회복하고 이미 멸망한 국민을 부활[更活]시킨 자는 동명성왕과 발해태조"라고 밝혔듯 이, 이미 나라가 망해 조국 광복을 이룩해야 하는 현실적 과제에 직면 한 박은식은 과거 역사에서 그 사례를 동명성왕과 발해 태조에서 찾았 다. 즉 고조선이 망하자 그 유민을 규합하여 고구려를 세운 동명성왕 과 마찬가지로 고구려가 망하자 그 유민을 규합하여 광복 즉 발해 건 국을 이룬 발해 시조 대조영을 같은 차원에서 주목하였던 것이다.

서론의 전체적 논조는 과거「역사 교과서에서 급속히 개정할 일」과 「발해고를 읽다」에서 제기했던 문제의식과 동일하다. 특히 기존 논설 에서 발해사 저술의 필요성을 지적했기 때문에『발해태조건국지』는 발 해 건국사를 중심으로 발해사 전체까지 다루었다. 즉 전체 12장 가운데 1장~7장은 고구려 멸망에서 대진국(大震國) 즉 발해의 건국까지 서술 하고, 8장에서 발해의 강역, 9장에서 발해의 종교와 풍속, 10장에서 발 해의 문학, 그리고 12장에서 태조 이후 선왕(宣王)까지의 역사를 서술 하였던 것이다. 따라서 이 저술은 유득공의『발해고』이후로 최초의 발 해사 전론이라는 점에서 그 의의를 찾을 수 있다.[20]

그런데 유득공이 신라와 발해가 양립한 시기를 '남북국(南北國)' 시 대라고 명명한 데 반해,[21] 박은식은 '남북조(南北朝)' 시대라고 하였 다.[22] 국(國)과 조(朝)의 차이는 단순한 것이 아니었다. 왜냐하면 박은

---

[20] 임상선, 앞의 글, 88쪽.

[21] 『渤海考』渤海考序 "高句驪 … 百濟 … 新羅 是爲三國 宜其有三國史 而高麗修之 是矣 及扶餘氏亡高氏亡 金氏有其南 大氏有其北 曰渤海 是謂南北國 宜其有南北 國史 而高麗不修之 非矣"

[22] 『渤海太祖建國誌』"粤昔 大東에 高句麗와 新羅와 百濟의 鼎峙는 三國時代오 新 羅와 渤海의 並立은 南北朝時代라"

식과 마찬가지로 개신유학자 출신으로 대종교에 가입했던 동산(東山)
유인식(柳寅植, 1865~1928)도 『대동사(大東史)』에서 '남북조'라고 하였
기 때문이다. 여기서는 정통으로서의 단군조선이 그 이후 남조 기자조
선과 북조 부여, 남조 기씨 마한과 북조 위만, 남조 신라·백제와 북조
고구려, 남조 신라·후백제와 북조 발해·태봉을 거쳐 고려와 조선에
이르러 통일되었다는 인식이 깔려 있다.[23] 박은식도 곳곳에서 '단군대
황조(檀君大皇祖)'를 강조하였듯이 이러한 인식체계를 염두에 두고 남
북조 시대라고 하였던 것이다.

　『발해태조건국지』를 비롯한 6종의 고대사 저술은 서술 대상에 대해
서는 깊은 관심을 보였지만 상대적으로 서술 방식에 대해서는 관심이
약하여 전(傳)과 몽유록(夢遊錄)이라는 전통적인 문학양식을 활용하
였을 뿐 새로운 시도를 보여주지 못한 측면이 있다.[24] 그렇지만 여기
에는 '민족의식'이라는 강력한 이념지향성이 깔려있었다. 즉 이 저술
들은 근대계몽기의 역사적 서사물처럼 사실을 바탕으로 하되 사실
성·실증성보다는 독자의 민족감정을 고취하는 데 일차적 목적이 있
었던 것이다.[25]

　예컨대 7장 '태조 건국'에는 천문령 전투에서 승리한 대조영이 사방
에 보낸 격문이 좋은 예이다. 그것은 "무릇 국가는 인민을 집합하여 성
립하고 인민은 국가를 의지[依仗]하여 생존하니 국가와 인민은 영욕화
복(榮辱禍福)과 승패흥멸(勝敗興滅)에 관하여 균등한 일체[一體惟均]요
독립된 별개일 수 없다[不能獨異]. 그러므로 그 인민이 열이나 백이라

---

23) 김종복, 앞의 글, 469-470쪽.
24) 黃載文, 「서간도 망명기 박은식 저작의 성격과 서술 방식」, 『震檀學報』 98, 2004.
25) 윤영실, 「근대계몽기 '역사적 서사(역사/소설)'의 사실, 허구, 진리」, 『한국현대문
　　학연구』 34, 2011.

도 오직 한 국가[惟一國家]요, 그 인민이 억만이라도 오직 한 국가임은 천지의 떳떳한 법도[常經]이며 고금에 통용되는 의리[通義]이다. 오직 우리 대동(大東)은 단조혈손(檀祖血孫)의 신성한 종족이며 무궁화 피는 신령한 구역[槿域靈區]의 금수강산이라"로 시작하는데, 발해 당시에 '국가'와 '인민' 그리고 '단조혈손' 같은 관념이 실재했는지 오늘날의 학술적 관점에서 볼 때 문제가 적지 않다.

대조영의 입을 통해 망국의 유민에게 조국 광복의 필연성을 고취할 수 있다면 그것은 역사적 사례 그 자체로서 의미를 가질 뿐 소소한 사실들의 실재 여부는 중요하지 않다고 여겼던 것이다. 그렇지만 역사전기물로서의 『발해태조건국지』는 역사적 사실에 관한 한 선행 연구를 바탕으로 하고 있기 때문에 그 전거를 살펴볼 필요가 있다.

우선 『발해태조건국지』는 그 본문에서 대조영의 시호가 고왕(高王)이라고 밝혔음에도 불구하고 제목과 마찬가지로 본문에서 '태조(太祖)'를 더 많이 사용하였다. 무왕(武王)·선왕(宣王) 등의 경우 묘호(廟號)를 알 수 없는 데 반해, 고왕은 건국 시조이기 때문에 '태조'를 사용했을 것이라는 추정에서 나왔을 것이다. 그런데 '태조'란 명칭은 당시 역사서 가운데 유일하게 김택영의 『동사집략』과 『역사집략』에서 사용하였으므로,[26] 박은식은 여기서 착안하였을 것이다. 그럼에도 불구하고 본문 서술에서는 이들 사서를 거의 이용하지 않았다. 『발해태조건국지』에 사실의 오류가 적지 않은 이유가 여기에 있다.

그중 몇 가지를 지적하면 다음과 같다. 우선 고구려와 발해의 계승성을 강조하기 위해 천개소문도 『당사』에 장백산 부근에서 태어난 발

---

[26] 『東史輯略』권5 "孝昭王七年(699) 渤海太祖大祚榮 自立爲震國王 先時 …"; 『歷史輯略』권5 "孝昭王七年(渤海太祖元年) 渤海太祖大祚榮 自立爲震國王 祚榮嘗爲高句麗舊將 …"

해인이라고 한 부분이다.[27] 이는 사료적 근거가 없을뿐더러 막상『천
개소문전』에도 그러한 언급이 없다. 또한 대조영이 건국 및 즉위와 함
께 '진조(震朝)'라는 연호를 사용했다는 부분[28] 역시 사료적 근거가 없
다. 오히려 대종교 계통의 사서인『환단고기(桓檀古記)』에 수록된『태
백일사(太白逸史)』에는 건국 연호로서 '천통(天統)'을 전하는데도 이것
을 수록하지 않은 점이 의아하다.[29] 그리고 732년 발해의 등주 공격 때
장수인 장문휴(張文休)가 698년 천문령 전투에 등장하는 것도[30] 사료
적 근거는 없다.

『발해건국태조지』에서 특징적인 것은 발해의 종족 원류를 마한(馬
韓)에서 찾은 점이다. 제2장「태조의 가계와 인격」의 "그 집안은 마한
족(馬韓族)으로 태백산 동쪽 속말말갈 부족에 거주하여"나 제9장「발해
의 종교와 풍속」의 "태조의 집안은 태백산 동쪽에 있고, 또 한족(韓族)
이 되므로 성을 대씨(大氏)라 하니, 대개 우리나라 사람[東方人]이 대
(大)를 한(韓)이라 부른 것이다"라는 인식은『몽배금태조』에서도 "여진
족은 발해족의 호칭이 변한 것[變稱者]이며, 발해족은 마한족에서 이주
한 자들이 많은지라"와 같이 반복되고 있다. 그런데 이러한 서술은 박
은식의 독창적인 견해가 아니라 장지연(張志淵, 1864~1921)의 견해를
따른 것이다.

<hr>

27) 『渤海太祖建國誌』第二章 太祖의 家系와 人格 "高句麗大將泉蓋蘇文도 唐史에 或
日 渤海人이라 ᄒᆞ얏으니 蓋蘇文은 高句麗東部大人의 子라 長白山附近에셔 生ᄒᆞ
故로 日 渤海人이라홈이로다"
28) 『渤海太祖建國誌』第六章 太祖建國 "太祖ㅣ 王位에 卽ᄒᆞ시니 國號는 日 大震國
이라ᄒᆞ며 元을 建ᄒᆞ야 日 震朝라ᄒᆞ니"
29) 『桓檀古記』,「太白逸史」大震國本紀 第七, "國號定爲大震 年號日天統"
30) 『渤海太祖建國誌』第六章 天門嶺의 大勝捷 "몬져 弟野勃과 將軍 張文休等으로
ᄒᆞ야곰 部下精卒二千을 率ᄒᆞ고 天門嶺에 馳至ᄒᆞ야 其險을 據ᄒᆞ야 伏을 設ᄒᆞ야
待케 ᄒᆞ고"

『발해태조건국지』 8장 '발해의 강역'에서 발해의 5경 15부에 대한 지명 비정은 정약용의 『(아방)강역고』와 같지만, 박은식은 『(아방)강역고』를 직접 인용하지 않고 장지연이 증보한 『대한강역고(大韓疆域考)』(1903)를 인용하였다. 발해의 종족 원류를 마한에서 찾는 서술이 『대한강역고』에 나오기 때문이다. 즉 『(아방)강역고』 「발해고」의 마지막 부분은 발해 부흥운동과 관련된 지명을 비정하는 것으로 끝났는데,[31] 장지연은 그 뒷부분에 『문헌통고(文獻通考)』를 인용하고 "대씨는 서쪽 마한의 유종(遺種)인가보다. 우리나라 방언에 '대(大)'를 '한(韓)'이라 칭하니, 이른바 대씨는 즉 한씨이다. 대조영이 진국왕(震國王)을 자칭한 것도 진한(震韓)이라는 하나의 증거가 아닌가"라고 덧붙였던 것이다.[32]

이 점은 박은식이 역사 지식을 대한제국기의 역사서로부터 습득했음을 보여준다. 이러한 사례는 앞에서 언급한 '태조'라는 표기뿐만 아니라, 그의 또 다른 저술 『천개소문전』에서도 확인된다. 즉 그 말미에서 삼국시대의 대표적인 인물로 천개소문과 김유신, 설인귀(薛仁貴)를 들었는데, 그중 설인귀는 "개인주의를 취한 자인데 … 자기의 공명을 탐하여 조국을 도리어 해쳤으니[反噬] 이는 매국노의 괴수"라고 하여 설인귀를 고구려 출신으로 당나라에 망명한 인물로 서술한 것이다. 이러한 서술은 현채의 『동국역사』에서 처음 등장하여 대한국민교육회의 『대동역사략』도 답습하였다.[33] 그런데 『동국역사』의 대본인 『동국역

---

31) 『與猶堂全書』 제6집 疆域考, 권2 渤海考 "鋪案此時瀋州 久爲契丹之物 故骨打援永昌而奪之 長嶺以西之不爲渤海久矣 此時保州〈今我邦義州〉久爲契丹之物 故行美拒延琳而守之 鴨水以北之不爲渤海久矣〈渤海亡年 考諸遼金史 始可得之 今無書籍 不可詳也 要在宋太宗之末年〉"

32) 『大韓疆域考』 권5 渤海考 "通考定安國本馬韓之種 而其上表曰 高麗舊壤 渤海遺黎云則 疑大氏者 西馬韓遺種歟 我國方言 以大稱韓 所謂大氏者 卽韓氏也 祚榮自稱震國王者 亦非震韓之一證歟"

33) 『東國歷史』 권1, 三國紀 "薛仁貴는 本遼東人이라 驍勇으로 世上에 聞ᄒ더니 밋麗

대사략(東國歷代史略)』에도 설인귀 출신에 대한 서술은 없으므로, 이
부분은 현채가 의도적으로 서술하였던 것이다. 이에 대해 당시에 신채
호는 무정신의 서술이라고 신랄하게 비판한 바 있는데,[34] 박은식이 설
인귀를 개인주의자이자 매국노라고 규정한 것도 그 영향일 것이다.

그런데 박은식은 1909년 『황성신문』의 논설 「역사 교과서에서 급속
히 개정할 일」에서 '소위 사필(史筆)을 잡은 자들이 널리 수집하고 두
루 살피지[廣捜博考]도 않고 구차하고 소략한 저술로 국민의 교과서[敎
科]를 지으니'라고 하여 기존 사서의 문제점을 비판한 적이 있다. 그러
한 박은식이 당시 최고 수준에 도달한 한문체 사서가 아니라 그 성과
를 반영하지 못한 역사지리서나 국한문체 사서를 이용한 점은 서간도
망명 시절에 집필한 고대사 저술의 한계 내지 특징을 보여준다.

이러한 점은 물론 국망의 상태에서 국혼을 유지하기 위한 급박한 현
실적 필요성에서[35] 본격적 역사논문이 아닌 전통적 전(傳)의 형식을
빌어 역사를 서술한 데서 일차적으로 기인한다. 아울러 사실 고증에
전념할 시간적·정신적 여유가 없고 참고할 서적도 부족한 점도 지적
해야 할 것이다. 또한 이 저술들을 집필할 때 윤세복의 후원을 받았고,

人이 門地로써 用人ᄒᆞᄆᆡ 仁貴ㅣ 見用치못홈을 忿恨ᄒᆞ야 唐國애 入ᄒᆞ야 太宗의
信任흔빅되였다가 至是ᄒᆞ야 麗軍을 破ᄒᆞ니라";『普通敎科 大東歷史略』권4, 三國
紀 "薛仁貴ᄂᆞᆫ 本遼東人이라 驍勇으로 世上에 聞ᄒᆞ더니 밋麗人이 門地로써 用人
홈이 仁貴가 見用치못홈을 忿恨ᄒᆞ야 唐國에 出遊ᄒᆞ야 太宗의 信任흔빅되야다가
至是ᄒᆞ야 高句麗를 來侵ᄒᆞ니라"

34) 단재신채호전집편찬위원회 엮음, 『단재 신채호 전집』 6 (독립기념관 한국독립운
동사연구소, 2008), 「歷史와 愛國心의 關係」(원문은 『大韓協會會報』 2-3, 1908년
5월~6월) "往往 主客을 互換하고 王賊을 倒置하여 祖國叛奴로 李世民에게 投하
여 賊面을 擡하고 高句麗 陣을 突陷하는 狀을 寫하며 讚揚의 辭가 紙에 溢하며"

35) 제9장 「渤海의 宗敎와 風俗」에서는 발해의 부인들이 서로 다른 姓氏와 10姉妹를 구
성하여 남편의 부정을 감시했다는 발해의 풍속을 통해 여성의 권리를 상징하는 것
으로 해석하고, 나아가 일본의 속박을 받으면서도 자기의 권리를 찾지 않는 것은 대
장부라고 할 수 없다고 확대 해석한 것도 마찬가지이다(임상선, 앞의 논문, 83-84쪽).

또 그의 교열을 거쳤다는 점에서 대종교의 영향도 무시할 수 없다.

4. 『한국통사』의 발해사 인식과 서술 내용

박은식은 서간도에서 8개월 동안 집중적으로 고대사 저술을 집필한 후 이곳을 떠났다. 1912년 3월부터 봉천·북경·천진·상해·남경·홍콩 등을 주유한 후에는 상해에 머물며 신규식·홍명희 등과 함께 동제사(同濟社)를 조직하고 총재로 활동하였으며, 이 무렵에 대종교에 입교하였다. 그리고 1914년에 『대동민족사』·『안중근전』·『한국통사』 등을 집필하였다. 『대동민족사』는 제목으로 볼 때, 서간도 시절의 고대사 저술들의 연장선상에서 이루어졌던 것으로 보이는데 아쉽게도 완성하지 못하였다. 아마도 『한국통사』의 집필 때문에 여력이 없었던 것 같다.

『한국통사』는 주지하듯이 근대적 서술 방식에 입각한 최초의 한국 근대사 저술이다. 제국주의에 대한 저항의식이 투철하고 민족국가 건설을 위한 실천적 지향성이 강하게 투영되어 있다는 점에서 근대 민족주의 역사학의 선구가 되었다. 이 책은 일제의 침략과정을 서술하고 그 부당성과 횡포함을 폭로하는 한편 국권의 상실 과정을 자기반성적 관점에서 서술하였다. 즉 한민족에게 뼈아픈 고통의 역사를 지치심(知恥心)과 지통심(知痛心)을 유발함으로써 독립운동의 정신적 동력을 제공코자 하였던 것이다.[36]

박은식은 서언에서 그 집필 의도를 다음과 같이 밝혔다.

---

[36] 김기승, 앞의 글, 102쪽.

옛 사람이 말하기를 '나라가 멸망해도 역사는 멸망할 수 없다'고 하였으
니, 대체로 나라는 형체이고 역사는 정신이기 때문이다. 지금 한국의 형체
가 허물어졌으나 정신만은 존재할 수 없는가? 이것이 『한국통사』를 지은
이유이다. 정신이 존재하고 멸망하지 않는다면 형체는 언젠가 부활할 것
이다.37)

그의 국혼론적 역사인식이 극명하게 드러나는 부분이다. 여기서 '옛
사람이 말하기를 나라가 멸망해도 역사는 멸망할 수 없다(古人云 國可
滅 史不可滅)'라는 구절은 앞서 『황성신문』의 논설에서 두 차례 언급된
'종교와 역사가 망하지 않으면 그 나라가 망하지 않는다'라는 구절과
논리적으로 유사하다.38) 그런데 과거에는 서양 서적을 인용한 데 반
해 여기서는 국내 전통 사서를 인용하였다. 즉 이 구절은 윤회(尹淮,
1380~1436)의 「수교고려사를 진상하는 서문[進讎校高麗史序]」 및 서거
정(徐居正)의 「삼국사절요를 진상하는 전문[進三國史節要箋]」(1476)에
나오는데,39) 원래 전거는 「금사를 진상하는 표문[進金史表]」(1344)이
다.40) 국혼론적 역사인식을 뒷받침하는 근거로서 과거에 서양 지식의
권위를 빌리다가 굳이 국내 사서로 교체한 것은 의도적인 것으로 추정

37) 『韓國痛史』 緖言 "古人云 國家滅 史不可滅 蓋國形也 史神也 今韓之形毀矣 而神
不可以獨存乎 此痛史之所以作也 神存而不滅 形有時而復活矣"
38) 유사한 표현은 「結論」에서도 "蓋國敎·國學·國語·國文·國史 魂之屬也 錢穀·
卒乘·城池·船艦·器械 魄之屬也 而魂之爲物 不隨魄而生死 故曰 國敎·國史不
亡 則其國不亡也"에서도 등장한다.
39) 『東文選』 권93, 進讎校高麗史序 "史法古矣 自唐虞已然 稽諸書可見也 列國史官
各記時事 後之纂述者 得有考焉 若夫漢祖入關 使蕭何收秦籍 唐宗卽祚 命魏徵撰
隋書 鑑前代廢興之故 爲後王善惡之師 所謂國可滅而史不可滅 詎不信夫 …"; 『三
國史節要』 進三國史節要箋 "國可滅 史不可滅 惟治亂 具在於簡編 褒至公 貶亦至
公 其美惡 難逃於筆削 宜修往牒 用勸後人 …"
40) 『金史』 「進金史表」 "竊惟漢高帝入關 任蕭何而收秦籍 唐太宗卽祚 命魏徵以作隋書
蓋曆數歸眞主之朝 而簡編載前代之事 國可滅 史不可滅 善吾師 惡亦吾師"

된다. 이와 관련하여 박은식이 이미 『몽배금태조』에서 주장한 "소위 20세기에 멸국멸종(滅國滅種)으로 공례(公例)를 삼는 제국주의를 정복하고 세계인권의 평등주의를 실행하는 데 우리 대동민족이 선창자가 되고 주맹자(主盟者)가 되어"라는 발언이 주목된다. 제국주의를 극복할 논리로 평등주의를 제시하고, 그러한 평등주의를 우리 대동민족이 선도해야 한다는 주장인데, 여기에는 서구의 문명개화를 무조건 추종하지 않겠다는 자기반성이 깔려 있다. 그렇다면 역사와 국가의 밀접한 관계를 보여주는 명구(名句)를 서구의 것을 군이 인용할 필요가 없었던 것이다.

이러한 문제의식은 결론의 서두에서 발해사를 언급하며 다시 반복된다.

> 옛날 발해 대씨는 5천리의 땅을 가지고 3백년간 나라를 누렸다. 무공이 혁혁하며 문물도 창성하여 천하가 해동성국(海東盛國)이라 칭하였다. 나라가 멸망함에 이른바 발해사가 후세에 보이지 않는 것은 무슨 까닭인가? … 그 민족은 마한과 동족이었고 그 땅은 고구려의 옛 강토였으니 고려 사람들이 마땅히 일가(一家)로 보고서도 어째서 방문하여 서술하지 않았는가? 그러므로 후대 사람이 '발해사가 편찬되지 않았으니 고려가 부진했음을 알겠다'고 한 말을 어찌 믿지 않을 수 있겠는가? … 내가 또한 이 책임을 집어치운다면 사천년의 문명을 가진 전통국으로 또한 장차 발해국이 망하자 역사도 망하는 것과 같아지지 않겠는가?[41]

여기서 "후대 사람이 '발해사가 편찬되지 않았으니 고려가 부진했음

---

41) 『韓國痛史』結論 "昔者 渤海大氏 地有五千里 享國三百年 武功旣爀 文物並昌 天下稱謂海東盛國 及其滅也 所謂渤海史者 不見於後世 何哉 … 且其民爲馬韓同族 其土爲高句麗舊疆 高麗人士 當視爲一家 何不訪而述之 故後人謂渤海史不修知高麗之不振者 豈不信哉 … 余又廢此職也 則四千年文明舊國 亦將不類乎渤海之國亡史亡也"

을 알겠다'고 한 말"은「발해고를 읽다」서두의 "유혜풍이『발해고』서
문에서 '발해사를 편찬하지 않으니 고려가 부진했음을 알겠다'라고 하
였으니"를 가리킨다. 또한 발해를 마한과 동족이라는 주장은 이미『발
해태조건국지』나『몽배금태조』에서 제기한 바와 같다. 요컨대『한국통
사』에 나타난 발해사에 대한 인식은 계몽운동기와 서간도 시절의 그것
을 바탕에 깔고 있다. 다만 융성했던 발해가 망하자 역사도 망한 사례
를 통해 망국의 현실을 자각하는 데 발해를 강조함으로써『한국통사』
의 저술 의도를 다시 드러내었던 것이다.

끝으로 본문에서의 발해사 서술 부분을 살펴보자.『한국통사』는 근
대사를 서술 대상으로 하지만, 앞부분에서 간략하게 한국의 지리와 역
사를 개관하였다. 여기서 발해에 대해 다음과 같이 약술하였다.

> 고구려가 망하자 속말부 사람 대조영은 고구려의 옛 장수로서 동모산에
> 도망가 유민을 수습하여 일거에 고구려 땅을 회복하고 발해를 세웠다. 선
> 왕에 이르러 더욱 영토를 확장하고 5경 15부 62주를 두었으며 문물이 융성
> 하여 해동성국이라 칭해졌다. 후세에 와서 요나라 태조 아보기에 멸망당
> 했으니, 나라를 누린 것이 214년이었다. 발해 후에 정안국이 있었으나 건
> 국과 멸망의 연대가 소략하여 밝힐 수 없다.42)

박은식은『발해태조건국지』에서 발해 건국 이후의 역사를 무왕과
선왕 중심으로 약술하였고,『몽배금태조』에서도 "백산 동부는 발해의
고왕과 무왕과 선왕의 발상지"라고 하였듯이 발해사를 3왕으로 요약하
였다. 그런데 여기서는 고왕과 선왕만 언급하였다. 선왕에 대한 강조

---

42)『韓國痛史』第一編 第二章 歷史之大槪 "高句麗之亡也 粟末部人大祚榮 麗之宿將
也 竄至東牟 收拾餘燼 一擧而盡復麗疆 國號渤海 至宣王益拓境宇 置五京十五府
六十二州 文物隆盛 稱爲海東盛國 後世爲遼太祖阿保機所滅 厥享國二百十四年
渤海之後 有定安國 而起廢之年代 闕而莫徵矣"

는『몽배금태조』의 이른바 '사천년 역사학교' 중 정치대학교 교장으로
발해의 선왕을 선정한 것과 무관하지 않을 것이다. 한편 발해의 역년
을 214년이라 한 것은 698년의 대진국(大震國)[43] 건국부터 환산한 것이
아니라 713년 대조영이 당나라로부터 발해군왕에 책봉을 받은 해부터
환산한 것이다.『동국통감』등 전통 사서의 관행적 서술을 답습한 결과
로 보인다.

반면『한국통사』에는 새로운 사료를 통해 발해사를 서술한 부분이
있어 주목된다. 제3편 제44장「일본 외교관이 옥탑을 훔치고 일본 군인
이 석비를 몰래 가져가다[日使盜取玉塔 日軍竊去石碑]」는 일본의 문화
개 야탈을 고발한 부분인데, 여기서 한국의 역대 문화재의 하나로 발해
의 마노궤(馬瑙櫃, 마노로 만든 함)·자자분(紫瓷盆, 자색 도자기)을 다
음과 같이 소개하였다.

> (발해의 마노궤·자자분)『두양잡편(杜陽雜編)』에 "당나라 무종 회창
> 원년(841)에 발해가 마노궤와 자자분을 바쳤다. 마노궤는 사방 3척이며 깊
> 은 빛이 꼭두서니색 같고 정교하게 만들어 비할 데가 없어서, 여기에 신선
> 술(神仙術)과 관련된 책들을 담고 휘장 옆에 두었다. 자자분은 다섯 말을
> 담을 수 있는데 안팎이 투명하여, 그 빛은 순수하고 두께가 한치 남짓인데
> 들면 기러기털 같이 가볍다. 무종이 빛나고 깨끗한 것을 가상히 여겨 선
> 대비부(仙臺祕府)에 두고 약을 조제하였다. 나중에 왕의 재인(才人)이 옥
> 가락지를 던져 콩 반쪽만큼 이그러져 왕이 오랫동안 아쉬어하였다"고 한
> 다. 또『책부원귀(册府元龜)』에 "발해가 마노궤와 자자분을 바쳤다"라고
> 한다.[44]

---

43)『발해태조건국지』제7장 '발해건국'에서는 "太祖ㅣ 卽ᄒ시니 國號ᄂᆞᆫ 大震國이라
　　ᄒ며 元을 建ᄒ야 震朝라ᄒ니 渤海國은 唐人의 稱ᄒᆫ 바라"라고 하였다.

44)『韓國痛史』第三編 第四十四章「日使盜取玉塔 日軍竊去石碑」"(渤海之馬瑙櫃·
　　紫瓷盆) 杜陽雜編云 唐武宗會昌元年 渤海貢馬瑙櫃·紫瓷盆 馬瑙櫃 方三尺 深色
　　如茜 所製工巧無比 用貯神仙之書 置之帳側 紫瓷盆 量容半斗斛 內外通瑩 其色

『두양잡편』은 당나라 때 소악(蘇鄂)이 편찬한 일종의 수필집으로 당
시의 많은 일화를 소개한 책이다. 필자가 아는 한 이때까지 한국의 사
서 가운데 발해의 마노궤·자자분을 소개한 것은 유득공의 수정본「발
해고」뿐인데, 여기서는 그것을 당나라 대종 때의 사실로 간략히 언급
하였을 뿐이다.[45] 결국 유득공도 원사료인『두양잡편』을 보지 못하여
기년도 잘못 처리하였는데, 박은식은 이를 직접 인용한 것이다.

박은식은 이 기사에 앞서『두양잡편』을 인용하여 신라의 오채구유
(五彩氍毹)와 만불산(萬佛山)도 소개하였다. 두 기사는 모두 신라사(新
羅史)에도 기록되어 있는데,『두양잡편』과 비교하면 상세하게 알 수 있
기 때문에 여기에 싣는다고 하였다.[46] 따라서 박은식은 한국인으로는
처음으로『두양잡편』을 보았던 셈이다. 아마도 박은식은 상해에 체류
하며 많은 자료를 열람하였을 것이다. 그렇지만 여기서 신라뿐 아니라
발해 기사까지 발견하고『한국통사』에 서술했던 것은 발해사에 대해
평소에 깊은 관심을 가졌기 때문이다. 한편 말미에『책부원귀』를 인용
하여 발해가 마노궤와 자자분을 바쳤다는 기사를 다시 소개하였는데,
『책부원귀』에 이 기사는 보이지 않는다.

끝으로 박은식의 발해사 인식과 관련하여 이른바 삼국통일 문제에
대해 언급하기로 한다. 박은식은『황성신문』논설에서 고구려 계승국
으로서의 발해사를 강조하고『발해태조건국지』에서는 신라와 발해가

純(紫) 厚可寸餘 擧之則若鴻毛 上嘉其光潔 遂處於仙臺祕府 以和藥(餌) (後)王才
人擲玉環 (誤)缺其半菽 上猶歎息 久之 又册府元龜云 會昌元年 渤海貢馬腦櫃·紫
瓷盆" 단 원문과 다른 부분은 [ ], 누락된 부분은 ( )로 표기하였다.
45)『渤海考』권1 君考 "文王 … 代宗大曆二年至十年, 或間歲, 或歲內二三, 遣使入朝,
獻馬腦橫·紫瓷盆"
46)『韓國痛史』第三編 第四十四章「日使盜取玉塔 日軍竊去石碑」"按五彩氍毹·萬
佛山 具載於新羅史 而杜陽雜編所記 較爲詳悉 故採錄於此" 여기서의 '新羅史'는
『三國遺事』塔像 第四, 四佛山·掘佛山·萬佛山을 가리킨다.

병립한 시기를 남북조시대로 파악하였다. 그런데 막상『한국통사』에서
는 '문무왕이 드디어 백제와 고구려를 병합하여 통일하였으니 (그것은)
김유신을 등용했기 때문이다'라고 하여 신라의 삼국통일을 인정히였는
듯한 서술이 보인다.[47] 그러나 여기서의 삼국통일을 남북조시대와 모
순되는 것이 아니라 그를 전제로 한, 신채호가『독사신론』에서 언급한
'반변적(半邊的) 통일'과 같은 의미로 보아야 한다. 왜냐하면 이러한 인
식은 유인식의『대동사』에서도 확인될 뿐만 아니라,[48] 박은식이『한국
독립운동지혈사』에서 "당나라 사람들이 우리의 내란을 틈타 백제와 고
구려를 멸망시켰으나, 백제는 신라에 합해지고 고구려는 발해로 부흥
되었다"라는 서술에서 보다 명확히 드러나기 때문이다.[49]

5. 맺음말

박은식은 계몽운동기에『황성신문』논설을 통해 자국사를 중시하고
발해사에 대한 적극적 인식을 촉구하였다. 고구려 유민이 세운 발해는
국권 상실의 위기상황을 극복하는 데 유효한 역사적 교훈이었기 때문
이다. 그는 국망 직후에 서간도에서『발해태조건국지』를 집필하였다.
대조영이 고구려 유민을 규합하여 발해를 건국한 사실은 조국 광복의
역사적 정당성을 보여주기 때문이다. 요컨대 발해를 매개로 한 문제의
식은 동일했기 때문에, 그 서술 방식도 계몽운동기에 유행했던 역사전

47)『韓國痛史』第一編 第二章 歷史之大槪 "文武王遂併百濟·高句麗而一之 以用金
庾信也"
48) 김종복, 앞의 글, 447-479쪽.
49)『韓國獨立運動之血史』上篇 第一章 民族之略歷 "唐人乘我內亂 得滅百濟高句麗
而百濟則爲新羅所併 高句麗則爲渤海所復"

기물 형식을 취했던 것이다. 이와 달리『한국통사』는 국망에 대한 자기 반성적 관점에서 서술된 만큼 역사적 사실에 대한 구체적이고 실증적인 서술이 요구되었다. 여기서는 광복의 사례로서만이 아니라 나라가 망하자 '역사'도 망한 사례로서 발해사가 새롭게 강조되었다.

박은식은 논설을 통해 당시 역사(교과)서를 비판했지만 그로부터 영향도 많이 받았다. 당대사 서술의 필요성을 제기하거나 설인귀를 고구려 출신으로 당나라에 망명한 인물로 파악한 것은 현채의『동국역사』에서 확인된다. 또한 발해의 종족 원류를 마한으로 서술한 것은 장지연의『대한강역지』의 견해를 따른 것이다. 한편 대조영을 발해 '태조'로 표기한 것은 김택영의『동사집략』및『역사집략』의 표기를 따른 것이지만, 이들 사서에 반영된 발해사 서술은 참조하지 못하였다. 이는 『발해태조건국지』의 성격에서 기인하는 바가 크다. 망명지에서 단기간에 집필된 역사전기물이었을 뿐만 아니라 대종교의 영향을 받은 저술이었기 때문에, 즉 사실성·실증성보다 민족의식을 고취하는 데 일차적인 목적을 두었기 때문에 당시 최고 수준의 한문체 역사서가 이룩한 발해사 연구 성과를 충분히 수용하지 못하였던 것이다. 그렇지만 그는 발해사에 대한 관심을 놓지 않았기에 중국 체류 중에도 새로운 자료를 발견하여『한국통사』에서 서술하였다.

한편 박은식은 국혼론적 역사인식을 표현하는 명구로서 역사와 국가의 불가분의 관계를 계몽운동기에는 서양 서적을 인용하다가『한국통사』에서는 국내 사서를 인용하였다. 그것은 과거에 지향했던 문명개화론이 일제의 국권 침탈을 이념적으로 뒷받침한 데 대한 자기 반성의 차원에서 나왔던 것으로 추정된다.

『한국통사』이후 박은식은 1918년에『이준전(李儁傳)』, 그리고『발해사(渤海史)』와『금사(金史)』의 한글 역술본을 집필했다고 하는데 모두 전하지 않는다. 이는 근대사에 역점을 두면서도 여전히 고대사에 대한 관심을 놓지 않았음을 의미한다. 다만 한글 역술본의 『발해사』가 무엇을 가리키는지 현재로서는 전혀 알 수 없다. 그런데 『금사』의 한글 역술본이 중국 정사의 하나인 『금사』를 국문으로 풀어쓴 것이라면, 『발해사』의 경우 『발해태조건국지』에서 언급한 실학자들의 발해사 저술들 즉 정약용의 『아방강역고』와 유득공의 『발해고』, 그리고 홍석주의 『발해세가』를 국문으로 풀어쓴 것이 아닐까 추정된다. 만약 그렇다면 이때의 『발해사』는 위인전기나 역사소설의 형식을 취한 서간도 시기의 고대사 저술들과 달리 『한국통사』와 같은 근대적 서술방식을 취하지 않았을까?

근대 중국 신사학의 수용과 변용

20세기 초 신사학의 수용과 『중등역사교과과정』의
인식변화를 중심으로

김지훈

1. 머리말

근대 중국의 역사학의 발전은 량치차오(梁啓超, 1873~1929) 등이
제창한 신사학의 영향을 크게 받았다. 량치차오는 중국사의 시간적
공간적 범위와 구성요소를 제기하면서 구사학(舊史學)을 비판하였
다.[1] 그가 제창한 '신사학'은 중국의 근대 역사학의 발전에 큰 영향
을 미쳤다.[2] 한편 20세기 초반 중국에는 서구의 각종 사조가 들어와

---

[1] 도상범, 「梁啓超의 歷史意識에 關한 硏究 - 그 淵源을 中心으로」, 『역사와 담론』
13, 1985.6; 도상범, 「梁啓超의 歷史思想에 關한 硏究 - 傳統意識을 中心으로」,
『역사와 담론』 15, 1987.6; 박찬승, 「1920년대 申采浩와 梁啓超의 역사연구방법론
비교」, 『韓國史學史學報』 9, 2004; 허증, 「梁啓超의 '新史學'과 近代國家論」, 『역
사와경계』 54, 2005.3; 정지호, 「梁啓超의 근대적 역사서술과 국민국가」, 『이화사
학연구』 32, 2005; 崔東云, 「梁啓超 晩年의 史論에서 살펴 본 近代的 歷史記述의
성격」, 명청사학회, 『명청사연구』 27, 2007; 조병한, 「梁啓超의 啓蒙主의 역사관
과 國學」, 『韓國史學史學報』 16, 2007.

[2] 중국 근대 역사학은 1919년 5·4운동 이후 1920년대 각 대학에 사학과가 설립되
고 국립중앙연구원 역사어언연구소가 만들어지면서 제도화되었다고 한다. 최은
진, 「근대 역사학의 탄생과 제도화 - 국립중앙연구원 역사어언연구소(1928~49)를
중심으로」, 국민대학교 중국인문사회연구소 편, 『중국 근대 지식체계의 성립과
사회변화』 (도서출판 길, 2011), 34-68쪽.

소개되었다.[3] 특히 1919년 5·4운동을 전후한 시기에 '민주와 과학'을 추구하는 신문화운동의 분위기 속에서 역사학에서도 람프레히트(Karl Lamprecht)의 문화사와 로빈슨(James Harvey Robinson)의 신사학 등 서구의 다양한 사조들이 유입되었다. 그러나 중국에 들어온 서구의 신사학이 수용되어 실제 역사교육에 반영되기까지는 단순하지 않은 변용의 과정을 거쳤다.

이 시기 세계정세에서도 변화가 일어나 제1차 세계대전에서 독일이 패배하면서 중화민국 초기의 교육이념인 군국민교육(軍國民教育)이 퇴조하고 '세계주의' 교육관이 역사교육에 도입되었다.

1922년 중화민국정부는 종래의 학제를 개편하여 새로운 6·3·3학제를 실시하였다.[4] 이에 따라 1923년에 공포된 「초급중학역사과정강요」와 「고급중학 공공필수 문화사학강요」는 이러한 시대적 분위기 속에서 '세계주의' 교육관이 반영되어 세계사가 큰 비중을 차지하고 있었다. 기존의 연구는 1923년 역사교과과정이 '세계주의' 교육관에 영향을 받았다는 점을 교과과정의 내용을 통해서 분석하고 있다. 그

---

[3] 20세기 초부터 1911년 신해혁명 전까지 10년 동안 중국에서는 량치차오(梁啓超) 등의 신사학의 영향을 받은 夏曾佑와 劉師培 등이 편찬한 역사교과서가 대거 출판되었다. 儲著武·湯城, 「歷史教科書與新史學-以夏曾佑, 劉師培爲中心探討」, 『河北學刊』 25-5, 2005, 139-143쪽.

[4] 청말과 중화민국 초기의 학제와 역사교과과정의 변화에 대해서는 다음의 글을 참고할 수 있다. 胡美琦, 『中國教育史』(臺北, 三民書局, 1986); 呂達, 『中國近代課程史論』(北京, 人民教育出版社, 1994); 李華興, 『民國教育史』(上海, 上海教育出版社, 1997); 于述勝, 『中國教育制度通史』第7卷 (濟南, 山東教育出版社, 2000); 毛禮說·沈灌群, 『中國教育通史』 4 (濟南, 山東教育出版社, 2003); 王建軍, 『中國教育史新編』(廣州, 廣東高等教育出版社, 2003); 黃仁賢, 『中國教育史』(福州, 福建人民出版社, 2003); 김유리, 『서원에서 학당으로: 청말 서원의 학당개편과 근대 학제의 수립과정』(서울, 한국학술정보, 2007); 김지훈, 「20세기 초 중국의 학제개혁과 역사교과과정의 성립」, 『사림』 39, 2011; 김지훈, 「중화민국 초기 중국의 학제개편과 역사교육」, 『아시아문화연구』 26, 2012.

러나 20세기 초 중국에 소개된 람프레히트와 로빈슨 등의 신사학이 중국의 역사교과과정에 어떤 영향을 미쳤고 그 교육과정이 제대로 시행될 수 없었던 중국 역사학과 교육계의 실상에 대해서는 거의 주목하지 않았다.[5]

1923년 역사교과과정은 신사학의 영향으로 종래의 정치사에서 벗어나 경제와 문화, 사회, 종교, 학문, 예술 등의 모든 분야를 포괄하는 문화사의 경향이 반영되어 있었다. 그러나 이 교과과정은 실제로 중국에서 적용되는 데는 여러 가지 현실적인 문제를 안고 있었다.

근대 중국에서 신사학이 수용되었지만 이러한 역사인식이 바로 역사교육에 반영되는 데는 실질적인 어려움이 있었고 변용과 굴절의 과정을 겪게 되었다. 특히 1923년에 제정된 역사과정은 당시의 세계적인 조류에 따라 '세계주의'와 문화사가 강조되었지만 중국의 역사 연구와 교육 현실 속에서 실행되기 어려웠다.

여기서는 20세기 초 중국에서 신사학이 수용되어 교과과정에 반영된 1923년의 「초급중학역사과정강요」와 「고급중학 공공필수 문화사학강요」의 내용과 특징을 살펴보고 새 교과 과정이 실시될 수 없었던 원인을 검토해 보겠다.

---

[5] 1923년에 제정된 역사과정에 대해서는 다음의 연구가 있다. 何成剛, 「1923年『初級中學歷史課程綱要』論析」, 『歷史教學』 2007-12期; 何成剛, 「1923年『高級中學公共必修的文化史學綱要』論析」, 『歷史教學』 2008-3期.

2. 근대 중국에서 신사학의 수용

중국의 근대 역사학은 량치차오(梁啓超)의 '사계(史界)혁명'에서 시작되었다고 한다. 량치차오(梁啓超)는 중국 2천 년 이래의 각종 역사서는 한 왕조의 족보에 불과하여 양사(良史)라 할 수 없으며 반드시 개혁을 해야 한다고 하였다. 그는 국가를 보존하고 구하기 위해서 구사학(舊史學)을 정리하고 '신사학'의 이론을 제시하기 위하여 「중국사서론(中國史敍論)」(1901)[6]과 「신사학(新史學)」(1902)[7] 등을 발표하여 구사학의 폐단을 비판하였다.

량치차오(梁啓超)는 중국이 구사학이 조정이 있다는 것만 알고 국가가 있다는 것을 몰랐다고 하면서 중국의 정사인 24사란 바로 24개 집안의 가보(家譜)에 불과한 것이라고 비판하였다.[8] 또한 개인이 있다는 것을 알고 군체(群體)가 있다는 것을 몰랐다고 하였다. 그는 중국 정사가 인물을 역사 재료로 삼은 것이 아니라 역사를 인물의 화상(畵像)으로 만든 것이고 24사의 『본기』와 『열전』에 많은 사람이 등장하지만 묘지명만 모아 놓은 것에 불과하다고 하였다. 또한 구사학이 지나온 자취는 알아도 앞으로 해야 할 일은 모르기 때문에 경세치용(經世致用)에 이르지 못하였다고 비판하였다. 그리고 구사학의 정사는 역사적 사실의 기계적 나열이지 사실의 전후 인과관계에는 주목하지 못하였다고 지적하였다.

량치차오(梁啓超)에 의하면 역사는 사실의 관계와 그 원인 결과에

---

6) 梁启超, 「中國史敍論」, 梁启超 著, 吳松 等点校, 『飲冰室文集点校』 第三集 (2001), 1620-1627쪽.

7) 梁启超, 「新史學」, 위의 책, 1628-1647쪽.

8) 梁启超, 「新史學」, 위의 책, 1629쪽.

대한 설명이고 인간 전체의 운동의 진보 즉 국민 전체의 경력(經歷)과 그 상호관계를 탐구하는 것이었다.[9] 그는 세계사와 중국사를 구분하면서 세계사는 태서(泰西: 서방)문명 중심으로 보아야 하고 태동(泰東: 동방)문명은 중국이 중심이 된다고 보았다. 태동사는 일본에서 말하는 동양사(東洋史)인데 중국민족이 태동의 주동력이라고 하였다.[10]

량치차오(梁啓超)는 중국을 한인(漢人) 혹은 당인(唐人)이라고 불렀는데 모두 왕조의 명칭이고 진단(震旦)이나 지나(支那)는 모두 자신이 스스로 부른 명칭이 아니라고 하면서 "중국사"라는 명칭을 사용하였다. 그는 중국사의 영역을 중국 본토, 신장(新疆), 칭하이(靑海) · 시장(西藏), 몽골(蒙古), 만주로 보았다.[11] 량치차오(梁啓超)는 중국의 기년에 대해서는 공자기년이 중국에 가장 적합하다고 하였다.[12] 량치차오(梁啓超)는 중국에 묘종(苗種), 한종(漢種), 티베트종(圖伯特種), 몽골종(蒙古種), 흉노종(匈奴種), 퉁구스족(通古斯族)이 있는데 같은 황인종이므로 한족을 한종(漢種)이라고 하였다.[13]

량치차오(梁啓超)는 서양의 고대 · 중세 · 근세의 시대구분법을 중국에 도입하여 중국사도 3시기로 구분하였다. 그에 의하면 중국의 고대사(上世史)는 황제부터 진나라의 통일까지의 시기로 중국의 중국, 즉 중국민족이 자발적으로 발전하여 발전하고 경쟁하고 단결한 시대라고 보았다. 중세사(中世史)는 진의 통일 이후 청대 건륭제 말

9) 梁啓超, 「中國史敍論」, 梁啓超 著, 吳松 等点校, 『飮冰室文集点校』第三集 (2001), 1620쪽.
10) 梁啓超, 「中國史敍論」, 위의 책, 1620-1621쪽.
11) 梁啓超, 「中國史敍論」, 위의 책, 1621쪽.
12) 梁啓超, 「中國史敍論」, 위의 책, 1624쪽.
13) 梁啓超, 「中國史敍論」, 위의 책, 1622-23쪽.

년까지로 아시아의 중국이니 중국민족과 아시아 각 민족과 빈번하
게 교섭하고 경쟁이 가장 격렬하였던 시대였다. 근세사(近世史)는
청나라 건륭제 말년부터 현재까지로 세계 속의 중국이 즉 중국민족
이 전 아시아 민족과 협력하여 서구인과 교섭하고 경쟁하는 시대라
고 하였다.[14]

량치차오(梁啓超)는 옌푸(嚴復)의 『천연론(天演論)』에 영향을 받아
역사란 진화현상을 설명하는 것으로 보았다. 량치차오(梁啓超)는 1898
년 무술변법이 실패한 이후 일본으로 건너가서 점차 '민족주의' 사상이
강해졌다. 그는 반초나 장건, 정화, 왕안석 등 중국의 인물에 관한 전기
들을 집필하면서 영웅의 역할과 중국민족을 강조하였다.

량치차오(梁啓超)는 국민국가 건설에 역사학이 꼭 필요하므로 역사
학의 개혁이 이뤄져야만 중국을 구할 수 있다고 보았다. 그는 과거의
시간을 왕조의 가보(家譜)가 아닌 국민국가의 시간, 곧 국사로 재구성
하는 것을 신사학의 목적으로 삼았다.[15]

당시 중국은 민족적 위기 상황 속에서 민족주의가 점차 확산되고
있었다. 1911년의 신해혁명 이후 공화제도가 굴절을 겪으면서 5·4
신문화운동은 서구 문명의 정신과 원리를 중시하면서 과학적 '정신'
과 '방법'에 집중하여 세계 학술의 흐름을 적극적으로 수용하였다. 근
대 중국의 웨이위안(魏源), 캉유웨이(康有爲), 장타이옌(章太炎), 류스
페이(劉師培) 등은 사학가인 동시에 경학가였다. 5·4운동 이후 경학
의 영향력이 약화되면서 중국의 역사학은 독자적으로 발전할 수 있
었다.[16]

---

14) 梁启超, 「中國史敍論」, 위의 책, 1626-1627쪽.
15) 백영서, 「'동양사학'의 탄생과 쇠퇴」, 『창작과비평』 2004년 겨울호(통권 126호),
    2004.12, 108-109쪽.

1919년 5·4운동을 전후한 시기에 '민주와 과학'을 추구하는 분위기 속에서 역사학에서도 서구의 여러 사조들이 유입되었다. 중국의 역사학에 비교적 큰 영향을 미쳤던 사학이론은 존 듀이(J. Dewey)의 실용주의, 러셀(W. Russel)의 사회개량주의, 리처트(H. Richert)의 신칸트주의, 콩트(Comte)의 실증주의, 벅슨(H. Begson)의 생명철학, 헤르더(G. Herder)의 역사철학, 람프레히트(Karl Lamprecht)의 문화사관, 로빈슨(James Harvey Robinson)의 신사학 등이었다.[17]

19세기 이후 서구의 전통사학은 고증방법과 편찬체계에서 높은 수준에 도달하였지만 연구대상은 각종 정치 사건의 기술에 한정되어 있었다. 정치사 위주의 역사학은 사회, 경제, 문화 등의 요소들의 관계를 홀시하였다. 이러한 상황 속에서 자연과학과 사회과학의 도움을 받아 신사학(新史學)이 등장하여 역사 연구의 대상과 범위를 확대시켰다. 신사학의 대표적인 인물로는 독일의 람프레히트(Karl Lamprecht)와 미국의 로빈슨(J. H. Robinson)을 들 수 있다.

람프레히트는 독일의 괴팅겐대학과 라이프치히대학(Universität Leipzig)에서 역사를 공부했고 1891년부터 라이프치히대학의 역사과 교수가 되었다. 그는 기존의 랑케적인 역사학이 이념적이고, 정치사적이며, 개인사적인 '구경향(舊傾向)'의 '개인주의적 역사학'이라고 비판하였다. 그는 개체가 사회를 결정하는 것이 아니라, 사회가 개체를 결정하므로 신사학은 개별적인 위인들과 그 업적들 대신에 역사 속에서 일반적인 것, 발생적인 것, 유형적인 것을 취급해야 한다고 하였다. 그는 개인 심리나 이념 대신에 집단 심리를 연구대상으로 설정하는 자신의 역사학을 '집단주의적 역사학(die kollektivistische Geschichtswissen-

---

16) 이계명, 『중국사학사강요』(전남대학교 출판부, 2003), 284쪽.
17) 胡逢祥, 『中國近代史學思潮與流波』(上海, 華東師範大學出版社, 1991), 311쪽.

schaft)'이라고 하였다. 람프레히트는 자신의 '집단주의적 역사학'을
정치, 법률, 경제, 사회, 종교, 학문, 예술 등의 모든 분야들을 총괄
하는 역사학의 최고 형태로서 문화사라고 하였다. 람프레히트는 정
신생활과 그 변화를 모든 시기에서 역사적으로 인식하고자했고 사
회심리적인 집단적인 힘과 개별적인 힘과의 관계를 의식시켜 주었
다.

람프레히트는 보편사적인 연구로서 문화사를 주장하여 문화사가
국가를 포함한 인간생활의 모든 영역을 포괄하는 역사서술로 확대되
었다. 그의 문화사는 20세기 전체사로서의 사회사의 선구적인 모형이
었고, '신사학'을 주장했던 로빈슨에게도 영향을 주었다.[18)

미국의 로빈슨은 독일 프라이부르크대학에서 랑케적인 역사연구
방법을 배웠으나 정치사 중심의 역사연구에 회의를 느끼고 1912년
「신사학(The New History)」이라는 논문을 발표하였다. 로빈슨은 역
사학을 실용적인 학문으로 이해하였다. 그는 랑케적인 역사학이 사
실의 재건에만 전념해 왔다고 배격하면서, 역사학은 우리 자신을 이
해시키고, 현재 우리가 당면하고 있는 문제들을 해결하고 미래를 건
설하는 데 기여해야 한다고 보았다. 로빈슨은 기존의 역사학이 정치
사에 국한되어왔다는 점을 비판하면서 역사연구를 일반 대중의 생
활에까지 확대시켜야 한다고 하였다. 그는 역사학이 연구 영역을 확
대해야하고 사회과학의 개념과 방법을 도입해야 한다고 하였다. 그
는 역사학이 정치학, 경제학, 사회학 이외에도 인류학, 고고학, 사회
심리학, 비교종교학 등과 제휴해야 한다고 보았다. 그의 '신사학'은
랑케의 역사학을 '구경향(舊傾向)'이라고 비판한 독일의 람프레히트의

---

18) 이상신, 『서양사학사』 (신서원, 1993), 679-685쪽.

역사학을 계승한 것이었다.[19]

1917년을 전후하여 많은 유학생들이 유학을 마치고 귀국하면서 신사학 이론도 체계적으로 중국 내에 소개되었다. 1918년 미국에서 철학박사학위를 받고 귀국한 장멍린(蔣夢麟, 1886~1964)은 상무인서관(商務印書館)에서 출판한『교육잡지』에「역사 교수의 혁신 연구」라는 글을 발표하여 미국 신사학을 소개하였다. 그가 소개한 미국 역사교육의 내용은 학생의 생활의 필요를 주체로 학생들이 각종 사회문제를 해결하는 능력을 배양하고 평민의 생활을 중심으로 삼으며 위인과 정치가, 과학자, 발명가를 함께 중시한다는 것이었다. 그는 역사교육의 내용이 국민의 생활이 밀접한 관계를 가져야 한다고 하였다. 역사학의 범위도 정치를 넘어서 인구와 생산력, 기후와 지리, 교통 등으로 확대해야 한다고 주장하였다. 그는 서양의 역사교육의 경험을 중국에 도입하여 종래의 역사학을 혁신하고 역사학의 범위와 교육방법을 혁신하려 하였다.[20]

5·4 신문화운동시기 베이징대학교(北京大學校)의 교장으로 부임하였던 차이위안페이(蔡元培, 1868~1940)도 독일의 신사학의 영향을 받았던 인물이다. 차이위안페이는 독일의 라이프치히대학(Universität Leipzig)에서 공부하던 시기에 독일 신사학의 대표자인 람프레히트(Karl Lamprecht)의 문화사 과목을 들었고, 문화사와 보편사연구소에서 비교문화사 연구를 하였다. 차이위안페이는 1916년 여름 프랑스의 중국인 노동자 학교에서 한 강의에서 중국의 기전체, 편년체, 기사본말체의 전

---

19) 로빈슨의 신사학은 역사의 현재성을 강조하고, 사회세력에서 역사의 동력을 찾으려했다는 점에서 20세기 초에 전개된 미국의 혁신주의운동과 실용주의(Pragmatism)로부터 영향을 받고 있었다고 한다. 이상신, 위의 책, 781-782쪽.

20) 蔣夢麟,「歷史敎授革新之硏究」,『敎育雜誌』第10卷 第1期; 曲士培 主編,『蔣夢麟敎育論著選』(北京, 人民敎育出版社, 1995), 8-9쪽.

통적 역사서술을 소개하면서 이러한 서술이 모두 정치사 위주의 역사
라고 평가하였다. 그는 신역사는 정치에 편중되지 않는 문화사로서 철
학사와 문학사, 과학사, 미술사 등이 모두 문명사의 일부분이라고 하였
다.21) 차이위안페이의 신역사에 대한 인식은 기본적으로 람프레히트
의 문화사관에 영향을 받은 것이었다. 이 글은 중국에서 1920년 9월에
출판되었다.

장멍린(蔣夢麟)과 차이위안페이(蔡元培)가 신사학을 소개한 이후 서
방의 신사학의 주요 이론과 관점은 중국사학계에 광범하게 전파되었
다. 한편 로빈슨의『신사학』은 허빙송(何炳松 1890~1946)22)이 1924년에
번역하여 출판하였다.23) 로빈슨의 저작은 정치군사사 위주의 역사학
을 타파하고 새로운 사회사를 건설하려는 것이었다. 이러한 신사학의
흐름은 중국의 역사교육에도 영향을 미쳤다.

3. 1923년『초급중학역사과정강요』의 편찬

1922년 중화민국정부는 기존의 학제를 개편하여 새로운 학제를 반

---

21) 蔡元培, 「華工學校講義」(1916년 여름), 高平叔 編,『蔡元培全集』第2卷 (北京, 中華書局, 1984), 452-453쪽.

22) 하병송은 미국 위스콘신대학과 프린스턴대학에서 유학을 하고 1917년에 귀국하여 북경대학 서양사 교수 겸 북경고등사범영어부 주임을 역임하며 로빈슨의『신사학』을 번역하였다. 王學典,『二十世紀中國史學史論』(北京, 北京大學出版社, 2010), 23-24쪽.

23) J.H. Robinson, 何炳松 譯,『新史學』(上海, 商務印書館, 1924.7). 이 책에는 「신사학」, 「역사의 역사」, 「역사의 신동맹」, 「사상사의 회고」, 「보통사람이 역사를 읽어야 한다」, 「로마의 멸망」 등 8편의 글이 수록되어 있었다. 北京圖書館 編,『民国時期总书目(1911~1949) 歷史·傳記·考古·地理(上)』(北京, 書目文獻出版社, 1994), 6쪽.

포하였다.[24) 이 학제에 따라 1923년 전국교육회연합회의 신학제 과정표준 기초위원회에서는 전문가에게 의뢰하여 역사과정강요를 편찬하였다. 1923년 전국교육연합회에서 편찬하여 반포한『초급중학역사과정강요』[25)는 민국시기 중학교 역사교육에 중요한 방향을 제시하였다. 이『초급중학역사과정강요』를 편찬한 사람은 창나이더(常乃德 1898~1947)였다. 창나이더(常乃德)는 민국시기의 유명한 사회활동가이자 역사학자, 교육사상가 철학자였다.[26)

1923년에 편찬된『초급중학역사과정강요』는 중학교 역사과정목표를 다음의 네가지로 제시하였다. 첫째는 "인류생활 상황의 변천을 연구하여 학생들이 환경에 적응하고 자연을 제어하는 능력을 배양"한다는 것이다. 인류의 생활 상황이란 인류가 생활하는 환경 즉 '자연계'를 의미하는 것이었다. 이러한 내용은 미국의 유명한 교육자인 듀이가 5·4운동 시기에 중국에서 와서 한 강연 내용과 일치하는 것이었다. 듀이는 중국의 여러 도시를 다니며 강연하면서 자연계와 인류생활이 불가분의 관계이며 자연계를 연구하는 근본적인 관념이 인류의 환경과 밀접한 관계에 있다고 하였다.

둘째는 "인류에 대한 동정심을 계발하여 학생들의 박애와 협동 정신

---

24) 이 학제는 1922년 임술년에 공포되었기 때문에 '임술학제'라고도 하고 '서기 1922년 학제'라고도 한다. 이 학제는 소학·초급중학·고급중학의 수업 연한이 각각 6년·3년·3년으로 구분되기 때문에 '6·3·3학제'라고도 한다. 김경식,『중국현대교육전개사』상 (한국학술정보, 2012), 118쪽.

25) 常乃德,「初級中學歷史課程綱要」(1923), 課程教材研究所,『20世紀中國中小學歷史課程標準·教學大綱匯編』(北京, 人民教育出版社, 2001), 14-15쪽.

26) 상내덕의 원래 이름은 乃暎이었고, 자는 燕生이었으며, 필명은 凡民, 平生, 萍之, 蕙之 등을 사용하였다. 그는 역사학과 교육, 철학, 사회학, 문학, 佛學 등에도 조예가 깊었다. 그는 1928년『中國文化小史』를 중화서국에서 출판하기도 하였다. 顧友谷,「常乃德『中國文化小史』簡評」,『晉中學院學報』第28卷 第2期, 2011年 4月, 24쪽.

을 양성한다"는 것이다. 이는 당시 사회에서 유행하던 '세계주의'교육
이념과 관련이 있다. 차이위안페이는 1913년 6월 상해의 성동여학(城
東女學)에서 한 강연에서 다윈의 진화론이 생존경쟁을 이야기하였지
만 사람들에게 손해를 끼치면서 결코 승리할 수 없는 것이라고 비판하
였다. 그는 생존경쟁이라는 주장이 이미 낡은 학설이라고 하면서 최신
의 진화학에서는 적십자와 같이 양국이 싸워도 상대편까지 돌보며 전
쟁에 반대하는 '박애'가 세계의 추세라는 '세계주의' 교육이념을 강조하
였다.[27]

차이위안페이(蔡元培)는 1917년 1월 제1차 세계대전에 대해서 독일
을 맹주로 하는 군국주의 세력은 우승열패(優勝劣敗)를 주장하였지만
러시아의 무정부주의자 크로포트킨(Peter Kropotkin)의 '상호부조'가 대
다수의 사람들의 지지를 받고 있다고 하면서 국제적으로 상호부조론
이 확산되고 있다고 하였다.[28]

특히 제1차 세계대전 이후에는 독일의 패전과 전쟁에 대한 반성으로
국가주의 교육이념이 쇠퇴하는 경향을 보였다. 국가주의를 대신하여
세계주의가 당시 사상계의 주요한 흐름으로 자리잡았다.[29] 이에 따라
중국내에서도 민국 초기의 교육이념을 수정하고 서방의 세계주의 교
육이념을 수용하여 세계 교육의 흐름에 합류하였다.

1919년 교육부는 교육회의를 개최하여 민국 초기의 교육이념인 군국
민교육(軍國民教育)이 적합하지 않으며 중국의 교육도 세계조류에 따

---

[27] 蔡元培, 「養成優美高尚思想－在上海城東女學演說詞」(1913.6), 高平叔 編, 『蔡元
培全集』第2卷 (北京, 中華書局, 1984), 303쪽.

[28] 蔡元培, 「我之歐戰.觀－在北京政學會歡迎會上的演說詞(1917.1.1), 高平叔 編, 『蔡
元培全集』第3卷, 4쪽.

[29] Edwar Krehbiel 君實, 「國家主義的根本的批判」, 『東方雜誌』, 第15卷 第3期, 1918
年, 91-96쪽; 高勞, 「國家主義之考慮」, 『東方雜誌』第15卷 第8期, 1918년, 4-9쪽.

라야 한다는 입장을 보였다. 이에 따라 '세계주의' 교육관이 학교 역사
교육에서 채택되었다. 역사교과서를 편찬할 때에도 세계적인 안목에
서 국사를 바라봐야 한다면서 전문적인 중국역사교과서를 편찬하는
것이 아니라 중국역사를 세계역사 발전 과정 속에 편입시켜 보아야 한
다는 주장이 나왔다.[30]

또한 편협한 국가주의 때문에 다른 나라를 침략하는 것이 애국의 방
법인 것처럼 여겨져서 국제적 분쟁이 일어나게 된 것이라는 주장이 대
두되었다. '세계주의' 교육관은 인류나 세계의 이익이 국가나 민족의
이익에 우선하여 고려되어야 한다고 주장하였다. 이러한 분위기 속에
서 창나이더(常乃德)도 「초급중학역사과정강요」를 편찬하면서 세계주
의의 영향을 받았다. 창나이더는 자신의 이익만을 양성하는 개인주의
는 작게는 민족의 멸망을 촉진하고 크게는 세계의 진화를 방해한다고
보았다. 그는 '세계'와 '인류'를 우선 고려하고 그 후에 '국가'와 '민족'을
생각해야 한다고 보았다.

셋째는 사물의 원천을 거슬러 올라가 학생들이 현대의 각종 문제의
진상을 이해하도록 한다는 것이었다. 넷째는 역사를 연구하는 방법으
로 학생을 지도하여 학생들이 역사공부에 흥미와 습관을 양성하도록
한다는 것이었다. 이러한 목표는 존 듀이가 역사교육을 통해서 현실을
인식하고 사회에 참여해야 한다는 사상에 영향을 받은 것이었다.[31]

1923년에 제정된 「초급중학역사과정강요」는 제1차 세계대전을 거치
면서 독일의 패배로 인하여 '국가주의' 교육관이 후퇴하고 '세계주의'가
강조되고 있던 당시의 경향을 반영하였다. 이 과정은 다른 한편으로는

---

30) 陸惟昭, 「中等中國歷史敎科書編輯商例」, 『史地學報』 1922-1(何成剛, 「1923年『初
     級中學歷史課程綱要』論析」, 『歷史敎學』 2007-12期, 40-41쪽 재인용).
31) 何成剛, 「1923年『初級中學歷史課程綱要』論析」, 『歷史敎學』 2007-12期, 41쪽.

역사과정이 현실사회문제에 대해 관심을 가져야 하고 학생들의 학습
흥미와 성장을 중시해야 한다는 입장을 취하고 있었다.

중화민국 초기 초급중학교의 역사과정은 중국사와 세계사를 분리하
여 편성하였다. 그러나 「초급중학역사과정강요」는 중국사와 세계사를
함께 편성하는 방식을 취하였다. 이러한 교과과정 편성은 학생들이 세
계인류생활이 공동으로 발전한 상황을 이해하고 역대 국경선에 관한
협애한 관념을 타파하려 한 것이었다. 초급중학 역사는 중국사와 세계
사를 혼합하여 가르치고 전 세계를 중심으로 하면서 중국 부분을 상세
하게 설명하여 학생들이 세계사 속에서 중국사의 지위를 인식하도록
하였다.[32]

중국과 외국역사를 통합하여 편찬한 이유에 대해 창나이더(常乃德)
는 역사적 사실들이 상호 연계되어 있기 때문에 일부분의 사실만을 가
지고 진정한 면모를 알기 어렵다는 점과 세계역사 속에서 중국역사가
가진 가치와 특색을 드러낼 수 있으며, 중국사와 외국사가 편중되어 교
육되고 있는 상황을 개선해야 한다는 점 등을 들었다.[33]

〈표 1〉「초급중학역사과정강요」의 내용

시대	내용	
상고사(上古史)	1. 인류의 기원 분포와 원시사회 상황	세계사
	2. 중화민족 신화시대의 전설 및 우하상주의 문화	중국사
	3. 이집트, 바빌론과 고대 아시아 서부의 각국	세계사
	4. 그리스의 흥망과 그 문화	세계사
	5. 중국 춘추, 전국시대의 정치와 문화	중국사
	6. 불교의 기원과 인도문화	세계사

---

32) 常乃德, 「初級中學歷史課程綱要」(1923), 課程敎材硏究所 編, 『20世紀中國中小學
歷史課程標準·敎學大綱滙編』(北京, 人民敎育出版社, 2001), 14쪽.

33) 何成剛, 「1923年『初級中學歷史課程綱要』論析」, 『歷史敎學』 2007-12期, 42쪽.

중고사(中古史)	7. 양한시대의 내정과 외교	중국사
	8. 중고(中古)아시아 서부 여러 나라의 상황	세계사
	9. 로마의 흥망	세계사
	10. 삼국육조시대	중국사
	11. 중고(中古) 유럽	세계사
	12. 기독교의 서점(西漸)	세계사
	13. 회교의 흥기	세계사
	14. 당송의 내치	중국사
	15. 일본과 중국의 관계	중국사
	16. 몽골의 동서경영	세계사
근고사(近古史)	17. 신대륙의 발견과 유럽인의 탐험사업	세계사
	18. 문예부흥과 종교개혁	세계사
	19. 명청 사적(史迹)	중국사
	20. 유럽인의 아시아와 아프리카 경영	세계사
	21. 미국독립	세계사
	22 민권사상의 발달과 프랑스혁명	세계사
근세사(近世史)	23. 근 백년 이래 유럽의 대사(大事)	세계사
	24. 청말의 대사(大事)	중국사
	25. 청말의 외교	중국사
	26. 중일관계	중국사
	27. 민국사적(民國史迹)	중국사
	28. 유럽전쟁의 경과	세계사
	29. 전후 세계의 대세	세계사
	30. 근대과학의 발명과 경제혁명	세계사

위의 표를 보면「초급중학역사과정강요」는 역사과목을 모두 30개의 항목으로 구분하고 있다. 이 가운데 세계사와 중국사는 19항목과 11항목으로 세계사가 63%, 중국사가 36%의 비율을 차지하였다. 이를 통해서「초급중학역사과정강요」에서는 중국사보다 세계사가 더 큰 비중을 차지하고 있었다는 것을 알 수 있다.

이 과정을 편찬한 창나이더(常乃德)는 중국사와 세계사를 함께 편찬한 이유로 역사적 사실 사이의 상호 관련된 것으로 일부분의 사실로 진정한 모습을 파악하기 어렵고 세계 역사 속에서 중국역사의 가치를

자리매김하여 그 특색을 더 잘 드러낼 수 있다는 점 등을 들고 있다.[34]

「초급중학역사과정강요」는 역사의 시대를 상고사, 중고사, 근고사, 근세사의 4시대로 나누고 있는데 각 시대마다 세계사와 중국사의 비중에 차이가 있다. 상고사 부분은 모두 6개 항목으로 되어 있다. 이 가운데 세계사는 1. 인류의 기원 분포와 원시사회 상황, 3. 이집트, 바빌론과 고대 아시아 서부의 각국, 4. 그리스의 흥망과 그 문화, 6. 불교의 기원과 인도 문화 등을 다루고 있다. 중국사는 2. 중화민족 신화시대의 전설 및 우하상주의 문화, 5. 중국 춘추, 전국시대의 정치와 문화로 구성되어 있다.

상고사에서는 세계사의 비중이 66%를 차지하고 중국사의 비중은 33%로 적은 편이다. 중국사에서는 중국 고대의 신화와 우하상주(禹夏商周)와 춘추전국시대까지를 범위로 하고 있다. 세계사에서는 인류의 기원과 이집트와 메소포타미아, 불교와 인도, 그리스 등의 고대문명을 다루는 데 중점을 두고 있음을 알 수 있다.

중고사에서는 세계사에서 8. 중고(中古) 아시아 서부 여러 나라의 상황, 9. 로마의 흥망, 11. 중고(中古) 유럽, 12. 기독교의 서점(西漸), 13. 회교의 흥기 16. 몽골의 동서경영 등을 다루고 있다. 중국사는 7. 양한시대의 내정과 외교, 10. 삼국육조시대, 14. 당송의 내치, 15. 일본과 중국의 관계, 등을 다루고 있다. 중고시대 부분에서는 세계사가 60%와 중국사가 40%의 비중을 차지하고 있다.

세계사에서는 서아시아와 로마, 중세 유럽과 기독교, 이슬람교의 흥기 등을 다루고 있다. 중국사 부분에서는 한나라부터 몽골까지를 다루고 있다. 중고사에서 특히 일본과 중국의 관계 등 대외관계를 다루고 있는 부분이 특징적이다.

근고사에서는 세계사가 17. 신대륙의 발견과 유럽인의 탐험사업, 18.

---

[34] 何成剛, 「1923年『初級中學歷史課程綱要』論析」, 『歷史教學』 2007-12期, 42쪽.

문예부흥과 종교개혁, 20. 유럽인의 아시아와 아프리카 경영, 21. 미국독립, 22 민권사상의 발달과 프랑스혁명 등 전체 항목의 83%를 차지하고 있다. 19. 명청 사적(史迹)을 제외하면 근고사는 모두 세계사 부분을 다루고 있다. 특히 '신대륙'의 발견과 문예부흥, 종교개혁, 유럽의 아시아와 아프리카 경영, 미국독립과 프랑스혁명 등 유럽사와 유럽의 대외팽창이 거의 대부분을 차지하고 있다.

근세사에서는 세계사 부분에서 23. 근 백년 이래 유럽의 대사(大事), 28. 유럽전쟁의 경과, 29. 전후 세계의 대세, 30. 근대과학의 발명과 경제혁명을 다루고 있다. 중국사에서는 24. 청말의 대사(大事), 25. 청말의 외교, 26. 중일관계, 27. 민국사적(民國史迹)을 다루고 있다. 근세사 부분에서는 중국사와 세계사가 각각 50%의 비중을 차지하고 있다.

세계사 부분은 근 백년 이래 유럽의 사건과 제1차 세계대전, 근대과학의 발명과 경제혁명 등 유럽사를 위주로 가르치도록 하고 있다. 중국사 부분은 청나라 말기와 중화민국 초기의 역사를 다루도록 하고 있고 중일관계를 서술하도록 하고 있다. 이 역사과정은 대외관계에서 일본과의 관계를 중시하고 있는 것으로 보인다. 이「초급중학역사과정강요」는 정치사와 문화사를 혼합하여 서술하고 있고 외국사의 내용은 유럽사 위주로 서술되어 있다는 점이 가장 큰 특징이라고 할 수 있다.

4. 「고급중학 공공필수 문화사학강요」의 제정

1923년 전국교육연합회에서는 「초급중학역사과정강요」를 반포하면서 동시에 「고급중학 공공필수 문화사학강요」도 반포하였다.[35] 이「고급중학 공공필수 문화사학강요」는 쉬저링(徐則陵)이 기초한 것으로 고급중학

과정의 문화사도 초급중학교와 마찬가지로 중국사와 세계사가 합쳐진 형
태였다. 원래 「고급중학 공공필수 문화사학강요」 초안은 세계사로 구성
된 127과였으나 세계사 분량을 줄이고 중국사 내용을 추가하였다.[36]

「고급중학 공공필수 문화사학강요」에 의하면 강의시간은 매주 3시
간이고 1년 동안 배우도록 하였다. 이 교과과정은 세계문화의 원류와
문화 교감의 효과를 연구하고 세계문화의 성질과 현대문화 문제를 설
명하는 것을 중시하였다.

이 교과과정은 과거의 사실로부터 현대문화를 설명할 수 있는 교재
를 선정하도록 하였다. 특히 현대의 시야에서 과거를 바라보는 것을 중
시하였으며 근세 문화사가 전체 교재의 3분의 1을 차지하도록 하였다.

이 강요는 학생들이 스스로 연구할 수 있는 기회를 부여하도록 하였
고 학교가 관련 설비를 갖추도록 하였으며 학생들에게 필독 참고서를
지정하도록 하였다. 교수법에서는 두 종류 이상의 교과서를 사용하여
연구의 기초가 되도록 하였고, 교사가 한 시기의 역사를 개괄적으로 설
명하고 연구가 시작되는 시기에는 강연식으로 하고, 이외에는 단원을
나누어 공동연구식으로 수업을 진행하도록 하였다.[37]

「고급중학 공공필수 문화사학강요」에 의하면 문화사는 모두 116과
로 구성되어 매 학기 58과를 1년 이내에 마치도록 되어 있었다.

---

[35] 徐則陵, 「高級中學公共必須的文化史學綱要」(1923), 課程教材研究所 編, 『20世紀
中國中小學歷史課程標準・教學大綱匯編』(北京, 人民教育出版社, 2001), 16-20쪽.

[36] 「고급중학 공공필수 문화사학강요」를 편찬한 徐則陵이 애초에 만든 초고는 『高
級中學世界文化史學程綱要』로 『史地學報』1923-2-4에 수록되어 있었다. 이 초고
는 원래 127과의 세계문화사로 구성되어 있었다고 한다. 그러나 이 초고는 중국
문화사의 내용 44과를 추가하고 세계문화사의 내용을 합병하거나 삭제해서 116
과의 「고급중학 공공필수 문화사학강요」로 개편하였다고 한다. 何成剛, 「1923年
『高級中學公共必修的文化史學綱要』論析」, 『歷史教學』2008-3期, 34-35쪽.

[37] 徐則陵, 「高級中學公共必須的文化史學綱要」(1923), 課程教材研究所 編, 『20世紀
中國中小學歷史課程標準・教學大綱匯編』(北京, 人民教育出版社, 2001), 16-17쪽.

〈표 2〉「고급중학 공공필수 문화사학강요」의 내용[38]

시대	내용	
상고사(上古史)	제1과 태고의 지리와 원인문화	세계사
	제2과 황하유역의 지리, 및 중국고대문화	중국사
	제3과 나일강 유역의 지리와 이집트문화	세계사
	제4과 서아시아의 지리와 메소포타미아의 문화	세계사
	제5과 인도유럽인종과 사마라(薩迤: Samarra)의 경쟁	세계사
	제6과 인도고대문화	세계사
	제7과 이란문화	세계사
	제8과 希但魯文化	세계사
	제9과 지중해의 지리와 에게문화	세계사
	제10과 그리스정치, 경제사 개관(아테네제국 성립 이전)	세계사
	제11과 아테네의 민치(民治)와 시민관(교육 첨가)	세계사
	제12과 아테네의 철학과 과학	세계사
	제13과 아테네의 미술	세계사
	제14과 마케도니아제국의 건립	세계사
	제15과 그리스화 시대의 문화	세계사
	제16과 그리스문화와 중앙아시아 여러 나라와의 관계	세계사
	제17과 그리스문화와 인도의 관계	세계사
	제18과 주진(周秦)간의 봉건정치	중국사
	제19과 주진(周秦)간 봉건식 사회	중국사
	제20과 주진(周秦)경제생활	중국사
	제21과 주진(周秦) 제자(諸子)의 사상	중국사
	제22과 고대 화족(華族)과 외족의 경쟁	중국사
중고사(中古史)	제23과 진한시대 화족(華族)의 중국통일과 영토 개척	중국사
	제24과 진한시대의 사회	중국사
	제25과 불교의 중국 유입	중국사
	제26과 불교 유입 이전의 중국미술	중국사
	제27과 한대의 교육과 학술	중국사
	제28과 그리스문화와 로마의 관계	세계사
	제29과 로마의 이탈리아 통일과 헌정의 발전	세계사
	제30과 로마제국의 건설	세계사
	제31과 로마의 중앙행정과 지방행정	세계사
	제32과 로마의 도시와 농촌사회	세계사
	제33과 로마의 건축과 기타 미술	세계사
	제34과 로마의 철학과 민족도덕의 변화	세계사
	제35과 로마제국시대의 기독교와 교회조직	세계사

제36과 그리스로마문화와 기독교가 융합하여 근세 서양 문화의 기초가 되다	세계사
제37과 한위육조시대 중국과 외족과의 관계(화족과 호 인간의 관계)	중국사
제38과 한위육조시대 중국사회의 변화	중국사
제39과 불교와 중국사상 및 미술과의 관계	중국사
제40과 중세 호족 게르만족 아랍인의 이동 개황	세계사
제41과 게르만족의 민족정신	세계사
제42과 게르만족의 대이동과 그 영향	세계사
제43과 비잔틴문화	세계사
제44과 회교 세력의 발전과 사라센문화	세계사
제45과 중고(中古) 유럽 봉건식 사회	세계사
제46과 중고(中古) 교회의 전제	세계사
제47과 수도원의 지식생활과 경제생활	세계사
제48과 중고(中古)의 도시생활과 상공업	세계사
제49과 중고(中古)의 건축과 기타 미술	세계사
제50과 중고(中古)의 대학	세계사
제51과 수당(隋唐)간의 경제상황	중국사
제52과 수당(隋唐)시대 일본의 중국화	중국사
제53과 수당(隋唐)시대 중외교통	중국사
제54과 당대(唐代)의 정치와 법률	중국사
제55과 당대(唐代)의 종교	중국사
제56과 당대(唐代)의 학술과 교육	중국사
제57과 중국 인쇄술의 발전	중국사
제58과 오대(五代)부터 원(元)까지 외족(外族)의 중국문 화 유린	중국사
제59과 본기(本期) 한족의 국가사상	중국사
제60과 본기(本期) 중국사회의 변화	중국사
제61과 본기(本期) 중국의 국가사회주의	중국사
제62과 본기(本期) 한족 철학의 충돌	중국사
제63과 본기(本期)의 건축학	중국사
제64과 본기(本期)의 도자기술과 기타 미술	중국사
제65과 몽골인 서정(西征)의 정치와 그 영향(몽골인과 러시아 페르시아 및 인도와의 관계)	세계사
제66과 몽골인이 중국을 점거한 영향	세계사
제67과 회교세력의 확대	세계사
제68과 기독교도와 회교도의 충돌	세계사

근고사(近古史)	제69과 이탈리아의 문예부흥운동	세계사
	제70과 서양 국가주의의 시작과 국어문학의 홍기	세계사
	제71과 근세 과학의 시작	세계사
	제72과 종교개혁	세계사
	제73과 13세기 이래 유럽 제 민족의 탐험사업	세계사
	제74과 종교개혁시기의 중국	중국사
	제75과 가톨릭과 서학의 중국 전래	중국사
	제76과 양명철학	중국사
	제77과 원명(元明)간의 중외 교통	중국사
	제78과 17~8세기 중국문화상의 서양문화의 영향	중국사
	제79과 17~8세기 중국의 학술	중국사
	제80과 17~8세기 중국과 유럽국가와의 교섭	중국사
	제81과 잉글랜드의 헌정운동	세계사
	제82과 서구 여러 나라의 아메리카 식민과 식민시대의 생활	세계사
	제83과 서양 경제 침략주의의 충돌(17~8세기 사이 잉글랜드, 스페인, 프랑스 사이의 해상권과 식민지 쟁탈)	세계사
	제84과 공업혁신과 그 영향(노동자의 상황과 사회주의)	세계사
	제85과 18세기의 서양사상(인본파 이성파와 낭만파)	세계사
	제86과 18세기 서유럽의 경제사상	세계사
	제87과 근세 서구의 과학(16시기부터 18세기까지)	세계사
	제88과 근세 서구의 미술(16세기 이후)	세계사
	제89과 근세 영국문학	세계사
	제90과 18세기 세계 전제정치와 그로 인한 반동	세계사
	제91과 18세기 서양 중등계급의 민주주의 쟁취(아메리카 프랑스의 혁명)	세계사
근세사(近世史)	제92과 최근 백년 이래 세계사 1(비엔나회의에서 보불전쟁까지)	세계사
	제93과 최근 백년 이래 세계사 2(보불전쟁에서 태평양회의까지)	세계사
	제94과 일본의 서구화	세계사
	제95과 최근 백년간 독일 프랑스의 경제발전	세계사
	제96과 최근 백년간 미국의 경제발전	세계사
	제97과 일본 유신후의 경제발전	세계사
	제98과 1870년 이래 유럽 국가들의 경제침략주의의 충돌	세계사
	제99과 열강의 중국침략정책	세계사

제100과 19세기 말기 중국의 침략 대항 정책의 반동	중국사
제101과 일러(日俄)의 전쟁	세계사
제102과 유럽 여러 국가의 아프리카 침략정책	세계사
제103과 열강의 아시아 남부와 오스트레일리아 식민정책	세계사
제104과 미국의 먼로주의	세계사
제105과 유럽대전과 파리강화회의	세계사
제106과 전후 새로이 건국한 여러 나라의 국세	세계사
제107과 태평양회의와 금일 태평양의 형세	세계사
제108과 최근 백년간의 민본주의	세계사
제109과 최근 백년간의 과학 1(물리화학과 생물학)	세계사
제110과 최근 백년간의 과학 2(사회과학)	세계사
제111과 최근 백년간의 중요 발명	세계사
제112과 근 백년 이래 중국의 경제와 사회상황	중국사
제113과 근 백년 이래 중국의 통치문제	중국사
제114과 근 백년 이래 세계의 교육추세	세계사
제115과 근 50년 이래 중국의 사상 변천	중국사
제116과 최근 백년간의 세계주의	세계사

「고급중학 공공필수 문화사학강요」에 의하면 상고사(上古史)는 22
과 가운데 72%인 16과가 세계사이고 중국사는 6과로 27%를 차지하고
있다. 상고사의 세계사 부분에서는 나일강 유역의 지리와 이집트문화,
서아시아의 지리와 메소포타미아의 문화, 인도와 이란문화, 지중해의
지리와 그리스 문화를 주로 다루고 있는데 지리와 문화를 연결시켜 파
악하고 있는 점이 특징이다.

또한 그리스와 아테네에 대한 소개가 큰 비중을 차지하고 있다. 9과
부터 17과까지를 지중해의 지리와 에게문화, 그리스의 정치 경제와 아
테네의 정치와 철학, 과학과 미술, 문화, 그리스와 중앙아시아 여러 나
라와의 관계 등을 자세하게 서술하여 유럽문화의 뿌리가 그리스문화

38) 徐則陵, 「高級中學公共必須的文化史學綱要」(1923), 課程敎材硏究所 編, 위의 책,
17-20쪽.

에 있다는 점을 강조하고 있는 것으로 보인다. 중국사의 경우는 황하
유역의 지리와 고대 중국의 문화, 주나라와 진나라(周秦)의 봉건정치와
사회 경제, 제자백가의 사상, 고대 화족(華族)과 이민족과의 경쟁 등을
취급하도록 하였다.

중고사는 46과 가운데 24과가 세계사로 52%를 차지하고 있고 중국사
는 22과로 48%를 차지하였다. 중고사의 세계사 부분에서는 로마가 9과
를 차지하여 큰 비중을 차지하고 있다. 주로 그리스문화와 로마의 관
계, 로마의 이탈리아 통일과 헌정의 발전, 로마제국의 건설과 행정, 도
시와 농촌사회, 건축과 미술, 철학, 기독교 등을 다루어 그리스 · 로마
문화와 기독교가 융합하여 근세 서양문화의 기초가 되었다는 점을 강
조하고 있다.

또한 게르만민족의 민족정신과 대이동의 영향, 비잔틴문화, 유럽의
봉건사회와 교회, 수도원 도시생활과 상공업, 건축과 미술, 대학을 다
루고 있다. 특히 몽골인의 서정(西征)과 그 영향을 몽골과 러시아, 페르
시아 및 인도와의 관계를 중심으로 살펴보고 중국에 미친 영향도 검토
하도록 하고 있다. 이외에 이슬람세력의 확대와 이에 따른 기독교와
이슬람교의 충돌 등을 다루고 있다.

중국사의 경우는 진한시대 화족(華族)의 중국통일과 영토개척, 진한
(秦漢)시대의 사회와 불교의 중국 유입, 한(漢) 대의 교육과 학술 등을
다루고 있다. 다음으로 한위육조(漢魏六朝)시대의 이민족과의 관계와
중국사회의 변화, 불교와 중국사상 및 미술과의 관계를 살펴보고 다음
으로는 수당(隋唐)시대의 정치와 경제, 학술, 교육, 문화 등을 다루고
있다.

근고사(近古史)는 23과 가운데 70%에 해당하는 16과가 세계사이고
중국사가 7과로 30%를 차지하였다. 근고사의 세계사 부분에서는 이탈

리아의 르네상스와 근세 과학, 종교개혁, 13세기 이래 유럽의 탐험사업, 영국의 헌정운동, 아메리카 식민, 공업발전, 18세기 서유럽의 경제사상, 과학과 미술, 문학 등을 서술하도록 하였다.

중국사 부분에서는 가톨릭과 서학의 중국 전래, 양명학, 원과 명나라의 외국과의 교통, 17~18세기 중국문화에서 서양문화의 영향, 유럽과의 교섭 등을 다루도록 하였다. 중국사에서 가톨릭과 서학의 중국 전래와 서양문화가 중국문화에 미친 영향, 중국과 유럽국가와의 교섭 등 서양과의 관계를 비중 있게 취급하고 있는 점이 특징적이다.

근세사는 25과 가운데 84%인 21과가 세계사이고 중국사는 4과로 16%만을 차지하였다. 근세사의 세계사 부분에서는 비엔나회의에서 태평양회의까지의 세계사를 다루고 일본의 서구화, 독일과 프랑스, 미국의 경제발전, 1870년 이래 유럽의 경제침략과 열강의 중국침략정책, 러일전쟁(日俄戰爭), 유럽의 아프리카 침략전쟁, 열강의 아시아 남부와 오스트레일리아 식민정책, 미국의 먼로주의와 제1차 세계대전과 파리강화회의, 태평양회의, 최근 백 년간의 과학과 발명, 세계주의 등을 다루고 있다. 이 교과과정의 중국사 부분에서는 19세기 말 침략에 대항하는 중국의 정책, 근 백년 이래 중국의 경제와 사회, 통치와 근 50년 이래 중국 사상의 변천 등을 서술하도록 하였다.

이 교과과정은 상고사와 중세사, 근고사, 근세사에서 모두 세계사의 비중이 높았다. 이 교과과정은 전체 116과 가운데 세계사가 77과로 66%를 차지하고 중국사는 39과로 33% 정도를 차지하고 있다. 「고급중학 공공필수 문화사학강요」는 어떤 교과과정보다도 서유럽을 중심으로하는 세계사의 비중이 높았다.

이 교과과정은 고대의 그리스·로마문명부터 중세 유럽의 봉건제와 근대 유럽의 문예부흥과 종교개혁, 식민지 확장, 서구의 사상과 과학기술, 유럽의 근대화와 중국 침략, 태평양회의 등 세계사의 대부분을 유럽문명을 소개하는 데 할애하고 있다. 이 교과과정은 '세계주의'가 강조되는 분위기 속에서 세계사 속에서 중국사를 파악하려는 경향을 보이고 있었다는 것을 알 수 있다.

아울러 이 교과과정은 근현대 부분에서는 19세기 이후 중국이 당면하고 있었던 열강의 중국 침략정책과 주요 사건 등 현대사를 비중 있게 서술하도록 하였다.

「고급중학 공공필수 문화사학강요」는 당시에 중국에 소개된 신사학의 영향을 받아서 종래의 정치사 위주의 서술이 아닌 문화사를 강조하였고, 문화와 과학, 예술, 경제, 종교, 학술, 지식, 사회 변화 등의 비중이 높았다.

5. 1923년 신 교과과정에 대한 비판과 시행의 문제점

「초급중학역사과정강요」와 「고급중학 공공필수 문화사학강요」는 '세계주의'를 강조하면서 중국사와 세계사를 통합하여 가르치려 하였지만 이러한 주장에 대해 중국내에서 강한 비판이 대두하였다. 1926년 10월 호남성 창샤(長沙)에서 개최된 제11기 전국 성교육회 연합회(全國省敎育會聯合會)에서는 '국가주의'가 '세계주의'를 압도하였다. 당시 회의에서는 역사교과서 편찬에서 민족의 빛나는 역사와 현재의 민족이 쇠약해진 원인을 설명해야 한다. 공민교육은 민족자결을 대외적으로 유일한 목적으로 해야 한다. 사회교육은 일반 평민들의 민족주의를 제창하여 독립적이고 자주적인 공민을 양성해야 한다. 아동교육에서 국치를 당한 그림이나 이야기를 많이 채용하여 애국애족 관념을 불러일으켜

야 한다고 강조하였다.[39]

　루쉰(魯迅)과 같은 지식인도 중국에서 제1차 세계대전시기에 인류애와 세계주의가 제창되었지만 금년 전국교육연합회의 의안(議案)에서 볼 때 세계주의가 중국에 적합하지 않다고 보아 교육자들이 민족주의를 제창하였다고 하였다.[40]

　「초급중학역사과정강요」 등에 따라 중국사와 외국사를 합쳐서 편성하는 것은 당시의 교육현실에서 어려움이 많았다. 당시 북경정부는 국내의 정치적 불안정과 전쟁 등의 요인 때문에 적극적으로 교육정책을 수행하는 데 한계가 있었다. 이 때문에 「초급중학역사과정강요」는 제대로 시행되지 못하였고, 교과서 출판사도 역사교과서 수정에 소극적이었다. 실제로 상무인서관(商務印書館)과 중화서국(中華書局) 등 중화민국시기의 유명한 출판사들은 중국사와 외국사를 합친 역사교과서를 거의 출판하지 않았다.[41]

　「초급중학역사과정강요」가 제대로 시행되기 어려웠던 원인 가운데 하나는 당시 중국의 역사학과 역사교육의 상황과도 무관하지 않았다. 중국에서 근대적인 대학과 학문의 발전에는 후에 북경대학이 되는 경사대학당의 역할이 컸다.

　1898년 량치차오(梁啓超)는 「경사대학당장정」에서 경학(經學)을 비롯하여 '중외장고학(中外掌故學)'을 기초과목으로 정하였다.[42] 1902년

39) 上海『教育雜志』第十七卷 第十二號 (一九二五年十二月二十日), 第十八卷 第一號(一九二六年一月二十日).

40) 魯迅, 「馬上日記之二」, 『世界日報副刊』, 1926年 7月 19日·23日.

41) 何成剛, 「1923年『初級中學歷史課程綱要』論析」, 『歷史敎學』 2007-12期, 43-44쪽.

42) 기초 과목은 經學, 理學, 중외장고학, 諸子學, 初級算學, 初級格致學, 初級政治學, 初級地理學, 文學, 體操 등 10과목이었다. 「大學堂章程」(1898.07.02), 北京大學·中國第一歷史檔案館 編, 『京師大學堂檔案選編』(北京, 北京大學出版社, 2001), 30쪽.

「흠정경사대학당장정」은 '중외장고학'대신 '중외사학(中外史學)'으로 수정하였다. 외국사는 외국 상세사(上世史), 외국 중세사, 외국 근세사로 시대구분을 하였다.[43] 1904년 「주정고등학당장정」에서는 역사를 중국사, 아시아 각국사, 서양 각국사로 구분하였다.[44] 「주정대학당장정」에서는 문학과대학(文學科大學)의 9개 전공[45] 가운데 중국사와 만국사(萬國史) 전공을 두었고, 외국사 과목 대신에 '세계사' 과목이 등장하였다.[46] 당시의 만국사 개념은 세계사 개념과 같은 것이었다.

이 시기 경사대학당에서 사용한 일부 역사교과서는 일본의 교과서를 번역한 것이었다. 상해보통학서실(上海普通學書室)에서 번역하여 출판한 『보통신역사(普通新歷史)』는 일본중등학교 교수법연구회에서 편찬한 『동양역사(東洋歷史)』를 번역한 것이었다. 일본인 구와바라 지쯔죠(桑原騭藏)의 『동양사요(東洋史要)』도 판빙칭(樊炳淸)이 중국어로 번역하여 상해동문학사에서 출판하였고 민국시기에도 상무인서관에서 다시 수정하여 중학당교과서로 출판하였다. 일본 역사학은 중국에 수입되어 중국역사학과 역사학 내부 분과체제의 형성에 영향을 미쳤다.

경사대학당의 과정에는 '세계사'와 '서양각국사', '동양각국사' 등이 등장하고 있다. 당시 경사대학당은 장샤오취안(江紹銓: 江亢虎)과 일본인 사카모토 켄이치(坂本健一) 등을 초빙하여 세계사를 가르쳤다.

43) 「欽定京師大學堂章程」(1902.08.15), 璩鑫圭·唐良炎, 『中國近代教育史資料匯編: 学制演变』(上海, 上海教育出版社, 1991), 237-243쪽.

44) 「奏定高等學堂章程」(1904), 舒新城, 『中國近代教育史資料』中册 (北京, 人民教育出版社, 1961), 569-570쪽.

45) 문과대학의 전공은 중국사, 만국사, 중외지리, 중국문학, 영국문학, 프랑스문학, 러시아문학, 독일문학, 일본문학이었다. 「奏定大學堂章程」(1904.01.13), 璩鑫圭·唐良炎, 『中國近代教育史資料匯編·学制演变』(上海, 上海教育出版社, 1991), 349쪽.

46) 「奏定大學堂章程」(1904.01.13), 璩鑫圭·唐良炎, 『中國近代教育史資料匯編·学制演变』(上海, 上海教育出版社, 1991), 349-353쪽.

사카모토 켄이치의 세계사 체계는 중국학자들이 세계사교과서를 편
찬하는 데 큰 영향을 주었다. 1910년 경사대학당이 정식으로 단과대학
을 만들었지만 중국사 전공만 개설되었고, 만국사 전공은 개설되지 못
하였다.[47]

1912년 10월에 공포된 「교육부공포대학령」에 의하면 대학은 문과,
이과, 법과, 상과, 의과, 농과, 공과로 분류되었다.[48] 이러한 분류는
1904년의 「주정대학당장정」에서 경학과, 정법과, 문학과, 의과, 격치과,
농과, 공과, 상과 등 8개 분야로 분류한 것과 비교할 때 경학과가 없어
진 것이 중요한 특징이다.[49] 원래 「주정대학당장정」에서는 문학대학
안이 한학과에 경학전공, 사학전공, 문학전공을 두었었다. 그러나 임시
교육총장이었던 차이위안페이는 1912년 7월에 개최된 전국임시교육회
에서 보통교육에서 독경(讀經) 과목과 대학교에서 경과(經科)를 폐지
할 의사를 밝혔고[50] 이것이 이해 10월에 공포된 「교육부공포대학령」
에 반영된 것이었다.[51]

1913년 1월에 공포된 「교육부공포대학규정」에 의하면 문과는 철학,

---

[47] 王元周, 「中國史學的周邊視野:以亞洲史的沉浮爲中心」, 『동북아역사재단 국제학
술회의 '중심과 주변'에서 본 동아시아 세션 Ⅰ·Ⅱ 자료집』, 2007.12, 88쪽.

[48] 「教育部公布大學令」(1912.10.24), 璩鑫圭·唐良炎, 『中國近代教育史資料匯編:高等
教育』(上海, 上海教育出版社, 1991), 367쪽.

[49] 「奏定大學堂章程」(1904.01.13), 璩鑫圭·唐良炎, 『中國近代教育史資料匯編:学制演
変』(上海, 上海教育出版社), 349-353쪽.

[50] 羅志田, 『20世紀的中國: 學術與 社會 史學卷』(濟南, 山東人民出版社, 2000), 511쪽.

[51] 그러나 袁世凱는 1915년 「특정교육강요」를 반포하여 소학교와 중학교에서 다시
讀經과목을 개설하고 소학교와 초등소학교에서 『맹자』를 가르치고, 고등소학에
서 『논어』를 가르치도록 하였다. 중학교에서는 『예기』와 『대학』, 『중용』 등을 가
르치도록 규정하였다. 또한 대학교와 별도로 경학원을 독립적으로 설치하여 경
학을 교육하도록 하였다. 그러나 원세개 사후에는 폐지되었다. 「特定教育綱要」
(1915.01.22), 璩鑫圭·唐良炎, 『中國近代教育史資料匯編:学制演変』(上海, 上海
教育出版社, 1991), 752-757쪽.

문학, 역사학, 지리학으로 분류하였다.[52] 이 대학규정에 의하면 대학의 역사학과는 중국사·동양사와 서양사로 구분되었다.

중국사·동양사 커리큘럼은 사학연구법, 중국사, 새외민족사, 동방 각국사, 남양 각도사(各島史), 서양사개론, 역사지리학, 고고학, 연대학, 경제사, 법제사, 외교사, 종교사, 미술사, 인류 및 인종학 등의 과목을 개설하고, 서양사는 사학연구법, 서양 각국사, 중국사개론, 역사지리학, 고고학, 연대학, 경제학, 법제사, 외교사, 종교사, 미술사, 인류 및 인종학 과목을 개설하도록 하였다.[53]

문학에서는 각 문학의 분야별로 중국사, 세계사, 영국사, 프랑스사, 독일사, 러시아사, 이탈리아사 등의 과목을 개설하도록 하였다. 그러나 북경대학은 1917년 이전에 중국철학과 중국문학, 영국문학 등의 3개과 만 설치되었고 역사학과 지리학은 설립되어있지 않았다. 당시 북경대 학은 예산이 충분하지 않아서 1917년 여름방학 이후에 사학과 지질학 부문을 설치하게 된다.[54]

북경대학의 사학 전공은 1913년 10월에 중지되었다가 1917년 가을 국사편찬처가 북경대학에 편입되면서 중국사 전공이 다시 부활하였다. 신설된 '중국사학과'는 국사편찬처의 일부 인사와 신문화운동에 불만 을 품은 교수들로 구성되어 보수적인 성향이 강하였다.[55]

국사편찬처는 쑨원(孫文)이 임시대총통이었을 당시 중화민국건국사

52) 「敎育部公布大學規程」(1931.01.12), 璩鑫圭·唐良炎, 『中國近代敎育史資料匯編·学制演变』(上海, 上海敎育出版社, 1991), 697쪽.

53) 「敎育部公布大學規程」(1913.1), 舒新城, 『中國近代敎育史資料』中冊 (北京, 人民敎育出版社, 1961), 654쪽.

54) 「大學改制之事實及理由」, 『新青年』第3卷 制6號, 1917.08.01.

55) 백영서, 「'동양사학'의 탄생과 쇠퇴」, 『창작과비평』2004년 겨울호(통권 126호), 2004.12, 110쪽.

를 편찬해야 한다는 의견이 있었고 1914년에 국사원(國史院)으로 설립되었다. 그러나 민국초기 정치적 혼란 등으로 제 기능을 하지 못하고 있다가 1917년 차이위안페이(蔡元培)가 북경대학교 교장이 되면서 국사원을 국사편찬처로 개명하고 북경대학에 설치하여 국사편찬을 담당하게 되었다.[56]

북경대학교에 중국사 전공이 설치된 것은 중국사학사에서 중요한 의미가 있었다. 그러나 초기 교과 과정과 교수진은 체계적으로 갖추어지지 못하였다. 당시 문과대 학장이었던 천두슈(陳獨秀)는 문과의 개혁에서 신문학을 중시하여 중국사 분야에는 적극적인 투자를 하지 않았다. 이 때문에 중국사 부문의 교원들은 대부분 신문화운동의 노선에 찬성하지 않는 교원들과 국사편찬처의 일부 편찬위원들로 구성되어 있었다.

북경대학에 개설된 과목도 1917년의 경우 중국통사, 지리연혁사, 법제사, 경제사, 학술사 등이었고, 1918년에도 동양통사, 역사연구법, 중국과 아시아 여러 나라 교통사, 인류학과 인종학이 개설되었을 뿐이었다. 이 가운데 인류학과 인종학은 철학과 합동으로 개설된 과목이었다.[57]

1919년 5·4운동 이전 북경대학교의 역사학은 국학(國學)의 일부분으로 취급되었고 역사학의 학문으로서의 '전문성'과 '독립성'을 갖추지 못하고 있었다. 북경대학교의 중국사 전공 커리큘럼[58]은 중국고대사

---

56) 羅志田, 앞의 책, 516쪽.
57) 羅志田, 앞의 책, 517-518쪽.
58) 사학과의 커리큘럼은 중국고대사, 중국중고사, 중국근대사, 청대사, 서양고대중고사, 서양근대사, 동양통사, 일본사, 중국의 역사지리, 역사연구법, 중국학술사상연혁사, 중국생계사(中國生計史), 중국민족사, 중국정치법률연혁사, 중국과 아시아 제국 교통사, 서양정치사, 사양외교사, 서양문명사, 청대의 고거학(考據學),

(上古부터 秦의 멸망까지), 중국중고사(中古史: 漢부터 隨의 멸망까지), 중국근대사(唐부터 明의 멸망), 청대사로 나뉘어 서구 역사학의 시대구분의 형식을 갖추고 있었지만 내용적으로는 전문화되지 못하고 있었다.

고대사를 가르쳤던 천한장(陳漢章)은 고대 문헌에 정통하였고 박학다식하였지만 신농복희(神農伏羲) 등을 강의하였고 근대 역사학에 대한 인식이 결여되어 있었다. 중고사를 가르쳤던 다이시장(戴錫章)은 차이위안페이(蔡元培)와 동년배로 과거 출신자였지만 '국학자'였지 역사가는 아니었다. 근세사를 가르쳤던 양동린(楊棟林)도 근대 역사학의 훈련을 전혀 받지 않은 인물이었다. 서양사 과목도 대부분 유학생들이 담당하였지만 사학을 전공하였던 경우는 없었고 서양에 다녀왔기 때문에 서양사를 가르치는 상황이었다.

이 가운데 전문성을 어느 정도 갖추고 있었던 경우는 예술사를 담당하였던 예한(葉瀚)과 사학사를 담당하였던 리다자오(李大釗)였다. 리다자오의 사학사 강의는 서양의 각 학파의 사학을 포괄하는 것이었지만 실제로는 유물사관을 강의하는 데 치중하였다.[59]

따라서 이 시기 중국에서 근대 역사학은 태동 상태에 있었고, 1930년대가 되어서야 역사학의 전문성이 확보될 수 있었다. 일부 연구자들은 중국의 세계사 학과 개설은 1949년 이후라고 하고 있다. 이렇게 세계사 학과 개설이 늦었던 것은 중국이 크게 낙후되어 있었고 다른 나라의 문호를 받아들일 준비가 안 되어 있었기 때문이었다.[60]

중국사교수법, 서양사교수법, 청대사편찬법의 연구, 만주문, 몽골문, 여진문, 서장문, 범문 등이 있었다. 『北京大學日刊』第15號(1917.12.02), 王學珍·郭建榮, 『北京大學史料 第2卷·2(1912-1937)』(北京, 北京大學出版社, 2000), 1057-1058쪽.

[59] 汪榮祖, 「五四與民國史學的發展」, 汪榮祖 編, 『五四硏究論文集』(臺北, 聯經出版事業公司, 1979), 25쪽.

실제로 중국은 전통적으로 주변 지역의 역사를 중시하지 않았다. 중국은 자신이 아시아의 중심이라고 생각하였기 때문에 주변국의 역사를 홀시하였다. 중국의 정사 속에 등장하는 주변국들과 민족들은 독립된 개체가 아니라 중국 주변의 오랑캐로 여기는 전통적인 관념이 자리 잡고 있었다.

1840년 아편전쟁에서 청이 패배한 이후 열강의 침략 속에서 중국의 시선은 서양사에 관심을 가지게 되었다. 그러나 중국인의 동아시아 국가들에 대한 시선은 조선과 같이 망국의 역사를 거울로 삼아야 한다는 정도의 관심밖에 없었다. 이러한 인식은 근대 역사학의 발전이 미비하였던 당시 중국 역사학계의 현실과 더불어 새로운 교과과정이 시행되는 데 장애가 되었다. 이러한 상황에서 세계주의에 기초한 「초급중학 역사과정강요」와 「고급중학 공공필수 문화사학강요」같은 교과과정이 제대로 시행되기는 어려웠다.

6. 맺음말

20세기 초 근대 신사학이 중국에 도입되었지만 역사학 연구와 교육에 적용되는 데는 시간이 필요하였다. 1918년 제1차 세계대전이 독일의 패전으로 종결되면서 중국에서 기존의 국가주의 교육이념이 쇠퇴하는 경향을 보였다. 대전 이후 중국에서는 국가주의를 대신하여 세계주의가 사상계의 주요한 흐름이 되었다. 이에 따라 교육에서도 서방의 세계주의 교육이념이 수용되었다.

---

60) 齊世榮, 「我國世界史學科的發展歷史及前景」, 『歷史硏究』 1994.02.15, 155쪽.

1923년에 제정된 「초급중학역사과정강요」는 '국가주의' 교육관이 후퇴하고 '세계주의'가 강조되던 당시의 경향을 반영하고 있었다. 이 역사과정은 학생들이 현실사회문제에 대해 관심을 가졌고 학생들의 학습 흥미와 성장을 중시하였다. 이 역사과정은 정치사와 문화사를 혼합하여 서술하였고 외국사의 내용은 유럽사 위주로 구성되어 있었다.

1923년에 반포된 「고급중학 공공필수 문화사학강요」도 전체 116과 가운데 세계사가 77과로 66%를 차지하고 중국사는 39과로 33%정도를 차지하였다. 「고급중학 공공필수 문화사학강요」는 어떤 교과과정보다도 서유럽을 중심으로하는 세계사의 비중이 높았다. 이 교과과정은 고대의 그리스 로마문명부터 중세 유럽의 봉건제와 근대 유럽의 문예부흥과 종교개혁, 식민지 확장, 서구의 사상과 과학기술, 유럽의 근대화와 중국 침략, 태평양회의 등 세계사의 대부분을 유럽문명을 소개하는 데 할애하였다. 이 교과과정은 '세계주의'가 강조되는 분위기를 반영하여 세계사 속에서 중국사를 파악하려는 경향을 보이고 있었다는 것을 알 수 있다.

「고급중학 공공필수 문화사학강요」는 당시에 중국에 소개된 람프레히트의 문화사와 로빈슨의 신사학 등의 영향을 받아서 종래의 정치사 위주의 서술에서 벗어나 문화와 과학, 예술, 경제, 종교, 학술, 지식, 사회 변화 등이 강조되었다.

「초급중학역사과정강요」와 「고급중학 공공필수 문화사학강요」는 '세계주의'를 강조하면서 중국사와 세계사를 통합하여 가르치려 하였지만 교육현장에서는 '국가주의'가 '세계주의'를 압도하였다. 「초급중학역사과정강요」 등에 따라 중국사와 외국사를 합쳐서 편성하는 것은 당시의 교육현실에서 어려움이 많았다. 당시 북경정부는 국내의 정치적 불안정과 전쟁 등의 요인 때문에 적극적으로 교육정책을 수행하는 데 한계

가 있었고「초급중학역사과정강요」는 제대로 시행되지 못하였다. 상
무인서관(商務印書館)과 중화서국(中華書局) 등의 출판사들도 중국사
와 외국사를 합친 역사교과서를 거의 출판하지 않았다.

새 교과과정이 시행되기 어려웠던 또 다른 원인은 당시 중국의 근대
적 역사학이 제도화되어 교육이 시행될 수 있는 여건이 미비하였기 때
문이었다. 중화민국의 최고 학부였던 북경대학교의 경우 근대적 역사
학의 연구와 교육이 1919년 5·4운동 이전까지 제대로 이루어지기 어
려운 여건 속에 있었다.

이 시기 중국의 역사학은 아직 체계를 갖추지 못하고 있었다. 특히
세계사 연구와 교육은 전문성을 확보하기 못하고 있었다. 또한 서구
열강의 침략이라는 상황 속에서 중국은 동아시아 국가에 큰 관심을 가
지지 않았다. 결국 1923년의 역사교과과정은 서구의 신사학을 수용하
여 정치사 위주의 서술에서 벗어나 문화와 과학 등을 강조하고 중국사
와 세계사를 통합하면서 세계사 교육을 강조하였지만 당시 중국의 현
실적인 벽에 직면하여 큰 성과를 거두지 못하였다.

일본의 근대 학문과 국사 편찬

수사(修史) 사업을 중심으로

이규수

1. 머리말

메이지유신은 기존의 사회 체제와 의식 세계의 대전환을 불러온 변혁이었다. 그것은 기본적으로 막번 체제가 공인한 가치 체계인 유교적 명분론과 이를 지탱하는 역사관을 부정하는 형태로 표출되었다. 주지하듯이 문명개화 시기의 근대 사상은 봉건제와 왕정제 사이의 모순, 그리고 개국과 쇄국을 둘러싼 논쟁 속에서 형성되었다. 서양 문명은 막말 유신기의 지식인 계층에게 인류의 역사적 진보를 앞서 체현한 것, 보편적 의의를 지닌 것으로 보였기에, 일본이 어떻게 서양 문명 수준에 도달할 수 있을지가 절박한 과제로 인식되었다.[1]

---

[1] 19세기 이전에도 일부 지식인 사이에서는 서구 문명의 장점을 수용해서 막부체제를 개혁할 수 있으리라는 논의 분위기가 형성되었다. 대표적인 인물은 와타나베 가잔(渡邊華山), 다카노 초에이(高野長英), 시마즈 나리아키라(島津齊彬) 등이었다. 이들은 당시 도쿠가와 막부를 개혁하고 근대화를 추진할 수 있는 원동력이 부국강병책에 있다고 판단하고, 실학을 융성시키고 인민을 보살피기 위해서는 서구 문명을 적극적으로 수용하는 개국정책의 추진이 필요하다고 강조했다. 그러나 이들의 주장은 막부의 탄압으로 개혁의 논리를 제대로 펼치지 못한 채 실패로 끝났다. 또 한편에서는 막부체제 안에서 부국강병의 원칙을 통해 강력한

메이지 정부는 기존의 유교적 가치를 대체할 수 있는 새로운 가치 체계를 일원적으로 제시하지 못했다. 근대 일본의 의식체계는 실학주의와 지식주의에 기초한 양학사상과 인륜의 중핵으로서의 존왕주의적 유학사상의 충돌 형태로 드러났다. 당시는 국학 이념을 중시하는 전통적인 사상이 계몽사상가들을 여전히 압도하고 있었다. 또 1870년대 후반에는 황도주의 사상이 전통유학과 존왕사상을 합치시켜 강력한 신민(臣民)을 형성하는 이데올로기로 등장했다. 이것은 서구사상이 지니고 있는 자유주의적인 인간관을 부정하고 관료주의적인 군대 조직의 사상과 상호 보완하는 성격을 지닌 것으로, 막번 체제를 무너뜨린 신흥 무사계층의 전통적인 황도사상이 체계화된 것이었다.[2)]

국가주의 체제를 구축하려는 새로운 세력도 등장했다. 대표적인 인물은 사쿠마 쇼잔(佐久間象山), 요코이 쇼난(橫井小楠), 마키 이즈미노카미(眞木和泉守) 등으로 이들은 군사 부문의 개혁에 관심이 많은 무사 계층이었다. 이들은 외세 배척을 주창한 양이론에서 서구 문명을 적극적으로 수용하자는 개국론으로 전향했고, 일본의 전통적인 유교사상에 대한 재해석을 통해 서양의 사상과 문화와의 접합을 모색하면서 일본의 근대화를 추진하려는 절충적이고 과도적인 성격의 개혁을 지향했다. 이후 이들의 개국을 둘러싼 논의는 요시다 쇼인(吉田松陰), 하시모토 사나이(橋本左內) 등 국수주의적 정한론자에게 계승되었다. 吉田光, 『日本近代哲學史』(講談社, 1968), 18-35쪽 참조.

2) 일본 사학사의 흐름에 대해서는 다음 연구들이 도움이 된다. 家永三郎, 『日本の近代史學』(日本評論新社, 1957); 小沢栄一, 『近代日本史學史の研究』(吉川弘文館, 1968); 大久保利謙, 『大久保利謙著作集 7 日本近代史学の成立』(吉川弘文館, 1988); 田中彰・宮地正人[校注], 『日本近代思想大系 13 歷史認識』(岩波書店, 1991); 遠山茂樹, 『日本近代史學史』(『遠山茂樹著作集』第9巻) (岩波書店, 1992); 小路田泰直, 「日本史の誕生-『大日本編年史』の編纂について」, 西川長夫・渡邊公三編, 『世紀轉換期の國際秩序と國民文化の形成』(柏書房, 1999); 桂島宣弘, 「一國思想史學の成立-帝國日本の形成と日本思想史の『發見』」, 西川・渡邊編, 『世紀轉換期の國際秩序と國民文化の形成』(柏書房, 1999); 東京大学史料編纂所[編], 『東京大学史料編纂所史史料集』, (東京大学史料編纂所, 2001); 永原慶二, 『20世紀日本の歴史學』(吉川弘文館, 2003) [번역본은 나가하라 게이지 지음・하종문 옮김, 『20세기 일본의 역사학』(삼천리, 2011)]; 東京大学史料編纂所編, 『歴史学と史料研究』(山川出版社, 2003).

근대 학문의 한 영역으로서의 메이지 시기의 일본 사학계는 역사의 객관적 기술을 둘러싸고 사실인가 허구인가라는 이항대립적인 논의가 지속되었다. 격동기 상황을 반영하여 역사인식과 서술 담당자도 신구가 뒤섞여 어느 쪽이 주도권을 장악할 것인지 불투명했다. 나가하라 게이지(永原慶二)도 구분하듯이, 일본 사학의 조류는 막부 이래의 유교적 명분론을 존왕론으로 대치하여 '천황-신민'의 명분론으로의 재생을 도모한 유교계 이데올로기 그룹, 유교를 모체로 하면서도 청의 고증학을 활용하여 봉건적 명분론을 극복하려는 사족 출신의 한학자 그룹, 그리고 신화에 국가의 정체성을 발견하려는 복고적 역사관을 주장하는 국학-신도계 학자들과 서구문명에 대한 이해를 강조하는 문명-개화론자 등 다양한 그룹이 혼재했다.[3] 이러한 사조는 아직 역사학으로 전문화되기 이전의 미분화된 형태였지만, 후술하는 바와 같이 이들은 초창기 역사학의 주도권을 둘러싸고 당파적인 측면을 지니고 서로 대항했다. 이런 상황은 '왕정복고' 이념에 바탕을 둔 근대 천황제국가가 성립된 직후부터 이루어진 수사(修史) 사업에도 그대로 표출되었다.

일본 근대 역사학이 성립되는 데 메이지 신정부가 설립한 역사편찬 기관에 종사하던 학자들이 커다란 역할을 수행했다. 그들 대다수는 한학의 소양을 바탕으로 '고증학'이라는 본문비판(text critic)의 방법론을 습득했다. 수사 사업에 초기부터 관여한 시게노 야스츠구(重野安繹) 등은 고증학의 방법론에 의거하면서 자료의 수집과 비교검토, 역사적 사실의 확정에 중점을 두었다. 이러한 특징은 그들이 주축이 되어 이루어진 역사서의 편찬사업에도 그대로 반영되었다. 그들은 먼저 방대한 자료의 수집을 통해 정확한 사실을 확정한 연대기를 작성하고 이에

---

3) 나가하라 게이지 지음 · 하종문 옮김, 앞의 책, 21-23쪽 참조.

근거한 편년체 역사서 편찬을 주장했다. 이런 자세는 국학자와의 대립을 초래했다. 예를 들면 천황가의 계보를 둘러싸고 보다 엄밀하게 사실을 확정하려는 시도는 천황가의 정통성을 강변하는 국학자와의 대립을 초래한 필화 사건으로 비화했다.

이 글에서는 기존의 연구 성과를 바탕으로 일본의 근대 역사학의 성립과정에서 나타난 방법상의 문제와 '국사 편집'을 둘러싼 일련의 과정을 살펴보겠다. 메이지 신정부는 후술하는 바와 같이 '왕정복고'의 이념에 따라 '육국사(六國史)'·『대일본사(大日本史)』를 계승하는 형태로 『대일본편년사(大日本編年史)』의 편찬사업을 진행하는데, 그 과정에서 '국사'의 학문방법론인 '고증사학＝실증주의사학'도 형성되었다. 또한 메이지 전기의 수사 사업을 둘러싼 논쟁 대상 가운데 하나는 역사 서술을 둘러싼 언어와 문체였다. 한문과 일문 가운데 어느 쪽을 선택하는 것이 타당한지를 둘러싼 갈등이었다. 그것은 한문과 동아시아 세계의 보편성, 일본과 민족 고유의 문화적 특수성, 논쟁과 역사서술을 위한 표현기법의 문제와도 연결되었다. 본론에서는 이런 논쟁의 역사적 연혁과 논쟁에 내재하는 근대 학문과 학술사상의 특징을 염두에 두면서, 메이지 정부가 국가의 위신을 걸고 내걸었던 수사 사업의 전개과정을 살펴본다. 이 작업은 역사학에서의 '근대'의 성립 문제를 비롯해 역사와 역사서술, 근대 학문과 역사학의 관련성을 고찰하는 기초적인 관점을 제공할 것이다.

2. 수사국의 창설

메이지 정부는 '왕정복고' 이념에 바탕을 두고 천황제 국가를 수립한 뒤, 곧바로 수사 사업에 착수했다. 국가가 통합의 궤적을 '정사'(正史)로 기록하여 정통성의 근거로 삼기 때문에 역사를 편찬한다는 사고방식은 '이십사사'(二十四史) 중국 역대 왕조가 채용하던 것이었다. 정부 안에 '사국'(史局)을 두고 사관을 등용하는 것이 원칙이었다.

일본에서도 고대 율령국가에서 같은 사고방식을 이어받아 '육국사'의 편찬이 이루어졌다.[4] 가마쿠라(鎌倉) 시대에 막부의 『아즈마카가미(吾妻鏡)』가 편찬되었으나, 조정이 정사를 편찬하는 전통은 헤이안(平安)·가마쿠라·무로마치(室町)·에도(江戶) 시대를 이어가지 못하고 단절되었다. 에도 시대에 미토(水戶) 번주 도쿠가와 미츠쿠니(德川光圀)의 명령에 따른 『대일본사(大日本史)』의 편찬은 진무(神武)부터 고코마츠(後小松)까지 '천황 100대'를 기전체로 편찬한다는 방침 아래 추진되었다.[5] 이 또한 정사 편찬사업에 가까운 것이었지만, 유교적 명분론을 바탕으로 한 역사서술이었기 때문에 메이지 정부가 이를 그대로 계승할 수는 없었다.

메이지 정부는 유신 다음 해부터 곧바로 수사 사업에 착수한다. 먼저 막부의 양학연구 교육기관인 쇼헤이코(昌平黌)와 가이세이조(開成

---

4) '육국사'는 『일본서기(日本書紀)』·『속일본기(續日本紀)』·『일본후기(日本後紀)』·『속일본후기(續日本後紀)』·『일본몬토쿠천황실록(日本文德實錄)』·『일본삼대실록(日本三代實錄)』 등 6종을 가리킨다. 국가사업으로서 이루어진 일본의 사서의 편찬은 아스카 시대(飛鳥時代)부터 헤이안 시대(平安時代) 전기에 걸쳐 행해졌고, 6종의 사서가 남았기 때문에 이를 '육국사'라고 부르고 있다. 이 때문에 일본사에서 '국사'라고 하면 '육국사'를 뜻하는 경우가 많다. 『일본서기』이전에도 『천황기(天皇記)』·『국기(國記)』 등의 편찬이 행해진 기록이 있으나, 이들은 현존하지 않는다. 또 '육국사'를 편찬한 이후에 「신국사(新國史)」라 칭해지는 일본사 편찬에 관련된 계획이 있었지만, 완성에는 이르지 못했다. 이에 대해서는 坂本太郎, 『六國史』(『日本歷史叢書』 27) (吉川弘文館, 1970) 참조.

5) 平泉澄編, 『大日本史の研究』(立花書房, 1957); 梶山孝夫, 『大日本史の史眼-その構成と叙述』(錦正社, 2013).

所)는 "이번에 왕정복고의 대업이 이루어진 이상 국사 편수의 대사를 일으켜 …… 개국의 성지(聖旨)를 내셔서 총재 이하 편수·기록 관리를 두시고 소장으로 하여금 겸무를 명하신다면 중대한 일이지만 간편하게 처리할 수 있다고 사료됩니다"6)라고 정부에 건의했다. 정부는 이를 받아들여 태정관(太政官)이 1869년 2월 쇼헤이코·가이세이조 두 곳에 '육국사'를 계승한 정사의 편수를 지시하고, 이 목적을 위해 같은 해 3월 20일 구 화학강담소(和學講談所)에 '사료편집국사교정국(史料編輯國史校正局)'을 설치했다.

이어 메이지 천황은 4월 4일 다음과 같은 칙서(「明治天皇宸翰御沙汰書」 또는 「修史の詔」)를 내리고, 보상(輔相) 산조 사네토미(三條實美)를 총재로 임명함으로써 본격적인 수사 사업의 개시를 선언했다.

수사는 만세불후(萬世不朽)의 대전(大典)이자 조종(祖宗)의 성거(盛擧)이니 삼대실록 이후 단절된 것이 어찌 큰 잘못이 아니겠는가. 이제는 가마쿠라 이후의 무문 전권(武門專權)의 폐해를 없애고 정무를 진흥시켜라. 그런 고로 사국(史局)을 열어 조종의 위엄을 이어 크게 문교를 천하에 펴고자 하여 총재의 직에 명하노라. 모름지기 속히 군신 명분의 뜻을 바로잡고 화이(華夷) 내외의 구별을 밝힘으로써 천하의 강상(綱常)을 부식시켜라.7)

천황의 칙서는 교정국 초대 총재로 산조 사네토미를 임명한다는 것이었는데, 구 막부세력의 반항인 보신전쟁(戊辰戰爭)이 수습된 것은 1개월 후인 5월 중순이었다. 천황 중심의 새로운 국가체제의 정착을 서두르던 신정부에게 '가마쿠라 이후의 무문 전권의 폐해를 없애고', '군신 명분의 뜻을 바로잡고 화이 내외의 구별' 요컨대 외국과는 다른 일

6) 『東京大学史料編纂所史史料集』, 3쪽.
7) 위와 같음.

본의 국체(國體)를 명확히 하는 것이 안정된 체제 유지를 위한 시급한 정치적 과제였을 것이다.

또 국민도덕의 근간으로서 '천하의 강상'을 '부식'할 수단으로서 관찬 국사(官撰國史)의 편수가 시도되었는데, 수사 사업의 전례는 '육국사'였다. '삼대실록 이후 단절된' 정사의 수사를 재개하는 사업은 왕정복고를 기본 이념으로 삼은 신정부에게는 역사에 기초해서 중국의 전통에 따라 '육국사'를 계승하고 새로운 천황 정권이 국가 통치의 정통성을 갖는다는 사실을 명시하는 방침이었을 것이다. 요컨대 신정부는 유교적인 대의명분론에 바탕을 둔 사서의 편찬을 의도했다.

이후의 경과는 매우 복잡하게 전개되었다. 교정국에서 개시된 수사 사업은 작업이 구체화되기 전에 중지되었다. 천황의 칙서가 반포된 지 반년 후인 1869년 10월 교정국은 유시마(湯島)의 대학교에 이전되어 국사편집국(國史編輯局)으로 개칭되었다. 그러나 대학 내부에서의 국학파와 한학파의 대립으로 인한 대학 폐쇄로, 같은 해 12월에는 '사료 편수를 중지시킨다'는 태정관 통달(通達)이 내려졌다.

한편 사업의 중단은 수사의 방침을 재고할 시간적 여유를 주었다. 1872년 10월 태정관 정원(正院)에 역사과(歷史課)와 지지과(地誌課)가 설치되어 수사 사업은 3년 만에 재개되었다. 역사과에서는 주로 『복고기(復古記)』 편찬이 이루어졌다. 『복고기』는 보신전쟁과 관련된 기록을 바탕으로 1867년 이후의 정치과정을 편년체로 기술한 메이지유신에 대한 기록이다. 신정부는 『복고기』의 편찬을 통해 수사 사업의 당초 목적 가운데 하나인 메이지유신의 역사적인 위상을 자리매김하고자 했다. 신정부는 승리한 기록이자 자신들의 정통성을 증명하기 위해 『복고기』의 필요성을 절감했기 때문이다.[8]

1875년 4월 역사과는 독립하여 태정관 직속의 수사국(修史局)으로 개편되었다. 수사국 국장은 역사과 과장이었던 나가마츠 츠카사(長松幹)였다. 부장(副長)으로는 시게노 야스츠구(重野安繹)가 기용되는 등 80여명의 인원이 사업에 참여했다. 수사국은 1875년 4월 『대일본사(大日本史)』를 준정사(準正史)로 삼아 그 서술이 끝나는 1393년 이후부터 1874년까지의 역사서를 편찬하기로 결정했다. 그러나 이후 1881년 12월에는 대상 기간이 고다이고(後醍醐) 천황이 즉위한 1318년부터 1867년까지로 변경되었고, 다시 한문 편년체의 역사서 편찬이 이루어졌다. 편찬의 주력은 시게노 야스츠구・구메 구니타케(久米邦武)・호시노 히사시(星野恒) 등 한학계 고증학자들이었다.[9]

도쿠가와 시대의 유학자들이 추구한 작업과 메이지 시대에 발달한 근대적 역사서술 사이에는 연속성이 있었다. 이는 수사국에 참여한 시게노 야스츠구의 존재를 보더라도 선명하게 드러난다. 시게노는 한학과 실증적 연구 분야에서 오규 소라이(荻生徂徠)의 전통을 계승한 가장 뛰어난 학자로 알려진 인물이다. 그는 중국과 긴밀한 관계를 맺는 것이 바람직하다고 강조했고, 학생들을 중국에 장기유학을 보내자고 제안했다. 또한 중국인처럼 중국어를 말하고 읽는 법을 배울 필요가 있다고 주장하며, 일본에서 한문을 읽는 전통적인 방식인 훈독의 문제점을 지적했다.

한편 시게노는 서양사 방법론으로부터도 깊은 감명을 받았다. 영국의 외교관 오거스트 마운지가 1879년에 세이난 전쟁에 대한 역사책을 발표하자, 시게노는 그 접근방식이 동아시아의 전통적인 편년체와는

---

8) 桑原伸介, 「近代政治史料收集の歩み 1−復古記を中心に明治初年の官撰修史事業」, 『参考書誌研究』 17, 1979.

9) 이들의 활동상에 대해서는 大久保利謙編, 『重野博士史學論文集』 補卷 (名著普及會, 1989); 関幸彦, 『ミカドの國の歷史學』 (新人物往来社, 1994); 松沢裕作, 『重野安繹と久米邦武−「正史」を夢見た歷史家』 (山川出版社, 2012) 등을 참조.

완전히 다르다는 사실에 주목했다. 그와 수사국의 동료들도 그 사건에 대한 문서기록을 수집했지만, 시게노의 눈에 비친 마운지의 책은 단순한 자료의 나열 이상이었다. 시게노는 "사실 진술에만 매달리는 일본이나 중국의 역사서와 달리 서양의 역사서는 원인을 탐구하고 결과를 고찰하면서 주제에 대한 구체적인 설명과 시대상황에 대한 선명한 그림을 제공해준다. 그 형식과 방법이 우리에게 많은 교훈을 준다는 데는 의심의 여지가 없다"[10]고 강조했다.

시게노는 1879년 12월 도쿄학사회원(東京學士會院)에서 「국사편찬의 방법을 논한다」라는 제목의 강연에서 "육국사는 실록이자 칙찬이며, 국가의 악덕 등은 감춰서 쓰지 않는 것이 있다"[11]고 단언했듯이, 국가 권력에 밀착함으로써 권력자에게 불리한 것은 서술하지 않는다는 역사학의 곡필 가능성을 자각하고 있었다. 시게노는 계보나 성장 배경과 달리 유럽 역사학의 방법에 관심을 보이며 다음과 같이 말했다.

　서양사의 무엇을 살피려는가 하면……크게 화한사(和漢史)와 다르기에 수사의 참고로 쓰려고 생각한다. 다만 그 내용은 시간에 따라 기술된다고 하더라도 일의 본말은 반드시 그 다음에 정리하고 글 중의 요지 부분은 때때로 판단을 가하여 독자의 주의를 유발한다.……단지 우리나라와 중국의 일에 대해 쓰는 것과 달리, 사적에 근거하여 끝을 요하며 전말을 증명하여 현재의 사정을 글 안에 왕성하게 드러낸다. 그런 형식은 반드시 채용할 만하다.[12]

시게노는 전통적인 유학자와는 달리 연대기적 서술을 지양하는 서

10) 마리우스 B. 잰슨 지음·김우영 외 옮김, 『현대일본을 찾아서』(이산, 2006), 747-749쪽.
11) 重野安繹, 「國史編纂ノ方法ヲ論ズ」, 『東京學士會院雜誌』 1-8, 1880.
12) 위와 같음.

양사에 관심을 표명하면서 수사 사업에도 이를 적용하려 했다. 시게노는 여기에 머물지 않고 1878년 2월 서양 역사학의 서술 방식을 적극적으로 배우기 위해 스에마츠 겐초(末松謙澄)를 영국과 프랑스로 파견하여 양국의 역사 편찬 방법을 연구시키는 등 서양의 수사 사업의 방법론을 탐구했다. 유럽 역사학에 대한 시게노의 편견 없는 학습 의욕은 당시 전성기를 구가하던 문명사와 교류하면서 상호 접근하는 통로를 열었다.

수사국을 대표하던 학자들은 후술하듯이 1888년에 제국대학에 임시 편년사 편찬계가 설치되자, 제국대학 문과대학 교수 겸 편년사 편찬계 위원으로 부임했다. 한 명은 시게노였고, 다른 한 명은 이와쿠라 사절단을 수행하며 그들의 행적을 기록한 역사학자 구메 구니타케였다. 이들은 일본 고대사를 신화 중심의 서술방식에서 해방시키는 데 앞장섰고, 이윽고 몇 가지 역사적 추정의 사실성과 인물의 실존 여부에 의문을 제기했다.

시게노가 대표하는 고증학적 전통에 독일 역사학의 권위가 더해졌다. 1887년에 위대한 레오폴트 폰 랑케의 제자 루트비히 리스(Ludwig Riess)가 신설된 제국대학의 사학과 교수로 초빙되었다. 그는 세계사를 가르치는 일 뿐만 아니라, 역사학을 하나의 학문분과로 일본에 정착시키는 데 중요한 역할을 했다. 독일의 영향은 사료편찬에 대한 일본인의 열정을 보충해 주었다. 시게노와 구메는 수사국에서 제국대학으로 자리를 옮겨 사학자로서 학문적 역사연구에 착수했다. 랑케의 영향은 부산물을 낳았는데, 그는 유럽의 사례에 비추어볼 때 대외관계가 근대국가 생성의 핵심요소임을 확신하고 있었다. 일본이 도쿠가와 시대에 유럽과 달리 상대적으로 고립되어 있었음에도 불구하고 근대국가로 부상한 것은 19세기 개항의 결과라는 주장이 성립될 수 있었다. 이에 따라 대외관계에 관련된 문서를 수집하려는 야심찬 계획이 진행되었다.

3. 수사 사업의 전개

수사국이 발족할 당시 수사 작업에 관여한 인물은 한학계의 가와다 츠요시(川田剛)·시게노 야스츠구·나가마츠 츠카사, 국학계의 다니모리 요시오미(谷森善臣)·오고 가즈토시(小河一敏) 등이었다. 이들 가운데 나가마츠는『복고기』의 편찬을 담당했고, 나머지는 시대별로 관련 사료를 수집했다.

그러나 이들 사이에는 예견대로 '국사 편집' 방침을 둘러싸고 처음부터 이견이 표출되었다. 첫째, 사료의 수집 편찬을 주로 할 것인가 정사 서술을 목표로 할 것인가 하는 문제. 둘째, '육국사'를 계승한다면 당장 어느 시대부터 착수할 것인가 하는 문제. 셋째, 역사 서술의 경우 중국식의 편년체와 기사본말체 가운데 어느 쪽을 채용할 것인가 또는 문명사를 비롯한 유럽 역사학의 장점을 어떻게 수용할 것인가 하는 문제. 넷째, 서술 문체는 한문으로 할 것인가 일문으로 할 것인가의 문제 등이다.[13] 특히 수사관의 중심적인 역할을 수행하던 시게노와 가와다 사이에는 처음부터 극심한 대립이 있었다. 요컨대 시게노는 정사 서술을 주장했고, 가와다는 서술을 생략한 '사료 채집'만을 주장했다.

두 학자 사이의 논쟁은 다음과 같다. 1890년 4월 가와다는 도쿄학사 회원에서「외사변오의 설(外史弁誤ノ說)」이라는 강연에서 은연중에 시게노를 비판했는데, 시게노가 이에 대해 5월『사학회잡지』6호에

---

13) 나가하라 게이지 지음·하종문 옮김, 앞의 책, 27쪽.

「가와다 박사 외사변오의 설을 듣고(川田博士外史弁誤ノ說ヲ聞テ)」라는 역비판의 글을 싣는다. 시게노의 엄격한 사료 비판과 전승된 사실의 말살에 대해 가와다가 "사실의 탐색이 지나쳐서 충신 효자가 지하에서 통곡한다"[14]고 힐난했고, 이에 대해 시게노는 "그렇다면 사학의 발달 진보에 장해가 된다"[15]고 비판했다. 가와다가 역사를 '명교도덕'(名敎道德)에 종속시키려는 것에 비해, 시게노는 합리적 실증주의 입장에서 반대한 것이다. 시게노는 역사를 '명교도덕'으로부터 어떻게 해방시킬 것인가 하는 것을 절실한 문제로 인식했기 때문이다.

1877년 수사국이 폐지된 뒤 나중에 수사관(修史館)으로 축소되자 같은 해 1월 고학계의 다니모리 요시오미와 쇼고 기즈토시가 사직했다. 한편 한학계에서는 이와쿠라 사절단을 수행하여 『구미회람실기(米欧回覧実記)』의 편찬에서 수완을 발휘한 구메 구니타케가 수사관에 가세했다. 구메도 쇼헤이코 출신의 한학자로 이후 편년사 서술이 시작되면서 집필의 중심이 된다. 구메의 가세는 수사 사업에서 정사 편찬의 주도권을 고증학계 한학자가 장악한 것을 의미한다. 가와다는 수사관을 떠나 궁내성으로 자리를 옮겼고, 1882년에는 시게노의 주장대로 '정사' 편찬이 본격적으로 시작되었다.

'정사'의 형식은 편년사, 서술에는 한문이라는 고풍이 채용되었다. 서술의 시작은 앞의 1869년 천황의 조칙에서는 '육국사'를 잇는다고 했으나 수사국 발족 당시에는 앞에서도 지적했듯이 고코마츠 천황부터 착수하기로 되었다가, 최종적으로는 고다이고 천황부터로 변경되었다. 남북조 시대의 중요성에 무게를 둔 구메의 의향이 반영된 것이었다.

이상의 내용은 고코마츠 천황까지를 기전체로 서술한 『대일본사』를

---

14) 川田剛, 「外史弁誤ノ說」, 1890.
15) 重野安繹, 「川田博士外史弁誤ノ說ヲ聞テ」, 『史學會雜誌』 6, 1890.

정사로 규정하고 이를 계승한다는 수사국의 인식을 변경한 것이며, 분포에서 메이토쿠(明德)까지 즉 남북조 시기의 서술은 『대일본사』와의 중복도 개의치 않겠다는 의미가 된다. 따라서 『대일본편년사』가 『대일본사』를 넘어서야 한다는 사명을 짊어진 것이기도 했다.

이처럼 『대일본편년사』의 출범은 처음부터 험난했다. 한학계 학자의 수사 사업에서의 독점 방식은 1882년 신관(神官) 양성 기관으로 개설된 황전강구소(皇典講究所)가 신도-국학계 학자들이 집결한 거점이 되고 후일 대일본제국헌법과 교육칙어를 제정하는 데 활약한 이노우에 고와시(井上毅)의 강력한 지원을 얻게 됨에 따라, 양자 간의 갈등은 더욱 증폭되었다. 이는 『대일본편년사』로 상징되는 수사 사업의 방향과도 연관되는 일이었다.[16)]

한편 수사국의 설치와 수사 사업의 전개는 일본 근대 사학사의 출발점으로서 매우 중요한 의의를 지니고 있었다. 하지만 1885년 12월 태정관제를 대신하여 내각제가 도입되자, 수사 사업은 사실상 국가사업으로서의 지위를 상실하고 1888년 10월에 제국대학 문과대학으로 이관되었다. 앞에서도 살펴보았듯이 수사관은 1882년부터 '정사'를 편찬하기

---

16) 이노우에 고와시는 추밀고문관·문부상 등을 역임했다. 1871년 사법성에 들어가 법제(法制) 관료의 길을 걸었고 1872년 도구조사단(渡歐調査團)의 일원으로 프랑스·독일을 중심으로 법학을 배우고 법제 조사에 종사했다. 귀국 후 법률제정이나 제도개혁에 있어 이토 히로부미(伊藤博文)의 참모가 되었다. 특히 메이지 헌법 제정 때는 독일의 법학자 H. 로에스렐 등 외국인의 조언을 받아 그 골격을 기초했다. 또한 교육칙어(敎育勅語) 문안의 작성을 비롯하여 중요 안건을 기초하고 의견서를 제출하는 등 메이지 중기의 중요한 문제에 대부분 참여했다. 이러한 의미에서 그는 '메이지 국가의 이데올로그'라 불린다. 이에 대해서는 海後宗臣編, 『井上毅の敎育政策』(東京大學出版會, 1968); 坂井雄吉, 『井上毅と明治國家』(東京大學出版會, 1983); 梧陰文庫硏究會編, 『明治國家形成と井上毅』(木鐸社, 1992); 野口伐名, 『文部大臣井上毅における明治國民敎育觀』(風間書房, 2001) 등을 참조.

시작했지만, 국학－신도계 학자들과 그들을 지지하는 이노우에 고와시 같은 관료의 압력이 거셌다. 더욱이 국가 스스로가 자신의 '정사'를 서술한다는 중국의 방식이 근대 국가를 지향하는 정부에게 합당한가 하는 근본적인 문제도 제기되었다. 수사국은 수사관으로 축소 개편되었고 내각제도로의 전환을 계기로 존폐 문제까지 생겼다.

1885년 11월 수사관은 편년 서술과 사료 수집 작업의 완료 시점을 1887년으로 정한 종래의 계획을 1889년까지 연장해줄 것과 수사관의 존속을 정부에 요청했다. 그러나 1885년 12월 내각 제도로의 이행에 따라 수사관은 폐지되고, 다음 해 1월 내각 임시수사국으로 바뀌면서 위상은 더욱 낮아졌다(권면 연표 참조).

더욱이 같은 해 3월 제국대학령이 공포됨에 따라 문과대학의 초빙으로 1887년 2월 랑케의 제자 루트비히 리스가 독일에서 일본으로 들어와 유럽 근대 역사학의 방법론이 전파되었다. 이를 계기로 9월 제국대학에 '사학과'가 창설되고, 다음 해 10월에는 제국대학 총장 와타나베 고키(渡辺洪基)가 '임시수사국'의 사업을 내각에서 제국대학으로 이관하여 '임시편년사편찬계'를 만들자고 상신한 결과, 시게노가 편수 책임자가 되었다.[17]

---

17) 와타나베 고키는 1888년 10월 내각에 '내각임시수사국을 폐지하고 사업을 제국대학으로 이속할 건'이라는 청원서를 제출했다. 와타나베는 이관의 이유에 대해 "1885년 12월 내각 변혁에 즈음하여 종래부터 착수한 편년사 편찬사업을 계속하기 위해 내각에 임시수사국을 설치하여 오늘날까지 편찬에 종사해 왔습니다. 물론 이러한 수사 사업은 내각에서 관리할 일은 아닙니다만, 다년간 착수한 편찬사무를 도중에 그만두는 것은 매우 애석함으로 특별히 임시라는 말을 붙여 임시수사국을 설치하고 편년사 편찬사업을 완료한 이후에 다시 논의하자는 취지였습니다. 그런데 별지 참조서와 같이 최근 제국대학에서 국사과 설치가 필요하다는 논의가 있습니다. 이번에 임시수사국을 폐지하고 수사국의 사무를 모두 제국대학으로 이관하는 것이 일거양득일 것입니다"고 말했다. 小路田泰直,「國史の誕生と『大日本編年史』編纂の中止」, 東京大學史料編纂所編, 『歷史學と史料研究』(山川出版社, 2004), 1쪽.

이에 따라 1884년 교수가 된 수사관의 시게노에 이어 구메 구니타케도 제국대학 교수로 부임했고, 1889년 6월에는 문과대학에 '국사과'가 개설되었다. '국사과'가 개설되고 얼마 지나지 않아 1889년 11월 리스의 지도에 따라 '사학회'가 청설되었다. 회장에는 시게노가 취임했고, 12월 15일에는 기관지『사학회잡지(史學會雜誌)』(이후『사학잡지』)가 발간되었다. 이는 일본 근대 사학사에서 하나의 전기를 이룬 일이었다. '사학과'는 이른바 '서양사'를 주된 내용으로 삼았기 때문에 '국사과'의 병설에 따라 비로소 자국의 역사를 연구하는 체계가 아카데미즘 속에서 확실한 지위를 얻어 일본사 연구과 역사학의 모양새를 갖추는 일이었다.

1889년 11월 1일 시게노는 사학회 창립대회 석상에서 '사학에 종사하는 자는 마음이 지공지평(至公至平)해야 한다'는 제목으로 다음과 같은 강연을 했다.

> 요즘 세상에는 역사의 필요를 느끼고……논설을 여러 잡지에 게재하는 자가 있지만 편파적인 설이 많으며 공평을 결여한 듯하다. 적어도 사학에 종사하는 자는 먼저 마음을 바로잡아야 하며, 만약 마음이 불공불평하다면……허다한 폐해를 낳고 급기야는 학문의 목적을 달성할 수 없으며, 사학의 발달을 가로막게 될 것이다. 따라서 역사가는 응당 마음을 공평히 하여 편견과 사적인 뜻을 개입시키지 않도록 힘써야 한다.[18]

시게노가 이 발언을 통해 염두에 둔 것은『대일본사』로 대표되는 유교적 명분론에 선 역사관, 기기신화(記紀神話)가 곧 사실이라는 국학─신도계 역사관에 대한 비판이었다. 시게노는 이어 "먼 옛날부터 역사와

---

18) 重野安繹, 「史学ニ從事スル者ハ其心至公至平ナラサル可カラス」, 『史學會雜誌』 1, 1889.

유학을 합병하는 자가 있으나, 역사는 유학을 버리고 연구해야 한다. 혹여 유학을 합병하려고 하면 실로 역사의 본체를 잃는다"[19]고 강조했다.

또 시게노는 '정사' 서술의 시점과 연계하여 특히 『태평기(太平記)』의 사료 비판에 철저했다. 그는 정사로 평가되는 『대일본사』가 『태평기』를 안이하게 사실인 듯 취급하는 것에 반발했기 때문이다. 이러한 시게노의 인식은 '세상에 유포되는 역사는 대부분 사실이 틀린 설', '학문은 결국 고증으로 귀결된다' 등과 같은 인식을 평생 실천한 역사가로 근대 일본의 이른바 관학 아카데미즘 실증주의 사학의 형성에 중요한 역할을 수행했다.

4. '구메 필화사건'과 『대일본편년사』

수사 사업의 결과물은 『대일본편년사』라는 명칭으로 1890년에는 출판준비에 들어갔다. 그런데 1891년 10월부터 12월에 걸쳐 구메가 『사학회잡지』에 발표한 논문 「신도는 제천의 풍속(神道は祭天の古俗)」이 다음 해 1892년 1월에 다구치 우키치(田口卯吉)가 주재한 『사해(史海)』지에 전재되자, 신도가·국학자 등은 일제히 비난에 나섰다. 결국 구메는 같은 해 3월 제국대학 문과대학 교수 겸 사지편찬계(史誌編纂掛) 위원직으로부터 배제되었다. 소위 '구메 필화사건'이다.[20] 구메는 먼저 다

---

[19] 위와 같음.

[20] '구메 필화사건'에 대해서는 大久保利謙, 「神道祭天古俗論－久米邦武の大學追放」, 『嵐のなかの百年－學問彈壓百年』(勁草書房, 1952); 宮地正人, 「近代天皇制イデオロギーと歴史学－久米邦武事件の政治史的考察」, 『天皇制の政治史的研究』(校倉書房, 1981); 宮川康子, 「歴史と神話の間考証史学の陥穽」, 『江戸の思想』8, 1998 등을 참조.

음과 같이 말하면서 '신도'를 객관적인 연구의 대상으로 삼았다.

> 일본은 신을 받들고 불교를 숭상하는 나라이며 국가는 그 과정에서 발
> 달했는데도, 지금까지 역사가는 연혁을 더듬는 일을 허술히 한 탓에 사실
> 의 심층을 파헤치는 데 이르지 못했다.[21]

구메는 이 논문을 통해 일본 사회에 자리 잡은 '가미'(神) 신앙이나
그와 분리될 수 없는 황실의 존재에 정치적으로 공격하려는 의도는 없
었으나, 기기 신화를 성전으로 간주하여 '국체'와 결부시켜 독선적인 역
사상을 주장하는 신도—국학계에 대해서는 비판적인 자세를 표명했다.
그는 신도를 유교나 불교와 대치시키고 구별하여 배타적 우월성을 주
장하는 것을 다음과 같이 부정했다.

> 생각건대 신도는 종교가 아니기 때문에 유선이생(誘善利生)이라는 취지
> 가 없다. 다만 하늘에 제사를 지내고 양재초복(壤災招福)을 기원하는 정도
> 라면 불교와 나란히 행해져도 전혀 문제가 없다.[22]

신도를 종교로 보고 제정일치와 폐불훼석을 주장하는 쪽의 편협함
을 부정한 것이다. 구메는 '가미' 신앙을 어느 민족에게서도 공통적으
로 찾아낼 수 있는 '제천의 풍속'으로 바라보았고, 그러한 신도를 일본
만의 종교이며 '국체'의 기초라고 보는 주장이 지닌 기본적인 오류를
다음과 같이 지적했다.

---

21) 久米邦武,「神道は祭天の古俗」, 田中彰・宮地正人[校注],『日本近代思想大系 13
歷史認識』(岩波書店, 1991), 446-465쪽.
22) 위와 같음.

그런 자랑스러운 국체를 보존하려면 시운에 따라 차근차근 진화함으로써 황실도 더욱 존영할 것이며 국가도 강성해질 것이다. 세상에는 평생 신대(神代) 부분만 강의하고 아무 의미도 없이 국체가 신도에서 시작했다고 말하면서, 언제까지나 그 강보에 쌓여 제정일치 국가에 살고자 희망하는 자도 있다.……그저 대신궁의 후광에만 의지하는 것은 또한 떨어지는 낙엽과 다름없다.[23]

이러한 인류사적 보편성과 진보에 대한 확신을 드러낸 구메의 주장에 대해 신도-국학파는 곧바로 반격에 나섰다. 국민 교화를 목적으로 권력의 지지를 얻어 1889년 창간된 『국광(國光)』이 무대가 되었다. 1892년 2월 『국광』에는 필자 불명의 「국가의 대사를 폭로하는 자의 불충불의를 논한다」에서는 "비록 사실일지라도 혹여 군국(君國)에 해가 되고 이득이 없는 것은 연구하지 않는 것이 학자의 본분이다. 하물며 허구를 발설하는 자는 두말할 나위가 없다"[24]며 구메를 비난했다. 신도를 원시 부족 정도의 사미 신앙으로 보는 것은 '군국에 해가 되며', '대사를 폭로하는 것은 학자의 본분에 어긋난다'는 것이다.

또 같은 호에는 신도 학자 사에키 아리요시(佐伯有義)도 「구메 구니타케 씨에게 묻는다」라는 글을 실었는데, '구메 씨 논의 요점'에서 다음과 같이 비판했다.

하늘이라 지칭되는 곳에는 실물이 있지 않으며, 다만 고대 인민이 상상에서 만들어 낸 것이라고 한다.……구메 씨의 설은 국체를 훼손하고 교육 칙어에 위배되는 바이다.[25]

---

23) 위와 같음.
24) 「國家の大事を暴露する者の不忠不義を論ず」, 『國光』 1892.
25) 佐伯有義, 「久米邦武氏に問ふ」, 『國光』 1892.

사태는 학문적인 논쟁에 머무르지 않았다. 구메의 논문이 게재된 다음 달인 2월, 신도 학자 4명이 구메를 방문하여 내용을 철회하라고 독촉했고, 궁내성·내무성·문부성에 구메의 파면을 요구했다. 결국 구메는 3월 4일 제국대학에서 휴직했고, 『사학회잡지』와 『사해』는 안녕과 질서를 어지럽혔다는 명분으로 발매금지 처분을 받았다. 나아가 구메 사건은 수사 사업에도 영향을 주었다. 1893년 4월 10일에는 제국대학 국사편찬 사업이 정지되었고, 사지편찬계도 폐지되었다. 요컨대 시게노와 구메 등이 『태평기』의 사료가치를 부정하고, 진무 천황 즉위 기원(황기)에 대해서도 의문시하는 등 대의명분론적인 서술을 역사로부터 배제한 것에 대한 신도가·국학자와 일부 천황제 국가 관료 등의 반발을 초래한 것이다.

1893년 3월 29일 이노우에 고와시(井上毅) 문부대신은 당시 내각총리대신 이토 히로부미(伊藤博文)에게 『대일본편년사』의 편찬 중지를 요청했다. 이노우에의 요구는 다음날 각의에서 양해를 받았다. 이노우에가 편찬 중지를 요청한 이유는 두 가지였다. 하나는 "1869년 수사 총재를 두었고, 1875년 수사국 직제를 정했다. 1880년에는 다시 수사관을 두었고, 더욱이 1885년 12월에는 내각에 임시수사국을 두었다. 그리고 1888년 10월에 이르러 임시수사국의 사업을 모두 제국대학에 부속시켰다. 그러나 편찬 착수 이후……지금에 이르러 20년간 여전히 각별한 성적을 올리지 못하고 있다"[26], 요컨대 사업이 장기간에 걸쳐 지체되고 있기 때문이었다. 또 하나는 "편찬의 문체는 한문이다. 그런데 한문은 오늘날 관용에서 쓰는 문자가 아니다. 또 교육에서 사용하고 있는 곳도 없다"[27]는 것으로 편찬사업이 일문(和文)이 아닌 한문으로 이루어

26) 『公文類纂』.
27) 위와 같음.

지고 있다는 점을 지적했다. 근대 국민국가의 정사를 서술하는 데 민족의 말을 사용하지 않는다는 문제를 제기한 것이다.[28]

더욱이 이 사건의 여파로 1893년 4월 10일에는 수사 사업 자체가 중지되어, 『대일본편년사』는 완성을 눈앞에 두고 결국 공간되지 못했다. 사업 중지의 이유는 공식적으로는 사료를 "충분히 생각해서 이해하고 소화하여 일부 사서 『대일본야사(大日本野史)』 등과 같은 것을 편술하는 데 이제 국가의 힘이 필요치 않다. …… 각자 좋아하는 곳을 각자의 견식에 따라 저작해야 한다"[29]는 것이고, 또 『대일본편년사』는 한문인데 "국사를 서술함에 있어 국문을 사용하지 않는 것은 불가하다"[30]는 것이었다. 이후 수사 사업은 1895년 4월 제국대학 사료편찬계(1929년에는 사료편찬소로 개칭)가 설치되어, 편년체 사료집의 편찬으로 변경되었다. 1901년 2월부터 『대일본사료(大日本史料)』가 간행되었다.

5. 맺음말

1869년 메이지 정부는 고대 일본의 율령국가가 편찬한 공식 역사서인 '육국사'를 계승한 정사 편찬사업을 개시했다. 이에 1876년 수사국은

---

28) 이노우에 고와시는 비공식적으로 『대일본편년사』의 편찬 중지 이유에 대해 "그 무렵 대개 일본국사라는 표제의 교과서를 첫 한두 장을 펼쳐보면 제실의 조상은 인도인이라거나 혹은 조선인이라고 한다. 말도 되지 않는 것을 쓰고 있다. 이에 나는 수사국을 없애버렸다. 병근(病根)이 바로 거기에 있다고 생각했기 때문이다("皇典講究所口話筆記草案", 『井上毅傳』 史料編第二 (國學院大學圖書館, 1969), 605쪽)"고 말했다. 小路田泰直, 앞의 논문, 1쪽에서 재인용.
29) "史誌編纂掛廃止につき明治三三年段階の史料編纂掛説明", 『東京大學史料編纂所史料集』(東京大學出版會, 2002), 41쪽.
30) 위와 같음.

『메이지사요(明治史要)』제1책을 편찬 간행했다. 그러나 1877년 수사
국은 재정난으로 인해 폐지되었고, 대신하여 태정관 수사관이 설치되
었다. 편찬의 모범으로『대일본사』를 준칙찬사서(準勅撰史書)로 정하
고 편찬대상도 남북조 이후 시대로 변경했다.

　수사 사업에 관여한 그룹은 천황의 칙서 한문에 의한 정사 편찬을
표방한 것으로부터도 알 수 있듯이 기본적으로 한학자이고, 1875년 이
후 수사국의 간부였던 시게노 야스츠구는 청대 고증학의 전통을 이어
받는 실증적 방법론을 주장했다. 그러나 이러한 방법론을 둘러싸고 수
사관 내부에도 의견의 차이가 노출되었다. 1881년의 기구 개혁 당시 가
와다 츠요시와 요다 각카이(依田學海)가 수사관을 떠난 배경에는 그들
과 시게노 야스츠구 · 구메 구니타케 · 호시노 히사시 등과의 사이에 편
찬방침을 둘러싼 대립이 있었기 때문이다.

　이후 수사 사업은 시게노 · 구메 · 호시노를 중심으로 이루어져 1882
년에는 한문체 편년 수사인『대일본편년사』의 편찬사업이 개시되었
다. 또 시게노 등에 의한 이른바 '말살사학(抹殺史学)'을 주장하는 논
고도 이 무렵 집필되었다. 그러나 그의 급진적인 주장은 수사 사업에
서 비주류파의 위치로 전락한 국학계와 미토학계 역사가와의 대립을
격화시켰다. 그동안 수사관은 수차례 개편을 거쳐 제국대학(도쿄제국
대학의 전신)으로 이관, 최종적으로는 도쿄대학의 사지편찬계가 되었
고 1889년에는 수사 사업의 중심축의 하나인 왕정복고관계사료집『복
고기』가 완성되었다.

　그러나 수사 사업은 1892년 구메 구니타케의 필화사건으로 인해 구
메가 제국대학 문과대학 교수직을 박탈당하자, 다음 해 1893년 이노우
에 고와시 문부대신은『대일본편년사』편찬사업의 중지와 사지편찬계
의 폐지, 더욱이 편찬위원장 촉탁인 시게노의 파면을 결정했다. 이후

국가 기관에 의한 사서 편찬은 정사 편찬이 아니라 사료 편찬의 형태로 이루어졌고, 사건 이후 제국대학에 설치된 사료편찬계(1929년에는 사료편찬소로 개칭)는 『대일본사료』의 간행을 중심적인 사업으로 삼았다. 1930년대에 들어와서는 국체명징운동의 영향을 받아 다시 정사 편찬의 움직임이 높아져 문부성 주도로 국사편수원(國史編修院)이 설치되었지만, 실제로 사업이 이루어진 것은 1945년 8월 이후로 곧바로 GHQ에 의해 반년 만에 중지되었다.

『대일본편년사』 관련 연표

1869: 태정관(太政官)에 사료편집국사교정국(史料編輯國史校正局) 설치

1875: 사료편집국사교정국을 수사국(修史局)으로 개편

1877: 수사국 폐지. 태정관에 조사국(調査局), 이후 수사관(修史館) 설치

1881: 신도사무국(神道事務局) 내에 황전강구과(皇典講究科) 설치. 이후 독립하여 황전강구소(皇典講究所)

1881: 수사관의 기구 개혁. 시게노 야스츠구(重野安繹)·구메 구니타케 (久米邦武)·호시노 히사시(星野恒)가 주도권을 장악

1882: 수사관에서 『대일본편년사(大日本編年史)』 편찬사업 개시

1886: 수사관을 개편하여 내각에 임시수사국(臨時修史局) 설치

1888: 내각임시수사국을 제국대학으로 이관하여 임시편년사편찬괘(臨時編年史編纂掛) 설치

1889: 임시편년사편찬계 『복고기(復古記)』 완성

1891: 제국대학 임시편년사편찬괘와 지지편찬괘(地誌編纂掛)를 개편하여 사지편찬계(史誌編纂掛) 설치

1892: 구메 구니타케 필화사건으로 제국대학 문과대학 교수 자격정지 처분

1893: 이노우에 고와시(井上毅) 문부대신 『대일본편년사』 편찬사업을 중지시키고 사지편찬괘 폐지. 시게노 제국대학 교수 사직

1895: 제국대학에 사료편찬계(史料編纂掛) 설치

1901: 도쿄제국대학 사료편찬계 『대일본사료(大日本史料)』 간행 개시

서구의 민족사 서술과 동아시아 전이

랑케(Ranke) 역사학의 수용을 중심으로

이진일

1. 문제의 제기

동아시아 근대 역사학의 형성은 중국에서 만들어지고 전파된 전통적 역사서술 방식과 서구의 근대적 역사서술 방식이 상호 결합한 결과였다. 동아시아에서는 제국주의적 침탈과 식민화에 대한 우려와 반발로서 민족주의적 의식이 만들어졌고, 이에 따라 일본이건 중국이건, 존립의 문제까지는 아니더라도 서구를 자신들 국가의 독자성을 위협하는 존재로 보는 적대적 시각과, 서구를 하나의 발전 모델로 보고자 하는 긍정적 시각이 공존하며 각축하게 된다.

역사학도 기꺼이 민족의 집단기억을 일깨우고, 민족의식을 불러일으키는 작업에 동원된다. 19세기 후반 이후 다양한 민족사 서술의 모델들이 만들어졌고, 역사학의 제도화, 전문화가 진행된다. 학문적 역사서술은 전적으로 국민국가가 요구하는 민족 정체성 형성에 바쳐졌으며, 드러내놓고 혹은 암암리에 자민족의 집단적 역사상과 역사적 전통을 재발견해 내는 작업에 진력하였다. 이 과정에서 중국과 일본의 전통적 역사 서술은 새로운 서구 역사방법론을 도입하고, 이를 선택적으로 수용, 혹은 변용시키면서 자신들에 적합한 역사학의 제도화와 역사방법론을 찾아가게 된다. 그 결과 역사학은 분과학문으로서의 독립된 지위를 인정받아 대학에 역사학과가 설립되고, 전문역사가들의 학회와 학술발표회가 조직되며, 역사학 학술지의 발간 등이 이루어진다. 학술자료의 축척이 분업화되고 분과학문 내에서의 소통의 방식이 다양화되는 것은 전통적 역사서술 방식들과의 결별을 의미하는 것이었다. 특히 현 체제의 정통성을 강조하는 사료편찬 작업이 새롭고 엄격한 원칙 아래 국가적 차원에서 진행되었다. 마르크 블로흐(Marc Bloch)의 표현에 따르면 역사가들은 "역사라는 포도주 농장의 일꾼"이 된 것이다.[1]

역사학 이론의 동아시아로의 긴 이를 통해 받아들인 서구적 역사서술 방법론은 왕조중심의 전통적 역사서술과는 완전히 다른, 새로운 형식이었다. 큰 틀에서 시대가 구분되고 자국사의 울타리를 벗어나 세계사의 개념이 들어온다. 국경의 명확한 분할과 영토주권이 강조되면서 지리적 지식은 역사가들에게 새로운 시각을 열어주었다. 즉 역사연구의 대상을 공간으로 확장시키는 새로운 시각과 함께 지역사를 민족사의 일부로 끌어들이게 된다. 하지만 동아시아 어느 곳에서도 서구 역사 사상과 서구적 역사 글쓰기 패턴이 전적으로 수용되지는 않았다. 기존 전통과의 마찰과 융합을 통한 다양한 형식들이 제시되었으며, 새로운 역사학을 서구문화와 그들의 정치적 지배에 대응하는 지적 무기로 쓰고자 하는 시도들이 진행되었다.[2] 중국과 일본 모두에서 다양한 역사서술 방법론들이 제시되고 내부적 각축이 진행되지만, 이러한 방

---

1) Ulrich Raulff, *Ein Historiker im 20. Jh: Marc Bloch* (Frankfurt/M., 1995), p.371.

2) George Iggers, "Nationalism and Historiography", Conference Manuscript [http://www.capec.gmu.edu/conference/Iggers-paper.doc]. Sebastian Conrad, *Global Geschichte. Eine Einführung* (München, 2013), pp.37-46.

법론에서의 차이는 궁극적으로 서구와 그들 문명에 어떻게 대응할 것
인가라는 근본적 입장과 관련된 문제들이었다.

국경을 넘어 전파되거나 서로 다른 문화들 간의 상호전이 과정에 대
한 연구는, 오랫동안 일종의 지배서사로 군림해왔던 국민국가 패러다
임을 넘어서는 하나의 대안으로서 오늘날 주목받고 있다. 민족주의 역
사담론이 어느 정도 그 추진력과 정당성이 소진된 가운데, 이러한 접근
방식은 한때 생겨났다 사라지는 역사서술 전통 내의 여러 유행과 달리,
앞으로도 당분간 지속될 듯싶다.

동아시아에서의 근대 역사학 성립에 관한 전통적 연구가 주로 서구
에서 일본으로의 전파과정[3], 중국 유학생을 통한 일본으로부터의 역
사학 이론 수입,[4] 그리고 중국 유학생을 통한 구미로부터의 근대 역사
학의 직접적 수입과 확산[5] 등을 각기 독립적 테마로 다루어 왔다면,
최근 몇 년의 연구들은 이러한 경향들로부터 분명한 변화를 보여준다.
"민족 중심 역사학의 전 지구적 확산과 함께 역사학의 국제적 확산 또
한 지속되었다. 전문가들의 국가를 넘어서는 협업은 민족 중심의 역
사학자들의 장을 더욱 더 긴밀하게 상호 연결시켜 놓았다."[6] 근대 역

---

[3] 대표적 연구로써 Bernd Martin, *Japan and Germany in the Modern World*
(Oxford, 1995); Sebastian Conrad, *Auf der Suche nach der verlorenen Nation.
Geschichtsschreibung in Westdeutschland und Japan 1945-1960* (Göttingen, 1999) 등
이 있다.

[4] Joshua A. Fogel, *The Role of Japan in Liang Qichao's Introduction of Modern
Western Civilization to China* (Berkley, 2004).

[5] Brian Moloughney, Peter Zarrow eds., *Transforming History: The Making of a
Modern Academic Discipline in 20th Century China* (Hong Kong, 2011).

[6] Lutz Raphael, *Geschichtswissenschaft im Zeitalter der Extreme* (München, 2010),
p.21. 그 이외에도 최근 주목받는 모노그래프로써 G. Iggers, E. Wang, *A Global
History of Modern Historiography* (Harlow, 2008)과 Daniel Woolf, *A Global History
of History* (Cambridge, 2011). Christopher L. Hill, *National History and the World of*

사학의 전파와 확산에 관한 글로벌 차원에서의 서술이라는 이러한 결과물들은 개별 국가 국경 내에서의 역사학의 고유한 발전을 넘어, 국가와 국가 사이에서 학술적으로 상호 주고받는 관계와 공간적 이동에 주목한 결과이다. 경계/국경을 넘어서는 전이(transfer)의 대상들에는 사람이나 물건뿐 아니라 지식과 사상, 인식의 방법 등 그 범위가 다양하다. 이러한 전이와 확산, 상호 교환은 상호 이해와 접근을 통해 뿐 아니라 적대적 상황을 통해서도 진행된다. 그것은 즉 그 전이의 결과가 반듯이 전달자나 전수자의 의도나 내용대로 진행되는 것이 아니며, 완전히 다른 방향을, 혹은 모순적인 결과를 낳기도 함을 의미한다.

본 글에서는 동아시아 근대 전환기, 역사학이 국민국가의 경계를 넘어 전이되는 경로와 수용의 시간적 공간적 간격 등의 검토를 통해 개별 국가의 역사서술에서 미처 확인할 수 없었던 일본과 중국에서의 근대 역사학 성립과 학문 전파 간의 상호 관계를 살펴보고자 하며, 이를 통해 동아시아 학문 체계 형성의 내부적 동력이 보다 분명하게 드러나기를 기대한다.[7]

Nations, Capital, State and the Rhetoric of History in Japan, France and the US (Durham, 2008). Dominic Sachsenmaier, *Global Perspectives on Global History: Theories and Approaches in a Connected World* (Cambridge, 2011) 등이 출간되었다.

[7] 물론 동아시아로의 전이에는 중국, 일본 이외에도 한국, 대만 등이 들어가겠지만, 이 글에서는 더 이상 추적하지 않았다. 한국으로의 전이와 관련된 글로는 도면회, 「한국에서 근대적 역사 개념의 탄생」, 『한국사학사학보』 27호, 2013, 321-356쪽과 김종준, 「일제시기 '역사의 과학화'논쟁과 역사학계 '관학아카데미즘'의 문제」, 『식민사학과 민족사학의 관학 아카데미즘』(소명, 2013) 등을 참조할 수 있다.

2. '과학적 역사학'의 각기 다른 수용

'과학적 역사학'(scientific history)이 요구하는 과학성(scientificity)은 콩트의 실증주의(positivism)에서 랑케의 역사주의(historicism)까지 그 방법론적 입장에서 큰 차이가 있는 개념이다.[8] 이들 개념이 동아시아로 전이되면서, 중국과 일본에서는 각기 다른 내용과 함의로 수용된다. 세기 전환기 동아시아 지식인에게 있어 '과학'이란 단순히 새로운 지식을 얻는 것 이상의 실천적 의미를 갖는 개념이었으며, '과학적'이란, 연구의 방법을 넘어 글쓴이의 사회적, 정치적 입장을 의미하는 것이었다.[9] 일본에서의 '과학적 역사학' 개념이 무엇보다 전문 역사학자들이 증거의 비판적 검토에 기반해 역사를 서술하는 랑케류의 객관성을 지향하는 것이었다면, 중국의 경우 그것은 일차적으로 '사회 다윈주의'(Social Darwinism)와 관련을 맺게 된다. 일본의 급속한 근대화와 청일전쟁에서의 패배, 제국주의 세력의 위협에 직면해 중국은 과거와는 다른 새로운 역사의 법칙들이 세상을 지배함을 느꼈고, 그중에서도 다윈의 진화론과 이로부터 도출된 적자생존, 우승열패의 원칙들을 역사와 역사서술에서 곧 '과학적 역사학'으로 받아들이게 된다.

중국보다 먼저 이런 변화를 받아들인 일본은 그 수용과정에서 중국

---

8) 이거스는 과학적 역사서술의 주된 세 가지 방식으로서 1) 콩트를 원조로 하는 영국과 프랑스의 실증주의, 2) 랑케에서 비롯된 독일 역사학파, 3) 맑스주의 패러 다임 등을 제시하고 있다. G. Iggers, E. Wang, *A Global History of Modern Historiography*, pp.119-127. 19세기 말 프랑스의 실증사학(histoire positive)과 실증 주의사학(histoire positiviste)의 개념적 차이를 분명히 드러낸 글로는 김응종, 「실증사학과 실증주의사학-19세기 말 프랑스의 역사학을 중심으로」, 『역사와 담론』 Vol.19/20, 1992, 315-331쪽 참조.

9) Edward Wang, "German Historicism and Scientific History in China, 1900-1940", Eckhard Fuchs u.a. ed., *Across Cultural Borders. Historiography in Global Perspective* (Oxford, 2002), pp.141-161, p.142.

보다 넓은 선택범위를 갖을 수 있었다. 유럽, 그중에서도 특히 독일을
모델로 학문체계의 전반적 틀을 구성한 일본은 지금까지 중국으로부
터 받아들인 전통적 역사 방법론으로부터 독립하여, 국민국가가 중심
이 되는 역사학을 도입하였다.10) 소위 프로이센 모델로 불리우는 이
권위주의적 국가중심 체제를 모방하고자 했던 일본은 역사학에서도
천황 이데올로기를 강화하고, 국가에 대한 충성을 요구하는 국수주의
적 기준들이 제시된다.11)

베를린 대학을 모델로 1877년 설립된 도쿄대에는 메이지 시대 모두 46
명의 독일인이 외국인 교수로 일하고 있었다.12) 1887년 문학부 사학과가
개설되고, 같은 해 독일에서 루드비히 리스(Ludwig Riess, 1861~1928)가
사학과 교수로 초빙되어 오며, 1891년 츠보이 구메초(Tsuboi Kumezo,
1887~1889 베를린 대학)가, 1892년 미즈쿠리 겜파치(Mitsukuri Gempachi,
1886~1892, 베를린 대학)가 독일 유학에서 돌아와 도쿄대에서 역사학을
가르친다. 근대적 일본 동양학의 토대를 구성한 학자로 평가되는 시라토
리 구라키치(Shiratori Kurakichi)는 1901~02년 베를린 대학에서 지리학을
공부하였다.13) 1889년 '리스의 지도에 따라' 사학회(Shigakkai)가 구성되

---

10) 일본의 전반적인 독일 학문 수입 속에서 national history의 수입과정과 배경에 대
  해서는 Wolfgang Schwentker, *Max Weber in Japan* (Tübingen, 1998), pp.57-66. 이시
  다 다케시, 『일본의 사회과학』 (소화, 2003) 참조.

11) 독일과 일본의 역사적 발전과정에서의 유사성과 특이성에 대하여는 Bernd Martin,
  "Japans Weg in die Moderne und das deutsche Vorbild: Historische Gemeinsamkeiten
  zweier 'verspäteter Nationen' 1860-1960", Bernd Martin ed., *Japans Weg in die
  Moderne. Ein Sonderweg nach deutschem Vorbild?* (Frankfurt/M., 1987), pp.17-44 참조.

12) Bernd Martin, "Deutsche Geschichtswissenschaft als Instrument nationaler Selbstfindung
  in Japan", G. Hübinger u.a. eds., *Universalgeschichte und Nationalgeschichte*
  (Rombach, 1994), p.211.

13) Rudolf Hartmann, *Japanische Studenten an der Berliner Universität 1870-1914* (Berlin,
  2000), p.14; J. 그레이, 「20세기 중국의 역사서술」, W. G. 비슬리, E. G. 풀리블랭크

고, 학회지(Shigakuzasshi)가 발간되며, 논문적 형식과 각주가 갖추어진 글들이 발표되고, 학자들 간의 공개적 의견 교환 기회가 만들어진다.[14] 그 중심에는 대학의 개별 학과가 있었으며, 이는 시기적으로 프랑스나 미국과 거의 차이가 없었다.[15]

1870년대 이후 일본에서 진행된 문명론적 입장에서의 역사 해석은 1880년대 후반부터 크게 변모하기 시작한다. 다쿠치 우키치의 『일본문명약사』(1877~1882) 이후 자유주의적 역사서술의 시대는 기울기 시작하며, 대학이 중심이 되는 역사서술의 시대로 넘어간 1890년대 이후에는 더 이상 문명사적 글쓰기나 보편사적 역사관은 적절한 역사쓰기 형식으로 인정받지 못하게 된 것이다.[16] 이러한 변화 속에서 랑케는 서구 역사학의 표상이었다. 문서보관소 사료에 기반한 사실적 역사연구 방법론과 역사의 일회성을 강조하고, 인류사적 보편성이나 법칙성을 추구하지 않는 것이 랑케 역사주의 사고의 핵심이었다. 과거에 대한 인식이 인식자의 주체적 판단에 의해 조직된다고 생각한 헤겔에 반대하여, 랑케는 역사적 사실을 다루는 과정에서 자신의 주체적 판단, 나아가 역사가 자신까지도 해체시킬 것을 요구하였다.[17] 이러한 그의 역사이론은 일본에서 사실 확인과 문서에 대한 진위여부를 확인하는 작

엮음, 『중국과 일본의 역사가들』(신서원, 2007), 278쪽. 교토 제국대학은 1906년에 문과대학을 설치하고, 다음 해에 국사, 동양사 서양사 학과로 나뉘어져 개설된다.

[14] 나가하라 게이지, 『20세기 일본의 역사학』(삼천리, 2011), 47쪽.

[15] 유럽에서의 역사학의 전문화와 제도화의 발전에 대하여는 Ilaria Porciani, Jo Tollebeek eds., *Setting the Standards. Institutions, Networks and Communities of National Historiography* (NY, 2012) 참조.

[16] 이진일, 「근대 국민국가의 탄생과 '국사'(national history)」, 『한국사학사학보』 27호, 2013, 285-318쪽.

[17] Friedrich Jaeger, Jorn Rüsen, *Geschichte des Historismus* (München, 1992), p.33. 일본의 랑케 수용에 대해서는 고야마 사토시, 「세계사의 일본적 전유-랑케를 중심으로」, 도면회 외 엮음, 『역사학의 세기』(휴머니스트, 2009), 53-129쪽 참조.

업으로 받아들여져, '랑케 역사학' = '사료 비판'(Quellenkritik)이라는 편협한 공식으로 수용된다. 즉, 랑케를 사실의 도덕적 판단과는 거리를 두는 객관적 역사서술의 모범으로 취급하고, 오직 과거 정치가, 장관, 관료들이 남겨놓은 (비밀)외교 문서를 연구하는 것을 국제관계 역사서술의 하나의 전제로 받아들인 것이다. 그러면서 문서 보관소와 그 안에 보관된 사료 자체가 국가적 행위의 생산품이고 국가의 시각에서의 사건의 재현일 뿐이라는 사실에 대해서는 외면하였다. 근대 일본의 역사가들은 이러한 접근이 국민국가의 역사를 서술하는 객관적 방식으로 생각했던 것이다.

마치 독일 역사주의가 역사학뿐 아니라, 신학, 철학, 경제학, 기회학 등등 인문사회과학 모든 방면에서 깊은 영향을 미치고 삶의 철학 역할을 했듯이, 일본에서도 역사주의는 역사학뿐 아니라, 사회학, 철학, 경제학 등에 깊은 영향을 미친다.[18] 프리드리히 리스트(Friedrich List)를 위시한 구스타프 슈몰러(Gustav Schmoller) 등 독일 역사학파 경제학자들의 보호주의적 이론은 19세기 말 이후 40여 년간 유지되면서 메이지(明治) 시대 일본 정부의 대표적 경제정책을 구성한다.[19] 마치 앞서 역사학에서 자유주의자 후쿠자와 유키치가 도태되었듯이, 경제학에서는 타구치 우키치의 자유무역론이 보호주의에 의해 밀려나게 된 것이다.

국가가 주도하는 절제되고 계획된 학문의 수입이 일본적 특성으로 진행되었다면, 중국의 경우는 완전히 다른 배경 속에서 진행되었다. 무

---

18) 역사주의가 독일에서 역사학, 철학, 경제학, 법학, 사회학 신학 등에 끼친 다양한 학문적 영향력에 대해서는 Annette Wittkau, *Historismus* (Göttingen, 1994). Wolfgang Mommsen, "Der Historismus als Weltanschauung des aufsteigenden Bürgertums", Horst Blake ed., *Dimensionen der Historik* (Köln, 1998), pp.383-394 참조. 일본과 관련하여서는 테사-모리스 스즈키, 『일본의 경제사상』 (솔, 2001) 참조.

19) 테사-모리스 스즈키, 『일본의 경제사상』, 82쪽.

엇보다 넓은 국토와 강력한 지방세력의 존재가 중앙으로부터 계획되고 제어되는 학문의 수입을 불가능하게 만들었으며, 학자와 지식인들은 일본, 미국, 유럽 등으로부터 개인적 경로를 통해 새로운 학문조류를 받아들여야 했다. 또한 국가의 독립 자체가 위협받지는 않았던 일본과 달리, 청 제국의 몰락과 해외 제국주의 열강들의 식민화 위협은 일본처럼 서구 학문을 중앙의 계획과 통제하에 받아들이는 작업 자체를 불가능하도록 만들었다. 그 결과 몇몇 초기 계몽사상가들에 의한 서구사상의 도입도 국민들로부터 관심과 지지를 끌어내지 못했다. 그러나 보다 근본적인 문제는 근대화를 하나의 문화의 문제로 파악하고, 본체는 그대로 놔 둔 채 서구로부터 기술만 받아들이고자 했던 입장 자체에 있었다고 할 것이다.[20] 일본 역사가들이 수입된 역사학을 민족적 자긍과 대외적 진출의 학문적 도구로 이용할 수 있었다면, 중국 지식인의 경우 무엇보다 큰 딜레머는 지금까지 자신들이 이루어놓은 중국 문명 자체에 대한 본질적 시각변화가 요구된다는 것이었다. 많은 지식인들이 무엇보다 지금까지 자신들의 문화를 후진적이고 비역사적인 것으로 간주하고 벗어버리는 작업에 집중하였으며, 나아가 중국전통을 부정하는 니힐리즘의 경향으로까지 발전한다.

잘 알려져 있다시피, '과학적 역사학' 개념을 중국에 처음 들여온 사람은 량치차오(1873~1929)였다.[21] 1895년 중일전쟁 패배의 충격은 중국으로 하여금 일본과 일본의 메이지 개혁을 하나의 성공적 모델로 받아

---

20) Helwig Schmidt-Glintzer, "China und Japan-Zwei unterschiedliche Pfade der Modernisierung", Wolfgang J. Mommsen, Wolfgang Schwentker eds., *Max Weber und das modern Japan*, pp.187-206.

21) Xiaobing Tang, *Global Space and the Nationalist Discourse of Modernity. The Historical Thinking of Liang Qichao* (Stanford, 1996). Q. Edward Wang, *Inventing China through History. The May Fourth Approach to Historiography* (NY, 2001) 참조.

들이도록 했으며, '무술변법'(1898) 실패 이후 많은 중국 지식인들은 일본을 도피처로 삼아 새로운 문물을 받아들이게 된다. "새로운 역사의 발전 속에 주된 경향은 언제나 과학화(scientization)였다."[22] 량치차오로 하여금 과학적 역사학을 추구하도록 이끈 것은 중국의 위협받는 위상에 대한 민족주의적 관심이었다. 내정개혁을 추구했던 1898년 개혁운동이 실패로 돌아간 뒤 량치차오가 일본에서 번역서를 통해 서구사상을 접하며 먼저 받아들인 것은, 서구를 정점으로 위계질서를 이루는 단선적 발전관과 그에 따른 보편적 서구 문명관이었다. 이를 바탕으로 그는 스승 강유위의 孔敎論에 이의를 제기하면서 독자적인 역사인식, 즉 '新史學'(1902)을 통해 새로운 역사서술을 제시하는데, 그는 책의 시작에서 역사연구가 민족적 대의에 복무해야 됨을 분명하게 밝힌다. "유럽에서의 민족주의의 흥기와 근대 유럽 국가들의 성장은 부분적으로 역사연구에 기인한다"면서, 어째서 역사연구가 중국에서는 그와 동일한 역할을 수행함에서 실패하였는가?를 묻는다.[23] 그의 문명관은 개혁의 좌절과 망명생활의 체험을 거치면서 더욱 급진적으로 변하는데, 진화론에 입각해 자연도태와 생존경쟁의 법칙이 자연과 만국의 흥망성쇠에 공통으로 적용되는 것으로 보았고, 역사의 법칙성, 진화론적 발전, 정치와 사회발전 간의 관련성을 자신의 역사관의 중심에 두었다.[24] 그에게서 새로운 역사학, 즉 계몽적 역사쓰기를 끌어내기 위한 자극과 힘이 되는 것이 민족주의였지만 결국 그는 낙관적 진보사관을 포기한다. 그 계기는 일본에서 보수적 사상가로서 메이지 말기 국수주의적

---

[22] E. Wang, "German Historicism and Scientific History in China", p.142.

[23] 프라센짓 두아라, 『민족으로부터 역사 구출하기』(삼인, 2004), 67쪽.

[24] E. Wang, "German Historicism and Scientific History in China". 백영서, 「양계초의 근대성인식과 동아시아」, 『아시아문화』 136, 1998, 135쪽.

발전에 영향을 끼친 가토 히로유키의 사상을 접하고였다. 가토는 국가 유기체론에 입각하여 입헌군주제 이론을 정리한 블룬칠리(Bluntschli)의 저작을 번역한 사람으로서, 인민주권을 부정하고, 사회진화론을 원용하여 강자의 권리에 관한 이론을 발전시켰다. 그의 사상에 영향을 받은 량치차오가 제국주의를 민족들 간의 경쟁으로 인식하게 되었다. 즉 그가 보기에 민족주의와 제국주의는 역사적 진화의 불가피한 산물이었던 것이다.[25] 량치차오는 1902년에 쓴 『중국 전제정치 진화의 역사』에서는 가토 히로유키의 보수적 사회진화론과 블룬칠리의 국가유기체론을 옹호한다. 이는 사상적으로 서유럽의 자유주의적 입장에서 19세기 일본과 독일의 국가주의가 보여준 권위주의로의 전환을 의미하는 것이었고, 이러한 그의 사고를 뒷받침해주는 것이 사회진화론이었다.

 량치차오는 진화론과 이에 바탕한 과학적 역사학을 새로운 역사학의 중심에 놓으면서, 새로운 역사학이 서술해야 할 세 특징을 다음과 같이 제시한다.

1. 자연과 인간의 역사 둘 다의 진화를 서술함.
2. 인간진화의 현상을 서술하거나 역사 속에서의 진보 사상을 표현함.
3. 이러한 진보적 인간사 속에서의 일반 법칙들과 원칙들에 대해 서술함.[26]

 그가 미국을 여행하고 그곳에서 특히 중국인 사회의 모습을 보며 이러한 생각은 더욱 굳어지는데, 그는 블룬칠리와 보른학(Gustav Bornhak)의 국가중심주의(etatismus)에서 입헌군주제적 원칙을 확인하였고, 계몽군주제야 말로 중국이라는 거대한 국가의 유지를 위한 이상적 형식

25) 프라센짓 두아라, 『민족으로부터 역사 구출하기』, 244쪽.
26) Q. Edward Wang, Ibid., p.143.

으로 받아들이게 된다.27)

> 역사는 모든 지식들 중에서 가장 넓고 활동적인 학문이다. 역사는 네이션을 비추는 거울이며 또한 애국심의 근원이기도 하다. 오늘날 유럽에서 민족주의가 성하고, 모든 다른 국가들이 매일 문명을 향해 나가고 있다는 사실에 대하여 역사쓰기는 커다란 책임을 요구하고 있다. 그래서 한 국가에서 역사에 대한 원칙이 없다면 걱정해야만 한다. 만일 그것이 있다면, 어떻게 한 나라가 통일되지 않을 수 있겠으며, 사회 운영이 발전하지 않겠는가?28)

1898년 설립된 경사대학당(京師大學堂)이 1912년 북경국립대학으로 미뀌면시 일본과 서구에서 돌아온 낳은 학자들이 채용된다. 역사가들도 이제는 더 이상 관료가 아닌 대학교수로 '전문화' 되었다. 북경대 사학과는 1917년 공식적으로 사학과 전공학생들을 받기 시작하여, 1920년 첫 번째 졸업생 36명을 배출한다. 역사학회가 조직되고, 학회지가 창간되며 학술지와 각종 명망가들이 중심이 되는 다양한 학술집단이 형성된다.29) 이처럼 중국에서의 역사연구는 1920년대를 지나면서 근대적 분과학문으로서의 모습을 획득하게 된다. 그들의 학문적 과제는 주

---

27) Hao Chang, *Liang Chi-chao and Intellectual Transition in China 1890-1907*, p.248. 이춘복, 「청말 양계초의 정치사상에 대한 인식변화」, 『한국사학사학보』 27, 2013, 133-168쪽.

28) Liang Qichao, *Xin shixue*, p.3. Xiaobing Tang, *Global Space and the Nationalist Discourse of Modernity. The Historical Thinking of Liang Qichao*, p.62 인용. Q. Edward Wang, "German Historicism and Scientific History in China, 1900-1940", p.141.

29) Hu Fengxiang, "The Rise and Operation of Modern Chinese Historical Associations", *Chinese Studies in History*, Vol.45, No.23, Winter 2011/Spring 2012, pp.70-110; E. Wang, "German Historicism and Scientific History in China, 1900-1940", p.158. 20세기 초 중국 지식인들의 다양한 활동과 역할에 대하여는, 쉬지린 편저, 『20세기 중국의 지식인을 말한다 1/2』(길, 2005) 참조.

로 중국 민족이 밟아 온 진화의 윤곽을 서술하는 것이었고, 다양한 역사해석이 그 속에서 각축하였다.[30]

무엇보다도 20세기 중국에 변혁의 바람을 불러일으킨 가장 큰 계기는 1919년의 5·4운동이었다. 이 과정에서 청년과 엘리트를 중심으로 일어난 '과학열풍'을 통해 과학은 '숭배'의 대상이 되기까지 했다.[31] 즉 19세기 서구의 침략과 군사적 패배는 중국인들로 하여금 과학적 지식과 기술의 증진에 대한 자각을 일으켰으며, 근대적 과학지식이야말로 중국 문명을 소생시키고, 서구의 문화적 도전으로 붕괴에 직면한 중국의 도덕 체계에 새로운 관점을 제공해 준다고 생각했다. '과학열풍'은 이러한 과학적 역사학 추구의 일반적 경향을 보여주는 현상 중 하나였다. 과학적 역사서술이 20세기 초 중국 '신사학'의 주된 내용을 구성하고 있었으며, 이는 전통적인 관 중심의 유교적 전통이나 고전적 교육 전통과의 단호한 단절을 의미하였다.

이 과정에서 미국 콜럼비아 대학의 듀이(John Dewey)에게 배우고 돌아온 후스(胡適)의 실용주의적 입장이 역사학을 하나의 분과학문을 만드는 데 큰 역할을 하였다.[32] 그는 실증주의적 관점에서 과학적 방법을 이해하였다. 하지만 중국에서도 훈고학적, 고증학적 사료비판방식은 단지 낡은 것으로 치부하여 버려버릴 수 없는 어떤 것이었다. 후스

---

30) E. Wang, "German Historicism and Scientific History in China, 1900-1940", p.146.

31) 진관타오는 '과학'이라는 용어 자체가 처음 제시된 것은 1874년 일본학자 니시 아마네에 의해서지만, 'science'의 번역어로 과학이 나온 것은 1881년이라면서, 중국에서 'science'의 의미로 사용한 것은 캉유웨이와 장타이옌에 의해 쓰여진 1897/8년으로 지적한다. 즉 일본에서 중국으로 '과학' 용어가 전파되는 데에는 20년이 조금 안 되는 시간이 걸렸다. 진관타오는 '격치'의 의미에서 '과학'으로 용어가 대체되면서, 유교적 도덕가치가 탈각되고, 의미가 가치중립화 되었음을 지적한다. 진관타오, 「'격물치지'에서 '과학'·'생산력'으로」, 『관념사란 무엇인가 2』(푸른역사, 2010), 388-449쪽.

32) 후스(胡適)의 역사 방법론 소개는 Q. Edward Wang, "German Historicism and Scientific History in China, 1900-1940", p.146 참조.

는 중국의 고증학적 입장과 서구 과학적 역사학을 비교하고, 어느 한
쪽을 취하기보다는 서구 역사학 방법론을 중국적 전통과 연결시키고
자 노력하였다. 원전 비판에 대한 강조는 서구와 마찬가지로 근대 중
국 역사가들로 하여금 직업으로서의 역사학의 성격을 분명하게 드러
낼 수 있게끔 이끌었지만, 일본과 마찬가지로 이를 통해 자신들의 전통
적 고증학을 되살릴 수 있게 된 것이었다.

랑케는 1920년대 중국에서 잘 알려진 이름은 아니었다. 하지만 실증
사학으로 알려진 그의 역사학은 중국의 '과학적 역사학'이라는 요구에
적절히 부합되는 것이었다.[33] 傅斯年(Fu Sinian)이 1926년, 姚從吾(Yao
Congwu)는 1934년 11년간의 독일 유학을 마치고 북경대로 돌아오면서
유럽 역사서술방식의 대표적 전파자들이 된다.[34] 그들은 모두 실증주
의에 기반한 과학적 역사학과 랑케류의 사료비판 등을 강조하였지만,
동시에 중국 전통의 훈고학(xungu)적 전통을 전복하는 방식이 아닌, 이
를 강화하는 방식으로 접근하였다.[35] 특히 부사년은 자신의 역사학에

---

[33] Q. Edward Wang, *Inventing China through History. The May Fourth Approach to Historiography*, pp.89-99.

[34] 부사년(傅斯年, Fu Sinian)은 북경대학에서 문학을 전공하고, 1919년 졸업한 후, 이듬해 영국으로 건너가 2년, 다시 베를린 대학으로 가 5년을 공부한 후 1926년 귀국한다. 그의 베를린 대학 유학시절 함께 공부했던 북경대 동학으로는, 진인각, 유대유, 나가륜, 주가화, 단석붕, 모자수 등이 있었다. 그는 1929년 북경대학에서 교수생활을 하였고, 1949년부터 그가 사망하는 1950년까지는 대만대학교 교장을 역임하였다. 김창규, 『부사년과 그의 시대』(선인, 2012), 36쪽. 진인각은 1921~24년까지 베를린대학 대학원과정에서 공부하였다. 부사년과 진인각의 역사학에 대해서는 Axel Schneider, *Wahrheit und Geschichte. Zwei chinesische Historiker auf der Suche nach einer modernen Identität für China* (Wiesbaden, 1997) 참조.

[35] John Makeham, "The Formation and Development of Academic Disciplines in 20th Century China", Brian Moloughney, Peter Zarrow eds., *Transforming History: The Making of a Modern Academic Discipline in 20th Century China*, p.24.

서 랑케와의 친연성을 분명하게 나타내면서 사료비판의 중요성을 강
조하였고, 역사와 언어학 사이의 밀접한 관련성을 옹호하였다. 부사년
은 과거의 사료비판 방식을 개선할 뿐 아니라 전통적 범위 바깥에서도
새로운 사료들을 찾아내야 함을 강조하면서 사료를 다루는 작업에서
의 '진보적' 방식을 다음과 같이 제시한다.

1. 과거의 저작들이나 이론들에 의존하지 않고 직접적인 사료연구에 기
   반한다.
2. 연구에서 사료의 범위를 확대한다.
3. 새로운 방법들의 찾기를 계속한다.[36]

胡適, 何炳松(He Bingsong), 陳衡哲(Chen Hengzhe) 등이 서구학문의
일세대였다면, 그들의 학생으로서 顧頡剛(Gu Jiegang), 傅斯年(Fu Sinian),
姚從吾(Yao Congwu) 등이 그 후속세대를 구성했다.[37] 진화론과 실용
주의를 서구로부터 직접 받아들인 진격의 역사가들이 새로운 역사학
의 이론적 수용에 앞장서게 된 것이다. 량치차오의 영향을 받은 이들
민족주의 역사가들은 역사를 국민국가를 만드는 중요한 도구로 인식
함으로서, 이들의 훈련과 관심은 원전 모음과 원전 비판에 집중되었
다.[38] 무엇보다 중국 중심의 세계관에서 놓여나면서 이제 중국의 역사
는 각축하는 세계의 수많은 국민국가들 가운데 하나로서 새롭게 쓰여
지며, 왕조사 대신 중국민족이라는 대상이 역사서술의 중심에 놓이게
된다. 결국 중국의 경우도 랑케에 대한 일면적 수용이라는 면에서는
다른 국가들과 다르지 않았던 것이다. 이렇듯 중국의 역사가들은 한편

36) E. Wang, *Inventing China through History*, p.122.
37) E. Wang, *Ibid.*, p.121.
38) E. Wang, *Ibid.*, p.51.

으로는 민족을 구성하기 위해 자신들의 역사적 주체에 대한 강한 연속
성과 동질성을 보여줘야 했지만, 다른 한편으로 이 과정에서 어느새 완
전히 뒤쳐진 듯 보이는 과거와 단절해야 할 필요가 있는 딜레마에 처
하게 된다.

3. 고증학적 전통과의 연결

일본은 1856년 서양의 문화를 연구하고 번역하는 통로로써 '바쇼시
라베쇼'라는 이름의 버서조소(蕃書調所)를 설치하였다.[39] 1870년대 일
본정부는 새로운 천황정권 통치의 정통성을 확립할 책임을 맡을 수사
국(修史局)을 세워 역사사료들을 편찬하도록 했다. 수서관이 만들어지
고, 천황과 소수 엘리뜨 가문의 지배를 정당화하는 다양한 사료들이 국
가와 국가가 고용한 역사가들에 의해 전국적으로 집성되고 체계화된
다. 공동의 문화적 유산을 통해 네이션을 정의하고자 하는 시도로서
먼저 고대와 중세의 사료들이 편집되고 발간되었는데, 그 모델은 '게르
만 역사 사료집성'(Monumenta Germaniae Historica)이었다.[40] 메이지 초
기에 진행되었던 서구문명에 대한 열광이 점차 가라앉고 1890년대 이
후 일본민족과 아시아의 역사에 대한 관심으로 회귀하면서, 동양사의

---

[39] 마루야마 마사오, 『전중과 전후 사이 1936~1957』(휴머니스트, 2011), 137쪽. 이
기관이 1877년 설립되는 도쿄대학으로 이어짐으로써 근대적 대학의 모태가 된
다. 1886년에는 제국대학으로 개칭한다.

[40] Monumenta Germaniae Historica의 출판은 1819년 독일고역사협회(Gesellschaft für
ältere deutsche Geschichtskunde)가 조직되어 학문적으로 가치 있는 중세 독일 사
료들을 조직적으로 모으는 작업에서 시작되었다. '사료집성'이 다루는 기간은 약
AD 500년에서 1500년까지의 시기로 한정하고 있으며 오늘날까지도 협회가 존속
하면서 계속 출판되고 있다.

새로운 학문적 원칙들이 제시되었다. 이는 시기적으로나 내용적으로 랑케의 실증적 역사서술이라는 새로운 지식에 대한 관심을 반영하는 것이기도 했다.[41] 1889년 도쿄제국대학 사학과 성원들이 修史館에서 일하던 사람들과 함께 (일본) 사학회를 만들게 되는데,[42] 이러한 인적 유대는 고증학(Kosho-gaku)적 전통으로 훈련된 이들이 자연스럽게 서구 역사학의 비판적 접근법을 수용할 수 있는 배경이 되었을 것임은 상상하기 어렵지 않다. 즉 "일본인 학자들은 고증학이라는 기반 위에 서구의 방법론을 배우고 적용할 수 있었다."[43] 修史사업을 통한 방대한 사료수집과 검토, 고증학이 제시하는 사실에의 접근법과 랑케류의 사료비판 방식이 유사한 성격을 갖는다고 말할 수는 없다. 고증은 이미 주어진 이론과 전제를 갖고 개별 문헌의 조각들을 비교해, 사실의 선후를 밝혀 결론을 추론하는 방식, 즉 귀납적 방식(deduction)이다. 이에 반해 랑케의 "wie es eigentlich gewesen ist"에 다다르는 방법은 개별의 사건들이 남긴 증거 조각을 꿰맞추어 이미 일어난 역사적 사실관계를 재구성 해내는 방식을 사용한다. 랑케는 이 과정에서 역사 속에 일어난 하나하나의 사실들을 바탕으로 어떤 일반법칙이나 이론을 유도해 내지 않는다. 그는 엄밀한 사료비판을 강조하는 동시에 '정치 및 외교사의 우위'라는 역사관을 갖고 있었으며, 그런 의미에서 현실정치와 거리를 두는 경향을 띠었던 청조 고증학과는 크게 달랐던 것이다. 하지만 관학의 중심 역사가들로서는 랑케사학을 고증학이 갖는 실증적 방법과 연결시킴으로써 별 거부감 없이 받아들일 수 있었다. 시게노

---

[41] 스테판 다나카, 『일본 동양학의 구조』(문학과 지성사, 2004), 50쪽.
[42] 도쿄제국대학 내 국사학과가 설치된 것은 1889년의 일이다. 동양사학과가 별도로 설치된 것은 1910년 이다.
[43] W. G. Beasley, E. G. Pulleyblank eds., *Historians of China and Japan* (London, 1961), p.280.

야스츠구는 〈국사편찬의 방법에 관하여〉라는 한 강연에서 "사실의 서술에 한정하는 일본과 중국의 역사와는 달리, 서구의 역사는 원인을 캐고 그 결과에 대해 숙고하며, 주제에 대한 상세한 설명과 다루는 시대의 상황을 생생하게 묘사한다. 서구인들이 가진 형식과 방법은 우리에게도 의미가 있는 많은 점들을 구비하고 있다는 것은 의심의 여지가 없다"[44]면서 서구의 역사서술방식을 수긍하였다.

중국의 경우도 일본과 그리 다르지 않아, 역사가들이 랑케류의 사료비판방식을 받아들이는 것이 어렵지 않았다. 19세기 신고증학파의 내적 전통과 서구 역사학의 과학성에 대한 요구를 상호 연결시키기가 쉬웠기 때문이다. 이들은 중국이 과거를 비판적으로 재해석하여 서구 학문과 조화시키고자 하였다.[45] 청대 고증학의 목적이 '과학적' 또는 '객관적'인 것에 있지 않았고, 고대 성현들의 생각과 의도를 다시 찾기 위한 수단으로서, 고대 경전의 언어를 사용하려는 유학자들의 책무와 관련이 있었다면,[46] 20세기 초 량치차오와 후스에서 시작된 입장은 고증학을 '객관적'이고 '과학적'인 학술사업으로 해석하는 것이었다. 그들에게 있어서 고증학은 18세기 유럽의 계몽운동과 유사한 의미로 받아들여져, 근대 중국의 과학주의, 역사주의, 고고학 등의 학문이 발전하도록 초석을 다지는 역할을 했다.

하지만 중국에서건, 일본에서건 이러한 의도들은 보수파로부터 강한 반발을 불러일으켰다. 메이지 시대 수사 사업의 중심에 있던 시게노와

---

44) W. G. Beasley, E. G. Pulleyblank eds., *Ibid.*, p.277 재인용.

45) Stefan Berger ed., *Writing the Nation* (NY, 2007), p.120. Benjamin A. Elman, *From Philosophy to Philology-Intellectual and Social Aspects of Change in Late Imperial China* [『성리학에서 고증학으로』 (예문서원, 2004)]는 18세기 중국 고증학의 발달과 청대 지식인들의 고증학적 전통을 사회사적으로 고찰하고 있다.

46) 벤자민 엘먼, 『성리학에서 고증학으로』, 15쪽.

구메 구니타케가 「신토는 제천의 풍속」 발표를 통해 학문에서의 고증을 강조하고, 역사에서 신화를 분리해 객관적 연구의 대상으로 삼고자 시도했듯이,[47] 중국에서는 고힐강이 고대 텍스트를 신화와 구분하는 비판적 자료분석방법을 사용하였다.[48] 그도 또한 이를 통해 사실과 허구를 구분해 내고, 고대 중국의 역사를 재구성하고자 시도하였으며, 일본 동료의 경우처럼, 보수적 학자들로부터 많은 항의를 받았고, 큰 논란을 불러일으켰다.[49]

19세기 중반 이후 서구 제국주의자들의 침략이 결과적으로 동아시아에서의 역사 서술의 변화를 촉발시키는 역할을 하게 되었지만, 일본과 중국은 이미 원전과 증거 확인의 중요성을 강조하는 방식으로 고전에 대한 철저한 검증이 역사적으로 진행되어 왔으며, 고증학과 문헌학적 발전을 통해 역사서술의 변화를 경험하고 있었다. 이러한 역사학 발전의 흐름은 서구에서도 유사하게 진행된 바 있다. 즉 랑케로 대표되는 역사주의와 그의 사료비판 방식이 이미 18세기 말 괴팅엔 대학을 중심으로 한 계몽주의적, 문헌학적 발전을 바탕으로 이를 정리한 것이었다는 점을 상기해본다면,[50] 동서양의 근대 역사학은 그 발전 방식에서 크게 다르지 않았던 것이다.

---

[47] 구메 구니타케는 「신토는 제천의 풍속」이라는 논문을 『사학회잡지』 1891년 10월~12월 (23-25호)에 기고한다. 이규수, 「일본의 근대학문과 국사편찬 – 수사사업을 중심으로」, 『역사문화연구』 50, 2014, 3-30쪽.

[48] Brian Moloughney, "Myth and the Making of History: Gu Jiegang and the Gushi Bian Debates", Brian Moloughney, Peter Zarrow eds., *Transforming History: The Making of a Modern Academic Discipline in 20th Century China*, pp.241-270. George Iggers, *A Global History of History*, p.214.

[49] 일본에서와 달리 고힐강의 경우는 대학에서의 쫓겨남으로 이어지지 않고 아카데믹한 차원에서만 진행되었다.

[50] Daniel Fulda, *Wissenschaft aus Kunst. Die Entstehung der modernen deutschen Geschichtsschreibung 1760-1860* (Berlin, 1996).

4. 랑케 역사학의 변용

"인류사의 진보, 보편의 법칙을 중심축으로 하는 역사철학적 세계사론"[51]으로 평가될 수 있는 '독일 관념철학의 주맥'인 랑케의 역사철학이, 동아시아 전이과정에서는 정작 철저히 무시된 채, 오로지 "실제로 무엇이 일어났는가?"에만 집중되었고, 그 결과 "객관성이라는 이상만을 추구하는 저급한 실증주의"(trivialpositivistischen Objektivitätsideals)[52]로 축소된 배경에는 무엇이 놓여있는가?

랑케의 세계사에서의 국가의 역할에 대한 강조와 국가주의적 관점은 1930년대 후반 이후 아시아·태평양 지역으로 세력권을 확대하던 일본에 역사적 근거를 제공하면서 정치적으로 이용된다. 1880년대 독일 제국주의자들이 '세계정책'(Weltpolitik)을 만들어내면서 일어났던 랑케 르네상스가 1930년대 이후 일본에서 부활한 것이다.[53] 일본의 역사가들은 서구에서 받아들인 지식을 토대로 일본과 유럽의 역사적 유사성을 주장하였으며, 랑케의 역사 방법론은, 일본의 제국주의적 진출을 지원하는 도구로 변하게 된다.

1930년대 후반부터 … 사카구치가 조화를 유지했던 랑케사학의 두 가지

---

[51] 나가하라 게이지, 『20세기 일본의 역사학』, 96쪽.

[52] Lutz Raphael, *Geschichtswissenschaft im Zeitalter der Extreme*, p.68. 이미 이거스는 1962년 미국에서의 랑케에 대한 피상적 이해를 지적한 바 있다. George Iggers, James Powell, *Leopold von Ranke and the Shaping of the Historical Discipline* (Syracuse, 1990). 이러한 이거스의 해석에 대한 반대견해는 Dorothy Ross, "On the Misunderstanding of Ranke and the Origins of the Historical Profession in America", George Iggers, James Powell eds., *Ibid.*, p.154 참조.

[53] Hans-Heinz Krill, *Die Rankerenaissance. Max Lenz und Erich Marcks. Ein Beitrag zum historisch-politischen Denken in Deutschland 1880-1935* (Berlin, 1962).

측면-문헌학적, 비판적 방법과 세계사적 파악-의 균형은 상실되고, 세계사 철학의 선구자로서의 랑케가 전면에 내세워진다. 랑케는 말하자면, '철학화'된 위에서 총력전 체제를 이념적으로 지지하는 기둥의 하나로 동원되었던 것이다.[54]

국가주의적 학자들은 서양의 다양한 정치, 경제이론을 일본의 민족적, 도덕적 우월성과 결합시키면서 일본의 해외진출을 정당화시키는 작업에 참여한다. 지금까지 일본이 중국에 대해 가져오던 문명의 중심지로서의 상 또한 바뀌게 되는데, 과거부터 일본이 가졌던 변방국가로서의 열등감은 중국에 대한 극단적 비하와 공격적 쇼비니즘으로 바뀌었고, 중국과 조선의 고대사의 해석과 관련된 논쟁은 일본의 자기이해를 위한 중요한 구성요소가 된다.[55] 스테판 다나카

---

[54] 마치 1880년대 독일에서 랑케 르네상스를 맞아 랑케의 다양한 저술들이 전집으로 간행되었듯이, 일본에서도 1941년부터 랑케의 번역서들이 집중적으로 출판되는 일종의 '랑케 붐'이 일어났다. 1945년까지 일본에서는 이미 총 아홉 권의 랑케 총서가 번역되어 나온다. 진주만 공격과 이어지는 전쟁의 포화 속에 진행된 이러한 랑케사학의 일본적 전유는 그의 사료비판과 가치중립을 강조했던 연구가 제국주의적 확산과 정치적 편들기에 기여했다는 점에서 독일에서의 랑케나 이를 전유한 일본에서의 랑케 모두 정치적 편향성에서는 동일했음을 보여준다. 고야마 사토시, 「세계사의 일본적 전유」, 도면회 외 엮음, 『역사학의 세기』, 111쪽. 이에 비해 한국에서의 1945년 이전 랑케 번역은 전무하였다. 지금까지 랑케 한글 번역서로는 장병칠, 『젊은이를 위한 세계사』(*Über die Epochen der neueren Geschichte*) (삼성문화재단, 1976) 와 Arnold J. Toynbee, Leopold v. Ranke, 『토인비自敍傳 / 랑케自敍傳』(*Aufsätze zur eigenen Lebensbeschreibung*) (大衆書館, 1983) 단 두 권뿐이다. 2011년 이상신에 의해 번역된 『근세사의 여러 시기들에 관하여』 (신서원, 2011)의 원본은 장병칠의 번역서와 동일서이다. 하지만 엄밀한 의미에서 이 책도 그의 저서라 하기 어려운, 사후 궁정 속기사가 정리한 강연록이다. 랑케 번역서의 부재가 한국 역사학계 랑케 이해의 불명확함의 한 원인일 수 있을 것이다.

[55] Schmidt-Glinzer, p.204; L. Grove, J. Esherick, "From Feudalism to Capitalism: Japanese Scholarship in the Transformation of Chinese Rural Society", *Modern China*, 6, No.4, 1980, pp.397-438. 이성시, 『만들어진 고대. 근대 국민 국가의 동아시아 이야기』 (삼인, 1904).

가 지적했듯이 "일본의 오리엔트 학자들은 유럽의 오리엔트 학자들이 오리엔트를 객체화한 것과 똑같은 방식으로 '동양'을 객체화"한 것이다.56)

그렇다면 랑케 역사주의의 안티테제로서의 독일 역사가 람프레히트(Karl Lamprecht)는 일본에서 어떻게 받아들여졌을까? 랑케의 연역적 역사연구 방법에 대한 람프레히트의 반발과, 역사를 문명의 진보적 발전사로 파악하고 자연과학과 문화과학을 통일적 잣대를 통해 이해하고자 했던 그의 대안은 충분히 이해되었는가? 1910년대 일본에서는 문화사가 역사학의 한 분야로서 주목을 받게 된다. 경제학사를 전공한 후쿠다 도쿠조는 독일에서 람프레히트의 강의에 직접 참석한 바 있고 리스의 제자 사카구치 다카시는 칼 람프레히트에게 관심을 기울여 정치사 중심의 랑케사학을 비판하고 문화사를 기축으로 전체사를 구상한 사학사상의 의미를 상세히 논하였다.57) 나가하라 게이지는 자신의 사학사에서 랑케의 대안 모델로서의 람프레히트의 영향과 문화사적 발달이 니시다 나오지로를 통해 진행되었음을 상세히 서술하고 있다.58) 이러한 일본에서의 논의는 현지 독일과 시간적 차이 없이 거의 동시대적으로 진행된 학술적 전이였다.

---

56) 스테판 다나카, 『일본 동양학의 구조』, 391쪽.

57) Peter Griss, "Japan und Karl Lamprechts universalgeschichtliche Anschauung 1900-1914", *Comparativ* 1, 1991, pp.94-108. 고야마 사토시, 「세계사의 일본적 전유」, 74쪽. 하지만 람프레히트는 '문화사'(Kulturgeschichte)를 '문화'의 역사가 아닌, 오늘날의 전체 사회사(Gesellschaftsgeschichte)와 유사한 의미로 썼음을 기억할 필요가 있다.

58) 고야마 사토시, 「세계사의 일본적 전유」, 80쪽. 나가하라 게이지, 『20세기 일본의 역사학』, 95쪽. Detlev Taranczewski, "Einige Aspekte der Rezeption deutscher Geschichtswissenschaft in Japan", Josef Kreiner ed., *Deutschland-Japan in der Zwischenkriegszeit* (Bonn, 1990), p.397.

민족주의적 의식과 '과학적 역사학'으로 무장한 중국의 역사학은 무너져 내리는 줄 알았던 자신들의 문명을 다시 한번 되살려낼 가능성을 찾아냈지만, '과학적 역사학'의 수명은 일본보다 길지 못하였다. 1930년대의 심각한 내전 위기와 만주 등에서의 일본의 강화된 군사도발은 역사학자들로 하여금 자신들의 연구에 전념할 수 없게 만들었다. 대학의 학자들과 학생들, 역사어언연구소(Academia Sinica)의 연구 스태프들도,[59] 더 이상 상아탑에 안주할 수 없었고, 정치의 장으로, 혹은 무기를 들고 전선으로 나간다. 후스는 주미 중국대사로 나가고, 부사년은 정부 고문으로 진출한다. 히틀러의 집권(1933)후 일본과 독일의 관계가 전면적으로 강화되면서 중국과 독일의 관계는 외교나 경제 분야뿐 아니라 학문교류에 있어서도 단절된다. 학문 내부적으로도 랑케의 과학적 역사학은 맑스주의 역사학의 강력한 도전에 직면하게 되는데, 더 이상 사료비판에 기반한 역사연구는 혼란스러운 환경 속에서 지탱되기 어려웠다. 청의 실증적 학풍과 랑케의 역사서술은 과거를 긍정적으로 받아들이고 전통을 해석함에 있어 유용한 시각을 제공하였지만, 국가적 위기의 상황에서 행동을 끌어내는 데에는 거의 도움이 안되었던 것이다.[60]

---

[59] 부사년의 주도로 설립된 국립중앙연구원 역사어언연구소(1928~1949)는 중국 역사자료의 대규모 발굴과 사료의 집대성을 목적으로 세워졌으며, 그가 초대 원장을 맡아 발전시킨다. 최은진, 「근대 역사학의 탄생과 제도화. 국립중앙연구원 역사어언연구소를 중심으로」, 국민대학교 중국인문사회연구소 엮음, 『중국 근대 지식체계의 성립과 사회변화』(길, 2011), 34-68쪽.

[60] E. Wang, "German Historicism", p.155. 동 시대 타이완에서의 독일 역사주의 수용과 관련하여서는 Chen Chih-hung, "Die zwei Quellen der Geschichtswissenschaft in Taiwan und ihre Rezeption des deutschen Historismus", Horst Walter Blanke ed., *Historie und Historik* (Köln, 2009), pp.177-198 참조.

5. 글을 맺으며

19세기 후반 서구에서 동아시아로 전이된 독일 역사주의를 '세계관
으로서의 역사주의'와 '방법으로서의 역사주의'로 구분할 수 있다면, 일
본이나 중국 모두 관념론의 철학적 배경을 담은 세계관은 축소 내지
생략되고, 방법론 중심의 역사주의만 전달된 것으로 판단할 수 있다.

> 역사(Die Historie)는 그것이 동시에 예술(Kunst)이라는 점에서 다른 학문
> 들과 구분된다. 모으고, 찾고, 파고든다는 의미에서 역사는 학문이며, 찾아
> 낸 것, 알아낸 것을 다시 펼쳐 서술한다는 의미에서 예술이다. 다른 학문들
> 은 찾아낸 것을 단지 그런 것으로 기록하는 것으로 만족할 뿐임에 비해 역
> 사에서는 이를 되살려 드러내는(Wiederhervorbringung) 능력이 거기에 덧
> 붙여진다.[61]

이처럼 랑케 스스로는 보다 보편적 글쓰기로서의 역사를 지향했지
만, 그의 의도는 좁은 전문가의 역할로 제한되어 해석되었다. 이런 왜
곡은 일본을 포함한 동아시아만이 아니라 유럽이나 미국의 수용에서
도 다르지 않았고,[62] 오랫동안 랑케는 세상에서 오직 사료를 통해 역사
적 사실의 진위만을 파악하고자 하는 '사료실증주의자'(Quellenpositivist)
로 오해되어왔다. 역사의 과학화에 대한 신념은 근대 역사학 모두가
공유하고 있었다 할 수 있지만, 이는 모아놓은 사료들을 연결하는 것만
이 아니라, 이 사료들과 그 속에 잠재해 있는 사고들을 연결시킬 때에

---

[61] Leopold v. Ranke, "Idee der Universalhistorie", *Historische Zeitschrift* (1954), p.290
(랑케의 유고).

[62] G. Iggers, "The Image of Ranke in American and German Historical Thought", *History
and Theory*, Vol.2, No.1, 1962, pp.17-40. 일본의 경우 고야마 사토시, 「세계사의
일본적 전유」, 53-129쪽.

만 의미 있는 '정신적 통일'(geistige Einheit)을 만들어 낼 수 있었다.[63]

그렇다면 이러한 동아시아에서의 랑케에 대한 오독과 사료해석 중심의 실증적 역사방법론의 책임을 그 시작에 서 있던 일본의 리스에게 물을 수 있을까? 돌이켜 생각해보면 서구 국가학 이론의 대표처럼 받아들여진 블룬칠리나[64], 일본에 처음으로 서구 역사학 이론을 전해준 헝가리 출신의 망명 학자 체르피(Zerffi), 랑케의 먼 제자 리스 등이 과연 이 시기 서양의 학문과 역사학을 대표할 수 있는 인물이나 이론이었나 의문이 생겨난다. 왜 하필 동아시아에서 처음 주목했던 학자가 블룬칠리고, 체르피고, 리스였던가? 이들로부터의 수입에서 서구 역사이론과 서구학문에 대한 왜곡과 편식이 시작된 것은 아닐까? 물론 일본 역사학에 미친 리스의 영향에 대해 지금까지 과대평가되었다는 지적도 있어 왔다. 하지만 달리 생각해보면, 19세기 후반 이후 동아시아 내 역사학의 전문화와 제도화 과정이 동아시아의 전통적 역사방법론과의 단절의 결과도 아니었고, 또 리스로 대표되는 독일 역사주의 말고도 베른하임(Ernst Bernheim)이나 드로이젠(Johann Gustav Droysen), 또는 랑글로와(Charles Langlois)와 세뇨보(Charles Seignobos)도 있었다. 즉 유럽 역사학의 다양한 방법론들이 여러 경로를 통해 동아시아로 전파되고 내적 적응과 변형을 거쳐 형성되었음을 생각한다면, 그들이 아닌 다른 어떤 학자였다 하더라도 결과에서는 그리 다르지 않지 않았겠는가. 또한 랑케를 오해하고 편파적으로 받아들인 것이 비단 동아시아에서만의 현상도 아니지 않았던가. 궁극적으로 우리가 위에서 점검했던

---

63) Chris Lorenz, "Drawing the Line: 'Scientific' History between Myth-making and Myth-breaking", Stefan Berger u.a. eds., *Narrating the Nation. Representations in History, Media and the Arts* (NY, 2008), p.48.

64) 전상숙, 「근대 '사회과학'의 동아시아 수용과 메이지 일본 '사회과학'의 특질-블룬칠리 국가학 수용을 중심으로」, 『이화사학연구』 44, 2012, 181-219쪽.

서양 역사학의 동양으로의 왜곡된 전파는 동아시아가 직면해야 했던 새로운 이념, 즉 국민국가가 형성되어 가는 과정에서 민족주의가 구성되고 확산되어가는 내적 합리성의 귀결로 해석할 수 있을 듯싶다. 우리는 근대 역사학의 성립과정에는 역사학의 국가권력과의 결탁이라는 배경이 있었음을 기억할 필요가 있다.[65]

정리하자면, 20세기 초반 유럽에서 발원한 과학적 역사학의 세계적 확산과정에서 이를 받아들인 모든 국가들이 동일한 내용을 받아들인 것은 아니었으며, 그 목표와 실천방식에 있어 각기 자신들의 전통과 놓여진 상황에 따라 다르게 대응하였음을 확인할 수 있었다.[66] 또한 랑케의 역사서술방식도 독일모델이라는 단순화된 형식으로 세상에 알려졌지만, 그것은 랑케가 제시했던 여러 역사학 방법론 중 하나에 불과할 뿐이었다. 아울러 학문과 문화 영역의 전파 과정에서 생기는 국가 간의 주고받음 현상이 식민 제국주의 시기 학술적 전번에서는 제한적이었을 뿐이었다. 다시 말하자면 유럽의 민족주의 담론과 민족주의적 역

---

[65] S. 콘라드는 1890년대 황성신문에서의 '문명개화'에 대한 강조가 볼테르(Voltaire) 계몽주의에 대한 뒤늦은 응답이 아닌, 1890년대 서울이라는 특수한 상황에서의 대응임을 지적하면서, 사상이 처음 만들어졌던 곳으로부터의 영향력(influencing)에 주목할 것이 아니라, 이를 변형시켜 받아들이는 고유한 환경에 주목해야 함을 강조한다. Sebastian Conrad, "Enlightenment in Global History: A Historiographical Critique", *AHR*, 2012, Oct. pp.999-1027.

[66] 1920년대 후반 이후 진행된 한국의 역사학계에서의 '과학적 역사학'에 대한 강조는 동아시아에서의 이러한 서구 학문전파와 연구자들의 문제의식에서 시간적으로 큰 차이가 없음을 보여준다. 김종준은 한국사학계가 1960년대 식민사학의 안티테제로서 민족사학이 정립된 이래 "근대국가에 의해 한국사라는 구성물이 창출된다는 사실을 객관적으로 이해하고, 식민사학이 전형적으로 근대역사학의 인식론과 방법론을 취하고 있음을 인정하는 데에만 수십 년의 시간이 걸렸"음을 지적한다. 즉 민족사학이나 식민사학 모두 민족/국가를 단위로 하는 근대 역사학을 추구했다는 점에서 닮은꼴이었다는 것이다. 김종준, 「일제시기 '역사의 과학화'논쟁과 역사학계 '관학아카데미즘'의 문제」, 19-60쪽.

사쓰기 작업이 동아시아로의 전이 이후 (물론 그것이 원형 그대로 전이된 것은 아니었지만), 다시 역으로 유럽 학문에 영향을 미치지는 않았다. 또 중국과 일본 사이의 학술전이 또한 일본에서 중국으로의 한 방향이었지, 그 역방향으로의 전이는 찾기 어렵다. 즉 학문의 전번에서는 '문화전이'(transfert culturel) 일반에서의 이론처럼 언제나 양 방향으로 진행되지는 않았던 것이다.

제국주의 시대 독일의 학자가 바라본 동아시아 역사

오토 프랑케의 『중국제국사』를 중심으로

정현백

1. 머리말

독일은 다른 서유럽 국가에 비해 비교적 늦은 19세기 후반에 들어서야 첨예한 제국주의 각축전에 뛰어든 국가이다. 뒤늦은 국민국가 형성과 산업화의 결과로 해외진출이 지연되면서, 독일이 식민지로 얻은 것은 고작 독일령 서남아프리카, 독일령 동아프리카, 아프리카 서해안의 토고와 카메룬뿐이었다. 이런 점에서 역사가들은 이탈리아와 마찬가지로 독일에게 식민지는 경제적 실익보다는 상징적 의미를 지녔을 뿐이라 평가하였다. 이런 연유로 제국주의 연구에서 독일은 전형적인 제국주의 국가로 분류되지 않을 뿐 아니라, 일반적인 제국주의 연구의 대상으로 관심을 받고 있지 못하다.

그러나 벨러(Hans Ulrich Wehler)의 '사회제국주의 이론'과 같이 제국주의가 자본주의 발전에 필수불가결한 해외팽창으로서만이 아니라, 국내정치의 필요성, 즉 첨예한 사회 갈등의 해소를 위해 노동계급의 관심을 바깥으로 돌리고 민족주의적 열광을 자극하기 위해 등장하였다는 주장이 주목받으면서, 최근의 연구는 제국주의를 사회적인 역학관계나

문화적 맥락에서 고찰하기 시작하였다.[1] 이와 같은 문제의식의 연장
선에서 18세기와 19세기 전반기 남미관련 독일 출판물을 분석한 수잔
네 잔톱(Susanne Zantop)의 연구는 제국주의 팽창이 시작되기 전에 표
출되었던 식민지 판타지에 주목하고 있다. 민족국가의 비전 외에도 백
인의 문명화사업, 인종주의적 스테레오 타입, 섹슈얼리티, 젠더 역할
등이 특이한 방식으로 통합된 환상식민주의는 제국주의에 대한 환상
을 현실로 바꾸어가는 기능도 수행하였다는 것이다.[2] 이런 시각에서
보자면 독일 식민주의는 그 약체성에도 불구하고, 19세기 말, 20세기
초 서구제국주의의 통합적인 한 부분이라 할 수 있고, 이후 독일이 일
으킨 두 번의 세계대전이나 나치즘의 등장과 일정한 역사적 연속성을
지닌 것이라 추정할 수 있다.

이 글은 제국주의 열기가 고조되었던 19세기 말, 20세기 초 독일에서
동아시아와 유럽의 경계선에 서 있었던 한 동아시아학자가 쓴 동아시
아 역사서술을 분석하고자 한다. '동아시아사'를 어떻게 서술할 것인지
를 둘러싼 치열한 논쟁이 계속되고 있는 현 상황에서, 일찍이 한 세기
전 이른바 '동아시아사'를 서술했던 한 서구인의 시각을 소개하고 그의
저작을 살펴봄으로써, 동아시아에 대한 우리의 시각을 성찰하고 동아
시아사가 앞으로 나아갈 방향에 대한 작은 단서를 얻고자 한다. 이런
작업의 일환으로 본 논문은 독일 동아시아학 분야의 주목 받는 학자이
자 중국사 연구자였던 오토 프랑케(Otto Franke)의 중국사서술과 여기
에 드러난 그의 역사관 분석에 집중하고자 한다. 당시 독일제국에서

[1] Sebastian Conrad, Deutsche Kolonialgeschichte (München: C. H. Beck, 2008), p.10; 정현백, 「서구동양학의 계보와 동양인식: 제국주의 시대 독일의 동아시아학과 그 학자들」, 『아시아문화연구』 26, 2012, 126쪽.
[2] Susanne M. Zantop, Kolonienphantasien im vorkolonialen Deutschland 1770-1870 (Berlin: Erich Schmidt Verlag, 1999) 참조.

동아시아사는 중국사로 대변되었던 까닭에, 중국사 연구는 독일인의 동아시아 역사관을 읽을 수 있는 기본 자료가 된다. 이런 맥락에서 본 연구는 제국주의 시대 독일에서 동아시아학이 행한 역할을 묻는 것인데, 이는 보다 보편적인 질문, 동아시아학이 과연 제국주의 발전에 기여하였는지에 대한 것이다. 나아가 이런 질문은 동아시아학자들이 연구를 통해 보여준 시각이나 입장이 유럽중심주의적이었는지 와도 연계될 것이다.[3]

관리의 아들로 태어난 프랑케(Otto Franke, 1863-1946)는 괴팅겐 대학에 수학 중 역사철학에 대한 드로이젠의 마지막 강의를 들은 것을 계기로, 역사학에 관심을 갖게 되었다. 더불어 여러 언어학 관련 강의를 들으면서, 그는 산스크리트어에 관심을 갖게 되고, 1886년에 이 분야에서 학위를 취득하였다. 아들이 법조계로 진출할 것을 희망한 부친의 압박 외에도, 인도학으로 국내에서 적절한 자리를 찾기 어려웠던 차에, 프랑케는 외무성이 동아시아에서 일할 젊은 인재를 찾는다는 정보를 접하고, 친구와 함께 지원하였다. 그는 인도학에서 중국학으로의 방향전환이 일자리의 필요성만이 아니라 그가 대학시절부터 가졌던 불교와 라마주의에 대한 관심과 연관이 있었음을 자서전에서 술회하고 있다.[4]

---

[3] 19, 20세기 독일어권에서 동양학(Orientalistik)은 이슬람문화권에 대한 연구이었고, 그래서 이 글에서는 동아시아학을 구분하여 다루고자 한다. 이 시기 연구의 경우 조선은 미지의 나라였고, 일본에 대한 연구는 저조한 실정이어서, 이 시기 독일어권의 동아시아학은 사실상 중국학 연구로 대변되었다. 이런 점에서 프랑케의 연구는 독일어권의 동아시아학 연구에서 그 대표성을 지닌다고 말할 수 있다. 이를 위하여 Suzanne L. Marchand, German Orientalism in The Age of Empire. Religion, Race, and Scholarship (Cambridge: Cambridge University Press, 2009), pp.383-386 참조.

[4] Otto Franke, Erinnerungen Aus Zwei Welten. Randglossen Zur Eigenen Lebensgeschcihte (Berlin: Walter De Gruyter & Co., 1954), p.35.

프랑케는 1887년 10월 방금 문을 연 베를린대학 동양어학과(Seminar für Orientalische Sprache, SOS)에서 중국학을 수학하고, 1888년 6월에 베이징 대사관에 부임하였다. 극동지방에 파견된 다른 외교관이나 선교사와는 달리, 그는 적어도 중국어를 읽고 말할 수 있었다. 또한 외교관직에 필요한 공식교육의 부족에도 불구하고, 프랑케는 법적이나 상업적인 문제들을 잘 파악하였던 나무랄 데 없는 직업외교관이었다. 그러나 프랑케는 자신의 회고에서 외교관의 직업세계에 적응하는 데 상당한 어려움을 겪었음을 토로하였다. 재미있는 것은 프랑케가 자신의 비서구권에 대한 폭넓은 지식이 오히려 외교관 사회에 적응하는 데 방해가 되었다고 회고한다는 점이다.[5] 그의 이러한 회고는 서구인들의 비서구권에 대한 지식의 척박함과 외교관들의 중국 현실에 대한 무지, 그로 인해 동아시아학이 학문적 훈련을 제대로 받지 못한 선교사나 탐험가 등의 현장전문가에 의해 연구가 이루어졌던 당시의 현실을 보여주고 있다. 1902년 외교업무에서 물러난 프랑케는 한동안 쾰른 신문에 자유기고가로 일했으나, 친구의 권유로 중국학 분야에서 교수자격취득과정(Habilitation)을 시작하였다. 그러나 동아시아학 연구자로 출발하는 것은 당시로서는 모험이 아닐 수 없었다. 중국학으로는 정교수 자리가 없었고, 그런 점에서 그 당시 "독일 학문은 중국학으로 이르는 문을 닫아걸고 있었다"고 프랑케는 나중에 술회하고 있다.[6]

이미 동아시아 지역에 상당히 진출한 영국과 미국에 맞서, 적극적인 문화정치를 통해서 독일제국의 영향력을 확대해야 한다는 신념을 가졌던 프랑케는 1908년 청도에 중국·독일대학을 창립하는 데에 참여하였다. 중국 청년들이 관료로 진출할 수 있도록 농업이나 법학 등의 실

---

[5] Ibid., p.68; Suzanne L. Marchand, op. cit., p.378.
[6] Otto Franke, op. cit., 1954, p.117.

용적인 학문을 가르쳤던 이 대학에서 프랑케는 독일의 정치적, 경제적 개입이 중국의 전통적인 문화나 가치를 희생하지 않을 것이라는 점을 중국인에게 확신시키는 방향으로 교육내용을 입안하고자 노력하였고, 그래서 유교나 중국사 등의 학습을 학생들에게 강조하였다. 그러나 그의 계획은 매번 군부나 관료들과의 견해차로 인해 타협을 강요받았는데, 이들은 실용적인 학문이나 군사훈련 등의 과목을 확대할 것을 요구하였다.[7] 1909년 독일로 돌아온 프랑케는 이즈음 개소한 함부르크식민연구소(Das Hamburgische Kolonialinstitut)에 동아시아언어 및 역사 분야에 교수직을 얻게 되었고, 1923년에는 베를린 대학의 교수로 부임하여 1931년 정년 때 까지 많은 중국학자들을 길러 내었을 뿐 아니라, 중국학과를 키우는 데 크게 기여하였다. 그는 또한 프로이센 사회과학원의 회원으로 일하면서, 동아시아연구와 관련한 국내정치에서 상당한 영향력을 행사하였다. 장수하였던 그는 나치국가에도 봉사하였다. 그는 '독일의 중국연구의 대부'로 혹은 '독일의 가장 유명한 중국학자'로 호명되었다.[8] 그러나 그를 학계보다는 동아시아문화정책에 보다 중요한 역할을 한 사람으로 평가하는 견해도 있다.[9]

프랑케에게서 주목할 만 한 점은 그의 엄청난 학문적 생산력이다. 그의 저술의 목록은 거의 2백 개를 넘었고, 1933년 한 해에 그에 대한 서평이 78개에 이르렀다.[10] 그러나 결정적으로 중요한 그의 학문적 업

---

7) Suzanne L. Marchand, op. cit., p.380.

8) Mechthild Leutner, "Otto Frankes Konzeptionen zur chinesischen Geschichte", Kuo Heng Yu, ed., Deutsch-chinesische Beziehungen vom 19. Jahrhundert bis zur Gegenwart. Beiträge des internationalen Symposiums in Berlin, 1991, p.183.

9) 오히려 동아시아학계에서는 당시 베를린민속박물관 관장이었던 E. W. K Müller 가 더 존경받았다고 한다. Suzanne L. Marchand, op. cit., p.377.

10) Mechthild Leutner, op. cit., p.183.

적은 그가 종합적인 중국사 개설서인『중국제국사』5권을 출간한 것이
다. 1920년대에 고대 편 집필에 착수하여, 1930년에 1집을 출간하였고,
그의 사후인 1952년에 전집이 출간되었다. 이는 서구인으로서는 드물
게 방대한 중국사에 대한 종합적인 서술을 시도한 것이다. 본 논문에
서는 이 전집을 통해 드러난 프랑케의 역사관을 분석하고, 그 서술의
시대별 특성을 살펴보고, 마지막으로 그가 행한 중국사 연구의 장점과
한계를 짚어볼 것이다.

2. 프랑케의 역사관

다섯 권으로 이루어진『중국제국사』전집은 중국 고대에서 한나라
까지를 다루는 1권에서부터 시작하여 진, 한, 수나라까지를 서술하는
2권, 1368년 몽고족의 지배까지를 다루는 4권으로 끝난다. 여기에 덧붙
여 3권과 5권은 1, 2, 4권의 서술에 대한 주석과 색인으로 이루어져 있
다.[11] 두 권에 이르는 주석과 색인을 통해서 우리는 프랑케가 중국 역
사에 대해 풍부하고도 상세한 연구 자료를 제공해주고 있음을 알 수
있다. 이렇게 정밀한 전거자료의 제시로 그의 작업은 1차 사료의 끈기
있는 활용과 방대한 양의 기초연구에 필요한 증거를 확보 하고 있을
뿐 아니라 이후 중국사 연구의 자료적 토대를 제공하고 있다고 평가할
수 있다. 뿐만 아니라 전집 전체에서 드러나는 개개 사안에 대한 정밀
한 서술은 독자들을 압도하고, 여기에서 우리는 프랑케가 지닌 프로이

---

11) O. Franke, Geschichte Des Chinesischen Reiches. Eine Darstellung Seiner Entstehung,
Seines Wesens Und Seiner Entwicklung Bis Zur Neuesten Zeit, Bd. I-V (Berlin: Walter
De Gruyter & Co.), 2001.

센적인 완벽주의와 사실 숭배적인 랑케 전통을 재확인할 수 있다.

프랑케는 『중국제국사』 전집의 서문에서 중국사를 쓰는 역사가는 특별한 변명을 필요로 함을 지적하고 있다. 그는 그 어떤 중국사의 연구도 박수갈채를 받기 힘들다고 말하고 있다. 즉 중국사 연구에 대해 들이는 노력에 비해 터무니없이 적은 성과만이 생산 된다는 비난이 팽배한데, 프랑케가 보기에 그 이유는 우선 중국이라는 연구대상이 너무 낯선데다가 그에 걸맞은 연구 작업이 독일 학계에서 제대로 이루어지지 않아온 결과 중국사연구는 여전히 시기상조일 뿐이라는 통념이 지속적으로 재생산되는 악순환 때문이라고 지적하고 있다.[12] 그럼에도 불구하고 프랑케는 중국사 서술의 필요성을 절감하고, 열악한 현실 속에서 그의 사망년도인 1943년까지 5권의 중국사전집을 집필, 그 주석의 초고까지 마쳤다.[13] 이는 실로 놀라운 일이며, 그런 점에서 그의 업적은 서구에서 나온 중국사 저술로서는 독보적인 지위를 차지한다.

우선 프랑케는 세계사의 고찰 속에서 중국은 어두운 그리고 접근하기 어려운 어떤 블록으로 존재하여 왔고, 그래서 학자들 사이에서 이를 보다 근접해서 분석해보려는 시도가 보이지 않았다고 지적한다. 더불어 그는 중국에 대한 몰이해의 책임을 18세기 예수회 선교사들에게 돌렸다. 중국으로 들어갔던 선교사들의 뒤를 이어 영국을 서구국가들에

---

[12] O. Franke, Geschichte Des Chinesischen Reiches, Bd., I, p.VII; E. A. Kracke, Jr., "Book Review; Geschichte des Chinesischen Reiches: Eine Darstellung Seiner Entstehung, Seines Wesens und Seiner Entwicklung bis zur Neuesten Zeit. V. Band: Anmerkungen, Erganzungen und Berichtigungen Zu Band IV, Namen-und Sachverzeichnis. by Otto Franke. Berlin: Verlag von Walter De Gruyter & Co., 1952", The Journal of Asian Studies, Vol.12, Issue 04, August. 1953, pp.417-418.

[13] 각주의 초고를 끝낸 후 오토 프랑케가 사망하자, 그의 아내, 이어 마찬가지로 중국학자였던 그의 아들 볼프강 프랑케가 최종적인 수정을 한 후 전집을 출간하였다. Ibid., p 417.

의해 개항이 강제적으로 진행되면서, 서구학계는 중국을 기억의 장에
불러내었지만, 이들의 중국에 대한 지식은 선교사들의 것보다도 더 제
한적이었다.[14] 뿐만 아니라 프랑케는 헤겔이나 랑케처럼 당대 지식사
회가 중국사가 지니는 역사적 가치나 중국사 서술의 가치에 대한 이해
를 결여하고 있음을 지적하면서, 1권 서문에서 그간의 역사적 관점이
나 방법론적 접근을 문제 삼는 것을 통해 중국사에 대한 통념과 연구
에 대한 무관심을 비판하였다.[15]

먼저 프랑케는 헤겔이 주장하는 '중국의 무역사성(Geschichtslosigkeit
Chinas)'을 반박하였다. 헤겔은 그의 『역사철학』에서 "도덕, 가족제도가
여기(필자 주-중국)에서 국가의 가공할 만한 전체를 이루거나 혹은
가부장적 원리가 국가를 조직하고 있고, 그래서 이는 전제적인 신정정
치"라고 주장하였다. 중국인이 보편주의적인 원칙을 결여하고 있는 것
은 바로 그들에게서는 도덕적인 것이 법적인 것으로부터 구별되지 않
고 있기 때문이라는 것이다. 그래서 헤겔에게 "중국에 역사가 없는 한
에 있어서, 인도와 마찬가지로 중국은 세계사의 바깥에 놓여 있다는 것
이다."[16] 또한 헤겔에게 중국은 아직 역사 주체가 자신의 법적 권리를
향유하지 못하는, 다시 말해서 개인의 발전의 자유가 보장되지 않은 사
회, 즉 역사발전의 아동기로 인식되었다. 이에 비해 그리스의 세계는
개인성의 원칙이 작동하는 "아름다운 자유의 왕국"이었다.[17]

[14] O. Franke, Geschichte Des Chinesischen Reiches, Bd., I, p.VII
[15] Mechthild Leutner, op. cit., p.185.
[16] O. Franke, Geschichte Des Chinesischen Reiches, Bd., I, p.VIII, IX에서 재인용.
[17] Ibid.에서 재인용. 그 외에도 세계사의 철학에서 헤겔은 '세계사는 자유 의식의 진보
과정'이라고 보고, "동양인들은 정신이나 인간이 그 자체로 자유롭다는 것을 알지
못했다"고 주장하였다. 그들은 '단 한 명만 자유롭다는 것'을 알았을 뿐이라는 것이
다. 이러한 동양의 국가로 헤겔은 중국과 인도를 언급하고 있다. 게오르크 헤겔,
서정혁 옮김, 『세계사의 철학』(서울, 지식을 만드는 지식, 2012), 51, 53, 131쪽.

　프랑케는 헤겔과 마찬가지로 랑케도 동아시아의 민족은 내적으로 부동의 고정된 대중이고, 그 발전이 영속적으로 정지된 민족이어서, 이들은 세계사의 생동하는 흐름의 바깥에 있는 존재이었다고 주장했음을 지적했다. 즉, 랑케가 바이에른의 막시밀리안 2세에게 "폐하는 동인도와 중국을 유럽에게 개방하였고, 그래서 이 모든 국가들은 동시에 유럽의 정신에 복종하게 된다"고 고하였지만, 랑케는 "단 한 번도 이 아시아의 거대제국이 유럽의 정신에 복속되는 것을 통해서 그들의 보편적인 역사 운동에 참여할 수 있다"는 것을 상정하지 않았다는 것이다.[18] 이는 중국이 설혹 개방된다 하더라도 유럽과 같은 근대적 발전의 길을 걷지 못할 것이라는 랑케의 선입견을 반영하는 것으로 프랑케는 이해하였던 것 같다. 프랑케가 보기에 랑케는 세계사의 대상을 서구 문화권으로 한정하였고, 그는 랑케의 이러한 사고가 후기의 역사가들에게 결정적 영향력을 행사하였음을 지적하였다.[19]

　프랑케는 위에서 언급한 중국사에 대한 왜곡된 시각의 책임은 일차적으로 중국사 연구자 스스로에게 있다고 보았다. 즉 중국은 부동의 낙후된 경직성에 갇혀 있거나 기껏해야 제자리를 맴돌고 있다는 생각은 예수교 선교사에 의해 만들어진 상이었고, 이것을 중국사 연구자들이 20세기까지도 이어받고 있다는 것이다. 이와 같은 견지에서 심지어 어떤 중국학 연구자들은 중국사를 연구할 가치가 있는지에 대해 회의적이기도 하였고, 따라서 중국사를 '멀리 떨어진, 단조로운, 어두운 역사'로 이해하였다는 것이다. 프랑크가 보기에 이러한 현상은 사료에 기초하여 이루어지는 중국사 전체에 대한 과학적인 서술은 오랫동안 거부되었기 때문이었다. 이런 맥락에서 프랑케는 이제는 과거에 해 온

18) O. Franke, Geschichte Des Chinesischen Reiches, Bd., I., p.XI.
19) Ibid.

—헤겔이나 랑케 식의—중국사의 무역사성이나 영원한 정체성을 주장하는 연구는 더 이상 통용될 수 없고, 그래서 유교라는 단일한 도그마에 가두어 중국사를 바라보는 것도 극복할 것을 강조하고 있다.[20] 프랑케는 중국을 세계사에 포함하지 않은 것에 대한 비판 뿐 아니라, 중국의 발전을 단선적으로 이해하는 시각에 반대하여 중국문화의 독자성을 내세우면서, 서구문화권과 동아시아 문화권을 분리하여 바라볼 것을 주장하였다. 중국민족은 영원한 무변화의 민족이 아니라 다양한 종족(Rasse)의 다민족군집(Völkergewimmel)이고, 수많은 종족 간의 지속적인 교류를 통해서 역사의 다채로움(Buntheit)을 만들어내었다는 것이다.

중국사를 인류역사의 발전과정에 역사적으로 배치하는 문제와 관련하여 프랑케는 헤겔의 진화론적 발전개념을 원용하였으나, 슈펭글러(Oswald Spengler)나 브라이지히(Kurt Breysig)가 각각의 민족들은 자신들에게 주어진 조건에서 문화민족을 지향하는 독자적이고 단선적인 발전경로를 걷는다고 보는 반면에, 프랑케는 모든 민족들이 그들 나름의 상황조건하에서 민족문화를 만들어내지만 오히려 그들 가운데에서 나타날 수 있는 공통의 연속성(Abfolge)을 보려 하였다.[21] 이러한 역사관에 따라 프랑케는 중국사에서도 시대구분을 고대, 중세, 근대의 세 단계로 분류하였는데, 고대는 유교 이전 시대에서 한나라까지로, 중세

---

[20] Ibid., p.XVI-XVII; Suzanne L. Marchand, op. cit., p.381. 그럼에도 불구하고 프랑케 자신도 중국제국사의 서술에 있어서 유교의 역할을 크게 강조하고 있어서, 그 역시도 유교를 중심으로 중국사를 과잉 단순화한 것이라는 의구심을 갖게 된다.

[21] 그러나 프랑케는 역사발전단계론을 거부하고, 중국의 운명을 결정하는 데에 있어서, 다양한 내적, 외적 역관계들의 작용을 추적하려 하였다. E.A. Kracke, "Book Review, Geschichte Des Chinesischen Reiches. Eine Darstellung Seiner Entstehung, Seines Wesens Und Seiner Entwicklung Bis Zur Neuesten Zeit. by Otto Franke. Bd IV: Der Konfuzianische Staat II. Krisen und Fremdvölker. Berlin: Verlag von Walter De Gruyter & Co., 1948", The Journal of Asian Studies, Issue 4, August 1952, p.474.

는 유교시대에서 19세기 말까지, 근대를 유교 이후의 시대, 즉 현대까
지로 보았다.[22] 여기에서 우리는 프랑케가 유교를 중국사를 설명하는
핵심기제로 두고 있음을 알 수 있다. 이런 지점은 프랑케가 인간정신
의 발전을 강조하는 역사주의적 사고의 추종자로서, 유럽중심주의적
시각의 한계를 보여주는 것이다. 이에 따라 그는 역사를 민족의 생성,
번영과 몰락으로 나누는 슈펭글러 식의 역사주기론을 거부하였다. 유
럽의 발전과의 비교를 통해서 그 유사성을 발견할 수 있는 만큼, 프랑
케에게 인류역사에 중국을 포함하는 것은 지극히 당연한 것으로 보였
다. 즉 그는 "도처에서 동일한 인간의 본성들이 드러나고, 이로부터 역
사가 움직이게 된다"고 주장하였다[23] 이런 점에서 프랑케에게 중국도
세계사의 통합적인 일부이어야 하였다.

이제 프랑케의 역사연구 방법론에 주목해보자. 그의 랑케에 대한 비
판에도 불구하고, 그는 랑케의 객관성테제의 전통 안에서 원래 일어났
던 역사적 사건 그 자체의 구명을 위한 역사서술을 대변하였다. 프랑
케 역시 사실 그대로의 역사서술 그리고 모든 접근 가능한 사료의 비
판적인 활용을 지향하고 있었다. 프랑케가 랑케적인 전통을 계승하고
있음은 『중국제국사』 서술에서 드러나는, 때로는 지루한 세부적인 묘
사와 사실 위주의 세세한 사건 나열을 통해서 확인할 수 있다. 이는 앞
에서 언급한 대로 주석만을 모은 두 권의 두꺼운 책을 통해서도 잘 드
러난다.[24]

---

22) O. Franke, Geschichte Des Chinesischen Reiches, Bd., I, p.XXII; Mechthild Leutner,
op. cit., p.186; E.A. Kracke, op. cit, 1952, p.474. 프랑케는 1911년 혁명 이후를
근대의 시작으로 보았다.

23) O. Franke, Geschichte Des Chinesischen Reiches, Bd., I, p.XXIII.

24) Karl August Wittfogel, "Book Reviews: Otto Franke, Geschichte Des Chinesischen
Reiches, Band II. Der Konfuzianische Staat I. Der Aufstieg Zur Weltmacht. Band III.

프랑케는 현실을 역사가 자신이 만들어낸 이데올로기에 묶을 생각이 없었으나, 훔볼트(Wilhelm von Humboldt)를 인용하면서, "일어난 사건들은 단지 부분적으로만 의미세계에 있고, 그래서 나머지는 역사서술자에 의해 감지되고, 추론되고, 추정되어지는 것"이라 보았다.[25] 그런 점에서 프랑케도 연관된 서술들이 결코 서술자의 주관적 가감이 빠질 수 없지만, 마찬가지로 훔볼트를 인용하면서, 프랑케는 "역사서술자는 현실을 자신이 만들어 낸 이념에 묶지 않도록 스스로를 지켜야할 것"을 경고하였다.[26] 앞의 위험을 피하기 위해서는 헤겔이 말한 것처럼 서술자는 정치가들의 의식에 대한 묘사나 단언을 자신의 성찰 속에서가 아니라, 인물들이나 민족들이 스스로 말하도록 해야 한다는 것이다. 그래서 가능하면 사료가 스스로를 말하게 해야 하고, 때로 주목할 만한 표현이나 텍스트의 지점은 문자 그대로 번역하도록 해야 한다는 것이다. 사료를 통해서야 역사적 진실에 도달할 수 있다는 신뢰감과 이를 위한 끊임없는 자기비판이 필수적이지만, 그럼에도 불구하고 프랑케는 개별 문제에 대한 단순한 고찰을 넘어서 역사현상을 여러 관련성 속에서 서술하려는 노력도 병행할 것을 주장하였다. 이런 점에서 프랑케는 베를린대학 시절 자신의 스승이었던 딜타이의 전통을 이어받고 있기도 하다. 그는 일종의 추체험과정을 통해서 낯선 체험의 사후적인 재구성이라 할 역사학적인 '이해(Verstehens)'를 계발할 수 있는 능력을 갖출 것도 요구하였다. 이는 역사학에서 인식의 특별한 수단으로 "이해"를 강조한 딜타이(Wilhelm Dilthey)나 훔볼트의

Anmerkungen, Erganzungen und Berichtigungen Zu Band I und II, Sach-und Namensverzeichnis, Berlin und Leipzig, Verlag von Walter De Gruyter & Co., 1948", Pacific Affairs: An International Review of Asia and the Pacific, pp.334, 336.

[25] O. Franke, Geschichte Des Chinesischen Reiches, Bd., I, p.XXV.

[26] Ibid.

영향력을 확인할 수 있는 지점이기도 하다.[27]

프랑케의 역사연구에서 드러나는 또 다른 특징은 그가 지리적 조건
의 중요성을 인식하고 있는 점이다. 전집 1권에서 그는 총 31쪽의 지면
을 할애하여, 중국의 지리적 환경에 대해 상세히 서술하고 있다. 중국
이 역사에 유례가 없는 거대한 제국을 세워, 오랜 세월동안 통일된 역
사적 단위를 형성하고 고유한 문화를 유지할 수 있었던 것에는 그것의
지리적 환경이 크게 작용하였다는 점을 프랑케는 주목하였다.[28] 즉 중
국이 처한 주변의 자연환경이 하나의 통일된 거대단위를 형성하는 것
에 유리하게 작용하였다는 것이다. 다시 말해 자연적으로 주어진 지리
적 경계 속에서 중국인의 보편국가 사고와 보편주의적 세계관이 형성
되었고, 이들에게 주변부의 세계는 반(半) 야만적 혹은 완전히 야만적
인 존재로 비쳐졌다는 것이다. "그래서 중국인의 세계관은 항상 보편주
의적이고 그리고 항상 자기중심적이었다. 그의 영토는 세계이고, 그의
나라는 제국이었고, 그 스스로는 인류 가운데 가장 우월한 존재였다."[29]
마찬가지로 생활조건이 농업과 중국문화 형성의 기초가 될 수 있었던
점에도 프랑케는 주목하였다. 기후의 순환적 변화에 의한 높은 농업생
산성과 풍부한 지하자원, 광대한 토지는 완전한 자율적인 발전을 가능
하게 만들었으며, 이를 통해 중국인들은 문화민족으로서 필요한 생존
의 욕구와 사치 욕구를 충족할 수 있었다는 것이다. 이렇듯 중국의 지

---

27) 1882년부터 베를린대학에서 강의를 한 딜타이와 마찬가지로 같은 시기에 베를린
   에 있으면서 역사인식의 핵심기제로 주관적인 '이해'를 강조한 드로이젠(Johann
   Gustav Droysen)의 영향도 프랑케는 받았을 것으로 추정할 수 있다. Mechthild
   Leutner, op. cit., p.188.

28) O. Franke, Geschichte Des Chinesischen Reiches, Bd., I, p.1; Mechthild Leutner, op.
   cit., p.194.

29) O. Franke, Geschichte Des Chinesischen Reiches, Bd., I, p.23.

리적 여건은 중국인들이 그들만의 독자적인 문화와 정치를 발전시킬
수 있게 만든 중요한 요소였다.[30] 역사학 연구에 지리학을 결합하여
중국사를 분석하려는 프랑케의 접근방법은 창의적인 탁월한 시도라
평가할 수 있다.

그 외에도 프랑케의 중국사 서술의 특징이자 큰 장점의 하나는 그의
책 곳곳에서 동아시아, 특히 중국과 서양의 비교를 시도한 점이다. 당
시의 동아시아연구 현황을 고려할 때, 결코 용이한 작업이 아니었고,
또한 그의 비교가 모두 정확하다고 볼 수는 없지만, 프랑케가 그의 책
곳곳에서 비교를 시도한 점은, 당시의 역사학 연구 수준에 비추어 볼
때, 높이 평가해야할 대목인 듯하다. 특히 그는 비교의 초점을 정치지
배 방식, 집체성과 개인의 문제, 국가의 성격 등에 두고, 비록 일부의
지점에서 이지만, 중국과 유럽의 발전의 유사성을 보여주려는 노력을
기울였다. 특히 그는 중국과 그리스의 비교, 혹은 중국과 프로이센 독
일과의 비교를 자주 시도하였다.[31] 물론 프랑케에게서도 그간 동/서양
을 설명하는 데에 작용하였던 이분법적인 사고나 분석이 여전히 드러
나고 있지만, 이러한 점이 그의 역사관에서 지배적인 위치를 차지하고
있는 것은 아니다. 이런 노력은 중국을 세계사에서 배제하려는 헤겔의
시도에 비하자면, 훨씬 진전된 역사관이라 할 수 있다.[32] 중국사 서술

---

30) Ibid., pp.29-31.

31) 독일과의 비교에서는 주나라 황제정치의 허약성을 중세독일과 유사하다고 언급
   한다든지, 송의 지배체제를 설명하는 과정에서 이를 프리드리히 빌헬름 1세와
   비교하는 것이 바로 그 좋은 예이다. O. Franke, Geschichte Des Chinesischen
   Reiches, Bd., I, p.157; O. Franke, Geschichte Des Chinesischen Reiches, Bd., IV,
   p.354. 그러나 보다 잦은 비교는 지배체제나 국가의 성격과 관련하여 그리스를
   비교하는 것이었고, 인물로는 주희와 토마스 아퀴나스를 비교하기도 하였다.
   Ibid., p.392; O. Franke, Geschichte Des Chinesischen Reiches, Bd., I, pp.121-125.

32) 그러나 프랑케는 서로 다른 견해들을 설명하는 과정에서 사실상 동―서양―대립

을 유럽의 역사발전과의 차이 혹은 유사성에 기초하여 쓰려는 프랑케의 시도는 높이 평가되어야 하는데, 이는 당대의 지배적인 사고, 즉 유럽민족이나 인종의 우월성 혹은 비역사적인 서양-동양의 이분법에 대항하는 행위이기 때문이다.[33] 프랑케가 강조하는 유럽과 중국의 발전의 유사성과 병렬성은 유추의 형식을 빌리고 있는데, 특히 유사성에 대한 지적은 본질적으로 이론적 관점과 정치적인 문제로 제한되어 있었기 때문에 가능했을 것이다.[34] 다시 말해 앞의 비교에서 프랑케는 정치적인 사건이나 이론문제에 천착하였고, 여기에서는 공통점을 추출하기가 상대적으로 용이하였을 것이다. 그러나 시야를 사회적 경제적 관계로 확대할 경우, 유사성보다는 차이가 더 크게 드러났을 것이라 유추할 수 있지만, 그는 이 부분은 그다지 고려하지 않은 것 같았다. 다음 장에서 중국사에 대한 프랑케의 서술을 분석할 것인데, 어떤 지점에서 중국과 서구의 유사성 그리고 차이점을 프랑케가 지적하고 있는가를 보다 상세히 다룰 것이다.

3. 프랑케의 중국사 서술

프랑케의 『중국제국사』는 역사적 사건의 세세한 서술에 치우쳐 있지만, 중국사의 발전을 관통하는 구성 원리를 포함하고 있다. 그의 중

관계로 회귀하였다. 몇몇 지점에서 본질적으로 전형적인 중국적인 특성을 설명모델로 내세우려는 노력을 기울이기도 하였지만 말이다. Mechthild Leutner, op. cit., p.196.

[33] 물론 프랑케에게서도 이런 이분법적인 분류가 여전히 암시되고 있지만, 이가 그의 역사관에서 지배적인 위치를 차지하고 있는 것은 아니다. Ibid., p.205.

[34] Ibid.

국사 구성의 두 가지 핵심적인 원리는 국가와 그 발전과정 그리고 유교의 역할이었다.

먼저 프랑케에게 역사의 담지자는 윤리적 공동체를 구성하는 인간들이었고, 따라서 헤겔의 언급대로 국가는 본질적인 것이면서 동시에 주관적 의지와 보편적인 것(Allgemeinen)의 통합체였다.[35] 그래서 프랑케는 고유한 문화체계와 문화의지의 표현체인 국가를 형성해온 정신적, 윤리적, 경제적인 동력을 발견해내고, 여기에서 이러한 동력의 담지자가 누구인지, 어떤 사상의 세계에 살고 있는지, 중국제국 내에서 어떤 특정한 사상이 형상화되고, 어떤 장애요인이 역으로 작동하고, 그래서 이를 둘러싼 각축전은 어떤 진행과정과 결과를 도출하였는가를 확인하고자 하였다. 여기에서 프랑케는 독일의 역사주의와 마찬가지로 국가를 역사적 고찰의 중심에 두었다. 그에게 국가는 고도의 윤리성과 함께 민족과 사회위에 군림하는 존재이었다.[36]

국가의 역할에 주목하였던 프랑케는『중국제국사』의 1집에서부터 집요하게 국가의 흔적을 추적하고 있는데, 그는 이미 상(商)나라에서부터 중국이 국가형성에 있어 상당한 정도의 조직형태를 갖추었다고 서술하였다.[37] 이어 주나라에서 신정정치적인 보편국가가 착근하였고, 서서히 신화적인 외투를 탈각하였다고 보았다.[38] 프랑케는 중국의 문화와 국가는 처음부터 통합적인 실체(Synkretismus)로 등장하였고, 그래서 중국인들은 주나라 시대를 넘어 오늘에 이르기까지 세계국가의 상

---

35) 게오르크 헤겔, 110-111쪽 참조.

36) Ibid., pp.189-190. 그 외에도 이상신, 『개정 서양사학사』(서울, 신서원, 1993), 419-422쪽 참조.

37) O. Franke, Geschichte Des Chinesischen Reiches, Bd., I, pp.89, 117.

38) Ibid., pp.93-94.

을 그 모습 그대로 유지하고 있다는 것이다. 중국인은 이 세계국가를
거대한 인구조직의 이상형으로 바라보고, 이 속에서 그 세계관과 역사
적 계명을 역사를 관통하여 영구적으로 그리고 되돌릴 수 없는 법칙으
로 재생산하고 있다는 것이다. 이 제국의 기본원칙은 초기 주나라 시대
에 표방된 이래로 모든 시대를 가로질러 동일하게 남아 있다는 것이다.
중국의 국가사상은 본질적으로 우주론적인데, 이는 중국인의 정신세계
에서 나타나는 놀라울 정도로 강한 자연결속력(Naturverbundenheit)에서
탄생하였다는 것이다. 이러한 결속력은 농업, 천체 관측 그리고 조상숭
배에서 그 뿌리를 찾을 수 있는 것이었다.[39] 이러한 사회에서는 하늘이
두 개의 태양을 가질 수 없듯이 이 땅에는 두 명의 지배자가 있을 수
없고, 가정에서도 두 명의 호주가 존재할 수 없다는 사고가 생겨났을
것이다. 여기에서 천자의 사상 그리고 천하의 중심을 의미하는 중국
(Mittelstaate)이라는 개념어가 등장하게 되었다는 것이다.[40]

　　위에서 언급한 본질적으로 우주론적－종교적 관점에 기초한 케사
르주의적이고 신정정치적인 세계국가(zäsarpapistischer Weltstaat)는 모
든 거대한 아시아 문화민족의 오래된 공공재인데, 이는 그리스를 통
해서 서구로 전파되어 여러 지역에서 서로 다르게 발전해갔지만, 중
국에서처럼 그렇게 거대한 규모로 발전해가지는 않았다는 것이다.[41]
그리스인에게는 자신들의 언어권 바깥에 존재하는 모든 것은 야만
(Babarentum)이었고, 그래서 이들과 공동체를 이루었거나 이룰 수 없다
고 생각하였기 때문일 것이다. 그리스인은 자신의 국가를 윤리적인 개
인(Einzelpersönlichkeit)에 기초하는 것이라 상정한 데 비해, 중국인은

---

[39] Ibid., p.118.

[40] Ibid., p.119-120.

[41] Ibid., p.121; Mechthild Leutner, op. cit., p.191.

국가를 '윤리적이면서도 개인을 넘어선 전체(unpersönliche Gesamtheit)'
로 보았고, 이는 중국의 이론이 인간을 우주론적으로 배치된 단일체로
인식하였다는 것을 의미한다. 물론 그리스인이나 중국인 모두 기본생
각은 귀족주의적이었지만 말이다.[42]

프랑케는 중국과 서양을 보편주의 대 개인주의의 대립적인 구도로
상정하였다. 자신의 국가개념에 기초해서 프랑케는 19세기 이래 시작
된 중국과 서구의 대립을 일종의 "민족국가 사상과 보편국가 사상의 투
쟁"으로 바라보았고, 환언하면 이는 서구적인 국가들과 보편적인 중국
성(Chinesentum)에 기초한 세계국가와의 대립관계였다. 이런 맥락에서
프랑케는 아편전쟁도 시장과 경제적 이해관계의 대립이기 보다는 서
로 조응할 수 없는 국가관의 충돌이어서, 중국의 보편국가관과 자신의
국가를 동등한 것으로 인정받으려는 영국의 요구가 대립한 것이라 해
석하였다.[43] 여기에서 중국의 보편국가의 개념은 19세기의 맥락에서는
보편군주제의 개념과 등치되는데, 이를 고대의 민족에게 적용하자면,
그리스인과 유대인과 로마인이 이에 해당한다고 보았다. 프랑케는 중
국의 보편국가를 완벽한 황제교황정치(Cäsarpapie)로 보았는데, 이는 1
인의 지배자가 최고의 성직자이자 신의 대리인이 되는 그런 국가체제

---

[42] 마찬가지로 로마와 중국의 질서개념에도 차이가 있는데, 로마의 Pax는 국법에
기초하고 있다면, 중국의 리(Li)는 윤리적 감정에 기초하고 있다는 것이다. Ibid.,
pp.122-123. 포괄적인 의미에서 세계지배의 보편주의적 사상은 중국에만 한정된
것이 아니라 서구나 동양에도 존재하였다고 프랑케는 파악한다. 그러나 이런 윤
리와 종교가 결합한 국가개념이 중국에서 보다 눈에 띄게 발전한 것에는 지리적
환경이 영향력을 행사하였다고 보았다. 즉 그리스의 소국들의 존재와 공간적인
협소성이 정치적인 분파의 형성에서 개인주의를 강화시켰다는 것이다. Ibid.,
p.125.

[43] Otto Franke, "Der chinesische Staatsgedanke und seine Bedeutung für die
abenländisch-chinesischen Beziehungen", Otto Franke, Ostasiatische Neubildungen
(Hamburg, 1911), pp.1-19; Mechthild Leutner, op. cit., p.190에서 재인용.

이었다.44)

프랑케는 보편주의나 보편국가 사상이 역사를 만들고 그것을 추동
하는 원동력이자 때로는 역사 발전을 방해하는 장애물로 작용하기도
한다는 헤겔의 시각을 받아들였다. 그러나 프랑케는 보편국가가 역사
형성에 있어서 때로는 긍정적으로 때로는 부정적으로 작용한다고 보
았다. 한편으로 그것은 국가 형성에서 긍정적으로 작용하는데, 예를 들
면 세계제국을 통치가능하게 만들고, 국가가 없는 야만민족이나 유목
민에 맞서 문화권력을 유지해주기 때문이다. 그러나 다른 한 편으로
프랑케는 보편국가 사상이 시대에 뒤진 요소로 작용하는 부정적인 특
성도 지적하였다. 즉 중국의 역대 제국들의 경직화에 대한 일단의 책
임이 유교적인 보편국가 사상에 있다고 보았기 때문이다.45)

이렇게 보편국가 개념과 함께 프랑케는 보편주의의 개념을 제시하였
는데, 여기에서 그는 유교를 보편적인 것으로 상정하였다. 국민국가나 개
별국가(Individualstaat)의 반대극(Gegenpol)으로 보편국가(Universalistische
Staat)를 상정한다면, 프랑케에게 보편주의는 개인주의의 반대극에 해
당하였다. 그는 황제교황정치에 토대를 둔 세계제국의 우주론적 개념
이 중국인의 세계관을 형성하고, 그 결과로 모든 철학은 우선적으로 국
가와 연결되는 것으로 보았다. 중국의 전체 정신세계, 국가와 문화의

---

44) 프랑케는 아시아의 문화민족을 통해서 황제교황정치가 그리스를 거쳐 서양으로
전파되었지만, 어디에서도 중국과 같은 엄청난 정도로 현실화된 곳이 없었다고
보았다. 그리스인의 경우에는 자신들의 언어권 바깥의 모든 사람은 야만인이거
나 정신적인 의미가 없는 존재로 보았다. 그래서 이들과는 어떤 공동체도 구성할
수 없다고 생각하였다는 것이다. O. Franke, Geschichte Des Chinesischen Reiches,
Bd., I, p.121.

45) O. Franke, "Die religiöse und politische Bedeutung des Konfuzianismus in
Vergangenheit und Gegenwart", Zeitschrift für Systematische Theologie, 8, 1931,
pp.579-584; Mechthild Leutner, op. cit., p.192.

구조, 도덕적 정치적 세계관, 제도 그리고 법체계는 유교적인 교리를
통해 일원화되었고, 그래서 중국사에서 유교의 의미는 결정적이었다.
정치적, 윤리적 그리고 종교적 체계로서의 유교는 프랑케에게 보수적
인 원리로 보였기에, 그의 유교에 대한 입장은 부정적 함의를 내포하였
다. 그에게 유교는 완고하고[46), 퇴행적이고, 현실과 유리되었고, 그리
고 (부정적인 의미에서) 평화적이었다.[47) 또한 유교는 폭넓은 대중의
정신생활에 영향을 끼치지 못했고, 소수 귀족의 전유물로 남아 있었다
고 보았다.[48) 그는 중국이 유럽과는 달리 보편국가에서 보다 진보적인
개체국가 혹은 국민국가로 발전해가지 못한 것을 유교의 탓으로 돌렸
다.[49) 여기에서 프랑케의 역사관을 읽을 수 있는데, 그는 유럽적인 근
대화의 경로를 보다 긍정적이고 발전적인 것으로 평가하고 있다.

　유교에 대한 부정적인 평가와 맞물려, 프랑케의 공자에 대한 평가도
인색하였다. 그가 보기에 유교 도그마의 후면에 있는 공자는 개인적으
로는 '참으로 위대한 인물'이었다. 프랑케는 공자가 "용기 있는 도덕군
자", 즉 자신의 여러 덕목과 함께 당대의 무질서한 현실에 맞서 싸운
사람이지만, 창조적인 사고를 지닌 뛰어난 인물은 아니었다고 평가했
다. 공자는, 대부분의 동시대 지식인들과 마찬가지로, 역사의 '피할 수
없는 진보'를 인식하기보다는, 오히려 백성의 삶 속에서 '균형 잡힌 현
상지속'을 가능하게 하는 방안을 고민한 것으로 프랑케에게 비쳤다.[50)

---

46) 프랑케는 유교가 도그마로 바뀌고 경직화를 겪게 되는 것은 1200-1900년 사이라
　　보았다. O. Franke, op. cit., 1931, p.579.
47) 공자는 『춘추』에서 모든 전쟁을 불의에 찬 폭력행위로 보았는데, 이런 부분은
　　프랑케에게 공자의 도덕주의를 확인시키면서, 동시에 공자의 현실정치에서의 한
　　계를 보여주는 것이었다. O. Franke, Geschichte Des Chinesischen Reiches, Bd., I,
　　p.216.
48) Ibid., pp.199, 212; O. Franke, op. cit., 1931, p.581.
49) Mechthild Leutner, op. cit., p.196-197.

이에 비해 프랑케는 법가나 진시황과 같은 인물에 대해서는 보다 긍정
적인 평가를 내렸다. 프랑케는 진시황의 분서갱유사건을 새로운 국가
를 유지하기 위한 필수적인 조치로 해석하였고, 법가(Rechtschule)도 귀
족적인 절대주의를 벗어나지 못하지만, 유가보다 훨씬 더 진취적이고,
깨어 있고, 그리고 시대현실에 착안하고 있다고 보았다. 이들이야 말로
유교에 의해 규정된 보편국가 사상에서 빠져나오거나 제국의 틀에서
탈피하여 완결적인 개체국가를 형성할 수 있을 집단이라고 프랑케는
평가하였다.[51]

왕조별 발전과 관련하여서는 우선 프랑케는 주나라에서부터 세계국
가(Weltstaat) 사상이 출현하였다고 보았다. 이는 제한된 세계 안에서 국
가체제를 갖춘 것이었는데, 진나라에 이르면 비로소 명실상부한 세계국
가를 건립한다는 것이다. 이 고대국가에서는 엄격한 조직과 강력한 중
앙집권적 체제 속에 있는 관료국가를 만들었고, 여기에서는 유교적인
덕목이 아니라, 강력한 지배자의 의지와 그가 만든 법에 의해 통치되는
나라를 이룩하였다고 보았다. 한나라에서는 진에 의해 구축된 국가의
기본체제가 유지되었고, 이에 따라 관료제가 봉토제도를 대체하였다고
보았다. 이 시대에는 국가업무의 민주화가 이루어졌다고 프랑케는 서술
하였고, 일련의 정복전쟁을 통해서 세계제국을 건설하면서, 국가의 유
교화(Konfuzianisierung des Staates)가 본격적으로 진행되었다고 보았다.
이때 이래로 2000년 동안 중국의 국가는 유교 정신으로 채워졌고, 유교
적 제도에 의해 유지되었다. 프랑케는 한나라 몰락의 원인을 내부의 세

50) 프랑케는 어떤 추가설명 없이, 공자의 사회문제에 대한 태도를 이와 같이 언급하
   였다. 이는 공자가 큰 사회적 불의가 작용하지 않는 정도의 현상유지를 설파한
   것으로 본 프랑케의 해석인 듯하다. O. Franke, Geschichte Des Chinesischen
   Reiches, Bd., I, p.210; Mechthild Leutner, op. cit., pp.197-198.
51) Ibid., pp.214-222.

력균열 외에도 지배집단의 도덕적 타락에서 찾고, 이를 역사적인 퇴행으로 보았다. 이러한 프랑케의 해석은 도덕성을 갖춘 유교사상을 지배의 정통성의 토대로 본다는 점에서, 국가의 도덕적 성격을 강조하였던 역사주의 사상의 영향을 받은 것이라 평가할 수 있을 것이다. 프랑케는 한나라의 몰락에도 불구하고 한대(漢代) 유학자들에 의해 견지되었던 국가사상, 즉 유학은 뿌리 뽑히지 않고, 오히려 이후 등장하는 제국의 모든 구조물들을 결속하는 역할을 계속하였다고 보았다. 그는 한나라의 몰락과 함께 중국의 고대시대가 종결된 것으로 파악하였다.[52]

프랑케는 수나라에서는 보편주의와 민족 세력사이의 갈등이 두드러졌지만, 유교적 보편주의가 국가를 받치면서, 유교정신이 이 세계국가의 전체 공동체에 스며들었다고 보았다. 여기에서는 유교가 외래 민족을 중국의 국가사상으로 견인하면서, 종국적으로는 길들어지지 않은 민족들의 개체주의를 극복해갔다는 것이다. 프랑케는 앞서 유교의 역할을 부정적으로 보았던 것과는 달리 여기에서는 유교가 큰 성과를 거둔 것으로 평가하고 있다.[53] 민족적인 토대에 기초하여 자율적이고 독립적인 개체 국가를 만들려는 여러 민족들의 시도 속에서 보편제국의 이상이 동요하였을 때에도, 유교적인 보편주의가 국가체제를 유지하였다. 그 결과 당나라에 이르면 이르러 중국은 세계제국을 건설하고, 이전 시기에는 도달할 수 없었던 최고 정상에 도달하게 되었다는 것이다. 그래서 당나라에 이르면 유교는 북방민족뿐 아니라 주변 민족을 중국의 보편국가 체제로 설득하고 견인하는 역할을 더 효과적으로 수행하였다는 것이다.[54]

---

52) Ibid., p.199; O. Franke, Geschichte Des Chinesischen Reiches, Bd., I, p.210.

53) Otto Franke, Geschichte Des Chinesischen Reiches, Eine Darstellung seiner Entstehung, seines Wesens und seiner Entwicklung bis zur neuesten Zeit, Band II: Der Konfuzianische Staat I. Der Aufstieg Zur Weltmacht (Berlin und Leipzig: Verlag von Walter De Gruyter & Co., 2001), p.308.

프랑케는 당나라의 몰락과 분열 이후의 시대정신은 유교의 재구성 혹은 새로운 구성으로 나타났는데, 이를 유교적 보편주의의 두 번째 단계라고 보았다. 프랑케는 당 왕조의 붕괴가 중국제국의 분열로 이어지지 않은 것은 새로운 유교사상의 도그마가 결집력을 제공하였기 때문이라고 보았다. 송나라에 이르면 세계제국의 통일성은 주자학에 기초한 유교적 교육제도의 저력이나 과거제도를 통하여 유지되고, 정부의 허약성에도 불구하고 유교적 보편주의 사상이 중앙권력을 유지시켰다는 것이다.[55] 이런 점에서 프랑케는 유교가 지닌 장점을 인정하면서도, 유교가 정신생활의 경직화를 초래하면서 국민국가로의 발전에 부정적인 역할을 한 점을 다시 지적하고 있다. 송나라에서 산업이나 상업은 발전할 수 없었고, 왕안석의 개혁은 실패하였다. 송나라는 무기 대신에 정신이 승리한 사회로 남았다. 유교는 나쁜 국가를 견딜 수 있게 하는 체계였고, 그런 점에서 송나라의 중국은 여전히 고대나 중세사회에 머물고 있었다.[56] 여기에서 프랑케가 중국사를 단일한 해석틀로 바라보는 한계점을 확인할 수 있다. 즉 프랑케는 지리환경이나 기술요인, 관료제의 공고성, 소규모 자작농이 절대다수를 이루는 사회구조 등의 좀 더 다면적인 요인들에 대한 교차분석은 시도하지 못하였다.[57]

54) Ibid., p.357.
55) O. Franke, Geschichte Des Chinesischen Reiches, Bd., IV, p.364.
56) Ibid., pp.352-353; Mechthild Leutner, op. cit., p.202.
57) 이후에 나온 연구는 송나라에 와서 강화된 유교적인 문화 공동체가 중요한 돌파구였지만, 그렇더라도 근대로 가는 여명기에 상업혁명이 등장할 수 없었던 원인은 이데올로기 때문이 아니라 지리환경이나 기술요인 때문이거나, 소규모 자작농이 절대다수인 사회구조에서 중국이 전통적인 성격을 탈피하기가 쉽지 않았다는 분석 등을 내놓았다. 레이 황, 홍광훈/홍순도 옮김,『중국, 그 거대한 행보』(서울, 경당, 2002), 270-273쪽 참조.

마지막으로 프랑케는 몽고인에 의한 세계제국도 보편주의적인 해석을 통해 중국과 등치시켰다. 쿠빌라이는 그 이전의 어느 지배자보다도 유교적인 보편국가를 실현하였지만, 원나라는 이민족에 대한 중국인의 저항을 그 어느 외래왕조보다도 심각하게 겪었고, 이런 도전을 종국에는 돌파하지 못하였다. 이를 통해 프랑케는 민족감정이 보편주의 사상보다도 더 강력해지는 역사적 사례를 중국에서도 발견하였고, 이런 흐름이 종국에는 새로운 왕조인 명의 탄생을 동반하였음을 서술하고 있다.[58] 여기에서도 그는 역사주의적인 관점에서, 다시 말해 랑케적인 민족형성의 관점에서 중국과 유럽적인 발전과의 유사성을 지적하고 있다. 여기에서 프랑케가 이미 유교 도그마에서 연원하는 중국의 사상적 경직성을 비판하고 있음에도 불구하고, 보편주의적 유교 사상에서 나오는 동력이 몽고의 지배에 대한 투쟁에서 민족감정의 강력한 뿌리가 되었다고 지적한 것은 자못 이율배반적으로 들리기도 한다. 흥미롭게도 이 지점에서 프랑케는 유교에 대해 긍정적인 가치평가를 내리고 있다.[59]

그 외에도 프랑케는 명왕조에 의한 새로운 국가설립이 가능하였던 이유를 유목민족인 몽고인에게서 경제적이나 정신적으로 자율적인 발전을 기대할 수 없었던 데에서도 찾았다. 토지에 익숙하지 않은 이 초원민족은 중국문화의 계속적인 발전을 감당할 능력이 없었다는 것이다.[60]

---

58) O. Franke, Geschichte Des Chinesischen Reiches, Bd., IV, p.477.

59) Mechthild Leutner, op. cit., p.203.

60) Ibid., pp.566, 579.

4. 프랑케 저술의 의미와 한계

20세기 초에 서구인이 동아시아사를 바라보는 시각을 평가하는 작업에서 오토 프랑케가 저술한『중국제국사』5권은 시금석이 될 만한 책이다. 이 방대한 저서는 본격적인 제국주의적 진출에 끼지 못하였던 독일, 그래서 비서구권에 대한 지역학 연구가 제대로 진척되지 못한 나라에서 출간된 중국사 개설서라는 한계를 지니고 있다. 그럼에도 불구하고 당대의 서구 지식인에 의해 쓰인 중국사 저서로는 드물게 그 내용이 방대하다. 당시 서구에서 동아시아사는 중국사로 이해되었고, 일본에 대한 연구는 상대적으로 열악하였다. 이런 점들을 고려하자면, 프랑케의 저서는 제국주의 시대 서구 지식인의 동아시아에 대한 시선을 읽을 수 있는 대표적인 전거라 할 수 있다.

프랑케는 헤겔의 '중국의 무역사성'테제나 중국을 세계사에 포함시키지 않는 랑케를 비판하면서, 유럽의 발전과정을 설명하는 것과 유사한 방식으로 중국의 역사화(Historisierung)를 시도하였다. 또한 그의 역사해석은 유럽민족의 일방적인 우월성의 관점을 넘어서면서, 서구와 동아시아의 대립각을 극복하려는 시도를 보여주었다. 또한 서구와 비서구권의 역사가 지닌 유사성도 발견해내려 하였다. 프랑케는 중국사에 대한 단선적 해석을 비판하면서, 중국민족의 다면성을 내세웠다. 또한 모든 민족은 공통의 역사발전 단계를 거친다는 점을 지적하면서, 중국도 세계사의 일부임을 강조하였다.

프랑케는 랑케의 영향을 받아, 국가를 역사인식의 중심에 놓았고, 이를 중국사 서술에도 그대로 적용하였다. 그는 중국과 서구의 대립을 보편국가와 국민국가 사상의 대립으로 보았고, 중국의 보편국가를 추동하는 보편주의를 유교라고 보았다. 그러면서 그는 유교가 스스로의 문화권력이나 제국을 유지할 수 있게 해주는 추동력이면서, 동시에 정신세계를 경직시키는 부정적 요인이라고 보았다.

당대의 서평들은 프랑케의 끈질긴 작업이 지니는 의미를 높이 평가하였다. 이들은 '진화해가는 중국사'의 관점에서 프랑케는 역사의 증빙자료를 확보하려는 엄청난 기초연구를 하고,[61] 또한 통합적인 중국사 서술이 부족한 상황하에서, 유교국가의 핵심개요를 스케치하려 하려 한 점을 극찬하였다.[62] 또한 고고학, 천문학, 연보, 연대기, 문헌과 사상의 발전, 봉건제의 생성과 붕괴 그리고 유교국가의 설립에 대한 사실과 문제들을 철저하게 분석했다는 점에서 독일의 과학적 역사연구의 훌륭한 전통을 잘 반영하였고, 이는 후진 연구의 발전에 크게 기여하였음도 높이 평가하였다.[63] 또한 프랑케는 중국이 보편국가 건설의 야심 때문에 주변의 외지인에 대한 관심이 높았다는 점을 특히 그의 전집 4권에서 많은 지면을 할애하여 서술하고 있고, 이와 병행하여 외지인에 대한 서술에서 사료를 잘 활용한 점을 높이 평가하기도 하였다.[64]

그러나 프랑케의 『중국제국사』에 대한 당대의 평가는 전체적으로 보자면 그리 우호적이지 않았다. 가장 혹독한 비판을 보낸 것은 비트포겔이었는데, 그는 프랑케의 저술을 빗대어 '역사연구에서 문헌학이 없는 사회과학도 게으름이지만, 사회과학이 없는 문헌학은 맹목적인 것'이라 지적하였다.[65] 이는 프랑케가 구조적 접근 보다는 세세한 사실

---

[61] E. A. Kracke, op. cit., 1953, p.418.

[62] K. S. Latourette, "Review of Books: Geschichte Des Chinesischen Reiches. Eine Darstellung Seiner Entstehung, Seines Wesens Und Seiner Entwicklung Bis Zur Neuesten Zeit. by Otto Franke. Bd I., Das Altertum und das Werden des Konfuzianischen Staates, Berlin: Verlag von Walter De Gruyter & Co., 1948", American Historical Review, Vol.36, No.3, April, 1931, p.602.

[63] Karl August Wittfogel, op. cit., p.332.

[64] E. A. Kracke, op. cit., 1952, p.475.

의 나열에 치우쳤다는 비판이다. 예를 들면 프랑케의 책에서는 각각의 역사시대에 나타난 군대 조직구조에 대한 연구 대신에, 끝없이 이어지는 군대의 움직임과 승리, 패배에 대한 세세한 서술로 일관되었다는 것이다. 그래서 비트포겔은 프랑케의 중국제국에 대한 서술은 부박하고 교훈적이라고 보았다. 많은 지면은 사악한 황제, 황비, 매춘여성, 내시에 대한 설명에 사용되었고, 이 과정에서 역사속의 행위자에 대한 프랑케 자신의 호의나 거부감을 보이는 것을 주저하지 않았다는 것이다. 결과적으로 볼 때 프랑케의 역사는 제국의 기능적인 의미보다는 작은 개개 음모집단의 개인적 태도의 집적에 더 치중하였다는 것이다.[66] 즉 프랑케의 저술은 중국사에서 일어난 허다한 기초적인 운동들이나 변혁의 본질에 대해서 좀 더 주목할 필요가 있었다는 것이다. 유사한 맥락에서 프랑케의 관심이 주로 정치나 외교 그리고 군사문제 에 치우치면서, 여타의 문제들, 제도나 경제 및 사회생활 그리고 문화활동에 대해서는 거의 관심을 기울이지 않았다는 것도 비판되었다.[67] 이런 맥락에서 송나라 시대에 이루어진 상업적 팽창과 그 효과에 대해서도 더 강조했어야 한다는 것이다.[68] 혹은 프랑케의 제국(Das Reich) 개념이 너무 편협하고, 이와 상응하여 그가 사용하는 과학적 방법도 편협하기 짝이 없었다는 지적도 나왔다.[69]

프랑케가 사용한 사료에 대해서도 일련의 비판이 나왔다. 물론 그가 『중국제국사』를 집필한 시기가 세계대전과 나치의 지배로 점철된 전시

---

65) Karl August Wittfogel, op. cit., p.336.

66) Ibid., p.334; E. A. Kracke, op. cit., 1952, p.475.

67) Ibid., pp.474-475.

68) Ibid., p.476.

69) Karl August Wittfogel, op. cit., p.333.

상황이었기 때문에 사료를 구하는 것이 한계가 있었으리라 생각되지만, 그의 중국사료 활용이 빈약하다는 지적도 나왔다. 특히 중국에서 1941년 이후 나온 역사학 분야의 풍성한 단행본이 잘 활용되지 않고, 중국역사가들의 연구 성과를 평가 절하 하였다는 주장도 나왔다. 송나라에 대한 서술에 사용된 사료의 대표성도 낮다는 지적도 나왔다. 이런 사료의 부족성은 프랑케가 국가에 대한 서술과 관련하여 소수의 궁정관리의 경험들에 치중한 그의 연구방법의 결과물이라는 것이다.[70]

프랑케의 중국사 서술에 대한 이 글의 평가는 이율배반적이다. 한편으로 프랑케는 중국의 발전과정에 대한 학문적인 분석을 독일에서 처음으로 시도하였고, 다른 한편으로 그의 역사서술은 역사주의와 유럽중심주의를 상대화하는 데에 크게 기여하였다. 또한 서구 우월주의 시각으로 동아시아사를 바라보는 것에 일침을 가하였다. 그런 점에서 프랑케의 역사연구는 19세기와 20세기 초의 서구의 학문적 조류에 저항하는 것이었다. 그러나 프랑케의 역사관은 프로이센의 경험에서 나왔고, 그래서 강한 민족의식과 독일 프로이센의 우월성에 갇혀 있었다. 또한 그의 역사관은 랑케를 비판하면서도 동시에 랑케주의적인 역사주의에서 많은 영향을 받았다. 중국사 서술에서 시종 일관 국가의 성격 분석에 천착한 것부터 서구적인 근대화의 경로를 의심할 여지가 없는 우월한 발전경로로 상정한 것에 이르기까지 프랑케 역시 유럽중심주의를 완전히 탈각한 것은 아닐 것이다. 그럼에도 불구하고 우리는 중국사에 대한 새로운 해석을 시도하려 하였던 프랑케의 노력을 높이 평가해야 할 것이다. 그의 역사서술에서 드러나는 유럽중심주의적 시각도 동아시아인의 시각에서 중국사를 바라볼 때 제기되는 문제일 것

70) Ibid., pp.335; E. A. Kracke, op. cit., 1952, p.475.

이고, 20세기로의 전환기에 살았던 프랑케에게서 유럽중심주의의 극복을 발견하려는 것은 우리의 과도한 요구일지도 모른다.

　그럼에도 불구하고 프랑케의 중국사 서술에 대한 이해를 높이기 위하여, 사족에 가까운 질문을 던져보자. 역사가로서의 프랑케가 중국사 서술의 측면에서 가져다준 크나큰 기여는 동아시아학자로서, 문화정책의 실행자로서의 그의 모습과는 어떻게 조화되는 것 인가? 프랑케는 독일의 동아시아학 학자들 중에서 중국이나 일본에 대한 왜곡과 폄하에 맞서서, 동아시아에 대한 올바른 이해를 확산하기 위해서 노력한 그룹에 속한다.[71] 그러나 이들과 마찬가지로 프랑케도 독일제국의 식민정책를 비판하거나 저항하지는 않았다. 이미 독일 사회 내에서 1900년 중국 의화단의 난, 1894~7년의 동아프리카 원주민 반란, 그리고 1904~7년의 남서아프리카 원주민의 반란에 대한 독일군대의 잔혹한 진압작전과 식민정책에 대한 비판이 일어나고 있었는데도 말이다.[72] 이 시기에 프랑케를 위시한 동아시아 학자들은 이런 식민정책의 하부단위에서 일하고 있었다. 또한 학자들의 동아시아사에 대한 우호적인 해석은 너무 추상적이거나 조심스러워서, 일선에서 집행하는 관료나 군부 혹은 일반대중에게 잘 전달되지 않았다. 그런 점에서 프랑케를 포함한 동아시아 학자들의 역할을 그들이 지닌 우호적인 접근에도 불구하고 결국은 이들이 학문적 연구와 활동이 식민주의의 확산에 우회적으로 기여하는, 즉 '간접적 식민주의(indirect colonialism)'에 해당하지 않느냐

---

71) 당시 지속적으로 '황색 위험'에 대처할 것을 강조하면서, 중국은 근대화를 자력으로 수행할 수 없으니 중국을 조종할 수 있는 교두보를 확보할 것을 주장한 리히트호펜과 같은 학자들에 비해, 프랑케는 중국에 대한 무지나 문화적인 편협성을 비판하였다. Otto Franke, Erinnerungen, pp.44-45; 정현백, 2012, 139-144쪽.

72) 정현백, 「독일제국과 식민지 폭력: 남서아프리카 헤레로 봉기(1904~1907)를 중심으로」, 『독일연구』 제 26호, 2013 참조.

는 해석도 조심스레 개진되고 있다. 특히 독일의 동아시아 문화정책에 깊이 관여하였던 프랑케의 경우에는 이러한 비판에서 자유로울 수 없을 것이다.[73] 여전히 연구전통이나 연구자가 희귀하였던 독일제국에서 한 동아시아 역사가는 자신의 역사적 연구와 식민정책 사이에서 때로는 다면적인 그리고 모순적인 경로를 밟았던 모양이다.

---

[73] 정현백, 2012, 147-148쪽.

제2부

식민정책과 역사인식

『朝鮮史』(朝鮮史編修會 編)의 편찬 체제와 성격
제1편 제1권(朝鮮史料)을 중심으로

1. 머리말

『朝鮮史』는 일제시기 朝鮮史編修會에서 편수한 편년체 역사서이
다.[1] 역사서라고는 하지만, 연월일의 연대순으로 한국사에서 중요 사
건의 대강을 요약하여 싣고, 해당 기사가 수록되어 있는 원사료의 명칭
을 각 기사 뒤에 할주 형식으로 기재해놓은 사료집이다. 1894년[고종31
년]까지의 한국사를 6편으로 나누어 총 35권으로 출간하였다(1932~1938
년).[2] 그리고 1938년 10월에『朝鮮史 卷首 總目錄』1권, 1940년에『朝鮮
史 總索引』1권이 출간되어 모두 37권이 완간되었다. 1922년 12월 朝鮮
史編纂委員會가 설치된 이래, 1938년까지 총색인을 제외한『조선사』
36권이 모두 출간됨으로써 일단락이 되었으니, 약 16년간에 걸친 대사
업이었다.

---

[1] 朝鮮總督府朝鮮史編修會,『朝鮮史編修會事業槪要』, 1938; 朝鮮總督府朝鮮史編
修會 編·編輯部 옮김,『朝鮮史編修會事業槪要』(시인사, 1986)

[2] 제1편(신라통일 이전) 3권, 제2편(신라통일시대) 1권, 제3편(고려시대) 7권, 제4편
(조선시대 전기: 태조~선조) 10권, 제5편(조선시대 중기: 광해군~정조) 10권, 제6
편(조선시대 후기: 순조~고종31년) 4권.

조선총독부의 전폭적인 지원 아래 16년간 많은 인원과 예산을 투입한 만큼, 출간된『조선사』에 대한 자부심도 대단했다. 제4편의 修史官이었던 中村榮孝는 1932년 3월『조선사』제1편 제1권(朝鮮史料)·제2권(日本史料), 제2편 등 3권이 출간되자 이에 대한 서평에서, '조선에서 전혀 유례가 없고 비교할 수 없는, 極히 整備되고 상세·정확한 조선의 통사로서 완성되었으며, 초등·중등학교의 교사와 전문적인 조선역사 연구자에게 편리한 참고서가 될 것'이라고 하면서, '조선총독부의 하나의 사업으로 시작되었다는 점에서 조선통치上에서 보아 一光彩가 될 것'이라고 자화자찬하였다.[3]

『조선사』35권이 출간된 직후인 1938년, 구관제도조사사업 이래『朝鮮半島史』편찬사업을 거쳐『조선사』편찬이 완료될 때까지의 사업 개요 전반을 정리한『朝鮮史編修會事業槪要』가 발간되었다.[4] 여기에서도 '본 修史 사업이 완성됨으로써 조선의 정치·문화·사회 등의 여러 현상이 비로소 밝혀지게 되었고, 많은 지방 名家에서 물려받아 간직하고 있었던 사료도 처음으로 提示되었으며, 잘못된 史筆을 바로잡고 불분명한 事實을 명확하게 밝힐 수 있는 새로운 사료가 발견된 것도 적지 않았으니, 이것은 실로 본 사업이 이룩한 현저한 성과로서 소기의 목적을 달성한 것'이라고 긍정적인 자평을 하고 있다.[5] 하지만 이것은 역사편찬을 식민통치의 한 방편으로 삼았던 조선총독부 측의 일방적인 평가였다.

1945년 이후 조선사편수회 또는『조선사』에 대한 연구는 매우 부진하였다. 일본에서는, 1953년 中村榮孝가 조선사편수회의『조선사』편

---

3) 中村榮孝,「新刊「朝鮮史」に就て」,『朝鮮』208, 1932, 53-54쪽.
4) 朝鮮總督府朝鮮史編修會, 앞의 책, 1938.
5)「總說」, 같은 책, 3쪽.

수와 사료 수집에 대해 개괄적으로 소개한 글이 처음이라고 할 수 있
는데, 사업에 주도적으로 참여했던 경험을 바탕으로『조선사편수회사
업개요』를 참조하면서 정리한 것이다.[6]

그리고, 1963년 日本朝鮮硏究所에서 '일본에서 조선연구의 축적을
어떻게 계승할 것인가'라는 대주제로 개최된 몇 번의 심포지엄 가운데
조선사편수회 사업을 주제로 한 것이 있었다. 조선사편수회에 修史官
으로 참여했던 末松保和가 주제 발표를 하고 旗田巍 등이 토론하는 형
식이었다. 조선사편수회의 작업이 조선총독부의 식민통치라는 정치성
에서 벗어날 수 없다는 점을 지적하면서도, 민간에서 새로운 자료를 수
집·보관하였다는 점에서는 긍정적인 측면도 있다는 평가도 있었다.[7]

한편 한국에서는, 1966년에 처음으로『조선사』에 대한 평가가 이루
어졌다. 당시에도 이용되고 있었던『조선사』는 '단순한 통사가 아니라
하나의 사료집으로서 외관상 모든 사료를 망라하여 서술한 것으로 되
었지만, 실제로는 많은 취사선택이 행해져 조선사편수회의 일본인들에
게 유리하고 필요한 것은 되도록 많이 채록하고 한국사의 본질적인 문
제나 민족문제 그리고 그들에게 불리한 것은 수록하지 않았다'고 지적
하였다.[8] 이러한 선구적인 평가는 그 뒤에 일제시기 식민사학에 대해
서술하는 논저에서 계속 인용·계승되었다.[9]

---

6) 中村榮孝,「朝鮮史の編修と朝鮮史料の蒐集－朝鮮總督府朝鮮史編修會の事業」,
　『古文化の保存と硏究－黑板博士の業績を中心として』(黑板博士記念會, 1953);
　中村榮孝,『日鮮關係史の硏究』下 (吉川弘文館, 1969).

7) 末松保和·幼方直吉·旗田巍·武田幸男·宮田節子,「《シンポジウム》日本におけ
　る朝鮮硏究の蓄積をいかに繼承するか(6)－朝鮮史編修會の事業を中心に」,『朝鮮
　硏究月報』1963年 2月號; 旗田巍 編,『シンポジウム 日本と朝鮮』(勁草書房,
　1969).

8) 金容燮,「日本·韓國에 있어서의 韓國史敍述」,『歷史學報』31, 1966, 135쪽.

9) 李萬烈,「日帝官學者들의 植民史觀」,『月刊讀書生活』1976년 6월호; 李萬烈,『韓

그 뒤 조선사편수회의 조직과 인적구성, 활동 등 전반에 대해 종합적으로 꼼꼼히 정리·분석한 논문이 발표되어,[10] 이후 연구의 시금석과 같은 역할을 수행하였다. 또 『조선사』와 같은 편년체 사서는 기사선택의 편파성과 사실 왜곡의 위험성을 안고 있다는 지적도 제기되었다.[11]

이후 양적으로는 많지 않지만, 다양한 관점에서 분석하려는 시도가 이루어졌다. 먼저, 조선사편찬위원회와 조선사편수회의 촉탁으로 참여하면서 배후에서 『조선사』 편수를 실질적으로 지도했던 黑板勝美가 일제의 식민통치를 합리화할 목적에서 이 사업을 추진했다는 일련의 연구 성과가 있다.[12]

근래에 史料·史料學의 관점에서, 『조선사』가 東京帝大 史料編纂所의 『史料綜覽』이나 維新史編纂會의 『維新史料綱要』의 편찬형식을 채용했다거나,[13] 또 일본 明治시기에 동양적 正史편찬 수법과 유럽의 근대 역사학 방법을 함께 아울러 국가사업으로서의 사료편찬시스템이 독자적으로 발달되었는데 이러한 근대일본 사료학을 조선사편찬사업에 도입한 것이 조선사편수회의 『조선사』 발간이었다[14]는 연구가 발

國의 歷史認識』(下) (創作과 批評社, 1976), 507-508쪽; 이철성, 「식민지시기 역사인식과 서술」, 『한국사』 23 (한길사, 1994), 123-124쪽.

10) 金性玟, 「朝鮮史編修會의 組織 運用」, 『한국민족운동사연구』 3, 1989.

11) 박성수, 「편년사료의 문제점과 극복을 위한 제안 - 조선사편수회 편 『朝鮮史』를 중심으로」, 『한국학 편년사료대계』 (한국정신문화연구원, 1997).

12) 李成市, 「黑板勝美(구로이타 가쯔미)를 통해 본 식민지와 역사학」, 『韓國史學』 23, 서울대, 1999; 이성시 지음·박경희 옮김, 『만들어진 고대』 (삼인, 2001); 李成市, 「コロニアリズムと近代歷史學 - 植民地統治下の朝鮮史編修と古蹟調査를中心に」, 『植民地主義と歷史學』 (刀水書房, 2004); 송완범, 「식민지 조선의 黑板勝美와 修史사업의 실상과 허상」, 『東北亞歷史論叢』 26, 2009.

13) 永島廣紀, 「日本統治期の朝鮮における〈史學〉と〈史料〉の位相」, 『歷史學硏究』 795, 2004.

표되었다.

한편, 친일반민족행위진상규명위원회에서 일제의 조선사 편찬 사업 전반에 관련된 자료집을 발간하여 새로 발견된『조선반도사』초고와 각종 관련 규정, 회의록, 언론 자료 등을 번역해 놓았다.[15] 이들 자료를 중심으로 분석하여『조선사』편수 이전에 추진되었던『朝鮮半島史』편 찬사업에 대한 검토가 이루어졌다.[16]

하지만, 지금까지의 연구에서는『조선사』의 편찬 체제와 내용 자체 를 분석해서 식민사학적 요소를 찾아내거나 저들의 말대로 極히 자세 하고 정확한 사서였는지는 구체적으로 논증해내지 못했다.[17]『조선사』 의 편찬 체제는 일본의『大日本史料』,『大日本古文書』,『大日本維新史 料』의 편찬 체제와 관련시켜서 언급하는 것이 일반적이지만, 사료학의 발전·변화과정이라는 관점에서만 주목했지, 식민통치의 일환이라는 점에 대해서는 주목하지 못했다.

또, 출간된『조선사』의 내용과 인용된 전거자료의 원사료를 비교· 검토함으로써『조선사』를 편수할 때 어떻게 사료의 취사선택이 이루어 졌는지를 규명해내지 못했다. 편수 당시부터 쟁점이 되었던 단군 관련 사료가 의도적으로 배제되었다는 점이 꾸준히 언급되었고,[18] '만선사

---

14) 箱石大,「近代日本史料學と朝鮮總督府の朝鮮史編纂事業」,『前近代の日本列島と 朝鮮半島』(山川出版社, 2007).

15) 친일반민족행위진상규명위원회,『친일반민족행위관계사료집』Ⅴ(일제의 조선사 편찬사업), 2008.

16) 장신,「조선총독부 朝鮮半島史 편찬사업 연구」,『東北亞歷史論叢』23, 2009.

17) 다만, 이만열은 "김교수의 지적대로 지금도『조선사』를 기본자료로 이용하는, 그 리하여 식민정책이 의도했던 그 한계를 벗어나지 못하는 한국사 연구가 있음을 부언해 둔다."고 서술했지만(李萬烈, 앞의 책, 1976, 508쪽), 구체적으로 더 언급 하지는 않았다.

18) 金性玟, 앞의 논문, 1989, 156-160쪽; 박성수, 앞의 책, 1997, 135쪽.

학'의 관점에서 제1편과 제2편을 '신라통일 이전'과 '신라통일시대'로 각 각 구분함으로써 '신라삼국통일론'을 긍정하며 한국사를 '반도사'로 한 정하고 발해사를 한국사에서 배제했다는 지적[19]이 있지만, 본격적으로 『조선사』의 내용을 분석하지는 않았다. 이것은 아마도 방대한 원 사료 와 『조선사』 본문을 모두 일일이 다 대조해야 하는 일이 매우 번거롭고 시간이 많이 걸리는 작업이기 때문일 것이다.

최근 조선총독부의 『朝鮮史』 편찬사업 전반을 분석, 정리한 학위논 문이 발표되었고,[20] 특히 조선시대에 해당하는 『朝鮮史』 제4・5・6편 (총 24권)에 대해 어느 시기에 더 역점을 두었고 사건의 선별기준은 무 엇일까 하는 것을 고찰하여, 1차적으로 효율적인 식민통치정책의 입안 을 위해 혹은 역사적으로 조선의 대내외적 혼란을 부각하기 위해 선별 된 사료들을 기반으로 하고 있으며, 이러한 의미에서 『朝鮮史』는 식민 통치책의 일환으로서 편찬된 사료집 혹은 색인집이라고 분석한 연구 가 발표되었는데,[21] 한 단계 진일보한 성과라고 할 수 있다.

본 논문에서는 『조선사』 제1편 제1권(조선사료)의 체제와 내용이 편 년체에 맞게 잘 정리가 되었는지, 『삼국사기』・『삼국유사』 등의 전거 자료를 충실하게 분류, 편수했는지를 분석해보려고 한다. 제1편의 3권 은 제2편 이하와 달리 원 사료를 그대로 기재해놓아 원 사료와의 대조 가 가능한 것이 특징이다. 또 고려시대나 조선시대에 비해 비교해야할 원 사료가 상대적으로 매우 소략하다는 장점이 있다. 中村榮孝의 自評 처럼 극히 상세하고 정확한지 원 사료와 비교를 해보고, 일제에게 유리

---

19) 金瑛河, 「韓末・日帝時期의 新羅・渤海認識」, 『泰東古典硏究』 10, 1993, 540-541쪽.
20) 정상우, 「조선총독부의 『朝鮮史』 편찬 사업」, 서울대 박사학위논문, 2011.
21) 정상우, 「『朝鮮史』(朝鮮史編修會 간행)의 편찬과 사건 선별 기준에 대하여: 『朝 鮮史』 제4・5・6편을 중심으로」, 『史學硏究』 107, 2012.

하게 편집, 정리된 부분이 있는지 없는지, 또 있다면 어떤 사료들이 어떻게 배치, 기재되어 있는지 밝혀보려고 한다. 다시 말해,『조선사』가 불편부당하게 편찬된 사서인지, 아니면 식민통치를 합리화하려는 일제의 의도를 충실하게 담은 사서인지 원 사료와 비교·대조하고 분석해 보려는 것이다. 다만, 제1편 제1권만을 분석한 것은 서술의 분량 때문이다. 이후 제2권(일본사료), 제3권(支那史料)을 분석하여 제1편 전체의 체제를 종합적으로 검토하고, 아울러 제2편(신라통일시대)도 검토할 예정이다.

본고에서는 먼저,『조선반도사』편찬을 중지하고『조선사』를 편수하게 된 배경을 기존 연구사를 토대로 간단히 정리해보겠다. 다음으로 일본 明治시기에 편찬된 각종 사료집과『조선사』편수 체제를 비교하여 그 특징을 추적하고, 다음으로『조선사』제1편 제1권(朝鮮史料)의 편수 체제와 방식이 가지고 있는 특징을 검토해 보려고 한다. 이어서 제1편 제1권 각 편년 사료의 전거문헌을 분류, 정리한 뒤,『삼국사기』·『삼국유사』, 금석문 등의 원 사료와 일일이 대조하여 빠뜨린 곳, 틀린 곳 등을 확인, 정리하고자 한다. 이러한 분석을 통해『조선사』의 체제와 내용이 갖는 성격의 일단을 규명하여, 이후『조선사』전체의 분석을 위한 출발점이 되기를 기대한다.

2.『조선사』의 편찬 배경

『조선사』편수 사업의 기원은 1906년부터 시작된 '朝鮮舊慣制度調査事業'으로 거슬러 올라간다. 이 사업은 1910년 取調局이 담당하다가, 1912년에 參事官室로, 이어서 1915년 중추원으로 이관되었는데, 중추원

직원 담당 업무 사항의 첫 번째가 역사편찬이고, 參事官의 副申에도
'조선사' 편찬이 중추원 사무의 첫 번째로 게시되어 있다는 점을 보면
'조선사' 편찬은 이미 구관제도 및 구관조사사무 안에 포함되어 있었음
을 알 수 있다.[22]

　1915년 6월 박은식의『韓國痛史』가 간행되자, 같은 해 7월『朝鮮半
島史』편찬이 급속히 추진되었다. 公明的確한 史書를 만들어 독서와
文章에 있어서 문명인에 조금도 뒤지지 않는 "조선 백성의 知能과 德
性을 啓發함으로써 이들을 忠良한 帝國臣民으로" 만드는 것, "民心의
薰育['德義로써 교육한다'는 뜻]" 즉 '조선인'의 교화와 同化를 목적으로
하였다.[23] 하지만, 학무국 편집과장이며 중추원 편집과장인 小田省吾
가 주도했던『조선반도사』편찬은 예정대로 진행되지 못했다.[24] 그
원인은 자료 수집에 예상 밖의 어려움을 느꼈고 조사가 진행되던 중
에 예정된 연한을 경과했기 때문이기도 하지만,[25] 근본적으로는 今西
龍을 제외한 나머지 집필진의 한국사에 대한 지식이 높지 않았기 때
문이다.[26]

---

[22] 朝鮮總督府中樞院,『朝鮮舊慣制度事業槪要』, 1938, 137쪽.
[23] 朝鮮史編修委員會 編·編輯部 옮김,「朝鮮半島史編纂要旨」, 앞의 책, 1986, 15-17쪽.
『朝鮮半島史』의 주안점은, 첫째 일본인과 조선인이 同族이라는 사실을 분명히
할 것, 둘째 上古시대부터 조선에 이르는 동안 민중이 점진적으로 피폐와 빈약에
빠진 實況을 서술하고, 셋째 일제시기에 '聖世'의 혜택을 받아 비로소 인생의 행
복을 완성하게 된 사실을 상세하게 기술할 것 등의 세 가지였다(「朝鮮半島史編
成ノ要旨及順序」(1916), 친일반민족행위진상규명위원회, 앞의 책, 2008, 32쪽).
[24] 今西龍이 담당한 제1편(삼한·상고), 제2편(삼국), 제3편(통일신라)만 집필이 완
료되었고, 제5편(조선)은 일부분만, 제6편(조선최근사)은 초고의 일부만 완성되
었으며, 제4편(고려)은 전혀 집필되지 못했다(친일반민족행위진상규명위원회,
앞의 책, 2008, 136-426쪽; 장신, 앞의 논문, 2009, 375-376쪽).
[25] 中村榮孝, 앞의 논문, 1953, 363쪽.
[26] 金性玟, 앞의 논문, 1989, 129-130쪽.

이러한 와중에 1919년 3·1운동이 일어났다. 자국사에 관심을 갖게
된 한국인들은 학교에서는 한국사를 독립과목으로 설정할 것과 왜곡
된 한국사 교육을 시정해줄 것을 요청하였고, 특히 단군을 중심으로 민
족정신을 결집하기 위한 노력을 기울였다. 이른바 '문화정치'를 표방했
던 일제는 한국사의 타율성·정체성을 드러내어 식민통치를 합리화할
수 있는 역사서의 편찬이 필요하게 되었고,[27] 그 결과 1922년 12월 조
선사편찬위원회가 설치되었다.[28]

조선총독부가 『조선반도사』편찬을 대신해서 『조선사』를 편찬하기
로 한 배후에는 黑板勝美가 있었다.[29] 東京帝國大學 교수였던 그는
1916년 3월 촉탁으로 『조선반도사』편찬 사업에 참여하였고, 조선사편
찬위원회의 성립을 주도했다. 여기에는 1922년 6월 15일 조선총독부 政
務總監으로 새로 부임한 有吉忠一의 도움이 크게 작용했다. 有吉忠一
은 黑板勝美의 대학 동창으로서, 宮崎縣知事 시절 西都原古墳 발굴에
도 함께 했었다고 한다.[30]

서술형 통사로 편찬되었던 『조선반도사』와는 달리, 『조선사』는 연월
일 순서로 중요 사건에 관련된 사료를 정리해서 편찬한 편년체 사서였
다. 黑板勝美는 『조선사』편찬을 위해 內藤虎次郎에게 도움을 청했고,
內藤虎次郎은 稻葉岩吉을 추천함에 따라 稻葉岩吉이 간사로서 『조선
사』편찬사업을 주관하게 되었다.

---

[27] 1919년 9월 상해의 대한민국임시정부에서 국제연맹회의에 한국 민족의 독립을
호소하기 위한 자료로 제출하기 위하여 『韓日關係史資料集』(四編·四册)을 편찬
(國史編纂委員會, 『韓國獨立運動史』資料 4(臨政篇. Ⅳ), 1974)한 것도 하나의 이
유가 되었다(箱石大, 앞의 책, 2007, 245-246쪽).

[28] 金性玟, 같은 논문, 132-134쪽; 國史編纂委員會, 『國史編纂委員會史』, 1990, 50쪽.

[29] 이성시, 앞의 책, 2001.

[30] 永島廣紀, 앞의 논문, 2004, 16쪽.

그런데 이러한 조선사편찬위원회의 성립은 비밀리에 추진되었던 듯하다. 內藤虎次郎과 稻葉岩吉이 주고받은 편지에 따르면, 黑板勝美 등은 小田省吾 등의 '舊半島史派'와 東京帝大 工學部 교수로서 '조선고적조사'사업에 참여했던 關野貞 등의 '고적조사파'와는 관계없이 조선총독부 '수뇌부'와의 사이에서 계획입안을 추진했다고 한다.[31] 즉『조선반도사』편찬 사업을 주도했던 小田省吾 등은 새로운 편년체『조선사』편찬 사업에서 완전히 배제되었던 것이다.

조선사편찬위원회 사업에 小田省吾 등 '舊半島史派'가 배제된 데에는, 어떠한 체제의 '조선(반도)사'를 편찬할 것인가 하는 점에서 서로 다른 견해를 가지고 있었기 때문인 듯하다. 식민지 '조선인'의 동화를 목적으로 개설적인 서술 형식의『조선반도사』를 편찬하려 했던 小田省吾와는 달리 黑板勝美는 사료 편찬 방식을 선호했다. 黑板勝美는『大日本古文書』와『大日本史料』의 편찬에 참여한 경험이 있었고, 1905년「日本古文書樣式論」으로 박사학위를 받은, 사료편찬의 최고 전문가로서 '일본 사료학의 확립자'였다.[32]

일본에서 사료편찬 사업이 본격적으로 시작된 것은 1895년 4월 東京帝國大學 문과대학에 史料編纂掛가 설치되면서부터였다. 처음 明治 초에『六國史』이후의 일본 역사를 편찬할 필요성을 인지한 뒤 담당관부가 여러 차례 바뀌어 修史館에서 맡아오다가, 1888년 東京帝國大學 臨時史料編纂掛로『大日本編年史』편찬 사업이 이관되었다. 이듬해 東京帝大에 國史科가 개설되어 重野安繹·久米邦武·星野恒이 교수로 임명되고 臨時史料編纂委員이 되어 편찬을 담당하게 되었다. 위원장인 重野安繹은, 고증학의 기반 위에서 서양의 소위 文明史流의 서법을 모

---

31) 箱石大, 앞의 책, 2007, 243-245쪽.
32) 송완범, 앞의 논문, 2009, 99-116쪽.

방하여『大日本編年史』를 漢文으로 서술하려 했다.

하지만, 일본역사를 漢文으로 쓰는 데에 대한 반대가 있었고, 考證史學이 이전에 대세를 차지했던 교훈적 사학과 정면으로 대립하고, 또 일부 고증에 회의가 제기되어 여론의 치열한 공격을 받게 되었으며, 역사서술이 정부의 주도 아래 이루어진다는 사실 자체에 대해서도 반대가 있었다. 이에 1893년 重野安繹이 물러나며 정부 주도의 역사 편찬 사업은 일단 끝이 났고, 2년 뒤인 1895년 史料編纂掛가 설치되면서 오직 사료편집에만 몰두하였다. 한두 사람이 쓴 역사서는 사실을 왜곡할 위험성이 있으므로 사료를 있는 그대로 편찬, 발행함으로써 학자들이 이용할 수 있도록 하는 것이 더 낫고, 또 사료 편찬은 개인이 할 수 없으므로 국가가 맡는 것이 최선이라는 것이다. 그 결과『大日本史料』,『大日本古文書』,『大日本維新史料』 등이 편찬되기 시작하였다.[33]

이러한 일본 역사학계의 동향에 깊이 간여하고 있었던 黑板勝美가,『조선사』를 편찬할 때 편년체 사료편찬 체제로 만들고자 했던 것은 당연하다고 할 수 있다.[34] 특히 편년체 형식을 취했다는 점이 중요하다. 그것은 무엇보다 당시『조선사』 편찬에 참여한 일본인들의 한국사에 대한 학문적 수준이 높지 못했기 때문이다.[35]

---

33) 坂本太郎,『日本の修史と史學』(至文堂, 1966), 233-241쪽: 박인호·임상선 옮김,『일본사학사』(첨성대, 1991); 누마타지로[沼田二郞],「시게노 야스츠구와 역사서술의 근대 도쿄 전통」, W.G 비슬리·E.G. 풀리블랭크 엮음, 이윤화·최자영 옮김,『중국과 일본의 역사가들』(신서원, 2007), 406-414쪽.

34) 한편,『朝鮮半島史』 편찬이 좌절되자 이 작업을 주도했던 小田省吾는 1923년 朝鮮史學會를 창립하여,『朝鮮半島史』 집필을 담당했던 荻山秀雄·瀨野馬雄·杉本正介와 함께 서술형 한국사인『朝鮮史講座』(一般史) 4권을 출간하였다(1923년). 이 책은 1927년 약간의 수정을 거쳐『朝鮮史大系』(4권)로 다시 간행되었다.

35) 金性玟, 앞의 논문, 1989, 155-156쪽. 1922년 5월 臺灣總督府에서 추진한 臺灣史料編纂事業은 기전체 역사서였는데, 그것은 문헌사료의 양이 많지 않았기 때문이다(金性玟, 같은 논문, 156쪽).

구관제도조사사업을 진행한 이래 한국에서는 수많은 자료가 수집되었고, 또『삼국사기』·『삼국유사』는 물론이고『고려사』·『고려사절요』,『조선왕조실록』·『승정원일기』·『비변사등록』과『각사등록』등도 이미 수집되어 있었다. 이 방대한 사서들을 모두 섭렵하여, 조선총독부의 요구에 부응하여 정해진 기간 안에 한국의 역사를 서술하는 것은 거의 불가능했다.

당시 일본인들은 함께 수사관으로 참여했던 洪熹에게 어려운 漢文 해석을 물어봐야 하는 수준이었다.36) 今西龍만이『조선반도사』담당 부분을 집필할 수 있었던 데에는, 그가 본격적으로 한국사 연구에 몰두한 최초의 연구자37)였기 때문에 가능하였지만, 고대사에 해당되는 사서가 고려시대, 특히 조선시대에 비해 월등하게 분량이 적기 때문이기도 했다. 당시 일본인 연구자들의 한국사 연구 수준으로는, 고려나 조선의 방대한 자료들을 섭렵, 분석한 뒤 '식민통치에 부합하는' 한국사 통사를 체계적으로 서술하는 것은 불가능했던 것이다. 결국 편년 순서로 관련 사료를 나열하는 사료집 체제로『조선사』를 편찬하는 이외에는 대안이 없었다.

『조선사』를 편년체 사료로 편찬한 두 번째 이유는, '학술적이고 公平無私한' 편년사를 편찬함으로써 왜곡된 한국사를 시정하고자 하는 한국인의 요구를 무마하기 위해서였다. 즉 연월일의 편년 순으로 원 사료를 기재함으로써 '객관성'을 부각시키려는 의도가 있다. 세 번째 이유는 단군에 대한 기록을 사료가 아닌 史說로 취급하여 단군 관련 연대는 믿을 수 없으므로 편년체 사서인『조선사』에는 게재할 수 없다는

---

36) 田中隆二,「兼山 洪熹의 생애와 활동-일제하 대일협력자의 한 사례」,『한일관계사연구』5, 1996, 144쪽·152쪽.
37) 田中俊明,「今西龍」,『月刊 しにか』3-6, 1992年 6月號, 104쪽.

주장을 하기 위해서였다.[38]

조선사편찬위원회는 1925년 조선사편수회로 바뀌면서 중추원 소속이 아니라 독립된 기관으로 성립되었고, 새로이 修史官·修史官補 자리가 마련되어 안정적으로 사업을 추진할 수 있게 되었다.[39] 朝鮮史編纂委員會에서 朝鮮史編修會로의 변화, 즉 '편찬위원회'에서 '편수회'로의 변화는 역사서를 편찬한다는 의미를 좀 더 강화하는 것이었다. '編纂'이란 단순히 문서나 원고를 정리하여 서적으로 출간한다는 의미만 있지만, '編修'란 역사서를 편찬한다는 의미가 있기 때문이다. '編修'는 '國史를 편수하는 일을 맡은 관리'라는 의미가 있는데, 송 태종 太平興國 8년(983)에 처음으로 史館編修를 두었고, 명나라 때 처음으로 한림원에 소속되었다고 한다.[40]

그런데 일본 정부당국은 처음 이 조선사편수회 관제를 허가하지 않았다고 한다. '식민지에서 식민지의 역사를 일본인의 손으로 편찬하는 것은 통치에 정반대된다.'는 것 때문이었다. 그러자 黑板勝美는 당시 內務大臣이었던 水野鍊太郎에게 "조선사를 하지 않으면 일본사를 알 수 없다."고 했고, 이 한마디로 조선사편수회 관제가 바로 통과되었다고 한다.[41] 『조선사』편수 사업에 대한 黑板勝美의 관심 정도와 그의 대단한 위력을 확인시켜주는 이야기라고 할 수 있다. 이러한 배경과 과정을 거쳐 편년체 사료집인 『조선사』가 편수되었다.

38) 金性玟, 앞의 논문, 1989, 156-157쪽.
39) 朝鮮總督府朝鮮史編修會 編·編輯部 옮김, 앞의 책, 1986, 35-39쪽.
40) 諸橋轍次, 「編纂」·「編修」, 『大漢和辭典』8(大修館書店), 1127쪽.
41) 末松保和 外, 앞의 논문, 1963, 29쪽.

3. 『조선사』의 편찬 체제

1) 일본 근대의 사료집과 『조선사』

『朝鮮史』는 제1편과 제2편~제6편의 편찬체제가 다르다. 제2편 이하는 연월일의 연대 순서로 해당 사건의 '綱文' 즉 핵심 줄거리를 간단히 기재한 뒤, 전거한 史書의 명칭과 권수를 할주 형식으로 기록하였다. 반면 제1편은 전거한 사서의 원문을 그대로 기록해놓은 점이 다르다.

일본근대사료학에 기초한 편찬 사업은 '사료의 소재확인 → 수집(기본적으로는 빌림) → 複本 작성 → 분류 · 정리 → 초고본 작성 → 인쇄원고 작성 → 출판'이라는 과정으로 진행되었다.[42] 『조선사』의 편수 또한 기본적으로 이러한 방식으로 진행되었다. 그런 까닭으로 『조선사』는 『大日本史料』와 『大日本古文書』를 모방하고, 직접적으로는 『大日本維新史料』를 답습하였다는 주장이 있다.[43]

하지만, 이러한 주장이 모두 올바른 것은 아니다. 『大日本史料』는 宇多천황 仁和 3년(887) 8월부터 慶應 3년(1867) 10월까지를 16편으로 나누어 편찬하였는데, 연월일 순서로 해당 사건의 핵심 줄거리를 간단히 기재한 뒤 해당 사료의 원문을 그대로 기재해놓았다. 『大日本史料』를 모방하여 만든 『大日本維新史料』는 1910년 文部省 維新史料編纂會가 편찬한 편년체 사료집으로서, 1846~1871년[廢藩置縣]을 대상으로 하였다. 편찬 방식은 『大日本史料』와 똑같이, 줄거리 다음에 원 사료를 기재하였다. 『조선사』 제1편이 이와 같은 방식으로 편찬되었다.[44]

---

[42] 箱石大, 앞의 책, 2007, 252쪽.

[43] 中村榮孝, 앞의 논문, 1953, 389쪽; 末松保和 外 앞의 논문, 1963, 28쪽.

[44] 永島廣紀, 앞의 논문, 2004, 17쪽.

『조선사』 사료 초고본은 『大日本史料』를 모범으로 해서 작성되었
다.[45] 하지만, 전 사료를 출간하게 되면 수십 배의 분량이 소요되기 때
문에 어쩔 수 없이 '綱文' 즉 핵심 줄거리와 전거 사서의 목록만을 기재
해야만 했다.[46] 『조선사』 제2편~제6편이 그러한 방식으로 편찬된 것이
다. 1923년부터 매년 『大日本史料』의 줄거리와 인용 도서목록만을 기
재한 『史料綜覽』이 간행되었고, 『大日本維新史料』의 줄거리만을 뽑아
적은 『維新史料綱要』가 따로 출간되었는데, 『조선사』 제2편~제6편은
『史料綜覽』과 『維新史料綱要』의 편찬 형식을 채용하고 있다.[47]

한편, 『大日本古文書』는 고문서를 소장자별 또는 편년순으로 편찬한
것으로, 『大日本史料』가 사료를 나누어 정리한데 비해 이것은 사료를
원문 그대로 게재한 것이다.[48] 『조선사』 제1편이나 제2편 이하의 어느
쪽과도 전혀 다른 편찬 체제이다.

『조선사』는 처음에는 『大日本史料』나 『大日本維新史料』의 체제처럼
줄거리에 이어서 원 사료를 기재한 방식으로 편찬하려고 했던 듯하다.
하지만, 고려시대 특히 조선시대의 경우 원 사료를 모두 게재할 경우 많
은 분량이 필요하게 되고, 또 막대한 시간이 소요된다. 『大日本史料』가
아직까지 모두 편찬되지 못했다는 점을 고려하면, 『조선사』 또한 원 사
료를 게재하여 편찬했다면 1945년까지도 모두 완간되지 못했을 것은 분
명하다. 『조선사』가 일제의 식민통치의 일환으로서 정치적 성격을 띠고

---

45) 大野綠一郎, 「序」, 『朝鮮史』 卷首 總目錄 (朝鮮總督府, 1938), 5쪽. 大野綠一郎은
   당시 정무총감으로서 조선사편수회 회장이었다.
46) 末松保和 外, 앞의 논문, 1963, 28쪽.
47) 永島廣紀, 앞의 논문, 2004, 17쪽.
48) 三浦周行은, 이러한 편찬 방법은 교정 이외에는 편찬의 수고를 생략할 수 있고,
   짧은 시기에 많은 사료를 출판하여 학계의 기대에 부응할 수 있기 때문에 보다
   현명한 방식이라고 하였다(『國史槪說』, 69-70쪽 [芳賀登, 『近代日本史學思想史』
   (柏書房, 1974), 90쪽에서 재인용]).

있다는 점에서 볼 때, 편수 사업은 가능한 빨리 성과를 제출해야 했다. 따라서 『조선사』 제2편 이하는 원 사료를 게재하는 방식을 포기하고 대신 전거 인용 사서의 명칭과 권수만을 기재하는 형식을 취했던 것이다.

『朝鮮史』 卷首[總目錄 別錄]에는 '別錄'이 뒷부분에 첨부되어 있다. 마지막에 '朝鮮史 第一編第三卷別錄終'이라 쓰여 있으니, 즉 제1편 제3권(支那史料)에 대한 別錄이다. 그 내용은 『史記』(朝鮮傳), 『漢書』(地理志,·朝鮮傳), 『後漢書』(郡國志·東夷傳), 『三國志』(魏書東夷傳)에서부터 『舊唐書』(音樂志·地理志·東夷傳·北狄傳), 『唐書』(禮樂志·地理志·東夷傳·北狄傳), 『通典』(邊方門東夷·北狄)까지의 원문을 그대로 싣고 있다. 사료의 원문을 정리하지 않고 그대로 싣고 있다는 점에서 『大日本古文書』와 유사한 체제라고 할 수 있을지 모르겠다.

이렇게 원문을 別錄 형식으로 기재한 것은, 제3권(支那史料)에는 해당 사료가 연도별로 나뉘어져 기재되어 있고, 연도를 판정하기 어려운 관련 사료들이 제외되었기 때문에 이점을 보완하려는 의도로 첨부된 듯하다. 충실한 사료집으로 만들려는 노력으로 이해할 수도 있겠지만, 거꾸로 제3권(支那史料)의 한계를 보여준다고도 할 수 있다. 편수자 자신도 '別錄'의 필요성을 인정했다는 뜻이다. 같은 관점에서 본다면, 제1권(조선사료)의 경우에도 '別錄'으로 첨부될 원 사료가 있다.

『조선사』의 편찬 체제가 『大日本史料』나 『大日本維新史料』를 모방했던지, 아니면 『史料綜覽』이나 『維新史料綱要』의 편찬형식을 취했던지 간에 의문점이 하나 남는다. 그것은 書名에 대한 것이다. 원 사료를 남기는 경우의 書名은 『○○○史料』로 사료집이라는 점을 드러냈다. 반면, 핵심 줄거리를 적고 전거 인용 史書의 명칭을 적은 경우의 書名은 '종합해서 본다'는 『○○綜覽』이나 '핵심 줄거리를 요약했다'는 『○○綱要』이다. 같은 기준이라면 『朝鮮史』는 『朝鮮史料』나 『朝鮮史料綜

覽』또는『朝鮮史料綱要』가 되어야 할 것이다. 반대로『維新史』가 서
술형 사서이듯이『朝鮮史』라는 書名이라면 그것은 사료집 형태가 아니
라 서술형 통사가 되어야 할 것이다. 그런데 사료집 형태를 취했으면
서도『조선사』라고 명명했다.

이것은 서술형 통사를 저술할 능력이 없거나, 또는 식민지배를 합리
화하는 '조선사'를 편찬했을 때 생길 수밖에 없는 '조선인'의 저항이 예
상되는 상황에서 어쩔 수 없이 택한 선택이라고 할 수 있다. 사료집이
면서도 서술형 통사인 듯이 보이게『朝鮮史』라고 명명을 한 것이다. 역
사학, 사료학의 관점에서 전혀 맞지 않는 서명을 택한 것은 결국『조선
사』편찬의 출발 자체가 식민통치의 일환이라는 정치적인 목적을 위해
시작되었던 결과라는 점을 잘 보여준다.

2)『조선사』제1편의 편찬 체제

『조선사』제1편(신라통일 이전)은 고구려가 멸망당한 668년 이전 시
기까지, 원 사료를 직접 게재해서 편찬했다. 이 시기를 '신라통일 이전'
이라고 정한 것은 한국사의 지리적 범주를 한반도에 국한시켜서 보았
기 때문이다. 즉 만선사학의 영향인 것이다.[49] 1923년 1월 8일 제1차
조선사편찬위원회에서는 제1편 삼국이전, 제2편 삼국시대, 제3편 신라
시대로 구분하였는데, 그중 제1편과 제2편을 묶어 '신라 통일 이전'으로
하고, 제3편을 '신라통일시대'로 명칭을 바꾸었다. 이러한 구분과 '신라
통일'의 명칭에 대해서는 여러 가지 논란이 있었다.

제1편만 원 사료를 기재하여 편찬한 이유는 일차적으로 원 사료의

---

[49] 박찬흥, 「滿鮮史觀에서의 한국고대사 인식 연구」, 『韓國史學報』 29, 2007.

양이 적었기 때문이었다. 제1편은 편년체로 정리해서 하나로 묶지 않
고 제1권(조선사료), 제2권(일본사료), 제3권(支那사료)으로 나누어서
편찬하였다. 이렇게 국가별로 따로 나누어서 편찬한 이유에 대해서, 上
代로서 연대를 명확하게 할 수 없는 부분도 있고, 한국·일본·중국에
있는 사료에 따라 전해지는 연도가 서로 부합·일치하지 않기 때문에
따로 편찬했다는 것이 조선사편수회 측의 공식적인 견해이다.[50]

하지만 그것은 일종의 핑계일 뿐이다. 식민지배 아래 있었던 한국인
들을 민족적으로 단결시키는 기능을 하는 단군 관련 기사를 제거 또는
축소, 변형하기 위한 방편이었다.[51] 『삼국사기』 본기 기사의 편년을 기
준으로 중국 사료를 함께 싣고, 신라 혁거세 원년 이전의 기사는 중국
사료의 편년을 기준으로 그대로 연결해서 편찬하면 가능하다. 단군과
기자 관련 기사는 정확한 편년을 할 수 없다고 하지만, 제3권(支那사
료)의 경우 구체적인 연도가 아닌 「古朝鮮」으로부터 시작하고 있다.

이러한 방식을 따라, 첫 항목을 「고조선」으로 설정하여 단군·기자
와 관련된 사료를 모아서 기재하고, 위만이 등장하는 '漢 高祖 12年'조
부터는 중국의 연호를 따라 정리하고, 신라 혁거세 원년 즉 漢 宣帝 五
鳳 원년부터는 『삼국사기』의 편년을 기준으로 정리한다면, 제1권(조선
사료)와 제3권(支那사료)은 통합이 가능하다.

제2권(일본사료)의 경우 사료의 편년을 결정하는 것이 매우 어렵지만
불가능하지는 않다. 『日本書紀』의 기년에 대해서는 오래전에 이미 의문
이 제기되었고, 明治시기에 들어와서 본격적으로 논의가 비등하게 되었
다. 那珂通世가 기년에 문제를 제기한 이래[52] 『일본서기』의 기년을 120

---

50) 朝鮮史編修會 編, 「朝鮮史凡例」, 『朝鮮史』 卷首 總目錄, 1938, 2쪽; 中村榮孝, 앞
의 논문, 1953, 43쪽.

51) 金性玫, 앞의 논문, 1989, 156-157쪽.

년 조정해야 된다는 등의 다양한 주장이,『조선사』편찬 당시까지 제기
되고 있었다. 이 경우 편년체 사서의 취지에 맞게 중국 연호와『삼국사
기』의 기사에 해당 기사와 관련 있는『일본서기』기사를 각 연도별로 첨
가한다면 하나의 편년체 역사서로 편찬하는 것이 가능했을 것이다.

하지만, 이렇게『삼국사기』본기의 기년을 중심으로, 혁거세 즉위 이
전은 중국 사료의 연호를 따르고, 일본 사료의 경우 해당 기사와 관련
있는 기사에 배치하는 것은 애초부터 가능하지 않았다. 그것은『조선
사』편찬을 실질적으로 주도했던 黑板勝美와, 제1편의 편찬을 담당했
던 今西龍의 한국고대사 및 일본고대사 인식 때문이다.

黑板勝美는, 단군과 기자는 역사적 실재 인물이 아니라 신화 속의 인
물이므로, 사상적 · 신앙적 측면에서 따로 연구해야 할 사항이지 編年
史로서 취급하기 어렵다고 하였다.[53] 반면『古事記』와『日本書紀』에
나오는 일본 고대의 신화에 대해서는 그대로 인정하는 이중적인 태도
를 보이고 있다.[54] 또 今西龍은 단군이라는 칭호와 설화가 고려 중기
이후에 작성된 것으로 보았다.[55] 단군 관련 기사를 편년체『조선사』의
첫 부분에 기재한다는 것은 이들에게 있을 수 없는 일이었다.

또한 今西龍은『삼국사기』의 기년 가운데 고구려에서는 소수림왕
(371~384년), 백제에서는 契王(344~346년) 무렵, 신라에서는 소지왕
(479~500년) 이후에 이르기까지 믿을 수 없다고 하였다.[56] 5세기 말까

52) 那珂通世,「上古年代考」,『洋々社談』, 1878.
53) 朝鮮總督府朝鮮史編修會 編 · 編輯部 옮김, 1986, 앞의 책, 64쪽.
54) 崔在錫,「黑板勝美의 日本 古代史論 批判」,『정신문화연구』38, 1990, 129-139쪽; 송완범, 앞의 논문, 2009, 115-116쪽.
55) 今西龍,「檀君考」,『青邱說叢』1, 1929; 今西龍,『朝鮮古史の研究』(近澤書店, 1937), 1-130쪽.
56) 今西龍,「三國史記」,『朝鮮史の栞』(近澤書店, 1936), 10쪽.

지도 믿을 수 없는 『삼국사기』의 편년을 기준으로 『일본서기』의 기사를 맞춰서 정리, 배치하는 것은 아예 생각하지도 않았을 것이다.

1930년 8월 조선사편수회 제4차 위원회에서 최남선의 질문에 답하던 今西龍은, 제1편은 영토가 아니라 민족을 중심으로 편찬한다고 이야기하였다.[57] 그런데 今西龍은 "조선인은 韓族이 濊族을 융합하여 扶餘族 일부와 일본족 및 중국족 일부가 섞여 이루어졌지만, 그 대부분은 韓民族의 후예"라고 하였다. 이 점에 주목한다면, 『삼국사기』에 근거해 혁거세 즉위조 이후를 '조선사료'로 분리했던 이유를 유추할 수 있다. 즉 한국사의 시작은 신라 건국 이후에 한정된다는 의미가 있는 것이다. 실제로 今西龍을 포함한 대부분의 일본인들은 단군신화를 믿지 않고, '기자조선'과 '위만조선'을 중국인의 국가로 인식했다.[58] 다만 그 영토가 한반도의 서북부를 포함했으므로, '조선반도'의 역사인 '조선사'에 포함된다고 인식했던 것이다.

4. 『조선사』 제1편 제1권의 편찬 방식

1) 기재 방식

『조선사』 제1편 제1권은 '범례'에 맞게 기재되어 있다. 먼저 각 연도의 순서는 신라 박혁거세가 즉위한 甲子年부터 간지를 먼저 쓰고, 신라왕의 재위연대, 고구려왕의 재위연대, 백제왕의 재위연대를 각각 병기하였다. 그리고 다음에 해당 연도 기사를 월별로 요약하여 간단히 서

---

[57] 朝鮮總督府朝鮮史編修會 編·編輯部 옮김, 1986, 앞의 책, 47쪽.
[58] 박찬흥, 앞의 논문, 2007, 23-27쪽.

술하여 놓았다. 이 요약문은 국가에 관계없이 월별로 기재하였고, 같은 월의 기사인 경우 신라, 고구려, 백제 순으로 기재하였다. 요약문은 다음에 나오는 기사 원문의 내용을 압축, 요약한 것인데 대체로 원문의 내용을 충실하게 요약하였다. 이 요약문에서 특정한 요약 의도를 발견하기는 매우 어렵다.

다만, 당시 임나일본부설의 유력한 근거가 되었던 광개토왕비문의 기사들을 충실하게 기재하고 있는 것이 눈에 띈다. 즉 이른바 신묘년조가 기재된 고구려 故國壤王 8년조(391)에 "이해, 倭兵이 백제·신라를 破하였다"고 하여, 그 내용을 사실 그대로 인정하고 있다. 임나일본부설을 그대로 인정하는 서술인 셈이다.

요약문 다음에 기사 원문을 전거자료에 있는 그대로 싣고 있다. 전거자료는 간행 연도순에 따라『三國史記』,『海東高僧傳』,『三國遺事』,『大覺國師文集』등의 문집과 기타 저서, 금석문의 순서로 기재했고, 같은 史書 안에서는 권수가 빠른 순서대로 즉 앞부분 기사부터 기재하였다. 따라서 대부분『삼국사기』본기 기사가 가장 먼저 기재되어 있다.『삼국사기』本紀 기사와 대조해본 결과, 모든 本紀 기사는 다 기재되어 있다. 아마도 제1편과 제2편의 경우 고려시대·조선시대와는 달리 전거 사료가 한정되어 있기 때문에, 원 사료에서 임의로 특정한 목적에 따라 사료를 발췌할 수 있는 상황이 아니었을 것이다.

『삼국사기』「志」·「列傳」과『海東高僧傳』·『三國遺事』등 나머지 史書는 연도가 확실하게 명기되어 있는 부분만을 골라 정리해서 기재하였다. 이 경우 가능하면 원문 그대로 옮겨왔지만 일부의 경우 사료를 추가하거나 중복해서 기재하는 경우도 있었다. 예를 들면,『삼국사기』권32,「지」1, 제사지 원문은 "古記云, 溫祚王二十年春二月, 設壇祠天地. 三十八年冬十月, …… 並如上行"인데, 온조왕 38년조에서는 "古

記云, 溫祚王三十八年冬十月, 設壇祠天地"라고 기재하여, '並如上行[모두 위와 같이 행했다]의 기사에 맞게 내용을 추가하고 있다. 이것은 독자의 편의를 위한 것이라고 판단된다.

또 권34,「지」3, 지리지 "開寧郡 古甘文小國也 眞興王十八年梁永定元年 置軍主爲靑州 眞平王時 州廢"라는 기사는 감문국을 복속시킨 助賁尼師今 2년(231) 7월조에 "開寧郡 古甘文小國也"가 기재되었고, 진흥왕 18년(557)조에는 "開寧郡 古甘文小國也 眞興王十八年梁永定元年 置軍主爲靑州"가, 진평왕 54년(632)조에는 "開寧郡 古甘文小國也 眞興王十八年梁永定元年 置軍主爲靑州 眞平王時 州廢" 기사 전체가 기재되어 있다. 지리지의 지명 변동이나 직관지의 관직 변동 기사의 경우, 이와 같은 방식으로 중복하여 기재되어 있는데, 이것은 또한 이용자의 편의를 고려한 것이라고 판단된다.

위 기록 가운데 "眞平王時" 같이 연대를 확실하게 알 수 없는 기사는 해당 왕의 마지막 재위년에 기재하였다. 마찬가지로 열전의 인물이나 지리지의 지명, 직관지의 관직 등 가운데 연도가 불분명한 것은 본기의 기사에 언급되는 부분이 있으면 그곳에 첨부되었다.

원본 기사의 연도는 수정하지 않았지만, 분명한 오류라고 판단되는 부분은 수정해서 기재하였다. 예를 들면, 권 27,「백제본기」5, 威德王 8년(561)조 기사는「신라본기」진흥왕 23년(562)의 기사와 내용은 일치하지만 연도에서 1년의 차이를 보이는데,「신라본기」기사를 우선시하여 위덕왕 9년으로 수정해서 9년조에 싣고 있다.

한편, 본문 기사의 위에는 발췌어가 따로 첨부되어 있다. 모든 원문 기사에 발췌어가 있는 것이 아니고 중요하다고 판단되는 기사에만, 그것도 가장 핵심적인 단어만 발췌어로 실려 있다. 발췌어는 인명, 지명, 국명, 관직명, 관부명, 서명, 기타 사항 등인데, 같은 연도의 기사 가운데에서도 중복되는 경우도 많다. 발췌어의 선정 기준을 특징적으로 파악하기는 곤란하며, 기재된 발췌어의 용어를 정치, 경제, 사회, 문화, 대외관계 등으로 분류하는 것도 어렵고 또 어떤 기준에 따른 경향성을 보여주고 있지도 않아서, 적어도 제1편 제1권의 발췌어가 특정한 의도에 따라 선정되었다고 보기는 매우 어렵다.

본문 기사 위에는 발췌어 외에 본문 기사의 출전이나 避諱 여부, 글자 교감 등을 'O' 표시를 이용해서 기술하고 있다. 눈의 띠는 것은 日食 등의 천문기록을 중국 정사의 본기와 일일이 대조해서 그 전거를 밝히고 있는 점이다. 아마도 『삼국사기』의 천문 기록이 중국 사서에서 옮겨온 것이라는 선입견을 가지고 있는 듯하다. 물론 중국 측 기록에서 가져온 부분도 있겠지만, 독자적인 관측의 결과일 수도 있는 것인데 그러한 가능성은 완전히 배제된 채 모두 중국 측 사료에서 출전한 것으로 기재되어 있다.

『삼국사기』에 기록된 66회의 일식 기록은 오폴쳐(von Oppolzer)의 日食表와 대부분 일치한다고 한다. 이러한 일식 관련 기록은 중국 정사의 일식기록을 전재한 것에 불과하다는 飯島忠夫의 주장[59]을 따른 결과인 듯하다. 하지만, 혁거세거서간 4년의 일식 일자는 "夏四月辛丑朔" 즉 "4월 초하루 신축일"인데 반해, 『漢書』 권8, 「本紀」 8, 宣帝 五鳳 4년조에는 "夏四月辛丑晦" 즉 "4월 그믐 신축일"이라고 되어 있다. 그믐과 초하루는 전혀 다른데, 이 경우 잘못 옮겨 적은 것이라고 해야 할까 모르겠지만, 이 기사까지 『漢書』 기사에서 출전한 것으로 본문 기사 위에 기록해놓았으니, 중국 측 기록을 옮겨 적었다고 보는 것이 분명하다.

전체적으로 편년체에 충실하게 기사를 기재했다고 볼 수 있다. 하지

---

59) 飯島忠夫, 「三國史記の日食記事に就いて」, 『東洋學報』 15-3, 1925.

만 글자의 오류나, 기재 방식의 순서 등의 측면에서 잘못된 부분도 없지 않다. 이를 정리하면 다음의 〈표 1〉과 같다.

〈표 1〉 제1편 제1권(朝鮮史料)의 오류

연도	쪽수	틀린 부분
유리이사금 9년	67	간지 안의 儒理尼師今 '八年'은 '九年'의 잘못
산상왕 17년	180	'爲王太子'는 '王太子'의 잘못
봉상왕 3년	233	[三國史記] 다음의 '西川王'은 '烽上王'의 잘못
무령왕 원년	391	'三國史記卷二十六百濟本紀四武寧王'은 삭제되어야 함. 같은 권 기록의 경우 [ ] 표시 없이 바로 기재함
성왕 16년	447	권 37 지리지 기록의 "至二十六世聖王 移都所夫里 國號 南扶餘" 앞에 "按古典記"를 첨가해야 함
진흥왕 5년	456	[三國遺事] 권3, 東京興輪堂十聖조 끝의 '塔像' 삭제
진흥왕 23년	480	[三國史記] 권44 기사는 권34 뒤로 가야함. 권수가 빠른 순서로 개재되어 있기 때문임.
진흥왕 37년	497	[三國遺事] 권3 기사는 504쪽 [三國遺事] 권1 기사 뒤로 옮겨야함
진평왕 35년	555	[三國史記] 권40 기사 뒤에 "衿色綠紫" 첨가
善德王 5년	587	[三國遺事] 권3 "按山中古說"은 "按山中古傳"의 잘못
진덕왕 2년	639~641	[三國史記] 권44 기사를 권33 기사 다음으로 옮김

추가로 지적할 수 있는 것은 신라 太宗武烈王에 대한 표기 방식이다. 원문 기사에는 "太宗武烈王 立"이라고 『삼국사기』 '신라본기'의 기사를 그대로 옮겨놓았으면서도, 재위연도 표기에서는 '太宗王元年'과 같이 '太宗王'이라는 표기를 사용하고 있다. 목차에서 太宗王이라고 기록되어 있기 때문에 그렇게 표시한 듯한데, 한국학계에서 太宗武烈王이라는 정식 시호를 사용하는 것과는 비교된다. 사실 太宗王이라는 용어는 타당한 명칭이 아니다. 태종이라는 시호에 '王'자를 붙였기 때문이다.

2) 전거 사료

『조선사』 제1편 제1권(조선사료)은 기원전 57년 신라 혁거세거서간 원년조부터 668년 고구려 멸망까지의 한국 사료들을 연도순으로 정리하여 각 사건의 줄거리를 간단히 적고 원 사료를 그대로 기재하여 편찬하였다. 제1권에서 인용된 전거 史書의 명칭과 이용 회수는 다음 〈표 2〉와 같다. 보는 바와 같이 『삼국사기』와 『삼국유사』가 가장 많이 인용되었고, 「광개토왕비문」과 같은 금석문과 고려·조선의 문집에서 일부 인용된 기사가 있다. 『삼국사기』 본기 기사가 가장 중심이 되었는데, 『삼국사기』 본기는 「신라본기」, 「고구려본기」, 「백제본기」의 순서대로 인용되었다.

〈표 2〉 제1편 제1권(朝鮮史料) 전거 자료 명칭과 인용 회수

명	편명		회수	합		비고
三國史記	本紀	신라	463*	1,138	1,331	
		고구려	361			
		백제	314			
	志	色服	3	126		
		樂	12			
		祭祀	16			
		地理	47			
		職官	48			
	列傳	1	10	67		
		2	5			
		3	4			
		4	13			
		5	10			
		6	3			
		7	13			
		8	7			
		9	2			

海東高僧傳	권 1	8	12	
	권 2	4		
三國遺事	王曆	97	190	
	권 1 紀異	40		
	권 2 紀異	8		
	권 3	29		
	권 4	9		
	권 5	7		
大覺國師文集		1		普德
東國李相國全集		1		「동명왕편」
高麗史		1		耽羅
三國史節要		3		
新增東國輿地勝覽		1		가야건국신화
金石文	高句麗好太王碑(12회), 新羅文武王陵碑, 慶州栢栗寺石幢記, 昌寧新羅眞興王拓境碑, 磨雲嶺·黃草嶺·北漢山新羅眞興王巡狩碑, 藍浦聖住寺朗慧和尙白月葆光塔碑 (이상 각1회)	19		

*「新羅本紀」 가운데 668년 이후의 본기 기사에서 인용한 부분은 모두 8개의 기사이다. 혁거세거서간 원년조에 경순왕 9년조 기사가 인용되었고, 문무왕 11년 7월 26일조의 이른바 「答薛仁貴書」에서 7개의 기사가 태종왕 7·8년, 문무왕 2·3·4·7·8년조에 각각 인용되었다.

『삼국사기』의 경우 「본기」, 「지」, 「열전」 가운데 연도를 알 수 있는 668년까지의 기사 대부분이 인용되었다. 하지만, 「表」에서는 전혀 인용한 부분이 없다. 특별한 언급이 없어서 왜 그런지 알 수가 없다. 연표의 내용이 본기와 대부분 겹쳐서 그런 것인지도 모르겠지만, 「지」나 「열전」의 기사 가운데 「본기」와 똑같이 겹치는 기사도 함께 인용하고 있는 점에서 볼 때 수긍이 가지 않는다.

또한 제1권에는 9개의 圖版이 실려 있는데, 그 목록과 소장처·소장자 등은 다음 〈표 3〉과 같다.

〈표 3〉제1편 제1권의 도판 목록

번호	해당 부분	소장처·소장자	쪽수
제1	『삼국사기』 목록	京城帝國大學附屬圖書館所藏	1쪽 앞
제2	『삼국사기』 신라본기 제1	京城帝國大學附屬圖書館所藏	68~69쪽 사이
제3	『삼국사기』 고구려본기 제5	京城帝國大學附屬圖書館所藏	244~245쪽 사이
제4	『삼국유사』 권3 順道肇麗	岐阜 今西龍氏所藏	272~273쪽 사이
제5	高句麗好太王碑	(비문 일부를 찍은 사진)	314~315쪽 사이
제6	『삼국유사』 권2 駕洛國記	岐阜 今西龍氏所藏	430~431쪽 사이
제7	磨雲嶺新羅眞興王巡狩碑	咸鏡南道利原郡東面所在 (비문 앞면 뒷면 사진)	486~487쪽 사이
제8	黃草嶺新羅眞興王巡狩碑 古拓本	朝鮮總督府博物館所藏	488~489쪽 사이
제9	釋迦文像光背銘拓本	朝鮮總督府博物館所藏	526~527쪽 사이

　도판 목록을 보면,『삼국사기』에서는 목록을 포함하여 3개,『삼국유사』가 2개이고, 금석문이 4개이다. 이러한 도판을 중간 중간에 삽입한 것은 원 사료의 전거를 시각적으로 보여줌으로써,『조선사』의 편찬이 해당 사료를 충실하게 반영하여 엄격하고 정밀하게 이루어졌음을 보여주려는 의도가 있는 듯하다. 특히『삼국사기』와『삼국유사』의 도판보다 금석문의 도판이 더 많은 것은 일반 역사서 외에도 금석문 자료의 수집에도 많은 공을 들였음을 보여주려는 의도가 있는 것 같다.
　한편,『삼국사기』와『삼국유사』, 금석문 등의 원 사료와 비교해보니, 빠뜨린 기사가 여럿이다. 빠진 부분을 정리한 것이 〈표 4〉이다.

〈표 4〉 제1편 제1권(朝鮮史料)에서 빠진 부분

書名	권수	빠진 부분
三國史記	권29 연표상	海東有國家 久矣 自箕子受封於周室 衛滿僭號於漢初 年代綿邈 文字疎略 固莫得而詳焉 至於三國鼎峙 則傳世尤多 新羅五十六王 九百九十二年 高句麗二十八王 七百五年 百濟三十一王 六百七十八年 其始終可得而考焉 作三國年表 唐賈言忠云 高麗自漢有國 今九百年 誤也
	권32 지1 제사	按海東古記 或云始祖東明 或云始祖優台 北史及隋書皆云 東明之後 有仇台 立國於帶方 此云始祖仇台 然東明爲始祖 事迹明白 其餘不可信也
	권35 지4 지리2	漢陽郡 本高句麗北漢山郡一云平壤 眞興王爲州置軍主
	권37 지6 지리4	古記云 朱蒙自扶餘逃難 至卒本 則紇升骨城 卒本似一處也
	권38 지7 직관상	司正府 …… 卿二人 眞興王五年置
	권47 열전7	素那 或云金川 白城郡蛇山人也 其父沈那 或云熄川 膂力過人 身輕且捷 蛇山境與百濟相錯 故互相寇擊無虛月 沈那每出戰 所向無堅陣 仁平中 白城郡出兵 往抄百濟邊邑 百濟出精兵急擊之 我士卒亂退 沈那獨立拔劍 怒目大叱 斬殺數十餘人 賊懼不敢當 遂引兵而走 百濟人 指沈那曰 新羅飛將因相謂曰 沈那尙生 莫近白城 素那雄豪有父風 百濟滅後 漢州都督都儒公請大王遷素那於阿達城 俾禦北鄙
	권49 열전9	子男生 字元德 九歲以父任爲先人 遷中裏小兄 猶唐謁者也 又爲中裏大兄 知國政 凡辭令 皆男生主之 進中裏位頭大兄 久之 爲莫離支 兼三軍大將軍 加大莫離支 出按諸部 而弟男建·男産 知國事 或曰 男生惡君等逼己 將除之 建産未之信 又有謂男生 將不納君 男生遣諜往 男建捕得 卽矯王命召之 男生懼不敢入 男建殺其子獻忠 男生走保國內城 率其衆 與契丹靺鞨兵附唐 遣子獻誠訴之 高宗拜獻誠右武衛將軍 賜乘輿馬瑞錦寶刀 使還報 詔契

		芯何力率兵援之 男生乃免 授平壤道行軍大摠管 兼持節安撫大使 擧哥勿南蘇倉巖等城以降 帝又 命西臺舍人李虔繹 就軍慰勞 賜袍帶金七事 明年 召入朝 遷遼東大都督玄郡公 賜第京師 因詔還軍 與李勣攻平壤 入禽王 帝詔遣子 卽遼水勞賜
	권1 伊西國	按雲門寺古傳諸寺納田記云貞觀六年壬辰 伊西郡 今郡村零味寺納田 則今郡村今淸道地 卽淸道郡 古伊西郡
三國遺事	권1 太宗春秋公	在東宮時 欲征高麗 因請兵入唐 唐帝賞其風彩 謂 爲神聖之人 固留侍衛 力請乃還 …… 百濟古記云, 扶餘城北角有大岩 下臨江水 相傳云 義慈王與諸 後宮知其未免 相謂曰 寧自盡 不死於他人手 相率 至此 投江而死 故俗云墮死岩 斯乃俚諺之訛也 但 宮人之墮死 義慈卒於唐 唐史有明文 又新羅古傳 云 定方旣討麗濟二國 又謀伐新羅而留連 於是 庾 信知其謀 饗唐兵鴆之 皆死坑之 今尙州界有唐橋 是其坑地 |按唐史 不言其所以死 但書云卒何耶 爲 復諱之耶 鄕諺之無據耶 若壬戌年高麗之役 羅人 殺定方之師 則後總章戊辰何有請兵滅高麗之事 以此知鄕傳無據 但戊辰滅之後 有不臣之事 擅 有其地而已 非至殺蘇·李二公也] 王師定百濟 旣 還之後 羅王命諸將 追捕百濟殘賊 屯次于漢山城 高麗靺鞨二國兵來圍之 相擊未解 自五月十一日 至六月二十二日 我兵危甚 王聞之 議群臣曰 計將 何出 猶豫未決 庾信馳奏曰 事急矣 人力不可及 唯神術可救 乃於星浮山設壇修神術 忽有光耀如 大瓮 從壇上而出 乃星飛而北去 [因此名星浮山 山 名或有別說云 山在都林之南 秀出一峯是也 京城 有一人謀求官 命其子作高炬 夜登此山擧之 其夜 京師人望火 人皆謂怪星現於其地 王聞之憂懼 募 人禳之 其父將應 日官奏日 此非大怪也 但一家 子死父泣之兆耳 遂不行禳法 是夜 其子下山 虎傷 而死 漢山城中士卒 怨救兵不至 相視哭泣而已 賊 欲攻急 忽有光耀 從南天際來 成霹靂擊碎砲石三 十餘所 賊軍弓箭矛戟籌碎皆仆地 良久乃蘇 奔潰 而歸 我軍乃還 太宗初卽位 有獻猪一頭二身八足

	者 議者曰 是必幷呑六合瑞也 是王代始服中國衣冠牙笏 乃法師慈藏請唐帝而來傳也 神文王時 唐高宗遣使新羅曰 朕之聖考得賢臣魏徵李淳風等 協心同德 一統天下 故爲太宗皇帝 汝新羅海外小國 有太宗之號 以僭天子之名 義在不忠 速改其號 新羅王上表曰 新羅雖小國 得聖臣金庾信 一統三國 故封爲太宗 帝見表乃思儲貳時 有天唱空云三十三天之一人 降於新羅爲庾信 紀在於書 出檢視之 驚懼不已 更遣使許無改太宗之號
권2 文虎王法敏	王初卽位 龍朔辛酉 泗沘南海中有死女尸 身長七十三尺 足長六尺 陰長三尺 或云身長十八尺 在封乾二年丁卯 總章戊辰 王統兵 與仁問欽純等至平壤 會唐兵滅麗 唐帥李勣獲高臧王還國 [······ 而鄕古記云 唐遣陸路將軍孔恭水路將軍有相 與新羅金庾信等戌滅之 而此云仁問欽純等 無庾信 未詳〕 ······ 王初卽位 置南山長倉 長五十步 廣十五步 貯米穀兵器 是爲右倉 天恩寺西北山上 是爲左倉 別本云 建福八年辛亥築南山城 周二千八百五十步 則乃眞德王代始築 而至此乃重修爾 又始築富山城 三年乃畢 ······ 麟德三年丙寅三月十日 有人家婢名吉伊 一乳生三子
권3 四佛山 掘佛山 萬佛山	竹嶺東百許里 有山屹然高峙 眞平王九年甲申 忽有一大石 四面方丈 彫四方如來 皆以紅紗護之 自天墜其山頂 王聞之命駕瞻敬 遂創寺嵓側 額曰大乘寺 請比丘亡名誦蓮經者主寺 洒掃供石 香火不廢 號曰亦德山 或曰四佛山 比丘卒旣葬 塚上生蓮
권3 臺山五萬眞身	初至中國太和池邊 石文殊處 虔祈七日 忽夢大聖授四句偈 覺而記憶 然皆梵語 罔然不解 明旦忽有一僧 將緋羅金點袈裟一領佛鉢一具佛頭骨一片 到于師邊 問何以無聊 師答以夢所受四句偈 梵音不解爲辭 僧譯之云 呵囉婆佐曩 是日了知一切法 達隷哆佉嘢 云自性無所有 曩伽呬伽曩 云如是解法性 達隷盧舍那 云卽見盧舍那 仍以所將袈裟等 付而囑云 此是本師釋迦尊之道具也 汝善護持 又曰 汝本國艮方溟州界有五臺山 一萬文殊常住在彼 汝往見之 言已不現 遍尋靈迹 將欲東還 太和池龍現身請齋 供養七日 乃告云 昔之傳偈老僧 是

	眞文殊也 亦有叮囑創寺立塔之事 具載別傳 師以 貞觀十七年來到此山 欲覲眞身 三日晦陰 不果而 還 復住元寧寺 乃見文殊云 至葛蟠處 今淨嵒寺是 [亦載別傳
권3 臺山月精寺五類聖衆	按寺中所傳古記云 慈藏法師初至五臺 欲覲眞身 於山麓結茅而住 七日不見 而到妙梵山創淨岩寺
권4 元曉不羈	聖師元曉 俗姓薛氏 祖仍皮公 亦云赤大公 今赤大 淵側有仍皮公廟 父談捺乃末 初 示生于押梁郡南 [今章山郡佛地村北 栗谷娑羅樹下 村名佛地 或作 發智村俚云弗等乙村] 娑羅樹者 諺云 師之家本住 此谷西南 母旣娠而月滿 適過此谷栗樹下 忽分産 而倉皇不能歸家 且以夫衣掛樹 而寢處其中 因號 樹曰娑羅樹 其樹之實亦異於常 至今稱娑羅栗 古 傳 昔有主寺者 給寺奴一人 一夕饌栗二枚 奴訟于 官 官吏怪之 取栗檢之 一枚盈一鉢 乃反自判給一 枚 故因名栗谷 師旣出家 捨其宅爲寺 名初開 樹 之旁置寺曰娑羅 師之行狀云 是京師人 從祖考也 唐僧傳云 本下湘州之人 按 麟德二年間 文武王割 上州下州之地 置歃良州 則下州乃今之昌寧郡也 押梁郡本下州之屬縣 上州則今尙州 亦作湘州也 佛地村今屬慈仁縣 則乃押梁之所分開也 師生小 名誓幢 第名新幢幢者俗云毛也] 初母夢流星入懷 因而有娠 及將産 有五色雲覆地 眞平王三十九年 大業十三年丁丑歲也 生而穎異 學不從師 其遊方 始末 弘通茂跡 具載唐傳與行狀 不可具載
권5 明朗神印	師諱明朗 字國育 新羅沙干才良之子 母曰南澗夫 人 或云法乘娘 蘇判茂林之子金氏 則慈藏之妹也 三息 長曰國敎大德 次曰義安大德 師其季也 初母 夢呑靑色珠而有娠 善德王元年入唐 貞觀九年乙 未來歸 總章元年戊辰 唐將李勣統大兵 合新羅 滅 高麗.

〈표 4〉에서 보듯이, 『삼국사기』와 『삼국유사』에서 668년 이전의 기 사임이 분명한 사료들 가운데 빠진 것들이 매우 많다. 그 이유가 편찬 자들의 단순한 실수인지 특별한 목적이 있었던 것인지에 대해서는 구

체적으로 알 수가 없다. 『삼국사기』「연표」부분을 제외한 나머지 사료들을 포함시킨다고 하더라도 한국사의 체계에 큰 영향을 줄 수 있을 것 같지는 않다. 만약 특별한 의도가 없이 이렇게 많은 사료를 빠뜨렸다면, 오랫동안 꼼꼼한 작업을 통해 『조선사』가 편찬되었다는 조선사편수회 측의 주장은 크게 잘못된 것이다. 전거자료의 내용이 방대한 것도 아니고, 『삼국사기』와 『삼국유사』단 2권에서 이 정도로 많은 사료를 빠뜨렸다는 사실은 쉽게 납득이 되지 않는다.

반면 『삼국사기』「연표 상」의 기록은 주목할 필요가 있다. "海東에 나라가 있은 지는 오래되어, 箕子가 周나라 왕실에서 봉해지고 衛滿이 漢나라 초기에 왕호를 참람하게 일컬었을 때부터이나, 연대가 아득히 멀고 문헌이 소략하여 실로 자세히 알 수 없다."고 하였다. 정확한 연대와 자세한 사항은 알 수 없지만, 기자와 위만을 한국사의 체계 속에 포함시켜서 이해하고 있는 것이다.

따라서 正史인 『삼국사기』를 기준으로 편년체 사서를 편찬한다고 할 때, 기자와 위만 관련 기록은 신라 이전의 역사로 편입해서 취급하는 것이 옳다. 제1편 제3권(支那史料)에서 「고조선」이라는 항목 아래 기자관련 기사를 기재한 것을 그대로 따른다면, 한국의 역사서 가운데 적어도 기자와 위만 관련 기사는 신라 혁거세거서간 원년 앞에 「고조선」등의 항목을 설정해서 기재해야만 했다. 고조선 관련 부분을 의도적으로 배재한 것은 한국사의 시간적 범주를 신라 건국 이후로 한정하려는 의도가 짙게 깔려있다고 할 수 있다.

단군 관련 기록에 대해서도 빠뜨린 부분이 있다. 단군의 계보를 고구려 주몽과 연계시킨 『三國遺事』「왕력」등의 기록을 근거로 동명성왕 원년조 뒷부분에 『삼국유사』「고조선」조 기사를 기재하였다. 단군신화가 고구려와만 관계가 있다는 의미일 것이다. 그런데 단군신화에

대한 사료 가운데 중요한 사료가 빠져 있다. 단군신화와 관련된 가장
오래된 기록은 『삼국유사』 외에도 『帝王韻紀』, 『世宗實錄地理志』, 『應
製詩註』 등이 있다는 것은 잘 알려져 있었는데, 이들 기사는 완전히 배
제해버렸다. 또 그 외에도 조선초기의 여러 문헌에도 단군 관련 기사
가 많이 나오고 있는데 이 또한 하나도 인용하지 않았다. "공평무사"한
것이 아니라 일제 식민통치를 위해 편파적이고 인위적인 사료인용이
라고 혹평할 수도 있다.

한편, 금석문에서도 빠진 부분이 있다. 『조선사』 출간 이전에 발견된
금석문을 조사해보니 「平壤城石刻」, 「建興五年銘金銅佛」, 「七支刀」,
「高仙寺誓幢和上碑」, 「阿道碑」와, 「雙溪寺眞鑑禪師大空塔碑」의 "禪師
法諱慧昭 俗姓崔氏 其先漢族冠盖山東 隋師征遼 多沒驪貊 有降志而爲
遐氓者 爰及聖唐囊括四郡 今爲全州金馬人也" 부분 등이 668년 이전의
사료이다.

그 가운데 「平壤城石刻」, 「建興五年銘金銅佛」, 「七支刀」 등은 668년
이전의 금석문인 것은 분명하지만 정확한 연대를 추정할 수가 없다.
이러한 이유 때문에 편년체 사서인 『조선사』에서 배제되었다고도 할
수 있다. 하지만, 정확한 연도를 추정하기 어렵다고 분명한 사료를 제
외시켰다는 것은 엄격한 사료집으로 편찬하겠다는 조선사편수회의 주
장과 배치되는 것이다. 약간의 설명을 첨부한다고 하더라도 포함시켰
어야 할 금석문이었다. 이렇게 정확한 편년을 알 수 없는 사료들을 기
재할 위치를 쉽게 찾을 수 없다는 것이 편년체 사서 편찬의 단점이
다.[60]

전체적으로 볼 때 생각보다 빠뜨린 부분이 꽤 많았다. 매우 치밀하

---

60) 박성수, 앞의 논문, 1997.

고 정확했다는 자평이 무색하다. 뭔가 서둘러서 편찬한 느낌이 든다. 末松保和의 말에 따르면, 일주일이나 이주일에 한번씩 末松保和가 수西龍의 집으로 찾아가 일의 진행 상황을 보고하고 궁금한 것을 질문을 했다고 하니,[61] 이러한 오류는 대부분 末松保和의 잘못인 듯하다. 하지만, 수西龍도 각 기사들을 일일이 검토했을 것이므로, 이러한 부분을 찾아내지 못한 잘못이 그에게도 있다고 할 수 있다. 역시 조선총독부의 '압력'으로 인해 『조선사』를 빠른 시일 내에 서둘러서 편찬해야했던 당시의 조선사편수회 측 입장 때문이 아니었을까 추측할 수 있다.

5. 맺음말

이상에서 조선사편수회에서 편수한 『朝鮮史』의 편찬 체제와 제1편 제1권(朝鮮史料)의 편찬 체제 및 구성 내용을 검토해보았다. 일본의 식민사학을 관철시켜 식민통치를 합리화할 목적에서 편찬되었다는 기존의 견해에서 한걸음 더 나아가 『조선사』의 서명과 편찬체제의 특징을 일본의 근대 사료학 관련 역사서들과 비교해보고, 또 제1편 제1권을 『삼국사기』, 『삼국유사』, 금석문의 원문과 비교해보고 빠뜨리거나 의도적으로 왜곡한 부분은 없는지 살펴보았다.

전체적으로 보아 『삼국사기』, 『삼국유사』 등의 사서와 금석문 등을 잘 분석, 정리해서 편년체 형식으로 편찬했다고 할 수 있다. 편년이 가능한 거의 모든 사료를 망라하여 정해진 형식에 맞게 체계적으로 잘 정리하여 편찬하였고, 각 기사의 원문까지 일일이 대조하여 오탈자나

---

[61] 末松保和 외, 앞의 논문, 1963, 25쪽.

避諱 등에 이르기까지 꼼꼼하게 비교, 정리하였다.

하지만 오류가 없는 것은 아니다. 〈표 1〉에서 보듯이 작업상의 실수로 보이는 오류가 몇 가지 있다. 또 〈표 4〉에서 알 수 있듯이, 668년 이전의 기록으로서 연대가 분명한 기록들이 여럿 빠져 있는데 이것은 극히 정확한 편년체 사서라고 자화자찬하기에는 부끄러운 실수라고 할 수 있다.

이러한 사료들이 왜 빠졌는지는 분명히 알 수 없다. 단순한 작업상의 실수가 아니고 특별한 목적이 있어서 제외한 것이라면, 이점은 추후 今西龍과 末松保和의 연구논저들을 구체적으로 검토하면서 각 사료의 이용과 관련한 내용을 비교, 분석함으로써 규명해야 할 것이다.

그 가운데『삼국사기』「연표 상」의 기록을 배제한 데에는, 신라 건국 이전의 역사기록을 의도적으로 제외시키려는 목적이 있다. 단군과 기자 관련 기록들을 전혀 첨부하지 않은 채,『삼국유사』「고조선」조 기사를 고구려 동명성왕 즉위조에 첨가했을 뿐이다.『조선사』제1편 제1권이 출간된 이후에도 단군 관계 기사가 빠진 것에 대한 불만이 계속 제기되고, 최남선같이 「별편」으로 따로 출간하자는 주장까지 있었다. 하지만 위원회에서는 수용하는 듯 보였어도, 결국 제3편(고려시대) 백문보 사망기사에 백문보가 단군기원을 쓰자는 주장을 했다는 기사와 관련해서 약간의 문장을 첨가했을 따름이었다.

조선사편수회의 일본인들은 물론이고 조선총독부 관료들 누구도 단군 관련 기사를『조선사』에 편입시킬 의사가 전혀 없었던 것이다. 이것은 한국사에서 단군의 위상이 일제의 식민통치를 위협하는 "역사적 실재"가 되고 있었음을 단적으로 보여주는 것이다.

이렇게 사료집으로 편찬된 사서에 붙여진『조선사』라는 명칭은 타당하지 않다.『朝鮮史料』또는『朝鮮史料綱要』등의 書名이 더 알맞다.

그럼에도 불구하고 일반 서술식 개설서와 같이 『조선사』라고 서명을 정했던 것은, 일본의 식민통치에 긍정적인 영향을 줄 수 있는 서술식 한국사를 편찬할 수 있는 학문적 역량을 갖고 있지 못한 당시 일본인 연구자들의 고민과 한계가 담겨 있는 명칭이라고 할 수 있다.

　본고에서는 제1편 제1권만을 분석했지만, 향후 제2권(일본사료), 제3권(支那史料)도 검토하여 제1편 전체의 체제와 내용을 종합적으로 고찰하려고 한다. 나아가 제1편과 체제가 다른 제2편도 검토하여 제3편(고려시대) 이하 전체『조선사』의 체제와 내용을 분석할 수 있는 작은 토대를 마련하고 싶다.

조선총독부의 문화 정책과 한국사 구성 체계

『조선반도사』와 『조선사의 길잡이』를 중심으로

도면회

1. 머리말

1910년 일제는 대한제국을 새로운 영토로 병탄한 이래 조선총독부를 통해 한국인을 일본인으로 만들기 위해 소위 동화정책을 실시하였다. 동화정책이란 식민지 및 그 주민을 본국의 영토 및 국민으로 통합하는 것을 목적으로 하며 이를 이루기 위해 식민지에 본국과 같은 제도를 실시하고 국민화를 위한 교육 등 문화정책을 실시하는 것을 지칭한다. 그러나 일제는 조선에 일본의 헌법을 실시하지 않았으며 패망하기 직전까지 조선인에게 일본인과 같은 수준의 정치적 권리를 부여하는 데 인색했으며 행정적·사법적 통합을 이루지도 않았다.[1]

일제는 정치·법제 측면에서는 동화주의를 부분적으로 적용한 데 비하여 문화정책 측면에서는 조선인을 일본국민으로 통합하려는 정책을 일관되게 추진하였다. 일제의 문화정책에 대한 연구는 1990년대 후반에 이르기까지 일제의 문화 정책이 한국의 고유 문화를 말살, 탄압하는 것으로 일관하였다는 관점에 입각한 것이 대부분이었다.[2] 이러한 연

---

[1] 권태억, 「동화정책론」, 『역사학보』 172, 2001, 361-364쪽.

구는 강력한 탄압 정책을 구사하는 제국과 그에 조금도 저항할 수 없었던 식민지 조선 민족이라는 도식을 전제하는 정태적인 관점을 취하고 있었다. 2000년대 들어서는, 일제가 탄압으로 일관한 것이 아니라 식민지 조선의 대중을 포섭하기 위해 조선의 고유 문화를 조사하여 홍보하면서도 그들의 통치 목적에 부합하도록 왜곡·변형함으로써 조선 민족을 개량화 내지 분열시켰다고 지적하는 관점의 연구가 산출되었다.3) 그리하여 일제가 지배 정책을 변화시키면서 한국의 고유 문화를 정책적으로 활용한 과정이 밝혀졌으며, 고적 조사와 구관습 조사, 조선사 편찬 등이 그러한 사례들로 열거되었다.

따라서 일제 통치 시기에 이루어진 한국사 연구 성과는 고정불변의 이미지가 아니라 이러한 문화정책의 지향에 따라 변화될 수 있는 것이었다. 그럼에도 불구하고, 해방 이후 한국 역사학계에서는 일제가 주도하여 산출한 역사학적 성과를 일괄적으로 '식민사학' 또는 '식민주의 역사학'으로, 그 역사관을 '식민사관'으로 지칭해 왔다. 그리고 식민사학은 한국사를 반도성론, 사대주의론, 당파성론, 정체성론, 타율성론, 일선동조론 등에 입각하여 왜곡해 왔다고 정리해 왔다.4)

---

2) 문옥표, 「일제의 식민지 문화정책」, 『한국의 사회와 문화』 제4권, 1990; 임헌영, 「일제하 식민문화정책」, 『한국독립운동사연구』 6, 1992.

3) 이지원, 「1920-30년대 일제의 조선문화 지배정책」, 『역사교육』 75, 2000.

4) 이기백이 1961년 『국사신론』의 「서론」에서 식민주의사관을 반도성론, 사대주의론, 당파성론, 정체성론으로 정리한 이래 김용섭은 이를 타율성론과 정체성론으로 요약했으며, 이만열은 여기에 일선동조론을 추가하였다(이기백, 『국사신론』 (서울, 태성사, 1961); 김용섭, 「일제 관학자들의 한국사관」, 『사상계』 2, 1963; 이만열, 「일제관학자들의 식민주의사관」, 『한국의 역사인식』(하) (서울, 창작과비평사, 1976). 일선동조론이 식민주의사관의 하나로 추가된 데 대한 비판적 검토는 장신, 「일제말기의 내선일체 정책과 同根同祖論」, 한국역사연구회·연세대학교 역사문화학과BK21+사업팀 공동주최 학술회의 자료집, 『식민주의 사학의 실상과 허상』, 2014, 31쪽 참조.

이 같은 정리 방식은 '식민사관' 또는 '식민사학'에 대해 두 가지 선입 견을 갖게 한다. 첫째, 일제하 조선총독부 관변의 역사학자는 기본적으로 한국사를 왜곡한 데 반해 해방 이후 한국인 역사학자는 이에 저항 하여 올바른 역사를 서술해 왔다는 관점이다. 둘째, 일제 통치 기간 내 내 '식민사학'이 가진 위의 다섯 가지 관점은 고정불변하다는 관점이다. 이러한 선입견에 입각하여 해방 이후 남한 또는 북한의 한국사 연구자 들은 민족적 사명감을 가지고 '식민사학'을 비판 극복하는 것을 최우선 적 과제로 설정해 왔다.

그런데 1960년대에 일본인 하타다 다카시는 '식민사학'이라는 단어를 사용하지 않고 일본 '동양사학' 또는 일본 '근대 역사학'이라는 용어로 한국사 연구의 주체를 설정하였다. 그는 일본 '동양사학'의 연구 성과 의 특징을 일선동조론, 정체성론, 타율성론 등 한국 측과 같은 관점으로 정리하고 있지만 이를 일본 사회와 역사학계의 변화 양상 속에 위 치 규정하고 있다.[5] 그에 의하면 일선동조론은 에도 막부 시기 국학자 들의 한국사에 대한 관념이 1880년대 이후 한국을 둘러싼 청·일본의 대립 관계 속에서 엄밀한 학문적 검토를 거치지 않고 발전한 것이다. 청일전쟁 이후에는 한국사 연구가 오로지 삼한·삼국 등 고대에 집중 되어 근대는 물론 고려시대에 대한 연구도 없었다. 1910년대 중반 이후 에는 일본의 만주 진출이 진행됨에 따라 만선사관 같은 타율적 역사관 이 형성되었다고 하였다.

일제로부터 해방된 지 어언 70년이 되어가는 이제는 조선총독부가 주도하여 산출한 역사학 성과를 '식민사학'이라는 고정불변의 실체로 서가 아니라 시대와 사회의 변화에 따라 연구 경향이 바뀌어 가는 일

---

5) 旗田巍, 이기동 옮김, 『일본인의 한국관』(서울, 일조각, 1983).

본 근대 역사학계의 식민지 조선사 연구라는 범주하에서 검토해야 하리라고 본다. 이러한 관점 전환과 관련하여 2000년 전후부터는 일제 통치기 한국사 연구에 관여한 개별 일본인 역사학자들에 대한 연구가 진행되었다.[6] 또, 동일한 일제의 한국사 편찬 작업에 참여했다고 하더라도 집필진과 편찬 방침에 따라 역사상이 달라진다는 관점하에 『조선반도사』『조선사』 편찬 작업의 구체적 상황을 세밀하게 분석한 연구도 제출되었다.[7] 더 나아가서 '식민사학'과 해방 이후 '민족사학'이 대립관계가 아니라 민족 또는 국가를 주체로 하는 근대 역사학이라는 점에서 본질적으로 다를 바가 없다는 주장까지 제기되었다[8].

본고 역시 일제 통치기 내내 고정불변으로 존재하는 '식민사학'이 있었다고 전제하지 않는다. 본고는, 근대 국가의 역사학이 영토 내 주민을 '국민'으로 호출하는 장치로 작동한다는 전제하에 일제의 식민 통치 기구였던 조선총독부가 조선인을 어떻게 일본 국민으로 호출, 동원하려 했는가를 조선총독부의 문화정책과 그와 연동하면서 산출된 한국사 구성 체계의 변화 속에서 검토하고자 한다. 그리하여 일본의 근대 역사학이 한국사를 무조건 의도적으로 왜곡했다기보다는 학계 내외의

---

[6] 李成市, 「黑板勝美를 통해 본 식민지와 역사학」 서울대 한국문화연구소. 『한국문화』 23, 1999; 박걸순, 「喜田貞吉의 한국관 비판」, 『국사관논총』 100, 2002; 박찬흥, 「白鳥庫吉과 '滿鮮史學'의 성립」, 『동북아역사논총』 26, 2009; 박현숙, 「津田左右吉의 단일민족설과 고대 한·일 민족관계 인식」, 『동북아역사논총』 26, 2009; 최혜주, 『근대 재조선 일본인의 한국사 왜곡과 식민통치론』(서울, 경인문화사, 2010).

[7] 타키자와 노리오키, 「이나바 이와키치와 '만선사'」, 『한일관계사연구』 19, 2003; 장신, 「조선총독부의 朝鮮半島史 편찬사업 연구」, 동북아역사재단, 『東北亞歷史論叢』 23, 서울, 2009; 장신, 「일제하 일선동조론의 대중적 확산과 素戔嗚尊 신화」, 역사문제연구소, 『역사문제연구』 21, 서울, 2009; 정상우, 「稻葉岩吉의 '만선사' 체계와 '조선'의 재구성」, 『역사교육』 116, 2010; 정상우, 「조선총독부의 『조선사』 편찬 사업」, 서울대학교 박사학위논문, 2011.

[8] 김종준 『식민사학과 민족사학의 관학 아카데미즘』(서울, 소명출판, 2013).

정세 변화와 관련하여 한국사 구성 체계를 변화시켜 갔음을 밝히고자
한다.

다만 본고에서는 일본인 역사학자들이 개별적으로 또는 민간인 학
자 수준에서 산출한 한국사 연구 성과는 일단 제외하고, 조선총독부 관
할하에 진행된 한국사 연구 성과, 그중에서도 1920년 전후 미간행 원고
상태로 산출된『조선반도사』와 1936년에 단행본으로 출간된『조선사
의 길잡이』를 주로 다루었다.[9]

2. 일방적 문화 통합 정책과 '韓種族史' 구성

1) 일방적 문화 통합 정책과 일선동조론

일본 정부는 한국을 영토로 편입하였음에도 불구하고 제국헌법이나
법률, 칙령들을 조선에 그대로 실시하지 않고 일본과 체계를 달리 하는
법령을 실시하였다. 이에 대해서 1910년 초대 조선총독으로 부임할 데
라우치에게 강점 이후 한국을 통치할 때의 방침으로 제시된 일본 측의

---

9) 『조선반도사』는 단행본으로 출간되지 못하고 원고 상태로 남았으므로 이를 조
선총독부의 공식적인 입장을 담은 원고로 볼 수 있는가의 문제가 있다. 그러나
『조선반도사』 편찬 요지와 세세한 세부 목차까지 구성한 이후에 집필이 이루어
진 점을 감안하면 각 시대 원고를 담당했던 연구자들이 조선총독부의 주문을 외
면했으리라고 보기는 어렵다. 이와 관련된 사실로, 1923년 사이토 마코토 총독은
조선총독부의 관변 역사 단체로 조선사학회를 조직하고 총독부가 요구하는 정
책을 연구하거나 총독부 정책을 홍보하게 하였다(장신, 「조선총독부의 朝鮮半島
史 편찬사업 연구」, 2009, 377-378쪽). 이에 의해『조선일반사』(1923)『조선사강좌』
1-3편(1924), 『조선사대계』 1-5권(1927) 등 다수의 저서가 출간되었는데, 『조선반
도사』 원고가 완성된 지 얼마 되지 않아 이 책들이 나온 사실로 볼 때, 『조선반도
사』 원고 내용이 거의 그대로 반영되었으리라 추측된다. 그러나, 내용의 방대함
으로 인하여 이에 대해서는 추후 연구를 기약하고자 한다.

문서는 다음과 같이 말하고 있다.

한국을 병합하여 제국 영토의 일부로 한 경우에도 한반도의 사정은 제국 내지와 원래 동일하지 않다. 그 문화도 역시 용이하게 내국인과 동일한 정도로 달하지 못할 것이므로 제국 내지에서의 모든 법률 규칙을 병합과 동시에 적용할 수 없음은 물론, 동 반도에 대해서는 그 민정 풍속 및 관습 등에 비추어 <u>문화의 정도에 따라 주민의 행복을 증진하고 그 지식을 개발하고 점차 내국 인민으로 동화시키는 데 적절한 법제를 공포하여 내지와 동화하는 데 이를 때까지는 제국 내지와는 달리 특수한 통치를 할 필요가 있다는 것은 말할 나위도 없다.</u> …(중략)… 잠정적으로 동 반도의 통할에 대해서는 제국헌법의 각 조항을 적용하지 않고, 반도 민인의 생활을 안정시키고 그 행복을 증진하는 데 적절한 시정을 할 필요에 바탕을 두고 대권으로 직접 통치한다는 취지를 조서 중에 언명할 필요가 있다(밑줄은 인용자).[10]

이에 의하면, 한국이 일본의 영토로 병합되었으므로 일본 본국과 같은 법제를 한국에 실시해야 하지만 한국의 형편이나 문명 수준이 일본에 뒤떨어지므로 일본과 대등한 수준에 도달할 때까지 일본 본토와는 다른 특수한 통치, 즉 차별 정책을 실시하겠다는 것이다. 이 입장이 1910년대 조선을 통치하는 기조가 되었다.[11]

이 같은 차별 정책을 합리화하기 위하여 한국인들의 문명 수준이 일

---

[10] 山本四郎 編, 「併合後半島統治と帝國憲法との關係」, 『寺内正毅關係文書』(京都, 京都女子大學, 1984), 63쪽.

[11] 주의해야 할 점은 1910년대 초까지 일본에서는 '문화'라는 용어가 '문명' '문명개화'와 같은 의미, 즉 영어의 civilization과 같은 의미로 사용되고 있었으므로 인용문에서 '문화의 정도'는 '문명의 수준'으로 해석해야 할 것이다. '문화'가 culture, 즉 "한 민족의 특성이 표현되어 있는 예술 작품이나 저술, 종교적, 철학적 체계와 관련된 개념, 다시 말해 내셔널리즘과 밀접하게 연관된 개념으로 사용된 것은 1910년대 후반 이후의 일이다. 이에 대해서는 니시카와 나가오, 한경구·이목 옮김, 『국경을 넘는 방법』(서울, 일조각, 2006), 160-162쪽 및 191-211쪽 참조.

본인들보다 떨어진다는 점을 입증할 필요가 있었다. 이를 위하여 일본 정부는 병합 이전부터 한국의 각종 관습과 제도를 조사해 왔고, 병합 이후 조선총독부도 본격적 작업을 벌였다. 아래 자료는 초대 조선총독 데라우치가 조선인을 일본 국민으로 동화시키기 위해서는 조선 민족의 심리와 역사에 대해 연구해야 한다는 취지를 말한 내용이다.

> 야마토혼과 조선혼을 혼합하여 우리 일본인이 저들(한국인-인용자)에게 야마토혼을 심어주지 못하고, 저들이 우리의 문명적 시설 덕분에 지능을 개발하고 널리 세계의 형세에 눈을 뜨게 되는 날에 이르러, 민족적 반항심이 타오르게 된다면 이는 매우 중대한 일이므로 미리 일본 국민의 유의를 요한다. 이것이 대개 조선 통치의 최대 난관인데 내가 조선인의 철저한 자각을 요망함과 동시에 조선 연구에 하루도 소홀히 할 수 없음을 믿는 것은 이러한 이유 때문이다. 목전의 정치적 시설 이상으로 다시 영구적, 근본적 사업이 있어야 한다. 그것은 곧 조선인의 심리 연구이며 역사적 연구이다. 저들의 민족 정신을 어디까지나 철저히 조사하는 것이다. 그렇지 않고서 진정한 내선 동화 사업은 아직 완전하다고 할 수 없다.[12]

이어서 데라우치 총독은 독일인이 몽고의 역사를 저술하고 영국이 다수 학자에게 막대한 돈을 투입하여 인도와 티벳의 고대 문화를 연구하게 한 사례, 제정 러시아가 중앙아시아로부터 우랄 알타이에 이르는 광대한 지역의 문화를 탐구한 사례 등 제국주의 국가들이 침략 대상 지역의 문화를 연구함으로써 지배의 바탕으로 삼는 점을 예시하였다. 그리고 나서 조선 및 조선인을 외형상으로만 관찰하여 그들을 비판하고 그들에게 일본으로의 동화를 요구할 수는 없다, 즉 조선인의 민족 심리, 정신 생활에 대해 이해해야 하며, 식민정책의 근본은 바로 이러한 학문적 연구에 있다고 하였다.[13]

---

12) 靑柳綱太郎, 『總督政治史論』(京城, 京城新聞社, 1928), 262-263쪽.

데라우치 총독이 이러한 학문적 연구 조사 작업을 통해 한국인의 동화를 추진한 기저에는 일본과 조선이 역사적·혈통적으로 동질적이라는 동문동종론·일선동조론이 깔려 있었다.[14] 막부 시대 일본 국학자들의 신화적인 역사 이해에 기초한 일선동조론은 메이지 시기 일본 민족 형성의 복합론·혼합론을 내세우며 그 과학성과 권위를 확보해 갔다. 예를 들어 동경제대 교수 호시노 히사시(星野恒)는 천황가의 선조는 원래 신라의 왕이고 그들은 조선 반도로부터 일본에 도래했으며 이 일족은 일본 열도의 선주민을 정복하고 태양 신으로 비견되는 아마테라스 하에서 평화로운 왕국을 건설했다고 했다. 수사노오노미코토는 신라의 왕이고 이후에도 열도와 반도를 왕복하고 있었으며, 이처럼 열도를 점거한 천황가 선조 일족의 아래에서 열도와 반도는 통일되고 고대에는 '일한의 인종과 언어가 동일' '두 나라는 원래 일역으로 다른 경계가 아니'었다고 주장했다. 그리고 일본의 한국 병합을 기념하여 발간된 『歷史地理』 임시증간호 『朝鮮號』에도 당대의 역사학자들에 의해 이러한 논조의 글들이 다수 수록되었다.[15]

---

13) 위의 책, 265-267쪽.

14) 1910년 전후의 이러한 역사이론은 '일선동조론'이 아니고 일본과 조선이 국가 또는 통치 영역을 같이 했다는 의미의 '日韓同域論'이며, 1919년 3·1운동 전후에는 일본과 한국의 언어가 근원을 같이 한다는 '日韓同源論'이 제기되었으며 이 두 논리 모두 조선총독부의 정책으로 수용되지 않았다고 하는 장신의 견해가 있다(장신, 「일제하 일선동조론의 대중적 확산과 素戔鳴尊 신화」, 2009; 「일제말기의 내선일체 정책과 同根同祖論」, 2014). 그는 조상을 같이 한다는 의미에서의 진정한 '일선동조론'은 미나미총독이 부임한 1936년 이후에 '동근동조론'으로 정식화되고 정책으로 수용되었다고 주장하고 있다. 그러나 그가 주장하는 1936년 이후의 '동근동조론'의 내용도 1910년 전후, 1919년 전후의 '일한동역론' '일한동원론'의 내용과 큰 차이를 보이지 않는다(장신, 「일제말기의 내선일체 정책과 同根同祖論」, 2014, 38-41쪽). 따라서, 기존의 견해와 같이 총칭해서 '일선동조론'으로 불러도 별 무리가 없으리라고 생각한다.

15) 小熊英二, 『單一民族神話の起源』(東京, 新曜社, 1995), 88-89쪽.

이에 대해서 1890년 전후부터 서양 근대 역사학을 전공한 시라토리 구라키치, 쓰다 소키치, 이케우치 히로시, 이바나 이와키치 등 동양사 학자들이 그 허구성을 비판하기도 했지만, 일선동조론은 일본의 한국 강점을 전후해서 더욱 강하게 제기되었다.[16] 일선동조론의 대표적인 주장을 들어보면 다음과 같다.

> 일본과 조선은 인종을 같이 할 뿐만 아니라 고대부터 역사상 깊은 관계를 맺고 있으며 혈액에도 피차 상혼된 흔적이 있고 문자 대부분이 공통되고 언어는 같은 계열에 속하며 풍속 습관 등도 매우 유사하다. 즉 일본과 조선은 융합할 만한 요소를 원래 구비하고 있다고 말할 수 있다. …(중략)… 이렇게 피차의 관계가 밀접하다면 굳이 혼합 동화하는 것에 대해 추호의 의심도 없을 것이다.[17]

이 같은 일선동조론이 일본 국학자들의 논리를 바탕으로 확대되어 갔는데 데라우치 총독 역시 이를 수용하여 한국에 대한 동화정책의 근거로 삼고 있었다.

> 先秦後漢의 문명에 가장 밀접한 관계를 가진 것은 산동성 지역이고 또 동해 방면이다. 이 동해에 가장 가까이 위치한 일·한 양국이 그저 문명의 교섭상 상당히 밀접할 뿐만 아니라, 원래 同根同種 민족이었다는 사실은 여러 고서의 기록에 의해 증명할 수 있다. 수사노오노미코토는 물론이고 신라의 건국도 물론이다. 일·한 민족이 一家와 같은 생활을 하고 있었음을 알 수 있다. 즉 원래 형제와 같은 관계였는데 다만 그 지리적 관계상 조선은 지나와 인접하고 일본은 사방 바다로 둘러싸인 東國이었기 때문에 나중에 정치적으로 분립하여 별개의 사회가 된 것에 불과하다. 그러므로

16) 일선동조론의 흐름과 그에 대한 일본 동양사학자들의 비판에 대해서는 旗田巍, 『일본인의 한국관』, 1983, 116-134쪽 참조.
17) 秋山鐵太郎, 「朝鮮より見たる日鮮同化觀を讀みて」, 『朝鮮及滿洲』 67, 1913.

병합에 의해 이전 상태로 복귀하는 것은 당연한 귀결이어야 한다.[18]

데라우치 총독의 이러한 발언은 과거 한국과 일본은 같은 인종, 같은 역사적 뿌리를 가진 형제와 같은 관계였는데 신라의 삼국통일 이후 멀어졌으므로 다시 합쳐 사는 것이 큰 무리가 없다는 것이다.

이러한 취지에서 데라우치 총독이 추진한 문화 정책이 조선의 구관습 제도 조사와 고적 조사 사업, 조선사료 조사, 일선동조론에 입각한 『조선반도사』 편찬 작업이었다. 특히 역점을 둔 것은 조선 고적 조사 사업으로서, 조선총독부는 대한제국 시기 1909년 탁지부가 세키노 타다시를 초빙하여 시작한 조선 고건축 조사를 계승하여 고건축·고적 조사를 강화하고 그 결과를 1916년 4월 『조선고적도보』로 간행하였다. 이어 1915년 경복궁 안에 총독부박물관을 설립하고 1916년에는 「고적 및 유물보존규칙」을 공포하여 1916년부터 5개년 계획으로 유적 조사에 착수하였다. 이때 조선총독부는 조사 역량을 평양 등 북부 지방과 남부 지방에 집중하였다. 전자는 조선의 역사가 '한사군'으로부터 시작한다는 것을 증명하기 위해, 후자는 일선동조론을 증명할 수 있는 임나일본부의 실체를 찾기 위해서였다.[19]

이러한 고적 조사 사업에서 한국사 구성 체계와 관련해서 두 가지 점에 주목할 필요가 있다. 첫째, 고적 조사 사업에 초창기부터 관여한 세키노 타다시에 의해 한국 미술사의 전체적 구성, 나아가서는 한국사의 체계가 구성되었다는 점이다. 시기가 다소 뒤이지만 1932년 조선사학회에서 편찬한 『조선미술사』에 게재한 그의 한국 미술사 개관은 다음과 같다.[20]

18) 靑柳綱太郎, 앞의 책, 258-259쪽.
19) 이지원,『한국 근대 문화사상사 연구』(서울, 도서출판 혜안, 2007), 100-109쪽.

조선 고래의 예술을 개관하자면 낙랑군 시대는 차치하고라도 이미 고구려 시대에는 그 고분 내부의 구조와 벽화 장식에 놀라운 발달을 이루고 있으며 특히 통일신라 시대에는 건축, 조각, 회화에서 가장 세련된 고유의 멋을 나타냈다. 또한 고려 시대의 상감청자에 이르러서는 색의 선명함, 형태의 균형도, 기교적 정열 등, 실로 세계에 자랑하기에 부족함이 없는 것이며 이왕조 초기의 것도 웅대견실한 특성을 가지고 있다. 이와 같이 예전에는 예술에 대한 충분한 해석과 수련을 가져 우수한 작품을 만든 민족도 삼백 년에 이르는 악정의 결과, 정쟁에 몰두한 채 피폐되어 눈앞의 이익만을 좇으면서 예술을 추구하는 여유가 없어진바, 그 멋은 무미건조하고 타락했으며 그 예술은 과거의 세련미를 잃고 조잡해져 볼 만한 것이 없게 되었다.

즉, 조선 초기까지는 한국적 개성이 돋보이는 예술 작품이 돋보이지만, 그 이후에는 악정과 정쟁으로 인해 문화가 피폐 타락하게 되었다고 정리하였다. 이러한 견해는 미술사를 넘어 한국사 역시 조선 초기까지는 볼 만한 것이 있었지만 그 이후에는 역사가 퇴보 일로를 걸었다는 암시를 하고 있는 셈이다.

둘째, 위와 연관된 문제로서 1915년 총독부박물관이 개관되었을 때 선택한 전시방법이다. 그 전시 순서를 보면 "한반도가 삼국시대에 이르기 전에 잇따라 漢族이 이주해서 거기에 漢人 식민지가 만들어진" 낙랑·대방군 시대부터, "유학의 영향과 잇따른 전란, 내부적 당쟁으로 인해 산업도 공예도 쇠퇴해서 볼 만한 것이 적은" 조선 시대가 관람자들에게 강한 인상을 주게 만들었다.[21] 또, 고적 조사와 조선사 편찬에 핵심적 역할을 한 구로이타 가쓰미는 1915년경 3개월 동안 한국을 처음 여행한 후 개최한 강연에서 한국 문명의 기원이 평양지방에 있다는

---

20) 다카기 히로시, 「일본 미술사와 조선 미술사의 성립」, 임지현·이성시 엮음, 『국사의 신화를 넘어서』 (서울, 휴머니스트, 2004), 189쪽.

21) 이성시, 「조선왕조의 상징공간과 박물관」, 위의 책, 283쪽.

점, 거기에 중국 문명이 최초로 이식된 점, 그 여파로 일부 사람들이 한반도로부터 일본 열도로 쫓겨 가지 않을 수 없었던 점 등을 서술함으로써 일본의 민족적 기원이 한국에 있다는 점을 강조하고 있다. 나아가, 청일·러일전쟁 경위를 말하고 병합에 의해 한국민이 참으로 완전한 독립국민이 된 점, 나아가서 일본에 의거하면서 개화 발전해갈 필연성을 언급하고 있다.[22]

이처럼 조선총독부는 강점 직후 한국 문명 수준이 일본에 비해 낮기 때문에 일본에 의거하면서 개화 발전해 가면 일본 본토 국민과 대등한 수준의 대우를 해주겠다는 전제 위에서 한국의 고유 문화를 조사 연구하였다. 그러나 그것은 통치를 위한 수단이었으며, 한국은 자기 문화를 부정하고 일본 문화를 추종해야 한다는 일방적 문화 통합 정책이었다. 이러한 정책이 한국사 구성에 반영된 결과가 1915년부터 추진된 『조선반도사』 편찬이었다.

2) 『조선반도사』와 '韓種族史'

1915년부터 추진된 『조선반도사』 편찬 사업에 대해서는 이미 몇몇 연구 성과가 축적되어 있다.[23] 기존 연구는 대체로 편찬의 동기와 경과, 편찬에 참여한 일본인 역사학자들의 한국사를 보는 입장의 차이, 조선사편찬위원회로의 계승 관계 등을 상세하게 밝혔다. 그러나 『조선

22) 李成市,「コロニアリズムと近代歴史学」, 寺內威太郎 外, 『植民地主義と歴史学』(東京, 刀水書房, 2004), 74쪽.

23) 김성민,「조선사편수회의 조직과 운용」,『민족운동사연구』 3, 1989; 장신,「조선총독부의 朝鮮半島史 편찬사업 연구」, 2009;「일제하 일선동조론의 대중적 확산과 素戔嗚尊 신화」, 2009; 桂島宣弘,「植民地朝鮮における歴史書編纂と近代歴史学」,『季刊日本思想史』 76, 2010; 정상우,「조선총독부의『조선사』편찬 사업」, 2011.

반도사』가 원고만 일부 완성되어 출간되지 못했고 그 원고본도 최근에 야 수집되어[24] 내용 자체에 대한 상세한 분석까지는 이루어지지 않았 다. 본고에서는 이들 선행 연구를 바탕으로 하여 『조선반도사』가 한국 사를 어떻게 구성했는지 내용에 대한 분석을 시도하였다.

첫째, 『조선반도사』는 19세기 후반 갑오개혁 이래 한국 정부가 단군 을 역사의 기원으로 설정한 한국사 체계를 부정하고 있다.[25] 1906년 이 후 병합 직전까지 대부분의 대한제국 한국사 교과서는 일본인 하야시 다이스케가 저술한 『조선사』의 신사체를 원용하여 한국사의 흐름을 단 군조선 → 기자조선 → [(위씨조선 - 사군 - 고구려)(마한 - 백제)(진한 - 신라)(변한 - 가락)] → 통일신라 → (후백제 · 태봉) → 고려 → 조선 → 대한이라는 통사 체계로 구성하였다.[26] 이에 반해 『조선반도사』는 단 군조선과 기자조선을 전설상 존재로 치부하고 기자조선이 존재했었다 하더라도 멸망 이후 계승된 바 없으며 위씨조선 역시 韓종족이 세운 나라가 아니라고 하였다,[27] 그리하여 『조선반도사』는 한국사의 흐름을

---

[24] 친일반민족행위진상규명위원회가 2007~2008년간 『조선반도사』 원고본을 발굴하 였는데 편찬 기획 당시에 구상된 전체 원고는 아니고 제1편 상고시대, 제2편 삼 국시대, 제3편 통일신라시대는 완고이고, 제5편과 제6편은 각각 조선시대 중 일 부, 조선최근세 중 일부만 발굴되었다(친일반민족행위진상규명위원회, 『친일반 민족행위관계사료집』 Ⅴ (서울, 선인. 2009), 136-426쪽).

[25] 1910년대에 아오야기 쓰네타로(靑柳綱太郎)와 같이 일선동조론 차원에서 단군신 화를 받아들이는 견해도 있고(최혜주, 「아오야기(靑柳綱太郎)의 來韓活動과 식 민통치론」, 『국사관논총』 94, 2000, 201-202쪽), 조선총독부 검정도서 『新撰大日 本帝國史略』처럼 단군신화와 기자조선을 한국사의 기원으로 서술한 책도 있었 다(박찬교, 「조선총독부 검정 『신찬대일본제국사략』의 역사서술」, 『역사교육연 구』 18, 2013, 178-184쪽). 그러나, 이는 조선총독부의 입장이라기보다는 조선에 거주하던 재조일본인의 입장에서 한국사를 조망한 것으로 보아야 한다. 이에 대 해서는 장신, 「일제하 일선동조론의 대중적 확산과 素戔嗚尊 신화」, 2009 참조.

[26] 도면회, 「한국 근대 역사학의 창출과 통사체계의 확립」, 『역사와 현실』 70, 2008.

[27] 친일반민족행위진상규명위원회, 『친일반민족행위관계사료집』 Ⅴ, 138-139쪽.

원시시대(반도의 원시주민과 위씨조선) → 한나라 영토시대 → 삼국성립시대 → 삼국 및 가라시대(일본의 보호시대) → 삼국정립시대 → 통일후 신라(당에 복속한 시대) → 고려 → 조선의 체계로 구성[28]함으로써 앞서 언급한 구로이타 가쓰미의 한국 문명의 평양 기원설을 구체화하고 있다.

둘째, 병합 이전에 저술된 대부분의 한국사 관련 서적은 부여족을 역사 무대의 주체로 설정해 왔다. 일본인 하야시 다이스케의『조선사』나 이를 한국어로 번안한 현채의『중등교과 동국사략』역시 그러했다. 통사 서술은 아니지만 신채호의「독사신론」에서도 부여족이 한국 역사의 주인족이라고 주장하였다. 한국 정부가 발행 또는 검정한 여타 역사교과서에서도 부여족을 명시하지는 않았지만 부여족의 기원이라고 할 수 있는 단군조선으로부터 한반도의 역사 전개를 설명하였다.[29] 그러나『조선반도사』에서는 한국사의 주체를 마한·진한·변한 등 韓種族으로 설정하였다. 기존 역사서에서 주체로 설정된 부여 민족은 현재 조선 민족의 역사를 이루는 요소가 아니라고 부정하고 마한·진한·변한 및 가라를 현재 조선 민족의 기원으로 서술하고 있다.

> 신라는 진한을 통일하였고, 가라, (임나)는 변한족이므로, 이들은 조선 민족의 나라이지만, 고구려의 경우엔 부여 민족이 대륙을 근거로 하여 조선반도 북쪽에 나라를 세우면서 시작된 나라로, 후대에 이르러 고구려가 멸망하자 그 국인은 대부분 발해로 들어갔던 반면, 신라로 들어가는 자는 적었다. 따라서 고구려는 조선 민족의 역사를 이루는 요소가 아니지만, 이를 조선 민족의 역사 속에서 다루지 않으면 복잡한 당대의 역사를 설명할 수 없으므로 본서에서는 고구려에 대해서도 기술하고자 한다.[30]

---

28) 위의 책, 48-57쪽.
29) 도면회, 앞의 글.

이 삼한 종족은 지금의 조선 민족을 형성한 주체이다. 그렇다면 삼한이
라는 칭호는 결국 조선 반도의 지리적 칭호인 것이다. 마한·진한·변한
등 3개의 한국이란 뜻으로 사용되었지만, 일반적으로는 조선 민족의 국가
라는 뜻이다.[31]

첫 번째 인용문에서는 고구려 멸망 후 그 민인들이 대부분 발해로
들어갔기 때문에 고구려민은 현재 조선 민족을 구성하는 요소가 될 수
없다고 한다. 다만, 고구려가 신라·백제 등과 활발한 관계를 맺어왔기
때문에 서술할 뿐이라고 하였다. 두 번째 인용문에서는 마한·진한·
변한이야말로 1910년대 현재 존재하는 조선 민족을 형성한 주체이므로
그동안 조선반도를 지리적으로 호칭할 때도 삼한이라고 불러왔다는
것이다. 이런 입장이기 때문에 한국사는 만주까지 아우르는 역사가 아
니라 한반도에 한정된 역사라고 하여 책 제목까지 '반도사'라는 호칭을
쓴 것이다.

셋째, 『조선반도사』는 편찬의 첫 번째 주안점을 '일본인과 조선인이
동족이라는 사실을 분명히 할 것'[32]이라고 하였는데, 이를 고대사 영역
에서 상세히 서술함으로써 일선동조론을 입증하려 하였다. 다음 서술
들에 의하면 일본은 한종족과 같은 지역에 거주하던 동일 민족이었으
며 비록 바다 건너 섬으로 떨어져 갔지만 한종족의 역사에 일종의 보
호자로서 역할해 왔으며, 삼한 시대 이래 한종족과 혼교하였기 때문에
한종족을 이루는 신라·백제·가라 인구의 상당수가 일본인의 피를 가
지고 있다고 하였다.

---

30) 친일반민족행위진상규명위원회, 앞의 책, 138쪽.
31) 위의 책, 160쪽.
32) 위의 책, 32쪽.

한민족과 일본 민족은 태고에 한 민족을 이루어 같은 한 지역에 거주하다가 대이주의 결과, 하나는 조선 반도에, 또 하나는 해도에 정주하여 그 거주를 달리하면서 많은 시간이 지나 하나는 한민족이 되었고 다른 하나는 일본 민족이 되어 구별을 낳았으나 종족이 달라지지는 않았다. 두 민족이 <u>조선 - 일본단을 이룬다</u>는 사실에는 동서의 학자들도 의견이 일치한다(이하, 밑줄은 인용자).[33]

만약 이 시대(광개토왕~장수왕대)에 <u>일본의 보호가 없었고 강대한 일본이 없었다면 마한 · 변한 종족뿐만 아니라 진한을 포함한 모든 한종족은 북방 민족의 혼종인 막강한 고구려 민족에게 유린당해 지금의 조선 민족을 만나볼 수 없었을 것이다.</u> …(중략)…일본과 韓종족은 그 본원을 거슬러 올라가면 동일하므로, 서로 바다를 사이에 두고 떨어져 거주한 뒤 많은 시간이 경과하면서 일본과 한으로 나누어진 데 지나지 않는다. 만약 이 시대에 신라인에게 종족의 관념이 있었다면 일본과 韓이 지금을 기다리지 않고 이 시대에 규슈 지방이 그랬던 것처럼 일본 조정하에 통일되었을 것이다.[34]

신라에서 성골 · 진골 중 1/3이 일본인의 피를 가진 것으로 추정되는 만큼, 일반 토착민 중에서는 얼마나 많은 일본인이 섞여 있었을지 충분히 상상할 수 있다. 가라 제국에 일본의 피가 가장 많이 섞였다. 가라 제국에 체류하던 일본인 士人 · 兵士 대부분은 가라 여인과 결혼했으며, 그들이 일본으로 돌아가더라도 그들의 아이들은 모두 가라에 머물면서 그 나라 사람이 되었다. 그중에는 요직에 오르는 자도 있었다. 당시에는 이들을 韓子라고 불렀다. …(중략)… 백제에도 많은 일본인의 피가 섞였다는 것은…(중략)…분명한 사실이다.[35]

넷째, 한종족의 독자적인 문화 능력을 부정하였다. 신라가 가야 · 백

---

33) 위의 책, 145쪽.
34) 위의 책, 196-197쪽.
35) 위의 책, 249-250쪽.

제·고구려를 통합하던 시기는 물론 그 이후의 역사에서도 한종족이
독자적으로 발전을 성취할 능력이 없었고 일본에 문물을 전해준 것도
모두 중국의 발전된 문물일 뿐이라고 했다.

> 이 시대(신라의 삼국 통합기 – 인용자)는 중국 육조 문화가 불교와 함께
> 조선 반도에서 꽃피운 시대로, 불교의 발전과 함께 공예가 크게 발전하였
> 다. 그러나 이는 중국 공예를 만든 장인이 함께 수입되어 만들어진 문화에
> 불과하여 조선 반도 특유의 발전을 이루어내지는 못하였다. 문예 또한 중
> 국인 혹은 중국계 博士 色人이 담당하였다. 이들 문학 및 공예는 조선반도
> 를 거쳐 일본에 그대로 유입되었다. 이는 지리적 관계에 따라 조선반도가
> 이를 전해준 것이다. 이를 가지고 조선반도의 문물이 일본에 들어왔다고
> 하는 것은 그 근원을 잘 알지 못하기에 나온 설이다(밑줄은 인용자).[36]

이처럼 한종족이 형성한 백제·신라·가라가 일본과 같은 종족이었
으며, 일본의 보호·연대를 받으며 부여족인 고구려와 대립 항쟁해 왔
다고 보는 관점은 한국과 일본의 밀접한 관계, 나아가서 문화적 통합이
쉽게 가능하리라는 입장을 역설하는 것이다.

이러한 입장은 이 시기 상고시대와 삼국시대 역사서술을 담당한 이
마니시 류의 관점이기도 했지만,[37] 조선인의 일본 국민으로의 동화를
가능한 한 짧은 기간에 성취하고자 했던 조선총독부의 정책이 지향했
던 역사상이기도 했다. 그러나 이같이 대한제국기까지 수립된 단군 중
심, 부여족 중심의 한국사 체계를 부정하고 백제·신라·가라 등 한종
족의 역사로 서술하는 것은 조선인의 입장을 무시한 일방적인 문화 통
합 정책의 소산이었다. 이러한 조선총독부의 입장은 1919년 3·1운동
이라는 민족적 저항을 받고 수정될 수밖에 없었다.

---

36) 위의 책, 216쪽.
37) 장신, 「조선총독부의 朝鮮半島史 편찬사업 연구」, 2009.

3. 조선문화 존중 정책과 '조선민족사' 구성

1) 조선문화 존중 정책과 통치수단으로의 변용

주지하다시피, 1919년 3·1운동 이후 일본의 한국 통치 정책은 '문화
정치'로 전환되었다. 그런데 기존의 연구에서는 '문화정치'에서 말하는
'문화'의 의미가 무엇인지 정확하게 규명하지 않고 애매모호하게 해석
한 것이 일반적이었다. 이를 규명하기 위해서 1919년 9월 신임 총독으
로 부임한 사이토 마코토가 조선총독부 고등관들에게 내린 훈시를 검
토할 필요가 있다.

> 지금 병합 이후 10년을 경과하여 그 당시에 적절 유효하던 제도 및 시설
> 도 왕왕 시세의 진운과 조선의 실정에 적합지 않음이 없지 않도다. 이에
> 정부는 이번에 새로 관제를 개정하여 지난달 20일에 공포하기에 이르렀도
> 다. 관제 개정 취지는 …(중략)… 총독은 문무관 중 누구든지 임용할 수 있
> 는 길을 열고 헌병경찰 제도는 보통경찰 제도로 대신하고 일반관리 교원
> 등의 제복과 帶劍을 폐지하며 조선인의 임용 대우 등에 고려를 더하고자
> 하노라. 요컨대 ①문화적 제도의 혁신에 의하여 조선인을 유도하여 그 행
> 복 이익을 증진시키고 장래 ②문화의 발달과 민력의 충실에 따라 정치상
> 사회상의 대우에도 내지인과 동일한 취급을 할 궁극적 목적을 달성하기를
> 바랄 뿐이다. …(중략)…
> 위와 같은 개선과 쇄신은 단순히 새롭고 기이한 것을 자랑하거나 시류
> 를 좇고자 함이 아니다. 아무쪼록 조선의 ③문화와 구 관습을 존중하여 좋
> 은 점은 키우고 폐단은 제거하여 시세의 진운에 순응하고자 함에 있으니
> 바꾸어 말하자면 민생과 민풍을 계발하여 ④문명적 정치의 기초를 확립하
> 고자 하는 취지에 다름 아니다(밑줄은 인용자).[38]

---

[38] 「총독훈시」, 『매일신보』 1919. 9. 4.

위의 인용문에서 사용된 ①②의 '문화'는 ④의 '문명'과 같은 의미이다. 즉, 서유럽과 같이 문명개화한 모습을 말하는 것이다. 이는 앞서 1910년대 데라우치 총독에게 제시된 통치방침에서 나오는 '문화'와 같은 의미로 사용되었다. 오늘날 사용하는 "한 민족의 특성이 표현되어 있는 예술 작품이나 저술, 종교적, 철학적 체계와 관련된 개념, 다시 말해 내셔널리즘과 밀접하게 연관된 개념"으로서의 '문화' 개념은 ③에 사용된 '문화'만 해당된다.

즉, 사이토총독의 훈시에서는 조선인에게 일본 본토 국민과 같은 수준의 생활을 누리게 해준다는 내지연장주의(①②④), 다시 말해서 서유럽 또는 일본 본토에서와 같은 문명화된 통치를 하겠다는 입장과 조선 문화의 독자성을 존중해서 바람직한 전통 문화는 육성하겠다는 일종의 조선 문화 존중주의(③)가 혼합되었다고 할 수 있다.

1920년 이후 조선총독부는 내지연장주의의 일환으로 교육의 보급 및 진흥, 산업의 개발, 교통기관의 정비, 지방단체의 육성, 치안 유지 및 위생시설의 완성 등 5대 계획을 세웠다.[39] 이에 의해 초등교육기관과 중등교육기관은 일본과 매우 유사하게 개혁하고 고등교육기관으로 경성제국대학을 설치하였으며 종래 6면에 1개교 기준을 개정하여 3면에 1개교를 설립하였다. 수리, 관개, 개간, 간척 등 농업시설을 강구하여 풍수해에 대비함은 물론 치산, 치수에 나서서 민둥산을 녹화하기 시작하였다. 교통시설로는 경성－부산 간, 경성－신의주 간, 경성－함흥 간, 대전－목포 간 노선에 이어 철도 설비를 매년 연장해 나갔으며 도로 개설과 하천 개수에도 진력하였다. 지방자치제도도 도입하여 도에는 평의회, 부와 면에는 협의회를 설치하여 지방 재정과 기타 행정 사

---

39) 이충호 편역, 『조선통치 비화－일제강점기 문화정치의 실상』(서울, 국학자료원, 2012), 161-177쪽.

항을 자문하도록 하였다. 또 헌병경찰을 폐지하고 보통경찰 제도를 도입하되 한국의 독립운동을 예방하고 민심을 안정시키기 위해서 경찰 병력을 확장하는가 하면, 병원 등 위생기관을 대거 확충하기로 하였다. 고등시험령을 개정하여 고등보통학교 졸업자에게도 수험 자격을 주고, 문관임용령을 개정하여 조선인에게도 특별 임용의 길을 열어 주었다. 이러한 정책으로 조선총독부는 조선인의 일본으로의 동화 유인 요소를 증대시켰다고 할 수 있다.

이에 반해 조선문화 존중 정책은 조선의 고유한 민족적 특징에 대한 고려 없이 일방적으로 문화를 통합하려 했던 것에 대한 반성에서 출발한 것이다. 예를 들어 1900년대 초 대만총독부 학무과장을 역임하고 1912~1919년간 조선총독부 토목국장과 체신국장을 역임했던 모치지 로쿠사부로(持地六三郎)는 1910년대 조선총독부의 일방적 문화 통합 정책이 조선인의 민족적·문화적 주체성을 완전히 배제하려는 체제였다고 하였다. 그는 이러한 정책이 기존의 조선 문화 구조를 파괴하는 부정적 기능을 수행했을지언정 새롭게 통합을 창출하는 긍정적 기능은 담당하지 못했고, 결과적으로 두 민족 사이에 사상과 감정의 '융화'를 달성하기는커녕 점점 반감을 부추길 수밖에 없었다고 지적했다. "동화론자들이 유일한 수단으로 삼아 열심히 노력한 조선교육"이 오히려 '조선혼의 반발'을 촉진하는 데 그쳤다고 평가했다.[40]

이러한 조선문화 존중 정책은 1920년대부터 대대적인 조선 문화 조사 작업으로 구체화되었다. 1910년대에도 구관습 조사 및 고적 조사 등 여러 조사 사업이 있었지만 대체로 식민지 법 제정을 위한 기초 조사였던 데 반하여, 1920년대의 조사·연구는 조선인의 정신 생활, 경제

40) 고마고메 다케시, 오성철 외 옮김, 『식민지제국 일본의 문화통합』(서울, 역사비평사, 2008), 264-265쪽.

생활과 연관이 있는 풍토, 종교, 제도, 관습을 활용하여 조선인의 정신을 지배하기 위한 것이었다. 중추원을 통하여 구 조선왕조의 제도에 대하여 11편 88개 항의 방대한 조사 사업에 착수하고, 총독관방 조사과를 통해서 조선인의 고유한 사회적 · 문화적 특징을 다방면에 걸쳐 파악하였다. 1923년부터 1931년까지 총 47권의 자료집으로 출간된 총독관방 조사과의 작업은 시장, 상업, 독립사상, 군중, 계, 요업, 물산, 민족성, 인구현상, 범죄, 재해, 민간신앙, 소작관습, 생활상태, 취락, 유사종교, 鄕土神社 등 광범위한 분야에 걸쳐 있었다. 아울러 1910년대부터 추진해왔던『조선반도사』편찬 사업을 1922년부터『조선사』편찬 사업으로 확대 재편하여 한국사를 본격적 · 체계적으로 연구 편찬해 나갔다.[41)]

조선총독부는 조선 문화에 대한 조사 연구 결과를 조선인의 열등성과 문명적 낙후성을 강조함으로써 조선 독립 불능의 근거로 활용하였다. 또 일본과 조선 양 민족의 근원이나 조상이 동일하다는 논리를 과학적으로 입증하여 일본과 조선이 공동 운명체임을 선전하려 하기도 하였다. 박물관, 사찰, 고적 등 전통문화를 보존 · 선양하는 시설을 사회교화를 위한 중요 시설로 규정하고 향약 · 계, 이순신, 정몽주, 황희, 이황, 이이, 정약용 등 조선의 전통문화와 위인들을 선양하여 통치 수단으로 변용해 나갔다.[42)]

1930년대 이후가 되면 조선 문화를 적극적으로 통치에 활용하는 움직임이 더욱 강화되었다. 일본에서는 1927년의 금융공황에 이어 1929년 세계대공황, 1930년 농업공황에 직면하여 만성적인 불황에 빠졌다. 군부 내 국가주의자들이 대두하면서 1931년 9월 만주사변과 1932년 이

---

41) 이지원, 앞의 책, 157-162쪽.
42) 위의 책, 162-169쪽.

누카이 쓰요시(犬養毅) 수상 암살을 계기로 정당정치 체제가 붕괴하고 정치세력의 보수화가 급속히 진행되었다. 1931년 6월 조선총독으로 취임한 우가키 가즈시게(宇垣一成)는 '농공병진' 슬로건을 주창하며 농촌진흥운동과 공업화정책을 추진하였다. 그는 일본 정계에서 제기된 '日滿 블록' 주장에 자신의 구상을 합쳐서 '日鮮滿 블록' 노선을 제시하였다. 그 핵심은 일본을 精工業지대, 조선을 粗工業지대, 만주를 농업·원료 지대로 하여 상호 대립 관계를 최소화하고 의존 관계를 긴밀히 한다는 블록분업적 개발론이었다.[43]

우가키 총독은 이를 위해 전임 사이토 총독이 제창했던 '일시동인'에서 한 걸음 더 나아가 '내선융화' 슬로건을 내걸었다. '일시동인'이 정치적·사회적으로 한국인에게도 일본인과 똑같은 대우를 해준다는 취지였던 데 비하여, '내선융화'는 한국인과 일본인의 사상의 융합을 주창하는 것이었다.[44] 이러한 취지에서 도입된 것이 1932년 국민정신작흥운동과 1935년 심전개발정책이었다. "충군애국의 본지에 기초하고 공존공영의 정신에 입각하여 내선일치 협동과 공민으로서의 훈련을 쌓고 사회의 진보 개선을 도모할 것"을 목적으로 한 국민정신작흥운동이나 "국체 관념의 명징, 경신숭조(敬神崇祖)의 사상 및 신앙심의 함양"을 목표로 한 심전개발정책은 본질적으로 군부 중심의 일본 총력전 체제 구축의 일환으로서, 일본의 국가주의에 충실한 국민을 양산하는 것을 목적으로 하였다.[45]

조선총독부는 이러한 정책하에서 조선 문화를 일본 제국의 하부 문화, 즉 일종의 '향토 문화'로 위치 규정하고자 했다. 세계적으로 알려진

---

43) 전상숙, 『'조선총독정치' 연구』(서울, 지식산업사, 2012), 173-174쪽.
44) 위의 책, 178-179쪽.
45) 이지원, 앞의 책, 280쪽.

낙랑, 경주의 고적과 함께 부여나 개성의 유물도 세계적 유물로 관리하고자 하였으며, 1933년 8월 「조선보물고적명승천연기념물보존령」을 발포하였다. 고적 조사와 발굴을 진행한 지역에 총독부 직속의 박물관을 잇달아 건립하고, 박물관 전시를 통해 패총과 고인돌은 유사 이전 대륙과 일본의 교섭을 알리는 것으로, 낙랑 유적은 漢代의 경이할 만한 문화 발전에 기초하여 조선 문명이 시작하였음을 보여주는 것으로, 삼국시대의 유물은 중국문화의 영향과 일본과의 밀접한 관계를 보여주는 것으로 만들었다. 또한 각 지역에 관민 합작의 고적 보존회를 다수 창립하였는데, 이는 일본국가 주도의 조선 문화 유적 보존을 통해 '향토 애착 정신의 함양'을 유도하고 지역 사회에서 일선동화의 파시즘적 사회교육을 확대하고자 하는 것이었다.[46]

이처럼 조선총독부는 1920년대부터 조선 문화를 존중하는 정책을 기조로 한 위에서, 1930년대에 들어서는 일본의 중국 대륙 침략과 더불어 조선 문화를 제국 영역 내의 향토 문화로 위치 규정짓기 시작하였다. 총독부가 1922년부터 추진한 『조선사』 편찬 작업이나 1935년에 발간한 『조선사의 길잡이』는 이러한 맥락 속에서 다시 보아야 할 것이다.

2) 『조선사의 길잡이』와 타율적 '조선민족사'

1915년부터 추진되던 『조선반도사』 편찬 작업은 1924년에 중단되었다. 이는 1922년부터 조선총독부가 조선사편찬위원회를 별도로 조직하여 『조선사』를 편찬하는 작업에 착수하면서 이미 완성된 『조선반도사』 원고 중 많은 부분의 수정이 요구되었기 때문이다. 특히 집필 담당자

---

46) 위의 책, 284-286쪽.

가 바뀐 고려시대사와 조선최근세사는 새로운 조사 연구가 필요하였다. 『조선반도사』 편찬 사업은 조선사편찬위원회가 조선사편수회로 개편됨에 맞추어 1924년 말부터 『조선사』 편찬 사업으로 통합되었다.[47]

조선총독부는 1922년부터 조선사편찬위원회를 설치하고 10개년 예정으로 『조선사』 편찬에 착수하였다. 민간 소재 사료를 널리 수집하는 과정에서 조선총독부는 조선시대 당색을 달리하는 명문가의 참여를 유도하기 위해서 편찬기관의 권위를 상승시키고 『조선사』가 '일당 일파'에 치우치지 않는 공정한 사서라는 점을 부각시킬 필요를 느꼈다. 이에 1925년 6월 총독부 부속 기관으로 존재하였던 편찬위원회를 총독 직할 독립관청인 조선사편수회로 개편하였다.[48]

조선사편수회는 『조선반도사』와 같은 통사식 서술이 아니라 '사료의 수집과 편찬'을 목표로 내걸고 1925년부터 1938년까지 13년간 작업하여 총 35권 2만 4천 쪽에 달하는 방대한 사료집 『조선사』를 발간하였다. 『조선사』가 사료집으로 구상되고 발간된 과정, 편찬 과정의 다양한 논의와 어려움 등에 대해서는 상세한 연구가 나와 있으므로,[49] 본고에서는 조선총독부가 우가키 총독 시기인 1935년 10월 '시정 25주년'을 기념하여 발간한 『조선사의 길잡이』를 통해 한국사 구성 체계를 분석하고자 하였다.

이 책은 170쪽밖에 안 되는 분량이지만 1939년판 서문에서 "반도의 역사 안내서로 편찬된 것이었는데 발간 후 의외의 수요에 접하여 3판을 찍게 되었다"[50]라고 할 만큼 널리 보급되었고, 해방 후 유네스코에

---

[47] 김성민, 「조선사편수회의 조직과 운용」, 1989, 129쪽.

[48] 위의 글, 138-139쪽.

[49] 정상우, 「조선총독부의 『조선사』 편찬 사업」, 2011.

[50] 朝鮮總督府, 『朝鮮史のしるべ』(京城, 朝鮮總督府, 1939).

서 한국사 소개 자료로 이 책을 번역하여 배포했다고 한다.[51] 본서의
집필자는 스에마쓰 야스카즈(末松保和)라는 설도 있지만 확실하지 않
으며 유명한 신구 저서와 최근의 개별 연구서에 의거하여 편찬했다고
하므로,[52] 조선총독부의 통치자적 관점에서 기존의 연구성과를 간략하
게 재구성했다고 볼 수 있다. 따라서, 이 책에는『조선반도사』를 편찬
할 때와는 다른 조선총독부의 문화정책이 담겨 있음은 물론, 1925년 이
후『조선사』를 편찬하면서 엄청난 규모로 축적된 사료들과 새로운 연
구 성과들이 선별되어 있다고 볼 수 있다.

우선 목차를 보면 다음과 같이 25주년과 짝을 짓는다는 의미에서 25
개의 장으로 구성되어 있다.

(1) 시대구분   (2) 반도의 서광
(3) 낙랑군의 消長   (4) 韓·濊의 民
(5) 고구려의 강성   (6) 백제·신라와 임나
(7) 남북대립의 형세   (8) 신라의 강성
(9) 수·당의 來征   (10) 신라의 통일
(11) 하대의 신라   (12) 고려의 國基
(13) 外難과 李·崔 2씨의 專權   (14) 강화 천도
(15) 元寇와 고려   (16) 고려로부터 이조로
(17) 남북의 두 문제   (18) 문헌 정비
(19) 불교와 유교   (20) 붕당의 화
(21) 文祿·慶長의 役   (22) 명·청의 사이
(23) 학문의 신경향   (24) 동양의 개항과 조선
(25) 통감과 총독 정치

---

51) 이만열, 「일제관학자들의 식민주의사관」, 1976, 508쪽.
52) 책 말미에 참고문헌으로 제시된 목록을 보면 조선총독부가 간행한『조선사』제1
편부터 제6편, 하야시의『조선통사』, 이마니시 류의『朝鮮史の栞』,『신라사연구』
『백제사연구』, 이나바 이와키치의『조선사』, 오다 쇼고의『조선소사』등 당대 일
류급 일본인 학자들의 저서를 망라하고 있다.

첫째, 이 책은 한국사를 고조선(기자·위씨)시대→낙랑군시대→삼
국시대→신라일통시대→고려시대→이조시대의 6개 시대의 통사 체
계로 구성하고 있다.[53] 통사 체계에서 눈에 띄는 점은『조선반도사』에
서 전설에 불과하다 하여 제외했던 단군조선과 기자조선 중 기자조선
을 한국사의 기원으로 설정하고 있는 점이다. 1932~1934년간『조선사』
편찬을 위한 조선사편수회의 여러 회의에서 단군과 기자 항목이 조선
사의 중요한 부분이 되어야 한다는 최남선의 주장을 받아들이지 않았
던 상황에서 보자면[54] 일단의 진전이 이루어진 셈이다. 그러나『조선
반도사』에서와 마찬가지로 낙랑군 시대를 한국사상의 주요한 시대로
설정한 점에서 중국의 영향을 매우 강조하고 있음을 알 수 있다.

둘째,『조선반도사』가 한종족 중심의 역사 서술인 데 반하여『길잡
이』는 한종족과 고구려 종족 모두를 조선민족이라고 하여 한국사의 주
체를 조선민족으로 설정하였다. 다만 이들 두 종족 모두 중국과 일본
의 영향력에 따라 움직이는 타율적 존재로 구성하고 있다. 고구려 멸
망 이전까지는 고구려, 신라, 백제 등 삼국이 모두 자주적이었다고 평
가하지만 그 이후의 시기는 정치적으로 중국에 예속됨은 물론 자주적
정신도 점차 소멸하여 사대적 예속이 국민성의 가장 큰 특징이 되었다
고 하여[55] 타율적 역사로 서술하고 있다. 다음 두 가지 사례를 보자.

서력전 1세기부터 4백 수십 년이나 긴 기간 동안 때로 성쇠는 있었더라
도 아무튼 반도에 지나의 군현이 존속한 것은 대단한 사실로서, 지역을 주
체로 해서 말하면, 당시의 반도, 적어도 군이나 현의 소재지는 漢·魏·晉

53) 朝鮮總督府,『朝鮮史のしるべ』(京城, 朝鮮總督府, 1936), 1-2쪽.
54) 이만열,「일제강점기 일본인의 한국사 연구」,『한국 근현대 역사학의 흐름』(서
    울, 푸른역사, 2007), 497-499쪽.
55) 朝鮮總督府,『朝鮮史のしるべ』, 1936, 50-51쪽.

의 문화를 옮겨 일시에 開化를 보았는데, 그것은 (지나의－인용자) 군현이
존속하는 한의 개화이고, 갑자기 군현의 멸망이 도래하자 그 문화의 대부
분은 소실되었다.[56]

 사화로 계속된 정쟁은 선조 초년 당론으로 발전하고 있을 때, 豊臣秀吉
의 군세는 바다를 건너 부산포 해상에 나타나 반도 조야의 잠을 깨웠다.
소위 임진의 역이다. …(중략)… 당시 조선에 이 7년 전역은 이러한 자극으
로서는 지나치게 강한 것이었다는 느낌이 든다. 그러나 이에 의해 반도의
정치·사회 각종 방면의 진로 방향이 바뀌고 轉換된 것도 적지 않아 이 戰
役의 전체적인 사적 의의는 금후 다시금 추구해야할 문제일 것이다.[57]

 한·위·진 등 중국의 역대 왕조가 설치한 군현이 한반도의 문화를
개명시켰으나 이들 군현이 멸망함에 따라 한반도 문화도 그 이진 상
태로 돌아갔다는 것이며, 일본의 침략 전쟁인 임진왜란이 한국의 미몽
상태를 깨웠고 정치·사회 각 방면의 방향을 전환시켜주었다는 의미
이다.
 한국사에서 자주적 문화 역량의 표출로 인정하는 훈민정음 창제, 실
학의 등장 등에 대해서도 마찬가지로 평가하고 있다. 다음 자료는 훈
민정음 창제가 한국 문화사상 대단히 획기적인 사건이라고 높이 평가
하면서도 그것이 가능했던 것은 몽고 문자 내지 원으로부터 받은 문화
적 자극이었을 것이라고 외부적 요인을 강조하고 있다.

 조선 문화사상 획기적인 일대 사건이라고도 할 만한 것은 國字 즉 諺文
의 창작일 것이다. …(중략)… 언문의 원류에 대해서는, 古篆說·象形說·
梵字說·西藏文字說·蒙古文字說 등이 있어 아직 정설을 보지 못했으나
전후 역사 사정으로부터 추측해보면, 몽고 문자설, 즉 몽고 문자를 배워서

---

56) 위의 책, 16-17쪽.
57) 위의 책, 121-128쪽.

만들어냈다고 하는 설 등이 가장 생각하기 쉬운 바이다. 또 설사 직접 그러한 계통을 이어받은 것이 아니라고 해도 이러한 문자를 만들어낸 기운 자체는 이미 고려말 이래 원과의 빈번한 교통 왕래, 그로부터 받은 자극이 크게 작용하여 힘이 있었던 것은 아닌가 하고 생각한다.[58]

실학이 융성한 영·정조대를 세종대와 함께 조선 왕조의 2대 문화 진흥기로 파악하지만 그 근저적 원인을 찾을 때 일단은 당쟁에 패한 남인과 신분제에 구속된 중인층에서 찾으면서도 역시 외부적 요인으로 대청 사신단이 북경에서 만난 학자와 그들이 가져온 신구 서적, 서양 학술과 기독교를 들고 있다.[59]

이처럼 외부적 요인을 강조하는 역사관은 본서의 마지막 장에서 다음과 같이 만주와 중국 역대 왕조의 압도적 규정력, 한국 자체의 문화적 발전 불가능성을 설명하는 곳에서 선명하게 나타난다.

그(한반도) 역사를 선명하게 특징짓는 것은, 북방 만주에 통일적 세력이 나타난 뒤부터는 만주와 중국 본토 등과, 남북 대립의 형세를 좌우하는 힘을 반도에서 찾게 된 것이다. 특히 북방 제국은 직접 영토를 반도에 접하고 있었기에 그 남하에 즈음해서는 먼저 무력으로 반도의 향배를 묻는 것이 일상적이었다. 반도가 입은 재난과 앙화가 가장 직접적인 것은 이것이다.

다음에 반도 입장에서 보자면, …(중략)… 중국 문화의 수입에 극히 유리한 지리적 위치에 있었음에도 불구하고 새로운 자극에 의해 새로운 문화가 성숙하지 않는 가운데 또 다음 자극이 오면 반도의 문화 자체의 만족스러운 성장 발육을 기대하기 어려운 것이 당연하다. 정치상 끊임없이 어떤 나라의 正朔을 받들어야 했듯이, 문화 면에서도 순차적으로 그 모체를 바꾸어 갔다. 그러므로 문화의 변천은 빈번했음에도 불구하고 한 가지 문화의 계속된 발전·전개는 곤란했던 것이다.[60]

---

58) 위의 책, 106-108쪽.
59) 위의 책, 139-142쪽.

셋째, 『길잡이』에는 『조선반도사』에 보이는 일선동조론적 역사 서술이 거의 나타나지 않으며 신공황후의 임나 일본부 설치 같은 기사도 보이지 않는다. 다만 낙랑군 시대 이래 일본이 한반도 역사에 상당한 영향력을 발휘하고,[61] 4세기 중엽 백제·신라가 건국된 이후 백제·신라를 보호하면서 고구려와 남북 대립 구도를 유지하다가 신라 진흥왕대 임나가 멸망함으로써 이후부터 삼국 정립 시대가 시작한다고 서술하고 있다.[62] 통일신라 이후 조선시대에 이르기까지는 사신 왕래, 몽고와 고려 연합군의 일본 침략, 왜구의 출몰과 삼포왜란, 임진왜란 등 주로 대외관계 서술로 일관하였다.

그리고 마지막으로 "우리나라(일본)의 중국 교통, 넓게는 대륙으로의 발전은 대개 반도를 거쳐 행하려 했고 또 행해져 왔다. 이와 동시에 대륙문화는 때로 반도를 거쳐 수입 전래되었다. 이 점에서 반도의 역할은 오래 되고 또 지대했다고 하지 않으면 안된다"[63]라고 하여, 한국은 일본과 중국과의 대외관계에서 중개자로서의 지위에 불과한 것으로 마무리하였다.

이상 『길잡이』에 구성된 한국사 체계는 이나바 이와키치의 만선사관을 연상하게 한다. 본서가 발간될 무렵이면 일선동조론의 강력한 주창자였던 이마니시 류는 사망한 상태이고 이나바 이와키치와 구로이타 가쓰미가 『조선사』 편찬 작업에 관여하고 있었다. 구로이타는 고대의 한국과 일본이 같은 문명권에 속한다고 생각하며 중국으로부터의 한민족 유입이 한국사에서 매우 중요한 계기였다고 보는 데 반하여,[64]

60) 위의 책, 154-155쪽.
61) 위의 책, 20-21쪽.
62) 위의 책, 30-37쪽.
63) 위의 책, 155쪽.

이나바는 조선과 만주가 지리적 · 역사적으로 동일한 운명을 겪어 왔다고 보았다.

그의 만선불가분론은 첫째, 조선의 왕통은 대체로 만주계가 이어왔고 때때로 중국계가 섞였지만 조선인으로서 왕이 된 적이 없다고 하여 조선은 '반도적 조건'으로 인해 대륙으로부터의 외압에 의해서만 역사가 전개되었다. 둘째, 역사적으로 볼 때 압록강과 두만강이 조선과 중국의 국경이 된 것은 청의 봉금 정책 이후였기에 고대부터 '만주'와 조선은 지리적으로 일체였다. 셋째, 경제 면에서도 조선인과 여진인의 상호 왕래와 이주에 의해 각각의 생활이 가능해졌다고 한다.[65]

이 같은 이나바의 만선사관이 1935년 조선총독부 명의로 발간한 『조선사의 길잡이』의 기본적 역사관이 된 것은 어떤 연유일까? 이에 대해서는 먼저 이나바의 만선사관이 한국사의 타율적 면모를 강조하기도 하지만, 조선인의 만주 개척을 권장하고 있는 당대의 현실적 필요성과 연관해서 볼 필요가 있다. 이나바는 1922년에 만선불가분론을 제시한 이유를 다음과 같이 말하고 있다.

내가 지금 만선불가분을 민족적, 역사적 및 경제적의 3방면으로부터 역사적 고찰을 시도한 사정은 다름 아니다. 신문 등에 의하면 조선인 만주 이주자는 3백만이나 초과하고 더구나 현저한 증가를 보이고 있는데, 그만큼 그들 조선인을 보호하는 방법이 충분하지 않은 듯하다고 생각하는 것이다. 거기에는 중국 관헌의 양해가 충분치 않은 것이 원인을 이루는 경우도 있고, 중국인 중 나쁜 사람이 조선인의 무지함을 속이는 경우도 있는데, 우리 내지인의 이 방면에 대한 지식이 결코 충분하다고 생각되지 않는 것

---

[64] 구로이타 가쓰미, 이마니시 류 등 『조선사』 편찬에 관여한 핵심 인물들의 학문적 입장에 대해서는 정상우, 「조선총독부의 『조선사』 편찬 사업」, 2011, 37-49쪽 참조.

[65] 寺内威太郎, 「滿鮮史硏究と稻葉岩吉」, 寺内威太郎 外, 『植民地主義と歷史学』 (東京, 刀水書房, 2004), 53-54쪽.

이다. 우리는 오늘날 조선인의 혈관 속에 고구려인이나 발해인이나 여진
인의 그것이 포함되어 있다는 것을 믿고 그들의 만주 이주는 오히려 祖宗
의 故地로 돌아가는 것은 아닌가 하고 상상하지 않을 수 없는 것이다. 우
리 내지인은 이 민족적 일대 사명의 수행에 대해 크게 원조하지 않으면 안
된다. 먼저 우리 사상으로부터 만주와 조선 경계의 존재를 제거하고 그 불
가분한 점에 충분한 양해를 두지 않으면 안 된다.[66]

　이는 1920년대 이래 조선인의 만주 이주가 늘어나면서 중국인으로부
터 학대받는 상황을 해결하기 위해서[67] 조선인들이 스스로 분발하여
자신들의 만주 이주가 고구려·발해·여진 등 조상의 땅으로 돌아가는
민족적 사명을 느끼라고 선동하는 의미이다. 그리고 일본인은 이러한
조선인을 원조하되 만주와 조선 사이에 원래 경계가 있었다는 선입견
을 버리라고 하는 것이다.

　이나바의 만선사관은 한국사를 타율적, 정체적으로 바라보는 견해일
수도 있지만[68] 직접적인 목표는 1920년대 이후 조선인을 앞장세워 일
본의 만주 침략을 선도하는 데 있었다고 할 수 있겠다. 특히 만주국 수
립 이후 일본 정부는 1937년부터 '만주농업이민 백만호 이주계획'에 따
라 대량의 일본인을 만주로 이주시켰으며, 조선총독부와 만주국에서도
포화 상태에 빠진 조선 남부의 인구를 만주로 이주시켜 만선척식주식
회사가 취득한 미간지 및 황무지를 개발하도록 하여 조선 내 소작 쟁
의 등 사회경제적 문제를 해소함과 아울러 일본으로 도항하는 조선인

---

66) 稻葉岩吉, 「滿鮮不可分の史的考察」, 『支那社會史硏究』(東京, 大鐙閣, 1922), 314쪽.
67) 1920년대 만주에 이주한 조선인 농민의 5할 2푼이 중국인 지주의 소작인으로 이
　　들의 압제와 무지한 중국 하급 관리의 주구와 횡포에 시달리며 노예와 같은 상태
　　속에 삶을 유지하고 있었다(현규환, 『한국유이민사』(서울, 어문각, 1967), 257쪽).
68) 만선사관의 성격 규정에 대해서는 타키자와 노리오키, 「이나바 이와키치와 '만선
　　사」, 2003; 정상우, 「稻葉岩吉의 '만선사' 체계와 '조선'의 재구성」, 2010 참조.

노동자의 수를 제한하려고 하였다.[69]

이러한 상황과 연관지어 볼 때, 부임 직후부터 '일선만 블록' 노선을 주창한 우가키 총독, 그리고 그 후임으로 와서 '滿鮮一如'를 슬로건으로 내세웠던 미나미 지로 총독 등 조선 총독들의 입장에서는 이나바의 만선사관이야말로 자신들의 만주와 중국 침략에 안성맞춤격의 역사관이 되었으리라고 볼 수 있다.

4. 맺음말

1910년대 조선총독부는 조선의 문화적 수준이 열등하여 일본인과 동일한 대우를 할 수 없다고 하여 일본의 제도를 실시하되 일정하게 차별을 두었다. 그렇지만, 다른 식민지와 달리 조선은 최대한 짧은 기간 안에 문화 통합이 가능하다고 여겼으며, 이를 합리화하기 위한 역사적 사실로 일선동조론을 내세웠다. 일선동조론은 1915년부터 추진되어 1920년경 완성된 『조선반도사』원고본에 상당 부분 구체화되었다. 이에 따르면 한국사에서 단군조선과 기자조선은 전설상의 존재로 치부되고 한국사는 남방의 마한·변한·진한 등 한종족의 역사, 한종족이 일본의 보호를 받으며 북방의 부여종족인 고구려와 대립한 역사로 서술되었다. 그리고 한국사는 원시시대(반도의 원시주민과 위씨조선) → 한나라 영토시대 → 삼국성립시대 → 삼국 및 가라시대(일본의 보호시대) → 삼국정립시대 → 통일후 신라(당에 복속한 시대) → 고려 → 조선의 체계로 구성되었다.

---

[69] 윤휘탁, 『만주국: 식민지적 상상이 잉태한 '복합민족국가'』 (서울, 도서출판 혜안, 2013), 364쪽.

3·1운동 이후 조선총독부는 통치 정책을 문화통치로 전환하고 일방적 문화 통합 정책을 조선 문화 존중 정책으로 바꾸었다. 조선총독부는 조선 고유 문화와 풍습에 대한 방대한 규모의 조사 연구를 진행하였는데 그 결과는 조선인의 열등성과 문명적 낙후성을 강조하여 조선독립 불능의 근거로 활용하거나 저항적인 계급투쟁 의식을 완화시키기 위해 변용시켰다. 이와 함께 추진된 조선사 편수 사업은 1925년부터 1938년까지 진행되어 35권에 달하는 방대한 사료집 성격의 『조선사』를 산출하였다.

이 성과를 조선총독부 통치 25주년에 발맞추어 정리한 역사서가 『조선사의 길잡이』였다. 이 책은 전설에 불과하다고 제외했던 기자조선을 한국사의 기원으로 설정하고 한국사를 한종족과 고구려종족을 포함한 조선민족의 역사로 규정하였다. 그리고 한국사를 고조선(기자·위씨)시대 → 낙랑군시대 → 삼국시대 → 신라일통시대 → 고려시대 → 이조시대의 흐름으로 구성하였다. 이 책에서 가장 특징적인 점은 고구려 멸망 이후의 한국사가 자주적 성격이 결여된 타율적 역사이며, 이 같은 타율적 성격은 만주와 중국 북방의 압도적 영향력으로부터 비롯된다고 하는 이나바 이와키치의 만선사관적 역사 서술로부터 규정되었다. 이처럼 1920년대 초 이나바 이와키치가 제기한 만선사관이 1930년대 중반 조선총독부의 한국사 소개서 서술의 기본 방향이 된 것은, 만선사관이 '일선만 블록' 노선을 강조한 1930년대 이래 조선총독부의 정책과 일치하였기 때문이라고 추정할 수 있겠다.

일제 시기 '(일본)국사'의 '조선사' 포섭 논리

김종준

1. 머리말

19세기 서구에서 랑케 등에 의해 역사학이 독립적 학문분과로 성립한 이래, 역사연구에서 가장 중시되었던 것은 역사학이 하나의 과학이며 그렇기 때문에 보편성을 띤다는 사실이었다.[1] 그러나 한편으로 역사학의 연구방법론이 자연과학과 동일할 수는 없기 때문에 양자의 관계를 둘러싼 논의가 계속되었다. 20세기 초 영국의 역사철학자인 콜링우드(R. G. Collingwood)의 경우 역사학이 자연과학과는 다르지만 과학적 방법론을 가지고 있다며 '추체험(追體驗)'이란 개념을 제시했다.[2] 그런데 학생들도 그러한 추체험이 가능하기 때문에 역사연구의 논리를 역사교육에 적용하는 것이 가능하다.[3] 이처럼 오늘날에도 역사학

---

[1] 조지 이거스, 임상우·김기봉 옮김, 『20세기 사학사』(푸른역사, 1998), 46, 58, 125, 154쪽.

[2] 콜링우드(R. G. Collingwood) 저, 소광희·손동현 역, 『역사의 인식(The Idea of History)』[경문사, 1979 (원저는 1966)], 276-295쪽.

[3] 이명희, 「하나의 과학으로서 역사학론이 역사교육에 제기하는 의미」, 『초등사회과교육논총』 1, 1999, 32-34쪽.

자체의 성격과 교육과의 관계에 대한 고민이 진행 중인 것으로 보인다.

그런데 역사학과 역사교육과의 관계를 고찰할 때 놓쳐서는 안 되는 지점이 '국사' 체계다. 특히 초중등교육은 사실상 국가가 제공하는 것이기 때문에 국가정체성과 밀접히 관련된 국사교과 구성에 당대 국가권력의 입장이 반영될 소지가 있다. 근대역사학 자체가 국가권력과의 결탁하에 성립해 왔다는 사실은 오늘날 중요한 의제가 되고 있다.[4] 게다가 우리의 경우 그러한 국사 체계가 형성되어가는 과정에서 식민지라는 특수한 경험을 겪었다는 점에 주의할 필요가 있다. 예를 들어 국사와 동양사를 분리시키는 분과제도는 '일본식 잔재'다.[5] 그래서 일제시기 (일본)국사, 조선사, 역사교육 3자의 관계는 중요하다. 일단 근대일본의 국사교육 강화 과정 자체가 현대를 사는 우리에게 주는 시사점이 있다. 우리 역사학계에서도 국사와 국가권력과의 결탁이 문제시된적이 있었기 때문이다. 뿐만 아니라 일본 국사교육이 정립, 강화되어가는 과정에서 조선사와의 관계 설정 자체가 중요한 논점이 되고 있기때문에 우리 국사 체계의 형성이라는 측면에서 매우 의미 깊은 문제가될 것이다.

기존 연구를 보면 일제 시기 역사교과서, 교과제도 등에 대해서는 많은 관심이 쏟아져 왔다.[6] 그런데 주로 교과서 개정이라는 교육사

---

4) 임지현, 「'국사'의 안과 밖—헤게모니와 '국사'의 대연쇄」, 임지현 · 이성시 편, 『국사의 신화를 넘어서』(휴머니스트, 2004), 15쪽; 도면회, 「국사는 어떻게 구성되었는가?—한국 근대역사학의 창출과 통사체계의 확립」, 비판과 연대를 위한 동아시아 역사포럼, 『역사학의 세기—20세기 한국과 일본의 역사학』(휴머니스트, 2009), 179쪽.

5) 신주백, 「한국 현대역사학의 3분과제도의 형성과 역사인식 · 역사연구방법」, 『동방학지』 149, 2010, 153쪽.

6) 이치석, 「'국민학교'의 실체와 그 논리」, 씨올교육연구회 편역, 『일제 황민화교육과 초등학교』(한울, 1995); 권오현, 「임시 역사교과용도서 조사위원회의 활동과

적 측면에서만 다루다 보니까 그것이 일본 내 국사 체계의 문제, 식
민지 내 조선사 연구와 밀접히 관련되어 있다는 점을 제대로 파악하
지 못했다. 일제 시기 역사교육론에 대한 접근도 충분하지 못하다.[7]
특히 국사의 위상이 교육의 차원에서 정해지고 있었음을 제대로 인
지하고 그러한 현상에 주목한 연구자는 거의 없는 것으로 보인다.
이 글에서는 국사, 조선사의 위상을 시기별로 비교하면서 그것이 역
사교육 현장에서 구체적으로 어떻게 표출되고 있었는지 밝혀 보고
자 한다.

　그를 위해 일본어 교육잡지 『文敎の朝鮮』과 『朝鮮の敎育硏究』를
주로 이용하였다. 『文敎の朝鮮』은 사립 교육단체인 조선교육회에서
1925년부터 발행한 잡지이다. 조선교육회는 관제 어용기관으로 평가
받지만 조선인 교육자도 참여한 교육담론 전개의 중요한 장이었으
며, 『文敎の朝鮮』은 교육현장에 가장 많이 보급된 잡지였다.[8] 『朝鮮
の敎育硏究』는 경성사범학교부속학교내 조선초등교육연구회에서 발
행한 잡지로 『文敎の朝鮮』과 대체로 유사한 성격을 지녔던 것으로
추정된다. 교육사학계에서는 조선교육회 등을 어용적 관변단체로
여기면서도[9] 한편으로 근대적 교원단체의 성격도 지니고 있는 것으

황국신민화 역사교육』, 『역사교육논집』 30, 2003; 문동석, 「일제시대 초등학교 역
사교육과정의 변천과 교과서―『보통학교국사』와 『초등국사』를 중심으로」, 『사
회과교육』 제43권 4호, 2004; 장신, 「한말・일제강점기의 교과서 발행제도와 역
사교과서」, 『역사교육』 91, 2004; 권오현, 「황국신민화 교육정책과 역사교육의 변
화」, 『사회과교육연구』 제18권 제4호, 2011.

7) 김한종, 「일제하 신문・잡지에 나타난 역사교육론」, 『사회과학교육연구』 13,
2011, 2쪽.
8) 강명숙, 「조선교육회 기관지 『문교의 조선』에 나타난 조선인의 활동―제2차 조
선교육령기를 중심으로」, 『한국교육사학』 제30권 1호, 2008, 2, 10쪽.
9) 김성학, 「일제시기 관변 교원단체의 형성과정과 그 사회적 기능」, 『교육학연구』
제41권 2호, 2003, 289쪽.

로 본다.[10] 그러나 아직은 식민성과 근대성을 선험적으로 병렬시킬 뿐 양자가 얽혀 전개되는 실타래를 본격적으로 해부하고 있지는 못하다고 생각된다.

이 글은 위의 잡지들을 중심으로 해서 (일본)국사의 조선사 포섭 논리를 살펴보고자 한다. 여기서 '포섭'이란 사실상 '동화'를 의미하는 것이기도 하다.[11] 조선인에 대한 교육이란 큰 틀은 동화정책의 범주에서 벗어나 있지 않았다. 일본 교육계의 논의를 보면, 러일전쟁을 거치면서 일본정신, 국체·국사의 강조와 함께 동서양문명의 융합이 논해지고, 한국병합 후에는 '보편적' 가치인 '대국민' 의식으로 조선인을 동화시켜야 한다는 것이 원칙으로 세워지고 있다.[12] 동화정책의 추이와 유사하지만, 교육분야는 일본적 특수성과 민족성을 뛰어넘는 보편적 가치를 내세워야 한다는 점에서 한층 더 구체적인 문제가 되고 있음을 알 수 있다. 이 글은 주로 일본 측의 입장에서 포섭 논리를 다루지만, 그 논리 자체가 조선인들의 대응을 인식하면서 나오는 바, 서술 속에 양자의 관계가 일정 부분 포함될 것이다. 전시체제기 조선인 지식인들의 '민족/국가', '전체주의', '역사'에 대한 인식을 다룬 3절 2항의 경우, 이 글 전체 주제와 동떨어진 느낌도 있지만, 1930,40년대 시대 분위기의 확인을 통해 '국사'와 '조선사'의 상관관계에 대한 향후 연구 방향이 드러날 수 있다는 기대에서 집어넣었다.

또한 일본 본토의 '국사', '조선사' 논의나 역사 교과서 내용도 분석해야 하겠지만, 연구대상이 너무 확대된다고 판단되어 후일로 미루었다.

---

[10] 김성학, 「해방직후 교원단체의 등장과정과 활동을 통해 본 식민지 교육경험의 지속과 변동」, 『교육사회학연구』 14-2, 2004, 48쪽.

[11] 권태억, 「동화정책론」, 『역사학보』 172, 2001, 340쪽.

[12] 尾崎ムゲン, 「『教育雜誌にみるアジア認識の展開――一九〇〇年代はじめの『教育時論』を中心に」, 『近代日本のアジア認識』(東京, 綠蔭書房, 1996), 327-336쪽.

따라서 본고는 당시 일본 본토의 역사교육 논의와의 관련성이나 교과
서 내용의 경우 필요한 부분에서만 언급할 것이다. 일본에서도 1930년
대 만주사변 이래 '국가주의'적 역사교육이 강화되어 가는데, 교과목적
을 보면 '황국신민', '충군애국' 등의 구호는 상대적으로 식민지 조선에
서 더욱 강조되었다고 한다.[13] 본토에서의 국사, 역사교육 이론이 식민
지 내 논자들의 그것과 서로 영향을 주고받았을 것으로 생각되는데 이
부분을 본격적으로 다루지 못한 것은 한계라고 할 수 있다.

2. '역사'와 '국사', '조선사'의 위상 비교

1) 응용사학으로서의 '국사교육'

먼저 1920년대부터 30년대 전반기까지 일본인 논자들이 교육 관련
잡지에 실은 글들을 통해 역사와 국사 개념이 어떻게 다른 것으로 이
해되고 있었는지 살펴보도록 하겠다. 1928년의 글을 보면 역사를 순정
사학(純正史學)과 응용사학(應用史學)으로 나누고 있다. 이때 일반적
인 역사학 자체는 순정사학에 속하며 진·선·미 중 진(眞)의 가치를
추구하는 것이다. 반면 응용사학은 곧 국사를 지칭하는데 교육이라는
목적 때문에 역사의 재료를 빌려온 것이기 때문에 선(善)·미(美)의 가
치도 중시해야 한다고 보고 있다.

---

[13] 김보림, 「1930년대 일본초등역사교육에서 나타난 '국가주의'」, 『사회과교육』 제42
권 4호, 2003; 김보림, 「일제하 국민학교 국민과의 도입과 '국사'(일본사) 교육」,
서울대 사회교육과 박사학위논문, 2006, 참조.

역사를 순정사학과 응용사학으로 나누는 분류는 극히 통속적인 구분법
이다. 순정사학이라 함은 배움을 위해 역사를 연구하는 학문이다. 응용사
학은 달리 목적을 가지고, 그 목적을 실현하기 위해 역사의 재료를 빌려온
학문이다. 국사는 교육이라는 목적 때문에 역사의 재료를 빌려온 것에 다
름 아니다. (…중략…)
　순정사학은 역사를 위해 역사를 연구하는 학문이다. 즉 진, 선, 미 중 진
(眞)의 가치에 향해 연구하는 방식이다. 고로 그 태도는 객관적 타당적인
사료에 입각해 인류 문화 창조의 궤적을 적나라하게 묘출(描出)하는 것이
좋다. 그리고 어느 개인, 어느 사건, 어느 시대를 표현하는 경우에 이들의
개인, 사건, 시대 중에 자기를 몰입해 즉 이들 개인, 사건, 시대를 자기가
생활하고 있는, 자체 개성 즉 생명을 표현하기 위해 재료의 취사선택을 행
하며 개성을 표하는 위에 필요한 재료만을 채용한다.
　응용사학은 그 목적을 실현하기 위해 역사의 재료를 빌려온 학문이다.
즉 재료 자체보다도 달리 목적을 가지고 있는 것이다. 국사와 같은 것도
역시 국민교육을 위해 역사의 재료를 빌려온 것이다. 고로 재료의 선택과
같은 것도 순정사학의 그것과 같이 진(眞)의 가치에만 중요성을 두지 않고
선(善)·미(美)의 가치에 중요성을 두며 사실의 위에서 진(眞)의 가치로서
는 다소 고려해야 하지만 교육적으로 선(善)·미(美)의 가치에 풍부하게
하는 것이라면 채용한다. 고로 순정사학의 방식에서 보면 어느 정도 가치
가 없는 것이지만 자체에서 보면 극히 중요한 재료가 되는 것이다. 실제
국사교과서에는 순정사학에서 보면 일개(一個)의 가치가 없는 일이지만
「국체의 대요(大要)를 알게 하고 국민된 지조를 양성한다」고 하는 점에서
취해진 재료가 많이 있다.[14]

따라서 과학적 사실의 견지에 서는 순정사학의 입장에서는 가치 없
는 사건이라도, 도덕적 평가가 필요한 교육에서는 중요한 재료가 될 수
있다. 즉 충신의사(忠臣義士)에 대해 감격의 눈물을 흘리게 하고, 반대
로 사악인(邪惡人)에 대해서는 분격(憤激)의 정을 일으키는 데에 국사

의 임무가 있는 것이다.

이 같은 논법에서 국사는 기본적으로 교육과 연결되어 있으며, 도덕적 평가와 감성적 효과를 중시하는 교육의 특성상, 과학적 사실의 추구라는 역사학 본연의 자세로부터 일정하게 자유를 누리는 듯한 인상을 준다. 그렇다면 국사와 역사는 명확히 구분되는 것인가? 상호 간의 위상은 어떻게 인식되고 있었을까? 논자들은 역사의 '기본'을 갖추지 못하고 있다는 이유로 국사의 위상이 떨어지는 것은 원하지 않았다. 그래서인지 국사는 역사학의 부속이 아니라 별도로 인간교육이라는 위대한 목적을 가지고 있다고 첨언하고 있다.[15] 나아가 '사실을 떠나 국가의 경우에 좋은 쪽으로 멋대로 쓰는 것'은 아니라고 강변하였다. 국사 역시 과학적 참을 떠나서는 안 된다는 제약을 갖고 있다는 것이다. 그럼에도 불구하고 역사와 국사를 구분하고, 구체적으로는 교과서 이름을 '일본역사'에서 '국사'로 바꾼 이유는, 국가와 개인 간의 관계를 논하는 것이 매우 중요한 문제이기 때문인데 칸트, 헤겔, 랑케 역시 계속 고찰해왔다고 하였다.[16]

그러나 이런 언급들을 역으로 뒤집어 생각해보면 당대에는 역사와 구분되는 국사라는 개념이 자명하지 않았다고 생각할 수 있다. 식민사학 뿐만 아니라 일본 국사학계의 거물이었던 구로이타 가쓰미(黑板勝美)는 역사와 국사에 대해 다음과 같이 서술하고 있다. 역사는 '과거 수천 년에 걸쳐 국가사회에 일어난 일을 조사한 것'이고, 국사는 '결코 단지 개인 개인의 동작이나 사업만을 연구하는 것이 아니고, 오히려 사회적인 일에 중요성을 두는 것'이라는 내용이다.[17] 사실상 구분이 안 되

---

15) 宮脇道隆, 「國史敎育の目的」, 『朝鮮の敎育硏究』 1928년 8월, 38쪽.

16) 小貫賴次, 「國史敎授に就いて」, 『文敎の朝鮮』 1926년 4월, 45-48쪽.

17) 黑板勝美, 『國史の硏究 1, 總說の部』(文會堂書店, 1918), 307-308쪽.

고 있다. 역사든 국사든 단순히 개인적인 입장이 아니라 국가적, 사회
적 입장에 서야함을 내세우고 있을 뿐이다. 이후 여러 논자들이 역사
와 국사를 이리저리 구분하고 있지만, 어쩌면 역사 자체를 국가의 입장
에서 바라보아야만 한다는 결론을 우회적으로 표현한 것이라고 볼 수
있다.

역사와 국사의 위상은 필요에 따라 유동적인데 국사의 권위가 위협
받는 경우에는 역사학의 과학적 방법론을 내세운다. 이를테면 조선 측
연구자들은 진리의 탐구, 과학의 고찰에까지 민족적 감정을 삽입하고
있는 반면 일본 측은 자연발생적인 민족성을 뛰어넘어 가치, 당위의 세
계인 국민정신에 입각해 있기 때문에 조선인에게 일본 국사를 가르치
는 것은 불가능하지 않다고 주장한다.

> 조선쪽에서 진리의 탐구, 과학의 고찰에까지 민족적 감정을 삽입하는
> 일이 있지 않은지, 이는 그 의의(意義)가 판연(判然)하지 않은 결과로 함께
> 맹성(猛省)하지 않으면 안 된다. 후쿠토미(福富) 교수가 보여주고 있는 바
> 에 의해 이들의 미망(迷妄)이 일소(一掃)될 수 있을 것이다. 즉 민족성은
> 민족적 일반성이고, 피를 같이 하며 주거를 같이 하고 언어, 풍속, 습관 등
> 을 같이하는 것이기 때문에 그 곳에서 스스로 생기는 자연성이다. 또 국민
> 성이라고 하는 것은 이들 수개(數箇)의 민족이 국이라고 하는 하나의 영역
> 내에 영원히 모인 일에 의해 생기는 민족성의 다시 집단화된 일반성으로
> 이들은 어느 곳에서도 '자연', '필연'에 속하는 것이기 때문에 이들과, 국민
> 정신과 같은 '가치', '당위'의 세계에 속하는 것과는 준별하지 않으면 안 된
> 다. (…중략…)
> 국시(國是) 즉 국민정신은 가치, 당위의 세계에 속하는 것이기 때문에
> (자연인에게는 체인(體認) 불가능한 것이지만) 문화가치의 본연의 성질로
> 서 민족의 여하를 묻지 않고 누구라도 이것이 이상인(理想人) 즉 인격이라
> 면 체인(體認)하고 내재(內在)할 수 있는 법이다. 즉 조선에 있어 교육이
> 가능하고, 동시에 국사교수는 내선(內鮮) 어느 쪽의 생도 아동에서도 가능
> 하며, 필연이고 당위이며, 철저적으로 그 목적을 달성할 수 있는 일임이 명

확할 것이다. (…중략…)

　일개의 국민체가 수개의 민족체로부터 이루어지는 일은 고금에 그 예가 매우 많다. (…중략…) 합중국은 저가 가진 민족체를 점차 결합하고 교양 (敎養)해 각 민족성을 도야(陶冶)해 합중국의 국민정신을 체인(體認)시켜 더욱 공고한 국가를 실현시켰다.[18]

　일본국사는 과학적 방법론에 따르기 때문에 조선인도 받아들일 수 있는 보편성을 획득하고 있다는 논리다. 그러나 물론 단순히 보편적 역사를 조선인에게 가르치는 것은 아니다. 앞서 본 대로 일본이라는 국가의 입장이 들어갈 수밖에 없다. 예를 들어 국민지조(國民志操)의 양성이라는 교육상의 견지에서 국사의 사실(史實)을 선택하는 과정이 존재하는 것이다.[19] 그 과정에서 보편적 진리는 일마든지 생략되거나 각색될 수 있다.

　이처럼 일본인 논자들은 역사와 국사를 편의적으로 구분하면서 자국 국사의 위상을 높여 갔다. 그중에는 국사교육 분야에서 뿐만 아니라 역사학의 과학적 방법론 자체를 변칙적으로 이해하는 경우도 생겨났다. 과거 사실은 천고불변(千古不變)하는 것이지만 그 사실을 어떻게 포착하는가는 교육자의 개성, 인생에 대한 이해, 역사에 대한 교양 및 시대사상 등에 따라 다르다는 주장이 그것이다.[20] 이러한 입장에 서면 과거의 사실을 역사가 그대로 전할 수 있다는 랑케사학도 오류로 취급되고, 역사학은 자연과학과 달리 일반적 법칙에 따라 반복되지 않기 때문에 개성과 주관적 해석이 중요하다는 논리로 귀결된다.[21]

---

18) 小貫賴次, 「國史敎授に就いて」, 『文敎の朝鮮』 1926년 4월, 50-51쪽.
19) 木藤重德, 「史實を如何に敎材化すべきか」, 『文敎の朝鮮』 1928년 5월, 2-3쪽.
20) 日笠護, 「今後の國史敎育」, 『朝鮮の敎育硏究』 1928년 6월, 43쪽.
21) 日笠護, 「歷史に對する誤謬觀と敎授者の態度」, 『朝鮮の敎育硏究』 1932년 11월, 32-34쪽.

1930년대 들어 국사교육의 위상 강화 주장은 좀 더 강력해지고, 상대적으로 역사학의 보편성에 대한 문제의식, 즉 아카데미즘적 사고방식은 점차 위축된다. 이는 시대 상황의 변화와 맞물려 있는 것이었다. 평등화, 민중화, 노동화, 국제화 등의 세계사조에 대해 국체, 국민성, 국가제도의 존립을 위협하는 악사상이라고 규정하고, 그러한 시대적 요구를 고려해 '두찬(杜撰)이 극에 달한 국사'라는 평가에도 불구하고 국사교육의 중요성을 인정해야 한다는 것이다.[22] 한마디로 국체가 위협받는 시대적 상황에서 역사적 진실에 위배되더라도 국사교육을 활용해야 한다는 이야기다. 서양 역사학이 이야기풍 역사에서 교훈적 역사, 교훈적 역사에서 발전적 역사로 변화해 왔음은 인정하면서도 응용사학인 국사에는 도덕적 평가가 필요하고 국가관에 입각한 가치관 자체가 곧 국사교육의 목적을 결정한다고 보았다.[23] 이른바 국체관념, 국민성격의 양성 등 국사교육의 목적은 법문(法文)에 규정되어 있는 바, 국가의 개입이 노골적으로 정당화된다.

경성사범학교장인 와타나베(渡邊信治)의 생각도 유사하다. 자국의 이해(利害)를 도외시하는 국제주의 사상은 조금의 가치도 없는 것이고, 역사에는 순정역사도 중요하지만 교육적 유효가 있게 하는 것이 더 중요하다고 하였다.[24] 나아가 국사는 국가의 의지에 의해 편집된 교화사(敎化史)이고 자신들은 '교육자이지 학자가 아니'라고 선언하기도 한다.[25] 국사가 학문적 측면보다 교육적 측면에서 중시되기 때문에 다른

---

22) 蝦道隆,「現今の國史教育界を眺めて」,『朝鮮の教育研究』1931년 3월, 107-110쪽.

23) 蝦道隆,「歷史の本質を論じて國史教育の目的に及ぶ」,『朝鮮の教育研究』1931년 4월, 48-60쪽.

24) 渡邊信治(京城師範學校長),「國史教育に生命あらしめよ」,『朝鮮の教育研究』1931년 12월, 19, 22-23쪽.

과목과도 보다 쉽게 연결될 수 있다. 국어, 수신 등이 그러한 과목인데 수신과에서는 국민도덕을 위한 실례(實例)를 역사에서 구하고 있다.[26] 국민적 책무의 자각이란 점에서 국어, 수신, 국사는 서로 간의 차별성을 고민해야 할 정도로 닮아 있었다.[27] 특히 수신과 역사는 일맥상통하는 바가 컸다.[28]

국사의 위상이 높아진 이 시기에도 역사와 국사 간에 편의적 구분법은 계속된다. 역사학은 역사적 사실 간 인과관계를 과학적으로 연구하여 진리 발견을 목적으로 하는 반면에 국사는 교육적 가치로부터 조망해야 한다. 양자는 혼동되기 쉬운데 국사를 가르치면서 순수과학적 사학연구 태도를 취하면 안 되는 것이다. 또한 양자는 대립적인 것이 아니고 역사학이 국사의 기초라고 규정짓고 있다.[29] 말장난 같지만 국사가 역사학 아래 종속되는 개념이 아니라 역사학이 한층 발전된 형태로 나아간 것이 국사라는 의미다. 1930년대 들어 아카데미즘이 국가주의에 더 종속되어 가는 경향을 역사와 교육 분야가 중첩된 국사 담론을 통해 잘 보여주고 있다.

그러면 아카데미즘과 국사교육은 어떻게 연관되고 있었을까? 종래 교육의 목표가 개인이었다고 한다면 이제 공민교육의 주체는 국가이고,[30] 교육의 입장에서 학술적인 보편타당성은 별 문제가 되지 않는다.

---

25) 吉尾勳, 「國史教育に於ける教材上の諸問題」, 『朝鮮の教育研究』 1931년 12월, 33-34쪽.

26) 吉尾勳, 「國史教育に於ける教材上の諸問題」, 『朝鮮の教育研究』 1931년 12월, 37쪽.

27) 蝦道隆, 「國史教育に於ける方法上の根本問題」, 『朝鮮の教育研究』 1931년 12월, 44쪽.

28) 牧野壽榮(平安南道平壤萬壽公立普通學校), 「國史學習までの國史の就て」, 『朝鮮の教育研究』 1931년 12월, 94쪽.

29) 吉川貴老(忠州公立尋常高等小學校), 「時代思潮と國史教育の態度」, 『朝鮮の教育研究』 1931년 12월, 133-134쪽.

학술보다 국민적 도야가 우선시되며, 교육자 개인이 특정 사관을 가질
수 있지만 그 사관은 결코 국민적 신념과 모순되어서는 안 된다고 하
였다.[31] 교육자는 애매한 태도를 취해서도 안 된다. 실제로는 절대적
악인도 없고 절대적 선인도 없는 법이지만 교육적 차원에서 악인은 어
디까지나 악인, 선인은 어디까지나 선인으로 분명히 해 혼란을 주지 말
아야 한다는 것이다.[32] 사실에 부합하지 않더라도 교육적 목적으로 획
일적 이분법을 사용하라는 뜻인데 문제는 교육을 위한 국사가 따로 있
다기보다는 결국 국사 자체가 그러한 교육적 목적을 염두에 두고 쓰여
지게 된다는 점에 있다.

국사교육 논자들은 자신들 주장의 논거를 당대 아카데미즘 사학을
주도하던 히라이즈미 기요시(平泉澄), 니시다 나오지로(西田直二郎)의
학풍에서 찾고 있다.[33] 히라이즈미 기요시는 1930년대 도쿄제국대학
국사학과를 이끌던 국수주의자이다.[34] 1932년에 출간된 『國史學の骨
髓』는 그의 황국사관이 분명하게 제시된 저작으로 이 무렵부터 히라이
즈미의 저작 활동은 더 이상 연구가 아니라 천황주의를 심정적으로 격
렬하게 호소하는 '포교' 활동으로 평가된다.[35] 니시다 나오지로는 교토

30) 咸鏡南道 咸興第二公立普通學校 訓導 竹內泰宗, 「國家主義に立脚せる公民敎育」, 『朝鮮の敎育硏究』1933년 12월, 87쪽.

31) 日高秀吉, 「歷史敎授における歷史觀の意義」, 『朝鮮の敎育硏究』1934년 10월, 94-95쪽.

32) 寺島安(京城南大門公立尋常小學校)「何を求むべき乎」, 『朝鮮の敎育硏究』1931년 12월, 68쪽.

33) 蝦道隆, 「國史敎育の眞意義を把握せよ」, 『朝鮮の敎育硏究』1933년 8월, 56-57쪽.

34) 東京大學百年史編集委員會 編, 『東京大學百年史: 部局史 1』(東京大學出版會, 1986), 617, 651쪽.

35) 나가하라 게이지(永原慶二), 하종문 옮김, 『20세기 일본의 역사학』(삼천리, 2011), 146-148쪽.

제국대학에서 역사철학을 전공한 인물이다. 그가 1931년에 쓴 『일본문화사서설(日本文化史序說)』이란 책을 보면 독일 역사철학자 빈델반트와 리케르트를 인용하여 역사학이 자연과학과 다르면서도 과학이 될 수 있음을 논증하고 있다. 이러한 논법 아래 역사적 개성, 현재적 관점, 특수한 국민의 역사가 보편성을 획득하는 것이 가능해지며,[36] 이 같은 역사인식론은 역사교육 논객들에 의해 종종 모방되고 있다. 그러나 빈델반트 등의 과학과 역사의 분리 방식은 엄밀하지 못하고 역사가의 사고를 윤리적인 것으로 만들었다는 비판을 받게 된다.[37] 이처럼 당시 일본 내 제국대학 국사학과의 아카데미즘은 국가 체제와 밀접히 관련되어 있었다. 그나마 고등교육에서 역사학의 자율성은 일부 유지되고 있었지만, 식민지 초중등교육에서는 '관학'과 '아카데미즘'의 결합이 좀 더 경직된 형태로 실현되고 있었던 셈이다.

2) 향토사로서의 '조선사'

1920~30년대 전반 (일본)국사가 교육 방면의 응용사학으로서 순정사학인 역사학과 차별화하며 위상을 확립해가고 있던 시기, 조선사는 어떠한 위상을 가지고 있었을까? 국사교육 논자들에게 조선사는 어떻게 이해되고 있었는지에 관한 부분이다. 이와 관련하여 먼저 주목되는 것은 '국사과의 향토화'라는 표현이다. 본래 일본은 근대국가를 수립해가는 과정에서 지방에 대한 관심을 이용하려 했고, 특히 지리교육과 역

---

36) 西田直二郎, 『日本文化史序說』 [東京, 改造社, 1943(102판, 초판은 1931년)], 20-22, 118-119, 127-128쪽.

37) 콜링우드(R. G. Collingwood) 저, 소광희·손동현 역, 『역사의 인식(The Idea of History)』 [경문사, 1979(원저는 1966)], 172-176쪽.

사교육을 통해 이를 실현하고자 했다. 1910년대 들어서는 야나기다 쿠니오(柳田國男) 등의 학자에 의하여 향토사의 체계화가 이루어졌다. 그러나 일본의 향토사는 세계사와 함께 어디까지나 국사에 부수(附隨)되는 것이었다. 1930년대 전반 마르크스주의의 영향을 받은 향토사가 일부 등장하기도 하지만, 국사에 종속된 향토사라는 개념은 1945년 이전까지 변함없었다.[38]

식민지 조선의 국사교육 논자들에게 '국사과의 향토화'는 '국사 중의 사실(史實)을 이해하기 쉽게 하기 위해 향토의 사재(史材)를 이용하는 것으로, 종래의 가공적인, 강담적(講談的)인 역사보다 진보'된 것으로 평가되었다. 물론 국가의식이라고 해도 향토의식이라고 해도 근본은 마찬가지로 애국에 돌아가는 것이었다. 조선에 적용될 경우 충량한 국민을 양성한다는 국사교육의 목적을 이루기 위해 조선인 학생들에게도 국사교육을 철저히 해 일본아(日本我)의 자각, 국가아(國家我)의 자각을 기대한다는 것이다.[39] 루소의 교육론이 철두철미하게 향토적 색채를 지닌 것이었고, 교육의 향토화는 결국 교육의 생활화, 지방화로 귀결된다는 주장도 이어졌다.[40]

아직 추상적 수준이지만 조선인들에게 일본국사를 가르치기 위해 향토화라는 개념이 이용되고 있는 것이다. 이는 1920년대 들어 조선인에 대한 교육이 하나의 의제로 설정된 결과라고도 볼 수 있다. 일반적으로 알려진 대로 1910년대 식민지 교육은 실업 분야에 국한되었고, 역사의 경우도 제대로 된 교과서 하나 없었다.[41] 그러다가 3·1운동 이후

---

38) 이계황, 「일본의 지방사 연구 논리의 추이」, 『한국지방사 연구의 현황과 과제』 (경인문화사, 2000), 305-310쪽.

39) 部員 吉尾勳, 「國史科の鄕土化」, 『朝鮮の敎育硏究』 1929년 1월, 149-155쪽.

40) 鎌塚扶, 「敎育の鄕土化-地方化を提唱す」, 『朝鮮の敎育硏究』 1929년 8월, 30-33쪽.

교육령 개정을 통해 경성제대가 설립되고 국정 국사교과서도 제작되면서 조선인에 대한 교육 체계가 갖추어져 가기 시작했다. 그러다 보니까 비로소 조선인에게 일본사를 가르치고, 일본인에게 조선사를 가르친다는 것의 난감함이 대두되었던 것이다. 조선에 재류하고 있던 일본인 교육 담당자들에게 이는 매우 실질적인 문제였고 고충으로 받아들여졌다. 국사교육의 위상을 정립해가는 와중에 역사학과의 관계 설정뿐만 아니라 국사 내부적으로는 조선사와의 관계도 역시 고려 대상이 될 수밖에 없었던 것이다. 특히 재조일본인들의 글 속에서는 이것이 단지 조선이라는 식민지의 특수한 사정이 아니라 일본 내지에도 적용되어야 하는 보편적 문제라는 인식이 엿보인다.

예를 들어 일본인 교육담당자들의 고충은 다음과 같은 것이다. 조선사를 일본국사에 포함할 경우 기본적으로 병합을 전후해 이원적으로 파악해야하는 문제가 발생한다. 병합 후는 일본사이지만 병합 이전은 대외관계사이고, '내선(內鮮)관계의 사력(事歷)'으로 지칭된다. 게다가 실무자들의 입장에서 더 큰 문제는 내선관계가 좋지 않았다는 점이다. 따라서 '쟁투적 사력이 있긴 하지만 단순한 침략의 의미를 지닌 것이 아니고 모두 정의를 위한 쟁투이고 좀 더 친선을 구하는 쟁투였다'는 궤변에 빠지게 된다. 쟁투, 침략이 정의, 친선으로 둔갑하고 있다. 또한 그러한 관점의 변화는 교사 자신이 마음먹기에 달린 것으로 스스로 병합의 근본정신을 체득해야 한다고 하였다.

> 현행 소학국사, 아울러 보통학교국사 교재 중 (…중략…) 내용상에서 조망해본다면 크게 친목호조(親睦互助)의 사력(事歷)과 쟁투적인 사력(事歷)의 두가지로 나누어진다. (…중략…)

---

41) 장신, 앞의 논문, 2004, 10-16쪽.

내선관계의 사력을 취급함에는 먼저 교사 자신이 병합의 근본정신을 체
득하지 않으면 안 된다. 병합의 대정신은 그 당시 명치천황과 한국 황제로
부터 국민에게 내려진 조칙에 명시되어 있는데 이에 대해서는 하등 의의
(疑義)를 집어넣을 여지가 없다고 믿지만 (…중략…) 이러한 입장에 의해
내선관계의 쟁투적 사력을 조망할 때 이를 어떻게 해석해야 할 것인가? 나
는 이에 대해 내선관계의 쟁투적 사력은 단순한 침략의 의미를 지닌 쟁투
가 아니고, 모두 정의를 위한 쟁투이고 좀 더 친선을 구하는 쟁투였다고
생각한다. (…중략…) 일청, 일로의 양 전역(戰役)도 모두 동양평화를 위해
정의의 전(戰)이고, 좀 더 친선을 구한 미거(美擧)였다.[42]

이처럼 만주사변 직후인 1931년 시점에서 병합의 대정신이 강조되고
있는데 이는 이전 국사교육 지침과 달라진 것으로[43] 조선사를 국사 안
으로 포섭하려는 의도가 일정하게 가미되었다고 판단할 수 있다.

실제로 1931년 12월 『朝鮮の敎育硏究』는 내선관계사 문제를 집중적
으로 다루고 있다. 필자들은 대부분 고등소학교, 공립보통학교에 소속
된 교사들이고 조선인도 포함되어 있다. 이들이 볼 때 병합의 대정신
은 병합 조서(詔書)에 나와 있는 대로 태고 이래 내선관계의 밀접한 관
계를 알게 하는 것이고 이것이 곧 국사교육의 사명이다. 그러나 현행
교과서는 내선관계에 대한 서술이 불충분하고 조선사력이 단편적이고
소량이며, 현대사의 취급이 소략하다는 점에서 문제가 있었다.[44] 그래
서 교육현장에서는 '조선인 교원이 국사를 가르치기도 어렵고, 조선인
아동에게 가르치는 것도 어렵다'는 말이 나오고 있었다. 이를 극복하기
위해서는 교과서도 개정해야 하지만 근본적으로 교사 자신이 '국체신

---

42) 中野數磨,「國史敎科書に現はれた內鮮關係の敎材取扱に就て」,『朝鮮の敎育硏究』
     1931년 12월, 53쪽.
43) 권오현, 앞의 논문, 2003, 7쪽.
44) 杉田靜(黃海道石灘公立普通學校),「普通學校國史敎育私見」,『朝鮮の敎育硏究』
     1931년 12월, 123-125쪽.

앙'의 태도를 체득해야 한다고 하였다.[45] 과학 운운하던 역사학이 국사라는 체계 안에서 종교화되는 양상을 적나라하게 보여준다.

조선인으로 보이는 경성교동공립보통학교 교사는 좀 더 냉정하고 솔직하게 속내를 드러낸다. 내지인 아동의 국사에 대한 사상 감정은 3천 년간 양성된 국체정신 위에 축조된 것이지만, 조선은 아직 병합된 지 20년에 불과하기 때문에 그와 다르다는 것이다. 한마디로 자기를 몰입하지 못하고 제3자의 입장에서 남의 일처럼 보고 있다. '나는 조선인이고 그는 내지인이다, 나는 피정복자고 그는 정복자다'라는 감정을 제거하지 않으면 국사를 통한 지조(志操) 양성은 효과가 없을 것이라고 하고 있다.

원본부(元本府)의 편수관이었던 키토(木藤) 선생은, 지난해 대구 국사교수법연구회의 석상에서 "보통학교에서도 소학교에서도 국사를 교과로 해 부과하는 목적은, 다른 것이 아니고 그 취급에 있어서는 다소 뜻을 달리하지 않으면 안 된다. 내지인 아동의 국사에 대한 사상 감정은 이미 3천 년래 양성되어 국체정신 위에 축조된 것이지만, 조선은 최근 일본과 병합해 아직 20년, 따라서 조선인 아동의 국사에 대한 사상감정은 내지인 아동의 그것과 달리 아무래도 국사의 사실을 비판적으로 보는 경향이 없지 않다. (…중략…)" 라고 말하고 있는데, 이 국사의 사실(事實)을 비판적으로 본다고 하는 일은 그중에 자기를 몰입(沒入)하는 것으로, 제3자의 입장에 서서 냉정히 조망한다고 하는 일이다. 이는 과거의 사실(史實)을 우리 조상의 사업으로 보지 않고, 남의 일로 보기 때문이다. 병합 이래 20여 년, 그 사이 조선이 모든 방면에서 장족의 진보를 이룬 일은 누구라도 의심하지 않는 바이다. 그러나 한번 조선의 현상에 서서 볼 때에 내선인 간의 감정은 과연 어떠한 정도로 융합하고 있는지, 즉 병합의 대정신은 어떠한 정도에까지 철저해 있는지?

---

45) 柳瀨剛(平壤山手公立尋常高等小學校), 「私の國史敎育の信念」, 『朝鮮の敎育硏究』 1931년 12월, 102-103쪽.

나는 조선인이고, 그는 내지인이다랄까, 나는 피정복자이고 그는 정복
자이다랄까, 하는 감정을 제거하지 않으면 국사에 있어서 지조(志操) 양성
에 얼마간 노력해도 그만큼의 효과가 없고, 모든 교과에서 국민성의 도야
에 노력한 바에서 과연 모래 위의 누각(樓閣)이 되지 않을까?[46]

따라서 조선사력을 국사 중에 집어넣되 조선 아동에게 국사 사상은
저절로 생겨나는 것이 아니라 부식(付植)되는 것임에 유의해야 한다고
강조하고 있다.[47] 앞서 본 대로 내선관계도 향토사로 접근해야 한다는
언급도 나오는데 물론 '향토 자체가 향토사가 아니고 국사의 천명으로
서의 향토사'라는 단서가 달리고 있다.[48]

1935년 임시역사교과용 도서조사위원회가 만들어지고 다시 국사교
과서 개정 문제가 불거졌을 때 또 조선사 취급 문제가 대두된다. 이때
에도 여전히 국사에서 일선관계사를 가르칠 때 곤란한 이유가 언급되
고 있는데 내용은 단순히 아동들의 이해상의 문제가 아니라 교육 외적
인 것이다. 즉 하나는 조선사학(朝鮮史學) 연구 상의 불평과 곤란이고,
다른 하나는 현실에 횡행하는 사회적 이유이다. 근래 조선사 연구 활
동이 현저해지면서 태고의 일선관계를 부당히 과장하자 일반민중이
이에 부화뇌동하고 있다는 것이다. 논자는 이를 '폭론(暴論)'이라고 일
축하지만 '역사적 사실이 반드시 내선융화에 좋은 경우만을 제공하지
않는다'는 점 역시 자인하고 있다. 그의 대안은 국사에 관련되지 않은
반도의 역사를 종래대로 동양사 중에 포함시키자는 것이다. 현실적으
로 조선사를 국사에 포함시킴으로써 발생되는 껄끄러운 부면들을 최

---

46) 孟健鎬(京城校洞公立普通學校), 「普通學校國史に於ける朝鮮事歷の取扱」, 『朝鮮
の敎育硏究』 1931년 12월, 141-142쪽.

47) 「質疑應答」, 孟健鎬의 발언, 『朝鮮の敎育硏究』 1931년 12월, 149쪽.

48) 堀哲一郎(沙里院公立尋常高等小學校), 「系統的國史指導に於ける鄕土史」, 『朝鮮
の敎育硏究』 1931년 12월, 131쪽.

소화시키자는 뜻으로 읽힌다.

또한 향토사로서의 조선사에 대한 인식도 모순적이다. 최근 향토교육의 중요성이 강하게 부르짖어지고 국사교육에 하나의 새로운 생명을 부여하고 있다고 하면서도, 이를 조선사에 적용시키는 것은 주의해야 한다면서 발을 빼는 모습이다. 전제로 내세우는 것은, 일반론으로 하면 국사교육은 전국을 단위로 해야지 지방적 특색을 가해서는 안된다는 사실이다. 그러나 실제로 걱정되는 바는 따로 있는데 수십 년 전까지 반(半)독립국이었던 조선에서 조선에 힘을 넣어 국사를 가르치는 것은 아동에게 조선을 특수한 지역과 같이 미신(迷信)케 할 위험이 있기 때문에 조선인을 주체로 하는 보통교육에서는 금물이라는 것이다.[49]

조선사를 국사에 포함시키기 위해 향토사 담론을 빌려왔고, 향토사 자체가 국사 안에 포섭될 수 있다고 믿어 왔는데, 현실적으로 조선학, 조선사의 독자성, 특수성을 내세우는 연구 활동이 지나치게 활발해지는 상황에 대한 우려를 엿볼 수 있다. 즉 이들은 자신들이 통제할 수 있는 범위 내에서 조선사 연구를 기대하고 있었던 것이고, 이를 향토사-국사 체계로 정비시키려고 했는데 원하는 대로 되지 않았던 것이다. 그렇지만 국사교육 과정에서 향토사의 중요성은 일반론으로 계속 강조되고 있었다. 1936년에 이르면 '생활화'라는 단어로 표현되고 있다. 예를 들어 과거 역사의 전쟁에 대해 학습하면서 현재 러시아, 중국과의 문제를 같이 이해하게 한다는 것이다. 모든 국사 재료를 실제 사회생활의 특정 지점에 결부지어 학습하는 것이 국사의 생활화라고 할 수 있다.[50] 향토사는 아동의 생활과 밀접히 관련된다는 점에서 역시 유용

---

49) 전북 군산공립중학교 三好嚴一郎,「朝鮮に於ける國史教育問題管見」,『文教の朝鮮』1935년 9월, 60-65쪽.

한 교육수단으로 꼽히고 있었다.

한편 조선사를 국사에 포함시키는 문제는 이념형으로 존재하고 있던 동화정책을 교육분야에서 어떻게 실현시킬 것인가와 관련되어 있었다. 조선을 식민지가 아니라 일본의 일부로 삼으려 했다는 점에서 '동화'는 곧 '포섭'의 논리이기도 했지만, 1930년대 전반까지 동화정책은 정치적 선전 또는 표방의 성격이 강했다. 특히 피지배민의 일본인화를 강조하면서도 그를 위한 강력한 수단인 초등교육 보급에 소극적이었는데[51] 1920년대 전반까지도 보통학교 취학률이 10%를 밑돌고 있었다.[52] 그러나 이념형으로 동화를 표방하고 있는 만큼 교육정책의 방향이 점차 동화로 향하는 것은 피할 수 없는 일이었다. 그러한 교육 중 역사는 상대적으로 더 많은 준비가 필요했다. 1910년대 후반 '조선인의 일본화'를 위한 보통교육에서 가장 중점을 둔 것은 일본어 보급과 수신 과목이었고,[53] 역사는 아예 가르치지 않았다. 일본사와 조선사의 관계에 대해 조선인에게 무언가 이야기하기 위해서는 조선 문화, 제도, 관습 등에 대한 조사작업을 먼저 추진해야만 했다.[54] 그렇게 본다면 1920년대부터 1930년대 전반까지는 조선사를 국사에 포섭시켜야 한다는 전망과 조선인들의 조선사 연구에 대응해야 한다는 인식 속에 관과 결탁한 식민사학계가 사료 수집 등 기본 작업에 치중하던 시기였다. 학계

[50] 田中俊則,「國史敎育に於ける基礎問題」,『朝鮮の敎育硏究』1936년 6월, 40, 44쪽; 咸興師範學校 訓導 田中平作,「あるべき國史敎育とその實踐」,『文敎の朝鮮』1939년 2월, 78쪽.
[51] 권태억,「동화정책론」,『역사학보』172, 2001, 340, 361-364쪽.
[52] 오성철,『식민지 초등 교육의 형성』(교육과학사, 2000), 133쪽.
[53] 권태억,「1910년대 일제의 조선 동화론과 동화정책」,『한국문화』44, 2008, 115-116쪽.
[54] 이지원,『한국 근대 문화사상사 연구』(혜안, 2007), 157-159쪽.

의 이러한 움직임은 향후 역사교육에서의 변화를 예고하는 것이었고, 교육 잡지의 논객들도 그러한 점을 염두에 두면서 향토사 논리를 끌어온 것으로 보인다.

3. 1930년대 후반 이후 '국사'와 '조선사'의 관계 변화

1) 국사교과서 개정과 '조선사' 포섭 논리 강화

먼저 1920년대부터 30년대 말까지 식민지 조선 초등교육에서 국사교과서가 어떠한 개정 과정을 거쳤고, 그러한 흐름이 시대적 상황과 어떻게 관련되고 있는지 개괄적으로 살펴보자. 일제시기 초등교육의 국사교과서는 크게『보통학교국사』에서『초등국사』로 변했다. 국사교과서 개정은 내적으로 교육령으로 대표되는 교육지침에 연계되어 있으면서 동시에 조선총독부의 지배정책과 밀접히 관련되어 있었다. 총독부의 지배정책 변화는 조선인 측의 대응과 연동된다는 점에서 정치적·사회적 요인이 국사교과서 개정에 영향을 미쳤다고 할 수 있다. 애초 1910년대에 국사교과 자체가 존재하지 않다가 1921년부터 국사교과서가 만들어진 것부터가 3·1운동으로 인한 지배방침의 변화→조선교육령 개정과 맞물려 진행된 것이다.[55] 앞서 1931년 말 조선사를 국사에 포함시키는 문제를 놓고 교육실무자들의 글이 쏟아지는 현상을 살펴본 바 있는데, 이는 10월 전선(全鮮)초등교육연구대회에서 국사교육에 대한

---

55) 문동석,「일제시대 초등학교 역사교육과정의 변천과 교과서-『보통학교국사』와『초등국사』를 중심으로」,『사회과교육』43-4, 2004, 142쪽; 장신, 앞의 논문, 2004, 17쪽.

자문이 이루어진 것과 관련된 것으로 보이며, 이 시기는 만주사변 발발 직후이기도 하다. 이때부터 조선사를 국사에 포함시켜야 한다는 문제 제기는 간간 있었지만 구체화되지 않고 있었다.

이 사안을 실현시키기 위해 만들어진 것이 '임시역사교과용도서조사 위원회'인데 이전의 위원회가 사업의 대강을 심의하는 데 그쳤다면 이 위원회는 구체적인 교과서 편찬까지 맡고 있었다.[56] 1935년은 천황기 관설 사건 등으로 각급 교육기관에 국체명징의 훈령이 내려지고 있던 해이기도 했다.[57] 그리고 1937년 중일전쟁이 발발하던 때 초등국사로의 전환이 이루어졌고, 1938년 3차 조선교육령 발포 후, 1939년에는 드디어 일본인 아동과 조선인 아동이 동일하게 사용할 수 있는 교과서가 사용되기 시작했다. 전시체제기 황국신민화 정책의 일환 정도로 치부 해버릴 수도 있지만, 조선사를 국사에 포함시키려는 일련의 흐름들 속에서 본다면 하루아침에 이루어진 일은 아니고 일정한 시도들의 결과물인 셈이다. 1941년 '국민학교령'으로 학교명이 바뀌고 황국신민화 교육은 더 노골화되지만, 국민학교안은 이미 1937년 세워진 것이었고,[58] 국사교육의 틀 자체는 크게 변하지 않았다.

조선총독부가 조선사를 국사에 포함시키려는 의도를 가지고 있었다는 사실은 교육 분야 바깥에서 찾아볼 수 있다. 기존 연구에서도 간단히 언급된 바 있지만 총독부는 경성제대와 조선사편수회를 통한 조선사 연구 성과를 교과서에 반영하고자 하였다.[59] 총독부는 이미 1910

---

56) 學務局長談,「『臨時歷史教科用圖書調査委員會設置』の趣旨に就いて」,『文教の朝鮮』 1935년 3월, 2쪽.

57) 권오현, 앞의 논문, 2003, 22쪽.

58) 이치석,「'국민학교'의 실체와 그 논리」, 씨울교육연구회 편역,『일제 황민화교육과 초등학교』(한울, 1995), 51, 57쪽.

59) 권오현, 앞의 논문, 2003, 14-15쪽.

년대 말부터 조선사 편찬을 시도하였고, 십수 년에 걸친 작업 끝에 1938년 완간하였다. 그 과정에서 경성제대 교수들을 동원하였기 때문에 일종의 '관학아카데미즘'으로서 역사학계가 조성되고 있었다.[60] 그러나 조선사 편찬 과정은 순탄치 않았고 결과물 역시 흡족하지 못했다. 역사서술로까지 나아가지 못하고 사료집 편찬에 머물렀으며, 관련 전공자들을 충분히 확보하지 못해 고대사와 대외관계사에 치우친 면도 있었다.[61] 물론 고대사와 대외관계사는 일선동조론을 강화하기 위해서 필요한 분야이기 때문에 더 집중적으로 연구된 측면도 있을 것이다.

여기서 총독부의 의도라는 부면을 다시 한 번 생각해보자. 앞에 소개한 잡지들의 어용성을 고려하면 논객들 역시 총독부의 입장에서 크게 벗어났을 것으로 여겨지지 않지만, 그렇다고 해서 총독부의 의도와 정확히 일치했는지도 알 수 없다. 총독부의 입장에서 가장 중요했던 것은 결국 조선인들을 통제하는 일이었고, 교육이 그 역할을 해주리라고 기대했을 법하다. 일본 내지의 국사교육도 그런 의미에서 이미 충량한 국민 양성의 역할을 하고 있었다. 문제는 조선인들에게 내지와 동일한 국사교육을 시킨다는 것은 사실상 불가능하다는 점이다. 이를 시정하기 위해 총독부는 기술적인 면과 관점상의 면을 동시에 고려하고 있었던 것으로 보인다.

기술적인 면에서 보면 한마디로 조선사에 오류가 심하다고 보았다.[62] 그러한 오류들은 경성제대 사학과 교수들의 연구와 조선사편수

---

60) 일제 시기 역사학계 '관학아카데미즘' 문제에 대해서는 김종준, 「일제 시기 '역사의 과학화' 논쟁과 역사학계 '관학아카데미즘'의 문제」, 『한국사학보』 49, 2012, 참조.

61) 정상우, 「조선총독부의 『조선사』 편찬 사업」, 서울대 국사학과 박사학위논문, 2011, 146, 179, 245쪽.

회 활동을 바탕으로 한 식민사학 활동을 통해 바로잡혀질 것으로 보았
다. 그런데 임시역사교과용도서조사위원회를 통한 총독부의 요구는
기술적인 오류를 바로잡는 것에 머물지 않고 있다. 일본 내지의 국사
교과 체제 자체를 바꾸어야 한다는 것이다. 명칭상의 차별 철폐와 교
과규정상의 일원화를 통해 이중적 체계를 없애야 하는데 이는 역사의
주류(主流)를 별개로 한 조선인에게 국사를 중심으로 한 역사로 합류
시켜 무차별한 국가생활을 향수케 하기 위한 것이었다. 총독부의 입장
에서 역사교육은 조선의 국사 또는 민족사의 요구를 순치(馴致), 선도
한다는 통치상의 목적과 관련되는 것으로 조선사 편찬도 그를 위한 것
이었다.

특수한 문화를 가지고, 풍속관습을 달리 한 조선에 있어서 교육은, 내선
인 어느 쪽을 대상으로 함을 묻지 않고, 국어·수신 및 역사의 교수(敎授)
에 취해 가장 뜻을 두지 않으면 안 된다. 이 세 가지가 국민됨의 사상 감정
을 함양하고, 지조를 육성하며, 이른바 생활의 규범을 결정하는 데 절대한
힘을 가지고 있기 때문이다. 특별히 일찍이는 상용의 언어를 달리하고, 역
사의 주류(主流)를 별개로 한 조선인에, 표준 국어를 학습사용시키고, 국사
를 중심으로 한 역사의 이해와 전통적 생활으로의 합류를 기대하며, 정말
로 일체 무차별한 국가생활을 향수케 하기 위해서는, 이 세 가지는 극히
중요한 사명을 갖는다. 그중 역사교육은, 국민정신의 동향에 관한 바가, 깊
고 또한 크다. 총독부가 역사교과용 도서에 있어 혹은 편찬개정에, 혹은
검정에, 새로운 방침을 수립하고, 종래보다도 증가해 한층 신중한 태도를
지니며, 또한 교수의 지도에 대해서도 각별한 주의를 가하기에 이른 이유
이다. 그리고 이상(理想)으로 하는 바는 단지 조선에 있어서 역사교육으로
서의 특수한 목적 달성에 한정하지 않고, 정말 우리나라에 있어서 역사교
육의 근본적 쇄신, 즉 시국하의 역사교육으로부터 나아가 신일본의 역사교
육에의 혁신을 목적으로 하는 것이다.[63]

---

62) 장신, 「경성제국대학 사학과의 磁場」, 『역사문제연구』 26, 2011, 59쪽.

그러한 점에서 '총독부가 문부성 편찬의 국사교과서가 식민지에서도 사용할 수 있을 정도의 보편성을 갖고 있지 않다고 판단했다'[64]는 해석은 설득력이 있어 보인다.

이상 국사교과서 개정은 당대 교육계, 역사학계, 정치적 상황 및 국제정세와 밀접하게 관련되어 진행되고 있었음을 살펴보았다. 1937년 이후 이른바 황국신민화 교육이 본격화되지만 그러한 변화에 앞서 조선사를 국사 체계 안에 어떻게 포섭할 것인가를 둘러싼 논의 구도가 성립되어 있었고, 그러한 논의가 국사교과서 개정에도 반영되고 있었다. 그렇다면 1930년대 후반 이후 논의 구도는 어떻게 달라질까? 전쟁의 소용돌이 속에 전체주의가 전면에 부각되고, 결과적으로 조선사는 소멸의 길로 들어서게 된다. 1941년『초등국사』는 고대사의 독자성을 말살하고 중국에 대한 종속성은 줄이는 등 조선사를 재구성해 내선일체를 강화시켰다.[65] 하지만 그 과정 속에서도 몇몇 논의들은 존재하고 있었고, 이를 무시해서는 안 된다. 왜냐하면 다음 항에서 보게 되듯이 1930년대 이래 조선인들에게도 조선학 연구가 고양되었지만 점차 일본 국사 체계 안으로 편입되어 버리는 경우가 있었는데, 이들의 내적 논리를 규명하기 위해서는 일본 측의 논의 구도가 어느 선에서 허용되고 있었는지를 알아두어야 하기 때문이다.

일단 1935년경 총독부가 조선사를 국사 체계에 포섭시키는 데 적극

---

[63] 「朝鮮の國史敎育と敎科用圖書の變遷」,『敎科書編輯彙報』3輯, 1939년 3월(『植民地 朝鮮 敎育政策 史料集成』21, 大學書院, 1986), 朝鮮總督府, 47-48, 54-56, 59, 64쪽.

[64] 권오현, 「황국신민화 교육정책과 역사교육의 변화」,『사회과교육연구』18-4, 2011, 11쪽.

[65] 김경미, 「'황민화' 교육정책과 학교교육－1940년대 초등교육 '국사'교과를 중심으로」,『동방학지』124, 2004, 677-687쪽.

적이었음을 보여주는 자료들이 있다. 앞서 소개한 '임시역사교과용도
서조사위원회'는 종래 교과서와 달리 조선역사와 동양역사를 소홀히
하지 않기로 했다는 내용이 언론에 소개되었다.66) 이로써 각 중등학교
에서 불평이던 조선역사문제가 완화될 것이라는 전망도 나오고 있었
다.67) '내지인의 조선에 대한 인식부족'을 반성하고 '조선에 대한 재인
식'을 천명하는 일본인의 모습에서도 조선학운동을 체제내화해야 한다
는 일본 측의 강박증을 엿볼 수 있다.68) 총독부 기관지인『경성일보』
는 아카데미즘의 정점에 있던 경성제대가 조선학의 중심에 서야 한다
고까지 주장한다. 반도 오천 년의 역사와 문화를 내지 제국대학이나
학계에 맡기지 말고 경성제대에서 반도 연구의 전문가가 나와야 한다
는 것이다.

> 경성제대는 반도 통치의 제1선에 일어나야할, 각계의 신진기예(新進氣
> 銳)의 인물을 양성하는 근본의에 창설되었지만, 현재 성대학원내의 정신이
> 나 공기에는 이것이 조금도 포함되어 있지 않다. 내지의 제대학원(帝大學
> 園)에 추종 혹은 구미 의존의 역(域)을 벗어나지 못하고, 젊은 학도는 의학,
> 법문학부를 통해 반도연구열이 전부 없다. 반도 독특한 사상(事象)에 매력
> 조차 느끼지 못하는 학도도 있는 듯해서 (…중략…)
> 반도의 최고학부를 낸 자가 조선지방행정에 맹목(盲目)이라는 기이한
> 관(觀)을 노정해 성대에 있어서도 조선관계의 특수한 강의는 임의과(任意
> 科)로서 로칼 칼라를 성대에 인정하지 않는다. 따라서 성대학원으로부터
> 반도연구의 엑스퍼트가 나오지 않고, 반도 오천 년의 역사와 문화는 오히
> 려 내지 제대학원이나 학계에 맡긴 형태이다. (…중략…)
> 학도의 유린(蹂躪)에 임해 지금『조선학』의 창건이 절실히 요망되기에

66)「新編歷史敎科엔 朝鮮史置重」,『동아일보』1935년 7월 5일.
67)「朝鮮史敎材 豊富히 取扱하야 從來不平緩和 이후에새로히편찬하랴는 歷史敎科
書新案」,『매일신보』1935년 7월 5일.
68) 小西三雄,「朝鮮に對する再認識を要望す」,『朝鮮』1935년 10월, 朝鮮總督府, 68쪽.

이른 것으로 학무국에서는 본요(本要)가 될『조선학』을 성대학원 즉 의학, 법문학부의 필수과목으로 더해 조선에 관한한 그 엑스퍼트는 성대학원에 있다는 자신(自信)을 확립, 반도 최고학부 존립의 의의를 강조, 젊은 학도의 각성을 촉구하며 (…중략…)[69]

물론 선심성 구호에 불과한 것으로 볼 수도 있겠지만, 이른바 '민족말살정책'의 시기에 '조선학 촉진'의 수사(修辭)들이 기묘하게 병존하고 있었던 셈이다.

1934년 경성제대 내 '국사상 조선에 관한 사항을 조사하는 위원회'가 설치된 사실은 관학아카데미즘이 교육 분야와 연동되어 있었음을 상징적으로 보여준다. 이와 관련해 나카무라 히데타카(中村榮孝)라는 인물이 주목된다. 그는 동경제대에서 동양사학을 전공하고 졸업 후 곧바로 조선사편수회에 취직하여 1927년부터 37년까지 조선전기 편찬사업에 근무하였다. 1937년에는 학무국 수사관으로 전임하고 있는 바,[70] 총독부와 긴밀한 관계에 있었던 것으로 보인다. 나카무라는 이처럼 조선사편수회에서의 활동을 기반으로 임시역사교과용도서조사위원회에도 주도적으로 참여하였다. 그는 종래 조선의 국사교육에 내선의 구별이 있었음을 지적하고, 위원회를 통해 획기적인 일대혁신이 가능했다고 보았다. 이 같은 변화는 단순히 한정된 조선통치를 위함이 아니고 국사교육의 쇄신 자체를 지향하는 것이라고 주장하였다.

조선교육의 목적하는 바는 「황국신민의 육성」이다. 이를 위해서는 「국체명징(國體明徵)」, 「내선일체」, 「인고단련(忍苦鍛鍊)」의 3대 강령이 게시되어 있다. 소위 교육은, 이것의 구현을 철저히 용왕매진(勇往邁進)하지

---

[69] 「京城帝大の再出發」, 『경성일보』 1938년 2월 23일.

[70] 정상우, 앞의 논문, 2011, 224쪽.

않으면 안 된다. 이미 조선의 교육에서는 30년래의 역사적 전통이 있다. 귀한 체험이고, 잊지 말아야 할 기초이다. 게다가 일대 비약은 초미의 급무이다. 국사교육도 또한 동일하게 약진이 구해져야 한다.

조선에 있어서 국사교육은 종래 2계통으로 나누어져 있었다. 즉 내선(內鮮)의 별(別)이다. 하나는 소학교규정에 기초하고, 하나는 보통학교규정에 즉한 것이었다. 중등학교 역시 여기에 조응(照應)했다. 그러나 보통학교규정의 소멸, 소학교규정의 개정에 의해 내선 공통으로 신소학교규정에 기초하게 되고, 신규칙 아래 내선의 계통은 귀일(歸一)된 것이다. 이에 있어 국사교육은 일대 약진을 이루지 않으면 안 된다. 이를 위해 내년 4월부터는 신교과서도 사용되어진다.[71]

한편 역사와 구분되는 국사의 특성을 논하는 것은 앞서의 논객들과 큰 차이가 없다. 교재는 전문학술적인 것으로 하더라도 국사교육은 역사적 이해력의 육성이 우선이므로 국가의 역사적 사명을 자각케 함을 목표로 해야 한다는 것이다.[72]

이처럼 1930년대 후반에도 역사와 국사를 구분하는 인식틀은 이전의 그것이 기본적으로 이어지고 있다. 국사교육은 광범한 의미에서 역사연구와 공통되지만 특유한 부분도 있으니 조국(祖國) 발달의 역사를 명확히 한다는 점이 그것이다. 여기에서 역사교육과 국사교육의 차이, 교과로서의 국사와 순정사학의 차이가 생겨나는데 일반사학이 지적 진리의 과학임에 반해 교과로서의 국사는 정의도야(情意陶冶)를 중시한다. 국사교육으로 바람직한 교재는 '학술적으로 논증을 거친 도덕적인 것'이지만 만약 학술가치와 교화가치가 괴리되는 경우에는 교화가치에 중요성을 두어야 할 정도로 국사교육에는 도덕적

---

71) 中村榮孝(朝鮮總督府編修官), 「國史敎育促進のために－皇室中心の國史について」, 『朝鮮の敎育硏究』 1939년 12월, 4-5쪽.
72) 中村榮孝, 「朝鮮に於ける國史敎育」, 『朝鮮』 1940년 9월, 1-4쪽.

사명이 중요하다.[73]

그런데 좀 더 살펴보면 일본인 교육자들은 전시체제기 들어 황국신민화교육이 본격화되는 시점에서 국사교육의 변화를 수용하면서도 애써 일관성을 유지하려고 했던 것으로 보인다. 1936년 전체주의 시대가 되었음을 인정하고 교육계도 그러한 풍조를 따라야 한다고 하면서도 소개되고 있는 전체주의 교육의 실제 내용은 전인주의, 체험교육, 향토주의 등으로 새로운 것은 아니라고 하였다. 다만 조국애와 결부되는 바에 전체주의의 진행이 있다고 하고 있다.[74]

또한 『초등국사』의 의의를 정리한 책을 보면 신교육령 아래서 국체명징과 함께 내선일체가 강하게 부르짖어지는 현상을 받아들이면서 이것이 이전과 본질적 차이는 아니고 강화 철저의 의도로 보아야 한다고 평가하고 있다.[75] 1938년 말 새 교과서 편찬과 관련해 총독부는 전 조선 260교를 선정해 의견을 구하고 있었다.[76] 교육 잡지에 실린 글들은 이에 대한 답변의 성격을 띠고 있는 것으로 보이는데 국사과도 시대의 요구, 국가의 요구에 응해야 하지만 '국사교육이 황국신민 육성을 목적으로 함'은 이미 세워진 원칙이기 때문에 지금 다시 시국에 영합할 필요가 없다는 것이다.[77] 국민학교안이 발표되었을 때도 국사교육은 달라지는 바가 없으므로 아무런 동요불안을 품을 필요가 없다고 하였

---

73) 全北 完州郡 雨林公立普通學校長 村松祐淳, 「國史教育の着眼と實踐」, 『文敎の朝鮮』 1937년 4월, 90, 97쪽.

74) 吉田正男, 「敎育に於ける全體觀の姿相の鳥瞰」, 『朝鮮の敎育研究』 1936년 11월, 20-21, 24, 26-28쪽.

75) 朝鮮初等敎育研究會, 『皇國臣民敎育の原理と實踐』, 朝鮮公民敎育會, 1938년 8월, 201, 205쪽.

76) 「國史編纂에 各小學校의 意見參酌」, 『조선일보』 1938년 12월 22일.

77) 阿部一正, 「國史敎育に於ける小さき反省」, 『朝鮮の敎育研究』 1939년 2월, 52쪽.

다. '내선일체'가 문제시되고 있지만 조선이라는 지역적인 넓음과 역사에 현혹되지 말고 일본인(황국신민) 연성(鍊成)을 위해 일본 역사를 가르치면 될 뿐이다.[78]

그런데 1940년을 전후해 국사와 역사의 차이점은 원론적인 수준에 머물고, 국사의 특수성이 극단적으로 강조되는 경향도 보인다. 역사에는 법칙발견의 역할이 없고, 역사의 가치는 특수성에 있기 때문에 '역사는 반복된다'는 명제도 성립되지 않는다. 아예 역사의 과학성을 부인하고 있다. 흥미로운 것은 그런 한편으로 '국민정신'이라는 일반성은 인정하는 편의적 태도다. 역사의 보편성을 부정하면서도 개개의 사건들 속에 일반성, 공통의지가 잠들어 있으며 그것이 국민정신, 시대정신이라고 주장하였다.[79] 오로지 국가를 내세우는 집단적 논리만이 정당화되는 사유구조로 국사를 이해하는 것이다.[80]

또한 이 시기 글들 속에는 당대 시국에 대한 자신감과 불안감, 장래 정국에 대한 기대와 조바심이 교차함을 발견할 수 있다. 일본이 유색인종 중 홀로 백인국가와 맞설 수 있게 된 것은 '일본존재의 세계적 의의'를 내보인 것이라는 자신감 속에, 국정 국사교과서가 지방에 따라 내용을 달리함은 내부의 분열을 조장하는 것으로 받아들여졌다. 조선에서는 문부성, 총독부 편찬의 두 종류 교과서가 사용된 결과 조선인 아동에게 곡필(曲筆)된 국사를 학습시키는 것 같은 오해를 불러일으키고 내지인

---

78) 阿部一正, 「國民科國史經營の精神」, 『朝鮮の敎育硏究』 1940년 12월, 27, 30쪽.

79) 경기도 視學官 島田牛稚, 「國史の尊嚴と其の敎育」, 『朝鮮の敎育硏究』 1940년 1월, 16쪽.

80) 이 시기 일본은 아시아주의를 내세웠지만 역사적으로 아시아주의는 팽창주의, 침략주의, 내셔널리즘(민족주의, 국가주의, 국민주의, 국수주의) 및 좌익의 국제주의 등과도 중첩될 수 있는 것이었다(竹內好, 「アジア主義の展望」, 『アジア主義』(現代日本思想大系 9)(筑摩書房, 1963), 12쪽).

아동에게는 내선일체에 대한 역사적 이해를 결여시키는 폐해를 수반했다. 그런 상황에서 내선 아동 공용의 국사교과서를 사용하는 것은 조선 지방의 문제만으로 그치는 것이 아니고, 내지, 조선, 대만 등 제국 영토 내 교육의 일원화라는 방향으로의 발전을 암시하는 것으로 동아신질서 건설, 나아가 세계적 의의를 지닌 것이라고 자찬하고 있다.[81]

'국가적 관점'은 그동안 대립해온 '역사의 학적 연구'와 '국사교육'을 결합시키는 묘약이기도 하다. 동경제대에 리스가 초빙된 이래 도입된 과학적 역사연구법이 국민으로서(넓게는 인류로서)의 본질성을 가지려 면 역사철학과 결합해야 한다.[82] 애초 랑케의 역사주의 자체가 실증, 과학과 함께 국가, 철학을 중시하고 있었는데, 이 시기 일본역사학에서는 실증보다 세계사적 역사철학의 가치가 더 높게 부각되고 있었다.[83] 전 선의 확대에 따른 제국 영역의 확장 속에 일본적인 특수성이 아시아적 인 것을 뛰어넘어 세계적인 것으로 자칭되면서 국사는 '과학적 연구방 법론'보다 더 상위의 세계사적 역사철학을 자기정당성의 근거로 삼게 된 것이다. 이와 같이 내외 정세에 따라 일본국사의 위상이 절대적인 무언가가 되다 보니까 이전에 느끼던 고충, 즉 조선사를 어떻게 국사 체 계 안에 집어넣을 것인지, 조선인들의 반응에는 어떻게 대처할지 등에 대한 고민은 사라지고 '차별철폐'의 이상 아래 실제로는 일방적인 포섭 만 남게 되며, 조선인들은 이를 조선사의 소멸로 받아들이게 된 것이다.

---

81) 「國史敎科書內鮮兒童共用の意義」(京城女子師範敎諭 兵頭正),『敎科書編輯彙報』 6輯, 1940년 10월(『植民地 朝鮮 敎育政策 史料集成』22, 大學書院, 1986), 朝鮮總 督府, 16, 19-21쪽.

82) 「新『初等國史』隨感」(京城師範敎諭 宮崎五十騎),『敎科書編輯彙報』6輯, 1940년 10월(『植民地 朝鮮 敎育政策 史料集成』22, 大學書院, 1986), 朝鮮總督府, 24-25쪽.

83) 고야마 사토시(小山哲), 윤해동 옮김, 「세계사'의 일본적 전유 랑케를 중심으로」, 비판과 연대를 위한 동아시아 역사포럼,『역사학의 세기-20세기 한국과 일본의 역사학』(휴머니스트, 2009), 111쪽.

2) 전체주의 광풍 속 '조선사'의 '국사' 편입 가능성

1930년대 후반 이후 '조선사'의 '국사' 편입이 실현되는 상황에서 조선 지식인들이 이를 어떻게 받아들였는지 직접적으로 알려주는 자료는 드물다. 1930년대 후반 이후 식민지에서의 각종 담론은 정상적으로 전개되지 못했다. 조선학운동이 활발하던 중반까지와 비교해보면 침묵과 변절, 전향이라는 형태로 변질된 시기이다. 따라서 이전 시기와 같이 식민사학에 대립하거나 대응 혹은 의식하면서 조선사에 대한 논의가 펼쳐지지 못했다. 그렇지만 남아있는 소수의 발화들—그것이 역사와 직접적으로 연관되지 않더라도—을 무시해서는 안 된다고 생각한다. 일본인들의 국사 담론이 이전 시기와 일정하게 연속되기도 하고 차별화되기도 하면서 이어진 것처럼 조선인들의 발화 속에서 그 이전, 혹은 해방 이후 '국사' 담론과 연속선상에서 파악될 수 있는 요소를 찾아내는 것이 불가능하지 않다고 보기 때문이다. 즉 이 시기 지식인의 일반적 사고방식을 알려주는 일부 기록과 그에 대한 연구 성과들을 참고할 수 있는데, 그를 통해 역으로 조선사의 국사 편입 '가능성'을 짚어보고자 한다.

1930년대 들어 조선 지식인들이 국제정세에서 공통적으로 주목한 것은 블록화 경향이었다. 대국가주의적 경향이 거역할 수 없는 세계사적 흐름이고 결국 내선일체의 방향이 역사적 필연이라는 사고 속에서 친일과 전향이 정당화되는 내적 논리가 형성된다.[84] 20년간의 국제주의, 민주주의적 흐름이 끝나고, '국민주의'와 '통제주의'를 특성으로 갖는 파시즘이 전 세계적으로 유행하고 있었던 것이다.[85] 국가주의, 국민주

---

[84] 이승엽, 「조선인 내선일체론자의 전향과 동화의 논리―녹기연맹의 조선인 이데올로그 현영섭을 중심으로」, 『근대를 다시 읽는다』1 (역사비평사, 2006), 223쪽.

의의 경향은 독일, 이태리뿐 아니라 미국, 영국, 소련, 중국 등에서도 발생하고 있다고 여겨졌기 때문에,[86] 민족주의 계열과 사회주의 계열 모두 이 문제를 심각하게 받아들이지 않을 수 없었다. 이 같은 경향을 총칭하는 용어가 '전체주의'로 조선에서는 1932년 이광수에 의해 처음 등장한다고 한다. 전체주의를 비판하면서도 그에 대한 내재적 극복, 혹은 발전적 지양의 가능성을 모색한 이가 서인식(徐寅植)인데 그는 당시 좌파지식인의 전형적 인물이었다.[87]

이와 관련하여 좌파지식인의 전향을 '조선이라는 주체에 대한 관심이 일본 제국이라는 보다 큰 주체 속으로 포섭되어 가는 과정'으로 정의내리고, '조선 연구에 대한 관심 즉 민족이라는 주체에 대한 관심이 전향으로 이어지는 논리적 통로로 기능'하였다는 지적이 있어 흥미롭다.[88] 조선적 특수성, 주체성에 대한 애착과 모색을 가지고 있는 경우, 일정한 공간이 허용되면 식민지배에 저항, 대립의 기능을 행할 수 있지만, 그러한 전망이 사라질 때 오히려 더 큰 주체에 대한 자기동일시적 욕망으로 변형될 수 있다는 것이다. 이는 좌파지식인에게만 해당되는 문제가 아니다. 조선에 대한 상고주의가 세계사적 보편성의 문제를 방기할 때 '근대의 초극', 비합리적 · 파시즘적 동양론, 나아가 대동아공영권으로 포섭되는 것은 '자연스러운 논리적 귀결'로 여겨질 수 있다.[89]

85) 이태훈, 「1930년대 전반 민족주의세력의 국제정세인식과 파시즘논의」, 『역사문제연구』 19, 2008, 253-254쪽.

86) 홍종욱, 「1930년대『동아일보』의 국제성세 인식 – 사회주의 및 전체주의 관련 기사를 중심으로」, 『한국민족운동사연구』 58, 2009, 81-83쪽.

87) 이태훈, 「1930년대 후반 '좌파지식인'의 전체주의 인식과 한계 – 서인식을 중심으로」, 『역사문제연구』 24, 2010, 91, 106쪽.

88) 홍종욱, 「'식민지 아카데미즘'의 그늘, 지식인의 전향」, 『사이間SAI』 11, 2011, 123쪽.

89) 장성규, 「카프 문인들의 전향과 대응의 논리 – 임화와 김남천을 중심으로」, 『상허학보』 22, 2008, 367쪽.

　여기서 당대 대표적인 전체주의 이론가였던 서인식과 박치우(朴致祐)의 글을 구체적으로 살펴보자.[90] 먼저 서인식은 현존하는 전체주의 사관은 인종사관 또는 민족사관이라며 자유주의의 인류사관, 사회주의의 계급사관과 대비시켜 비판적으로 이해하고 있다.[91] 게다가 근대 문화의 합리적, 실증적 정신에 대한 반동으로서 비합리주의, 상징주의가 대두해 주류가 되었음은 인정하면서도 과학에 죄과를 뒤집어씌우는 것은 잘못이라고 지적한다.[92] 그러면서도 앞으로 올 전체주의에 대한 일말의 기대를 품고 있음을 알 수 있는데 개인주의를 기계적으로 부정하면 봉건주의로 역행하는 것이지만 근대의 고유한 개인주의와 현대의 고유한 전체주의를 합리적으로 지양한 종합적 원리가 필요하다는 주장이 그러하다. 구체적인 실현 방법은 결여되어 있지만, 일본제국주의와 식민지 조선을 포괄할 수 있는 전체성의 원리 구현을 일본 측에 나름대로 요구하고 있는 것이다. 따라서 '문제는 일본이 세계성의 세계를 창조할 정열과 역량을 가졌는가 하는 데 있다'는 결론이 도출되고 있다.[93] 전체주의에 포섭될 가능성도 엿보이지만, 보편적 잣대로 전

90) 이 둘은 각각 일본의 이율배반적 헤게모니 담론을 비판하고 있었다고 평가된다. 미키 키요시(三木淸)의 '세계사의 철학', '동아협동체론'의 자장 속에서 발화하고 있었지만 세계성의 의미에 대해 의문을 던지거나, 중국의 독자성은 인정하면서 식민지 조선에는 더 강력한 동일화를 밀어붙이는 '동아신질서' 구상에 대해 문제제기를 하는 방식이 그것이다(차승기, 「'근대의 위기'와 시간-공간 정치학-교토학파 역사철학자들과 서인식」, 『한국근대문학연구』 4-2, 2003, 251, 261, 263쪽; 차승기, 「추상과 과잉-중일전쟁기 제국/식민지의 사상연쇄와 담론정치학」, 『상허학보』 21, 2007, 267-272, 276쪽).
91) 「전체주의 역사관-그것의 현대적 영도성에 대하여」(『조선일보』 1939년 2월), 차승기 · 정종현 엮음, 『서인식전집 I-역사와 문화』(역락, 2006), 165쪽.
92) 「과학과 현대문화-특히 과학 데이에 寄함」(『동아일보』 1939년 3월), 차승기 · 정종현 엮음, 『서인식전집 I-역사와 문화』(역락, 2006), 171-172쪽.
93) 「문화에 있어서의 전체와 개인」(『인문평론』 1939.10.), 차승기 · 정종현 엮음, 『서인식전집 II-신문 · 잡지편』(역락, 2006), 93, 99쪽.

복적 사고를 하고 있음도 알 수 있다.

　다음으로 경성제대 철학과를 졸업하고 조선공산당의 주류를 대변하던 박치우의 경우를 보자.[94] 그의 전체주의 비판은 좀 더 철저하다. 현대의 전체주의는 '피의 원리'라는 새로운 원리를 내세워서 종래의 기계적 유기체설(합리적 유기체설)을 신비적(비합리주의적)인 유기체설로 바꾸어 놓았는데 거기서 '민족'은 알파와 오메가가 된다. 민족 위에 인류, 국가 위에 세계라는 보다 더 큰 전체가 있음에도 불구하고 현대 전체주의에서 이러한 논법은 금물이다.[95] 현대 비합리주의는 피와 흙이라는 개념을 도입하여 낡은 비합리주의의 가장 큰 약점인 몰(沒)도덕, 반(反)사회, 무(無)역사 등등으로부터 자신을 구출함에 성공했다는 것이다. 하지만 혈통지상주의하에서 민족의 봉쇄성과 배타성은 피할 수 없는 결론이며, 신동아협동체 역시 의문스러운 형태다. 한 개의 민족에만 국한되는 한에서는 '유기체' 내지 '공동체'의 개념을 적용하면서도 신동아건설이라는 보다 넓은 범위가 문제가 될 때에는 '협동체'라는 용어를 사용하는 자기모순에 빠져 있기 때문이다.[96] 민족/국가를 절대적인 단위로 삼는 전체주의에 대한 예리한 비판이면서 동시에 민족/국가

---

94) 권용혁, 「철학자와 '사회적 현실'-서양 철학 수용사를 중심으로」, 『사회와 철학』 4, 2002, 258쪽.

95) 「전체주의의 철학적 해명: '이즘'에서 '학'으로의 수립과정」(『조선일보』 1939년 2월 22, 23, 24일), 윤대석·윤미란 엮음, 『사상과 현실: 박치우 전집』 (인하대학교출판부, 2010), 147-148쪽.

96) 「동아협동체론의 일성찰」(『인문평론』 1940년 7월호), 윤대석·윤미란 엮음, 『사상과 현실: 박치우 전집』 (인하대학교출판부, 2010), 171-172쪽. 실제로 일본 측 입장에서 전체를 혈통적 민족으로만 구성하는 것은 부담스러운 일이었을 것이다. 독일 나치스에게 전체가 처음에는 민족이었지만, 프랑스를 항복시키고 대지역주의를 부르짖은 후의 전체는 민족을 초월한 것이라는 관찰도 그런 측면에서 나올 수 있는 것이다(조선총독부 敎學硏修所 講師 大關將一, 「全體主義」, 『文敎の朝鮮』 1941년 1월, 30쪽).

의 범주를 중시하는 조선인들이 자의적 해석 끝에 전체주의에 경도될
수 있음을 암시한 글로 볼 수 있다.

실제로 1930년대 후반 들어 감성적 차원에서 전체주의에 호감을 보
이는 글들이 하나둘씩 잡지에 등장한다. 1935년 '민족애(民族愛)'란 관
점에서 '히틀러를 숭상한다'는 이가 나타났고,[97] 1941년에는, 전체주의
는 자유주의 · 개인주의를 극복 반격한 것으로 이때의 전체는 유기적,
종족적, 민족적 전체를 의미한다고 밝히고 있다.[98] 자유주의는 비상시
정치적 지도원리로서 본질적 약점을 가지고 있는바 민족국가를 중추
로 하는 전체주의는 그와 다르다. 전체주의하에서는 국가권력의 통제
강화, 배타적 민족주의 강조, 국수주의적 전체주의 국가관 수립 등이
중시되는데[99] 국사교육은 바로 그러한 목표들을 달성하는 데 효율적
인 수단이 될 수 있다.

조선인이 민족/국가를 단위로 하는 전체주의에 직접적으로 포섭될
수도 있겠지만, 엄연히 존재하는 내지인과의 간극을 적당히 메꾸어 주
는 담론이 동양이다. 동양학이란, 편협한 세계사의 시각을 바로잡기 위
하여 생겨난 것으로 지나학, 조선학 등은 그 하부 범주로 규정된다.[100]
태평양전쟁 발발 직전『조광』지는 김옥균 특집호를 발행하고, 김옥균
의 동양주의 = 동아신질서 = 대동아공영권 = 대아세아주의로 이어지는
도식을 선보인다.[101] '비판적 조선학'을 주창하던 사회주의자 신남철

97) 權承烙,「나는 히틀러를 崇尙한다」,『학등』14, 1935년 3월, 6쪽.
98) 朴相鉉,「全體主義의 哲學—特히「二十世紀의 神話」에 對하여」,『춘추』8, 1941
년 9월, 64, 72쪽.
99) 李相敦,「全體主義의 登場과 自由主義 沒落—政治思想의 近代的 動態」,『춘추』
9, 1941년 10월, 48, 50, 55쪽.
100) 洪起文,「動하는 文化, 朝鮮學의 本質과 現狀」,『조선일보』1940년 8월 5일.
101) 八峰(金基鎭),「大亞細亞主義와 金玉均先生」,『朝光』73, 1941년 11월, 66쪽.

(申南徹)도[102] '동양도덕의 우월성' 운운하고 있었다.[103]

이들은 특히 전체주의 시대를 '역사적 필연'으로 상정하며, '역사적' 이란 표현을 남발하고 있다. 당대 현실이 '역사적 귀결점'으로 정당화 되고 그에 대한 비판의식을 찾아볼 수 없을 때, 과거를 다루는 '진짜 역사' 역시 당연히 당대의 전체주의적 관점—일본 측이 의도하고 있는 —에서 벗어날 수 없는 것이다. 학도병 자원은 '동아의 역사적 조류'로 권장되고,[104] 만주사변에서 지나사변, 대동아전으로 이어지는 전개 역 시 역사적 귀추로 설명된다.[105] (신)민족주의 역사학을 대표하던 안재 홍 역시 화랑도와 고구려의 상무정신을 언급하며 황국신민의 일분자로 대동아성전에 참여함은 '역사적 무대의 의무'라고 표현하고 있다.[106]

친일과 변절의 진실 여부를 떠나 민족주의 역사학자들이 전체주의 시대를 역사적 귀결로 파악하는 현상은 미리 예견된 것이었다. 조선학 운동이 한창이던 1935년 사회주의자 김남천(金南天)은, 민족주의 역사 학자들이 '히틀러를 문화적 살인자라고 선전'하고 있지만, 그들의 '고전 부흥과 고전연구는 나치스 문화정책의 조선적 모방'이라고 비난하고 있다.[107] 이는 사실상 안재홍을 지칭한 것인데 그가 조선적 파쇼의 길

---

102) 정종현, 「신남철과 '대학' 제도의 안과 밖—식민지 '學知'의 연속과 비연속」, 『한 국어문학연구』 54, 2010, 401쪽.

103) 신남철, 「東洋精神의 特色—한개의 東洋에의 反省」, 『朝光』 79, 1942년 5월, 181쪽.

104) 鄭求忠(女子醫專外科科長), 「歷史的潮流를 타라」, 『춘추』 34, 1943년 12월, 27쪽.

105) 최남선, 「出陣하는 靑年學徒에 告함—「聖戰」意識에의 透徹」, 『춘추』 34, 1943년 12월, 20쪽.

106) 안재홍, 「歷史的舞臺의 義務를 다하라」, 『춘추』 34, 1943년 12월, 21~22. 이 시기 안재홍은 고향에 은거하며 대외적 활동을 하지 않은 것으로 되어 있다(조동걸, 「1940~1945년의 민족사학」, 『한국학논총』 17, 1995, 96~97쪽).

107) 金南天, 「朝鮮은 果然 누가 賤待하는가? (一)—安在鴻氏에게 答함」, 『조선중앙 일보』, 1935년 10월 18일.

을 준비하고 있다는 것이다.

안씨는 후안무치하게도 이와 같이 솔직히 고백하였다. 즉 제1로 안씨는
이곳에서 조선인은 나치스적이 아니고 조선적인 팟쇼정치와 및 그 문화를
수립함에 의하여서만 허망을 면할 수 있다는 것이니 그곳에서 안씨는 호
말(毫末)도 파쇼 일반을 건드림이 없이 아니 그것을 완곡히 옹호함으로써
유독 나치스적인 파쇼정치를 조선에 건설하려고 꿈꾸는 자만을 허망한 과
오라고 지적한 점에 있어서 그가 조선형적 특유의 파시슴을 주장하는 것
은 일목요연한 바이며 (…중략…) 그리고 안씨가 범한『독일적』,『민족적』,
『조선적』용어에 대한 혼란과 자가당착을 지적한다면 독일적인 것이 조선
적인 것이 될 수는 없고 조선적인 것이 독일적인 것이 될 수는 없으되
　　조선적인 것 = 민족적인 것
　　독일적인 것 = 민족적인 것
　　민족적인 것 = 파쇼적인 것
　　조선적인 것 = 파쇼적인 것 = 독일적인 것
이어서 그 사상적 특질이 어느 것을 막론하고 파쇼적인 것임에도 불구
하고 독일적인 것을 세계적인 것으로 인식하였음인지 또는 조선적인 것만
이 민족적인 것이 될 수 있다고 생각하였음인지 조선적인 혹은 또 민족적
인 것에 향하여 나치스 독일의 그것과 동일체계로만 여겨 이를 배격코저
한다면 그는 또 폐허타공적(吠虛打空的)인 천박한 과오일 것이다.[108]

'민족전체'니 '민족고유'니 하는 용어를 써서 제3자적, 초계급적 입장
인 것처럼 가장(假裝)하고 있지만 실제로는 파시즘에의 구심적(求心
的) 운동이고 전화(轉化) 과정에 불과하다.

결국 파씨슴의 다양성과 이질성의 현상만을 관찰하는 관념론자로 하여
금 파씨슴의 자국에서의 현존 또는 그 가능성을 부인(否認)시키는 것이며
파씨스트로 하여금 그의 본질을 다른 사회적 데마고기로 은폐하여 써 자

---

108) 徐康百,「파시슴의 讚揚과 朝鮮型的 파시슴－安在鴻氏의『獨裁管見』을 批判」
　　(一),『조선중앙일보』, 1936년 2월 19일.

기의 정책을 어떤 제3자적인 것 같이 초계급적인 것 같이 또는 『민족전체』
니 『민족고유』의 것이니 하는 성(聖)스런 이름 아래에 가장(假裝)하고 진
출하는 호개(好個)의 찬스를 만들어 주는 것이다.[109]

이 같은 논리에 따른다면 '민족고유'의 관점에서 바라본 조선사가 '전
체주의', '동아신질서'의 관점에서 '(일본)국사'에 포섭되는 것도 불가능
한 일은 아닐 것이다.

그런 점에서 해방 직후 박치우의 발언이 주목된다. '국수주의가 권력
에의 의욕과 결부되는 순간 그것은 횡포 무쌍한 파시즘으로 전화되기가
십중팔구'이고, '우리 문화가 제일이라는 신비주의적 국수주의 사상이
가령 제국주의와 같은 것과 손을 마주 잡게만 된다면', '조선판 천손사
상, 팔굉일우를 재현시키고야 말게 될 것은 의심없는 일'이라는 것이다.

> 내 것이면 덮어놓고 사랑하며 제일인 국수주의는 이성의 개재를 불허하
> 는 일종의 감상주의임에 틀림없는 것이며 그렇기에 피와 흙을 돌보지 않
> 는 여하한 국수주의도 없는 것과 마찬가지로 국수주의로부터 발족하지 않
> 는 파시즘이라곤 없는 것이다. 국수주의가 권력에의 의욕과 결부되는 순
> 간 그것은 횡포 무쌍한 파시즘으로 전화(轉化)되기가 십중팔구인 것이다.
> 덮어 놓고 내 것이 제일, 우리 민족이, 우리 문화가 제일이라는 신비주의적
> 국수주의 사상이 가령 제국주의와 같은 것과 손을 마주 잡게만 된다면 그
> 것은 내(內)로는 테러와 쿠데타를 일으키고야 말 것이며 외(外)로는 만주
> 를, 시베리아를! 이렇게 조선 판 천손사상, 팔굉일우를 재현시키고야 말게
> 될 것은 의심 없는 일이다. 하다면 이 경우에 문화는 어떻게 될 것인가?[110]

---

109) 金永植, 「朝鮮的 이데올로기 問題—특히 파씨슴과의 關聯에서」 (一), 『조선중앙
일보』, 1936년 3월 29일.

110) 「국수주의의 파시즘화의 위기와 문학자의 임무」(『조선일보』 1946년 2월 11, 12
일), 윤대석 · 윤미란 엮음, 『사상과 현실: 박치우 전집』 (인하대학교출판부,
2010), 274쪽.

다소 과격한 논법으로 보이지만 일제 시기 민족주의 역사학의 '조선사' 인식이 일본의 '국사' 체계와 어떻게 연관되고 있었는지 명확히 규명되지 않은 채 해방 후 오늘날까지 이어지고 있는 것이라면, 박치우의 주장은 분명 현재까지도 유효하다.[111] 앞으로 해방 전후 민족주의 역사학자들의 민족사 체계 정립 방식을 정밀하게 살펴볼 필요가 있어 보인다. 반면 민족/국가 단위 사고에 비판적이었던 사회주의자들은 전체주의에 대해 나름대로 보편적 잣대를 들이대고 있었던 것으로 보이는데, 이들의 해방 전후 국사 인식도 물론 검증해 보아야 할 것이다.

4. 맺음말

일제 시기 역사교육에서 국사와 조선사 간의 위상 및 관계 변화를 시기별로 다시 정리해보자. 먼저 역사교육이 시작된 1920년대 이래 1930년대 전반기까지는 국사의 조선사 포섭 논리가 모색되고 정리되어 가는 과정이었다. 조선에 머물고 있는 일본인 교육자들에게는 역사와 구별되는 국사 체계를 정립시키는 것이 우선적 과제였다. 국사는 순수 사학이 아니라 응용사학이라는 구분법이 말해주듯, 국사는 특정한 목적을 가지고 있는 것이었고, 그 특수 목적은 바로 교육이었다. 교육적 목적이라는 미명하에 역사의 보편적 가치 훼손이 용인되고 있다. 이때 양자의 구분은 사실 편의적인데 국사 역시 역사적 사실에 바탕한다며

<hr>

[111] 예를 들어 손진태의 '신민족주의 역사학'과 '식민사학'과의 공모 관계가 새롭게 논의되고 있는 것을 들 수 있다(김수태, 「손진태의 일제 식민주의 사학 비판 재론」, 『한국사학사학보』 2, 2000; 남근우, 「'신민족주의' 사관 재고―손진태와 식민주의」, 『정신문화연구』 29권 4호, 2006, 참조).

정당성을 주장하다가도 필요에 따라 국가적 목적, 교육적 목적을 앞세우는 방식이다. 그러한 논법 아래서 국사는 역사의 한 분야가 아니라 역사가 진화된 형태로 규정된다.

한편 1931년 만주사변이 발발하고 세계적으로 국가주의 추세가 확장되면서 국사의 위상을 높이자는 주장도 더 강화된다. 그 속에서 조선사를 국사 체계 안에 포섭시켜야 한다는 논리도 등장하고 있다. 1920년대에는 향토사라는 차원에서 조선사에 대한 접근이 존재했는데, 당대 교육자들은 내선관계사력이 좋지 않았던 점과 조선인들의 자국 역사 인식이 강하다는 점 때문에 고충을 토로하고 있었다. 그러나 1930년대 들어 원칙적으로 조선사를 국사 체계 안에 포함시켜야 한다는 논의도 좀 더 뚜렷해지는데 조선총독부는 그전부터 이미 경성제대 교수 등을 동원한 조선사편수회 사업의 식민사학 연구, 즉 관학아카데미즘에 기반하여 조선사 연구를 통제하고자 했다. 하지만 조선인들 역시 자국사를 연구해야 민족적 정체성을 지킬 수 있다는 입장을 가지고 있었고, 1934년은 그러한 조선학운동이 본격화된 시점이다.

조선학운동이 한창이던 1935년 총독부는 본격적으로 국사와 조선사가 결합된 교과서 편찬에 들어간다. 결과물이 나오는 것은 1938년 이후인데 그 3, 4년간 몇가지 중요한 사안들이 발생한다. 침략전쟁을 개시한 일본은 사상적으로 더 경직되고, 총독부는 황국신민화를 내세우며 그동안 표방에 그쳤던 동화정책을 실시하기 시작한다. 총독부는 조선사편수회 사업이 마무리되는 시점에서 조선사 포섭은 물론 일본 내지의 국사 체계 자체의 혁신을 요구한다. 즉 조선사의 국사 편입은 전시체제기 황국신민화 정책의 강제성에 의해 하루아침에 이루어진 것은 아니고, 그전까지 추진되어 오던 일련의 시도들이 특정 국면에서 실현된 것으로 보아야 한다.

그렇다면 강제적 포섭과 조선사의 소멸이라는 결과만이 아니라 그에 이르는 과정 및 논리를 구태여 살펴보아야 하는 이유는 무엇일까? 이와 관련하여 포섭 논리가 본격화된 시점에서 독자적인 조선사를 구성하고자 하는 조선인들의 욕구 역시 지대했었다는 점에 주목해야 한다. 당대 조선학운동 내부의 논의를 보면 일제에 대한 저항 여부와는 별개로 실증 또는 역사과학이라는 아카데미즘의 관점에서 역사를 연구하는 부류와 민족/국가의 초월성을 내세우는 부류가 나누어져 대립하고 있었다. 이러한 구도는 앞서 살펴본 일본인들의 국사와 역사의 구분 논리와도 유사한 것이다. 문제는 조선인들에 대한 동화정책이 실현된 시점, 조선사가 공식적으로 국사에 포섭된 시점에서 조선인들이 이를 어떻게 받아들이고 적응해 갔는가이다. 본문에서는 전체주의 이론가들의 글과 사회주의 지식인이 민족주의 역사학자를 파쇼로 몰아붙인 사례를 소개하며 조선인들 대응의 일단을 추정해 보았다. 주체적 입장에서 민족/국가사를 구성하고 싶다는 욕구가 (일본)국사로의 포섭을 가능케 했을 수 있다는 점에서 (일본)국사와 조선사의 연쇄 관계를 상정해볼 수 있는 것이다.

이처럼 본고는 조선인들의 대응이라는 측면에서 전체적인 조망과 추정에 그치고 있는데, 앞으로의 연구는 이 부분을 좀 더 세부적이고 구체적으로 확장시킬 필요가 있다고 생각한다. 또한 국사−조선사 담론에 대한 일본과 식민지 조선 각각의 역사학계 내에서의 논의 또는 언론의 인식들 역시 파악되어야 한다. 그리고 특히 본문 마지막 부분에서도 언급했듯이 해방 직후 우리의 국사 체계 성립 과정에 대한 탐구가 뒤따라야 할 것이다. 일제 시기와의 연속선상에서 민족주의, 사회주의 계열 각각의 국사 체계 성립 과정을 비교, 분석함으로써 본고의 의의도 더 분명해질 것이다.

1930년대 경성제국대학의 역사교과서 비판과 조선총독부의 대응

장신

1. 머리말

1935년 2월에 조선총독부는 독립기관으로서 임시역사교과용도서 조사위원회(이하 '역사교과서위원회'로 줄임)를 설치했다. 권오현에 따르면, 1930년대 전반 재조 일본인 교육자와 경성제대의 역사학자들이 國體明徵의 철저를 요구하는 역사교육 개혁론을 제기하고, 조선총독부가 이 여론을 수용하면서 역사교과서위원회가 설치되었다. 역사교과서위원회는 기존 역사교과서의 조사·분석 외에 역사교과서의 단일화, 4년제 보통학교의 국사지리과 설치 등 주목할 만한 제안을 하는 등 조선총독부의 역사교육정책을 크게 전환시켰다. 이것은 대개 1938년 제3차 조선교육령의 실시와 함께 제도적·내용적으로 역사교육에 반영되고, 황국신민화 교육정책의 원천이 된 것으로 평가되고 있다.[1] 國分麻里는 조선총독부의 朝鮮事歷을 향토사 교수와 상호관계 속에서 검토하면서 역사교과서위원회를 다루었다. 그

---

[1] 권오현,「임시 역사교과용도서 조사위원회의 활동과 황국신민화 역사교육」,『歷史教育論集』30, 2003.

는 이 위원회 설치의 주요한 계기로 1934년 초에 팜플렛 형태의 중앙
고등보통학교 조선사 교재 적발사건을 들고, 이 사건 이후 제기된 재
조일본인 교육자와 학자들의 조선총독부의 국사교육 비판을 정리하
였다.[2]

　필자는 선행 연구의 결과에 대부분 동의하지만 재조일본인 역사교
육자와 경성제대 교수들, 그리고 조선총독부가 국체명징을 위해 한마
음으로 역사교과서의 개정을 추진한 것처럼 서술한 데 대해서는 달리
생각한다. 또 제3차 조선교육령 공포 이후 역사교과서의 개편이 역사
교과서위원회 활동의 즉각적 결과로 해석하는 것을 동의하지 않는다.
조선에서 역사교육, 특히 조선사교육의 목표를 놓고 조선총독부와 민
간 전문가, 또는 조선총독부 내에서 치열한 싸움을 벌인 후에 나온 결
과이기 때문이다. 결코 쉽게 이루어지지 않았다.

　설치배경으로 재조일본인 교육자들의 비판적 의견도 거론되지만 그
들의 제안이 조선총독부를 움직이지는 못한다. 역시 총장이 대표하지
만 식민지의 최고학부 경성제대의 건의서가 결정적이었다. 山田三良
총장과 경성제대의 역사전공 교·강사들은 건의서에서 드러낸 것 외에
역사교과서위원회 활동을 통해 무엇을 얻고자 하였는가? 이것이 이 글
의 첫 번째 문제의식이다. 제국의 중심이 아닌 변방의 帝大 교수들에게
주어진 학자로서의 '소명'의식은 무엇인가? '국사의 체계'는 역사교육자
들도 주장했지만 구체화되기 어려웠던 반면에, 경성제대 교수들은 행
정력이 뒷받침된다면 비판 외에 대안을 마련하고 그것을 확산시킬 수
있는 능력이 있었다.

　다음으로 조선총독부가 왜 역사교과서위원회를 설치했는가에 대한

---

[2] 國分麻里, 『植民地期朝鮮の歷史敎育－「朝鮮事歷」の敎授をめぐって』(新幹社,
　　2010).

근원적 물음이다. 당시 비판은 1932·3년에 발간된 조선총독부의 『보통학교국사』에 집중되었다. 조선통치의 안정을 위해 조선사력을 적극적으로 활용한 뒤 조선총독부 스스로 이 책을 높이 평가했는데, 외부의 비판 때문에 그것을 쉽게 부정하는 것을 이해할 수 없다. 조선총독부가 경성제대의 건의서 제출 후 두 달 만에 마치 기다렸다는 듯이 역사교과서위원회의 설치를 결정한 또 다른 이유가 필요하다.

셋째로 역사교과서위원회의 제안에 대한 조선총독부의 대응이다. 선행연구에서 밝혔듯이 제도 개편과 교과서 서술에 일부 변화가 있었다. 하지만 경성제대 교수들이 주장했던 본질적 내용 개선, 곧 국사의 체계를 흔드는 서술의 삭제 또는 수정은 없었다. 이것은 조선총독부가 전가의 보도처럼 사용하는 '조선특수사정론'[3] 때문이었다. 이 글에서는 바뀐 부분보다 변하지 않은 부분에 주목하였다. 국사의 체계는 1938년 제3차 조선교육령의 공포 이후, 1940년에 발간된 교과서에서 반영되었다.

자료는 역사교과서위원회 위원이었던 田保橋潔이 남긴 두 권의 문서철, 곧 『初等中等敎科書中日鮮關係事項摘要』와[4] 『中等歷史敎科書

[3] 김제정은 '조선'을 어떤 개념으로 사용하는가에 따라 조선총독부가 내세운 '특수성'의 의미를 '조선인 또는 조선민족', '조선지역', '조선통치'의 특수성에 따라 세 가지로 구분할 수 있다고 보았다. 곧 조선(인)을 차별하는 논리를 필요로 할 때, 내지(일본)로부터 조선의 이익을 확보하려고 할 때, 제국 정부로부터 통치의 자율성 또는 독자성을 획득하려고 할 때 나온 조선총독부의 주장이 조선특수사정론이었다(「1930년대 전반 조선총독부 경제관료의 '지역으로서의 조선' 인식」, 『역사문제연구』 22, 2009, 101쪽). 필자가 사용하는 개념은 세 번째에 가깝다. 그런데 통치의 자율성 획득은 반드시 제국 정부에 한정되지 않고, 제국 정부와 비슷한 입장을 가진 개인과 단체에까지 확대하였다.
[4] 이 자료는 경성제국대학 법문학부 교수였던 田保橋潔이 편철해 보관했던 자료로서 현재 고려대학교 중앙도서관에 소장 중이다. 주된 자료는 「건의서」와 「건의서」를 제출하기 위해 작성한 기초분석자료로 구성되어 있다.

調査要旨(原案)』[5])을 기본으로 하고, 여기에 신문과 잡지를 적극적으로
활용했다.

2. 경성제대의 역사교과서 조사와 '국사의 체계' 인식

1) 경성제대 역사교과서 조사위원회의 활동

1934년 12월 26일 경성제대 총장 山田三良(재임기간 1931.10~1936.1)
은 宇垣一成 조선총독에게 「역사교과서 조사위원회 설치에 관한 건의
서」를 제출했다.[6]) 이 건의서에는 역사교과서 조사위원회의 설치를 제
안한 山田의 의도가 담겨 있다.

> 본관이 본대학에 봉직한 이래 조선 각 학교의 역사교과서를 瞥見하니
> 중등학교용 국사교과서와 동양사교과서 중에는 조선의 史實에 관해 심한
> 오류를 기재한 것이 적지 않고, 보통학교국사에는 국사에 관계없는 조선의
> 古傳說, 先賢의 事蹟 등을 아무 관계도 없이 삽입하여 도리어 국사의 체계
> 를 흐리는 것이 있음을 알게 되어, 조선 문교를 위해 속히 그 선후책을 강
> 구해야 할 필요성을 느끼면서도 (후략-인용자)

곧 山田은 조선의 각급 학교에서 사용되는 역사교과서를 보고 크게

두 가지의 문제점을 발견했다. 첫째로 중등학교용 교과서에서는 조선 사의 史實에 오류가 적지 않다는 것, 둘째로 보통학교국사에 국사(일본 사)와 관계없는 조선사를 삽입한 것이었다. 이것은 '국사의 체계'를 흐 리는 것으로서 조선 교육의 장래를 위해서는 하루빨리 그 대책을 마련 해야 한다는 것이었다.

이를 위해서는 국사, 조선사, 동양사에 정통한 전문학자들이 필요한데, 다행스럽게도 이러한 인재들을 보유한 경성제대가 솔선할 필요를 느꼈다 는 것이었다.[7] 이러한 생각을 바탕으로 山田 총장은 1934년 4월 경성제대 에 소속된 역사전공 교수 10명을 중심으로 '국사상 조선에 관한 사항을 조사하는 위원회'를 설치했다. 위원으로 위촉된 교수는 다음과 같다.

조선문학담임	교수	高橋 亨
국사학담임	교수	松本重彦
조선사학담임	교수	藤田亮策
동양사학	조교수	玉井是博
조선사학	강사	末松保和
동양사학담임	교수	鳥山喜一
동양사학담임	교수	大谷勝眞
국사학담임	교수	田保橋潔
조선사학	강사	中村榮孝
국사학	예과교수	喜田新六

山田은 스스로 위원장을 맡아 열 몇 차례의 회의를 직접 주재했다. 위원회는 당시 초등교육과 중등교육에서 사용하는 국사와 동양사 교

----

[7] 1933년 10월 무렵 山田을 비롯한 조선의 요인들이 총독부의 초청을 받고 조선총 독부시정25주년(1935)기념행사에 관한 의견을 교환했는데, 이것을 계기로 國際 私法 연구의 권위자인 山田 총장이 國史敎育에 관심을 갖게 되었다고 한다. 國 分麻里, 앞의 책, 175쪽.

과서 중에서 조선에 관련된 사항을 발췌하여 그 適否를 검토했다. 이
때 분석한 교과서는 〈표 1〉에서 보듯이 초등학교용 국사교과서 6종 12
권, 중등학교용 국사교과서 17종 22권, 중등학교용 동양사교과서 5종 5
권 등 총 28종 39권이었다.

〈표 1〉 참고교과서목록

과목		교과서명	권수	저작자
초등	국사	尋常小學國史 卷上(新版) 卷下(4판)	2	文部省 編
		普通學校國史 卷一·二	2	朝鮮總督府 編
		高等小學國史 卷上·下	2	文部省 編
		小學國史教師用書 卷上·中·下	3	文部省 編
		普通學校國史教授書 卷一(昭和六·七·八年)		蝦道隆·吉尾勳
		普通學校國史教授書 卷一·二	2	手島繁雄
중등	국사	中學新國史 甲種 제1학년용	1	三浦周行
		中學新國史 甲種 제4학년용 제5학년용	2	三浦周行
		新定日本史 甲種 제1학년용	1	三省堂 編
		新定日本史 甲種 제4학년용 제5학년용	2	三省堂 編
		四訂增補 日本歷史敎科書 上級用	1	三省堂 編
		新體日本歷史 甲種 제1학년용	1	八代國治·三上參次
		新體日本歷史 甲種 제4학년용 제5학년용	2	八代國治·三上參次
		新制國史 甲種 初級用	1	渡邊世祐
		新制國史 甲種 上級用 上·下	2	渡邊世祐
		綜合日本史 제1학년용	1	中村孝也
		綜合日本史 上級用	1	中村孝也
		中學綜合日本史 初級用	1	栗田元次
		中學綜合日本史 上級用	1	栗田元次
		新制中等國史 제1학년용	1	龍肅
		新第中等國史 제4·5학년용	1	龍肅
		中學國史 제4·5학년용	2	芝葛盛
		大日本歷史提要 제1학년용	1	高橋俊乘·加藤盛一
중등	동양사	新編中等東洋史 甲種用	1	及川儀右衛門
		中等東洋史 甲案準據	1	大谷勝眞
		中等東洋史 新制甲要目用	1	桑原隲藏
		改訂 新體東洋史 中學校(甲表) 제2·3학년용	1	鳥山喜一
		新制版 中等東洋史 甲案準據	1	羽田亨

대략 7개월간의 조사활동을 마친 뒤, 1934년 11월 19일 위원 藤田亮策, 田保橋潔, 中村榮孝, 末松保和, 喜田新六 등은 연명으로 총 45쪽의 「국사교과서에서 조선에 관한 사항 조사개요」(이하 '조사개요'로 줄임)를 총장에게 보고했다. 집필자들은 보고서를 제출하면서, 적당하지 않거나 따로 고려할 점이 있다면 가능한 한 상세하게 첨삭할 부분을 지적해서 집필자에게 돌려줄 것을 요청했다. 최종보고서가 어떻게 나올지 모르는 상황이었지만 총장의 의도에 충실히 부합하는지 확인하는 마지막 단계였다.

「조사개요」는 "국사에서 조선과의 관계를 설명할 때는 비록 간단하다 하더라도 태고부터 근대까지 연락을 유지하도록 기술하여 항상 떨어질 수 없는 관계에 있었음을 알게 하는 것을 要한다"는 것으로 글을 시작했다.

上代의 關係
1. 素戔嗚尊　　2. 任那·三韓　　3. 神功皇后
4. 文物의 傳來　5. 任那日本府 滅亡　6. 百濟의 興亡

奈良·平安時代의 關係
1. 新羅·渤海와의 關係　　2. 高麗와의 關係(前期)

鎌倉時代의 關係
1. 高麗와의 關係(後期)　　2. 元寇

室町時代의 關係
1. 室町幕府의 修交　2. 通交貿易과 對馬

安土·桃山時代의 關係
朝鮮役

江戸時代의 關係
  1. 交隣關係의 復舊   2. 朝鮮通信使의 來聘   3. 外交와 貿易

明治時代의 關係
  1. 修好條約   2. 日淸戰役   3. 韓國倂合

이어 위의 차례처럼 일본 각 시대별로 한일관계가 서술된 부분을 제시했다. 대개 上代의 관계는 기존 교과서에 열거한 '항목의 타당성'을 인정할 수 있지만 奈良時代부터 江戸時代까지는 소략하며 그중에는 아예 빠진 것도 있음을 지적했다. 따라서 이런 것을 補遺하여 전후 맥락이 연결되도록 해야 한다고 주장했다.

다음에 보듯이 「조사개요」는 기존 교과서에서 특히 두드러지는 결함 21가지를 골라 사실 관계의 오류, 서술상의 문제 등을 지적했다.

1) 素戔嗚尊의 新羅 天降, 2) 三韓·三國과 任那日本府의 起源, 3) 神功皇后의 三韓征服, 4) 文物 傳來, 5) 佛敎 傳來, 6) 任那日本府, 7) 日本의 百濟救援, 8) 新羅·渤海와의 관계, 9) 平安時代 高麗와의 公的 關係, 10) 刀伊의 入寇, 11) 鎌倉時代 高麗와의 關係, 12) 元寇, 13) 室町幕府外交의 發端과 高麗·朝鮮과의 關係, 14) 室町時代의 通交貿易, 15) 朝鮮役의 發端, 16) 江戸幕府의 修交始末, 17) 通信使의 江戸參向, 18) 對馬外交, 19) 明治初期의 關係, 20) 壬午政變, 21) 朝鮮國 改革 및 露韓關係.

제출 시점을 정확히 알 수 없지만 위원 중의 田保橋潔, 藤田亮策, 鳥山喜一 등은 〈표 1〉의 역사교과서들을 분석·검토한 뒤 별도로 山田 총장에게 '의견 및 희망사항'을 제출했다. 현행 역사교과서의 문제점과 개선 방향, 역사교과서 편찬 시스템의 근본적 수정 방안 등이 주 내용이었다.

국사학의 田保橋는 현행 교과서를 분석한 뒤 다섯 가지의 개선방안을 제시했다. 첫째로 明治時代의 한일관계에서 드러난 것처럼 불충분한 설명 때문에 학생들이 오해할 수 있으므로 관련 내용을 상세하게 서술할 것. 둘째로 전문가가 아니면 알 수 없는 조약, 법령 속의 용어 등을 정확하고 쉬운 교과서 용어로 바꿀 것. 셋째로 종종 통속적이고 부정확한 편찬물을 인용하는 경우가 있는데 교과서에 쓰이는 사료는 확실한 것에 근거할 것. 넷째로 조선총독부가 편찬한 『普通學校國史』에는 무책임한 想像畵를 게재했는데, 교과서에 사용되는 삽화는 확실한 전거에 따를 것. 다섯째로 『普通學校國史』의 체재를 『尋常小學國史』에 준거하며 朝鮮史는 鄕土史로써 별도로 가르칠 것 등이었다. 특히 마지막 제안은 국사(일본사)에 관계없는 조선사를 삽입함으로써 국사교육의 체계를 문란하게 만들고 그 효과를 滅殺시킨다는 주장으로서 山田의 건의서에 그대로 인용되었다.

조선사학의 藤田은 교과서 선정에 대해 다섯 가지, 교사에 대한 희망사항 세 가지를 제안했다. 교과서 선정과 관련해 첫째로 교과서 편찬자가 조선 역사를 검토할 뿐 아니라 최근 연구논문을 주목할 것을 당부했다. 현행 교과서는 거의 明治年代의 연구 성과에 기대고 있고, 특히 동양사에 오류가 많아 조선 역사를 아는 학생들에게 국사교육의 신뢰를 잃게 한다는 것이었다. 둘째로 조선 관련 사항을 국사의 일부로 취급하더라도 그 관계 변천을 연결되게 기술하고, 아동이 이해하기 쉽도록 서술할 것을 제안했다. 한일이 말로만 脣齒관계일 뿐 교과서에서는 天智天皇 이후부터 江戶時代까지 아무런 설명도 없다가 明治維新에서 갑자기 관계가 고조되는 것은 불가사의하다는 지적이었다. 셋째로 국사교과서에서 초·중등용은 물론 동양사·서양사교과서에서도 동일 사항에 대해서 동일한 설명을 하고 같은 용어를 사용할 것을 주문했다. 교과서 검정 때 이 점을 유의해야 하며, 이 때문에 모든 교과서는 국정교과서를 기준으로 해야 함을 강조했다. 넷째로 조선에서 사용하는 국사교과서와 교수참고서를 조선총독부에서 편찬해야 하며, 다섯째로 이것이 불가능할 때는 교과서를 검정할 때 국사·조선사·동양사·서양사의 각 전문가를 망라한 위원회를 조직해 신중히 심의할 것을 바랐다.

또 교사에 관련된 희망사항으로서 우선 중등학교 역사교원을 반드시 유자격자로 할 것을 강조했다. 둘째로 역사교원의 소질을 높이고 확실한 역사지식을 보급시킬 다양한 방법을 강구하도록 요구했다. 마지막으로 역사교육에 관한 위원회를 설치하여 교과서·교원·교수법·참고서 등에 관해 협의하도록 했다. 특히 조선의 교과서뿐 아니라 조선을 다룬 내용에 대해서는 일본의 교과서도 주의를 촉구해야 한다면서 문부성에 적당한 처치를 촉구하도록 건의할 것을 제안했다.

동양사학의 鳥山은 크게 세 가지 의견을 제시했다. 우선 역사교과서 편찬에 대한 의견은 대체로 田保橋와 비슷하다. 역사교과서는 정확한 사실을 상세하고 쉬운 용어로 정확하게 서술해야 하며, 사실 이해와 흥미 유발을 위해 揷畵와 揷圖를 적절히 활용하며 이때도 확실한 근거를 바탕으로 해야 한다는 것이었다. 둘째로 국사교육위원회의 설치를 제안했다. 조선총독부 관계자를 포함한 대규모 역사교과서편찬위원회의 설치를 문부성에 촉구하고, 이 위원회에서 국사와 동양사 교과서 속의 조선관계 사항을 어떻게 안배할 것인가 하는 기준을 정하라는 것이었다. 만약 이의 시급한 이행이 곤란하다면 우선 조선총독부에서라도 위원회를 만들어 역사교과서 편찬의 제반 사항을 담당하도록 했다.

마지막으로 각각 『보통학교국사』와 『심상소학국사』를 사용하는 보
통학교와 소학교의 교과서를 통일할 필요성을 제기했다. 이 공통교과
서는 앞서 제기한 위원회에서 기초한 새교수요목에 근거해야 하며, 기
존처럼 국사 중간에 조선의 인물이나 사실이 들어가는 요목을 폐지할
것을 주장했다. 또 만약 문부성에 위원회를 설치하는데 시간이 걸린다
면 조선총독부에서 위의 기준에 따라 조선 내의 초등교육에 필요한 공
통교과서뿐 아니라 중등학교용 국사와 동양사 교과서의 편찬 필요성
도 제기했다. 이를 토대로 문부성에서 적당한 조치를 취하도록 호소하
자는 것이었다.

2) 역사교과서조사위원회 설치 건의와 '국사의 체계'

1934년 12월 26일 山田 총장은 「조사개요」와 「의견 및 희망사항」을
토대로 「역사교과서 조사위원회 설치에 관한 건의서」를 작성하여 조
선총독에게 제출했다. 「건의서」는 내용상 크게 세 부분으로 나눌 수
있다. 첫째로 건의서 제출의 배경과 경성제국대학의 조사활동이다.
앞서 보았듯이 현행 역사교과서는 조선사에 심한 오류가 적지 않고,
특히 『보통학교국사』에는 국사와 관계없는 조선사를 무분별하게 삽
입하여 국사의 체계를 흐린다는 것으로서 田保橋의 의견을 따르고
있다.

두 번째로 경성제국대학 역사교수로 구성된 '국사상 조선에 관한 사
항을 조사하는 위원회'의 조사결과에 근거한 역사교과서의 개선점 다
섯 가지다. 권오현의 간략한 정리를 인용하면, 1) 조선사 교재에 사실
에 반하는 기술과 해석이 많이 보이는 것, 2) 옛날부터 현재에 이르기
까지 한일간의 밀접한 관계가 연속적으로 파악하기 어렵게 되어 있는

것, 3) 초·중등교과서를 비교한 경우 동일 사항에 관한 기술에 차이점이 있을 뿐아니라 역사용어도 통일되어 있지 않은 것, 4)『普通學校國史』(卷一·二)의 경우, 일본사와 관계없는 조선사 교재가 삽입되어 일본사의 체계를 흩트리고 있는 것, 5) 특히 한국 병합에 관한 기술은 병합의 의의를 명확히 하지 못하고 있는 것 등이었다.[8] 이 중에서 1)~3)항은 藤田 의견서의 1)~3)항에서 가져온 것이며, 4)항은 田保橋 의견서의 5)항을 토대로 작성한 것이다. 「건의서」 5항은 기존 의견서에서 찾을 수 없지만 조선근세사를 담당한 田保橋의 의견이 크게 반영되었을 것이다.

「건의서」의 세 번째 내용은, '임시역사교과서조사위원회'의 설치 제안이었다. 교과서위원회의 설치 제안은 藤田과 喜田 두 사람이 했지만 「건의서」와 차이를 보인다. 두 사람 모두 우선 문부성에 설치하여 일본 전역에서 사용되는 교과서의 통일된 기준을 마련하되 그것이 여의치 않으면 조선총독부라도 우선 실천할 것을 제안하고, 이를 토대로 문부성에 영향을 미친다는 입장이었다. 반면에 「건의서」는 현실적으로 가능성이 없는 문부성에 대한 제안을 포기하고 바로 조선총독부에 '임시역사교과서조사위원회'의 설치를 건의했다.

> 內地에서는 문부성의 주의를 환기시키는 것으로 충분하지만 조선에서는 일의 급박함을 느낀다. 따라서 총독부는 이번 기회에 빨리 국사, 조선사, 동양사에 정통한 각 전문학자와 교육행정, 교육실무에 경험이 있는 유력인사를 망라한 역사교과서조사위원회를 설치하여, 먼저 현재 조선의 각 학교에서 사용되는 국사교과서와 동양사교과서를 총독부가 직접 편찬·반포하게 되기를 간절히 바라지 않을 수 없다.

---

[8] 권오현, 앞의 글, 14쪽.

「건의서」에 나오는 국사와 동양사교과서의 조선총독부 편찬은 喜田의 의견을 수용했다. 藤田은 국사교과서만 조선총독부 편찬을 주장했다. 藤田은 조선총독부의 교과서 편찬이 여의치 않을 때 각 전공별로 전문가를 망라한 충실한 검정의 필요성을 제기했다. 「건의서」는 이 전공학자들에게 역사교과서 편찬의 원칙을 만들도록 하고, 여기에 교육행정과 교육실무에 경험이 많은 관료와 교사를 더했다.

喜田과 藤田의 의견서에서 강력하게 제기된 주장 중 「건의서」에서 빠진 내용은, 소학교과 보통학교의 공통교과서 사용이었다.[9] 심지어 喜田은 보통학교의 국사교과서를 하루라도 빨리 폐지할 것을 주장했다. 또 藤田의 의견 1)항을 「건의서」에 반영하면서 "교과서 편찬자는 특히 조선에 관한 사실에 대해서 검토하고 최근 연구논문을 주목"해야 한다는 부분을 제외했다.

요컨대 경성제국대학 역사전공 교수진의 「조사개요」와 「의견 및 희망사항」, 그리고 山田 총장의 「건의서」의 핵심은 역사교육에서 '국사의 체계'를 어떻게 세울 것인가였다. 문부성의 검정을 통과한 중등교과서들은 식민지, 특히 조선사를 잘 알지도 못한 채 국사를 기술하였다. 이것은 필자들의 문제도 있지만 근본적으로는 제국의 일원인 식민지를 어떻게 서술해야 할지 모르는 교수요목에서 비롯된 것이었다. 반면에 조선총독부는 통치의 특수사정을 이유로 국사의 흐름과 관계없이 조선사를 삽입하여 국사의 체계를 근본적으로 흔들고 있었다.

이미 일본은 광범한 식민지를 포함한 제국이 되었고, 따라서 국사도 일본만 아니라 식민지를 포함한 역사서술이 되어야 한다는 게 경성제

---

9) 이 주장은 후일 임시역사교과용도서조사위원회의 활동 결과 되살아났다.

대가 생각하는 국사의 체계였다. 아니 대외적으로 "조선은 결코 일본의 식민지가 아니며 一視同仁, 內地의 一部分"이었다.[10] 그런데 일본 본국은 식민지에 무지하거나 무시하고, 조선총독부는 국사야 어떻게 되든지 통치의 특수성만을 주장한다는 것이었다.

이 문제의 해결을 위해서는 광범한 전문가를 망라하여 일본에 교과서문제를 조사하는 위원회를 만드는 게 상책이었다. 하지만 아무런 문제도 느끼지 못하는 문부성이 주도적으로 이 일에 나서지 않을 것으로 보았다. 차선책으로 조선총독부에 위원회를 설치·조사하여 여기에서 나온 결과를 토대로 일본에 영향을 미치자는 방안을 제시하였다. 실제로 이렇게 진행되었고 그렇게 될 수밖에 없었다. 제국의 팽창을 지켜보면서 날로 확장되는 식민지를 '국사의 체계' 속에서 사고하는 집단은, 식민지에서 식민지 문제를 고민하는 식민지의 제국대학 외에는 없었다. 학문에서 제국의 변방이지만, 경성제대는 '국사의 체계'를 바로 세움으로써 팽창하는 제국의 중심에 서고자 하였다.

3. 임시역사교과용도서조사위원회의 설치와 활동

1) 同床異夢: 목적과 구성

조선총독부는 山田 총장의 건의서를 받고 이를 적극적으로 수용했다. 1935년 2월 15일 임시역사교과용도서조사위원회의 설치를 결정하

---

[10] 일본의 만주침략을 조사하기 위해 국제연맹에서 파견된 린튼 조사단이 경성제대를 방문하였을 때 山田 총장이 한 말이다. 山田三良, 『回顧錄』山田三良先生米壽祝賀會, 1957, 224쪽.

고 위원을 인선한 뒤『조선총독부관보』에 공지했다. 조선총독부임시역
사교과용도서조사위원회규정 제1조의 목적은 "조선총독의 자문에 응
해 조선의 제학교 역사교과용도서에 관한 사항을 조사·심의"하는 것
이었다.

學務局長 渡邊豊日子는 교과서위원회의 출범에 즈음해서 조선총
독부의 입장을 밝혔다. 우선 渡邊 국장은 "국사와 국사에 가장 관계
깊은 동양사 교육은 국민교육상 극히 중요한 지위를 점"하는 것은 말
할 필요도 없다고 전제하면서 "조선교육에서 특히 조선의 변천과 事
歷을 명백히 할 것이 매우 肝要"함을 강조했다. 이런 까닭으로「보통
학교규정」과「고등보통학교 및 여자고등보통학교규정」에서 그러한
취지의 요지와 요목을 삽입하였음을 밝혔다. 당연히 교과서 편찬과
검정에서도 같은 취지에 기반을 해야 하지만 실제로는 그렇게 되지
못했음을 인정했다. 곧 초·중등교과서가 내용상 연결이 되지 않거나
기술할 내용의 선택에서 타당성을 잃거나 또는 輕重을 가리지 못한
점 등이었다. 단 이것은 총독부의 잘못이라기보다 교과서 편찬을 담
당하는 학무국 편집과의 당시 인원으로는 어쩔 수 없음을 하소연했
다. 이 때문에 총독부는 보통학교용 국사교과서를 편찬하는데 그치
고 나머지 중등 제학교용 교과서는 검정과 인가로 돌릴 수밖에 없었
다는 것이다.[11]

이어 역사교과서위원회의 위상을 설명했다. 역사교과서위원회는 조
선총독부 산하 제학교, 나아가 초·중등학교의 역사교과서에 관한 모
든 사항을 조사·심의하는 역할을 부여받았다. 특히 조선총독부가 설

---

[11] 渡邊 學務局長談,「精細한 檢討를 加하야 歷史教科書 統一−調査委員會設置趣
旨에 對하야」,『每日申報』1935. 2. 15(2); 渡邊 學務局長談,「臨時歷史教科用圖書
調査委員會設置に就て」,『京城日報』1935. 2. 16(3).

치한 교과서 관련 위원회는 이번이 세 번째인데, 종래 위원회는 총독부
가 제시한 사업을 심의하는데 그쳤을 뿐이었다. 반면에 이번의 역사교
과서위원회에게는 구체적 성안, 곧 실제로 교과서를 편찬하는 임무가
주어졌다. 이를 위해 먼저 1932·3년에 발간된『보통학교국사』(상·하
권)을 세밀하게 검토하여 개정안을 만들겠다고 하였다. 이와 함께 중
등제학교용 국사 및 동양사교과서의 편찬에 관한 근본방침, 곧 교수요
목을 심의하고 구체적 成案을 만들어 총독부에서 편찬하는 것이었다.
이렇게 함으로써 초·중등 역사교과서의 통일·완비를 기하겠다는 것
이었다.[12]

   역사교과서위원회의 설치를 받아들인 것에서 알 수 있듯이 총독부
는 건의서의 문제제기를 대부분 인정하고 이를 적극 수용하려고 했
다. 역사교과서위원회의 위상에 대해서 건의서와 총독부 사이에 이
견은 없어 보인다. 역사교과서위원회는 "조선의 초등학교 국사교과서
와 중등학교 국사·동양사교과서의 조사·검토, 역사교과서 편찬 또
는 취급에 관한 기본적 방침을 결정하는 지도기관"이었다.[13]

   그러나 총독부는 그 역할을 달리 보았다. 건의서는 '국사의 체계'
를 올바로 이해하기 위해 조선사 교재의 내용 개선과 초중등학교의
역사교과서 편찬을 총독부에서 담당하도록 했다. 무게 중심이 내용
개선에 있었다. 이에 비해 총독부는 인력 부족으로 하지 못했던 중
등 역사교과서의 편찬을 역사교과서위원회를 통해 해결하는데 중점
을 두었다. 전문가들이 교수요목을 작성함으로써 전문성 부족이라

---

12) 渡邊 學務局長談, 「精細한 檢討를 加하야 歷史敎科書 統一－調査委員會設置趣
   旨에 對하야」, 『每日申報』1935.2.15(2); 渡邊 學務局長談, 「臨時歷史敎科用圖書
   調査委員會設置に就て」, 『京城日報』1935. 2. 16(3).

13) 「朝鮮の國史敎育と敎科用圖書の變遷」, 『敎科書編輯彙報』3, 1939. 4, 55쪽.

는 외부 비판을 차단하고, 나아가 역사학자들이 교과서 편찬까지 맡
았으면 하는 본심까지 내비쳤다. 비판의 대상이던『보통학교국사』
는 항상 하듯이 개정하는 선에서 그칠 듯이 말했다. 역사교과서의
근본적 개선보다 건의서를 계기로 숙원사업을 해결하는 게 목적이
었다.14)

　이러한 구상하에 조선총독부는 위원장인 정무총감 외에 25명의 위
원으로 구성된 역사교과서위원회를 발족시켰다. 위원 구성을 보면 학
무국 관료 3명, 조선사편수회 修史官과 위원 각 2인, 총장을 비롯한 경
성제대 교수진 10명, 초·중등학교장 6명, 기타 2명이었다. 학무관료와
초·중등학교장은「건의서」의 교육행정과 교육실무 경험자에 해당한
다.「건의서」작성에 참여했던 총장 이하 경성제대 역사전공 교수진 10
명이 모두 위원에 위촉되었다. 개정되거나 새로 편찬될 역사교과서의
내용을 담당하는 핵심적 역할이 주어졌다. 中村榮孝는 조선사편수회
수사관이면서 동시에「건의서」작성에 참여한 역사전공 학자의 1인이
었다. 조선사편수회 관련자는 최신 연구성과의 반영 외에도『朝鮮史』
가 사료집인만큼 교과서에 인용된 사료의 근거를 정확하게 하는 역할
을 맡았을 것이다. 아울러 조선사편수회 위원인 최남선과 이능화는 안
인식과 함께 조선인을 대표했다. 小田省吾는 학무국 편집과장과 경성
제대 예과부장을 역임한 역사학자로서 관료와 전문가 양자의 입장을
조율하는 역할이었다.15)

---

14) 필자와 다르게 총독부가 임시역사교과용도서조사위원회를 통해 일본의 국사교
과 체제를 바꾸려고 했다고 보는 견해도 있다. 김종준,「일제시기 '(일본)국사'의
'조선사' 포섭 논리」, 인하대학교 한국학연구소,『한국학연구』29, 2013, 404쪽.

15) 小田省吾가 위원장을 맡았다는 기사가 있는데 국사부와 동양사부 어느 쪽인지는
확실하지 않다.「歷史敎科書－中等校分編纂擧了」,『每日申報』1936. 4. 17(3).

〈표 2〉임시역사교과용도서조사위원회 설치 당시의 위원과 학력

이름	소속과 직책	출신교(졸업년도)	전공	비고
今井田淸德	정무총감	동경제대(1909)	政治科	
渡邊豊日子	학무국장	동경제대(1912)	獨法科	
大野謙一	학무국 학무과장			
稻垣茂一	학무국 편집과장	東京高師(1908)	國語漢文部	
稻葉岩吉	조선사편수회 修史官	京都帝大(1932)	사학과	박사
中村榮孝	조선사편수회 修史官	東京帝大(1926)	國史學科	
山田三良	경성제대 총장	동경제대(1896)	英法科	
高橋亨	경성제대 교수	동경제대(1902)	支那哲學科	
島山喜一	경성제대 교수	동경제대(1911)	사학과(東洋史學專修)	
大谷勝眞	경성제대 교수	동경제대(1908)	支那史學	
松本重彦	경성제대 교수	동경제대(1912)	사학과(國史學專修)	
藤田亮策	경성제대 교수	동경제대(1918)	사학과(國史學專修)	
田保橋潔	경성제대 교수	동경제대(1921)	국사학과	
玉井是博	경성제대 조교수	동경제대(1922)	동양사학과	
末松保和	경성제대 강사	동경제대(1927)	국사학과	
喜田新六	경성제대 예과강사	동경제대(1929)	국사학과	
渡邊信治	경성사범학교 교장	東京高師(1905)	官費地理歷史專修科	
鳥飼生駒	대구사범학교 교장	廣島高師(1906)	지리역사부	
高木善人	용산중학교 교장	동경제대(1908)	사학과(西洋史學專修)	
高本千鷹	경성여자고보학교 교장	廣島高師(1907)	國語漢文部	
藤好虎秀	용산소학교 교장	福岡師範學校(1902)		
三好義雄	효창보통학교 교장	東京靑山師範學校(1910)		
李能和	조선사편수회 위원	漢城漢語・法語學校(1896)		
崔南善	조선사편수회 위원	早稻田大學(1907)	歷史地理科	중퇴
安寅植	경학원 司成	東京大東文化學院(1928)		
小田省吾	전 경성제대 예과부장	동경제대(1899)	사학과	

※ 출전: 『朝鮮總督府官報』1935.2.15; 廣島文理科大學, 『廣島文理科大學・廣島高等師範學校・元第二臨時敎員養成所一覽(昭和十年)』1935; 東京文理科大學, 『東京文理科大學・東京高等師範學校一覽(昭和十二年)』1937; 東京帝國大學, 『東京帝國大學卒業生氏名錄』1939; 한국역사정보통합시스템(www.koreanhistory.or.kr).

이처럼 위원장을 포함한 26인의 위원은 역사전문가, 교육행정과 교육실무를 겸비한 교육자였다. 또한 출신학교와 전공으로 나눈 〈표 3〉에서 보듯이 위원들은 관료 몇 사람을 제외하고는 모두 대학에서 역사 또는 역사와 관련된 학과를 졸업했다.

〈표 3〉 임시역사교과용도서조사위원회의 출신학교별 · 전공별 분류

전공\학교	東京帝國大學	高等師範學校		師範學校		其他
		東京	廣島	東京青山	福岡	
역사	일본사 (국사)	小田省吾(1899) 松本重彦(1912) 藤田亮策(1918) 田保橋潔(1921) 中村榮孝(1926) 末松保和(1927) 喜田新六(1929)	渡邊信治 (1905)	鳥飼生駒 (1906)	三好義雄 (1910)	藤好虎秀 (1902)	李能和 崔南善 稻葉岩吉
	동양사	大谷勝眞(1908) 島山喜一(1911) 玉井是博(1922)					
	서양사	高木善人(1908)					
비역사		山田三良(1896) 高橋亨(1902) 今井田淸德(1909) 渡邊豊日子(1912)	稻垣茂一 (1908)	高本千鷹 (1907)			大野謙一 安寅植

※ 출전: 〈표 2〉와 같음.

2) 임시역사교과용도서조사위원회의 활동

교과서위원회는 1935년 2월 25일 제1회 조사위원회를 열어 근본방침을 결정하고 각부 세목의 연구입안은 國史部와 東洋史部로 나뉜 특별위원에게 위탁했다.[16] 田保橋는 1935년 3월 11일자로 국사부 특별위원

에 위촉되었는데[17] 다른 위원들도 대개 전공을 고려해 배정하였을 것
이다. 교과서위원회의 활동자료가 많지 않지만 〈표 4〉는 田保橋가 소
장했던 『중등역사교과서조사요지(원안)』에 근거해 정리한 회의 상황
이다. 공식적인 조사위원회와 특별위원회 회의 외에도 山田 총장이 주
재했을 것으로 보이는 비공식 협의가 두 차례 경성제대 총장실에서 열
린 점이 눈에 띈다.

　3월 14일에 열린 국사부 제1회 특별위원회에서는 현행 「중등학교역
사교과서조사요목」과 중학교용 교과서를 검토하기로 한 듯 실무진에
게 해당 자료를 요청했다.[18] 제2회 조사위원회 소집을 알리는 공문을
보면, 이 회의의 안건으로 각부 특별위원 主查의 원안 설명과 질의응답
이 예정되어 있었다. 대상 시기는 동서양사의 上古에서 中古까지였
다.[19] 한 달 뒤인 6월 12일에 열린 제3부 조사위원회에서는 국사와 동
양사부의 中古 이후 자료를 토의했다.[20] 제4회와 제5회 조사위원회는
7월 2일과 4일에 열렸다. 이때 복수의 언론에서 국사와 동양사 교과서
에 이전보다 훨씬 많이 조선사 교재를 취급할 것이라 보도했다. 그 구
체적 방침은 특별위원회에 일임하고, 중등교과서에 대한 논의는 제5회
로 마친다는 내용이었다.[21]

---

16) 「男女高等普通學校의 歷史敎科書改正」, 『每日申報』 1935. 5. 11석(2).

17) 『中等歷史敎科書調査要旨(原案)』 면수 없음.

18) 「교수요목」은 3월 25일, 우선 확보된 교과서 4종은 4월 25일에 전달되었다.

19) 「男女高等普通學校의 歷史敎科書改正」, 『每日申報』 1935. 5. 11석(2).

20) 「中古以後의 資料를 討議 歷史用圖書調査委員會」, 『每日申報』 1935. 6. 13석(1).

21) 「朝鮮史敎材 豊富히 取扱하야 從來 不評緩和」, 『每日申報』 1935. 7. 5(5); 「中等歷
史敎科書에 朝鮮史 多量 編入」, 『朝鮮中央日報』 1935. 7. 5(2).

〈표 4〉 임시역사교과용도서조사위원회 회의 개최 상황

날짜	회의 명칭	장소	안건
1935. 2.25	제1회 조사위원회		
1935. 3.14	제1회 특별위원회 (국사부)	경성제국대학 본부	중학교역사교과서교수 요목
1935. 5.10	제2회 조사위원회	조선총독부 제1회의실	각부 특별위원 主査의 원안에 대한 설명과 질 의응답
1935. 6.12	제3회 조사위원회	조선총독부 제1회의실	
1935. 6.17	협의(비공식)	경성제국대학 총장실	
1935. 7. 2	제4회 조사위원회	조선총독부 제1회의실	
1935. 7. 4	제5회 조사위원회	조선총독부 제1회의실	
1935. 9.27	협의(비공식)	경성제국대학 총장실	역사교과용도서조사요 지(국사, 상급용) 검토
1935.10.29 1935.10.30	제6회 조사위원회	조선총독부 제1회의실	
1936. 4. 7	초등학교특별위원회	조선총독부 제3회의실	
1936.12.10	제7회 조사위원회	조선총독부 제2회의실	

　　예상과 달리 중등역사교과서 논의는 10월 29일과 30일 양일간에 열
린 제6회 조사위원회에서 마무리되었다. 총독부가 보도자료를 돌린 듯
『매일신보』와 『조선중앙일보』의 기사는 문구까지 거의 비슷하다. 이
신문들에 따르면, 교과서위원회는 현재 쓰이는 각 교과서를 대조·연
구하고, 또 "당국의 의향을 참작하야 근본적 표준"을 만들었다. 단 이
시점에서 이 표준, 곧 교수요목에 따라 민간업자가 출판하는 검정제를
할지 아니면 총독부가 편찬할지는 아직 결정되지 않았다고 하면서도
결국은 국정제로 가게 될 것이라 보도했다.[22] 한편 『京城日報』와 『朝
鮮新聞』은 "당국의 의향을 참작"하는 것을 조선의 "특수(특이)사정"을
반영하여 편찬하는 것으로 보도했다.[23] 문부성의 검정을 통과한 교과

---

22) 「各中等學校의 敎科書를 一新－통일할 방법은 추후로 연구」, 『每日申報』1935.
　　11. 1(5); 「中等歷史敎科書調査委員會 開催」, 『朝鮮中央日報』1935. 11. 1(2).

서는 "내선간의 역사적 관계를 특히 필요로 하는" 조선의 역사교과서에 적합하지 않다는 의미였다. 두 일본어 신문이 학무국의 내부 사정에 더 정통하였다.

'당국의 의향 참작', 곧 '특수사정'의 강조는 조선총독부 관료와 경성 제대 학자들간의 힘겨루기에서 전자의 입장이 관철되었음을 의미한다. 山田의 건의서는 중등학교의 국사·동양사교과서의 문제점도 다루었지만 실질에서는 1932·1933년에 조선총독부가 의욕적으로 편찬한『보통학교국사』(卷一·二)를 겨누었기 때문이다. 이 과정에서 교육실무 전문가인 사범학교장과 중등학교장은 역사학보다 역사교육의 측면에서 총독부의 견해를 지지했을 가능성이 높다.

조선에서 역사교육의 추이를 보면, 1910년대는 4년제라는 이유로 보통학교에 역사과목을 통한 교육을 하지 않았다. 1920년대 보통학교가 6년제로 바뀌면서 문부성 편찬의『심상소학국사』에 朝鮮事歷을 적당한 곳에 기계적으로 배치한『보통학교국사』(上·下卷)가 편찬되었다. 이 교과서를 통해서는 조선사를 일관되게 이해하기 힘들었기 때문에 1932년에 역사교과서의 '근본적 대개정'을 단행했다. 이때의 개정방향은 "조선아동에 대한 특수교육인 점을 극도로 고려"하여 저본이 된『심상소학국사』의 내용도 상당히 고치고, 조선사를 서술한 과를 늘렸다. 조선의 사정을 고려한다는 이 원칙은 역사 뿐 아니라 이과교과서, 국어독본 등에도 적용되었다. 총독부 스스로『보통학교국사』(卷一·二)의 편찬을 "조선 역사교육상 한 시기를 그었"을 뿐아니라 그 편찬태도는 "매우 중요한 의의를 지닌다"고 평가할 정도였다. 그렇기 때문에 식자

---

23) 「中等歷史教科書を今後本府で作る－特異の事情を考へて」,『京城日報』1935. 11. 1(7);「中等學校の歷史教科書 特殊事情を織込んで總督府で編輯」,『朝鮮新聞』1935. 11. 17.

간에 '비평'이 일어나게 되었다는 것이다.[24] 이 '비평'은 渡邊 국장이 교과서위원회의 출범 때 언급했던 '오해'와 같은 의미로서,[25] 山田 총장의 「건의서」도 이러한 '비평' 또는 '오해'에서 비롯된 것이라는 게 총독부의 입장이었다.[26]

총독부는 교과서위원회의 조사 결과를 바탕으로 중등학교용 역사교과서의 편찬에 착수했다. 이를 위해 1936년 1월 역사교과서 편수비용으로 6천 원을 계상했지만[27] 4월에 열린 예산심의에서 전액 삭감되었다.[28] 총독부는 뜻을 굽히지 않고 1937년에 편찬한다는 계획을 공공연히 밝혔지만[29] 끝내 중등학교용 역사교과서의 편찬은 이루어지지 않았다.

한편 1935년 10월의 제6회 조사위원회에서는 초등 역사교과서의 분석을 위해 '초등학교특별위원회'를 따로 두기로 했다. 田保橋의 경우를 볼 때 총독부는 1936년 3월 27일에 '초등학교특별위원'을 위촉하고, 4월 7일에 제1회 초등학교특별위원회를 소집했다. 초등학교특별위원회는

24)「朝鮮の國史教育と教科用圖書の變遷」,『教科書編輯彙報』3, 1939. 4, 49-51쪽, 55쪽.

25) "國史에 잇서서 朝鮮事歷의 取扱에 關한 本府의 方針에 關하야 從來 誤解도 잇슨 것으로 생각됨으로 玆에 特히 關係의 條項을 摘示하야 大綱의 參考에 資하는 바이다." 渡邊 學務局長談,「精細한 檢討를 加하야 歷史教科書 統一－調査委員會 設置趣旨에 對하야」,『每日申報』1935. 2. 15(2).

26) 國分麻里는 이 '오해'의 내용을 두 가지로 정리했다. 첫째로 조선총독부는 조선역사교수에 관해 1922년에 만들어진 보통학교규정을 당시의 시대배경을 무시하고 여전히 해당 조문만을 반복해서 근거로 이용한다는 점이다. 둘째로 지금까지의 조선사력 취급방침을 조선총독부가 오해하고 있었음을 自認하고, 그 후 정책에 크게 변화를 가져왔다는 것이다(國分麻里, 앞의 책, 182-183쪽). 渡邊 국장의 담화를 자세히 읽어보면 알 수 있지만, 오해의 주체는 조선총독부가 아니라 편찬자의 사정을 알지 못한 채 비판하는 재조일본인 교육자들이었다. 본문에 언급한대로 조선총독부는 1932・3년판『보통학교국사』를 매우 높이 평가했다.

27)「赤化思想 防止로 各校內에 思想指導係」,『每日申報』1936. 1. 26(5);「女高普高普の歷史教科書 本府で編纂する」,『大阪朝日新聞(南鮮版)』1936. 3. 1(5).

28)「新編歷史教科書는 豫算削減으로 流産」,『東亞日報』1936. 3. 14(2).

29)「國體明徵에 立脚하야 中等教科書 改訂」,『每日申報』1936. 6. 4(7).

1934 · 1935년에 개정된 『尋常小學國史』와 『普通學校國史』에서 조선관계 사항을 조사하고 교재를 검토했다. 이때 교재 배당의 기준은 『심상소학 국사』였다.[30] 이즈음 총독부는 매년 하던 수시 개정이 아닌 『보통학교 국사』의 전면개정을 방침으로 정했는데, 1935년 '천황기관설' 사건 이후 일본에서 전개되던 國體明徵과 敎育刷新의 영향이 컸다.[31] 1936년 12월 10일에 제7회 조사위원회가 소집된 것으로 볼 때 「건의서」에 기반한 역사교과서의 조사활동은 이때를 마지막으로 일단락 된 것으로 보인다.[32] 이미 1936년에 초등과 중등용 역사교과서의 새 요목이 준비되었고, 1937 년에는 초등교과서 개정판의 사용과 중등교과서 편찬 계획이 잡혀 있었 다. 따라서 1936년 말은 조사 · 연구 · 검토를 넘어선 집행단계였다.

4. 국사의 체계와 조선특수사정론의 충돌

1) 역사교과서 편찬 시스템 개선안

교과서위원회는 약 2년간의 활동을 마무리하면서 역사교육의 근본 적 변혁을 가져올 수 있는 두 가지의 제도 개선을 결의했다. 첫 번째는

---

30) 「朝鮮の國史敎育と敎科用圖書の變遷」, 『敎科書編輯彙報』 3, 1939.4, 57쪽.

31) 「普通學校使用敎科書 全面的 改訂을 斷行」, 『每日申報』 1936. 7. 2(7); 「普通學校 各敎科書 全面的 改訂斷行 歷史科는 이미 完成」, 『朝鮮中央日報』 1936. 7. 3(2).

32) '임시'였음에도 임시역사교과용도서조사위원회는 해방될 때까지 존속하였다. 『朝鮮總督府官報』에서 학무관료와 학교장의 인사이동이 있을 때마다 위원들의 변천을 계속 확인할 수 있다. 또 1939년과 1944년에 각각 1935 · 1936년과 다른 위원들이 다른 안건을 가지고 회의한 기록이 남아 있다. 「歷史敎科書編纂調査委 員會」, 『朝鮮日報』 1939. 11. 7(2); 「戰時國史敎育具現-歷史敎科用圖書調査委員 會總會開催」, 『每日新報』 1944. 6. 10(1).

교과서의 통일이었다. 일본어의 상용 여부로 구분했지만 조선교육은 사실상 일본인과 조선인을 분리하여 실시하고 있었다. 곧 대개 조선인은 보통학교와 고등보통학교 · 여자고등보통학교를 다녔고, 일본인은 소학교와 중학교 · 여자중학교를 다녔다. 각 학교마다 규칙이 달랐고, 역사교육의 목표와 사용하는 교과서도 같지 않았다. 초등의 경우 소학교는 문부성 편찬 교과서를 사용했지만 보통학교는 조선총독부 편찬 교과서로 수업했다.

당시까지 이원적 교육은 조선의 특수사정을 이유로 당연시되었지만 비판론자들에게는 마치 교육의 근본정신이 이원적인 것처럼 오해하게 만들었다. 나아가 조선인 아동의 교육을 목적으로 "특수한 정책 의도 아래 곡필 또는 은폐를 한다는 의혹"을 불러 일으켰다. 「건의서」에 교과서의 일원화는 언급되지 않았지만 鳥山喜一이 의견서에서 강력하게 주장하던 것이었다. 교과서위원회에서도 교과서 통일은 당시 모든 위원들이 한 목소리로 주장했다. 그 결과 초등학교에서는 문부성 교과서, 곧 『심상소학국사』를 토대로 하여 朝鮮事歷의 잘못을 바로잡고, 국사의 본체와 밀접한 사항을 택하여 부족한 부분을 보완하고, 새로운 국사교과서를 편찬하여 소학교와 보통학교에서 함께 사용한다는 결론을 내렸다. 또 중등학교에서도 일본과 조선이 함께 사용하는 국사와 동양사교과서의 편찬 필요성을 제기했다.[33]

그런데 역사교과서의 이원화는 학제의 이원화에서 비롯된 것이었음으로 학제의 일원화를 전제로 했다. 1938년 제3차 조선교육령의 공포로 소학교와 보통학교, 중학교와 고등보통학교의 구분이 없어지면서 학제와 교과서도 통일되었다. 역사교과서의 일원화론이 식민지 조선

---

33) 「朝鮮の國史敎育と敎科用圖書の變遷」, 『敎科書編輯彙報』 3, 1939. 4, 57-59쪽.

학제의 일원화를 촉진하는 자극제 역할을 하였다고 할 수 있다.[34]

　단 같은 일원화론이라도 역사교과서위원회의 주장과 제3차 조선교육령의 정신은 같지 않았다. 최초의 제안자인 鳥山이나 교과서위원회 모두『심상소학국사』를 근거로 하여 새로운 역사교과서를 편찬할 것을 주장했다. 조선 내의 내선일원화를 먼저 이룬 뒤 이를 '내지 일본'으로 확장하여 식민모국과 식민지의 교과서를 하나로 만든다는 계획이었다.

　반면에 제3차 조선교육령이 적용된 1938년 3월의 소학교규정 제64조는 소학교의 교과용도서로서 문부성에서 저작권을 가진 것으로 정했다. 조선총독부에서 독자적으로 교과서를 편찬할 필요 없이 문부성이 편찬한 교과서를 조선에서 그대로 사용한다는 취지였다. 문부성 편찬 교과서를 통한 일본과 조선의 교과서 일원화였다. 식민지 통치에 대한 고려 없이 기존 일본사의 체계를 그대로 조선에 적용하는, 이른바 '교과서의 내지연장주의'였다.

　그런데 조선교육령의 취지는 1938년부터 國體明徵, 忍苦鍛鍊, 敎學刷新을 주장한 鹽原時三郎 학무국장의 입장이었다. 흔히 알려진 것과 달리 당대의 학무관료들은 鹽原의 안에 전적으로 찬동하지는 않았다. 鹽原은 南次郎 총독을 등에 업고 조선교육령을 밀어붙였지만 오랫동안 조선에서 근무한 학무관료들의 저항에 부딪혔다. 학무과장 八木信雄은 상사인 鹽原을 "통치이념에서 한국인이 처한 입장이나 심정에 대해 배려가 충분하지 못한"[35] 사람으로 회고할 정도였다. 곧 鹽原은 다른 총독부 관료와 달리 "조선특수사정"을 고려하지 않았다. 학문적 입장에서『보통학교국사』의 빠른 폐기를 주장했던 鳥山喜一이 식민지를 포함한 국사의 체계를 조선에서 정립하여 일본으로 확대하자는 것이

---

[34] 권오현, 앞의 글, 25-26쪽.

[35] 八木信雄,『日本과 韓國』, 日韓文化協會, 1980(한글 번역판), 246쪽.

있는데, 鹽原은 그간의 식민지 통치에 대한 고려 없이 기존 일본사의 체계를 조선에 적용하자는 내지연장주의의 사고에서 비롯된 것이었다.

명령에 따를 수밖에 없는 관료의 성격상 제3차 조선교육령과 그 부속 법령은 시행되었지만 교과서 편찬에서 '조선특수사정론'은 여전히 힘을 발휘했다. 교과서위원회는 조선총독부에서 역사교과서를 편찬해야하는 이유로서 "내지에서 편찬하는 것은 내지 중심에 있으므로 역사적으로 조선과 내지관계에 대한 교재취급이 소홀"하기 때문에 총독부가 조선의 특색을 가미해 편찬해야 한다는 입장을 밝힌 바 있다.[36] 제3차 조선교육령 공포 이후 문부성 교과서를 조선에 사용하는 문제를 놓고, 鹽原 학무국장이 긍정적 입장을 보인[37] 반면에 학무국의 편수관은 특수사정 때문에 조선 교과서를 사용할 수밖에 없다는 견해를 공개적으로 드러내었다.[38] 中村의 표현을 빌리면 당국의 "舊態墨守"로 인해 "초등학교 역사교과서의 內鮮一本論은 채택되지 않"았다.[39] 결국 조선교육령의 개정 후인 1939년부터 조선 내의 교과서 일원화는 이루어졌지만, 조선총독부는 문부성 교과서와 별도로 역사교과서를 편찬·사용했다.[40] 조선교육령의 취지와 다르게 '교과서의 내지연장주의'는 이루어지지 않았다.

제도개선을 위한 두 번째 안은 4년제 보통학교(簡易學校)에 국사과를 설치하고 교과서를 편찬하는 것이었다. 경성사범학교 渡邊信治 교

---

36) 「中等學校使用 歷史教科書 朝鮮것은 짜로 編纂」, 『매일신보』 1936. 5. 1(3).
37) 「教育施設의 新展開」, 『동아일보』 1938. 11. 23(2); 「小學校教科書는 統一도 無妨」, 『조선일보』 1938. 11. 24(2).
38) 「특수사정이 잇슴으로 조선 것을 사용하겟다-井上 編修官談」, 『동아일보』 1938. 11. 19(2).
39) 中村榮孝, 「時局下에 於ける朝鮮의 歷史教育」, 『研究評論 歷史教育』, 제13권 제7호, 1938. 10, 20쪽.
40) 장신, 「조선총독부 학무국 편집과와 교과서 편찬」, 『역사문제연구』 16, 2006, 51쪽.

장 등이 강력히 주장하여 위원들의 동의를 얻었다.[41] 4년제 보통학교
에서 교과서를 편찬하지 않을 뿐 아니라 역사를 가르치지 않은 것은,
일제가 교육침략을 시작했던 대한제국 학부 때부터의 '전통'이었다. 당
시의 교과서 편찬 책임자 三土忠造는 "보통학교의 교과목을 과다하게
하지 않기 위해서"라고 답변했다. 강점 후에도 일본에서는 5·6학년 때
역사를 배우기 때문에 4년제인 조선에서 배울 이유가 없다고 했다. 이
러한 '전통'은 4년제 간이학교에서도 계속 이어지다가 1931년 10월에
열린 전선초등교육연구대회에서 처음으로 4년제 보통학교에서 매주 1
시간씩 국사교육을 실시하자는 건의안이 제출되었다.[42] 이때 대회를
주관한 조선초등교육연구회의 회장이 渡邊이었다.[43] 총독부가 이 안
을 적극 수용하면서 제3차 조선교육령의 개정을 기회로 1938년 4월 학
기부터 4학년들이 배우는 『國史地理』교과서의 편찬으로 실현되었다.

  2) 역사교과서 내용 개선안과 『初等國史』(1937)

  역사교과서위원회는 역사교과서 편찬시스템의 개선과 함께 내용적
측면으로 1) 國體明徵의 철저, 2) 새로운 학술적 연구 성과를 반영한 교
재의 쇄신, 3) 조선사 교재의 수정 등을 강조했다. 특히 "朝鮮事歷은 최
근 조선사 연구의 발전으로 밝혀진 것을 채용하여 오류를 一掃하고, 古
今의 일관된 변천의 자취를 가르침으로써 국사·동양사에서 교재의 연
락과 취급태도의 일치를 期하고, 日鮮關係의 연혁에 이르면 전후맥락

---

[41] 「朝鮮の國史敎育と敎科用圖書の變遷」, 『敎科書編輯彙報』 3, 1939.4, 59쪽.
[42] 권오현, 「임시역사교과용도서조사위원회의 활동과 황국신민화 역사교육」, 『歷史
   敎育論集』 30, 2003, 5-9쪽.
[43] 會長 渡邊信治, 「開會の辭」, 『朝鮮の敎育硏究』 제4권 제12호, 1931.12, 10쪽.

을 흐르게 하여 밀접불가분한 관계를 밝히고, 한국병합의 유래에서는
투철한 설명을 요구"했다.[44]

　이것은 중등교과서를 검토한 결과였지만 초등에도 해당되었다. 초
등 역사교과서에 대한 의견은, 문부성 교과서를 기초로 하여 朝鮮事歷
의 오류를 바로 잡고, 국사의 본체와 밀접한 사항을 선택하여 부족한
것을 보충하여 새로운 국사교과서를 편찬하는 것이었다.[45] 총독부는
이 결의를 토대로 신속히 초등교과서를 개정하여 1937년 3월에 『普通
學校國史 卷一』의 개정판(1938년에 『初等國史 卷一』로 改題)을, 1938년
2월에 『初等國史 卷二』를 편찬했다.[46]

　『초등국사』는 기존의 『보통학교국사』와 비교해 많은 부분이 달라졌
다. 권오현의 분석에 따르면, 조선사 교재로 課를 삼았던 것을 모두 없
애고, 일본사 교재 속에 녹여버렸다. 『초등국사』는 국체명징의 철저, 내
선일체 강조, 국민의 해외발전 태도의 함양, 국민의 전쟁동원 등의 목적
에서 이와 연관되는 교재가 상세히 서술되고, 새롭게 선택되었다.[47]

---

44) 「朝鮮の國史敎育と敎科用圖書の變遷」, 『敎科書編輯彙報』 3, 1939.4, 56쪽.

45) 위의 글, 58-59쪽.

46) 장신, 「한말·일제강점기의 교과서 발행제도와 역사교과서」, 『역사교육』 91,
　　2004, 18쪽. 단 이때의 개정은 역사교과서위원회의 결정에 따른 것으로서, 제3차
　　조선교육령의 정신에 의거해 편찬된 교과서는 『초등국사 오학년』(1940)과 『초등
　　국사 육학년』(1941)이었다.

47) 또 조선사 교재와 관련해서는 1) 한일간의 지속적 관계와 내선일체의 역사적 유
　　래를 강조하기 위해 한일간의 빈번한 교류에 관한 교재가 증가하고, 2) 조선 중
　　기의 경우 영·정조의 善政, 유학의 발전과 서양문화의 전래, 이퇴계와 이율곡의
　　생애와 활약 등의 교재를 삭제함과 동시에 주로 당쟁의 격화와 청에의 종속 등을
　　강조했다. 이것은 조선인의 당파성과 비주체성이 한국병합의 주요한 원인임을
　　증명하고, 그것이 조선 중기부터 심화되었음을 보이려고 했다. 3) 대외관계사의
　　경우 조선사의 대외종속성을 강화하고, 4) 조선사 교재의 선택은 조선사의 대요
　　를 인식시키는 것보다 일본사와의 관련에 중점이 두어졌다. 權五鉉, 『朝鮮總督
　　府における歷史敎育內容史硏究』 廣島大學 博士學位論文, 1998, 348-367쪽.

이처럼『초등국사』는 국체명징이라는 큰 틀에서 기존의『보통학교국사』에 쏟아진 비판을 어느 정도 수용하였다. 하지만「건의서」에서 요구한 국사의 체계를 바로잡는 부분은 눈 가리고 아웅하는 식이었다. 조선사를 독립시킨 목차를 없애고「이퇴계와 이율곡」,「영조와 정조」등 일본사와 전혀 관계없는 朝鮮事歷은 양을 줄였을 뿐 본문 속에 여전히 남아 있었다. 곧 조선통치의 특수성을 내세우면서 기존 서술을 여전히 고집하고 있었다.「건의서」에서 치명적 결함으로 제기했던 21가지 문제점 중 한일관계가 밀접했던 고대사에서 두 가지 예를 검토해 보겠다.

역사교과서에서 한일관계의 시작은 '素戔嗚尊의 新羅 天降'이다.[48] 이와 관련해 1922년판『보통학교국사』는 "素戔嗚尊은 신들에게 추방되어 出雲으로 내리셨다"고 기술했다. 이어 素戔嗚尊은 簸川의 상류에서 八岐大蛇를 베어 天叢雲劍을 얻은 뒤 天照大神에게 헌상했다.[49] 이 서술은 1920년판『심상소학국사』의 서술과 글자 한자 다르지 않다.[50] 1932년판『보통학교국사』에서는 1922년판의 서술을 그대로 반복하고 天叢雲劍을 헌상한 다음 문장에 "尊은 또한 조선에도 오셨던 적이 있습니다"[51]를 첨가하였다. 이 문장의 삽입은 먼 神代부터 이미 일본과 조선 사이에 교통이 있었음을 알게 하기 위한 것으로서,[52] 문부성 저작의 1927년판『심상소학국사』에는 없는,[53] 조선인 아동들만을 대상으로 한

[48] 장신,「일제하 日鮮同祖論의 대중적 확산과 素戔嗚尊 신화」,『역사문제연구』21, 2009.
[49] 朝鮮總督府,『普通學校國史 上卷 兒童用』, 1922, 3쪽.
[50] 文部省,『尋常小學國史 上卷』, 1920, 3쪽.
[51] 朝鮮總督府,『普通學校國史 卷一』, 1932, 4쪽.
[52] 蝦道隆,「改訂國史上卷の教材解說と指導上の留意點」,『朝鮮の教育研究』제5권 제4호, 1932, 69, 71쪽.
[53] 文部省,『尋常小學國史 上卷』, 1927, 3쪽.

것이었다.

이 내용을 놓고 경성제대 역사전공 교수들이 분석한 「조사개요」는 "의식적으로 太古에 반도와의 관계를 설명"하는 것으로 보았다. 일부 중등교과서에 실린 "素戔嗚尊이 出雲지방을 경영하고 조선을 지배했다"거나 "素戔嗚尊은 반도의 동남부를 다스렸다고 전해진다"는 서술에 대해서는 妄說이 심하다고 평했다.[54] 「조사개요」의 원자료인 「上代의 關係」에서는 이 신화를 "신라에 대한 上代 大和民族의 깊은 신념을 나타낸 것"으로서 "의식적으로 上代 半島와의 관계를 과장"한 것으로 평했다.[55]

또 일부 중등교과서의 과장된 서술은 국정교과서, 곧 『보통학교국사』의 잘못에서 비롯되었다면서 "신화를 역사사실로 해석하는 것은 위험하며 교사가 아동에게 완전하게 이해시키는 것은 불가능에 가깝다. 하물며 고의로 上代와 반도와의 관계를 결부시킨 재료로서 사용하는 것은 가장 조심해야할 것"이라고 경고했다. 또 "일본서기의 기사를 曲解附會하고, 두셋의 신화를 하나로 결합하여 사실을 作爲하여 교과서에 기술하는 것은 놀라운 일"이라면서 교육관계자의 上代史에 대한 무관심을 지적했다.[56]

그런데 개정판(1937년) 「普通學校國史 卷一」에는 여전히 "素戔嗚尊은 신들에게 추방되어 조선 지방에 내려오셨으나 얼마 후에 出雲(島根縣)으로 가셨다"[57]고 하였다. 또 『國史地理 上卷』에서도 "素戔嗚尊은

54) 「조사개요」, 4-5쪽.

55) 「上代의 關係」, 1-5쪽.

56) 「國史教科書に於ける朝鮮に關する事項調査概要」, 『初等中等教科書中日鮮關係事項摘要』.

57) 朝鮮總督府, 『初等國史 卷一』, 1937, 3쪽. 호사카는 이 부분을 1932년판으로 오해했다. 保坂祐二, 『日本帝國主義의 民族同化政策 分析』(제이앤씨, 2002), 141-142쪽.

(중략-인용자) 신들에게 추방되어 조선 지방에 내려오셨다가 얼마 후에 지금의 島根縣으로 가셨다"고 썼다.[58] 이러한 서술은 문부성의 1935년판『심상소학국사』의 "素戔嗚尊은 신들에게 추방되어 出雲에 내려오셨다"[59]에서 出雲 앞에 '조선'을 삽입한 것으로서 조선총독부가 素戔嗚尊의 행적을 여전히 역사적 사실로서 기록·교육하고 있음을 보여주는 문장이다. 여기에서 학자가 史實을 추구하는 것과 역사교육은 다른 차원임을 보여줌과[60] 동시에 총독부는 통치 목적에 따라 교과서위원회의 결정을 제한적으로 수용함을 알 수 있다.

다음으로 '三韓·三國과 任那日本府의 起源' 서술이다. 「조사개요」는 "국사에서 삼한을 설명하고, 임나일본부의 始末을 논하는 것은, 결코 조선반도의 역사로서 설명하는 게 아니다. 또 외교관계로서 논하는 것도 아니다. 오로지 上代史의 중요한 한 요소로서 반드시 알아야 할 것"이라고 하였다. 교과서를 검토한 결과 임나일본부의 기원을 설명할 때 근거로 제시한『新撰姓氏錄』의 기사는 믿기 어려운 것이며, 삼국의 기원을 설명한 부분은 대부분 실패로서 종래의 속설을 소개하는데 지나지 않는다고 평하였다. 또 이러한 오류의 원인으로 교과서 집필자들이 조선사를 잘 알지 못하는 것을 지적하였다. 특히 삼국의 기원은 국사의 체계를 문란하게 만드는 것으로서 국사교과서에서 삭제하는 것이 적당하다고 주장하였다. 또 동양사교과서들의 예이지만, 임나를 한 나라의 이름으로 신라·백제와 서로 대립하는 국가처럼 취급하는 교과서가 많은 것도 역시 不可라고 주장하였다.

---

58) 朝鮮總督府,『國史地理 上卷』1939(개정판, 초판은 1937년 출간), 13쪽.

59) 文部省,『尋常小學國史 上卷』1935, 3쪽.

60) 梁正鉉,「日帝 强占期 歷史敎育 理念과 政策-1920~30년대 중반 普通學校를 중심으로」, 국사편찬위원회,『國史館論叢』77, 1997, 235쪽.

〈표 5〉『普通學校國史 卷一』과 『初等國史 卷一』의 '삼국 기원' 서술

보통학교국사 권일(1932)[61]	초등국사 권일(1937)[62]
第五 옛날의 조선 옛날 箕子라는 사람이 支那에서 와서, 반도의 북부에 나라를 세우고, 평양에 도읍을 정하고 그 나라를 잘 다스렸다고 한다. 후에 그 지방은 지나의 공격을 받아, 반도의 대부분은 그 領地로 되었다. 그 무렵 반도의 남부는 馬韓・辰韓・卞韓의 세 지방으로 나뉘고, 그들의 지방은 다시 작은 나라들로 나뉘어져 있었다. 그곳에 사는 사람들은 바다를 건너 일찍부터 內地와 왕래하였다. 崇神天皇의 代에, 진한 지방에서 朴赫居世라는 사람이 나서, 新羅國을 세우고, 그 왕이 되어, 내지에서 건너온 瓠公을 등용하여 나라를 잘 다스렸다. 같은 代에 滿洲 지방에 朱蒙이라는 사람이 나서, 高句麗國을 세우고, 그 왕이 되었다. 고구려는 또한 高麗라고도 한다. 垂仁天皇의 代에 주몽의 아들 溫祚는 남쪽으로 내려가 마한 지방에 百濟國을 세우고, 그 왕이 되었다. 新羅・高句麗・百濟를 三國이라 한다.	第四 神功皇后 (전략) 처음에 조선 지방은 북에는 箕子가 세운 朝鮮國이 있고, 남에는 馬韓・辰韓・卞韓의 三韓으로 나뉘어져 있었다. 후에 滿洲 지방에, 朱蒙이 세운 高麗(高句麗라고도 한다)國이 조선의 북쪽 지방을 공격하여 세력이 강해졌다. 이어 남쪽에서는 溫祚가 시작한 百濟國과 朴赫居世가 세운 新羅國이 차례로 강해졌다. 고려・백제・신라를 합하여 三國이라 부르고 또한 三韓이라고도 한다. 또한 백제와 신라 사이에는, 任那國이 있었다.

〈표 5〉에서 두 교과서의 서술을 비교하면, 이미 밝혀진 대로 조선사의 독립 단원(과)이 사라지고 일본사 속에 편입되었고, 양도 절반으로 줄었다. 반면에 일본 上代史를 이해하는 관계사가 아니라 국사의 체계를 어지럽게 만드는 요인 중의 하나인 삼국의 기원은 그대로 살아남았다. 게다가 임나도 어엿한 국가로 서술되었다.

---

61) 朝鮮總督府, 『普通學校國史 卷一』 1932, 19-21쪽.

62) 朝鮮總督府, 『初等國史 卷一』 1937, 21쪽.

조선총독부는 임시역사교과용도서조사위원회의 보고를 이은 조사요지를 참작하고, 문부성 편찬의『小學國史編纂趣意書』와 문부성의 중등학교 교수요목의 취지 등을 참고하여[63]『初等國史』제5학년용과 제6학년용을 발행하였다. 이러한 취지로 발간된『初等國史 第六學年用』에서 조선사는 일본 천황가의 해외 '진출'에서 시작하는 '海外의 政事'라는 소제목 아래 "옛날 조선에서는 남부에는 韓人이, 북부에는 만주인이 살고, 서쪽에는 지나인, 남쪽에서는 우리나라(일본 - 인용자) 사람이 섞여 살았다"고 서술하였다.[64] 여기에서 '해외'는 '임나'이며, 다음 장에 가서야 대륙(支那) 문화의 전파를 설명할 때 부수적으로 삼국의 건국과 기원을 설명하였다.[65] 그것도 독자적 국가발전이 아닌 문화 수용의 측면에서만 다루어졌다.

5. 맺음말

1934년 초 경성제대 총장 山田三良은 역사학 전공 교수진 10명으로 '國史上 朝鮮에 關한 事項을 調査하는 委員會'를 조직했다. 위원에 위촉된 교수들은 당시 조선에서 사용되는 초·중등 역사교과서 28종 39권을 조사·분석했다. 약 7개월간 진행된 조사활동의 결과로 1934년 11월 19일 「國史敎科書에서 朝鮮에 關한 事項 調査槪要」라는 보고서와 「의견 및 희망사항」이 총장에게 제출되었다.

1934년 12월 26일 山田 총장은 「조사개요」와 「의견서」를 종합하여

---

63) 朝鮮總督府,『初等國史編纂趣意書 第五學年用』1940, 3쪽.

64) 朝鮮總督府,『初等國史 第六學年用』1941, 12쪽.

65) 朝鮮總督府,『初等國史 第六學年用』1941, 18-28쪽.

총독에게 「역사교과서 설치에 관한 건의서」를 제출했다. 건의서 비판의 초점은 조선통치의 특수성을 반영하여 편찬된 『보통학교국사』였다. 경성제대 교수들은 역사교과서의 조선사에 심한 오류가 적지 않고, 특히 『보통학교국사』에는 朝鮮事歷을 무분별하게 집어넣어 國史의 체계를 흐린다는 것이었다. 또 史實과 고증의 오류 등 비전문성으로 나타나는 문제를 묵과할 수 없다는 것이었다. 이러한 문제의 개선을 위해 교육행정, 교육실무, 역사학자 등 각계 전문가로 구성된 '임시역사교과서조사위원회'의 설치할 것을 제언했다. 경성제대는 비록 제국의 변방이었지만, 식민지를 포함하는 국사의 체계를 고민함으로써 날로 확장되는 제국의 중심에 서고자 하였다.

조선총독부는 「건의서」의 문제제기를 수용하여 2개월 만에 역사교과서위원회를 설치했다. 역사교과서위원회의 위상과 역할은 "조선의 초등학교 국사교과서와 중등학교 국사・동양사교과서의 조사・검토, 역사교과서 편찬 또는 취급에 관한 기본적 방침을 결정하는 지도기관"이었다. 총독부가 「건의서」를 전적으로 수용하는 듯 보이지만, 총독부는 역사교과서의 근본적 개선보다 학무국 편집과의 인력 부족으로 인해 숙원사업으로 남았던 중등교과서의 편찬을 일차 과제로 삼았다. 여기에 전문가들이 참여한 역사교과서위원회의 권위를 빌려 전문성 부족이라는 외부 비판을 차단하고자 했다.

총독부는 역사교과서위원회를 설치한 뒤 먼저 중등 역사교과서를 분석하여 새 교수요목의 완성에 나섰다. 「건의서」가 역사교과서 문제의 근본 원인을 국정교과서, 곧 『보통학교국사』의 오류에서 비롯된 것으로 보고 이의 조속한 폐기를 주장한 것과 상반되는 행보였다. 오히려 총독부는 매년 해오던 교과서 개정 작업의 연속선상에서 『보통학교국사』 문제를 처리하려고 했다.

역사교과서위원회의 조사활동은 1935년에는 중등용 역사교과서의 분석과 편찬사업에, 1936년에는 초등용 역사교과서의 분석과 개선점을 제시하는 등 약 2년 동안 진행되었다. 교과서위원회는 총독부 역사교육의 근본적 변혁을 가져올 제도와 내용의 개선안을 결의했다. 제도개선의 첫 번째는 조선 내 교과서의 일원화였고, 두 번째는 4년제 보통학교에서 역사교과서를 편찬하고 가르치는 일이었다. 전자는 1938년 조선교육령과 그 부속법령의 개정으로 1938년부터 실현되었다. 후자도 1938년 4월 학기부터 『국사지리』라는 교과서의 편찬으로 실현되었다.

내용 개선의 방향은 1) 國體明徵의 철저, 2) 새로운 학술적 연구 성과를 반영한 교재의 쇄신, 3) 조선사 교재의 수정 등이었다. 1936년부터 추진된 중등 역사교과서의 편찬은 예산을 확보하지 못해 좌절되었지만, 초등 역사교과서는 1937년부터 『보통학교국사』의 개정판이 나왔다. 개정판은 목차에서 조선사를 표제로 다룬 課를 삭제하는 것에서 시작해 「건의서」와 교과서위원회의 결의를 충실하게 반영했다. 외형적으로 '조선교육의 특수성'을 찾아보기는 거의 어려울 정도였다.

다만 조선통치의 특수사정론은 끊임없이 제기되고 제도와 교과서에도 여전히 반영되었다. 문부성이 저작권을 가진 교과서만을 사용한다는 소학교규정에도 불구하고 조선총독부는 역사교과서를 별도로 편찬했다. 또 역사적 사실로 인정할 수 없고, 국사의 체계를 어지럽히는 내용임에도 불구하고 조선통치를 위해서라는 명분으로 기존의 내용체계를 여전히 답습하였다. 역사교과서위원회가 제안했던 '국사의 체계'는 1940·1941년에 새롭게 『초등국사』 5학년용과 6학년용의 발간으로 이루어졌다.

제3부

식민지식의 파동

사상검사 이토 노리오(伊藤憲郎)의 조선 사회주의 연구

임경석

1. 머리말

일제하 조선 사회주의 운동을 바라보는 시선은 다양하다. 당대에서부터 그랬다. 운동에 직접 참가한 사회주의자의 시선에서부터 그를 체포하기 위해서 뒤쫓는 경찰의 시선까지 그 스펙트럼은 넓었다.

이러한 다양성은 해방 이후에도 계승되었다. 사회주의 운동을 정당시하던 사람들은 조선공산당을 가리켜 "우리 민족의 가장 애국적이고 혁명적인 전위(前衛)"라고 간주했다.[1] 이념 갈등이 격렬했던 시기였던 만큼 정반대되는 견해도 있었다. 사회주의자들을 가리켜 "인류을 모독"하고 "민족의 붕괴와 멸망을 바라는" 범죄 집단으로 간주하는 견해까지 나왔다.[2]

그러나 남북 분단체제가 고착된 이후에는 사회주의 운동을 바라보는 다양성은 한국 사회에서는 더 이상 나타나지 않았다. 그 대신에 하

---

[1] 「4월 17일!」, 『해방일보』, 1946. 4. 15.

[2] 張福成, 『조선공산당파쟁사』(대륙출판사, 1949); 『조선공산당파쟁사』(돌베개, 1984 복간), 13쪽.

나의 관점이 배타적으로 널리 유포되었다. 사회주의를 적대시하는 관점이 그것이다. 반공적 관점은 군사, 정치, 교육 등 사회 각 방면에 걸쳐서 지배적 영향력을 행사했다.

학계 내부의 논의의 장에서도 그러했다. 1960~70년대에는 한국과 미국 양쪽 학계에서 일제하 사회주의 운동사에 관한 두툼한 저술들이 출간되었다. 김준엽과 김창순, 서대숙, 스칼라피노와 이정식 등에 의해서 이뤄진 이 저술들은 학술사적 의의가 적지 않다. 풍부한 사료 분석에 입각하여 연구사상 처음으로 사회주의 운동에 관한 종합적인 역사상을 제시했다는 점에서 그러하며, 학문적 영향력은 지금도 여전히 유지되고 있다.[3] 그렇지만 그 저작들 속에는 반공이데올로기가 여과되지 않은 채로 표출되어 있다. 예컨대 김준엽과 김창순은 독립운동 진영 내에서 사회주의적 조류가 형성된 사실을 두고 "민족독립운동에 참혹한 혼란이 야기"되었다고 설명했다.[4] 스칼라피노와 이정식은 "해방 이전의 공산주의 운동이 실패하게 된 근본 원인은 무엇이었는가?"라는 질문을 던졌고,[5] 서대숙도 '토착 공산주의자들의 실패' 원인을 분석하는 것에 자신의 연구 목적을 두었다.[6] 사회주의가 역사적으로 실패했

---

[3] DAE-SOOK SUH, *The Korean Communist Movement(1918-1948)* (Princeton University Press, 1967) [현대사연구회 옮김,『한국공산주의운동사 연구』(화다, 1985)]; 김준엽・김창순,『한국공산주의운동사』 1-5, 고려대 아세아문제연구소, 1967-1976; Robert A.Scalapino & Chong-Sik Lee, *Communism in Korea, Part 1: The Movement*, (University of California Press, 1972) [한홍구 옮김,『한국공산주의운동사』(1-3) (돌베개, 1986)].

[4] 김준엽・김창순,『한국공산주의운동사』 1 (고려대 아세아문제연구소, 1967), 159쪽.

[5] Robert A.Scalapino & Chong-Sik Lee, *Communism in Korea, Part 1: The Movement*, (University of California Press, 1972) [한홍구 옮김,『한국공산주의운동사』(1-3) (돌베개, 1986), 33쪽].

[6] DAE-SOOK SUH, *The Korean Communist Movement(1918-1948)* (Princeton University Press, 1967) [현대사연구회 옮김,『한국공산주의운동사 연구』(화다, 1985), 7쪽].

다는 판단은 냉전체제하에서 반공주의적 역사인식의 골자 가운데 하나였음을 환기할 필요가 있다.

역사 연구의 진전을 위해서는 이러한 반공주의적 연구 경향에 대한 비판적 성찰이 요청된다. 왜냐하면 그 연구 성과는 역사적 진실을 탐구하는 데 바쳐진 것이라기보다는 반공이라는 국가정책 실행의 수단으로 기능했기 때문이다. 그러므로 이 경향을 기원에서부터 다시 비판적으로 고찰할 필요가 있다. 사회주의에 맞서기 위한 목적으로 사회주의를 연구한 게 언제부터인가? 어떤 이들이 그 연구를 담당했으며, 어떤 역사상을 수립했는가? 그들이 만들어 낸 연구 성과는 어떤 방식으로 반공이라는 정책 목표를 달성하는 실행 수단으로 기능했는가? 이 의문들에 답할 필요가 있다.

이 글의 목적은 일제하 조선 사회주의 운동에 관한 반공주의적 해석의 기원을 탐구하는 데에 있다. 그를 위하여 먼저 조선총독부 관료 기구 속에서 사회주의를 적대시하는 전문 부서가 형성되는 과정을 살펴보고자 한다. 또 사회주의 탄압 기구 내부에서 어떠한 비밀 간행물이 간행되었는지를 밝히고, 그 지면을 분석할 것이다. 그 관료 집단 중에서 문필 상으로 중요한 역할을 감당한 이데올로그가 있었는지, 있었다면 어떠한 내면 의식을 갖고 있었는지 등의 문제도 추적하고자 한다.

2. 사상검사라는 존재

1) 사상검사 제도와 이토 노리오

5월 8일에 총독부 제2회의실에서 각도 고등과장 회의가 열렸다. 법원 측에서는 내가 갔다. 모리우라(森浦) 검사는 법정 입회 때문에 결석했다. 첫째 날에는 고다마 히데오(兒玉秀雄) 총감 훈시, 경무국장 훈시, 이어서 지시사항에 대하여 토의가 이뤄졌다. ……그날 밤 나는 국장의 초대를 받아 하나쓰키(花月)에 갔다. 경무국 연회는 언제나 원기(元氣)가 좋다.[7]

조선총독부 고등법원 검사국이 발행한 대외비 간행물『고검사상월보(高檢思想月報)』제2호 말미에 적혀 있는 문장이다. 편집자의 후기를 기록한「잡록(雜錄)」란에 실려 있다. 이 문장은 특이하게도 1인칭 시점으로 작성되어 있다. 삼엄한 분위기가 감도는 사상관련 비밀 간행물 속에서는 좀체 찾아보기 어려운 이채로운 표현이다. 도대체 화자인 '나'는 누구일까? 『고검사상월보』의 편집자인 이토 노리오(伊藤憲郎)였다. 조선총독부 고등법원 검사국에 소속된 사상전담 검사였다. 그는 조선총독부 각 도 경찰부 고등경찰과장 회의에 참석한 사실에 대해서 위와 같이 썼다. 1931년 5월 8일~9일 이틀간 개최된 회의였다. 이 회의는 식민지 조선의 통치체제를 수호하는 경찰 수뇌부의 회합이었다. 13개도 경찰부에 배속된 고등경찰과 과장들이 한 자리에 모였다. 고등경찰과란 도경찰부 내부 직제 가운데 하나였다. 그 당시 도경찰부에는 경무과, 보안과, 위생과, 형사과, 고등경찰과 등과 같은 5개의 부서가 있었다. 이중에서 고등경찰과는 정치적, 사상적 범죄를 관장했다. 일본에 위해를 가하는 행위를 억압하는 일이 그들의 임무였다. 고등경찰은 조선인들에게는 두려움의 대상이었다. 일선 고등계 형사들은 혐의자의 자백을 이끌어 내기 위해서 폭력을 수반하는 혹독한 취조를 일삼고, 필설로 옮기기 어려운 각종 고문을 마다하지 않는 무시무시한 존재들이었다. 사람들은 고등계라는 말만 들어도 공포와 위압감을 느꼈다.

---

7)「雜錄」,『高檢思想月報』2号, 高等法院檢事局思想部, 1931. 5, 131쪽.

그런데 왜 고등경찰과장도 아닌 이토 노리오가 이 회합에 참석했을까? 인용문에도 나와 있듯이 그는 법원 측을 대표하는 자격으로 이 자리에 갔었다. 조선총독부 고등법원 소속의 현직 검사로서 조선 사회주의 운동에 대처하는 정책 공조를 위해서 갔던 것이다. 이토 노리오 검사에 더하여 '사상범' 탄압에 종사하는 협력 기관의 담당관들이 두명 더 있었다. 조선주둔군 사령부에서 온 간다(神田) 참모중좌, 헌병대 사령부의 히라노(平野) 대위 등이 그들이었다.[8] 식민지 해방운동을 탄압하는 최전선의 관료들이었다. 이로 미뤄보면 식민지 해방운동을 탄압하는 일본의 주요 기관은 경무국, 조선주둔군, 헌병대, 검사국 등 넷이었음을 알 수 있다. 이들 기관이 조선 독립운동과 사회주의 운동 탄압의 일선에 서 있었으며, 서로 긴밀하게 협력하고 있었음을 보여준다.

이토 노리오 검사가 법원 측을 대표하는 지위에 올라 있었음에 눈길이 간다. 그는 소장파 관료였다. 1892년생이었으므로 그 당시 39세에 지나지 않았다. 이처럼 젊은 그가 어떻게 조선총독부 고위급 정책 협의 기구에 발을 들여 놓을 수 있었을까.

가장 큰 요인은 그가 일본 관료계의 최상층 인맥을 장악한 최대 학벌의 구성원이었다는 데에 있었다. 북부 일본의 지방도시 아오모리(靑森)시 출신의 공부 잘하는 수재이던 이토 노리오는 도쿄제국대학 법학부 독일법학과에 입학하여, 1918년 7월에 그곳을 졸업했다. 대학을 마친 이후에는 식민지 관료의 길을 선택했다. 26세의 나이에 조선총독부 사법관 시보(試補)로 임명된 것을 시작으로 하여 줄곧 조선총독부 사법 관료로 재임했다. 1920년부터 광주지방법원 정읍지청, 경성지방법원, 해주지방법원, 경성복심법원 등에서 판사로 근무했다. 1927년에는

---

8) 「全鮮高等警察課長會議」, 『高檢思想月報』 2号, 高等法院檢事局思想部, 1931. 5, 112쪽.

판사에서 검사로 전직했으며, 일본이 패망하던 1945년까지 줄곧 조선 총독부 검사로 재직했다.[9]

사법 관료계의 기린아가 될 수 있었던 또 하나의 요인은 그의 재능과 노력이었다. 이토 노리오 검사는 자신의 적대자인 사회주의 사상과 운동의 실태를 이해하고자 힘썼다. 정보 수집과 분석을 게을리 하지 않았다. 특히 이제 막 간행된 사회주의 신간 서적에 큰 관심을 기울였다.

보기를 들면 『좌익노동조합의 조직과 정책』이라는 책이 출간되자마자 그것을 읽었고, 동료 검사들을 위하여 독후감을 썼다. 그 책은 노동자 출신의 젊은 일본공산당원 와타나베 마사노스케(渡邊政之輔)가 집필한 것으로서, 그 시기 선풍적인 영향력을 행사하고 있던 혁명적 노동조합 운동론을 소개한 책이었다.[10] 400페이지 분량의 두툼한 책을 다 읽고 난 이토 노리오는 노동조합 운동의 발전을 위한 공산당의 과학적인 노력이 놀랍다고 토로했다. 특히 "젊은 한 노동자가 이러한 조직적, 정책적 이론을 쌓아올린 점이 경이롭다"고 썼다.[11] 그는 경각심을 느꼈다. 일본의 좌익노동조합운동이 조선에도 영향을 미치게 될 것이라고 판단했다. 그래서 조선 사회주의 운동을 담당하는 사상 관료들은 이 책의 존재를 기억해둘 필요가 있다고 강조했다.

이토 노리오는 소비에트 러시아에서 출간되는 간행물에 대해서도 관심을 기울였다. 사회주의에 관한 정확한 지식을 신속히 입수할 필요가 있었기 때문이다. 코민테른 간부이자 저명한 경제학자인 오이겐 바르가(Eugen Varga)의 최신 저술에 주목한 것도 그러한 노력의 일환이었다. 이토 검사는 바르가의 논문에 기재된 정보에 주의를 집중했다. 코

---

9) 『朝鮮人事興信錄』, 朝鮮新聞社, 1935, 25쪽.

10) 渡邊政之輔, 『左翼勞動組合の組織と政策』(東京, 希望閣, 1931).

11) 「雜錄」, 『高檢思想月報』 3号, 高等法院檢事局思想部, 1932. 6. 50-51쪽.

민테른 기관지『인프레코르』에 매년 4회씩 실리고 있는 바르가의 연재 논문 중에서 특히 일본 경제를 분석한 부분에 관심을 기울일 것을 동료 검사들에게 권유했다.[12] 그 뿐만이 아니었다. 소비에트 러시아에서 간행되는 권위있는 사회주의 서적들도 추천했다. 추천서목 중에는 스탈린의『레닌과 레닌주의』, 부하린의『공산주의 에이비씨(ABC)』, 레닌과 지노비에프의 공저『조류(潮流)에 맞서서』등이 포함되어 있었다.[13] 이토 노리오의 사회주의 관련 독서 범위는 웬만한 사회주의자보다도 더 넓었을 것으로 보인다.

이토 노리오 검사는 업무 능력을 증진하기 위해서 자신이 동원할 수 있는 인적 네트워크를 적절히 활용했다. 1931년 봄에 도쿄로 출장을 갔을 때였다. 그는 모교인 도쿄제국대학 법학부 로야마 마사미치(蠟山政道) 교수의 연구실을 방문해서 사회주의에 관해서 물었다. 로야마 교수에게 자문을 구한 이유는 그가 국제적 안목을 지닌 사회주의 전문가였기 때문이다. 법학부 정치학과에 재직 중이던 로야마 교수의 전공 분야는 영국 사회주의 연구였다.[14] 이토 노리오 검사는 물었다. "오늘

---

[12] 오이겐 바르가(Eugen Varga), 경제비판회 일역, 「일본의 공황」, 『세계경제연보』 10집, 叢文閣, 1931;『高檢思想月報』3号, 高等法院檢事局思想部, 1931. 6, 51-52쪽.

[13] 이토 노리오 검사의 편집자 주, 『思想月報』第2卷 第2號, 高等法院檢事局思想部, 1932. 5, 28쪽.

[14] 로야마 마사미치(蠟山政道, 1895-1980)는 제1고등학교를 거쳐 도쿄제대 법학부 정치학과를 졸업한 엘리트였다. 대학 졸업 이후에는 모교에서 학자의 길을 걸었다. 1922년에 도쿄제대 법학부에 조교수로 임용된 이래 1939년까지 재임했다. 재임 중에 3년간 영국 유학을 다녀왔다. 그는 태평양전쟁 시기에는 학계를 떠나 정계로 진출했다. 1942년 중의원 선거에 출마하여 당선되었다. 일본의 대외침략 전쟁에도 협력했다. 예컨대 필리핀 점령 군정부의 의뢰를 받아 점령지 조사에 참가했다. 전쟁 이후에는 민주사회주의 이론가이자 정치가로 나아갔다. 민주사회주의연맹 이사장을 지냈으며, 사회당 우파의 정책 노선을 학문적 이론적으로 지원했다는 평가를 받았다. 그의 약력에 관해서는『日本近現代人名辭典』(東京, 吉川弘文館, 2001), 1164쪽 참조.

날 개인의 저술로서 일본 공산운동의 진상을 가장 잘 말해주는 것이
있는가"라고. 그랬더니 로야마 교수는 "와타나베 마사노스케가 무난하
지 않을까"라고 추천했다고 한다.[15] 이토 검사가 와타나베의 저술『좌
익노동조합의 조직과 정책』에 관심을 기울인 데에는 이러한 배경이 있
었던 것이다.

이처럼 이토 노리오는 조선총독부 검사의 관점에 서서 사회주의를
파악하려고 열심히 노력해 왔다. 그러한 열성 덕분일 것이다. 이토 노
리오 검사는 "사상 방면에 가장 많은 지식을 가지고 있는" 사법 관료라
는 평판을 얻었다.[16] 이러한 평판은 그가 식민지 조선의 최초 사상검
사로 취임하는 데에 크게 기여했다.

사상검사 제도가 조선에 도입된 것은 1927년이었다. 그 즈음 사회주
의 관련 '범죄'가 급증하는 추세에 있었다. "조선공산당사건, 간도공산
당사건, 기타 치안유지법 위반 사건이 뒤이어 발생하는 터"였다.[17] 조
선총독부는 이 현상에 효과적으로 대응할 수 있는 관료 시스템을 도입
했다. 바로 사상검사 제도였다. 오로지 사상 방면에만 종사하는 전담
검사를 임명함으로써, 그의 지휘하에 조선총독부 각급 사법기관 관료
들의 행위를 조정하고 관리하고자 했던 것이다. 바로 이때 발탁된 사
람이 경성복심법원 판사로 재직 중이던 이토 노리오였다. 그는 고등법
원 검사국 소속 사상부 전임검사로 발령받았다. 식민지 조선에 건너온
뒤 8년 동안 줄곧 총독부 판사 자리를 지키던 그는 이때부터 검사로
일하게 되었다. 현직 판사 직위에 있는 자를 검사직으로 이동 발령하
는 것은 총독부 관료계에서는 이례적인 일이었다. 그만큼 그의 재능은

---

15) 「雜錄」,『高檢思想月報』3号, 高等法院檢事局思想部, 1932. 6, 50쪽.
16) 「사상관계사건은 伊藤 판사가 전담」,『동아일보』, 1928. 2. 23.
17) 「사상범 격증의 대책, 사상전임검사 임명」,『중외일보』, 1928. 1. 13.

높은 평가를 받았던 것이다.

다시 인용문으로 시선을 돌려보자. 법원 측을 대표해서 경찰 수뇌부 회의에 참석할 예정이던 또 한 사람의 검사가 있었다. 모리우라 검사 였다. 그도 출석할 예정이었으나 재판 일정이 겹치는 바람에 오지 못 했다고 한다. 바로 모리우라 후지오(森浦藤郎) 검사를 가리키는 말이 었다.

모리우라 검사는 이토 검사와 더불어 조선총독부 검사국 내부에서 쌍벽을 이루는 사상 전문가였다. 모리우라 후지오 검사의 경력도 이토 의 그것과 판박이처럼 비슷했다. 이토 노리오 검사보다 세살 적은 그 는 1921년에 도쿄제국대학 법학부 영법학과를 졸업했다. 두 검사는 대 학 동창생이었다. 모리우라도 그의 선배의 뒤를 따라 대학 졸업 이듬 해부터 조선총독부 관료의 길에 올랐다. 1922년에 경성지방법원 사법 관 시보(試補)로 처음 부임한 이후 대구지방법원, 경성지방법원, 신의 주지방법원, 고등법원, 경성복심법원 검사국을 전전하며 줄곧 검사로 근무했다.[18]

모리우라 후지오는 1928년에 경성지방법원 검사국 소속의 사상검사 로 임명되었다. "전 조선을 통하여 사상전문 검사로는 고등법원의 이토 (伊藤) 외에는 경성지방법원이 처음"이었다.[19] 다시 말하면 조선총독 부 사상전담 검사 제1호는 이토 노리오였고, 그에 뒤이어 모리우라 후 지오가 제2호로 취임했던 것이다. 이토는 고등법원 소속이고, 모리우 라는 경성지방법원 소속이었다. 비유하자면 이토 검사는 사회주의 탄 압 전선의 참모총장이었고, 모리우라는 야전 사령관인 셈이었다. 그래

---

18) 佐久間晃 編,『日本官界明鑑』(제5판) (東京, 日本官界情報社, 1942);『大衆人事錄』 (제14판, 外地, 滿, 支, 海外篇) (東京, 帝國秘密探偵社, 1943), '조선' 항목 105쪽.
19) 「사상전문검사」,『중외일보』, 1928. 6. 7.

서 모리우라 검사는 "조선에 있어서 사상사건을 가장 많이 취급한 전문가"라는 지목을 받았다.[20] 그는 뒷날 1933년에 이토 노리오의 후임자로서 고등법원 검사국 사상검사로 취임했다. 도쿄제국대학 법학부 3년 선후배간인 이토와 모리우라는 앞서거니 뒤서거니 하면서 조선 사회주의 운동 탄압의 지휘봉을 잡았던 것이다.

경찰 수뇌부 회의가 열리는 날 저녁에는 으레 만찬 모임이 열리곤 했다. 경무국장이 초대하는 자리였다. 장소는 '하나쓰키(花月)'라는 옥호를 가진 고급 음식점이었다. 이름과 문맥으로 보아 요정이었던 것 같다. 이토 검사는 이 연회 자리가 마음에 흡족했다. 그는 경무국장의 초대를 받아 하나쓰키(花月)에 간 사실을 굳이 적었을 뿐 아니라, "경무국 연회는 언제나 원기(元氣)가 좋다."고 소감을 썼다.[21] 이토 노리오는 육식 취향의 마초적 기질의 소유자였던 것 같다. 요정의 떠들썩하고 질탕한 분위기가 진정으로 마음에 들었나 보다.

2) 『고검사상월보』의 편집

종래 때때로 배포되던 팸플릿을 한데 묶어서 발송하면 편리하겠다고 생각하여, 『고검사상월보(高檢思想月報)』라고 제호를 달았습니다. 앞으로 매월 배포할 계획입니다. 자료가 있으면 속히 보내주시기 바랍니다.[22]

이토 노리오 검사는 『고검사상월보』라는 정기간행물 발간의 이유를 이렇게 설명했다. 1931년 4월에 발행한 창간호의 편집자 노트에서 행

---

[20] 김병로, 「반도의 思想判檢事陣, 고등·복심·지방의 3법원을 통하여」, 『삼천리』 7-3, 1935. 3, 42쪽.

[21] 「雜錄」, 『高檢思想月報』 2号, 高等法院檢事局思想部, 1931. 5, 131쪽.

[22] 「雜錄」, 『高檢思想月報』 1号, 高等法院檢事局思想部, 1931. 4, 53쪽.

한 언급이었다. 제호를 보자. '사상월보' 앞에 '고검'이란 두 글자가 덧붙혀져 있다. 발간 주체를 가리키는 말이었다. 조선총독부 고등법원 검사국 사상부, 이 기관이 발간 주체임을 뜻했다. '사상월보'라는 명칭은 그것이 사상문제를 다루는 월간지임을 뚜렷이 보여준다. 사회주의 탄압을 임무로 하는 일본의 식민지 통치 기관이 여럿 있었기 때문에 그에 소속된 관료들의 정보 소통을 원활하게 하기 위해서 만든 것이었다. 이런 업무에 종사하는 관료들에게는 정보가 곧 재산이었다. 그래서 팸플릿을 만들어서 부정기적으로 정보를 교환했다고 한다. 그러나 정보의 분류와 열람에 불편한 점이 있었다. 그것을 개선할 필요가 있었다. 여러 팸플릿을 한데 묶어서 정기적으로 발행할 필요가 있었던 것이다. 그 소산이 바로 『고검사상월보』였다.

표지 상단에는 '비(秘)'라는 글자가 둥근 원 안에 뚜렷이 박혀 있다. 극비 문서라는 뜻이었다. 비밀 취급 인가를 받은 소수의 관련자들만이 열람할 수 있었음을 잘 보여준다. 속표지에는 배포 범위가 표시되어 있다. "(조선총독부-인용자) 법무국, 각 복심법원 검사국, 각 지방법원 검사국"이라고 적혀 있다.[23] 사상 범죄자의 취조와 기소 업무를 맡은 조선총독부 사법관료들로 한정되었음이 눈에 띈다. 그렇다면 발송처는 법무국 1개소, 복심법원 검사국 3개소, 지방법원 검사국 8개소로서 도합 12군데였을 것이다. 결국 이 잡지는 사회주의 탄압에 종사하는 조선총독부 검사들이 회람하는 폐쇄적인 간행물이었음을 확인할 수 있다.

이 간행물은 장기간 연속적으로 발행되었다. 1931년 4월에 창간호가 나왔고, 1943년 10월에 마지막 호가 발간되었다. 도중에 더러 결호가 있긴 했지만 12년 남짓 꾸준히 나왔다. 총 발행 호수는 68개호였다.

---

23) 高等法院檢事局思想部, 『思想月報』 第2卷 第11號, 1933. 2, 속표지.

제호는 도중에 두 번 바뀌었다. 발행을 시작한 지 4개월 만에 『사상 월보』로 개칭했다. 접두어 '고검'을 떼어 냈던 것이다. 왜 그랬을까? 사 회주의 운동의 급격한 고양으로 인해 사상부 업무와 직제가 확장되는 추세에 있었기 때문이라고 판단된다. 조선총독부 사법 관료들은 세계 대공황기를 맞이하여 폭증하는 '사상범죄'에 대응해야만 했다. 일선에 서 그처럼 부산하게 사상범 대책을 지휘하던 지방법원과 복심법원 검 사들의 눈높이에 맞추려면 '고검'이라는 접두어를 계속 붙이는 것이 부 자연스러웠던 것이다.

제호는 1934년 12월에 다시 한 번 변경되었다. 『사상월보』를 『사상 휘보(思想彙報)』로 개칭했다. 왜 그랬을까? 이 변경은 그해 7월부터 도 쿄에서 또 하나의 『사상월보』가 간행된 사정과 관련되어 있었다. 일본 본국의 사법성 형사국에서 『사상월보』라는 제호의 정기 간행물을 펴내 기 시작했던 것이다.[24] 그리하여 동일한 명칭의 정기 간행물이 도쿄와 경성(京城)에서 나란히 발간되는 혼란스런 상황이 야기되었다. 이 혼 란을 정리해야만 했다. 결국 식민지 관료들이 양보했다. 창간 시기가 더 빠르고, 게다가 이미 3년간 총 42개호를 발간한 실적이 있는 데도 그랬다. 일본 관료사회 내부에서는 식민지 고등법원보다는 본국 정부 사법성이 훨씬 큰 힘을 갖고 있기 때문이었다.

고등법원 검사국의 사상검사 이토 노리오의 업무 가운데 하나가 바 로 『고검사상월보』를 간행하는 일이었다. 그는 이 정기 간행물의 편집 책임자였다. 이 일이 마음에 흡족했던 것으로 보인다. 그는 책 속의 여 러 곳에 편집자로서의 족적을 남겼다. 발간 초창기에는 책 말미에 수

---

24) 변은진, 「사상월보'(일본 사법성 형사국) 수록 조선인 관계 자료의 성격」, 『해외의 한국독립운동사료 36, 사상월보』(국가보훈처, 2012), 17쪽. 『사상월보』(사법성 형 사국)은 1934년 7월 제1호를 시작으로 1944년 4,5,6월 제109호까지 발간되었다.

록한 「잡록」 란에서 자신의 의견을 즐겨 드러냈다. 편집자의 의도와 목적을 엿볼 수 있는 흥미로운 기록이다.25) 그뿐 아니라 게재 논설이나 자료에는 필요할 때마다 편집자 주석을 달았다. '이토 씀(伊藤 記)'이라는 메모가 달린 이 짧은 주석들은 편집 속사정을 이해하는 데에 매우 유용하다.

이토 노리오가『고검사상월보』에 수록한 자료들 가운데 가장 큰 비중을 점하는 것은 조선 사회주의 운동의 실태에 관한 정보들이었다. 조선총독부 산하 각급 법원에서 생산한 「판결」과 「예심종결결정서」 등이 빈번하게 수록되었다. 또한 검사국의 취조 과정에서 생산된 신문조서, 피고인 진술서와 감상록 등도 선별적으로 게재되었다. 그에 더하여 사상 사건에 관련된 각종 통계 자료와 일람표도 곧잘 실렸다. 한마디로 말해서 일본 사법 관료들이 작성한 자료들이『고검사상월보』의 주된 정보원이었다. '사상범죄'를 다루는 동료 검사들에게 유용하게 쓰일 수 있는 자료들이었다.

정반대의 입장에서 작성된 정보들도 중시되었다. 사회주의 운동 당사자들이 남긴 저술로서, 수사 도중에 확보하거나 형사 사건의 증거물로 채택한 자료들이 그것이다. 이 자료의 원본은 한글로 작성되었기 때문에 예외 없이 일본어로 번역되었다. 일본인 검사들이 업무에 참조할 수 있도록 하기 위한 조치였다. 이 자료 범주 가운데 양으로나 질로나 가장 두드러진 것은 「조선공산당사건 증거물 사본」이라는 제하에 3회에 걸쳐서 수록한 문서들이다. 6년 전 조선공산당 제2차 검거 당시에 발각된 당내 기밀문서들이었다. 이토 노리오 검사는 이 자료들에 대해서 각별한 주의를 기울여야 한다고 강조했다. 그는 말하기를 "분량

---

25) 「잡록」이 수록된 호수는 그다지 많지 않다. 창간 초창기 1~3호에만 한정되었다. 4호부터는 싣지 않았다.

이 많기 때문에 전부를 인쇄하는 것은 곤란하여 점점 시간만 보내고 있었는데", 이번에 마침내 중요 문서들을 선별하여 수록하게 되었노라고 했다. "나머지 부분도 그대로 사장할 수 없어서 차례로 이 월보에 수록하겠다"고 썼다.[26]

이토 검사는 사회주의자들이 발간한 언론 매체를 주의깊게 관찰했다. 사회주의 운동 내막을 알 수 있는 놀라운 정보들이 실려 있기 때문이다. 특히 1932년 1월 7일자로 발행된 『제2무산자신문』 84호에서 눈에 번쩍 띄는 정보를 발견했다. 「조선공산당 일본총국, 고려공산청년회 일본부 해체 성명서」가 그것이다. 이토 검사는 분석 결과를 권두언에 남겼다. 그에 의하면, "이 성명서는 일본 내지의 조선인 공산주의 운동의 일대 변혁을 암시하는 것"이었다. 재일본 조선인 사회주의 운동 대열의 조직적인 변화가 이뤄질 것이며, "장래에는 일본공산당 속에 조선인부라는 것이 나오지 않을까" 생각한다고 예측했다. 정확한 통찰이었다. 이토 검사는 이러한 변화가 이론적으로 '공산당 1국1당 주의의 확립'과 관계되는 것이라고 콕 짚었다.[27] 당대의 사회주의 운동의 이론적, 조직적 흐름을 정확히 읽고 있었음을 알 수 있다.

이토 노리오 검사가 『고검사상월보』에 수록했던 또 하나의 자료군은 사회주의 대응 정책에 관한 것이었다. 어떻게 하면 사회주의자들을 효과적으로 억압할 수 있을까. 이 정책 수립에 관한 논의들을 동료 검사들에게 소개하는 것이 편집인 이토 검사의 주안점이었다.

'사상범죄'의 적발을 임무로 삼는 여러 기관들의 동향이 중시되었다. 보기를 들면 1931년의 전조선고등경찰과장회의와 일본경찰부장회의,

26) 「조선공산당 사건 증거물 寫 (1)」, 『思想月報』 第2卷 第8號, 高等法院檢事局思想部, 1932. 11, 3쪽.
27) 高等法院檢事局思想部, 『思想月報』 第11號, 1932. 2, 2쪽.

1932년의 사상실무가회의의 진행 경과와 논의 결과가 수록되었다. 그 자리에서 발언한 법무상이나 검사총장, 조선총독 등과 같은 고급 관료들의 '훈시'도 게재되었다. 보기를 들면 「사법관 회의에서의 총독 훈시집」이라는 글이 실렸는데, 거기에는 일본의 조선강점 직후인 1912년 이래의 조선총독 발언이 담겨있다. 반사회주의 정책 내용도 충분한 지면을 들여서 소개되었다. 「사상대책 확정 구체안」, 「치안유지법개정법률안 제출이유」 등과 같은 자료는 그 보기이다.[28]

이토 노리오가 언제까지 『고검사상월보』 편집 임무를 수행했는가. 이 의문에 답하려면 지면에 담겨있는 정보만으로는 부족하다. 그가 언제 고등법원 검사국 사상검사직에서 벗어났는지를 통해서 그 시점을 유추할 수 있다. 1933년 11월에 발표된 이토 노리오의 에세이가 한 편 있다. 그 첫 문장을 보자. "사상계 전임에서 벗어나 복심법원 검사가 된 나는 취임하고 나서 책상 서류와 법정 의자에 익숙할 여가도 없이 실지 검증 여행에 나서야 했다. …… 9월 26일 아침 나는 일행과 함께 차 안에 앉았다."라고 적혀 있다.[29] 고등법원 검사국의 사상계 전임에서 벗어난 시점을 추정할 수 있게 한다. 1933년 9월 직전의 어느 시기에 경성복심법원 검사국으로 전보 발령이 났던 것이다. 그렇다면 『고검사상월보』 창간호(1931년 4월)부터 『사상월보』 제3권 제5호(1933년 8월)까지는 그의 편집하에서 간행되었다고 판단해도 좋겠다. 『고검사상월보』, 『사상월보』, 『사상휘보』 등으로 제호를 바꿔 가면서 연속적으로 간행되던 고등법원검사국사상부의 기관지 총 호수 68개호 가운데 초창

---

[28] 「사상대책 확정 구체안」, 『思想月報』 第3卷 第8號, 1933. 11; 「치안유지법개정법률안 제출이유」, 『관보』 1934. 2. 4 (『思想月報』 第3卷 第11號, 1934. 2월호에 재수록).

[29] 伊藤憲郎, 「實地檢證の旅」, 『朝鮮』 222, 1933. 11, 106쪽.

기 29개호(43%)가 이토 노리오 검사의 손을 거쳐서 출간되었던 것이다. 이 잡지 지면은 이토 노리오의 내면에 담긴 조선 사회주의 이미지를 잘 보여준다.

　이토 노리오가 직접 집필한 논설문과 기사들은 좀 더 직접적으로 그의 속마음을 드러내고 있다. 그는 조선총독부 판검사로 재임하는 바쁜 중에도 적지 않은 글을 남겼다. 그 글들은 주로『조선』,『경무휘보』등과 같은 조선총독부 통치기구의 기관지에 발표되었고, 재조선 일본인이 발행하는 정기 간행물『조선과 만주(朝鮮及滿洲)』에도 실렸다. 1926년부터 해방 직전까지 18년 동안 그가 발표한 크고 작은 기고문은 현재 발견된 것만으로도 37편이나 된다.30) 이들 중에는 여행기와 수필 등의

---

30) 伊藤憲郎,「法外二話」,『朝鮮』128, 1926. 1;「朝鮮の犯罪」,『朝鮮及滿洲』224, 1926. 7;「人間味と裁判官の悩み」,『朝鮮及滿洲』229, 1926. 12;「自白とその附加陳述」,『警務彙報』255, 1927. 7;「思想問題と法律」,『警務彙報』268, 1928. 8;「國體の意義」,『警務彙報』269, 1928. 9;「朝鮮に於ける同族不婚の原則」,『朝鮮』161, 1928. 10;「治安維持法第一條の構成及解釋」,『警務彙報』272, 1928. 12;「思想對策の概念」,『警務彙報』276, 1929. 4;「思想を善導せよ」,『日本警察新聞』785, 1929. 5;「思想を善導せよ」,『日本警察新聞』787, 1929. 6;「朝鮮に於ける死刑の考察」,『警務彙報』281, 1929. 9;「朝鮮犯罪漫筆」,『朝鮮及滿洲』262, 1929. 9;「朝鮮の犯罪漫筆」,『朝鮮及滿洲』263, 1929. 10;「朝鮮の犯罪統計を見る」,『朝鮮』176, 1930. 1;「名士談片」,『朝鮮及滿洲』268, 1930. 3;「思想問題と刑事政策」,『警務彙報』294, 1930. 10;「新聞のこと」,『朝鮮及滿洲』275, 1930. 10;「司法から見た思想問題」,『思想月報』7, 1931. 10;「罪は法に照して」,『警務彙報』306, 1931. 10;「危險思想と肉親感情」,『朝鮮』186, 1930. 11;「罪は法に照して」,『警務彙報』307, 1931. 11;「罪は法に照して」,『警務彙報』308, 1931. 12;「罪は法に照して」,『警務彙報』309, 1932. 1;「何故內鮮の共産主義者は提携するか」,『思想月報』1932. 1;「罪は法に照して」,『警務彙報』310, 1932. 2;「罪は法に照して」,『警務彙報』331, 1933. 11;「實地檢證の旅」,『朝鮮』222, 1933. 11;「罪は法に照して」,『警務彙報』332, 1933. 12;「罪は法に照して」,『警務彙報』333, 1934. 1;「罪は法に照して」,『警務彙報』334, 1934. 2;「罪は法に照して」,『警務彙報』335, 1934. 3;「罪は法に照して」,『警務彙報』336, 1934. 4;「教育刑論」,『朝鮮の教育研究』1935. 3;「扶餘行」,『朝鮮』243, 1935. 8;「戰時下隨想－犯罪から見た內鮮關係」,『朝鮮』338, 1943. 7;「朝鮮聯盟の政治性」,『國民總力』6, 國民總力朝鮮聯盟, 1944. 11.

에세이도 포함되어 있지만, 그 대다수는 '사상범죄'에 대응하는 정책에 관한 논의이다. 조선의 사회주의 운동과 사상에 대한 그의 이미지가 잘 드러나 있다. 이토 노리오 검사는 글쓰는 일을 싫어하지 않았던 것 같다. 재조선 일본인 사회의 유력자들을 소개하는 그 당시 출판물에는 이토 노리오의 취미에 관한 흥미로운 언급이 있다. "예술에 이해가 깊으며 또한 문필에 조예가 있음"이라고 적혀 있다.[31] 사상문제에 관한 일급의 전문가임과 동시에 문필에 조예가 있다는 평판을 얻을 만큼 글쓰기를 즐겨했음을 알 수 있다.

3. 사상검사가 그린 조선 사회주의 이미지

1) 문제의식과 프레임

> 오늘 사상문제와 형사정책을 결부지어서 말하게 되었습니다. …… 형사 정책이란 범죄의 원인에 대하여 방책을 세우고, 그것에 의해 범죄의 박멸을 꾀하는 것입니다.[32]

이토 노리오 검사는 1930년 3월 중순 조선총독부 학무국이 주최하는 '사상문제강연회'에서 이와 같이 발언했다. 그는 강연자의 자격으로 이 자리에 섰다. 청중석에는 학무국 소속의 대소 관료들이 앉았다. 교육, 학문, 예술, 종교, 문화재, 체육, 검열, '사회 교화', '사상 선도' 등과 같이 이데올로기 분야의 업무를 관장하고 있는 관료들을 앞에 두고서 사회

---

31) 『朝鮮人事興信錄』, 朝鮮新聞社, 1935, 25쪽.
32) 伊藤憲郎, 「司法から見た思想問題」, 『思想月報』 7号, 1931.10, 3쪽.

주의 운동에 대응하는 정책에 관해서 논했던 것이다.[33] 이처럼 이토 노리오 검사는 이데올로기 담당 관료들 앞에서 강연자로 나설 수 있는 사람이었다. 그만큼 사상문제 전문가로 간주되고 있었다.

이 발언에는 이토 검사가 조선 사회주의 운동을 연구하는 목적이 잘 표명되어 있다. 객관적인 진리를 탐구하거나 사회주의 사상과 운동의 실체적 진실을 밝히는 것은 그의 목적이 아니었다. 그의 관심사는 반국가 범죄가 발생하는 원인을 밝히고 그에 대응하는 정책을 개발하는 데에 있었다. 그를 통하여 사회주의 운동을 '박멸'하는 것이 그의 연구 목적이었다.

그는 일본 국가주의의 관점에서 대상을 관찰했다. 일본의 식민지 통치체제를 옹호한다는 관점이 뚜렷했다. 국익에 충돌하거나 어긋나는 것이라면 아예 처음부터 문제시삼지 않았다. 이토 검사에게는 사회주의 운동은 국가의 이익을 훼손하는 적대세력이었다. 식민지 통치체제의 안정을 위협하는 범죄행위였다. 따라서 이토 검사가 주목하는 연구 대상은 엄밀히 말하자면 사회주의 사상과 운동 그 자체가 아니었다. '범죄' 사실을 적시(摘示)하는 것이 그의 주안점이었다. 범죄자들을 사회로부터 격리하기 위한 근거가 중요했다. 법률 조문을 적용할 수 있는 구체적인 범죄 행위를 부조적으로 제시하는 것이 그의 관심사였다.

이토 검사의 조선 사회주의 인식은 연역적이었다. 대상에 관한 선험적인 인식의 틀을 갖고 있었다. 사회주의를 바라보는 관점이 미리 고정화되어 있었던 것이다. 사회주의 운동은 곧 범죄행위이자 박멸의 대상이라는 판단이 전제되어 있었다. 따라서 그의 연구 대상은 가치 중립적인 언어가 아니라 부정적인 어감을 갖는 언어로 표현되었다.

<hr>

33) 이명화, 「조선총독부 학무국의 기구 변천과 기능」, 『한국독립운동사연구』 6, 1992 참조.

이토 노리오는 사회주의를 '위험 사상'이라고 불렀다. 그에 의하면 '위험 사상'이란 "금일의 국가나 경제제도를 파괴하려는 각종 범죄" 행위에 연관된 사상을 가리키는 말이었다. 한 사회의 안전과 공공선을 해칠 우려가 있는, 기피해야 할 사상이라는 이미지를 확산시키는 용어였다. 사회주의 외에도 범죄를 야기하는 사상이 있을 수 있겠지만, 이토 노리오의 뇌리에는 그러한 분별이 존재하지 않았다. 그는 총독부 기관지에 게재한 기고문에서 '위험 사상'과 사회주의를 동일시하는 문장을 썼다.[34] 양자는 완벽히 일치하는 것으로 간주되고 있었다.

사회주의자들은 '과격파'라는 말로도 표현되었다. 일찍이 러시아혁명 시기에 볼셰비즘을 가리키는 말로 처음 사용되던 이 용어는 1920년대 중반에도 여전히 통용되고 있었다. 보기를 들면 사회주의 탄압을 위해서 만들어진 치안유지법이 1923년 2월에 처음 입안될 당시의 명칭은 '과격운동단속법'이었다.[35] 이러한 용어는 사회주의자에 대한 사회적 통념을 부정적으로 치우치게 하는 데에 영향을 주었다. 사회주의자란 주장이나 행동이 극단적으로 치우치고 지나치게 격렬한 사람이라는 이미지를 끊임없이 생산했다.

사회주의를 지칭하는 부정적 대체 용어로서 가장 폭넓게 사용된 말은 '불온(不穩)'일 것이다. 통치 권력이나 지배체제에 순응하지 않고 맞서는 태도를 가리키는 이 말은 사회주의와 거의 동의어로 사용되었다. 다양한 용례가 있었다. 불온 사상, 불온 행위, 불온 문서, 불온 단체 따위의 어휘는 십중팔구 사회주의를 가리키는 지시어였다. 이토 노리오 검사도 이 말을 즐겨 사용했다. 『사상월보』1933년 2월호 이후에는 '불온 문서'라는 고정란까지 설치하기도 했다.

---

34) 伊藤憲郎, 「危險思想と肉親感情」, 『조선』186, 1930. 11, 15쪽.
35) 伊藤憲郎, 「司法から見た思想問題」, 『思想月報』7号, 1931. 10, 25쪽.

드물지만 '악(惡) 사상'이라는 용어도 쓰였다. 이 용어의 반복적 사용은 윤리적 기준에 어긋난 유해한 사상이라는 이미지를 형성했다. 사상 중에는 사회 질서를 어지럽히는 '악 사상'이 있다. 이것이 이토 검사의 생각이었다. 그 사상은 불온 행위를 낳기 쉬우며, 행위로 표출된 '악 사상'은 탄압해야 한다는 게 검사의 소신이었다.[36]

이토 노리오를 비롯한 사법 관료들이 즐겨 사용한 이 용어들은 일정한 인식의 프레임을 형성했다. 이 프레임은 사회주의를 바라보는 하나의 고정된 인식 방식을 만들어냈으며, 이데올로기적 효과를 발휘했다. 사회주의란 말을 들으면 사람들은 공동체의 안전과 행복을 해칠 우려가 있는, 극단적으로 과격한 반체제 사상이라는 이미지를 떠올렸다. 그것은 위험하고 유해한 것이라는 심리적 반응이 수반되었다. 이 프레임은 언론 매체를 통하여 사회적으로 확산되었다. 조선총독부는 사회주의 검거 사건이 있을 때에는 으레 언론을 통제했다. 사건의 실체를 곧바로 보도하는 일이란 결코 없었으며, 다만 수사와 사법 절차를 완료한 이후에 「예심종결결정서」 등을 언론 매체에 발표하는 방식을 택했다. 이러한 방법을 통해서 조선총독부는 부정적 함의를 갖는 사회주의 프레임을 널리 확산시킬 수 있었다. 사회주의에 관련된 사건이 신문과 잡지에 보도될 때에는 어김없이 이 프레임에 갇힌 정보들만이 생산되고 유포되었다. 이러한 언론 통제는 십수년간 되풀이되었다. 그리하여 군중의 사회주의 이미지는 이 프레임에 따라서 형성되었다.

이 프레임의 영향력은 훨씬 뒷날까지 지속되었다. 일본의 식민지 통치체제가 붕괴된 1945년 이후에도 살아남았다. 아니, 살아남았을 뿐만이 아니라 더욱 번성했다. 이 프레임은 미군정기와 남한 단독정부 수

---

36) 伊藤憲郎, 「司法から見た思想問題」, 『思想月報』 7号, 1931. 10, 2쪽.

립 이후에 전성기를 맞았다. '빨갱이', '공비', '괴뢰' 등과 같은 부정적
함의를 내포하는 새로운 용어들이 속속 개발되었다. 일제 시대에 형성
된 프레임은 해방 이후에 경찰과 정보기관에 의해서 단지 그대로 계승
되었을 뿐 아니라, 더욱 확대된 형태로 재생산되었다.

2) 조선 사회주의 운동의 속성

이토 노리오 검사는 조선 사회주의 운동에는 고유한 특징이 있다고
이해했다. 일본 본국의 사회주의 운동과 구별되는 조선만의 특성이 있
다는 인식이었다. 그는 그것을 '조선의 외지적 성격'이라고 불렀다.[37]
외지적 성격론의 골자는 식민지 조선인들이 감정 과잉 상태에 있다는
점이었다. 조선인들이 이념과 사상을 이성보다도 감정적으로 다루는
경향이 있다는 것이다. 민족독립론이나 사회주의 사상은 마땅히 이론
적이고 논리적인 차원에서 수용 여부를 결정해야 하는 문제였다. 그럼
에도 불구하고 조선인들은 민족 독립과 사회주의 문제를 감정적으로
대하고 있다. 그래서 불합리하게도 '민족적 편견'과 '공산주의적인 사설
(邪說)'이 과잉 수용되고 있다는 주장이었다. 이토 검사가 보기에는 조
선인들은 민족해방과 사회주의적 이상에 대해 과도한 열망을 갖고 있
는데, 그 이유는 바로 감정에 곧잘 치우치는 조선인의 식민지 기질에
말미암은 것이었다.

식민지 조선인들의 심성이 감정에 치우쳐 있다는 생각은 이토 검
사 만이 아니라 다른 사법관료들에게도 널리 퍼져 있었다. 보기를 들
어 광주학생운동 참가자들에 대한 경성지방법원의 판결문을 살펴보

---

37) 伊藤憲郎, 「戰時下隨想－犯罪から見た內鮮關係」, 『朝鮮』 338, 1943. 7, 53쪽.

자. 그에 의하면 경성제일고등보통학교 중퇴생 황대용(黃大用)이 반
일 행동에 나선 계기는 비이성적이었다. 일본인 판사들이 보기에는
황대용이 접한 정보는 신뢰하기 어려운 것이었다. 광주의 조선인 학
생들이 야만적 폭행에 시달리고 있으며, 400여 명의 피검자가 참혹한
쇠사슬에 묶여서 악행과 고문을 당하고 있고, 일본인 주민들은 소방
대와 재향군인회 등을 결성하여 조선인 학살을 준비하고 있다는 등
의 소문이었다. 판사들이 보기에는 이러한 소문은 근거 없는 것들이
었다. 그런데도 황대용은 이 풍설을 쉽사리 믿고서 분개한 나머지 광
주학생사건을 성원하는 서울 지역의 운동을 준비했다는 것이다. 합
리적인 의심도 없이 그를 '속신'(速信)하는 어리석음을 범했다는 주장
이었다.[38]

판검사들만이 아니었다. 이 견해는 일본인 관료들에게 널리 공유되
었다. 조선총독부 계약직 관료인 젠쇼 에이스케(善生永助)는 조선인의
감정적인 민족성이 천부적인 것이라고 믿었다. 그에 따르면, "조선의
민족성은 무미건조한 자연의 감화, 격변하는 기후 변화, 혹서와 혹한
등의 영향을 받아서 감정적이고 어쩐지 음울한 경향이 있다"고 한다.[39]
조선의 민족성은 변화하기 어려운 고정화된 것으로 간주되고 있다.

이러한 관점은 '민도(民度)'론으로 연결되었다. 민도란 사회 구성원
의 집단적인 문화 수준을 가리키는 말로서, 일본인 관료들이 식민지 조
선의 원주민을 낮춰 부르기 위해서 즐겨 사용하던 용어였다. 말하자면
조선인의 생활과 지식, 교양 수준이 일본인보다 현저히 낮은 위치에 놓

---

38) 京城地方法院, 「判決 (韓慶錫外11名)」, 1931. 4. 7; 高等法院檢事局思想部, 『高檢
思想月報』 第3號, 1931. 6, 12쪽.

39) 善生永助, 「朝鮮民族は感情的なり」, 『高檢思想月報』 4號, 高等法院檢事局思想
部, 1931. 7, 3-4쪽.

여 있기 때문에, 양자 간에는 차별을 두는 것이 불가피할 뿐 아니라 도리어 정당하다고 보았던 것이다.

이토 노리오 검사도 예외가 아니었다. 그는 조선 노동계급의 민도가 낮은 수준에 놓여 있기 때문에, 사회주의자들의 전략과 전술이 제대로 실행되지 못할 것이라고 주장했다. 신간회가 해소됐을 때였다. 이토 검사는 향후 조선 사회주의 운동의 진로를 예상하기를, "앞으로는 아마 좌익노동조합 결성을 기도할 것으로 생각된다"라고 진단했다. 민족통일전선 조직론이 소멸된 그 자리에 좌익 노동조합 조직론이 들어설 것이라고 보았던 것이다. 그러나 이토 검사는 한 걸음 물러섰다. 조선 노동자 민도의 저급성을 거론하면서 유보적인 의견을 냈다. "현재 조선 노동자의 지식 정도와 생활 정도에 비춰볼 때 과연 예상대로 나아갈 수 있을지는 의문이다"고 말했다.[40] 조선 노동자의 지식 수준과 생활 상태로는 좌익노동조합 운동을 수행할 능력이 없다고 보는 시각이다. 이른바 조선인의 낮은 민도에 대한 멸시 의식이 뇌리에 뿌리깊이 박혀 있었음을 알 수 있다.

조선 사회주의 운동에 내재하는 또 하나의 속성은 예속성이었다. 일본인 사법 관료들은 조선인 사회주의자들이 심리적으로 대외 의존적인 성격을 갖고 있다고 보았다. 이토 노리오 검사가 편집한 『고검사상월보』와 『사상월보』의 지면에서는 일본인 판검사들의 이러한 편견을 쉽게 찾아볼 수 있다. 일본 검사의 취조 기록에 의하면, 조선인 사회주의자들의 주체성 결여는 일본공산당과의 관계에서 표출되고 있었다. 보기를 들어보자. 조선공산당 내부의 유력한 분파인 "엘엘(L.L.)파는 일본 내지에 유학한 안 아무개(안광천－인용자)가 후쿠모도(福本)주의를

---

40) 「雜錄」, 『高檢思想月報』 3号, 高等法院檢事局思想部, 1931. 6, 53쪽.

본받아 만든 것"이었다고 한다.[41] 여기서 말하는 '엘엘파'란 레닌주의 동맹(Leninist League)의 영문 이니셜에서 온 용어로서, '엠엘파' 공산주의 그룹의 모체가 되는 공산당내 비밀결사를 가리킨다. 조선의 유력한 공산주의 그룹이 일본 사회주의 운동의 영향하에서 생성되었다는 말이었다. 일본공산당의 후쿠모도주의가 일본 유학생 출신의 조선인 맑스주의자들에게 영향을 주어 조선공산당 내부에 엘엘파라는 분파를 형성시켰다는 인식이었다.

그러나 이러한 인식은 객관적 실제를 전면적으로 반영한 것이 아니었다. 사실의 일면 만을 편파적으로 부각했을 뿐이었다. 박종린의 연구 성과에 의하면,[42] 엠엘파 공산그룹의 형성에는 네 개의 흐름이 참여했다. 재만주 조선인 사회 속에서 활동해 온 만주공청 그룹, 일본 유학생들이 중심이 된 일월회 그룹, 조선 국내의 영향력있는 비밀결사 고려공산동맹의 소장 그룹, 북경 유학생들이 중심이 되는 혁명사(革命社) 그룹이 그것이다. 안광천을 필두로 하는 일본 유학생 출신자들은 엠엘파 형성의 한 지류였을 뿐이다. 그럼에도 불구하고 일본인 검사들은 이 흐름의 영향력을 과대하게 평가했다. 조선인 사회주의자들이 일본 공산당의 영향하에서 활동하고 있다는, 그들의 부당한 선입견을 합리화하는 데에 유리했기 때문이었다.

예속성은 일본과의 관계에서만 문제되는 것이 아니었다. 코민테른과의 관계에서도 조선인 사회주의자들은 사대주의적 태도를 보였다고 한다. 일본 정부가 발행한 『척무성 소관 각 지역의 사상운동 개관』이라는 책에는 흥미로운 구절이 적혀 있다. 1925년 4월 17일에 결성된 공산

---

41) 「朝鮮共産黨卜佐野學」 (1930년 1월 8일 동경지방재판소 검사국 신문기록), 『高檢思想月報』 2号, 高等法院檢事局思想部, 1931. 5, 69쪽.
42) 박종린, 「1920년대 통일조선공산당의 결성과정」, 『한국사연구』 102, 1998, 221쪽.

주의 단체를 가리켜 '제3인터내셔널에 예속된 조선공산당'이라고 지칭하고 있다.[43] 식민지를 관장하는 척무성 관료들이 보기에 그 단체가 갖는 주요 특성은 코민테른에 '예속'된 존재라는 점에 있었다.

일본인 관료들은 조선 사회주의 운동의 변화 과정에서 제1의 주도적 원인은 항상 코민테른으로부터 주어졌다고 이해했다. 그러므로 코민테른 결정의 일방적인 전달 과정을 파악하는 것만을 중시했다. 그 결정 과정에서 조선인들이 어떻게 얼마만큼 참여했는지, 어떻게 수용했는지, 그를 배제하거나 수정하지는 않았는지 등에 관해서는 전혀 의문을 품지 않았다. 교호적인 상호 작용에 관한 관심은 애초부터 갖지 않았다. 조선인들에게는 선택의 여지가 전혀 없다고 보았기 때문이었다.

조선 사회주의 운동의 또 하나의 내재적 속성은 파쟁성이었다. 일본인 사법 관료들의 기록에서는 조선인 사회주의자들이 무원칙하게 서로 싸우는 존재로 묘사됐다. 아무런 합당한 이유도 없이 파당을 만들어서 당권을 쟁탈하고자 치열하게 다투고 있었다. 일본 관헌들은 '내홍(內訌)'과 '암투(暗鬪)' 등과 같은 용어를 즐겨 사용했다. 그리하여 '추악한 파쟁광'이라는 이미지를 만들어 냈다. 조선 내지는 말할 것도 없었다. 해외에서도 조선인 사회주의 운동이 추진되는 곳에서는 예외없이 파벌투쟁이 격렬했다고 이해했다. 예컨대 『고검사상월보』에 수록된 「간도 5·30사건 예심종결」에 따르면, 만주의 조선인 사회주의자들은 분열에 분열을 거듭했다. 그리하여 "조선공산당 만주총국의 그림자는 편린조차 찾을 수 없이 여러 파벌로 분열했다"고 보았다. 그 결과 조선인 사회주의자들은 "파벌투쟁을 계속 일삼을 뿐, 그 본래의 목적하는

---

43) 拓務省管理局, 『拓務省所管各地域ニ於ケル思想運動槪觀』, 1931, 15쪽.

바는 전혀 수행하지 못했다"는 것이 일본인 검사의 소견이었다.[44]

일본인 사법관들은 이 이미지를 조선인 전체에게 들씌웠다. 재일본 조선인 사회주의자들을 취조한 경험이 있는 나고야재판소 세키 이타루(關之) 검사는 이 점을 뚜렷이 했다. 그가 작성한 정책 보고서에는 "조선인은 극히 파벌성이 강하다"고 쓰여 있다. 그에 따르면, 조선인들의 행동 특성은 "구태여 대동단결을 하려고 하지 않고, 또 고독함을 피하여 소 파벌을 맺어 상쟁하는" 데에 있다. 파벌의 행동 양상도 음모적이라고 보았다. "한 사람의 중심 인물을 둘러싸고 그에 부화뇌동하여 파벌을 결성하는 것이 보통이다"고 이해했다.[45]

일본인 사법관들은 조선인의 파쟁성이 사회주의만이 아니라 그 밖의 반일 혁명세력들에게서도 관찰된다고 보았다. 일본에 맞서는 사람들에게는 그러한 속성이 천부적으로 주어져 있는 것처럼 서술했다. 해외 각지에 산재한 반일 조선인 단체들은 예외 없이 권력욕의 화신인양 묘사했다. 예컨대 상해는 각종 음모의 책원지인데 그곳 임시정부에서는 암투가 끊이지 않는다고 한다. 또 만주에서는 정의부가 반일운동권 내부에서 '패권 획득의 음모'를 꾸몄는데 그게 탄로 난 탓에 곤란한 처지에 빠져 있다고 이해했다. 참의부에서도 내홍이 끊임없이 일고 있었다. 신민부 안에서는 '군정', '민정', '남조선', '북조선' 따위의 파벌들 사이에 암투가 끊이지 않는다고 보았다. 미국에 거주하는 한인 사회도 마찬가지였다. "이면의 암투와 알력이 거듭되고 있는 상태"라고 이해했다.[46]

---

44) 「간도 5.30사건 예심종결」, 『高檢思想月報』 第4號, 高等法院檢事局思想部, 1931. 7, 14쪽.

45) 名古屋地方裁判所檢事局, 「名古屋合同勞働組合關係治安維持法違反事件に連座せる朝鮮人に關する若干の調査及之より見たる內地在住朝鮮人に對する思想對策に就いて」, 『思想月報』 60호, 日本司法省刑事局, 1939. 6, 39쪽.

4. 맺음말

조선 사회주의 운동에 관한 반공주의적 연구가 체계적으로 개시된 시점은 식민지시대인 1920년 후반기로 소급해 올라갈 수 있다. 조선총독부 내부에 사상검사 제도가 도입된 1927년은 그러한 연구가 본격화된 하나의 획기로 기억될 만하다. 바로 그때에 사회주의 사상 탄압에만 종사하는 전담 검사가 임명되었으며, 그의 지휘하에 조선총독부 각급 사법기관 관료들의 행위가 조정되고 관리되기 시작했다.

사회주의 탄압에 종사하는 사법관료 집단 속에서 지도적 역할을 감당한 이데올로그가 있었다. 이토 노리오(伊藤憲郎)와 모리우라 후지오(森浦藤郎) 검사가 그들이다. 이 두 사람은 조선총독부 검사국 내부에서 쌍벽을 이루는 사상문제 전담 검사였다. 두 검사의 경력은 판박이처럼 비슷했다. 두 사람은 도쿄제국대학 법학부 졸업생으로서 3년 선후배간이었다. 대학을 졸업한 이후에 관료계에 진출하여 식민지 사법관료의 길을 걸은 점도 같았다. 두 사람은 앞서거니 뒤서거니 하면서 조선 사회주의 운동 탄압의 지휘봉을 잡았다. 이토 노리오는 1927년부터 1933년까지, 모리우라 후지오는 1933년부터 이듬해까지 고등법원 검사국 사상검사로 일했다.

이중에서 특히 이토 노리오의 이론가적 역할이 두드러진다. 그는 조선 사회주의 운동에 관한 반공주의적 연구의 개척자라고 불려도 아무런 손색이 없다. 이토 노리오는 조선총독부 고등법원 검사국 사상부의 기관지 『고검사상월보』를 창간했고, 그 편집을 맡았다. 그의 편집자 역할은 능동적이고 적극적이었다. 총 호수 68개호 가운데 43%에 달하는

---

46) 拓務省管理局, 『拓務省所管各地域二於ケル思想運動槪觀』, 1931, 40-44쪽.

29개호가 그의 손을 거쳐서 출간되었다. 그뿐 아니라 이토 노리오는 직접 글쓰는 일을 즐겼다. 그가 남긴 크고 작은 기고문은 37편이나 된다.

이토 노리오는 조선 사회주의 운동을 연구하는 목적을 뚜렷이 했다. 일본의 식민지 통치체제를 옹호한다는 관점을 명백히 했다. 대상을 바라보는 그의 관점은 연역적이었다. 대상에 관한 선험적인 인식의 틀을 갖고 있었던 것이다. 사회주의 운동은 곧 범죄행위이자 박멸의 대상이라는 판단이 전제되어 있었다. 따라서 사회주의 운동은 가치중립적인 언어가 아니라 부정적인 어감을 갖는 언어들로 구성되었다. 사회주의 사상과 운동은 '위험 사상', '과격파', '불온 행위', '악(惡) 사상' 등으로 표현되었다. 이 어휘들로 구성되는 부정적 이미지는 식민지 통치체제가 붕괴된 뒤에도 계승되었다. 단지 계승되었을 뿐 아니라 확대 재생산되었다.

이토 노리오의 연구 결과에 의하면 조선 사회주의 운동에는 고유한 특징이 있었다. 첫째 조선인은 감정에 치우치는 집단적 민족성을 갖고 있다고 한다. 민족독립과 사회주의 이상을 향한 조선인들의 뜨거운 열기는 감정 과잉의 민족성 탓에 생긴 현상이라고 해석했다. 둘째, 조선인의 민도가 저급하다는 주장이었다. 조선 노동자들의 생활과 문화 수준이 낮기 때문에 좌익노동조합론 등과 같은 고도의 논리적 층위 위에 구축된 전략과 전술을 실행에 옮길 능력이 없다고 주장했다. 셋째, 조선인 사회주의자들은 주체성이 결여되어 있다고 보았다. 조선인들은 코민테른의 결정과 일본공산당의 영향하에서 피동하는 예속적인 존재로 간주되었다. 넷째, 파쟁성을 들었다. 조선인 사회주의자들은 아무런 논리적 동기도 없이 분열에 분열을 거듭하고 있다고 보았다. 파쟁은 조선인의 천부적인 민족성의 결과인양 묘사되었다.

이러한 이미지는 단지 일본인 사법관들의 뇌리에만 머무르지 않았다. 해방 이후 분단과 냉전체제를 거치면서 한국의 주류적인 역사인식으로 계승되었다. 1960~70년대에 한국과 미국의 학계에서 출현한 반공주의적인 저술들은 기본적으로 일본인 사상검사 이토 노리오의 사회주의 인식을 계승한 것임을 부인할 수 없다.

신민(新民)의 신민(臣民)

식민지의 여론시대와 관제 매체

이경돈

1. 『신민』을 둘러싼 의문들

1925년 5월 창간되어 1933년까지 발행되었던 식민지 조선의 관제 매체 『신민』은, 간과할 수 없는 문제의 한가운데 있다. 그것은 『신민』이 다만 신문지법으로 발행 허가를 받은 1920년대 중반 이후의 유일한 잡지라거나, 『신민』의 발행인 겸 편집인이자 신민사의 대표이기도 했던 이각종이 총독부 학무국 촉탁이었다는 등의 문제 때문만은 아니다. 이 두 사실도 『신민』의 위상과 성격을 말해주는 주요한 사안이지만, 『신민』이 위치한 정황과 『신민』의 등장 이후에 벌어진 일련의 연쇄적 사건들은 더 많은 의문을 불러일으킨다.

『신민』의 창간은 식민지 조선에서 사상범을 양산하기 시작한 대표적 법률인 치안유지법의 발효와 시기를 같이하고 있다. 동아시아에서 역관계의 변화를 예고하는 소일조약(蘇日條約) 체결 직후의 일이다. 사회주의의 부상과 민족통일전선의 징후가 속속 포착되던 시점에, 식민지배의 축으로 소일조약, 치안유지법과 함께 『신민』이 등장했다는 점은 조선총독부로부터 『신민』이 부여받았던 역할을 짐작할 수 있게 한다. 물론 소일조약이나 치안유지법과 일개 잡지를 동등한 위치에 놓는 것은 온당하지 않아 보인다. 조약이나 법이 가진 영향력과 악명에 비해『신민』의 위상이 미약했음은 말할 나위가 없다. 하지만 여기에는 고려해야 할 또 하나의 문제가 있다. 3·1운동 이후 조선인의 나침반을 자임했던『개벽』이『신민』의 발행 직후 강제 폐간되었다는 점이다. 만약 조선총독부가 기획한『신민』이 1920년대 초중반 식민지 조선에서 차지하던『개벽』의 위상을 대체할 수 있다는 시나리오가 가능했다면 이야기는 완연히 달라질 것이다.

　소일조약의 체결과 치안유지법의 발효가『신민』출현의 정황을 보여주는 것이라면, 통일전선체 신간회의 결성과 6·10만세운동, 고등경찰제 및 사상판검사제 등 사상통제정책의 실시, 그리고 연이은 조선공산당사건과『개벽』의 강제 폐간은『신민』직후의 사건들이다. 식민 체제의 지형도가 달라지고 있음을 보여주는 사건들은 이뿐만이 아니다. 일본 정계는 특권 번벌세력이 해체되고 정당정치의 시대가 열렸다. 3·1운동으로 실시하지 못했던 국세조사가 다시 실시되고,『신민』과 시기를 공유하는 만주의 항일단체 '신민부(新民府)'가 출현했으며, 경성방송국이 설치되어 전파를 발송하기 시작했다. 윤심덕의「사의 찬미」로 촉발된 음향 재생 문화와 나운규의「아리랑」으로 대표되는 영상 재생 문화의 활황 등 대중문화의 점화도 이 시기에 즈음한 사건들이다. 이러한 지형 변화의 정점에 조선의 마지막 왕 순종의 죽음과 조선 왕조의 최종적 멸망이 있고, 후일 동아시아를 전쟁에 몰아넣은 새 일본제국의 천황 히로히토의 등극이 있다. 권력의 최종점에서부터 거리의 문화에 이르기까지 앞서거나 뒤서거나 커다란 변화의 물결이 이 시기를 관통했다.『신민』이라는 텍스트와 함께 등장한 일련의 사건들은 1925~6년을 경과하며 식민지 조선에서 제 세력들의 역관계 및 체제의 지형에 적지 않은

변화가 일어났음을 알려준다. 3 · 1운동 전후의 지각 변동에 비견될만한
변화가 1925년 창간된 『신민』을 둘러싸고 있는 것이다.

　3 · 1운동 이후, 민족주의 및 사회주의 운동의 역량 축적은 조선총독
부의 제도적 관리 범위 안에 머물지 않았다. 국경 바깥의 반제 운동은
한층 강고해졌고, 식민지 조선 내 정치적, 사회적 역할을 자임하는 각
급의 단체와 결사가 급격히 늘어나 지방 곳곳까지 영향력을 미치고 있
었다. 특히 사회주의 국가로 등장한 거대한 소련과의 접경 및 조선 내
사회주의의 급격한 확산은 위협적이었다. 총독부의 입장에서 보자면,
역진하기 어려운 문화정치의 기조를 크게 훼손하지 않으면서, 즉 식민
지를 거느릴만한 문명 제국으로서의 면모를 유지하면서 식민지인을
효율적으로 통치할 수 있는 새로운 패러다임이 요구되었던 시기였다
고 할 수 있다. 이렇게 보면, 소련과의 조약을 통해 사회주의의 월경을
차단하고, 치안유지법을 근거로 사상 · 언론 · 집회 · 결사의 자유를 통
제하는 한편, 『개벽』을 대체한 『신민』 발행과 라디오 방송 그리고 대중
문화의 보급을 통해 사상적 전환을 유도함으로써 정치 공동화와 문화
활성화의 조건을 조성했다는 해석이 필연적인 것처럼 보인다.

　그러나 『신민』을 논의거리로 삼고자 할 때, 질문은 한 단계 격상될
필요가 있다. 『신민』의 문제가 다만 억압에 의한 통치 그리고 그에 대
한 저항뿐 아니라 그 구도와 공존하는 혼성성(混聲性)에 잇닿고 있기
때문이다. 그 혼성성의 표면에 '여론'이 있다. 날카로운 교전과 암묵적
대립, 전략적 술수도 있었지만, 소망을 엮은 호소와 논거를 갖춘 설득,
정서적 공감도 있었다. 다시 말하면, '여론'은 식민 통치의 억압성 · 지
배성과 그에 기인한 저항성 · 전복성이라는 이항대립적 구도에 '다수의
공감'과 '자발적 동의'라는 문제를 환기한다. 『신민』으로 식민지의 '여
론'에 접근할 때, 조선총독부의 준기관지이면서 총독부의 목소리와 동

일할 수 없었고 여론의 대변자를 자처하면서 조선인을 외면해야만 했던 '식민지의 위험한 기수역'에 대한 질문을 마주하게 됨은 필연이다.

『신민』이 제국과 식민지인 사이의 동요를 자신의 운명으로 한다는 사실은, 다수를 설득하기 위해 논리와 감각들이 맞붙는 쟁투적 상황이 벌어짐을 말하는 동시에, 의도하지 않았다 해도 얽히고 섞이는 상호 혼용도 이 여론을 둘러싸고 일어남을 뜻한다. '여론'이 '존재'라기보다는 '관계'이며, '입자'라기보다는 '파동'에 가까운 탓이다. 따라서 식민지의 제국권력과 조선인민 사이에서 어느 한쪽으로도 완전히 귀속시킬 수 없는, 유동적 매개로서 미디어와 텍스트를 응시할 수 있는 각도가 『신민』에서 열린다. 조선총독부의 준기관지인, 그래서 지배와 통제를 목적으로 창간된 『신민』이기에 그 혼성성과 유동성의 의미는 더욱 명료해진다.

3·1운동 이후, 식민지 조선에서 제국권력은 동화(同化)에 입각한 통치를 멈춘 적이 없었다. 금지와 제재, 차별과 배제를 행하는 동시에 선전과 설득, 장려와 지원도 전개했다. 동화에 따른 조치들은 수많은 텍스트들의 생산과 문화적 행위로 나타났다. 이화(異化)와 동화(同化)는 국면적으로 무게의 중심이 이동하기는 하지만, 발본적인 의미에서 이 두 종류의 힘은 항상 동시적으로 실현되었으며 그 균형점에서 식민 체제의 안정이 꾀해졌다. 제국 조선총독부의 지배 정책이 『신민』이라는 동화적 매개항을 통해 식민지의 '여론'과 만날 수 있었던 지점이다. '식민지의 여론시대'가 모습을 드러낼 수 있었던 정황은 그러했다.[1]

---

[1] 이 글에서 1920년대 중반에서 만주사변 직전에 이르는 시기를 '식민지의 여론시대'로 부르고자 한다. 그렇다고 식민지 조선에서 여론에 의한 정치와 통치가 전면적으로 행해졌음을 뜻하는 것은 아니다. 다만 3·1운동 이전의 전면적 매체 통제 시기 및 3·1운동 이후의 대결적 공론 시기와 구별하기 위해 붙인 명칭이다. 일본에서의 정당정치 개막과 자치론의 부상(윤덕영, 「1920년대 중반 일본 정계

여론의 측면에서『신민』에 접근함으로써 드러나는 혼성의 식민지상
은, '계몽'이라는 교화적 텍스트의 형식과 '여론'이라는 수렴적 텍스트
의 형식이 교차하는 근대상의 변화 국면과 동궤에 놓여 있다. '계몽 서
사'가 퇴조하는 계기들과 '여론 서사'가 새로운 텍스트 형식으로 부상하
는 국면이『신민』의 명멸을 통해 창출되었다.『개벽』의 권위를 대체하
려던 친제국적 교화 의지, 계몽의 퇴조와 여론의 출현 사이에 착압(搾
壓)될 수밖에 없었던 시대성의 압력, 그리고 거대 제국을 향한 열망과
확전으로 균열을 봉합하는 책략 앞에 스스로를 파묻어야 했던 관제 미
디어의 흔들리는 정체성이『신민』의 지면을 채운다.

총독부의 준기관지로서의 제국주의적 '계몽' 책무와 식민지민들의
'여론'을 거스르기 어려운 미디어로서의 위치 사이에서 끊임없이 흔들
려야 했던 텍스트가『신민』이었고, 이 때문에『신민』은 '통제되는 미디
어'가 아닌 '통제하는 미디어'의 범주에서 제국권력이 여론에 접속하는
방법을 보여주는 자리에 서게 된다. 그리하여『신민』은 '계몽'만으로도
'여론'만으로도 해석할 수 없는, '계몽'과 '여론' 사이에서 끊임없이 동요
하는, '계몽여론'의 텍스트가 되었다.

사회주의의 국제적 발흥으로 인한 소련과의 접경 및 소일조약의 체
결, 통일전선체 신간회와 항일 단체 신민부의 출현을 비롯한 조선인의
저항 운동, 대대적 검거와 재건을 반복했던 조선공산당사건, 라디오를

화와 조선총독부 자치정책의 한계」, 독립기념관 한국독립운동사연구소,『한국독
립운동사연구』37, 2010. 참조) 등의 상황과 연동하여 여론이 논해질 수 있는 최
소한의 장이 식민지 조선에서도 구성되었다는 점에 초점을 맞추었다.『개벽』이
계몽의 원리하에 시도했고『삼천리』가 전면화시키지만, 그 가운데에『신민』은
또 다른 방법 즉 친제국적 근대주의와 통제하는 미디어의 형식으로 여론의 시대
에 대응한다.『개벽』의 후반에서부터『신민』을 거쳐『삼천리』에 이르는 일련의
여론 텍스트를 통해 식민지 조선에서 '여론'이라는 텍스트 형식의 등장과 확장의
과정을 볼 수 있다.

위시한 영화·음반·스포츠 등 대중문화의 활황, 나아가 조선 왕조의
멸절과 히로히토 천황의 등극이 『신민』을 에워싸고 있었다. 3·1운동
의 여진이 여전함에도 불구하고 식민지 조선에서의 정세는 바야흐로
제국의 주변으로 포섭되는 꼭짓점에 다다랐다. 계몽과 여론 사이에 착
압된 텍스트 『신민』이 거기에 있었다.

2. 식민지의 관제 매체 『신민』

『신민』은 1925년 5월 10일 창간되었다. 『신민』의 편집 겸 발행인은
이각종이었고 신민사의 대표도 그였다. 이각종은 일제의 강점 직후 총
독부의 관리로 들어가 해방이 될 때까지 일관되게 총독부의 대역을 자
임했고 제국주의 및 군국의 논리를 충실히 내면화한 대표적 친일 인물
이다.[2] 이각종의 행보로만 보더라도, 『신민』은 조선총독부의 대리 언
론이었으며, 제국의 언어를 전달하는 선전지였고, 식민지의 유력한 공

---

[2] 이각종은 『기호흥학회월보』에 「실리농방」을 연재하여 농정과 실업 분야에 일가
견을 보여주며 주목을 받기 시작했다. 1911년부터 조선총독부 내무부 학무국 학
무과에 속(屬)으로 근무하기 시작하여 1918년부터 1920년까지 김포 군수를 지냈
다. 1921년 내무부 사회과의 촉탁으로 활동하면서 『신민』을 창간했고, 『신민』의
발행기간 동안 총독부 촉탁의 지위와 역할을 유지하다가, 31년부터 재임명되지
않았고 33년 『신민』도 막을 내렸다. 『신민』의 종간 이후 37년부터 다시 학무국
사회교육과 및 보호관찰소에 촉탁과 촉탁보호사로 임명되어 중앙진흥회, 백악
회, 대동민우회, 국민정신총동원조선연맹, 조선임전보국단 등 총독부의 외곽단
체를 주도적으로 조직하여, 전향 유도 및 전향자 관리, 국민동원을 자신의 역할
로 삼았다. 악명높은 「皇國臣民ノ誓詞」의 문안을 이각종이 지었다고 알려져 있
다. 해방 직후 반민특위에 체포되었으나 정신이상으로 판정되어 풀려났다. 이각
종의 친일 행위에 대해서는 박준성, 「이각종: 황국 신민화 운동의 기수」, 반민족
문제연구소, 『친일파 99인』(돌베개, 1993); 민족문제연구소, 『친일인명사전』(민
족문제연구소, 2009) 참조.

론지 『개벽』에 대한 조선총독부의 대항마였으며, 조선인의 마음을 혼탁하게 한 식민정신의 첨병이었음을 짐작할 수 있다.

당대의 『신민』에 대한 평가도 여기서 그리 멀지 않았다. 1920년대를 통틀어 가장 날카로운 언론비판론인 「현하 신문잡지에 대한 비판」은 당대 조선의 언론을 '3대 일간지 2대 잡지 체제'로 규정하고, 5개의 신문과 잡지에 대해 조목조목 비판했다. 이 글에서 『신민』은 '『매일신보』와 의붓 형제'인 '어용기관지'로서 그 논조는 '녹피(鹿皮)에 왈자(曰字)' 즉 이렇게 보면 '왈자(曰字)'이고 저렇게 보면 '일자(日字)'라고 혹평되었다.[3]

「新民」으로 말하면 朝鮮總督府 社會課 囑託 李覺鍾君의 苦心勞作으로 編輯되는 것이다. 「每日申報」와 의붓 兄弟的 親分이 잇는 御用機關紙에 대하야 족히 말을 붓처 볼 것도 업지마는 總督府 後援의 恩澤 下에 大日本帝國 「新」附 臣「民」의 「新民」 雜誌를 「新」興 「民」衆의 「新民」으로써 鹿皮에 日字와 가티 利用自在의 解釋을 붓치게 됨에 잇서서는 그 魔術의 정체를 드러내는 것이 그리 無用한 수고는 안일 것 갓다. … (중략) … 사람들이 흔이 新聞이나 雜誌에 대하야 超人的 能力을 가지고 世事를 知覺하고 판단하는 기관으로써 아는 동시에 그것을 보다 더 진실한 것으로써 信用하게 된다. 그럼으로 社會的 暗示를 주는 데에 훌륭한 작용을 하는 言論機關을 政治的 宣傳으로써 사용하는 本意도 여긔에 잇는 것이다. 總督府는 자기가 행하는 바 政治를 公文으로나 環刀소리로써 直接宣傳하는 것 보다는 간접으로 言論機關을 이용한다. 그것의 하나로는 日刊 每日申報가 잇고 둘로는 月刊新民이 잇다.[4]

---

[3] 「現下 新聞雜誌에 對한 批判」은 당대 조선인에게 3개의 정부(상해임시정부, 무산자운동정부, 신문정부)가 있다고 주장하고 이 중 신문정부에 대한 비판을 전개했다. 각 신문 잡지에 대한 비판의 요지는 「民族看板의 「東亞日報」－社會主義를 殿內로 모시던 「朝鮮日報」－무엔지 알 수 업는 「時代日報」－오히려 未治한 「開闢」－鹿皮에 日字인 「新民」이었다(XY생, 「現下 新聞雜誌에 對한 批判」, 『개벽』 63호, 1925. 11, 46쪽).

이 글은 3대 일간지인『동아일보』,『조선일보』,『시대일보』와 2대 잡
지인『개벽』,『신민』을 차례로 살폈지만, 유독『신민』에 가장 많은 분
량을 할애해 '사술(詐術)'이라 강렬하게 비판했다. 그 이유는 '총독부 공
문(公文)'으로 낙인찍혀 큰 영향력을 행사하지 못하는『매일신보』에 비
해,『신민』이 지방을 중심을 상당한 영향력을 행사하고 있다고 파악했
기 때문이다.[5]『개벽』과『신민』을 2대 잡지로 제시한 것에서부터 급격
히 확장된『신민』의 영향력은 확인된다. 당대『신민』에 대한 본격적인
비평이 많은 것은 아니지만, 또 다른 필자 역시 유사한 인식을 보여줘
당대 보편적인 평가의 지점을 확인해 준다. 이 필자 역시 당대의 대표
적 신문과 잡지로 3대 신문과 2대 잡지를 지목하고 있고『신민』에 혹독
한 비판을 가했다.

　『新民』一觀 230餘페지의 壯觀을 示한 新民新年號는 30페지를 읽기전에
啞然히 책을 놋코 散亂한 心懷를 억제하지 못하엿다. 그때에 筆者는 비로
소 깨다럿다. 「참말노 新民이다. 과거에도 업섯고 현재에도 업고 미래에도
업겟스나 그러한 新民들이 잇슬 순간에만 머물러 잇슬 新民이로구나!」 하
는 말이 저절노 나오게 된다. 新民 全卷을 시대 혹은 민중이라는 저울에다
가 달어볼 때에 필자는 憤然한 목소리로 「怪物아 물러가거라」 하고 떠들

---

[4] XY생,「現下 新聞雜誌에 對한 批判」,『개벽』63호, 1925. 11, 53쪽.
[5] XY생,「現下 新聞雜誌에 對한 批判」,『개벽』63호, 1925. 11, 53-54쪽.
　　"每申과 新民을 서로 비교해 보라. 總督府의 援助를 밧는 것도 마찬가지요 그 創
　刊의 동기나 編輯의 精神도 兩者가 또한 다를 것이 업건마는 每申에 대하야는
　거의 總督府公文과 가티 취급하지마는 新民에 잇서서는 地方에 잇는 사람들에
　게와 世情 모르는 修養靑年들에게 도리여 信任을 밧는 모양이다. 每申으로 말하
　면 年久한 동안 總督府代辯 總督府政治, 露骨的 宣傳으로 인하야 사람들은 每申
　으로부터 超人的 能力이라는 後光을 글거버리고『보다 더 眞實』하고『보다 더
　公正』하다는 面紗를 벗겨버리고서 赤裸裸하게 總督府代辯者의 本體를 본 까닭
　이다. 그러나 新民은 創刊된 지 日淺할뿐만 안이라 社會的 暗示를 주는 術法이
　熟鍊하고 또 巧妙함으로 사람들이 그 신변에서 피우는 雲霧를 透視하기에 좀 힘
　이 드는 모양이다."

엇다. 그것은 괴물이란 耳目口鼻가 確然히 보이지 안코 春柱의 存在가 보이지 안는 한 暗暗한 사이비적 물건인 까닭이다.[6]

이 두 비판론을 통해 볼 때, 『신민』에 대한 당대의 평가를 '총독부 기관지', '어용 잡지', '사술', '사이비' 정도로 보아도 무방할 것이다. 여기에 이각종의 행보를 덧붙이면, 『신민』의 성격은 지나치다 싶을 만큼 명료하다. 식민지 조선의 지식인들에게 『신민』은 '운무(雲霧)' 속의 '괴물'이었다.

그런데 노골적 적대감을 수반한 『신민』에 대한 혹평을 당연시하기에는 의문스러운 지점이 있다. 먼저, 비판들의 출처가 주로 『신민』의 최대 적수였던 『개벽』이라는 점이다. 『신민』의 창간을 축하하는 한 독자의 글은 관록의 유력지 『개벽』과 신생 관제 잡지 『신민』 간의 적대적 관계를 보여준다.

　　新民社 編輯先生 健全한 사람이 瞥眼間에 夭死하는 것도 슯흔 일이지만 은 몹시 衰弱한 者가 지긋지긋 오래 사는 것도 可憎한 일인 줄 압니다 그런데 이즘에 우리 出版界에서는 아무 소용 업는 老妄쑤럭이가 제법 行世하는 모양인 듯 합듸다 그려! 나는 멧 해를 계속햇느니 멧 十年을 쑤준이 햇느니 하는 등 자랑을 함부루 따하지 안슴닛가? 이것이 第一 口逆症 나는 일이야요! …(중략)… 同時에 구럭냄새가 코를 찌르는 腐敗한 老物 그것이 無限히 미워요! …(중략)… 要컨대 時代精神의 解說者가 되며 民衆 輿論의 先驅者 되야 民衆의 動力이 衰退하야 갈 째에 거긔에 쓰건운 기름! 붉은피! 를 부어주며…(하략)[7]

1925년을 현재로, '구역증'이 나는 '노망쑤럭이'이자 '부패한 노물'로

6) 慶雲洞人, 「朝鮮 新聞雜誌의 新年號 「신민」, 「개벽」, 「조선일보」, 「시대일보」, 「조선일보」」, 『개벽』 66호, 1926. 2, 56-57쪽.
7) 金生, 「時代精神의 解說者」, 『신민』 2호, 1925. 6, 84쪽.

표현될 수 있는, 또 '멧 해를 계속'해 온 잡지로는 『개벽』이 있을 뿐이다. 『조선지광』도 유지되고는 있었지만 이 시기까지의 활동이 매우 미약했다는 점에서 이 질타의 대상은 『개벽』에 한정될 수 있다. 이 글은 『개벽』에 대한 극도의 혐오를 매우 감정적으로 표현했다. 『개벽』에게 『신민』이 적이었던 것과 마찬가지로 『신민』에게 『개벽』도 멸절시켜야 할 적이었음이 드러난다.

이렇듯 『개벽』과 『신민』의 적대적 관계를 고려하면, 『신민』의 '『개벽』 노망론'을 수긍할 수 없는 것처럼, 「현하 신문잡지에 대한 비판」에 언급된 『신민』 비판도 그대로 수용하기는 어렵다. 1920년대 중반 식민지 조선의 유력 미디어로 지목된 3신문 2잡지 중에 『신민』의 '형제'인 『매일신보』가 제외된 것도 의외일 뿐 아니라, 유독 신문이 아닌 잡지 『신민』에 가해진 가혹한 비판을 필자의 말 그대로 신뢰할 수 있을지 모를 일이다. 이미 충분히 공인된 '총독부 공문'임을 이유로 『매일신보』를 누락시키고, 2대 잡지로 『개벽』과 『신민』을 대비시켜 초점을 한 곳에 집중시킴으로써 결국 『신민』에 과녁을 설정하는 서술전략이 의심되는 것이다. 적어도 『신민』의 급격한 영향력 확장에 긴장한 『개벽』의 위기감이 반영되었음을 부인하기는 어렵다.

다른 측면에서, 『신민』이 조선총독부의 준기관지였음에 분명한데도 검열로부터 자유롭지 못했다는 점도 주목할 필요가 있다. '어용'이라는 평가를 전제할 때 적다고 하기 어려운 압수와 발매금지[8] 또

---

8) 『신민』 발행 당시의 신문기사를 살피면, 「신민 임시호」(『동아일보』, 1925. 7. 27, 2면), 「신민 압수」(『동아일보』, 1925. 11. 16, 2면), 「신민 압수」(『동아일보』, 1926. 12. 11, 5면), 「신민 7월호 압수」(『시대일보』, 1927. 7. 7, 2면), 「신민 일월호 발금」(『중앙일보』, 1932. 1. 5, 2면) 등을 발견할 수 있다. 현재 남아 있는 『신민』의 누락 상태와 신간소개의 부정기성을 고려하면 실제 압수 혹은 발매금지된 경우는 이보다 더 많았을 것으로 추정된다.

계속된 삭제는 『신민』의 위치와 성격에 대한 평가를 다만 '어용'에만 가둘 수 없음을 드러내는 동시에, 총독부의 정책선전으로부터 종종 이탈할 수밖에 없도록 『신민』을 견인하고 있는 다른 방향의 힘이 존재하고 있음을 보여준다. '여론'이 의견들과 주장들 사이에 있는 관계적 존재인 탓에 그 실제와 『신민』의 텍스트를 비교할 수는 없겠지만, 다수의 검열 상황은 『신민』을 강력하게 지배하는 권력의 힘 외에 또 다른 견인력이 『신민』에 작용하고 있었다는 사실만큼은 분명하다.

『신민』에 대한 『개벽』의 적대적 혹평, 조선총독부의 적지 않은 검열과 관련하여 무엇보다 주목해야 할 부분은 『신민』이 조선인들에게 무시할 수 없는 매체로 급부상했다는 점이다. 비판에서도 지적되고 있듯이, "每申에 대하야는 거의 總督府公文과 가티 취급하지마는 新民에 잇서서는 地方에 잇는 사람들에게와 世情 모르는 修養靑年들에게 도리여 信任"[9]을 받고 있었다. 이는 『개벽』이 지방에서는 도시와 같은 영향력을 갖지 못했던 정황을 드러내는 것이면서, 『개벽』의 『신민』 비판론자들이 『신민』을 '사술'과 '사이비'로 이해할 수밖에 없었던 사정도 설명해 준다. 『신민』은 조선총독부의 준기관지이면서 동시에 『개벽』과 어깨를 나란히 할 수 있었던 유력한 잡지였다.

『개벽』의 배후에는 당대 가장 큰 종교 세력인 천도교가 있었을 뿐만 아니라, 개벽사 자체로도 지방곳곳에 분매소를 설치하고 전국을 순회하며 강연과 조사사업을 벌임으로써 광범위한 지지 및 보급력을 갖추고 있었다.[10] 1920년대 중반, 사회적 문제를 심도 있게 가늠해 주는 역

---

9) XY생, 「現下 新聞雜誌에 對한 批判」, 『개벽』 66호, 1926. 2, 53-54쪽.

10) 『개벽』의 분매소와 유통망에 대해서는 최수일, 『개벽연구』(소명출판, 2008. 10) 참조.

할을 수행하던 잡지로서『개벽』에 필적할 수 있는 지방 장악력을 가진 매체는 없었다고 단언할 수 있다. 그럼에도 총독부의 준기관지라는 치명적 약점을 안고 창간된 지 1년여밖에 되지 않은 신생 잡지『신민』의 영향력이 '지방'에서 급격히 커지고 있었다는 사실, 1925~6년 조선의 언론으로 3대 신문과 함께『개벽』과『신민』이 어깨를 나란히 하고 있었다는 사실은, 최소한 조선총독부의 관제 매체가 다만 '총독부 공문'에 머물지 않고 식민지의 '여론'에 광범위하게 참여하고 있었으며, 그 '무엇'으로든『개벽』을 당황하게 할 만큼 식민지 조선인들의 '여론'을 움직이고 있었음을 보여준다.

1925년, 조선의 여론에 참여한『신민』의 그 '무엇'이 3·1운동으로 창출된 역동적 전복성과 독립적 국가 획득 기획을 희석시키며 만주사변과 중일전쟁 나아가 태평양전쟁으로 이어지는 제국 팽창의 텍스트적 기반을 식민지 조선에서 축조하고 있었다.

3.『신민』의 지향: '공민'과 '생활'

『신민』은 1920년부터 친일적 유교단체인 유교진흥회가 발행해오던 잡지『유도(儒道)』를 인수하여 재창간하는 형식을 취했다. 총독부의 지원 이외에 세력 기반이 미약했던『신민』으로서는『유도』가 포괄하고 있던 지방 유림 세력을 초기 기반으로 삼을 수 있다는 점과 신문지법으로 허가를 받을 수 있다는 점에서 매우 유리한 선택이었다. 그러나『유도』의 정체성 및 성격과『신민』창간 주체 간의 공유 영역은 협소했다.11)『유도』의 기반을 이루는 세력을 배제하지 않으면서『신민』으로의 전환을 시도하기 위해『신민』의 창간 주체들은 '지방(地方)'과

'공민(公民)'을 적극적으로 내세웠다.12) 『유도』의 기반을 포섭하는 동시에 『유도』와 다른 『신민』의 정체성을 구성하는 선별적 계승의 방법이었다.

경성을 비롯한 식민지의 대도시에는 이미 『개벽』 중심의 영향력이 확고했다. 3·1운동 직후, 『개벽』, 『조선지광』, 『신생활』, 『신천지』 등의 잡지가 분점적 상황을 연출했지만, 이들의 대부분은 거듭된 검열과 필화 속에서 폐간을 면치 못 했다. 『신민』이 출현할 당시에는 신문지법으로 허가된 잡지 중 유일하게 영향력을 행사하던 공론지는 『개벽』뿐이었다 해도 과언은 아니다. 총독부의 언론 지배력을 고려하면 언제든 발매나 발행을 금지당할 수 있었다는 점에서 급변 상황을 배제할 수는 없지만, 1920년대 중반에 들어서며 『개벽』은 경성의 지식인들에게 세계를 해석하고 전망을 제시할 수 있는 거의 유일무이한 위상을 갖게 되었다.

『신민』으로서는 총독부의 기관지라는 비판도 넘어서기 쉽지 않았지

---

11) 望洋生, 「公民의 벗(友)으로」, 『신민』 창간호, 1925. 5, 43쪽.
『신민』의 사시와 의의에 대한 설명을 담은 이 기사에서 필자는 "雜誌 「新民」은 新聞紙法에 依하야 許可된 發行權의 關係로 「儒道」雜誌를 前身으로 하엿다 그러나 新民은 題名브터 새것이오 舊雜誌 「儒道」의 主義主張思想까지 繼承한 것은 안이라 한다 그리하야 儒道라 하는 舊套만 墨守치 안이하고"라 규정했다. 『유도』를 전신으로 했지만 '유학'을 배제하고 있음을 읽을 수 있다.

12) 望洋生, 「公民의 벗(友)으로」, 『신민』 창간호, 1925. 5, 43쪽.
"現下 朝鮮의 社會는 大部分은 아즉도 公人이라는 階級에 依하야 支持되고 잇다 뉘가 무어라하여도 이들이 中堅이며 地方의 責任者이다 或은 地方議員으로 道 政郡治에 參劃하야 或은 文廟에 盡力하며 農業, 金融, 其他 地方産業團體에 從事하야 直接 間接으로 地方의 開發에 盡瘁하는 모든 公民들은 그의 남모르는 苦心과 貢獻이 不少한 것을 생각하면 나는 깁흔 敬意를 表코저 한다. … (중략) … 「新民」은 須히 公民의 友로 그 地方開發上 有力한 援助者가 되기 切望하노니 公民도 이 新民을 因하야 만흔 便益을 得할 것을 確信코저 한다."고 하여 '공민'으로 지목한 '지방 관리'를 주요 지지 세력으로 구상되었음을 드러낸다.

3만, 신생 잡지로서『개벽』의 위상을 넘어 영역을 분점하는 것은 더 어려운 일이었을 것이다. 신생『신민』으로서는『개벽』의 아성에 도전하기 위해『개벽』의 장악력이 상대적으로 느슨한 독자들을 주 대상으로 설정할 필요가 있었으며, 이 때문에『신민』은 '지방'의 '공민'을 주요 독자로 설정했던 것으로 보인다.『개벽』의 방법론이 '경성의 민간적 지식인'을 주 대상으로 삼고 전 조선으로의 전파를 시도하는 것이었다면,『신민』은 '지방의 관료적 지식인'을 대상으로 삼아 먼저 지방에서 영향력을 확보한 후 중앙으로 진출하는 전략이었다고 할 수 있다. 양자 모두 '계몽'의 틀을 갖고 있었지만, 중앙/지방의 차이와 민간/관료의 대비는『개벽』과『신민』의 성격을 결정적으로 가르는 지표가 되었다.『신민』은 이들 즉 지방의 관료적 지식인을 '공민(公民)' 혹은 '공인(公人)'이라 불렀다.

『신민』이 겨냥한 '공민'이라는 독자층은 비교적 넓은 의미를 포괄했다. 이들이 호명한 '공민'은 '道政郡治에 參劃'하거나 '文廟에 盡力'하거나 혹은 '農業, 金融, 其他 地方産業團體에 從事'하는 인물들로 '地方의 責任者'이다. 기본적으로 근대적 지식을 갖추고 각 단위 정책 사업을 집행하는 지방 관리와, 유교를 배경으로 여전히 지방 향촌의 지도적 역할을 담당하고 있던 유림을 '공민'의 중심에 세웠다. 다방면에 포진한 이들만으로도 이미 좁은 범위가 아니지만, '책임자'로서 그들의 영향력이 미칠 수 있는 범위 즉, 농민을 비롯한 지방 거주민까지 고려하면『신민』이 설정한 영향권은 매우 광범위해진다. 그래서『신민』은 지방 정치에 참여하는 '관료', 문묘에 종사하는 '유림', 각종 산업단체에서 활동하는 '상공인' 및 '농민' 대한 특별한 기획을 폭넓게 마련했다. 지방 관료들을 위해 매호마다 총독부의 정책을 해설하고 각 지방의 시정과 상황을 중계할 뿐만 아니라, 조선 내 제 경제 산업 관련 자료들을 게재하고 심지어 부록 책자를 별도 제작하여 『농촌호』를 발행하는 등 농촌과 농민에도 집중적인 관심을 표명했다.[13] 중앙과 지방의 불균형을 적극적으로 이용하여 지방 장악력을 극대화하는 방법이자 신문지법으로 간행함으로써 얻게 된 정책간여적 이점, 조선총독부를 배경으로 관의 네트워크를 충분히 활용하는 전략인 셈이다.

'지방의 책임자'로서 '공민'을 주요 대상으로 하는 전략은 『신민』의 창간 취지 및 지향과도 궤를 같이 한다. 이각종은 창간사격인 「新興民族의 初發心」을 통해 『신민』의 발행 취지를 '민중교화'로 제안했다. 그는 '신흥민족'인 조선인에게 시급한 현안으로 '실제생활개선'을 지목하고, 이를 바탕으로 '사회교화'와 '민중문화' 보급에 적극 나서 '민중정치'의 기초를 다지면서, '지방 개량'과 '농촌 진흥'을 통해 '견고한 산업'을 일으켜 '이상사회'로 나아가야 한다고 역설했다.

> 우리의 生活을 더 좀 向上式히고 더 좀 自由롭게 하기 위하야 現象社會를 改造하여야 한다 感情的 革命과 破壞的 突進만이, 반드시 成功의 捷徑이 안일 것이다. 이 우리는 爲先 우리의 가진 모든 것을 우리의 能力대로나 改造하여 보자 生活을 改善하야 合理的 經濟的 되게 하자 社會敎化를 盛히 하야 民衆文化를 普及케 하자 地方을 改良하야 民衆政治의 基本을 確立하자 農村을 振興하야 産業의 根蓄을 堅固히 하자 그리하야 不斷의 努力으로써 現實社會의 모든 病弊를 革新하야 步一步로 理想社會의 建設

---

[13] 조선총독부의 정책 해설은 '조사', '연구', '자료', '학술' 등의 항목을 통해 게재되었다. 주요 기사는 '농촌사회사업', 토지조사사업, 치안유지법, 국세조사, 산업경제 자료 등이 있고, 각 지방의 중계는 '지방개량의 자취', '지방휘보' 등을 통해 지속되었다. 산업경제 관련 주제도 『신민』의 주요 기사로 취급되는데 '산업경제자료'를 고정적 섹션으로 두는 등 정치와 경제를 비등하게 대우했다. 소작문제와 농촌개량문제는 창간호부터 꾸준히 지면을 할애했는데 1926년 5월호부터는 「농촌호」라는 별책으로 독립시켰다. 「농촌호」는 파종과 시비 등 근대적 농업 지식 소개에서부터 총독부의 농정, 지주·소작 제도, 심지어 농한기 취미활동에 이르기까지 농촌과 관련한 다양한 영역을 다루었다.

에 向하야 前進하자 이로써 緩慢타 하며 姑息的이라 하는가? 千里의 鵬程
도 初發心에서.

순서가 다소 혼란스럽기는 하지만, 개개인의 '능력'과 '생활의식 철저'
에 기초한 '실제생활개선'을 최초의 입지점으로 삼고, '지방 개량'과 '농
촌 진흥'을 거쳐, '민중 정치'와 '견고한 산업'에 이르는 길을 제시한 것
으로 요약할 수 있다. 그리고 전 과정이 『신민』의 '민중교화'를 통해 획
득될 수 있다는 논지이다. 이에 따라 '실제 생활개선'과 '민중 교화'가
시급한 책무로, '지방개량'과 '농촌진흥'이 성취 가능한 목표로, '민중정
치'와 '견고한 산업'의 실현이 이상으로 제시되는 구도가 성립한다. 「新
興民族의 初發心」을 통해 볼 때, 『신민』은 '근대 지향'이라는 점에서 당
대의 타 잡지들과 시대적 이상을 공유했다. 『개벽』의 주요 논제였던
'실력양성론'과 '문화주의' 및 '개조론'이 『신민』에서도 주요 지향으로
제시되었고, 끊이지 않고 '민족'과 '민중'을 언급함으로써 '민족' 및 '민
중'을 위한 '근대주의'를 기치로 제시했다.
　그러나 화용(話用)적 시각에서 보면 그 의미는 사뭇 달리 보인다. '민
족' 개념을 사용함에 있어 독립 국가의 가능성을 철저히 배제했고, '민
중' 개념을 쓰면서도 '계급'적 의미는 탈각시켰기 때문이다. 민족 간의
위계/차별이나 계급간의 착취/갈등은 존재하지 않는 것이거나 존재한
다 해도 의미를 부여할 필요가 없는 부차적 문제로 간주했다. '부국강
청(富國强請: 富國强兵의 오식으로 파악됨－필자 주)'과 '일선융화(日
鮮融和)'는 중심 논점에서 상당히 멀리 있어 명확히 드러나지는 않지
만, 내적 동일성에 기초한 단일체로서의 제국을 논의의 전제로 깔아 놓
았음을 감추지는 못했다. 확고한 사회적 의미를 이미 획득한 언어를
선별하여 의미를 비틀었고, 저항에 부딪힐 수밖에 없는 명제는 후경화

시켜 존재를 희석시키는 동시에 자연화하는 효과를 얻고 있는 것이다. 이를 전유라 할 수 있다면 일종 '권력적 전유'의 예일 수도 있는, 위험성 제거의 기술이다. 『신민』이 상정한 근대가 '친민족'이나 '친민중'적 범주보다는 '친제국'의 범주에 놓여 있음을 짐작할 수 있는 지점이다. '녹피에 왈자'라는 평가는 이 '언어 비틀기'와 '제국 후경화' 의한 의미의 재전유를 뜻하는 바였을 것이다.

모호하게 처리된 이념적 지향 대신, 『신민』이 제시한 조선의 근본 과제는 '실제 생활개선'이었다. "우리는 爲先 먹자 살고야 보자"를 표어로 '생활'을 어떠한 이념이나 정치적 요구보다 앞선 현안으로 제시했다. 식민지 조선의 사회적 논점을 선회시키려는 기도라 할 것이다. '생활'이 식민지 조선의 근본 문제로 지목되고 사시(社是)로서 제시되었다는 것은 특별히 주목할 만한 사건이다. 1920년대 초까지 이어져오던 계몽 설교와 이념 강변이 구체성을 결여하고 있었음에 착목하고 실감되는 영역에서 발굴한 주제가 '생활'이기 때문이다. 도래한, 그래서 조선의 실제와 피치 못할 괴리를 노정할 수밖에 없었던 근대적 제 이념을 실상에 가깝게 재구성할 수 있는 계기가 이 '생활'을 통해 창출될 수 있었다. 그것은 폐간되기 전 『개벽』이 「조선문화의 기본조사」에 공을 들였던 이유이기도 했다.[14]

---

[14] 3년에 걸친 방대한 이 기획은 한편으로 전국적 범위에서 인적 네트워크를 구성하여 『개벽』 필진을 비롯한 천도교 청년당의 이상을 전파하기 위한 작업이었고, 또 총독부가 실시했던 '국세조사'에 대한 대응적 목적도 가지고 있었다. 그러나 무엇보다 발본적인 목적은 '자기에 대한 지식'을 '생활'로부터 구축하는 데 있었다. 이 기획이 온전한 '실사(實査)'와 '실사(實寫)'로 귀결되었다고 보기는 어렵다. 여전히 남아있던 계몽적 의지가 실사의 결과를 견인하고 있었기 때문이다. 그러나 이 기획은 당대의 운동을 '실사 없는 계몽'에서 '실사된 계몽'으로 전환시켜 계몽주의에 균열을 일으키게 된다. 『개벽』은 「조선문화의 기본조사」의 취지를 다음과 같이 설명했다.
"天下의 無識이 남의 일은 알되 自己의 일을 모르는 것만치 無識한 일이 업고

『개벽』은 이 기획을 통해 전국을 돌며 각 지방의 특성을 조사, 보고 했다. 지리와 기후, 인구와 문화, 산업과 경제, 산물과 인심, 교육과 종교, 고적과 전설 등 다양한 부분에서 조사되었으며, 통계적 지표에 의지해 조선의 현황을 파악하고자 한 시도였다. 그런 의미에서『신민』이 '생활'에 천착한 것은『개벽』후반기의 기획을 차용한 것이었으며, '자기 지식'을 갖추고자 한 시대적 요구를 수용한 것이기도 했고, 그래서 독자들에게 매우 설득력 있는 주제이기도 했다.

그러나『개벽』의 '생활'과『신민』의 '생활'은 큰 차이를 가지고 있었다.『개벽』은 삶을 둘러싼 제 영역을 포괄하는 '문화'로서 '생활'을 파악하려 했다. 이로서 조선의 빈곤과 궁핍은 정치를 비롯한 여러 삶의 문제들과 연동하는 문제 중의 하나가 되었다. 그러나『신민』은 '먹고 사는' 문제로서의 '생계'를 '생활'에 대입시켰다. 이 입각점의 이동은 '생계'의 문제가 모든 사회적 제 문제들의 소실점으로 보이게 하는 '풍경의 전회'를 불러일으켰다.

'생계'로서의 '생활'이 모든 이념적 지향을 해체하는 근본 과제로 제시되자, 국가적 차원의 책임이 개개인의 책임으로 귀속되었다. "조선사람갓치 생활의식이 박약함이 업섯스며 조선사람갓치 생의 노력이 결핍함은 업나니"로 표현되듯이, 조선의 곤핍하고 절박한 '생활'은 '우리'

그보다 더 無識한 것은 自己네의 살림살이 內容이 엇지 되어가는 것을 모르고 사는 사람가티 無識한 일이 업다. 보라 우리 朝鮮사람이 朝鮮 形便이라 하는 自己네의 살림살이의 內容을 아는 사람이 얼마나 되는가? 우리는 남의 일은 잘 알되 자기의 일은 比較的 모르는 사람이 만흐며 남의 살림살이는 잘 批評하되 自己의 살림살이는 엇지 되어 가는지 모르는 사람이 만흐다. 우리는 이 點을 甚히 慨嘆하게 보아 今年의 新事業으로 朝鮮文化의 基本調査에 着手하며 니여써 各 道 道號를 刊行하기로 하얏나니 이는 純全히 朝鮮사람으로 朝鮮을 잘 理解하자는데 잇스며 朝鮮사람으로 自己 內外 살림살이의 內容을 잘 알아가지고 그를 自己네의 손으로 處辨하고 整理하는 聰明을 가지라 하는데 잇는 것 뿐이다"(社告, 「朝鮮文化의 基本調査」, 『개벽』33호, 1923. 3).

조선인이 자초한 것이며 각각의 '노동'과 '근면', '절약'만이 '생활고'를 극복하는 유일한 길이라는 주장으로 이어진다. 개인 각자의 '생활의식' '결여'에 생활고를 비롯한 모든 사회적 정치적 문제의 원인과 해결방안에 있으며, 따라서 근본적 출발점도 전적으로 '개인'의 '생활의식' '개선'에 놓이게 된다. '이념'에서 '생계'로, '정치'에서 '경제'로, '국가'에서 '개인'으로의 회향이다.

『신민』의 근대적 지향은 이념성과 정치성을 일거에 상실하게 되었고, 현존하는 실체로서의 체제에 대한 암묵적 승인으로 귀결되었다. "위선 먹자 살고야 보자"고 경제적 고통과 결핍으로서의 '생활'을 제일 명제로 제시했으니, "孔子曰 무엇이며 孟子曰 무엇이며 웰손曰 무엇이며 레닝曰 무엇인가?"라는 질문이 연쇄적으로 등장함은 오히려 당연하다. 미국의 자본주의든 소련의 사회주의든 "다 살고 본 然後事"로 생존이 위협받는 '생활'의 명분 앞에서 쓸모없는 존재로 격하되었다. 당대의 이념적, 정치적 화두를 무력화시키는 일종 '정치의 배제'를 통한 '비정치적 정치' 전략이 『신민』의 창간사에 반영되어 있는 셈이다. 따라서 제국─식민체제를 위협할 수 있는 가능성은 거세되고, 해롭지 않은 제한선 내에서 생활개선 담론이 위세를 얻게 되며, 그 마지막은 "식민지는 문명의 신성한 위탁"[15]이라는 은밀한 체제 순응의 결어로 귀결된다.

이어지는 창간호의 다른 논설들도 이각종의 주장을 보강했다. 추상적이고 현학적인 논설 「永遠의 打算」은 "此世에 自由이나 解放이니 하는 絶叫가 到處에 紛起하니 誰가 此에 贊同하지 안으리오만은 圖得한 自由가 眞正한 自由가 안이오 免許의 解放이 眞正한 解放이 안이라"며 3·1운동 이후 급격히 확산된 운동에 제동을 걸었다. '영원'과 '진정'이

---

15) 白洲生(김태수), 「朝鮮人의 生活問題를 드러 治者의 反省을 促함」, 『신민』 창간호, 1925. 5, 36쪽.

라는 초시간, 초현실적 지평을 전제하여 '저항'과 '분쟁', '변화'를 현재적 과제로부터 배제시키는 논리이며, 운동과 저항의 사회적 요구를 상대화시키고 비정치적 영역을 생성시킴으로써『신민』의 입지를 확보하는 기술이다. 부정된 저항과 배제된 변화로 인해 비어버린 '이념'의 자리에 '생활'이 들어서고 갈망하던 '정치'의 영역을 '경제'가 대체했다.

　『신민』의 창간 취지를 담은 일련의 창간사들 중 종결부에 해당하는 논설 「우리의 경제노력은 아직 빈약하다」는 이념과 정치의 배제, 저항과 변화의 부정이 귀결된 지점에서 제시되는 시대적 과제를 보여준다. 이 논설의 출발점은 '결핍'과 '파산'의 현실인식이다. "우리의 경제적 곤핍이 금일에 심함이 업다. 나날이 신문지상에 낫타나는 생활난의 소리 가두에 늘어가는 걸인의 무리 이는 모다 조선인의 파산상태를 말하는 것이다"라고 진단했다. 사실 이러한 진단은『개벽』을 비롯한 1920년대 매체 대부분의 판단과 크게 다르지는 않다. 그러나『신민』은 전혀 다른 곳에서 그 원인을 찾았다.

　　弱者로서 보면 强者 갓치 橫暴한 것이 업는 것과 갓치 貧者로서 보면 富者갓치 咀呪할 것이 업다 그러나「臨淵羨魚는 不如退而結網이라」고 그들의 由來를 考하면 모다 그의 쏘는 그의 祖先의 刻苦努力한 結晶이 안임이 업나니 저 經濟的 發達을 자랑하는 歐洲列强은 모다 慘苦한 歷史를 經하야 今日에 至한 것……(하략)16)

　지적된 바와 같이 조선의 결핍과 파산상태는 제국의 식민지 침략 및 수탈이나 착취 등 체제 및 제도와는 연관을 갖지 않는다. 생활고의 근원은 전적으로 "經濟的 覺醒의 不足－努力의 不足"에 기인한 것이며 '각고노력의 결정'인 '강(强)'과 '부(富)'는 침해할 수 없는 권리로서 간주

---

16) SW생, 「우리의 經濟 努力은 아직 貧弱하다」,『신민』창간호, 1925. 5, 10쪽.

되었다. '횡폭(橫暴)'하고 '저주(咀呪)'받아 마땅한 침략과 수탈, 착취가 노력의 대가로 면죄되고 오히려 열강은 '결망(結網)'의 지혜를 주는 역할 모델의 지위를 차지하게 되었다. 정치에서 경제로, 국가에서 개인으로, 이념에서 생활로의 회향이 만든 '풍경 전회'의 결과였다.

이각종을 비롯한『신민』의 주도 인물들이 제시한 사시(社是)는 지방의 관료적 지식인을 중심으로 교화(敎化)를 실천하여, 제국 권력에 무해한 한계 내에서 가장 즉각적 요구에 부합하는 '생활 개선'을 주창하는 것이었다. 조선총독부의 견지에서 보면 '생활'이라는 조선인들의 요구를 전유하여 실효적 관리를 공고화하는 전략이고, 조선인의 입장에서 보면 추상적 이념과 멀리 있는 명분에 앞서 실제적인 필요를 충족시킬 수 있는 제안인 셈이다. 이는 총독부 준기관지로서의 친제국적 성격과, 당대 조선의 제일의적 과제로 근대화를 요구하는 여론에의 참여가 양방향적 견인력으로 작용한 결과이다. 그것이 식민지 조선에서 여론의 일부를 구성하는 친제국적 관제 매체『신민』의 취지와 전략을 구성한다.

4. '계몽'과 '여론' 사이의 편집 체제

창간 초기『신민』은 편집체제는 다분히『개벽』적이었다. 첫 기사로 권두언 혹은 사설이나 그에 준하는 시사논평을 게재하고 사회적 현안에 대한 해설을 중심으로 다수의 논설이 뒤를 잇는다. 다음으로 학술/조사/소식 등 정책 이해에 방점을 둔 기사들과, 감상/수필/만평 등의 비교적 대중적 읽을거리들이 제공되고, 마지막으로 문예/창작란을 두었다. 논설/시사, 소식/잡문, 문예 등 3단계로 구성해,『개벽』을 비롯해 3·1운동 직후 발행되기 시작한 시사잡지들의 전형적 구도가 유지된다.

『개벽』과 비교하자면, 논설에 있어 비판성과 저항성이 미약하고 생활과 경제 및 지방과 관련된 주제가 주를 이루고, 학술/조사/보고/소식에서는 더 전문적 해설이 두드러지고 관료적 정책 활용 방안의 시각이 우세하다고 할 수 있다. 문예/창작에서는 한시와 시조 등 고전적 소양에 기초한 작품과 근대적 양식 개념으로 파악하기 어려운 창작들이 다수 눈에 띈다.

이러한 편집체제의 가장 큰 특징은 권두언-사설-논설로 이어지는 계몽과 교화의 텍스트가 지배적 위상을 차지한다는 점이다. 세계정세부터 지방의 사건에 이르기까지 모든 해석의 권한을 독점하고 권호 내의 텍스트들을 통어한다. 근대 문명에 대한 의심할 수 없는 확신과 그에 따른 선언 및 정언명제가 계몽과 교화의 방법론에 의해 주창된다. 『개벽』에 대한 재해석에 기초해 『개벽』의 대항 매체로서 취할 수 있는 가장 적절한 편집 체제라 할 수 있다. 『개벽』을 차용하되 정치성을 거세하고 관료와 유림 등 지방 유력자들의 기호를 추가로 반영한 결과가 초기 『신민』의 편집체제이다.

그러나 이 편집체제는 1926년을 경과하며 주목할 만한 변화를 보인다. '설문'과 '순례'의 서사[17]가 등장한 것이다. '天道敎會의 紛糾에 就하야'와 '衡平社員對農民 衝突에 就하야(5호, 1925. 9.)를 시작으로 '情死問題批判'(17호, 1926. 9.)을 주제로 윤심덕과 김우진의 정사사건을 기사화한 방법도 '설문'이었다. 이 기사에 참여한 인물은 안재홍, 홍승구,

---

17) '설문'과 '순례'의 서사에 대해서는 이경돈, 「삼천리의 세(世)와 계(界)」, 『민족문학사연구』 42호, 2010. 4; 이경돈, 「『삼천리』와 텍스트 정치」 『대동문화연구』 71집, 2010. 9 참조.

이광수, 민태원, 권덕규, 김동성, 김미리사, 이종린, 최원순, 조동식, 이갑성, 허영호, 설의식, 황신덕, 이능선, 최상덕 등이다. 인물들의 면면을 볼 때, 민족주의 우파라 평가받는 인물들이 다수를 이루고 소수의 민족주의 좌파가 섞여 있는 모양새이다. 사회주의자로 분류할 수 있는 인물들은 거의 등장하지 않는다.

이후『신민』은 자주 '설문'의 형식을 이용했다. '卒業生의 就業問題'(23호, 1927. 3), '時調는 復興할 것이냐?'(23호, 1927. 3), '中華民國 時局問題'(24호, 1927. 4), '中國은 共産化할 것이냐?'(24호, 1927. 4), '學生 盟休問題 批判'(28호, 1927. 8), '當面한 모든 主張'(33호, 1928. 1), '小作慣行改善運動'(43호, 1928. 11), '産業振興의 一方策'(45호, 1929. 1), '우리 靑年의 進路'(45호, 1929. 1), '農村指導에 關한 問題'(50호, 1929. 6), '朝鮮人으로서 본 朝鮮博覽會'(53호, 1929. 11) 등은 1930년 이전의『신민』에 게재된 '설문' 형식의 기사들이다. 대체의 '설문' 기사에는 5명에서 10여명의 인물들이 참여했으며 '정사문제비판'과 같이 우파적 경향의 인물들이 중심을 이뤘다.

'설문'이라는 기사의 형식은 권두언 및 논설이 지배하는 체제와 사뭇 다른 형식이다. 신민사의 지향 및 취지와는 다른 이질적 의견들이『신민』안으로 들어와『신민』의 일부를 이루게 됨으로써『신민』의 성격이 달라지기 때문이다. 예컨대 취업문제를 두고 '卒業生 自身이 解決하라'는 박희도의 의견과 '敎育方針을 變改'하자는 이종린의 견해가 부딪히고, 학생동맹휴업에 대해서 '盲目的 順從에서 눈뜨는 過程'이라는 한기악의 평가와 '敎育者의 職業化가 弊端'이라는 민태원의 주장이 갈등한다.『신민』의 주지(主旨)와는 다른 의견이 섞여들어 권두언 내지 사설로 대표되는『신민』의 주지가 그 자체로 관철될 수 없는 지형이 형성되는 것이다.

주목되는 또 하나의 텍스트 형식은 '순례'이다. 『신민』에서 '순례'를 텍스트 형식으로 하는 기사로 '직업순례'와 '지방순례'를 들 수 있다. '설문'이 등장한 시점과 비슷한 시점에 '순례'도 등장한다. '직업순례'는 22호 이후 매호의 지면을 할애하여 다양한 직업들을 소개하고, '지방순례'는 「지방개량의 자취」, 「지방휘보」 등의 고정란을 통해 꾸준히 지속되다가, 47호에 이르러서는 전 조선 각 지방의 현황을 대대적으로 총합하는 『理想鄕建設號』로 발행[18]된다.

'직업순례'는 의사, 변호사 등 근대적 제 직업을 소개하며 장단점, 수입과 지출, 인상과 평판 등을 두루 소개했고, '지방순례'는 전 조선의 여러 지역을 두루 돌며 주요 소식, 단체 현황, 정책 시행 사정 등을 살폈다. '순례'는 '설문'과 함께 타자를 만나는 형식이다. 다른 직업과 함께 새로운 삶이 소개되고, 다른 지역의 소식과 함께 또 다른 생활이 전해졌다. 생경하고 낯선 타자들이 개입하며 당연하게도 원래적이고 자명하던 인식에 균열이 발생한다. 권두언과 사설의 단일한 인식체계가 설문과 순례의 서사를 통해 흔들리는 것도 당연하다.

설문과 순례에 주목한 매체가 『신민』뿐은 아니었다. 『개벽』에도 「조선문화의 기본조사」나 「조선지위인투표」로 대표되는 설문/순례적 기획[19]이 있었고, 1929년에 창간된 『삼천리』의 경우에는 아예 설문과 순례를 창간부터 일관되게 편집체제의 골간으로 삼았다. 말하자면 1920년대는 논설 중심의 '계몽 텍스트체제'에서 설문 중심의 '여론 텍스트체제'로 전환이 진행되었던 시대라 할 수 있다.

물론 『신민』은 권두언과 사설 중심의 체제를 유지하여 전체적으로

---

18) 『신민』 47호, 1929. 3.
19) (공고) 「偉人投票」, 『개벽』 11호, 1921. 5, 85쪽; (공고) 「偉人投票發表」, 『개벽』 13호, 1921. 7, 148쪽.

사시(社是)와 주지(主旨)가 저류를 관통하게 했다. 이는『개벽』의 편집 체제와 유사한데 적대적 경쟁자였던『신민』이 차용했던『개벽』의 흔적을 확인할 수 있다. 그러나 편집체제가 유사하다고 해서 총독부 준기관지인『신민』이『개벽』과 같은 길을 걸을 리는 만무했다.『개벽』에서 설문/순례가 매우 이례적이고 간헐적으로 시도되었다면『신민』에서는 논설과 설문/순례가 거의 비등한 수준에 이르게 된다. 비중 면에서『신민』이 더 진화한 모습을 보이는 것은 분명하다. 그러나『개벽』과 달리『신민』은 자신의 입장과 유사한 경향의 필자들을 선정하고 반론을 펼가능성이 높은 필자는 적게 할당하는 편집권을 적극 활용함으로써 '설문'이 가지는 예기치 못한 균열을 봉합하는 데 상당한 노력을 경주했다. 불편한 관점의 필자들은 항상 소수로 조절되었고 등장 횟수도 관리되었던 것으로 보인다. 문제는 그럼에도 불구하고 권두언과 논설의 계몽성, 통합성이 설문/순례의 수렴성, 다양성을 완전히 해체하지는 못한다는 점이다.

『신민』의 이러한 선택은 이질적 견해의 공존적 상황 및 혼성적 계기를 원천적으로 해체할 수도 없고, 단일한 의견의 일방적 확산을 기도할 수도 없는 이중적이고 또 과도적인 성격으로 귀결된다. 권두언/사설과 설문/순례가 동시에 채택되는 한,『신민』은 권두언과 사설에의해 통어되는 단일체로서의 완결적 성격을 포기할 수밖에 없고, 설문에 의해 수렴되는 종합적 성격도 획득하기 어려운 것이다.『신민』은 권두언과 사설을 중심으로 하는 계몽 텍스트와, 설문으로 구성되는 여론 텍스트가 공존하는 '계몽여론' 혹은 '교화여론'[20]의 성격을 갖게 되

---

20)『신민』은 지속적으로 '교화(教化)'를 강조했다. 이 점을 고려하고 또 '교화'가 '계몽'보다 조금 더 이념적이고 제도적인 색감을 띤다는 점을 강조한다면 조선총독부 준기관지『신민』의 텍스트적 성격은 '교화여론'이라 칭함이 더 적절해 보인다.

었다고 할 수 있다.[21]

한편,『신민』의 텍스트를 더욱『신민』답게 만드는 것은 논설 다음의 중간 부분이다.『개벽』이 논설과 문예를 잇는 중간 부분을 '실화', '사화', '기행', '대화', '경험담', '애화' 등 비교적 가볍고 부드러운 읽을거리로 채운 것과는 달리,『신민』은 상당히 난해하고 전문적인 내용을 다루었다. 학술/조사/소식 등으로 요약할 수 있는『신민』의 중간부분은, 논설의 주장을 뒷받침할 수 있는 근거들을 과학으로 검증된 객관적 사실로서 제공했다. 이 때문에『신민』은『개벽』보다 더 권위적인 분위기를 조성하고 또 지루하고 난해한 느낌을 주게 되었다. 권두언에서 사설과 논설로 다시 과학적 해설과 자료 제공으로, 촘촘히 이어지는『신민』의 구성은 공감을 포기하는 대신 매우 치밀한 설득력으로 독자들에게 다가갔다. 조선총독부의 지원으로 제작되는『신민』이었기에 조선총독부의 네트워크를 적극 활용하는 것이 중요했을 것이고, 또『신민』의 주독자층이 '지방의 관료적 지식인'이었기 때문에 정책적 지식을 설명할

그러나 '여론'이라는 신종 텍스트 양식의 출현과 함께 파악할 때, 전통적이고 관제적인 의미가 부각되는 '교화'는 더 넓은 층위의 의미로 확대할 필요가 있다. 더구나『신민』의 편집체제가『개벽』을 차용하고 있고 또『개벽』뿐 아니라『동광』,『삼천리』등 시대를 공유하는 텍스트들과 함께 논의되기 위해서도 그러하다. 따라서『신민』의 색채가 짙게 드러나는 '교화여론'보다는, 선언과 논설로 대표되는 '계몽시대'와 설문/순례를 중시하는 '여론시대'의 단층을 드러내는 '계몽여론'이 적합할 것으로 파악했다.

21)『신민』의 서사와 텍스트를 논하면서 '계몽'과 '여론'이라는 상호 반발적 성질이 어떻게 하나의 텍스트 묶음에 공존하고 있는지를 묻는 것은 회피하기는 어려운 질문이다. 발본적으로『신민』의 정체성 즉, 조선총독부의 준기관지와 조선 여론의 참여자라는 이중성과, 1920년대 중반을 경과하며 일어나는 지형적 변화도 뺄 수 없겠지만, 텍스트의 성격에 주안을 둔 논의가 '계몽여론'의 실상에 접근할 수 있는 첩경이 되리라 판단된다.『개벽』,『동광』,『삼천리』등 시대를 공유하는 텍스트들과의 직조를 바탕으로 한 1920년대 중반 '계몽여론'의 출현과 전개에 대한 논의는 다른 지면을 통해 상술하겠다.

수 있는 논거의 제공이 불가결했을 것이다.

흥미로운 것은 당대 지식인들의 최대 화두 중 하나였던 사회주의가
지면에 등장하는 방법이다. 『신민』에서 사회주의와 관련된 논설은 3가
지 형태로 분류가 가능하다. 하나는 세계정세 혹은 세계사조의 범주에
묶일 수 있는 주제[22]이고, 다른 하나는 조선에서 사회주의의 현황에 대
한 분석,[23] 그리고 사회주의의 사회·경제적 성격에 대한 학술적 논
의[24]이다. 전자에서 주로 다루어진 주제는 중국의 정국을 설명하는 기
사나 노농러시아의 현황을 전하는 기사인데, 이때 사회주의는 식민지
조선과의 직접적 연관성을 갖지 않는 먼 나라의 사정으로 다루어진다.
중국과 소련이 모두 인접 국가이고 중국과 소련의 사회주의화에 따른
영향을 묵과할 수 있는 상황이 아님에도 불구하고, 그저 먼 나라 이야
기로만 전함으로써 사회주의와 식민지 조선의 연관적 사유를 차단하
고 있는 것이다. 한편 조선에서의 사회주의 관련 사정을 전하는 기사
에서는 민족주의적 견지에서 사회주의를 비판하거나 활용하는 논법이

---

[22] 이에 속하는 기사로 「中國의 運動과 資本主義國家의 態度」(3호, 1925. 7), 「無産
階級專制와 쏘벳트」(15호, 1926. 7), 「쏘비엣트 露西亞와 朝鮮○○運動」(16호,
1926. 8), 「中國赤化動亂의 表裏」(16호, 1926. 8), 「赤露의 內訌」(17호, 1926. 9), 「中
國의 現象과 社會運動」(18호, 1926. 10), 「勞農政府와 弱小民族」(18호, 1926. 10),
「日本 無産政黨의 分野」(24호, 1927. 4), 「勞動政治의 眞相과 英露 葛藤의 由來」
(26호, 1927. 6), 「『無産藝術의 新展開』의 批評之批評」(29호, 1927. 9), 「歐洲의 反
露共同戰線」(33호, 1928. 1), 「共産黨의 示威運動」(58호, 1930. 5), 「獨逸共産黨의
近狀」(58호, 1930. 5), 「勞農露西亞 瞥見記」(59호, 1930. 7) 등이 있다.

[23] 「朝鮮의 民族運動과 階級運動」(15호, 1926. 7), 「朝鮮人 無産化의 特徵」(16호,
1926. 8), 「露領 朝鮮農民의 反抗運動」(26호, 1927.6), 「朝鮮 共産黨 事件의 眞相」
(30호, 1927. 10) 등이 이에 속한다.

[24] 여기에는 「勞農露西亞의 新經濟政策」(8호, 1925. 12), 「트롯츠키의 靑年時代」(15
호, 1926. 7), 「共産主義의 解義」(18호, 1926. 10), 「맑스 階級鬪爭說의 根據」(25호,
1927. 5), 「中國 國家主義論」(28호, 1927. 8), 「맑스主義와 基督敎」(45호, 1929. 1),
「勞農露國의 農地集合耕作化計劃」(58호, 1930. 5) 등의 기사가 있다.

주로 쓰였다. 이 경우 사회주의는 식민지 조선을 더욱 곤경에 빠뜨릴 수 있는 위험한 이론 및 체제로 표상되었다. 사회주의는 이른바 '적색 제국주의'[25]였다. 또 학술적으로 다루어진 경우에는 사회주의 이론의 허구성을 강조하는 논문과 상식으로서의 사회주의 지식 소개 등을 주 내용으로 다루어 실천하고 경험하는 사회주의의 존재를 희석시킨다.

민족주의와 함께 당대를 대표하는 이념이었던 사회주의는 『신민』에서, 세계적으로는 돌출적이고, 지역적으로는 주변적이며, 역사적으로는 일시적인 사건으로 치부되었다. 따라서 조선에서 확장일로에 있던 사회주의의 폭발력을 희석하거나 애써 무시함으로써, 조선 내 파급력을 최소화하는 전략을 취한 것이다. 앞서 『신민』과 함께 역사에 등장한 사건 중 하나로 소일조약과 치안유지법을 언급했지만, 사회주의에 대한 제국의 공포는 조약과 법을 넘어 매체에서도 그대로 드러났다. 조선공산당사건의 근거가 되었던 치안유지법의 자매품이라 할 수 있다.

'설문'과 '순례'의 도입으로 여론의 영역에 설 수 있었던, 그리하여 식민지민들의 공감과 자발적 동의를 얻고자 했던 『신민』의 시도는 '교화'를 목표로 하는 정치적 계몽과 함께 버무려지기 어려웠다. 근대적이고 사회적인 의미의 공통 인식과 감각은 출현 단계에 머물렀고 반대로 이념의 진폭은 어느 때보다 크고 다양했다. 세력을 형성한 이념들이 식민지 조선의 여론이라는 장에서 이제 막 각축을 벌이기 시작한 때였기 때문이다. 적대적 맞수 『개벽』을 모방한 편집 체제, 여론에 참여하기 위한 설문/순례 텍스트, 교화의 우위를 포기할 수 없었던 제어적 논설, 비판하기 위해 소개되는 반제국체제의 이념이 여론의 시대를 맞이하는 식민지 관제 매체의 성격을 구성했다.

---

[25] 絮柳, 「赤色帝國主義」, 『신민』, 1926. 4, 27-33쪽.

5. 신민(新民)의 신민(臣民), 신민(臣民)의 신민(新民)

1933년 봄, 『신민』은 '日米戰爭豫想號'를 마지막으로 종간된 것으로 보인다.[26] 만주사변 직후이자 중일전쟁, 태평양전쟁의 초입에 해당하는 때였다. 『개벽』의 경우처럼 '기휘'를 불러일으킬만한 기사나 오래 묵은 적대적 갈등 같은 특별한 폐간의 이유를 찾기는 어려웠다. 그리고 몇 년 후, 식민지 조선에서 언론체제의 괴멸을 목도하게 되었다. 『신민』의 마지막은 여론이 아니라, 미디어 나아가 혼성(混聲)의 가능성 자체가 부정당하는 시기와 발걸음을 맞추고 있었던 것이다. 그 와중에 신민사의 대표인 이각종은 「皇國臣民ノ誓詞」를 작성하고 각종의 전향 단체를 출범시켰다.

여론의 시대에 때맞춘 조선총독부의 『신민』 기획은, 제국과 조선총독부의 체취를 은폐하면서 식민지 여론 지형의 취약한 고리를 집중 공략하는 전략을 취했다. 이른바 '지방 공민'을 겨냥하는 것이다. 그리고 '생활'이라는 당대의 요청을 '생계'로 전유하여 사시(社是)로 삼음으로써 사회적 논점을 정치에서 경제로, 국가에서 개인으로, 이념에서 생활로 회향시켰다. 이로써 식민지의 삶이 역전되고 저층으로부터의 '풍경 전회'가 창출되었다.

『신민』의 편집체제도 『신민』의 기획 취지와 연동했다. 적대적 맞수였던 『개벽』의 편집체제를 적극 차용하면서도 조선총독부의 네트워크와 '지방 공민'의 관료적 성격에 맞게 변형시켰다. 또 여론의 형성에 발

---

26) 『신민』의 소장처를 조사한 결과, 현재 남아있는 『신민』의 최종호는 '80호'로 명기되어 1933년 4월 발행된 '일미전쟁예상호'이다. 연세대학교 중앙도서관이 소장하고 있다. 그러나 이후로도 '신민사'는 활동을 계속했기 때문에 최종호임을 단언하기는 어렵다.

맞추어 설문과 순례의 텍스트를 적극적으로 도입시켰다. 여론 속에서 제국의 논리를 관철시켜야만 했던『신민』이 시대적 압력을 수용할 수밖에 없었기 때문이다. 그러나 이 과정에서도 사회주의는 비판의 대상으로서만 소개되었다.『신민』이 필요로 했던 것은 체제 내적 여론에 한정되기 때문이며, 설문/순례의 텍스트가 가진 균열적 파괴력이 논설의 우위성을 넘지 못하도록 조절했던 것도 이와 관련된다. 그렇게 '계몽여론'이라는 배합적 텍스트는 식민지민의 요구와 제국의 의지 사이에 착압되어 출현했다.

『신민』은 이제 막 형성되기 시작한 식민지에서의 여론을 주도하고자 했던 친제국적 근대주의의 산물이었다.『신민』은 제국의 논리를 식민지에 뿌리고자 했고, 동시에 식민지의 여론에 참여해야만 했다. 그리하여 통제하는 미디어『신민』은 총독부의 준기관지로서의 제국주의적 '계몽' 책무와 식민지민들의 '여론'을 거스르기 어려운 미디어로서의 위치 사이에서 끊임없이 흔들려야 했던 텍스트가 되었다.

『신민』폐간 몇 년 후, 제국의 정당정치가 퇴행하며 식민지 조선에서 '여론시대'는 닫혔고 '신민(新民)'은 '신민(臣民)' 외의 모든 가능성을 박탈당했다.

대동아공영권론과 '협력적' 지식인의 인식지형

최규진

1. 머리말

일제는 중국에서 항일투쟁이 격화되는 등 일·만(日·滿) 블록경제 체제가 심각한 위협을 받게 되자 1937년 7월에 중일전쟁을 일으켰다. 중일전쟁이 확대되는 가운데 제1차 고노에(近衛文磨) 내각은 1938년 11월 '동아신질서' 성명을 발표했다. '구질서'인 베르사유, 워싱턴체제를 벗어난다는 뜻에서 '신질서'라고 했다. '신질서'란 "중경의 장개석 정권이 중국공산당과 결별하고 항일정책을 그만둔다면 함께 손을 잡고 일본·만주·지나(중국) 삼국이 공존공영하자는 것"이었다.[1] 동아신질서 성명을 앞뒤로 일본에서는 신질서건설을 이론으로 뒷받침하려 했다. 동아협동체론과 동아연맹론이 그것이다.

일제는 1940년 독일·이탈리아와 삼국동맹을 맺고, 이듬해에 태평양전쟁을 일으켜 제2차 세계대전에 뛰어들었다. 1940년이 되자 동아신질서 구상은 동남아시아 여러 곳을 점령대상으로 삼는 대동아공영권으

[1] 이 성명이 발표되자 신문은 곧바로 사설을 통해 그 의미를 해설하고 있다(「사설, 동아신질서의 건설」, 『조선일보』 1938년 11월 4일자).

로 발전했다. 대동아공영권 구상은 "선린우호(善隣友好)·공동방공(共同防共)을 위해" 일만지(日滿支) 3국을 중심으로 인도·미얀마·타이·말레이시아·보르네오·프랑스령 인도차이나·네덜란드령 동인도·오스트레일리아·뉴질랜드를 포함하는 전시국가독점자본의 배타적인 블록경제체제를 목표로 했다.[2] 동아신질서와 대동아공영권은 "황도라는 일본의 특수한 원리"를 내세우며 아시아를 침략하는 명분을 만들었다는 점에서는 공통점이 있다. 그러나 대동아공영권은 무력외교의 현실주의, 그리고 나치스 류의 지정학과 '생존권' 사상이 얽혀있다는 점에서 새롭다.[3]

일본은 통치범위를 아시아 전체로 넓히고 포섭과 동원, 관리와 통제 정책을 펼쳤다. 대동아공영권론은 이 전쟁에 사람들을 동원하고 전쟁의 정당성을 뒷받침하는 노릇을 했다. 그렇다고 아무런 이론도 없는 '전쟁의 수사학'만은 아니었다. 아직 한국사연구에서는 대동아공영권 자체를 깊이 논의하지 않은 채, 전쟁 슬로건 정도로 평가하는 경향이 많다. 그동안 국문학의 논의가 훨씬 더 활발했다. 국문학계에서는 대동아공영권 담론이 문학과 지성계에 미친 파장과 효과를 검토하는 작업이 잇따랐다. 그들은 협력과 저항의 이분법을 벗어나 '암흑기'의 문학계를 새롭게 해석을 하려 했다. 그리하여, '제국적 주체' 형성의 관점을 제시하거나, '젠더의 관점'으로 전시상황을 바라보기도 했다.[4] 크게

---

2) 채수도, 「초기 대동아공영권(大東亞共榮圈) 구상에 관한 일고찰－1868년부터 1910년까지」, 동아시아일본학회, 『일본문화연구』 제35집, 2010, 469쪽.

3) 安部博純, 「大東亞共榮圈' 構想の展開」, 『北九州大學法政論文集』 第16券 第3·4호, 1989; 고마고메 다케시 지음, 오성철·이명실·권경희 옮김, 『식민제국일본의 문화통합』(역사비평사, 2008), 366쪽.

4) 차승기, 『반근대적 상상력의 임계들』(푸른역사, 2009), 8쪽; 친일문학에 대한 연구 경향에 대해서는 하재연, 「'신체제(新體制)' 성립 전후의 한국근대문학 연구방법론 고찰－이태준의 〈농군〉을 둘러싼 논쟁을 중심으로」, 『한국현대문학연구』 25호, 2008, 284쪽을 참고하라.

보면, 신문과 잡지 등의 매체분석과 개인별 연구가 많았다. 주로 포스트 식민주의를 분석틀로 활용했다. 그 연구들은 동화 또는 저항이라는 이항 대립에서 벗어나 지식인의 동요와 불안 그리고 균열과 틈새에 주의를 기울였다. 그 밖에도 식민지 조선의 지식인들이 획일적으로 지배 이데올로기에 빨려 들어간 것이 아니라 동일시와 모방의 전략, 이탈의 전략, 내파의 전략, 횡단의 전략을 구사했다는 연구도 있다.[5] 이 같은 여러 연구는 식민지 지식인이 대동아공영권론을 '전유'하는 과정을 분석하고 지식인 내부에 여러 스펙트럼이 있음을 보여주었다. 그 연구들은 "얼핏 보기에 제국의 중심논의의 이식으로 보이는 식민지 지식인의 말과 행동에서 중심 사상을 역이용한 중심에 대한 은밀한 응답과 비판을 읽어낼 수 있다"[6]는 생각을 공유한 것으로 보인다.

그러나 협력적 지식인의 '응답과 비판'의 한계를 다시 짚어볼 필요가 있다. 그러려면 먼저 그들이 어떻게 시대를 인식했는지 점검해야 한다. 식민지의 지식인들은 중일전쟁을 '세계사를 혁신하는 중요한 사건'[7]으로 여겼다. 또 중일전쟁 뒤에 역사의 '전형기'(轉形期)를 맞이하고 있다고 보았다. 그들이 말하는 '전형기'란 혼돈의 시기이며 운명과 도박하는 시기이고 어디서 어떻게 질서를 찾아야할지 모르는 시기였다.[8] 이 '전형기'에 지식인들은 자신의 임무를 어떻게 설정했던가. 동아신질서론에 포획된 지식인들은 자신의 임무를 '사상통일'[9]과 '문화통합'[10]에

5) 이진경, 「식민지 인민은 말할 수 없는가?: '동아신질서론'과 조선의 지식인」, 『사회와 역사』 71호, 2006.
6) 도베 히데아키, 「포스트식민주의와 제국사연구」, 서정완·임성모·송석원 편, 『제국일본의 문화권력』 (소화, 2011), 65쪽.
7) 서인식, 「현대의 세계사적 의의 (1)」, 『조선일보』 1940년 4월 6일자.
8) 서인식, 「현대의 세계사적 의의 (6)」, 『조선일보』 1940년 4월 13일자.
9) 「대동아공영권확립의 신춘을 맞이하며」, 『문장』 3권 1호, 1941, 3쪽.

두었다.

그들은 '사상통일'과 '문화통합'에 어떤 역할을 했는가. 식민지 지식인의 체제 순응에는 자발성은 없었는가. 일제 후반기(1937~1945) 전체를 시야에 넣고 여러 사례를 분석해야만 그 답을 얻을 수 있다. 그렇다고 해서 일반 민중조차 이미 생활 속에서 대동아공영권의 허구를 몸으로 익히고 있었을 때,[11] 지식인이 대동아공영의 논지를 유지한다는 것에는 어떤 의미가 있는지를 검토하지 못할 것은 없다.

대동아공영론에 따르면, "일본보다 수준이 낮은 민족을 이끌고 그들에게 민족적인 자각을 일깨워주며 대동아권이라는 것을 자발적이고도 주체적으로 짊어지게 하는 힘을 키워주는 것이 일본의 사명"이었다.[12] 그러나 대동아공영권론 주창자들조차 "식민지를 유지하면서 민족적 자각을 일깨운다는 것, 그리고 식민지 억압적 통치 속에서 대중의 자발성을 이끌어낸다는 것"에 모순이 있음을 알고 있었다.[13] 이 모순 지점에 식민지 지식인의 존재 영역이 있었다. 제국 일본이 바라는 식민지 지식인의 임무가 바로 전도사 또는 번역가로서의 임무이며 그 요구에 협력적 지식인이 부응했다는 것이 이 글의 논지가 될 것이다. 협력적 지식인들은 대중을 공통감각으로 훈화시키고 공통감각으로 감지하게 만들면서 주체의 제작을 촉진했다.[14] 협력과 동원의 방향으로 대중을 이끌기, 그리고 대중의 자발적 동의를 부추기기 따위의 임무가 그들에게

---

10) 서인식, 「현대의 세계사적 의의 (6)」, 『조선일보』 1940년 4월 13자.

11) 변은진, 『파시즘적 근대체험과 조선민중의 현실인식』(선인, 2013), 387쪽.

12) 高坂正顯 外, 『世界史的立場と日本』(中央公論社, 1943) [이경훈 외 옮김, 『태평양전쟁의 사상』(이매진, 2007), 262쪽].

13) 高坂正顯 外, 위의 책, 262쪽.

14) 사카이 나오키 외 지음, 이종회 외 옮김, 『총력전하의 앎과 제도』(소명출판, 2014), 29쪽.

주어졌다. 이 글은 협력적 지식인들이 일제 지배이데올로기를 반영하고 조율하면서 자신의 자리를 유지하고 대중 위에 '계몽'의 주체로 군림했다고 주장할 것이다.

이른바 협력이라는 범주로 여러 지식인을 함께 묶어 살펴볼지라도 사람마다 결이 다르고 개인의 사상도 때에 따라 바뀐다는 것을 염두에 두어야 한다. 대동아공영권의 논리에 포획되는 과정도 저마다 다르다. 따라서 그들 모두를 똑같이 보거나 같은 질감으로 평가할 수는 없다. 그렇다고 해서 사상의 흐름에 대한 어떤 조감도를 그리는 것을 포기해서는 안 된다. 이 글은 협력적 지식인의 식민성을 규명하고 사상계의 흐름을 범주화하기 위한 시론의 성격이 짙다.

사상의 조감도를 그려보려면, 기존 연구 성과를 종합하고 체계화해야 할 뿐만 아니라 새로운 방법론을 모색해야 한다. 이 글은 지식인의 인식소(認識素)를 검토함으로써 인식론의 기반과 함의 그리고 사상 지형을 탐색하는 실마리를 마련하려고 한다.[15] 아울러 대동아공영권론에 포섭되었던 '협력' 진영과 그것에 대척점에 서있던 '저항' 진영의 풍향계를 함께 점검할 것이다. 그 둘을 견주어 보면서 체제 내적인 지식인의 '은밀한 비판'을 부풀려 평가하는 것은 재고해야 한다고 말할 것이다.[16]

---

15) 이 글에서 말하는 '인식소'란 사상의 얼개를 이루는 인식의 요소를 뜻한다.

16) '부조적 평가'에 대한 비판은 이준식, 「파시즘기 국제 정세의 변화와 전쟁인식 — 중일전쟁기 내선일체론자들을 중심으로」, 방기중 편, 『일제하 지식인의 파시즘 체제 인식과 대응』 (혜안, 2005), 99쪽.

2. 전쟁의 수사 또는 이념

1) 만들어진 '동양'

공간이란 인간이 자기와 타자를 인지하고 세계인식을 체계화하려면 반드시 필요한 기본개념이다. 국가와 국사 사이의 상호관계와 상호규정의 총체가 바로 공간을 통해 드러난다. 일제는 대동아공영권을 내세우며 여러 민족이 각각 그 머무를 곳을 얻을 수 있다는 '팔굉일우' 따위를 슬로건으로 내걸었다. 그것은 일본지배를 위한 정치적 목적을 포장하는 것만이 아닌 공간적 이미지를 내포하고 있었다.[17] 제국에서 시작된 대동아공영권이라는 공간 이미지는 새로운 주체, 다시 말하면 '식민주의적 주체'[18] 또는 '제국적 주체'[19]를 만들어내는 중요한 기제가 되었다.

대동아공영권이란 일본이 아시아의 지도자라고 주장하면서 동아신질서에 대한 구체적 방안을 낸 것이었다. 또 그것은 "도의를 근본으로 하여 아시아 국가를 결합하고 동아공영권 건설을 일본 국내 개신으로 전환한다"는 내용을 담고 있었다.[20] 일제는 '아시아인의 아시아' / '아시아를 침략하는 유럽'이라는 공간 이미지를 만들면서 일본의 아시아 침략을 합리화하려 했다. 그러나 이러한 동양론은 서양문화를 '초극'한다는 문화이념을 내걸고 있다는 점에서 단순히 전쟁에 대한 수사학만은 아니었다.

---

17) 山室信一,「空間認識の視角と空間の生産」,『空間形成と世界認識』(岩波書店, 2006), 5쪽.

18) 권명아,『역사적 파시즘』(책세상, 2005), 256쪽.

19) 정종현,『동양론과 식민지 조선문학』(창비, 2011), 29쪽.

20) 대정익찬회,「대동아공영권확립의 기본관념」,『춘추』1941. 3, 96-98쪽.

대동아공영권 구상을 형성하는 과정에서 '신시대'의 새로운 원리로
서 인기를 끌었던 것은 나치 독일에게서 크게 영향을 받았던 지정학
이론이었다. 이 지정학이야말로 대동아공영권이라는 패권적 질서를
정당화하는 강력한 무기가 되었다.[21] 일본에서는 19세기부터 20세기로
이행하는 시기에 국가 공간을 둘러싸고 지성계가 크게 변동했다. 국가
를 단순히 국가지(國家誌)나 자연지리의 대상 또는 국가경제나 법제의
관점으로만 보지 않았다. 일본이라는 국가공간이 지구에서 차지하는
지리적 위치와 자연적 특성이 국제정치의 변동요인이 된다는 것에 눈
길을 돌리는 인식이 새로 나타났다.[22]

일본에서 지정학이라는 개념이 도입된 것은 제1차 세계대전 뒤였
다.[23] 일본지식인들이 '지정학'이라는 새로운 공간이론을 처음으로 만
나게 된 것은 1920년대 중반이었다.[24] 지정학은 일찍이 서구공간이론
에 눈을 뜬 일부 지리학자가 앞장서 소개했지만 그다지 호응을 얻지
못했다. 1930년대 초반이 되면서 그 지정학이 다른 이론을 이끌기 시작
했다. 1929년 세계대공황에서도 다시 살아난 일본이 본격적으로 세계
적 '공간'과 마주하게 된 것은 1931년의 만주사변을 통해서였다. 중국
동북부 영토에서 정치적 영향력을 확보한 일본은 1932년 새로운 제국
공간인 '만주국(滿洲國)'을 세우면서 지리적 영역이 넓어졌다. 이와 함
께 지정학은 중요한 사회이론이 되었다. 일제가 국제연맹을 탈퇴하고
독일에서 나치스가 정권을 장악했던 것과도 관계가 깊었다. 그리고

---

21) 임성모, 「대동아공영권 구상에서의 '지역'과 '세계'」, 서울대국제문제연구소, 『세
    계정치』 26권 2호, 2005, 112쪽.

22) 山室信一, 앞의 논문, 45-46쪽.

23) 山室信一, 위의 논문, 49쪽.

24) 이석원, 「대동아'공간의 창출 – 전시기 일본의 지정학과 공간담론」, 『역사문제연
    구』 제19호, 역사문제연구소, 2008, 275쪽.

1939년 독일군이 폴란드를 침공한 뒤에 거둔 성과는 지정학을 채용했기 때문이라고 선전했다. 영토를 넓히는 것이 민족의 생존 경쟁력을 보여주는 지표가 되었다.[25] 지정학은 단순히 정치학적 방법론을 통해 공간을 사고하는 한때의 유행이었기보다는 동아협동체론과 대동아공영권론으로 잇달아 이어지는 제국 일본의 동아시아담론의 지적 자양분 노릇을 했다.[26]

일제는 '동아'라는 지역 분할선을 긋고 문명의 기준을 뒤집었다. 문명이란 자아와 타자 관계의 표현이다.[27] 일제는 기존의 자아인식과 타자인식을 바꾸어 새로운 이념을 만들었다. 마침내 사람들로 하여금 "미국을 맹주로 한 서양과 동아시아의 맹주인 일본 사이의 결전이 단순한 힘의 대결이 아닌, 서양 원리와 동양 원리 사이의 이념적 대결"이라고 생각하게 만들었다.[28] 대동아공영권은 서양과 동양의 이항대립을 극대화 하면서 일본의 적을 동아의 적으로 바꿔치기 했다.

일제가 침략전쟁으로 공간질서를 재편하자 일본 사상계에 변화가 생겼다. 식민지 조선도 마찬가지였다. 다음 글이 그 보기이다.

> 지나사변이 발발되어 이미 1년이 넘는 그동안은 일본 제국을 경제상의 또는 정치상의 유일 절대의 맹주로 하는 동아의 재편성 과정은 실로 놀랄 만한 공전의 대규모와 미증유의 급격한 속도로 진행되어 아세아의 전 지도를 바꾸고 말았다.[29]

---

25) 山室信一, 앞의 논문, 52쪽.

26) 이석원, 앞의 논문, 307쪽.

27) 프래신짓트 두아라 지음, 한석정 옮김, 『만주국과 동아시아적 근대』(나남, 2008), 177쪽.

28) 히로마쓰 와타루(廣松涉), 김항 옮김, 『근대초극론: 일본 근대 사상사에 대한 시각』(민음사, 2003), 148쪽.

29) 인정식, 「我等의 政治的 路線에 관해서 同志 諸君에게 보내는 公開狀」, 『삼천리』 제10권 제11호, 1938, 50쪽.

중일전쟁 이전에 이미 만주 공간과 마주하면서 식민지 지식인의 공간인식에 변화가 생겼다. 일제가 1931년 9월에 만주사변을 일으키고 만주를 점령하자 조선 사상계에도 만주를 둘러싼 다양한 이미지와 담론이 형성되었다. 만주는 독립을 위한 투쟁의 공간이기도 했지만, 새로운 삶의 터전이 될 수 있는 공간으로 비쳐지기도 했다.[30] 일부 지식인들은 만주 붐(boom)을 일으키는 데 앞장섰고, 그들 스스로 환각에 빠졌다. 그들에게 만주는 오족협화와 왕도낙토의 이상향이었다. 언론도 만주에 대한 프로파간다에 열을 올렸다.[31] 그리하여 만주하면 떠오르게 하는 전형적인 이미지(stereotype)를 만들어갔다. "만주에서 조선의 노동자와 농민은 '대륙개척의 선발대'이며 '수전(水田)개척의 선구자'인데 조선 사람이 이미 100만이 있다"[32]는 식의 기사가 신문과 잡지에 자주 실렸다.

식민지 지식인이 '성장하는 일본의 세력'을 몸으로 느끼는 그만큼 중국의 위상은 초라해져갔다.[33] 협력적 지식인은 "동양평화를 영원히 유지할 맹주는 일본이냐 지나이냐. 그 문제는 지나인 자체가 한번 냉정히 생각해 볼 것 같으면 대답을 주저치 않으리라고 생각한다"[34]면서

---

30) 신주백, 「만주인식과 파시즘 국가론−1937년 이후 조선사회의 만주인식을 중심으로」, 방기중 편 『일제하 지식인의 파시즘체제 인식과 대응』(혜안, 2005), 135쪽.
31) 그때 사람들이 만주에 환상을 품는 것을 일컬어 '만주광(狂)'이라고 부르기도 했다. "이른바 신정권이 생기고 신국가가 성립되어 문호를 개방할 뿐만 아니라 덕정을 베풀고 민족공영을 부르짖고 하는 바람에 생긴 만주광"이었다(우석, 「현대 조선의 4대광」, 『제일선』 8호, 1932, 33쪽).
32) 『동아일보』 1939년 1월 4일자.
33) 여전히 위대한 중국의 신화를 유지하는 인식의 균열도 있다(권명아, 「'대동아 공영'의 이념과 가족 국가주의−총동원체제 하의 남방인식을 중심으로」, 연세대학교 국학연구원, 『동방학지』 124호, 2004, 762쪽).
34) 권상노, 「時局 覺醒의 必要性」, 『삼천리 제9권 제5호』, 1937, 7쪽.

일본을 치켜세웠다. 그들에게 맹주 일본이 이끄는 아시아는 '동양 먼로
주의'에 따라 운영되어야할 곳이기도 했다.

> 세계의 대세를 고찰하건대 구라파는 구라파인의 손에 의하여 통치되고
> 아메리카는 벌써 아메리카 몬로주의를 창(唱)하여 아메리카인의 손에 의
> 하여 통치되고 있다. 그렇다면 동양 아세아는 당연 동양 몬로주의에 의하
> 여 우리 동양인의 손에 의하여 완전히 다스리게 되지 않으면 아니 된다.
> 이 이론은 확실부동(確實不動)의 이론이라 할 것이다.[35]

이 '동양 먼로주의'를 실현하려면 맹주 일본을 중심으로 아시아가 단
결하여 미영에 맞설 실력을 길러야 했다.[36] 이렇게 '동양 먼로주의'는
일본의 '고도국방체제'를 강화하는 논리를 뒷받침했다.

대동아공영권의 심상지리는 남양으로 확장되었다. 1937년 중일전쟁
이 일어난 뒤에 일본이 지리적으로 팽창하면서 필리핀 · 말레이시아 등
의 해양지역은 전쟁을 할 때 반드시 필요한 지역으로 인식되었다. 남
양은 대동아공영을 이룰 전략적 지역으로 떠오르게 된다. 협력적 지식
인의 시선도 제국의 시선과 크게 다르지 않았다. 거기에 지정학적 상
상력까지 보태졌다.[37] "처녀지 남양은 천연보고를 간직한 곳"[38]이기
때문에 조선 사람이 그곳에 진출한다면 꿈을 이룰 수 있는 것처럼 여
겨졌다. 식민지 지식인의 제국주의적 시선은 남양으로 그치지 않았다.

---

35) 안인식, 「시국과 吾人의 각성」, 『삼천리』 제9권 제5호, 1937년 10월, 7쪽.

36) 「동양 몬로주의」, 『조선일보』 1940년 7월 12일자.

37) 오태영, 「남양' 표상과 지정학적 상상력」, 『한국문학이론과 비평』 제43집, 2009,
653쪽.

38) 「상해의 근황과 재류조선인 생활상」, 『삼천리』 제12권 2호, 41쪽; 허은, 「20세기
총력전하 한국인의 정체성과 식민지주의」, 한국사연구회, 『한국사연구』 150호,
2010, 238쪽.

'세계공영권'이라는 언설을 통해 다른 지역으로 확장한다. 보기를 들면, 신흥우는 대동아공영권이 일본, 만주, 지나 만이 아니라 시베리아도 포함해야 한다고 주장했다.[39)]

협력적 지식인은 대동아공영권론을 받아들이면서 예전과는 다른 동양의 이미지를 그려냈다. 그러나 그 이미지는 서양 대 동양이라는 상호배타적인 이분법적 정의에 갇힌 것이었으며, 일본이 주조해낸 결과물이기도 했다. 서양과 동양의 이항대립은, 물질/정신, 도시/농촌의 변주를 만들어냈다. "동양 특유의 정신문화와 서양의 물질문명"[40)]이라는 식의 주장이 여러 글에 나타난다.

2) 동아신질서와 대동아공영권 사이

중일전쟁이 길어지고 중국에서 항일운동이 거세지자 일본은 새로운 대책을 마련할 필요를 느꼈다. 고노에 후미마루(近衛文麿)가 제국의회 시정연설에서 "일본과 만주국 그리고 중국과 굳게 손을 잡고 동아의 영원한 평화를 확립함으로써 세계의 평화에 공헌하겠다"[41)]고 말한 것은 이러한 사정을 반영한 것이었다. 1938년 11월 3일 일본은 고노에 후미마로 내각 명의로 '동아신질서' 성명을 발표했다. 일본이 중국에 대한 무력침략을 포기하고 중국과 함께 "동아의 영원한 안정을 확보"하겠다는 내용이었다.[42)] 이 성명은 중국의 항일 민족주의와 대치하는 교착생

---

39) 홍순애, 「총력전체제하 대동아공영권과 식민정치의 재현─『삼천리』기행문을 중심으로」, 한국문학이론과 비평학회, 『한국문학이론과 비평』제53집(15권 4호), 2011, 316쪽.

40) 안인식, 「시국과 폼人의 각성」, 『삼천리』제9권 제5호, 1937, 7쪽.

41) 고노에 후미마루(近衛文麿), 제73회 제국의회 통상회, 시정방침연설(1938.1.22), 이규수 편역, 『일본제국의회 시정방침 연설집』(선인, 2012), 383쪽.

태를 벗어날 새로운 '문화공작' 이념이었다.[43]

일본에서 동아신질서를 구체화하기 위한 방안으로 동아협동체론[44] 이나 동아연맹론 등이 나타났다. 동아협동체론은 일본주의나 황도주의와 같은 편협하고 관념적인 자세에 대해 비판적인 태도를 보였다. 중국 내셔널리즘도 공감하는 듯 했다. 동아협동체론이 계급대립과 식민지 지배를 포함하고 있는 근대자본주의를 극복하면서 아시아의 새로운 국가연합을 이룰 수 있는 보편적 정치이념인 것처럼 비쳐졌다.[45] 동아협동체론의 이론적 근거를 제시한 미키 키요시(三清木)는 "근대주의를 한 단계 높은 입장에서 극복하고 자유주의, 마르크스주의, 전체주의 등의 체계보다 우월한 것"이라고 주장했다.[46] 그러나 동아협동체론은 식민주의 논리구성을 그대로 담고 있었고 일제의 침략전쟁도 부정하지 않았다. 동아협동체론은 일본의 식민주의를 보편적인 수준에서 갱신하는 것이 될 수 있는 위험한 요소를 포함하고 있었다.[47]

동아연맹론은 만주국 건국이념인 '오족협화'론과 '왕도주의'를 기반으로 하는 민족협화주의였다. 일본인에게는 자연스럽게 긍지를 지니게 하고, 동아시아 민족들 특히 조선인은 구미열강에 대항하기 위해 자기 힘으로 연대 또는 협화를 해야 한다고 호소하는 것이었다.[48] 동아

42) 김경일,『제국의 시대와 동아시아 연대』(창비, 2011), 202쪽.
43) 사카이 나오키 외 지음, 이종회 외 옮김, 앞의 책, 292쪽.
44) 1938년 후반에서 1939년 전반에 걸쳐 일본에서 동아협동체론이 집중적으로 논의되었다. 함동주,「중일전쟁과 미키 키요시(三木 淸)의 동아협동체론」, 동양사학회,『동양사연구』56호, 1996, 163쪽.
45) 윤건차 지음, 이지원 옮김,『한일근대사상의 교착』(문화과학사, 2003), 199쪽.
46) 함동주, 앞의 논문, 171쪽.
47) 요네타니 마사후미,「중일전쟁기의 천황제」, 사카이 나오키 외 지음, 이종회 외 옮김, 앞의 책, 310쪽.
48) 윤건차 지음, 이지원 옮김, 앞의 책, 204쪽.

연맹론은 조선 독립을 인정하지 않고 민족협화주의로 포섭될 것을 주장했다.

동아협동체론과 동아연맹론 같은 동아신질서론에 조선 지식인은 민감하게 반응했다. 동아신질서론은 일본을 맹주로 하는 동아시아 지배를 정당화하려는 논리였지만, 언설로서는 중국의 정치적 독립을 인정한 '민족협동'의 태도를 보였다. 그 때문에 체제에 순응하거나, 전향한 지식인들에게 자기합리화의 논거가 되었다. 그들은 동아신질서를 '체제혁신'의 계기로 인식함으로써 민족적 변절, 사상의 변용에서 오는 자괴감과 패배의식을 누그러뜨리고 있었다.[49]

협력적 지식인들은 동아협동체론과 동아연맹론의 수용과 해석을 놓고 서로 엇갈렸다. 전향한 사회주의자인 차재정은 동아협동체론을 지지했다.[50] 그리고 다음과 같이 주장했다.

> 동아신질서에서 민족주의/국제주의, 일본주의/동아주의, 동아전체주의/세계주의 관계도 문제가 되지만 그것을 단적으로 요약할 때 그것이 자본주의적이냐 반(反)자본주의적이냐이다. 반자본주의에서도 맑스적 공산주의와 독일·이탈리아 같은 전체주의 또는 혁신적 일본주의 등등이 있다. 혁신일본을 능동적 주체로 하는 동아의 신질서를 바라고 있다. 자본주의적 제국주의 침략이 아니다.[51]

전향한 사회주의자 인정식도 동아협동체론을 "백인 제국주의가 동

---

49) 방기중, 「조선 지식인의 경제통제론과 '신체제' 인식―중일전쟁기 전체주의 경제론을 중심으로」, 『일제하 지식인의 파시즘체제 인식과 대응』(혜안, 2005), 44쪽.

50) 조선인이 전향하는 경우, 민족협화론 만이 채택할 수 있는 거의 유일한 논리였다(홍종욱, 「'식민지 아카데미즘'의 그늘, 지식인의 전향」, 국제한국문학문화학회, 『사이』 11, 2011, 119쪽).

51) 차재정, 「東亞新秩序와 革新」, 『삼천리』 제11권 제1호, 1939, 66-68쪽.

아를 침략하는 것을 배격한다는 것, 모든 동아가 한 개의 단위를 결성하여 협동체로서 세계사의 전진을 향하여 나아가는 것, 동아의 고유한 문화를 밑바탕으로 해서 유럽 문명을 선택하고 섭취하는 것"으로 이해했다.[52] 그 밖의 여러 지식인이 동아협동체란 "중국과 일본이 각각 자기의 민족주의를 살리면서도 동아라는 초민족적 전체를 형성하는 것"으로 생각했다.[53]

동아연맹론에는 최남선 등이 가담했다.[54] 엉뚱하게도 동아연맹론을 민족운동에 활용하려는 움직임도 있었다. 일제 당국은 조선에서 "동아연맹운동에 대해 이상한 관심을 보이면서 이 운동에 편승하여 조선의 자치 독립의 실현은 몽상하며 암암리에 책동하는 사람이 생기고 있다"고 적었다. 실제로 동아연맹론에 따라 민족운동을 하려는 사례가 있다. 말로라도 민족주의를 용인하는 태도를 보인 동아연맹론에 환상이 생겼기 때문이다.[55]

논의 틀이 동아신질서론에서 대동아공영권론으로 바뀌면서 문제가 달라졌다. 동아신질서론은 겉으로는 만주국(푸이 정권)과 중국(왕자오밍 정권)의 자율성을 승인하면서 서양열강에 맞서 협동하자고 제안했

---

52) 인정식, 「東亞의 再編成과 朝鮮人」, 『삼천리』 제11권 제1호, 1939, 54-55쪽.

53) 이갑섭, 「동아협동체이론 (2)」, 『조선일보』 1940년 1월 3일자.

54) 윤건차 지음, 이지원 옮김, 앞의 책, 2003, 206쪽. 윤건차는 동아연맹이 제휴하고자 했던 중국인과 조선인의 중핵은 반민족적 행위를 일삼는 친일파였음을 권일과 조영주 사례를 들어 설명하고 있다.

55) 자세한 내용은 변은진, 앞의 책, 498-500쪽 참조. 현영섭은 동아신질서론을 받아들이면서도 "연맹론을 조선에 적용하여 일선협화, 일선융화를 생각하는 것은 반동에 불과하다"고 하면서 철저한 내선일체론을 주장했다(김명구, 「중일전쟁기 조선에서 '내선일체론'의 수용과 논리」, 『한국사학보』 33호, 2008, 390쪽; 현영섭과 다른 전향 사회주의자들 사이의 이견에 대해서는 홍종욱, 「중일전쟁기 (1937~41) 조선사회주의자의 전향과 그 논리」, 『한국사론』 44호, 2000, 196-198쪽을 참고하라.

다. 그러나 대동아공영권론 국면이 되면, 각 지역이 경제적 요인에 따라 분할되고 각 민족은 전체주의적 구상 속에 계서화 하는 상황에 이른다.[56] 대동아공영권론이 모든 사회를 압도할 때 식민지 지식인이 지배이데올로기의 틈새를 비집고 자신의 이야기를 하기는 더욱 어려워졌다. 그 만큼 지식인 내부의 인식 편차는 줄어들었다. 아시아-태평양전쟁이 일어나고 국민총력운동이 시작되면서 '혁신론'은 모두 가로막혔다. 전쟁이 막바지에 다다를수록 사상의 획일을 강요하면서 '친일' 내부의 사소한 차이조차 받아들일 수 없는 굳어진 사회로 치닫고 있었다. 1941년 봄 일본에서 '혁신파' 기획원 간부들의 검거 뒤에 국가연합이론이 금지되면서 동아신질서 구상에 들어있던 민족협동체 논리는 부정되었다. 1942년 5월 고이소 구니아키(小磯國昭) 총독이 부임하자 조선에서도 내선일체론이나 혁신에 대한 논의 자체가 봉쇄되어 버렸다.[57]

3. 포위된 지리와 포섭된 사상

전시체제 속에서 식민지 지식인은 어쩔 수 없이 일제에 협력하거나, 또는 일제의 승전에 환상을 품으면서 스스로 제국/식민 체제 안으로 빨려 들어가는 사람이 늘었다. 일제의 지리적 영역이 확장됨에 따라 제국 담론의 위력이 커졌다. 협력적 지식인들은 상황에 더욱 포위되고 일제의 논리에 깊게 포섭되었다. 그들은 "아시아 공영권이란 결국 각

---

56) 마루카와 데쓰시 지음, 백지운·윤여일 옮김, 『리저널리즘』(그린비, 2008), 69-70쪽.
57) 최선웅, 「장덕수의 사회적 자유주의 사상과 정치활동」, 고대 박사논문, 2013, 208-209쪽; 홍종욱, 앞의 논문, 201-202쪽.

민족의 협동세력"[58]이라는 공허한 주장을 했다. "대동아공영권을 세우
는 데는 무엇보다도 먼저 과거 몇 백 년 동안 동아를 누르고 있는 영국
과 미국의 세력을 완전히 동아에서 내어 쫓아야 한다"[59]는 전쟁 프로
파간다를 쏟아내기도 했다. 그때 대동아공영권론에 포섭된 지식인의
사상체계가 어떠했고 그 내용이 무엇인가. 어려운 문제다. 너무 주제
가 크기 때문이다. 또 요동치는 전쟁의 국면에 따라 사상지형이 바뀌
고 개인에 따라 차이가 있기 때문이기도 하다. 따라서 이 글에서는 몇
개의 인식소(認識素)를 추출하여 지식인의 정신사를 이해하기 위한 작
은 실마리를 찾아볼 것이다.

1) 반(反)자본주의와 반(反)공산주의

협력적 지식인에게 동아사상은 '반자본주의적이며 반식민적인'인 사
상으로 격상된다. 일본 파시즘은 파시즘을 부정하면서 성립되었고,[60]
"자본주의를 극복한다"고 주장하기도 했다. 따라서 민족문제를 고려하
지 않는다면 쉽게 그들의 논리에 포섭될 수 있었다.[61] 일제는 "대동아
전쟁을 자유주의 사상에 기초한 민족해방 또는 민족자결운동에 이용
하려는 움직임이 있는 것은 특히 주의를 기울여야 한다"고 했다.[62] 이
에 발맞추듯, 친일 지식인들이 자유주의와 개인주의 비판에 앞장섰다.

58) 한영창, 「만몽개척과 동아신질서」, 『춘추』, 1941년 5월호, 31-32쪽.
59) 松村紘一(주요한), 「미영의 동아침략」, 『신시대』 2권 2호, 1942, 82쪽.
60) 히로마쓰 와타루(廣松涉), 김항 옮김, 『근대초극론: 일본 근대 사상사에 대한 시
    각』(민음사, 2003), 75쪽.
61) 김재용, 『협력과 저항: 일제 말 사회와 문학』(소명출판, 2004), 79쪽.
62) 小森惠 編, 『昭和思想統制史資料』 별권(상) (生活社, 1981), 428쪽; 변은진, 앞의
    책, 382-383쪽에서 재인용.

최재서는 자유주의와 개인주의가 "유물사관과 같이 바로 인간을 혁명적 비상수단으로 몰아세우는 것이 아니고, 국가에 대한 무관심과 이기심과 나태와 퇴폐에 의해 점차로 붕괴시킨다"고 했다."[63] 장덕수는 "영미의 개인주의는 결국 이기주의이고 자유주의는 방자주의(放恣主義)에 지나지 않는다"면서 약육강식하는 동물사회 같은 영국과 미국에서 개인주의와 자유주의가 아예 있을 수 없다고 주장했다.[64]

반공산주의도 사상계의 방향을 읽어내는 중요한 인식소가 된다. 협력적 지식인들은 왜 반공에 힘을 쏟았을까. 일제의 사상탄압 때문만은 아니었다. 전향에 대한 반사대립물로서 반공에 앞장설 수도 있고, 반공에 힘을 기울이는 일본에 포획되었기 때문일 수도 있다. 그렇다면 일제는 왜 '반소·반공' 정책을 내세웠는가. 첫째, 일본은 소련의 등장으로 러일전쟁의 결과 체결했던 포츠머스조약(1905년 9월 5일)에서 확보한 특수이익들이 불안해질 수 있다고 보았다. 둘째, 비록 소련이 포츠머스조약을 승계한다고 하더라도 러일전쟁에서 패배한 것을 설욕하려는 움직임이 생길 수 있었다. 셋째, 소련의 국가이념은 제국주의화한 일본과는 상극이었다. 넷째, 소련의 국가이념이 각국 공산당 건설과 반식민운동에 영향을 미치고 있던 것을 고려해볼 때, 조선을 비롯한 일본 점령지의 '피압박인민'에게 미칠 영향이 크게 걱정되었기 때문이다.[65] 그밖에도 '일본·독일·이탈리아 방공협정의 취지'에 맞게 하려는 뜻과[66] 공산주의 사상을 박멸하고 일본정신을 고취하려는 것,[67] 그리고

---

63) 이상우, 「심상지리로서의 대동아─1940년대 전반기 희곡에 나타난 반서양주의와 인종적 상상력」, 『한국극예술연구』 27, 2008, 175쪽; 최재서, 「국민문학의 입장」(1942), 노상래 역, 『전환기의 조선문학』(1943) (영남대출판부, 2006), 104쪽.

64) 장덕수, 「적성국가의 정체」, 『삼천리』 제14권 제1호, 1942, 26-27쪽.

65) 김명섭, 「아시아─태평양전쟁과 한국의 주권회복」, 『정신문화연구』 제28권 4호, 2005, 10쪽.

방공과 방첩을 결합하려는 의도가 있었다.[68]

일제의 반공정책에 협력적 지식인이 응답했다. 최남선은 슬라브 민족이란 원래 욕심 사납다고 했다.[69] 일본이 만주국을 건설한 뒤에 바짝 세계의 주의를 끌어서 자칫하면 세계 동란의 원인을 제공할 것이라고 걱정했다.[70] 그는 소련에 대해서 다음과 같이 결론지었다.

> 옛날의 러시아는 다만 영토적 야심에 인한 침략자로도 주의의 모든 국민에 대하여 큰 위협이었습니다. 그런데 최근의 '소비에트' 연방이라 하는 러시아는 그 위에 또 한 겹 사상적 흉계를 덧 짐져가진 침략자로 전 세계 공동의 적이 되어있습니다.[71]

그 밖에도 '적색(赤色) 제국주의의 소비에트 연방'[72]이라고 했던 인정식, 그리고 "공산주의란 동양의 정신과는 아무래도 양립할 것"[73]이라고 했던 안인식 등 수많은 지식인이 반공주의 깃발을 들었다.

반공주의와 짝을 이루는 것이 반(反)코민테른 인식이다. 조선인 전향자들이 사상검찰의 후원을 받아 결성한 사상보국연맹은 '반코민테른 결의'를 했다. 그 결의에서 "제3인터내셔널인 코민테른이란 인류평화 파괴의 총본영이며 적색제국주의를 본질로 한다"고 설명했다. 이어서

---

66) 『동아일보』 1938년 8월 31일자; 『삼천리』 제8권 제12호, 1936, 48쪽(최린의 좌담).

67) 『동아일보』 1938년 8월 31일자.

68) 일제의 사상통제와 반공에 대해서는 강성현, 「한국 사상통제기제의 역사적 형성과 '보도연맹 사건' 1925-50」, 서울대학교 박사학위논문, 2012 2장을 참고하라.

69) 六堂學人, 「露西亞의 동방침략 (1)」, 『매일신보』 1938년 10월 27일자.

70) 六堂學人, 「露西亞의 동방침략 (完)」, 『매일신보』 1938년 11월 2일자.

71) 위와 같음.

72) 인정식, 「我等의 政治的 路線에 관해서 同志 諸君에게 보내는 公開狀」, 『삼천리』 제10권 제11호, 1938, 53쪽.

73) 안인식, 「시국과 폼스의 각성」, 『삼천리』 제9권 제5호, 1937, 7쪽.

"적색제국주의에서 아시아를 보호하고 황국의 팔굉일우를 실현해야 한다"고 주장했다.[74] 인정식은 '잔인한 코민테른'의 이미지를 전달했다. 그에 따르면, 코민테른은 "조선의 사회가 망하거나 흥하거나 조선의 젊은 청년들이 대량으로 투옥되어 어떠한 육체적 희생을 당하거나 해도 조금도 신경 쓰지 않으며, 일본 제국에 대한 약간의 반항 요소가 되기만 하면 만족한다."[75]

2) 인종주의와 가족주의, 중앙과 주변부

식민주의는 지배자와 피지배자 모두를 인종주의로 오염시킨다. 일본의 아시아주의는 백인종과 황인종의 대립구도를 설정하고 있으며 적자생존이라는 사회진화론을 담고 있다. 협력적 지식인은 인종주의를 서슴없이 퍼뜨렸다. 일본이 러일전쟁에 승리한 것은 "전동양이 백인의 마수(魔手)에서 완전히 승리한 것"[76]이며 "러시아·영국·미국은 백인제국주의이다"[77]라는 식의 언술이 곳곳에 나타난다. 그들은 "19세기가 백색인종 전성 시대였다면 20세기를 기점으로 황색인종 부흥 시대로 들어섰다"는 '세계사적 인식'마저 드러냈다.[78] "적색 러시아를 경계하지 않으면 황인종은 백인종의 압제를 받게 될 것"이라며,[79] 반공주의

---

74) 강성현, 앞의 논문, 180-181쪽.

75) 인정식, 「아등의 정치적 노선에 관해서 동지 제군에게 보내는 공개장」, 『삼천리』 제10권 제11호, 1938, 59쪽.

76) 「육군기념일에 際하여」, 『조선일보』 1940년 3월 10일자.

77) 위와 같음.

78) 金斗禎, 「興亞的 大使命으로 본 '內鮮一體'」, 『삼천리』 제12권 제3호, 1940, 53쪽.

79) 朝鮮軍司令部 鄭勳 少佐, 「戰時下 半島 靑年의 覺悟」, 『삼천리』 제11권 제1호, 1939, 137쪽.

와 인종주의가 결합하기도 한다. 다음에서 보듯이, 지원병을 부추기는 데도 인종론이 동원된다.

> 명일(明日)의 싸움은 동양인끼리 서로 민족적 관념 밑에서 싸울 투쟁이 아니라 동양 대 서양의 싸움이 되리라고 봅니다. 환언하면 황인종 대(對) 백인종의 전쟁일 것이외다. 그렇다면 동양인으로서의 우리는 일본이라 조선이라 만주라 지나라 하는 그러한 편협한 민족투쟁을 집어치우고, 동양인 전체가 동일체가 되어서 대동아의 국방에 임해야 될 것입니다. 일본 한나라의 국방이 아니고, 지나 한나라의 국방이 아니라 동양평화를 위해서 동양전체의 국방이외다.[80]

일본을 '동아시아 가족'의 수장으로 삼고 아시아 각국을 '제국의 아이들'로 배치한 대동아공영권론은 인종적 위계화에 토대를 두고 있다. 이러한 인종적 위계화는 '가족'이라는 젠더화한 범주로 정당화하고 재생산되었다.[81] 일본의 천황제국가를 가족국가로 이름 붙이는 것에서 잘 드러나듯이, 대동아공영권에서 '일본적 특성'을 잘 보여주는 것이 '가족'일 것이다. 현영섭이 그 '가족주의'를 분명하게 보여준다.

> 백성이 천황을 어버이같이 생각하고 천황께서 백성을 아들같이 생각하시는 그곳에 우리들이 옛날에 꿈꾸던 자유의 이상향을 건설할 수 있다고 생각합니다. 즉 천황 중심의 공존공영(共存共榮)의 이상사회를 건설할 수 있다고 믿습니다. 즉 일본의 팔굉일우(八紘一字)의 이상, 인류애의 이상을 확신하여 우리들의 일체를 일본국가에 공헌함으로써 일절(一切)의 자유를 얻을 수 있지 아닌가하고 나는 생각합니다.[82]

---

80) 이성환「志願兵士諸君에게－大東亞建設의 젊은 勇士여 今日과 明日은 너의 것이니라!」,『삼천리』제12권 제7호, 1940, 76쪽.

81) 권명아, 앞의 책, 381쪽.

82) 현영섭, 「시국 유지원탁회의」,『삼천리』제11권 제1호, 1939, 42쪽.

'일본 가장'을 맹주로 하는 대동아공영권은 '중앙 일본'과 '향토 조선'
이라는 이미지를 통해 자신의 논리를 보강한다. 대동아공영권은 일본
에서 시작하여 '대동아'로 확장되는 동심원적인 아시아 블록을 설정했
다. 그리고 '세계 신질서의 선봉인 일본'[83]이 대동아를 관리하고 통제
하면서 '신장력'을 발휘하려 했다.

> 대동아공영권은 그 구성 제 민족이 모두 주체적 중심으로부터 등거리의
> 반경을 두고 그려진 주위 상에 병렬하는 원형을 닮은 평판적인 것이 아니
> 라, 이른바 시계의 용수철 같이 중심으로 갈수록 강인한 견고함을 지니고,
> 그렇게 때문에 놀라운 신장력(伸張力)을 갖고 끊임없이 주어진 원주를 확
> 대하려고 하는 입체적 · 발전적인 것이지 않으면 안 된다.[84]

'신장력'이 발원하는 곳은 '중앙 일본'이다. 그 밖의 나라는 지방으로
배치된다. 이렇게 제국/식민지의 체제는 중앙/지역이라는 인식 틀로
전환한다. 식민주의는 공간적인 대립과 차이를 만들면서 '세계의 농촌'
들을 식민지로 흡수하는 공간의 위계화를 작동시킨다. 이때 식민지는
제국 중심부를 떠받치는 주변부가 된다. '주변주 조선'은 '중앙 일본'을
어떻게 떠받쳐야 했던가. 일제는 식민지 조선에게 병참기지 역할을 맡
겼다. 여기에 다시 환상이 뒤따랐다. 인정식을 보기로 들자. 그는 조선
이 대륙병참기지가 되면서 ① 금속공업 화학공업이 발전 ② 중소공업
발달 ③ 농업개량 ④ 공업발달에 필요한 인적자원 개발 ⑤ 조선의 지
리적 지위 상승 등이 이루어질 것이라고 했다. 이 같은 결과로 머잖아
조선인과 일본인이 각 분야에서 의무와 권리에서 완전히 하나가 될 것

---

83) 『매일신보』 1941년 7월 4일자.
84) 『大東亞戰爭と半島』(人文社, 1942) [인문사 편집부 엮음, 신승모 · 오태영 옮김,
　　『아시아태평양전쟁과 조선』(제이앤씨, 2011), 96쪽].

이라고 내다보았다.[85]

조선이 제국의 지방이 됨에 따라 향토적인 것, 또는 '조선적인 것'이 새롭게 떠올랐다. 조선 또는 '조선적인 것'을 제국 시스템 안에 새롭게 자리 잡게 하는 방식, 즉 조선을 '지방화'(=향토화)하는 방식이 나타났다.[86] 보기를 들면, 경성제국대학이 주도한 조선학 연구도 지방학으로서 조선학이었다.[87] 조선학이란 민족주의와 식민주의, 민족적 동일성의 욕망과 식민제국의 욕망이 서로 공모하여 나타난 것이었다.[88]

지방 조선은 중앙 일본과 역사적으로 어떤 관계가 있는가. 백제문화가 일본에 전파되어 "두 곳의 문화적 관계가 얼마나 밀접했는지,"[89] 또는 역사에서 '내선무역'이 얼마나 긴밀하였는지,[90] 대동아주의와 김옥균 사상이 얼마나 가까웠는지[91] 따위의 '역사'가 대중잡지에 실렸다. 국내 고도(古都) 기행문의 경우도 내선일체를 증거로 보여주는 지역표상을 선택적으로 전유하고 있었다.[92] 중앙 일본과 지방 조선이라는 엄연한 차이, 그리고 내선일체라는 상징 조작 속에서 협력적 지식인들은 환상과 욕망, 균열과 불안을 드러내고 있었다. 그러나 그것은 어디까지

85) 인정식, 「동아의 재편성과 조선인」, 『삼천리』 제11권 제1호, 1939, 57-60쪽.
86) 김철, 「동화 혹은 초극-식민지 조선에서의 근대초극론」, 『동방학지』 146호, 2009, 208쪽.
87) 박용규, 「경성제국대학과 지방학으로서의 조선학」, 민족문학사연구소 기초학문연구단, 『'조선적인 것'의 형성과 근대문화담론』(소명, 2007), 124쪽.
88) 김병구, 「고전부흥의 기획과 '조선적인 것'의 형성」, 민족문학사연구소 기초학문연구단, 『'조선적인 것'의 형성과 근대문화담론』(소명, 2007), 25쪽.
89) 이병도, 「삼국시대 문화의 동류」, 『조광』 7권 8호, 1941, 22쪽.
90) 김상기, 「역사상으로 본 내선무역사정」, 『조광』 7권 8호, 1941, 24쪽.
91) 八峰, 「대동아주의와 김옥균 선생」, 『조광』 7권 11호, 1941, 64쪽.
92) 차혜영, 「동아시아 지역표상의 시간·지리학」, 한국근대문학회, 『한국근대문학연구』 20집, 2009, 151쪽.

나 제국/식민의 틀 안에 머무는 것이었다. 협력적 지식인이 주어진 틀 안에서 움직이는 한, 비록 그것이 '담론적 실천'이라 할지라도 식민권력 은커녕 담론의 질서조차 조금도 흔들 수 없었다.

3) 내선일체와 일본정신

내선일체 담론은 중일전쟁 이전에도 있었다. 그러나 중일전쟁 뒤에 그 뜻이 달라졌다. 일제는 내선일체를 한다면서 창씨개명, 3차 교육령 개정, 지원병 제도를 실시했다. 조선인과 일본인의 결혼을 장려하는 '내선통혼정책'도 장려했다. 중일전쟁 뒤의 내선일체론이란 조선인을 일제의 황국신민으로 만드는 동화 이데올로기였고, 조선 사람을 전쟁에 동원하려는 것이었음은 더 말할 나위없다.

내선일체론이 대동아공영권론의 중요한 문제로 떠올랐다. 내선일체론은 일본인과 비슷하지만 같지는 않은 '모방자'를 겨냥한 것이었다.[93] 내선일체론은 조선과 일본을 동일한 것으로 상상하게 만들면서도 현실에서는 차이를 생산하는 기제가 있어야 했다. 내선일체론은 확실하지 않은 채 모호하게 남아있는 영역이 매우 많았다. 그래서 내선일체의 근거를 마련하는 작업, 다시 말하면 '지식동원'이 필요했다. 전향 사회주의자 김두정이 응답한다.

> 내선일체의 완성은 어떠한 데에 근거를 둘 것인가. 내선 양 민족은 첫째로 동일한 선조(祖先)에서 분열된 종족이며 따라서 혼혈을 통하여 재결합하는 것이 절대로 기이한 일이 아니라는 것이고, 둘째로 문화적으로 동일한 동양문명의 분위기 속에서 수십 년간 훈육 성장하였으며,…… 셋째로

---

93) 장용경, 「'조선인'과 '국민'의 간극—전시체제기 내선일체론의 성격과 조선 지식인의 대응」, 역사문제연구소, 『역사문제연구』 제15호, 2005, 289쪽.

동일한 경제적 생활 속에서 즉 인접한 지나에서도 볼 수 없는 근사한 생활을 하고 있는 것이며, 넷째로 동일한 정치 기구하에 혈맥이 통한 결합체로서 구성되고 있는 것이며, 다섯째로 지리적으로 근접하여 불가분의 관계를 가져 조선 반도는 일본의 흥아(興亞) 전선에 있어서의 전진병참 기지로 중요성을 갖고 있다.[94]

내선일체론은 단일한 모습이 아니며 모순되는 논리를 지니고 있었다. 내선일체론 내부의 모순 또는 모호한 영역을 두고 협력세력들이 '틈새 논쟁'을 벌였다. 그 무렵 김한경은 '내선일체운동'을 다음과 같이 두 종류로 나누었다.

> 이제까지의 내선일체 운동은 두 가지 방법론을 제공하여 왔다. 其一은 민족동화론이고, 其二는 민족협동론이다. 전자는 조선인의 언어, 풍속, 습관을 일체 내지인 동양(同樣)으로 동화해야 한다는 견해이고 후자는 조선인의 언어, 풍속, 습관을 그대로 인정하고, 조선 민족의 특유한 성능을 온전히 발휘하야 그 최고 지도 원리로서의 국체 정신의 보급, 침투를 꾀하자는 견해이다. 이 양개의 주장은 내선일체라는 국부적 문제에만 한정된 것이 아니고 오늘날 제국이 당면한 내외의 제 문제에 대하야 전면적으로 그 시각을 달리하는 바이다.[95]

이와 비슷하게 현영섭도 내선일체논쟁을 두 가지로 나누었다.[96] 첫째는 일본과 조선이 "이체동심(異體同心)으로 단결 악수하면 그만이라는 이론이다. 반도 지식 계급의 대부분, 동아협동체론자, 동아연맹론자의 대부분이 이러한 내선일체를 주장하고 있다. 그들이 발표한 국가관,

---

94) 김두정, 「흥아적 사명으로 본 '내선일체'」, 『삼천리』 제12권 제3호, 1940, 54-55쪽.
95) 김한경, 「공동운명에의 결합과 그 환원론」, 『삼천리』 제12권 제3호, 1940, 49쪽.
96) 현영섭, 「'내선일체' 체내의 조선 민중적 제문제의 고찰, '내선일체'와 조선인의 개선문제」, 『삼천리』 제12권 제3호, 1940, 35-37쪽.

세계관을 전개시키면 협화적 내선일체가 된다." 현영섭은 이런 일체론을 우정적, 악수형의 내선일체론이라고 이름 지었다. 둘째는 일본과 조선이 몸도 마음도 피도 하나가 되는 철저 일체론이 있다. "조선인인 민족주의를 청산하고 공산주의적 세계 통일 사상을 버렸다면, 남은 길은 일본정신으로 세계 질서를 창조하는 운동으로 매진할 뿐이다." 현영섭은 '철저 일체론'을 따랐다.

내선일체론을 다르게 해석하다 보니 현실문제에 대해서도 서로 생각이 달랐다. 현영섭은 "완전한 일본인이 되어야 조선인의 개성이 최고도에 이른다"[97]고 주장했다. '철저 일체론' 또는 '급진적 내선일체론자'인 현영섭은 조선에서 내선일체를 주장하는 사람들 가운데 '유물론적 편향'을 보이는 사람들을 비판했다.[98] 인정식과 같은 '협화적 일체론자'를 공격한 것이다.[99]

내선일체를 이루려면 조선인이 일본정신을 몸에 익혀야만 했다. 제국의 국민은 사악하고 물질적인 서양의 것을 버리고 착하고 정신적인 동양의 것을 따라야 했다. 그러나 동양 가운데서도 지도자인 일본의 정신세계를 본받아야 했다. 일본정신이란 무엇인가. 첫째, 천황통치에 대한 절대적 복종과 국체에 대한 확고한 신념, 둘째, 팔굉일우의 도의적 이상, 셋째, 군신화락(君臣和樂) 대동대화(大同大和)의 정신, 넷째, 일본민족의 4대 덕목인 명정(明淨), 직정(直正), 협용(俠勇), 의기(義氣)

---

97) 玄永燮, 「內鮮一體論に於ける科學的 僞裝に就」, 『태양』 제1권 제2호, 1940. 2.(아단문고 미공개자료 총서1), 33쪽.
98) 玄永燮, 위의 글, 36쪽.
99) 일제는 이른바 '그릇된 내선일체관'을 여러 가지로 분류했다. '내선일체'의 자구(字句)에 대한 오해나 '권리·의무 평등론(차별제도 즉시 철폐론)'에서부터 '조선민족과 조선문화 멸망론', '민족동화 불가능론' 등에 이르기까지 다양했다(변은진, 앞의 책, 436쪽).

였다.100) 그러나 이 정의도 추상적이고 모호하기는 마찬가지다. 어떻게 일본정신을 실현할 것인가. 협력세력 사이에 또 이견이 생겼다. 이광수는 국기게양, 신사참배 등 "실생활에서 일본적인 국민감정을 갖는 것이 일본정신을 실현하는 것"이라고 생각했다.101) 현영섭은 천황에 대한 종교적 태도를 가지며 팔굉일우 사상을 굳게 믿는 것이 일본정신을 실현하는 것이라고 주장했다.102) 그들 사이의 '이견'은 협력적 지식인 사이의 '인정투쟁'의 차이에서 비롯된 것이었다.

"내선일체란 시세나 행정의 방편일 따름"이라고 생각하는 사람들에게 "내선일체란 조선통치의 최고이상"이라고 설명해주는 것,103) 그리고 제국이 말하는 일본정신을 조선의 실정에 맞게 해설하여 대중의 자발성을 이끌어내는 것, 이것이 협력적 지식인에게 주어진 임무였다.

4. '사실의 수리' 대 '혁명적 낙관주의'

1) '사실의 수리(受理)'와 환각

일제는 1937년에 중일전쟁을 일으켰으며 1940년에는 왕자오밍(汪兆銘) 정권과 일화기본조약(日華基本條約)을 맺는 등 동아시아 맹주가 되려는 발걸음을 서둘렀다. 마침내 1941년 12월 8일에 진주만을 공격하

---

100) 「사설, 일본정신 발양주간실시」, 『조선일보』 1939년 2월 8일자. "국체를 확고하게 한다"는 차원에서 일본정신에 방공사상도 포함시키기도 한다(「방공사상을 앙양, 일본정신을 보급」, 『조선일보』 1938년 8월 31일자).
101) 이광수, 「시국 유지원탁회의」, 『삼천리』 제11권 제1호, 1939, 43쪽.
102) 현영섭, 「시국 유지원탁회의」, 『삼천리』 제11권 제1호, 1939, 42쪽.
103) 정교원, 「내선일체의 논리적 귀결」, 『삼천리』 제13권 제1호, 1941, 76쪽.

고 말레이반도에 군대를 상륙시켜 미·영·네덜란드 연합군과 전쟁을
벌였다. 일제는 이 전쟁을 '대동아전쟁'이라고 불렀다. 이때 '대동아'란
단순한 지리적 명사가 아니었다. 동아에서 대동아로 외연을 넓히려는
제국주의 욕망을 담은 것이었다.

> 우리의 미영에 대한 전쟁은 지나사변도 포함해 대동아전쟁이라 불린다.
> 이것에 붙여진 대동아라는 것은 단순한 지리적 명사가 아니다. 대동아라
> 는 문자가 외교문서에 처음 나온 것은 1940년 9월 27일의 일본, 독일, 이탈
> 리아 삼국조약이다. …… 즉 이렇게 대동아는 하나의 권역을 가리키고, 이
> 것에 건설될 신질서와 분리할 수 없는 문자이다. 대(對)미영전쟁에 특히
> 이 문자가 선택된 것은 전쟁의 목적이 대동아 신질서 건설에 있음을 표시
> 하고 있어 실로 함축성이 깊다고 할 것이다.[104]

식민 권력은 조선사상범보호관찰령(1936), 조선방공협회(1938), 시국
대응전선사상보국연맹(1938) 등의 조직을 만들어 집요하게 사상을 탄
압했다. 일제는 중일전쟁 뒤부터 더욱더 식민지 지식인을 '사상전'에
활용하려 했다. "비상시체제가 전시체제가 되고 전시체제가 임전체제
로 되며 그것이 다시 결전체제로 바뀐"[105] 상황에서 식민지 지식인은
'지식동원'에 더욱 끌려들어갈 수밖에 없었다.

사회주의자들이 자신의 사상을 버리고 생활로 돌아온 것은 일제의
탄압 때문만은 아니었다. 거기에는 자유주의와 마르크스주의로 대표
되는 근대 사상이 위기에 빠졌다는 인식이 차츰 퍼져 간 탓도 있었다.
백철은 「시대적 우연의 수리」라는 글을 발표해 중일전쟁이라는 세계
사적 사실을 인정하고 지식인이 그것을 받아들여야 한다고 주장했

---

104) 인문사 편집부 엮음, 신승모·오태영 옮김, 앞의 책, 56쪽.
105) 「권두언, 지식동원의 확충」, 『국민문학』 제2권 10호, 1942, 1쪽.

다.[106] 인정식은 중일전쟁 뒤의 정세에 대해 "역전될 수 없는 새로운 대세[107]"라고 주장했다. 또 그는 "현실을 냉정히 파악하고 또 긍정하고 이 현실 밑에서 가능한 최대의 행복을 구하려는 것이 정치적 사상인이 각 계단(階段)에서 취해야할 태도"라고 했다.[108] 이러한 '사실 수리론'은 제국주의에 순응하는 자세를 그대로 보여준다. 그들의 정세관은 정태적이었으며, 현실에 굴복했다는 인상을 지울 수 없다. 일단 '사실의 수리'가 끝나고 나면 대동아전쟁을 다음과 같이 규정하는 것에 동의할 수밖에 없었을 것이다.

> 동아 신질서는 이러한 미영의 세력균형주의에 의한 현상유지 정책, 식민지체제 유지 정책을 타파하고, 우리나라의 지도 아래 동아 제 민족을 공존공영의 새로운 결합 관계로 재조직함을 말하는 것이다. 환언하자면 동아 제 민족을 미영의 질곡에서 해방하고 아시아를 본연의 모습으로 되돌리려는 것이다. 이러한 신질서 건설을 목적으로 하는 대동아전쟁이야말로 일청전쟁, 일러전쟁을 서전으로 만주사변, 지나사변으로 발전한 역사 진행의 귀결이고, 또한 이 큰 목적 안에서 전쟁 발발의 역사적 필연성이 이해되는 것이다.[109]

협력적 지식인은 제국 일본의 색안경을 쓰고 정세를 보았다. 전향 사회주의자였던 김두정은 그동안 학습했던 사회주의 그림자를 배경삼아 친일의 정세관을 드러내면서 다음과 같은 결론은 내렸다.

---

106) 홍종욱, 앞의 논문, 80쪽.
107) 인정식, 「我等의 政治的 路線에 관해서 同志 諸君에게 보내는 公開狀」, 『삼천리』 제10권 제11호, 1938, 51쪽.
108) 인정식, 「시국 유지원탁회의」, 『삼천리』 제11권 제1호, 1939, 38쪽.
109) 인문사 편집부 엮음, 신승모·오태영 옮김, 앞의 책, 58쪽.

전 인류는 열망적으로 우리 제국의 인류 구제를 위한 정의의 진군을 희구하고 있다. 이 의미에 있어서 우리는 미래의 역사를 좌우할 역사적 국민이라고 말할 수 있다. 19세기를 중심으로 한 백색인종 전성시대로부터 20세기를 기점으로 한 황색인종 부흥 시대에로 인류사는 아국(我國)의 영도에 의하여 일대 전회(轉回)를 하고 있으며 저 일로전역(日露戰役)부터 금차의 지나사변에 이르기까지의 제반 흥아(興亞)적 성업은 여실히 이것을 증명하고 있다.110)

협력적 지식인은 거리낌 없이 '대동아전쟁'을 아시아 해방전쟁으로 규정하면서 대동아공영권 전도사가 되었다. 제국의 전쟁관과 자신의 정세관을 일치시키고 나면 제국의 운명과 자신의 운명을 똑같게 여기는 것은 당연했다. 협력적 지식인들은 환각에서 확신으로 생각의 자리를 옮기면서 아류 제국주의 의식을 키워갔다. "기만자들은 그 자신을 기만한다."111) 그들의 '자발성'은 그 과정에서 생겨났다.

2) '혁명적 낙관주의'와 질곡

일제는 중일전쟁 뒤에 '철저한 시국지도'를 하여 평온한 상태가 유지되고 있다고 판단했다.112) 그러나 중일전쟁은 "계획적이고 침략적인 성격을 띠는 제국주의 전쟁이다"는 인식이 일반 민중에게도 퍼졌다.113) 전쟁의 소용돌이 속에서 이른바 '사상사건'과 치안유지법위반사건이 예전보다 줄어든 것은 사실이었다. 그러나 일제에 대한 저항은 그치지

110) 김두정, 「흥아적 대사명으로 본 내선일체」, 『삼천리』 제12권 제3호, 1940, 53쪽. 전선사상보국연맹 간사이자 조선방공협회 촉탁을 맡았던 김두정은 전선사상보국연맹, 『防共戰線勝利の必然性』, 1939를 썼다.
111) 기 드보르 저, 이경숙 역, 『스펙타클의 사회』(현실문화연구, 1996), 10쪽.
112) 朝鮮總督府警務局, 『最近における朝鮮治安狀況』, 1938, 103쪽.
113) 변은진, 앞의 책, 348쪽.

않았다.114)

대안적 지식인은 어떻게든 저항의 거점을 마련하려 했다. 그들은 '혁명적 낙관주의'에 따라 반제국주의투쟁과 민족해방을 위한 프로그램을 마련했다. 먼저 '원산그룹'115)의 반제반전투쟁을 보자. '원산그룹'이 활동하던 때는 중일전쟁의 소용돌이 속에서 "온갖 합법 활동이 일망타진되고 백색테러가 난무하던 시대"였다.116) '원산그룹'은 일상적 경제투쟁을 반제반전투쟁과 연결시키려고 했다.117) 다음에 인용한 글은 '원산그룹'이 철도 노동자의 일상투쟁과 반전투쟁을 연결하여 선전하는 것이다.

현재 우리는 중국 민족해방투쟁을 도살하고 있으며 또다시 도살하려고 군대수송과 군기(軍器) 군수품 수송을 하고 있으며 또 그것을 만들고 있다. 착취당하고 억압당하는 노동자 근로대중이 중국 노동자와 농민 그 밖의 전 인민 대중이 약탈자에 일본에 대항하는 해방전쟁의 압살에 힘을 보태는 것이 얼마나 우스운 현상인가. …… 우리는 일본의 부르주아지와 지주를 옹호하기 위해 총을 잡고 우리의 가난한 형제와 살육전을 하면서 평소 낮은 임금·특별시간 연장, 국방헌금, 물가폭등 등 때문에 생활이 위협받고 있다. 지난날의 전쟁은 우리 부모 형제의 죽음과 혹사와 굶주림을 불러왔고 아이들 장난감 같은 훈장을 주었다. 지금 우리에게 빈곤과 굶주림 말고 무엇이 있는가. 우리는 강도 같은 약탈전쟁을 반대한다. 우리에게 평화와 자유를 달라! 살아서 전민족의 해방과 자유를 향해 전진해야한다. 피

---

114) 임경석, 「국내공산주의운동의 전개과정과 그 전술(1937~45년), 한국역사연구회 1930년대 연구반, 『일제하 사회주의운동사』 (한길사, 1991), 209쪽.

115) 이주하 등의 '원산그룹'에 대해서는 최규진, 『조선공산당재건운동』 (독립기념관 한국독립운동사연구소, 2009), 188-219쪽.

116) 김오성, 『지도자군상』 (대성출판사, 1946), 105쪽.

117) 이에 대해서는 안태정, 「1930년대 후반 혁명적 노동조합의 제국주의전쟁에 대한 인식과 대응(1936~1938)」, 진재교 외, 『충돌과 착종의 동아시아를 넘어서』 (성균관대학교출판부, 2007)을 참고.

비린내 나는 싸움에서 선봉이 되는 것을 절대 반대한다. 일본제국주의의 강도적 약탈전쟁을 내란으로, 그리고 식민지해방·민족해방전쟁으로 전환하자![118]

'원산그룹'은 일제의 침략전쟁이 커지면 커질수록 조선해방이 앞당겨질 것으로 보았다. 그들은 일본의 제국주의 침략전쟁을 조선해방을 위한 내란으로 전환시켜야 한다고 했다. 그리고 중국 인민의 항전을 지지해서 일제를 패전으로 이끌어야 한다고 주장했다. 이 같은 관점에 따라 '원산그룹'은 지원병제 반대투쟁을 했다. 그리고 일상투쟁도 반전의 시각에서 새롭게 강조했다. 보기를 들면, 철도 부문의 경우 고용증가, 8시간 노동제 확립, 임금인상요구 투쟁 같은 일상투쟁을 "군대와 군수품 수송을 사보타지해서 제국주의 전쟁을 반대하는 방향으로 나아가게 하기 위한 것"으로 바라보았다.[119]

이제 경성콤그룹(1939~1941)의 정세인식을 살펴보자. 경성콤그룹은 식민지시대 모든 사회주의자들이 그랬듯이, 소련은 사회주의를 순조롭게 건설하면서 이상사회로 나아가고 있다고 보았다. 경성콤그룹은 독소 불가침조약이나 소련의 폴란드 점령 등에 대해서도 소련 편을 들었다. 재소 한인의 중앙아시아 강제 이주와 스탈린의 대숙청에 대해서 조직원 사이에 회의가 생겼지만,[120] 모두 소련의 행동을 지지하는 쪽으로 결론을 내렸다. "조선인이 중앙아시아로 이주한 것은 국제적 견지에서 불량분자를 이주시킨 것"이며, 소련의 숙청은 "스탈린에 반대하는

---

118) 「중일무장충돌과 조선노동자계급의 임무」, 『노동자신문』 7호, 1937 (이재화·한홍구 편, 『한국민족해방운동사자료총서』 4, 512-513쪽).

119) 임경석, 「원산지역의 혁명적 노동조합운동(1936~1938)」, 한국역사연구회 1930년대 연구반, 『일제하 사회주의운동사』 (한길사, 1991), 355-356쪽.

120) 김태준, 「피고인신문조서(제2회)」, 이정박헌영전집편집위원회, 『이정 박헌영 전집』 4권 (역사비평사, 2004), 137쪽.

제정시대의 백계파가 소련의 각 정치 경제 기관에 있어서 태업, 폭동 등의 방법으로 파괴공작을 하기 때문에 스탈린이 탄압을 했다"고 생각했다. 그들은 소련의 외교정책과 점령정책 등이 "한걸음 한걸음씩 세계혁명을 진행시키는 것"이므로 혁명가들은 소련의 정책을 지지해야 한다고 보았다. 거의 모든 세계 사회주의자와 마찬가지로 경성콤그룹은 "사회주의 조국 소련을 방어하고 코민테른 노선을 따라야 한다"고 생각했다. 경성콤그룹 기관지 『선전』(1941.8)에는 "독소개전(1941.6) 후의 국제정세는 필연적으로 소일개전을 맞게 된다. 이 기회에 조선 대중은 무력봉기하고 소련을 지원하면서 동시에 조선의 후방의 교란을 도모해야 한다"고 적었다.[121]

사회주의자들은 제2차 세계대전을 파시즘 대 반파시즘 전쟁으로 보았다. 사회주의자들은 각 계급이 연합하여 인민전선을 만들어 반파시즘 전선을 구축해야 한다고 생각했다.[122] 그들은 "제국주의 전쟁을 내전으로 전환시킨다"는 방침을 내세우기도 했다. 그러나 프롤레타리아 국제주의와 계급연대가 질곡에 빠졌고, 실천 방침은 성공하지 못했다.

대동아공영권과 내선일체가 내뿜는 환각 그리고 프롤레타리아 국제주의와 계급연대에 담긴 질곡, 조선 사상계는 이 두 문제를 해결하지 못한 채 1945년 미국과 소련이 한반도에 들어온 상황을 맞이했다. 새로운 변수 앞에 지성계는 어떻게 반응했는가. 1940년대 사상사를 '통시적'으로 볼 필요를 느낀다.

---

[121] 『조선형사정책자료』, 1942, 59-61쪽. 변은진, 앞의 책, 190-191쪽에서 재인용.

[122] 이애숙, 「반파시즘 인민전선론 – 일제 말기 경성콤그룹을 중심으로」, 방기중 편, 앞의 책, 395쪽.

5. 맺음말

대동아공영권은 일본 침략이 동남아시아와 태평양 지역으로 확장된 사실을 배경으로 삼아 일본이 내놓은 지역질서 구상이었다. 그러나 대동아공영권은 '공영권'이 아닌 공빈권(共貧圈)을 형성했다.[123] 대동아공영권이란 일본 방위를 중핵으로 삼고 껍데기에 동양, 도의(道義), 인종 따위의 개념을 덧씌운 것이었다. 이때의 '아시아'란 '도구와 수단으로서의 아시아'였을 따름이지 결코 일본 중심주의를 넘어서는 사유개념이 아니었다. 일본이 아시아를 지배하면서 그것을 합리화하려는 데서 대동아공영권론의 모든 모순이 비롯되었다. "제국주의 질서를 지키면서도 내선일체를 이룬다"는 식의 논리적 모순이 곳곳에 도사리고 있었다. 그럼에도 '사상의 위기'가 논의되던 때에 대동아공영권론은 지식인에게 적지 않은 파장을 미쳤다. 그것이 비록 '위장된 국제주의'[124]였다 하더라도 지식인을 포섭할 논리가 아주 없었던 것은 아니다. 또 식민지 지식인이 협력의 알리바이를 만들 수 있는 근거도 제공했다.

대동아공영권은 그 나름의 '문법체계'를 가지고 있었고, 식민지 지식인에게 '번역과 해석의 문제'를 던져주었다. 제국의 지식권력은 체제 내적 지식인에게 얼마큼 영향을 미쳤으며, 식민지 지식인은 제국 일본의 자장 안에 어디까지 포섭된 것일까. 이 글은 그 질문에 다 답하지는 못했다. 다만 협력적 지식인의 인식소를 추출하면서 일제와 협력적 지식인 사이의 연루와 착종을 살폈을 따름이다. 그리고 제국과 협력적 지식인 사이의 틈새에도 주의를 기울이려 했지만, 균열의 의미를 크게 보지 않았다. 오히려 '균열'에 저항의 논리가 있기는커녕, 지배담론의

---

123) 小林英夫, 『'大東亞共榮圈'の形成と崩壊』(御茶の水書房, 1983), 524쪽.
124) 윤건차 지음, 이지원 옮김, 앞의 책, 214쪽.

질서를 흔들 가능성이 조금도 없었다는 것이 이 글의 논지였다. 협력적 지식인의 '담론실천'들을 촘촘하게 분석할 필요는 있겠다. 그러나 그 의미를 부풀릴 필요가 있을까. 의문이다.[125]

지식인 내부에 친일과 항일의 이분법적 대립구조로만 환원할 수 없는 미세한 균열이 있음을 인정해야 한다. 그러나 사상사 연구에서 그 이분법을 벗어나려고 힘쓰는 바로 그 지점에 또 다른 위험이 도사리고 있다. 역사적 실재가 아닌 담론분석에만 힘을 쏟는 바로 그 순간, '친일 지식인'에 대한 '변호론'으로 쉽게 미끄러질 수 있다. 이 글에서는 협력세력이 "지배자의 논리를 전유함으로써 지배자의 논리를 균열시키는 전략"을 의심했다. 설령 협력적 지식인이 "모방하면서 차이를 만들어내는" 전유(專有, Appropriation)의 과정을 거쳤다 하더라도, 그 '차이'는 커 보이지 않는다. 협력적 지식인의 '담론실천'이란 끝내 제국주의 논리를 해석하면서 보완하고 다시 그것을 대중에게 퍼뜨리는 역할을 했을 따름이다. 그들의 '실천'이란 권리와 저항을 위한 거점이 될 수 없었다. 나름대로 '담론실천'을 하려 했던 인정식을 보더라도 그 사실은 분명하다. 인정식은 말했다. "먼저 우리는 국민으로서의 임무를 다하여야 할 것이다. 임무를 다한 뒤에 권리를 요구하자!"[126] 움직일수록 깊이 빠져드는 늪처럼, 협력적 지식인의 언술이 많아지고 길어질수록 제국의 논리에 포획될 확률이 더욱 높아졌다.

---

125) 파시즘 체제와 대중 사이에 지배/저항 관계로만 환원되지 않는 이질적이고 복합적인 갈등과 욕망의 경계선이 존재한다(권명아, 「생활양식과 파시즘의 문제」, 방기중 편, 앞의 책, 191쪽). 그러나 그 '경계선'을 체제 내화한 지식인에게까지 적용하거나 협력적 지식인에게서 저항의 지점을 찾아내려는 작업은 좀 더 신중해야 한다.

126) 인정식, 「我等의 정치적 노선에 관해서 동지 제국에게 보내는 공개장」, 『삼천리』 제10권 제11호, 1938, 59쪽.

이 글은 지식인을 체제 내적인 지식인과 대안적 지식인, 다시 말하면 현실을 뒤쫓는 현실형 지식인과 미래를 준비하는 미래형 지식인으로 나누어 인식하려 했다. 협력적 지식인은 자기기만과 환각에 빠졌으며 대안적 지식인은 비록 '혁명적 낙관주의'를 가졌지만 여러 질곡에 맞닥뜨렸다. 협력적 지식인의 환상은 제거되어야 할 것이었다면 대안적 지식인의 질곡은 돌파해야 할 것이었다. 결코 두 진영을 같은 차원에서 평가할 수는 없다. 그러나 몇 개의 인식소를 추출하고 그 내용을 설명하는 것만으로는 사상사의 조감도를 다 그려낼 수 없다. 더구나 '해방' 전과 '해방' 뒤를 분단하여 사고한다면 사상의 역사적 맥락을 놓치게 될 것이다. 식민과 식민 이후를 연결하고 1940년대 사상사를 통으로 묶어 연구할 필요를 느낀다.

"가장 튼튼한 제국의 흔들리지 않는 기반은 인간의 부드러운 두뇌신경조직 위에 세워진다."[127] 협력적 지식인의 두뇌신경조직 위에 세워진 제국의 질서와 식민성을 해명하는 것은 친일과 반일의 단순 이분법을 뛰어넘는 또 다른 문제를 제기한다.

---

[127] 미셸 푸코, 『감시와 처벌』(나남, 1998), 160쪽.

일제하 미국유학생의 자본주의 근대화론과 노동관

이상의

1. 머리말

해방 후 남한의 정치세력에는 일제하의 일본유학생과 더불어 미국유학생 출신이 중심에 등장하였다. 이중 후자는 미국에서 유학하면서 미국식 자본주의에 입각한 가치관을 가지고 미군정기에 본격적으로 정계에 진출한 세력이다. 이들은 일제하에 기독교 사회세력의 중추를 이루고 있었고, 여러 전문분야의 지도적 위치를 차지하면서 민족운동과 사회운동에서 주도적인 역할을 담당하였지만, 식민지하에서 대부분 자신의 신념을 펼칠 기회를 얻지 못하였다.[1] 해방 후 이들은 미군정의 통치기구와 남한의 자본주의 국가건설 과정에 대거 참여하여 자신의 인식과 경험을 바탕으로 자유민주주의와 자본주의에 근거한 국가건설

---

[1] 일제하 미국유학생의 인식 전반에 대한 연구로는 김상태, 「평안도 기독교 세력과 친미엘리트의 형성」, 『역사비평』 겨울호, 1998; 홍선표, 「일제하 미국유학 연구」, 『國史館論叢』 96, 2001; 방기중, 「일제하 미국 유학 지식인의 경제인식」, 『미주한인의 민족운동』 (혜안, 2003); 張圭植, 「일제하 미국유학생의 근대지식 수용과 국민국가 구상」, 한국근현대사학회, 『한국근현대사연구』 34, 2005. 9; 장규식, 「일제하 미국유학생의 서구 근대체험과 미국문명 인식」, 한국사연구회, 『한국사연구』 133, 2006.6 등 참조.

의 기초를 다져 나가면서 우익 지도부의 일각을 형성하게 되었다.[2)]

이들은 미국에서 유학을 통해 근대 자본주의 경제사상을 체득하는 한편, 대공황을 맞은 미국사회가 그 대책을 마련하고 위기를 넘어서는 과정을 지켜보았다. 그런데 유학 이후 이들은 궁극적으로는 같은 체제를 지향하면서도 그 구체적인 인식에서는 자신의 경험과 학습과정의 차이에서 유래하는 차별성을 드러내었다. 그것은 크게 생산문제와 분배문제 중 무엇을 더 중시하는가의 차이로 구분되었다. 그중에도 노동자와 자본가의 관계를 둘러싸고 이들은 서로 다른 입장을 유지하고 있었다. 본고에서는 이러한 문제의식과 관련하여 미국유학생 출신 지식인 중에도 해방 후 노동정책의 연관성을 지니고 있었던 인사들을 중심으로 그들의 경제인식과 노동관에 대해 고찰하고자 한다. 이들은 미국 유학 과정에서 주로 경제학·상학을 전공하였으며, 기본적으로 생산력을 강조하는 입장이었다. 그들에게 노동문제는 부차적인 관심사였고, 미국 자본주의의 틀에 근거하여 노동문제를 바라보았다는 공통점을 지니고 있었다. 본고에서는 이 또한 일제하 미국 유학생들의 일반적인 특징이었음에 유의한다.

한국근현대 사상사 연구 중에서도 일제하 미국 유학 출신들의 사상에 대한 연구는 아직 충분히 축적되지 못하였다. 그동안 미국 유학생과 관련해서는, 일제하 각 시기별 미국 유학의 전개와 성격을 정리하거나 북미유학생총회의 잡지 『우라키』의 자료적 가치를 검토한 기초적인 연구, 미국 유학생 출신 인사들의 근대인식에 대해 분석한 연구 등이 진행되었다.[3)] 최근에는 미국유학 후 한국 자본주의사회 건설의 주역

[2)] 이와 관련해서는 최근 발표된 장규식, 「미군정하 흥사단 계열 지식인의 냉전인식과 국가건설 구상」, 『韓國思想史學』38, 2011. 8 참조.

[3)] 金喜坤, 「北美留學生雜誌 『우라키』 연구」, 『慶北史學』21, 1991; 홍선표, 「일제하 미국유학 연구」; 장석원, 「북미 유학생의 내면과 미국이라는 거울-북미유학생 잡지 『우라키』」, 상허학회, 『상허학보』8, 2002; 정병준, 「일제하 한국여성의 미국유학과 근대경험」, 이화사학연구소, 『梨花史學硏究』39, 2009. 12 등이 그것이다.

이 되었던 지식인의 경제인식을 경제자립의 방향성과 관련해 고찰하거나 그들의 근대지식 수용과 국민국가 구상에 대해 살펴보면서, 한국 근현대 지성사의 구도와 민족주의 계열의 국가건설론에 주목한 연구가 진행되어 이 분야 연구의 길잡이가 되고 있다.[4] 그러나 그들이 한국사회의 변화·성장과정에 미친 영향력과 그 성격에 대한 규명은 여전히 공백으로 남아있다. 특히 국가의 성격과 관련하여 중요한 논제가 되는 노동문제 인식에 대한 연구는 거의 진행되지 않았다.

본고는 선행의 연구에 기반하여 진행하되, 대공황 전후 미국사회의 특징을 살펴보고 유학생들이 미국사회를 어떻게 파악하고 있었으며 또 조선사회에서는 그들을 어떻게 인식하고 있었는지 알아본다. 이어 일제하의 미국 유학생들을 크게 경제적 자유주의 그룹과 경제적 민주주의 그룹으로 구분하여 그들의 근대화론과 노동관을 비교 고찰한다. 이러한 작업은 일제하 조선인의 민족·자본주의 사회·경제사상의 일단을 살펴보는 과정이면서 동시에 해방 후 분단체제 형성의 사상사적 배경을 밝히는 과정이기도 하다. 특히 이들의 노동관에 대한 검토는 이들이 어떠한 인식에 바탕하여 이후 한국사회의 노동문제를 해결 혹은 재생산해 나갔는지, 그 근원을 살펴보는 작업이 될 것이다.

---

4) 李秀日,「美國 유학시절 維石 趙炳玉의 활동과 '近代'의 수용」, 서울시립대,『典農史論』7, 2001; 吳鎭錫,「일제하·미군정기 韓昇寅의 정치활동과 경제인식」,『연세경제연구』8-1, 2001; 방기중,「일제하 미국 유학 지식인의 경제인식」; 심재욱,「美國 儒學時期 雪山 張德秀의 活動과 社會認識」, 한국민족운동사학회,『한국민족운동사연구』36, 2003; 張圭植,「일제하 미국유학생의 근대지식 수용과 국민국가 구상」; 김상태,「일제하 개신교 지식인의 미국 인식-신흥우와 적극신앙단을 중심으로」,『역사와 현실』58, 2005. 12; 장규식,「일제하 미국유학생의 서구 근대체험과 미국문명 인식」; 오대록,「일제강점기 常山 金度演의 현실인식과 민족운동」,『한국독립운동사연구』38, 2011; 조명근,「일제하 金度演의 경제사상과 사회활동」,『한국인물사연구』22, 2014 등 참조.

2. 대공황 전후의 미국사회와 유학생의 현실인식

1) 대공황 전후의 미국사회

일제하에 미국에서 유학했던 지식인들에게 가장 깊은 인상을 남긴 그 사회의 특징은 무엇보다 물질적으로 풍요로운 모습이었다.[5] 미국은 제1차 세계대전 후 사상 유례없는 자본의 발전과 번영을 구가하면서 세계 자본주의를 이끌어 가는 기관차의 역할을 수행하였다. 미국사회는 남북전쟁 이후 고도성장을 경험하면서 점차 소비지향의 생활을 강화해 왔고, 그 결과 20세기 전반 미국인의 생활에서는 내구소비재의 사용이 급증하였다. 자가용의 보급률이 1920년대 전세대의 26%, 1935년에는 55%에 달했고, 도시의 자기집 소유 비율은 1920년 41%에서 1930년 46%로, 전등 보급률은 1920년에 35%에서 1930년에는 68%로 증가하였다. 세탁기와 냉장고, 진공청소기도 이 시기에 급속히 보급되었다. 이러한 생활양식의 변화를 뒷받침한 것은 대량생산과 더불어 높은 임금과 그로 인한 높은 구매력이었다.

세계대공황기의 미국 경제는, 1920년대의 번영을 가져왔던 민간투자와 건축의 감퇴로 1930년대 내내 1929년 이전의 수준을 회복하지 못했다. 그에 비해 개인의 소비지출은 하락폭이 경미하여 1937년에는 1929년의 수준을 회복하고 있었다.[6] 대공황 이후의 뉴딜정책과 루즈벨트의 성명 등에서는 불황을 타개하기 위해 총수요, 곧 국민의 구매력을

---

5) 「美國留學生의 美國文明에 대한 感想」, 북미유학생총회, 『우라키』 3, 1928, 1-11쪽 참조.

6) 아끼모토 에이치 지음, 이경원 옮김, 『미국 경제의 역사』 (합동국제문화센터, 1999), 167-187쪽.

증대시키는 방침이 지속적으로 강조되었다. 대공황의 원인은 과소 소비에 있다고 보는 것이 뉴딜정책의 입장이었던 것이다. 그리고 과소 소비의 원인의 하나는 강대한 자본에 비해서 노동자의 교섭력이 약하기 때문이라고 보았다. 따라서 미국정부는 노동자의 임금인상이 바람직하다고 판단하고, 노동자의 교섭력을 강화하기 위해 단체교섭권 등을 법적으로 승인하고, 임금을 구매력 즉 경기회복을 위한 불가결의 요소로 평가하였다.[7]

20세기 전반 대량생산과 높은 임금을 이끈 미국의 산업경영 방식은 테일러주의와 포드주의로 대변된다. 테일러주의는 프레드릭 테일러가 이론적으로 정립한 노동관리 방식으로서, 노동과정에서 기왕의 숙련노동과 노동의 숙련도에 따른 임금의 차등을 인정하지 않고, 구상과 실행을 분리시킴으로써 노동과정을 통제하고자 한 것이다. 손동작과 짧은 시간 단위로 생산과정을 해체하고 노동자 개개인에게 세분화된 업무를 부과하여 노동자들의 생산성이 매우 증대되었다. 하지만 노동자는 자신이 무엇을 만드는지 모르는 채 세분된 작업을 수행하는 것으로 역할이 제한되었으며, 자동화 과정에 편입됨으로써 노동의 속도를 스스로 조절하지 못하고 긴장되고 억압적인 노동에 임해야 했다.[8]

포드주의란 테일러주의에 부품의 표준화와 컨베이어 벨트를 이용한 이동식 생산 공정을 결합한 생산 방식이다. 이를 통해 작업시간이 크게 감소되고 생산가격이 절감되어 대량생산이 가능해졌고, 숙련노동자들의 기능은 의미가 없어지게 되었다. 작업공정이 컨베이어 벨트에 의

---

7) 아끼모토 에이치 지음, 이경원 옮김, 위의 책, 194-208쪽.

8) 마르셀 스트루방 저, 박주원 역, 『노동사회학』(동문선, 2003); 비버리 J. 실버 저, 백승욱·안정옥·윤상우 역, 『노동의 힘―1870년 이후의 노동자운동과 세계화』(그린비, 2005) 등 참조.

해 결합되어 숙련공의 조립에 의한 것보다 훨씬 빨랐고 저비용으로 생
산이 가능해진 것이다. 포드주의 역시 사회 전반에 커다란 영향력을
미쳤다.[9] 또한 포드주의는 산업노동을 동질화, 탈숙련화 하여 노동경
험이 없는 잠재적 노동예비군을 고용할 수 있게 함으로써 노동의 시장
교섭력을 약화시키기도 했지만, 대규모 작업장에서 동일한 노동을 하
는 노동자들의 단결력이 강화되고 그들의 직접행동에 자본이 취약해
지게 한 측면도 있었다.

　20세기 전반 미국사회의 또 다른 특징으로는 1차대전 종전 후 미국
사회를 뒤덮은 '적색공포'라는 특이한 사회적 분위기를 들 수 있다. 미
국인에게 반혁명, 반급진, 반공 사상의 기본 축을 형성시킨 적색공포는
1차대전 중 반독일, 반게르만의 모습으로 시작된 미국 국가주의가 극
단적으로 발현된 것이었다. 이는 조선에서 3·1운동 이후 미국유학생
의 숫자가 갑자기 증가하기 시작한 1919~20년에 그 절정에 이르렀다.

　1차대전의 종결로 귀환군인과 전시에 동원된 여성, 흑인이 한꺼번에
노동시장으로 집중되자 실업률이 급격히 증가했으며, 전시에 팽창된
통화로 전후 인플레이션 현상이 나타났다. 노동계의 격렬한 공세에 직
면한 자본가들과 보수적인 정치인들은 전후의 일반 대중의 불안심리
를 활용하여 대대적인 보수 이데올로기 공세를 통해 위기를 모면하려
고 하였다. 1919년 한 해 동안 미국 전역에서 일어난 총파업은 3천 6백
회를 넘겼고 여기에 4백만 명 넘는 노동자가 참여하였는데, 이러한 대
규모 파업과 노동운동을 비롯하여 폭탄테러, 급진주의는 미국 사회의

---

9) 포드주의는 1910년대 디트로이트의 포드 자동차 공장에서 컨베이어 벨트에 의한
　일관 조립작업 체계를 도입하면서 보편화되었다. 포드자동차는 엄청난 판매고
　를 달성하였으며, 파격적인 고임금을 지불하고 주5일의 단시간 노동제를 실시하
　여 대량소비가 가능하게 함으로써 소비사회가 출현하는 원동력이 되었다.

혼란의 근원으로 간주되었다. 또한 사회주의, 공산주의는 물론이고 진보적인 일체의 사회개혁운동마저 미국의 이념과 질서를 근저에서 파괴하는 악으로 인식되었다. 적색공포의 집단의식과 행위는 반공산주의ㆍ반진보주의에 입각한 노동운동의 탄압, 이민억제책과 이민법의 강화, 근본주의 신앙의 강화 등의 형태로 구체화되었다.[10] 물질의 풍요와 더불어 이른바 '적색공포'의 분위기 역시 당시 유학생들에게 적지 않은 영향을 미치면서 그들 사상의 기반을 형성하였다.

2) 미국유학생의 분포와 미국사회 인식

1883년 관비유학생 유길준을 처음으로 미국유학의 역사가 시작되었다. 양국의 수교 이전까지 '洋夷의 나라'로 생각되던 미국은 점차 '仁義의 나라' '부유한 나라'로 인식이 바뀌었고, 미국 유학은 일부 청년들에게 선망의 대상이 되어 1910년이면 미국유학생이 60~70명에 달하였다.[11] 일제하에 미국유학이 본격화된 것은 3ㆍ1운동 이후 고등교육에 대한 욕구가 커지고 조선인의 해외유학을 억제하던 조선총독부가 유학생 규정을 폐지하여 공식적으로 유학의 길이 열리면서부터이다.[12] 1920년대 중반 유학생 숫자는 3백 명을 넘어섰고, 1930년대에는 매년 졸업생이 30~40명에 이르렀다.[13] 서재필, 이승만 등에 이어 조선 안의

---

10) 李秀日, 「美國 유학시절 維石 趙炳玉의 활동과 '近代'의 수용」, 610-612쪽; 김윤곤, 『미국의 赤色恐怖(1919~1920)』 (역민사, 1996).

11) 홍선표, 「일제하 미국유학 연구」.

12) 張圭植, 「1900~1920년대 북미 한인유학생 사회와 도산 안창호」, 한국근현대사학회, 『한국근현대사연구』 46, 2008. 9.

13) 「우라키 에디토리알—최근의 유미학생계」, 북미유학생총회, 『우라키』 2, 1926, 1-2쪽; 吳天錫, 「美洲留學生의 面影」, 『三千里』 5-3, 1933. 3, 43-45쪽.

많은 청년들이 일본, 중국 혹은 소련과는 또 다른 지역인 미국으로의
유학을 선망하여 나타난 변화였다.[14)]

1932년 현재 조선총독부에서 조사한 미국 유학생은 총 374명이었다.
그들은 전공과목별로 신학 26명, 공학 26명, 문학 25명, 교육 25명, 의학
23명, 이학 21명, 사회학 21명, 경제학 20명, 음악 13명, 철학 5명, 농학
5명, 신문학 3명, 기타 34명, 그리고 중등학교 이하 학생으로서 구성되
었다. 이해 한 해 동안 학위를 받은 사람은 박사학위자 5명, 석사학위
자 9명, 학사학위자가 40명에 달했다.[15)] 미국유학생의 경우 일본유학
생에 비해 전공과목이 다양하게 분포되어 있었고 실용과학 전공자가
많다는 특징이 두드러졌다.[16)]

그런데 증가일로에 있던 유학생들의 숫자는 경제대공황을 계기로
사정이 달라졌다. 대공황으로 유학생들은 이중 삼중의 타격을 받았다.
엔화 시세의 폭락으로 집에서 받아쓰던 학비의 가치가 1/3로 떨어졌고,
학교에서는 학자금의 대출이 중지되었으며, 아르바이트 하던 곳도 경
제사정이 나빠져 일을 그만두어야 했다. 더욱이 미국정부에서 이민을
제한하기 위하여 1924년 7월 1일 이민법안을 시행한 이후부터는[17)] 학

[14)] 본인 스스로도 미국 유학의 경험이 있는 吳天錫은 조선인의 미국유학의 시기를
대한제국시기 20년, 1910년 일본의 강점으로 주권을 상실하면서 이어진 중국여
권시대 10년, 1919년 3·1운동 이후 출범한 유학생회의 초창기시대 5년, 1924년
신이민법의 발포와 세계대공황의 여파에 시달린 10년의 총 4시기로 구분하였다
(吳天錫, 「半島에 幾多人材를 내인 英·美·露·日 留學史－米國留學生史」, 『三
千里』 5-2, 1933. 1).

[15)] 「米國留學 朝鮮人 總數 三百七十四人 총독부에서 조사한 최근 수효 昨年中에 博
士 五人」, 『東亞日報』 1933년 2월 4일자.

[16)] 특히 이공계 전공자가 전체의 1/4 가량을 차지했는데, 이는 전체 유학생의 절반 정
도가 국내 상공업의 신흥 거점이자 기독교 텃밭인 평안도 출신이었다는 사실과, 자
연과학과 응용학문을 중시하는 미국학계의 실용주의적 학풍의 영향이 컸던 것으로
보인다(張圭植, 「일제하 미국유학생의 근대지식 수용과 국민국가 구상」; 김상태,
「일제하 개신교 지식인의 미국 인식－신흥우와 적극신앙단을 중심으로」 참조).

생 신분으로 수업은 하지 않고 노동만 하는 경우 이민국에서 즉시 본국으로 송환하도록 바뀌었다. 미국유학이 시작된 지 50년 가까운 시절에서 이 시기는 유학생들에게 가장 어려운 시련기였으며,[18] 한편으로는 가장 많은 학생이 존재하던 절정기였다.[19]

일제하의 '미국유학생'이라는 용어는, 일본의 식민지였던 시절에 일본이 아닌 미국으로 유학한 학생들을 보다 특징적으로 일컫는 용어이다. 유학한 지역을 들어 그들 전체의 특징을 일반화하는 것은 적절하지 않지만, 그럼에도 불구하고 미국유학생이라는 단어가 하나의 관용어처럼 사용되고 있는 건 당시 미국유학생들이 지닌 보편적인 성향이 있었기 때문일 것이다. 그 보편성은 개인별로 차이가 있었지만 대개 기독교, 자유주의, 실용주의와 과학주의에 기초한 자본주의, 민족주의, 반사회주의 등을 공통적으로 들 수 있을 것이다.

1924년도 *Korean Student Directory*에 의하면 당시 재미유학생은 90%가 기독교 신자였다. 그들은 대부분 조선에서 미국인 선교사의 도움을 받아 미국유학 길에 올랐고, 유학 중에는 뉴욕한인교회와 시카고한인

---

17) 『東亞日報』1924년 8월 2일자 「移民法案과 米國留學의 節次, 정부와 령사의 증명을 어든후 이민국의 허락을 어더야 한다」. 소위 동양인 배척법으로 알려져 있던 국가별 할당법의 시행에 의해 미국의 연간 이민자수는 당시 미국 시민의 출신지 비율에 따라 국가별로 할당하게 되었다. 이 이민법은 유럽인의 이민은 제한적으로 수용하되 아시아인과 남미인의 이민은 억제하거나 금지하는 기능을 수행하였다[이전, 『애틀랜타 한인이민사』 (푸른길, 2002), 63쪽].

18) 「新聞舊聞, 米國留學生界 소식(其2)」, 『東光』37, 1932. 9; 한승인, 『미국 유학시절의 회고』 (방인도 발행, 1980) 등 당시 유학생들의 회고록에는 이 시기의 경험담이 상세히 기록되어 있다.

19) 1930년대의 경우 조선총독부가 정책적으로 구미유학을 제한하고 유학생이 일본으로 집중되도록 하는 한편, 1938년 300원 이상의 해외송금을 금지함으로써 구미유학의 길을 막았으며, 태평양전쟁 발발 이후에는 일본과 전쟁을 하고 있는 적국인이 미국으로 유학을 가는 것은 사실상 불가능해졌다(홍선표, 「일제하 미국유학 연구」, 171-179쪽).

교회 같은 유학생교회를 일상적인 단체생활의 거점으로 삼고 있었으며, 기독교 단체가 주최하는 모임에 가능한 한 적극 참여하고 있었다. 이러한 종교활동은 유학생들에게 국제적 안목을 길러주고, 한국의 실상을 국제사회에 널리 알리는 계기도 되었다.[20]

미국 유학생들의 인식에서 나타나는 공통점 가운데 하나는 사회주의에 대한 강한 비판의식이다. 당시 미국 내의 사조와도 관련하여 이들은 실용주의적 과학정신과 자본주의의 사유재산 옹호론, 기독교의 종교 도덕과 자유주의를 논거로 하여 대부분 사회주의에 대해 단호한 반대 입장을 표명하였다. 개인의 사상의 자유는 타인의 자유를 침해하지 않는 범위에서만 허용된다는 자유주의에 기초한 반공논리도 등장하였다. 사회주의에 대한 비판의식은 1920년대 이후 유학생 사회 안에서 하나의 사상적 공감대를 형성하였다. 해방 후 남한 자본주의국가 건설과정에서 주도적 역할을 한 그룹이 미국 유학생 출신이었다는 점에서, 해방 후 분단체제 형성과 관련해 이 시기 그들의 자유주의에 기초한 반공논리 습득이 갖는 의미는 적지 않았다.[21]

미국유학생들은 또한 조선의 장래에 대한 구상과도 관련하여 과학과 산업의 발전을 추구하였다. 이들은 황인종은 6천여 년의 역사를 지니고 있지만 진보의 기초가 되는 과학을 완전히 잊어버리고 문학만 학문으로 알아온 결과 금일 문명의 낙오자가 되었으며, 백인종 중에도 미국인은 겨우 2백 년의 역사를 소유하였으되 과학으로 교육의 기초를 삼아 금일 문명의 선진자가 되었다고 보았다. 이러한 분석은 현실로 이어져, 어떠한 實業이든 그 근본은 과학이며 과학이 아니고는 실업의

---

20) 장규식, 「일제하 미국유학생의 서구 근대체험과 미국문명 인식」, 160-164쪽.

21) 「우라키 主張-朝鮮靑年에 對한 우라키 主張」, 북미유학생총회, 『우라키』 3, 1928, 55쪽; 張圭植, 「일제하 미국유학생의 근대지식 수용과 국민국가 구상」, 153쪽.

기초를 얻지 못한다고 하였다. 따라서 생활난으로 인하여 끊어져가는
조선인의 혈맥을 건강하게 만들 것은 실업 외에 없으며, 역사적으로 끊
어진 혈맥을 다시 이을 것도 실업 외에 없다고 보고, 청년들에게 실업
의 기초가 되는 과학을 연구하도록 독려하였다.[22] 나아가 현재 조선이
어려운 이유는 '주먹 九九'와 '짐작'이 우리의 생활을 반만년 동안이나
지배해 왔기 때문이라고 보고, 모든 생활, 모든 노동과 직업에 과학을
섞어야 장래의 안전을 확보할 수 있으므로 '주먹구구와 이혼하고 과학
과 혼사하자'고 하였다.[23]

과학만이 잘 살 수 있는 유일한 방편이며 모든 것은 과학에 의해 결
정된다는 과학만능주의는 과학, 산업의 발전이 조선의 절실한 과제이
며, 조선도 공업화하고 있는 서양처럼 변화해야 한다는 주장으로 이어
졌다. 서양문명의 우월함을 인정하고, 오늘날 세상은 거의 서양화 되었
다 해도 과언이 아니므로 하루 바삐 서양의 과학적 물질문명을 채용하
도록 촉구하면서, '살냐 하거든 西化하고 망하랴거든 東化하라 하는 것
이 오늘날 이십세기의 生存公理'임을 강조하는 것이 대다수 유학생의
입장이었다.[24]

그 변화의 모델로서 당시 미국사회에 대한 조선인의 관심은 남달랐
다. 일제의 식민지로 존재하는 현실에서 일군의 사회주의자들이 소련
사회에 희망을 거는 것과 마찬가지로, 많은 조선인이 미국 사회에서 현
실의 대안을 찾고자 했다. 이는 '첫째는 경제적으로 米國資本 때문에
蒙利하는 민중이 광산, 석유 등 제사업을 통하야 多數하고, 둘째 문화

---

[22] 李炳斗, 「科學의 價値」, 『우라키』 1, 93쪽.

[23] 「우라키 主張－朝鮮靑年에 對한 우라키 主張」, 북미유학생총회, 『우라키』 3, 1928, 52-58쪽.

[24] 韓稚振, 「西洋文明의 特色을 論하야 朝鮮人의 將來에 及함」, 북미유학생총회, 『우라키』 3, 1928, 12-17쪽.

상으로 학교, 교회, 병원 등의 시설과 그에 따르는 학생, 교사, 교역자, 병자, 고아 등이 多數하고, 셋째 귀국한 유학생의 感化와 미국문명의 보급화로 정신적으로 미국에 호감 내지 신뢰의 사상 감정을 가진 자의 수가 반도사회의 上下에 不少'하기 때문이었다. 그 외에도 조선인으로 서 '막연하게나마 친애의 정을 가장 만히 가지고 잇는 외국을 지적하라 면 그것은 米國'이었다.[25] 그러한 분위기의 연장에서 사회적으로 미국 으로 유학가는 학생들의 동정에 큰 관심을 보이고 있었고, 그들의 동향 은 일간지의 중요한 보도 대상이 되었다.[26]

그런데 미국사회에 대한 기대와는 별도로 미국유학생에 대한 여론 은 긍정적이지만은 않았다. 유학 이후 귀국하여 보여주는 일부 유학생 들의 모습이 기대했던 바와 다른 경우가 있었고 따라서 부정적인 세론 을 만들어 냈던 것이다. 당시 미국에서 유학중이던 한 지식인은 미국 유학생에 대한 세간의 평을 다음과 같이 정리하였다.

① 사상상 특질 또는 경향은 거개 온건한 진보주의요 철저한 개인주의 이다.
② 활동하는 범위와 지반은 교회와 미국선교회가 경영하는 학교와 병 원, 기독청년회와 같은 광의의 문화적 사업에 종사한다.
③ 행동은 어디까지나 가정적이요, '하이칼라'적이요, 얌전한 신사되기 를 이상으로 한다.
④ 생활의 지위는 수입이 고등하여 궁하지 않은 생활을 영위하고 있다.
⑤ 개인적으로 만족할만한 생활의 안정을 얻어 그 가정과 활동하는 직업 을 유일한 '소천지'로 삼고, 조선의 현사회와는 초연한 지위에서 방관

---

25) 滄浪客, 「朝鮮現在 親米派·親露派 勢力觀, 經濟的, 文化的, 思想的으로」, 『三千 里』 5-9, 1933. 9, 23-24쪽.
26) 예를 들면 「米國留學 頻頻, 金祐杯 또 출발」, 『東亞日報』 1921년 10월 3일자; 「金 碩士 錦衣還鄕, 麗水 金佑抨氏 미국유학 마치고」, 『東亞日報』 1927년 2월 25일자 등 미국으로 유학가는 인사들의 동정이 일간지에 상세히 보도되었다.

적 태도로 한탄하면서 풍기개량회 같은 운동에 발기인 되기를 즐긴다.

⑥ 미국사회에서 본받은 야유회나 무도회 같은 '굿타임'의 기회가 없으
므로 청년회 식당이나 바보구락부라는 회식회 등을 조직하여 회포를
풀고자 한다.[27)

또한 일부 논자의 경우, 미국유학 출신 지식인들이 구미문명의 찬란
함을 선전하는 것은 보았으나 그 국정과 사회상에 대한 연구는 부족하
고, 그 부강을 선망하나 그 유래를 고구한 형적이 적으며, 그 전공의
학과는 우리의 생활과 실정에 적응치 아니하고 실제의 운용성이 없다
고 혹평하였다.[28) 유학생활 주변에 대해서는 시시콜콜 기록을 남기고
있지만 조선의 정치적 현실에 대해서는 눈을 감고 함구하는 경우가 많
다는 것이다. 짧지 않은 기간을 새로운 장소에서 새로운 학문을 익힌
이들에 대한 기대가 컸던 만큼 그들에 대한 평가는 냉정하였다.

실제 유학생들 내에서는 미국에 있으면서 지리적으로 조선에서 비
켜나 있는 만큼 시간이 지날수록 그들의 인식에서 식민지라는 현실과
는 점차 거리가 벌어지는 경향이 생겨났다. 유학생들이 발행한 잡지
『우라키』의 구성을 보면,[29) 일제에 의한 엄격한 검열이 진행되고 있었
음을 전제해야겠지만, 전체적으로 식민지 조선의 치열한 상황이나 정
치적인 현실에 대한 내용은 별로 드러나지 않는다. 일부에서 유학생들
의 각오를 다지는 내용과 조선사회에 필요한 실용적인 대안의 제시에
충실하고자 하여, 대부분 조선은 경제적으로 낙후한 약소국이며 따라

---

27) 金良洙, 「米國留學生 出身을 엇더케 보는가」, 북미유학생총회, 『우라키』 2, 1926,
7-15쪽.

28) 이인, 「北米留學에 對한 諸名士抱負 – 내가 萬一 米國留學을 한다면」, 『우라키』
7, 1936, 49-53쪽.

29) 『우라키』에 대해서는 金喜坤, 「北美留學生雜誌 『우라키』 연구」; 장석원, 「북미
유학생의 내면과 미국이라는 거울 – 북미유학생잡지 『우라키』」 참조.

서 산업화해야 한다는 내용이 중심을 이루었다. 여기에서는 조선의 경제적 피폐의 원인을 식민지경제의 수탈체제 보다는 조선산업의 낙후성으로 파악하고 있었고, 조선의 정치적 상황에 대한 지적은 생략한 채 실력양성의 필요성만을 강조하는 경우가 많았다. 치열한 학문과정에 비해 새로운 학문을 배워도 그것을 곧바로 적용하여 사회적인 성과를 볼 수 없었던 식민지민이라는 규정성이 그들을 고뇌하게 하고 정치적인 관심을 점차 차단시켜 갔던 것이다.

그러나 공부를 마치고 귀국하여 취직을 할 경우에는 조선은 일본의 식민지이고 자신들은 미국유학생 출신이라는 사실이 절실하게 다가왔다. 다른 나라 사람은 해외에서 학업을 마치고 귀국하면 사회적 경제적 정치적으로 우대를 받는데, 조선학생은 그와 정반대로 우대는 고사하고 극히 불리한 처지에 서게 되는 것이 현실로서, '취직전선에서 제1선의 경성제대 졸업생, 제2선의 조선 내 관사립 전문 졸업생, 제3선의 일본 내 관사립 학교 출신에 이어 미국유학생은 제3이나 제4 예비대에 편입'된다는 것이다. 따라서 '공부할 때에 조선 내에서 조선을 위해 일하겠다는 생각을 포기하고 세계적 인격자, 세계적 학자가 되어 조선과 인류를 위해 공헌할 것을 목표로' 하도록 후학들에게 조언하기도 하였다.[30]

이에 미국유학 경험자 스스로가 자신을 경계하고 책임감을 불러일으키는 글을 게재하기도 하였다. 미국유학생은 개인적 향락주의자요 금전에 인색하다는 것이 조선의 여론이라고 지적하면서 조선사회를 살리고 자신을 살리는 사회를 위한 적극적 개인주의를 가진 사람, 자기의 책임이 무엇인가를 분명히 알고 그것에 충실하려는 사람이 조선의

---

30) 리훈구, 「後進學友에게 보내는 메쎄이지 — 나의 몇 말」, 『우라키』 6, 1933, 33-34쪽.

適者가 될 수 있음을 강변하였다[31] 특히 졸업생 중 반수 이상이 귀국
하지 않고 미국이나 하와이에 머물러 있는 현상을 지적하면서, 미국 유
학생들에게 '당초의 목적한바 고등한 학리의 연구를 속히 마치고 우리
의 고국으로 하루 속히 돌아가 나날이 파멸로 향하는 우리의 입장을
근본적으로 개조하여야 할 공통한 사명이 있'음을 되새기고, 유학생들
이 '사자굴'이라고 부르는 조선으로 용맹스럽게 나아가, 한 때의 '신문
지 명사'가 되지 말고 실력 있는 미국유학생 출신이 될 것을 촉구하기
도 하였다.[32]

또한 유학생들은 이미 1919년 3·1운동의 영향을 받아 북미조선유학
생총회를 결성하여 유학생의 조직적 결속을 도모하고 사상적 분위기
를 주도하고자 하였다. 이어 1921년 북미대한인유학생회가 출범하였
고, 1923년에는 시카고에서 제1회 북미대한인유학생대회를 개최하면서
북미대한인유학생총회로 거듭났다.[33] 유학생총회는 기독교와 유학생
이라는 공통점을 기반으로 유학생 상호 간의 공동체적 유대감과 사상
적 연대의식을 공유하고 조직화하는 데 노력하였다. 그러한 유대감을
바탕으로 유학생총회는 자신들의 유학목적이 고국의 현실적인 과제를
실천하는 데 있다는 것을 강조하면서, 유학생 자신이 이 민족적 책무의
담당 주체라는 지도자 의식을 갖게 하려고 노력하였다.[34]

미국 유학생들이 미국사회를 어떻게 인식하고 있었는지는『우라키』

31) 韓稚振,「後進學友에게 보내는 메쎄이지-適者生存의 再認識」,『우라키』6, 1933,
   35-37쪽.
32) 金良洙,「米國留學生出身을엇더케보는가」, 북미유학생총회,『우라키』2, 1926, 15쪽.
33) 북미한인유학생회의 사상과 활동에 대해서는 방기중,「일제하 미국 유학 지식인
   의 경제인식」; 장규식,「일제하 미국유학생의 서구 근대체험과 미국문명 인식」
   참조.
34) 방기중,「일제하 미국 유학 지식인의 경제인식」, 226-227쪽.

에 소개된 다음의 글에 잘 드러난다. '年前에 본국서 순사시험을 치르는데 당시 무정부주의자로 이름이 있던 金思國씨 이름을 써놓고 그것이 무엇인지를 대답하라는 문제가 있었다. 그중 한 대답이 가관이었다. 「金思國이란 돈만 생각하는 나라란 말이니 례를 들면 미국 가튼 나라이라」'로 시작되는 이 글은 일화의 소개에 그치지 않고 미국사회의 황금만능주의에 대해 다음과 같이 신랄하게 비판하고 있다.

> 미국에서는 돈이 제일이고 돈이 왕일다…귀족 쌍놈이 업다. 그저 돈이면 그뿐이다. 무슨 질알을 하든지 무슨 고약한 짓을 해서든지 그져 돈만 만히 모흐면 여기서는 상등사회 인물이 된다. 돈만흔 사람이면 여기서는 모다 제일 훌륭한 사람 제일 착한 사람 제일 자비한 사람 제일 유명한 사람 제일 존경밧는 사람 제일 어진 사람 제일 령리한 사람 제일 「무엇이고」다 된다. 그러나 그 돈을 일허버리는 그 순간에는 그 만흔 「제일」도 다 업서지고 범이 되고 만다.[35]

미국사회에 대한 인식은 나아가 '이 광막한 땅을 가지고 이러니 저러니 하며 이민을 막는 것은 참 고약'한 것이라는 비판으로 이어졌다. 뿐만 아니라 미국의 경제구조 자체에 대한 분석으로 연결되었다. 180명의 미국인이 미국 전체 부의 1/4을 소유하였고, 전 인구의 1/10이 9/10의 부를 지배하고, 그 나머지 1/10을 9/10의 인민이 가지고 있다고 하여, 미국의 부가 극소수에게 집중되어 있다고 지적하였다. 따라서 대부분의 미국인은 토지도 집도 생활의 보장도 없이 세상에 태어난다고 하면서, 미국사회를 '겉으로 보기에는 훌륭하나 실속은 큰 경제적 불안에 빠져 있'다고 판단하였다.[36]

---

35) 餘心, 「내눈에 뷧왼 앵키」, 북미유학생총회, 『우라키』 3, 1928, 40-45쪽.
36) 가을, 「미국의 富와 貧」, 북미유학생총회, 『우라키』 5, 1931, 78-79쪽.

그러나 이러한 비판과는 별도로 이들 대부분은 자신이 유학의 대상지로 선택한 미국사회와 그 문명을 성공한 것으로 보고 있었다. 미국유학생 18명이 미국문명에 대한 설문에 답한 기사를 통해 그들의 인식을 살펴볼 수 있다. 먼저 미국문명 중 가장 놀라운 것이 무엇이냐는 설문에는 14명이 고층건물, 대규모공장, 대형상점, 광고, 라디오, 철도, 자동차, 도로, 전기가스, 풍부한 천연자원 등으로 대표되는 물질적 풍요를 들었고, 나머지 4명은 교회, 적극적 분투의 조직화, 무상 공교육, 민주주의와 건전한 미국가정을 들었다. 이 미국문명 중 가장 본받을만한 점에 대해서는 5명이 기계문명과 과학문명을, 4명이 실용주의를, 3명이 자유존중을, 2명이 기회균등을 들었다. 미국문명 중 버려야 할 점에 대해서는 8명이 황금숭배주의를, 5명이 향락지상주의를, 2명은 각각 인종적 편견과 천박함을, 1명은 소수 개인의 경제적 독점을 꼽았다. 그리고 미국문명의 성공여부를 묻는 설문에 대해서는 1명을 제외한 17명 모두가 여러 가지 문제점에도 불구하고 미국문명의 실험은 대체로 성공이라고 답하였다.[37] 곧 유학생들은 미국에서 유학하면서 미국을 이상사회로 설정하고 그곳에서의 변화를 기본적으로 신뢰에 바탕하여 비판적인 눈으로 바라보고 있었던 것이다.

3. 경제적 자유주의 그룹의 과학적 산업경영론

조선을 강점한 일제는 총독의 善政으로 조선이 약진하고 있고 근대화하고 있으며 자본주의화 하고 있다고 선전하고 있었다. 이러한 일제

---

37) 「美國留學生의 美國文明에 대한 感想」, 북미유학생총회, 『우라키』 3, 1928, 1-11쪽; 장규식, 「일제하 미국유학생의 서구 근대체험과 미국문명 인식」, 164-167쪽.

의 지배하에서 미국 자본주의의 발전을 직접 목격하고 이를 이론적으로 뒷받침한 미국 경제학의 세례를 받은 미국유학생들의 가장 큰 고민은 자신의 경험과 이론을 식민지 조선사회에 어떻게 적용할 수 있을까 하는 문제였다. 주권을 상실한 조선사회의 현실 위에서 자본주의의 건전한 발전이란 기본적으로 불가능한 일이었다. 이들은 궁극적으로 일국사적 의미의 자본주의 자립경제의 수립을 희구하면서, 조선인 경제의 기초를 강화하는 자본과 기술의 축적이나 개량, 이를 뒷받침하는 자본윤리의 함양을 강조하였다.[38]

미국유학생들의 인식에는 그들이 받은 대학교육의 내용, 곧 미국 경제사상의 영향이 컸다. 미국 경제학자들이 나름의 학계를 형성한 것은 1885년 독일 유학을 통해 역사학파 경제학의 학문적 세례를 받은 일군의 경제학자를 중심으로 미국경제학회가 창립되면서부터이다. 1870년대까지 미국의 경제학은 영국 고전파 경제학이 주종을 이루었지만, 미국경제학회의 창립 이후로는 제도주의학파 경제학과 신고전파 경제학이 양립하며 경쟁을 했다.[39]

미국의 독특한 경제학이라 할 수 있는 제도주의 경제학은 독일 역사학파의 국가개입주의의 영향을 받아 19세기 말에 성립되었는데, 정부나 제도의 사회정책적 시장통제를 통해 독점문제와 분배문제, 노자문제를 해결하려 한 경제학파였다. 대표적인 학자로는 베블렌(Thorstein Veblen)과 텍사스대학의 애이어스(Clarence E. Ayres), 제도주의 경제학의 본거지였던 위스컨신대학의 일리(Richard T. Ely)와 커먼스(John R. Commons)가

---

[38] 이수일, 「1920~1930년대 한국의 經濟學風과 經濟研究의 동향: 延專商科 및 普專商科를 중심으로」, 『연세경제연구』 4-2, 1997, 183쪽.

[39] 張圭植, 「일제하 미국유학생의 근대지식 수용과 국민국가 구상」, 129-131쪽. 이 논문에서는 당시 미국 대학의 전반적인 학풍에 대해 상세히 서술하고 있다.

있었다. 1920~30년대 제도주의학파는 위스컨신대학과 텍사스대학을 중심으로 세력을 떨쳤다. 시카고대학 경제학과에도 신고전파 자유주의 경제학자와 제도주의학파의 사회개혁적 경제학자가 비슷하게 재직하고 있었고, 조선인 유학생이 가장 많았던 콜럼비아 대학에도 제도주의 학풍에 계량경제학을 접맥시킨 미첼(Wesley C. Mitchell) 같은 학자가 활약하고 있었다.

한편 자본주의 시장경제의 자유로운 발전을 옹호하며 시장기구를 주로 탐구한 신고전파 경제학의 대표적인 학자로는 콜럼비아대학의 클라크(John B.Clark)와 예일대학의 피셔(Irving Fisher) 등이 있었다. 클라크는 1895년부터 1923년까지 콜럼비아대학에 재직하면서 한계효용학설을 가치론이 아닌 생산과 분배론에 적용시켜 자본과 노동의 분배가 각각의 한계생산력에 의해 결정된다는 한계생산력설을 주장했다. 미국 최초의 이론경제학자로 알려진 그는 부의 불공평문제를 경제문제와 별개로 파악하는 보수적인 태도를 보였다. 미국의 신고전파 경제학은 다른 나라에 비해 월등한 시장경제의 규모와 비중을 발판으로 20세기에 들어 주류경제학의 위치를 차지했다.[40]

이러한 미국 경제학의 영향하에서 유학생들 내에서는 자본주의적인 세계관과 사회관을 공유하면서도 조선의 경제현실을 어떻게 타개할 것인가 하는 문제를 둘러싸고 상호 경제자립의 방향을 달리하는 두 입장이 존재하고 있었다. 이는 생산중심의 자본주의 경제자립론과 분배중심의 자본주의 경제자립론으로 혹은 같은 맥락에서 경제적 자유주

---

[40] 김진방·홍기현, 「현대 미국 경제사상의 제 조류─제도주의 경제사상」, 『미국사회의 지적흐름─정치·경제·사회·문화』 (서울대 출판부, 1998); 홍기현·김진방, 「미국 주류경제학의 발전에 대한 방법론적 평가」, 『미국사회의 지적흐름─정치·경제·사회·문화』 (서울대 출판부, 1998).

의와 경제적 민주주의로 분류할 수 있다.[41] 당시 미국 경제학계 내에서 신고전파 자유주의 경제학과 제도주의학파의 사회개혁적 경제학이 각축하고 있던 상황과도 관련하여, 유학생들 사이에서도 자유시장경제 원리에 입각해 모든 기업활동의 보호장려를 주장한 김도연, 이긍종, 최순주 등과 반독점의 견지에서 중소자본과 소농의 보호육성을 중시한 한승인, 조병옥, 이훈구 등은 입장을 달리하고 있었다.[42] 그러나 전반적인 생산력 수준이 낮았고, 일본 대자본의 독점 아래 있던 식민지 조선의 상황에서 그 같은 입장 차이는 민족문제에 묻혀 일단 잠복될 수밖에 없었다. 이들은 입장의 차이를 불문하고 자본주의 자립경제 건설의 기초로서 무엇보다 생산력의 강화를 강조하고 있었다. 이때 생산력 증대책으로 주로 거론된 것은 공업의 육성이었다. 농촌문제가 당면한 최대 현안이지만, 장차 민족자립경제 건설의 핵심은 상공업분야에 있다는 것이 그들의 판단이었다.[43]

이러한 인식의 연장에서 유학생 내에서는 노동문제에 대해서도 궁극적으로는 동일하면서도 서로 일치하지 않는 두 가지의 인식이 존재하였다. 경제적 자유주의 입장의 경우 직접 노동문제를 언급하기보다는 과학적 산업경영의 중요성을 강조하였고, 경제적 민주주의 입장의 경우는 노자협조론을 제기하였다. 어느 입장이든 미국유학 지식인의 경우 노동문제를 직접 거론한 경우는 매우 드물다. 『우라키』 4호에는 1929년까지 유학생들이 작성한 학위논문의 제목이 수록되어 있는데,

---

41) 방기중, 「일제하 미국 유학 지식인의 경제인식」; 張圭植, 「일제하 미국유학생의 근대지식 수용과 국민국가 구상」 참조.

42) 조병옥에 대해서는 방기중과 장규식의 구분이 서로 일치하지 않는다(위의 방기중, 장규식 논문 참조). 본고에서는 조병옥의 인식을 1920~30년대에 국한하여 살펴보고자 한다.

43) 張圭植, 「일제하 미국유학생의 근대지식 수용과 국민국가 구상」, 144-145쪽.

여기에서도 노동문제와 관련된 주제는 보이지 않는다.[44]

〈표 1〉 일제하 미국유학생 출신 경제관련 인사의 경력, 학력, 학위논문 제목

이름	경력	학력	학위논문 제목
金度演 Kim, To Youn 1894~1967	32 연희전문 상과 교수 34 조선흥업주식회사 사장 42 조선어학회 관련 투옥 45 한국민주당 총무 45 미군정청 중앙노동위원 46 한국무역협회 1대 회장 48 제헌국회 재정분과위원 장, 초대 재무부장관 50 한국은행금융통화위원회 대리위원	19 게이오대 이재학부 중퇴 오하이오 웨슬레안, 위스컨신주대학 경제 학부 졸업 27 콜럼비아대 석사 31 아메리칸대 경제학 박사	석사) A Comparison of the Value Theories of Marshall and Davenport. 박사) Rural Economics Conditions in Korea
李肯鍾 1897~1951	26 경성도서관 종로분관상 28 경성법전 강사 33 조선경제학회 창립 34 화신백화점 조사과장 36 조선상공신문사장 겸 주필 38 국민정신총동원조선연맹 발기인 41 조선임전보국단발기인 해방 후 금융조합연합회장 협동생명회사 사장 상공일보 사장 50 제2대 민의원(무소속)	17 경성법학전문 졸업 20 메이지대학 연구과 법학 25 콜럼비아대 경제학 석사	
崔淳周 Soon Ju Chey 1902~1956	30 연희전문 교수 41 조선흥업 대표취체역 48 조선은행총재 한미무역협회장 49 외국원조물자운영위원회 위원, 중앙노동위원회 위 원장, 조선은행 총재 50 임시금융조합연합회운영 위원회위원, 재무부장관 겸 기획처장 51 자유당 국회의원 54 국회부의장	연희전문 상과 졸 뉴욕대 상학부 졸 27 뉴욕대 상학사 30 뉴욕대 상학박사	석사) Cable Landing Policy 박사) A Suggested Commercial Curriculum for the Chosen Christian College in Korea

---

44) 「美國留學生博士論文題一覽」, 『우라키』 4, 1930. 6, 198-200쪽.

金顯哲 Hyun-Chul Kim 1901~1989	33 임시정부 구미외교위원 　부 위원 41 미 해외경제처 근무 53 기획처 차장 55 농림부차관, 재무부장관 56 부흥부장관 겸 경제조정관 57 재무부장관 62 경제기획원장관 64 대통령고문, 행정개혁위 　원장 64~67 주미대사 81 국정자문위원회 위원	29 버지니아주 런티버 　러대 학사 32 콜럼비아대 석사 33 아메리칸대 교육학 　박사	박사) History of Education in Korea
金佑枰 Kim, Woo Peung 1898~1967	동아일보 조사 · 경제부장 만주국 재무부 참사관 33 조선경제학회 창립 48 미군정 중앙경제위원회 　사무처장, 경제고문, 대 　통령특사 49 외국원조물자운영위원회 　외자구매처장, 구매분과 　장 2공 7대 부흥부장관 5대 국회의원(민주당)	오하이오주립대 경제과 학사 27 콜럼비아대 석사	석사) The Purchasing Power Parity Theory
趙炳玉 Cho, Pyong-ok 1894~1960	25 연전 교수 25 수양동우회 조직 신간회 중앙위원 32 조선일보사 전무 37 수양동우회사건 수감 45 한국민주당 총무 미군정 경무부장 48 UN총회 한국대표 56 민주당 최고위원 59 민주당 대통령후보	14 연희전문 졸업 22 콜럼비아대 학사 23 콜럼비아대 석사 25 콜럼비아대 박사 수 　료	석사) The Career of the Doctrine of Competition as Affects Economic Policies
李大偉 David G. Lee 1896~1982	YMCA 학생부 간사 기독교청년면려회 총무 37 수양동우회사건 관련 　투옥 45 미군정 노동부장 47 국영 삼척탄광 이사장 52 주일대표부 노동관 55 정치대학 이사, 교수 건국대 총장	21 북경대 정치과 졸업 예일대 27 콜럼비아대 교육학 석사	

韓昇寅 Warren Hahn 1903~1990	33 화신산업 중역 45 미군정 상무국장 50 경제협력기구 고문 53 메디슨인터내셔널사 한국 　지사장 61 제2공화국 주불공사	25 메이지대 졸업 29 미주리대 학사 32 콜럼비아대 상학 　석사	석사) The Foreign Trade of Korea under Japanese Control
李勳求 Hun Koo Lee 1896~1961	미국농무성 촉탁 30 남경 금릉대학 교수 31 숭실전문학교 농과과장 　겸 부교장 38 조선일보 주필 겸 부사장 미군정 농무부장 48 제헌국회의원 단국대학장 성균관대 총장 60 민주사회당창당, 위원장, 　초대참의원의원, 사회대 　중당총무위원	수원농림학교 졸업 24 동경제대 농학부 　졸업 27 캔사스주립대 학사· 　석사 29 위스콘신대 농경제 　박사	박사) A History of Land Systems and Policies in Korea
金 勳 1900~	시카고 한인학생회장 34 귀국, 만주 곡물가공회사 　상무 미군정 농상부 행정과장, 한미 협회 이사 및 영어학교 교장, 농무부 차장, 견미교육사절단 47 미군정장관 보좌관 48 기획처차장 49 외국원조물자운영위원회 　위원, 기획처장 50 3대 상공부장관 52 대한석탄공사 총재 57 주필리핀 전권대사 63 상공부장관	길림성 신흥무관학교 졸업 켄터키州 애스베리대 예과 졸 시카고 크레인공대 경제학과 졸 노스웨스턴대학 토지경 제연구실 연구원	
張德秀 Chang, Duck Soo 1894~1947	『학지광』 편집부장 16 신아동맹당 조직 18 신한청년당 결성 20 동아일보 주필, 부사장 21 서울청년회 조직 북미한국유학생총회 부회장 28 三一申報 창간, 주필 36 보성전문 교수, 동아일보 　취체역 겸직 41 조선임전보국단 이사 한국민주당 외교·정치부장	16 와세다대 정치과 　졸업 24 오레곤대 신문학과 　수료 25 콜럼비아대 정치학과 　석사 36 콜럼비아대 철학박사	석사) A Critical Examination of Marxian Conception of the State 박사) British Methods of Industrial Peace-A Study of Democracy in Relation to Labor Disputes

* 비고: 조병옥의 학위에 대해서는 본 논문 4장 주 89) 참조.
* 자료:『대한민국건국인물요람 인사록』, 내외홍보사, 1949; 합동통신사,『대한민국인명
  사』, 1980; 안용식 편,『대한민국관료연구(Ⅰ)』, 연세대학교사회과학연구소, 1995;
  『東亞日報』;『朝鮮日報』; 金度演,『나의 人生白書－常山回顧錄』, 康友出版社,
  1965; 趙炳玉,『나의 回顧錄』, 민교사, 1959; 한승인,『미국 유학시절의 회고』,
  1980; 북미유학생총회,『우라키』 1~7; 국사편찬위원회 한국사 데이터베이스; 채
  현석,「이대위의 기독교사회주의에 관한 연구」,『박영석 화갑기념 한국사학논총』
  하, 1992; 방기중,「일제하 이훈구의 농업론과 경제자립사상」,『역사문제연구』
  창간호, 1996; 沈在昱,「雪山 張德秀(1894~1947)의 政治活動과 國家認識」, 동국대
  사학과 박사학위논문, 2007 등 참조.

위의 〈표 1〉은 미국유학생 출신 경제관련 인사들의 경력과 학력, 학
위논문 제목을 일괄한 것이다. 본 장에서는 먼저 경제적 자유주의 입
장에 있었던 유학생들의 과학적 산업경영론을 통해 그들의 근대화론
과 노동관에 대해 살펴본다.

조선에서의 자립경제 확립의 선결조건은 일제와 일본자본의 지배
로부터의 해방으로서, 이는 장기적인 민족해방운동의 차원에서 진행
되어야 할 것이었다. 따라서 미국유학생들은 일반적으로 조선인 경
제의 현실적 자구책으로 조선인 실업가의 건전한 자본윤리의 함양이
나 전문 기술자·기업가의 양성, 기업활동의 확대 등 조선인 실업계
의 진흥론을 제시하였다.[45] 원칙적인 측면에서 사회주의 경제학이
생산보다는 분배를 더 중시했던 것에 비해 자본주의 경제학은 분배
보다는 생산에 더 관심을 두었으며, 또한 세계 자본주의를 이끌어가
는 미국의 경제학의 본질은 궁극적으로 자본생산력의 극대화에 있었
다. 그런 맥락에서 미국유학생들은 대체로 조선사회의 계급문제나
민족문제에 대한 전문적 관심보다는 실무적인 상업기술이나 경영관

---

[45] 白一圭,「朝鮮工業의 歷史的研究」, 북미유학생총회,『우라키』 1, 1925; 崔晃,「朝
鮮을 産業化하자」, 북미유학생총회,『우라키』 4, 1930 등을 비롯하여 유학생들은
많은 글을 통해 조선의 산업화를 촉구하였다.

리에 깊은 관심을 표방하면서 귀국 후에는 상업교육이나 실업활동에
치중하였다.[46]

이는 당시 유학생들에게 영향을 미치고 있었던 지도급 인사들의 경
우도 마찬가지였다. 이승만은 오늘날 우리에게 긴절히 필요한 것은 물
질적 세력을 발전시켜 정신적 세력을 해방하는 것이라고 하면서 경제
발전에 필요한 두 조건으로 첫째, 의식주 일용품을 가급적 자급자족할
것 둘째, 자본을 합쳐 공업, 상업 등 모든 경제의 근원을 공동으로 착수
할 것을 들었다.[47] 또한 서재필도 우리의 중요문제는 정치적인 것보다
경제적인 것이라고 하고, 경제상태를 향상시켜 조선민중의 생활정도를
개량하는 것이 가장 절실한 문제라고 강조하였다.[48]

대한민국 정부 출범 후 초대 재무부장관을 지낸 金度演의 경우, 산업
계가 생산방법에 대한 연구보다도 분배문제에 많이 주의하고 있는데
이 두 문제는 항상 병립되어 해결된다고 보았다. 그런데 조선 산업계
의 경우 이렇다 할 생산이 없으므로 분배문제보다는 각 방면으로 기업
을 일으켜 산업을 개발하는 것이 더 필요하다는 입장이었다.[49] 김도연
에 이어 재무부장관을 지낸 崔淳周도 상공업은 농업보다 이익이 커서
우리가 원하든 원치 않든 농업자는 쇠퇴하고 상공업자는 증가할 것이
므로 조선 사람도 하루바삐 상공업자가 되어야 한다고 하였다. 그는
특히 소자본으로라도 많은 미숙련 노동자를 사용하여 기업을 발달시
켜야 한다고 주장하였다.[50]

---

46) 이수일, 「1920~1930년대 한국의 經濟學風과 經濟硏究의 동향: 延專商科 및 普專
商科를 중심으로」, 185쪽.

47) 李承晚, 「北米留學生總會 十週年紀念에 際하야 朝鮮靑年에게 寄함」, 북미유학생
총회, 『우라키』 4, 1930.

48) 徐載弼, 「朝鮮의 將來」, 북미유학생총회, 『우라키』 4, 1930.

49) 金度演, 「産業의 科學的 經營에 對한 考察」, 『우라키』 1, 1925. 9, 98-102쪽.

李肯鍾은 구미의 新重商主義를 소개하면서 조선도 신중상주의를 채용하여 국가적 생산을 증가시켜야 한다고 보았다. 그 역시 경제학에서 제일 중요한 것은 분배문제보다 생산문제로서, 생산이 없으면 분배를 운운할 여지가 없고 불평이 있어도 분배하는 것이 분배하지 못하는 것보다 낫다고 보고 있었다. 생산이 풍부하지 못한 국가나 民族은 비록 이상으로 극상의 공평을 동경하나 마침내 민족적으로 貧寒함을 피하지 못할 것이오, 경제적으로 타국의 채무자 됨을 면하지 못할지니 오직 민족적 멸망을 기다릴 따름이라고 하였다.[51] 나아가 경제발전을 위해서는 개인의 자유를 중심으로 기업심리를 자극하여 생산활동을 강화해 나가는 것이 무엇보다 필요한데 부의 불평등 문제는 그 과정에서 어쩔 수 없이 거칠 수밖에 없는 필요악이라는 입장을 보였다.[52]

이렇게 상공업의 진흥을 바탕으로 조선의 경제를 발전시켜야 한다고 인식한 위에서, 김도연은 1차대전 이후 미국의 산업계에서 풍미하던 산업합리화 정책의 골자인 '과학적 경영방법' 곧 테일러 방식을 자세하게 소개하면서, 조선도 과학적 경영방법이 추구하는 생산의 효율성, 합리적 경영관리의 정신을 산업계 계발의 목탁으로 삼을 것을 주장하였다. 과학적 경영방법은 생산능률을 크게 증가시키는 것으로서, 숙련되지 못한 노동자가 과학적 경영방법에 의해 훈련을 받으면 전문 기능을 익혀 노련한 직공이 될 수 있으며, 이러한 직공과 방법을 생산에 운용하면 최대의 능률을 얻게 될 것이라고 하였다. 또 노동자의 경우

50) 崔淳周,「설문－農村은 어대로, 農村救急의 最小限度 要求는 무엇 農村運動의 最急緊事는 무엇」,『東光』20, 1931. 4, 55-56쪽.
51) 李肯鍾,「歐米의 商業政策(上)」,『東亞日報』1926년 1월 6일자.
52) 李肯鍾,「經濟的 自由와 平等」,『朝鮮講壇』1-2, 1929. 10, 22-26쪽; 張圭植,「일제하 미국유학생의 근대지식 수용과 국민국가 구상」, 147쪽.

정력과 시간을 절약하여 그 여유 시간과 정력으로 개인을 향상시키고
가정을 행복하게 할 수 있으므로, 생산능률이 증대하면 자본가의 사복
만 채우는 것이 아니라 사회 모두의 생활이 풍요로워진다고 하였다.
즉 과학적 산업경영 방법을 활용하면 노동자가 원하는 고임금을 지불
할 수 있고 고주가 원하는 저렴한 생산비로 산업을 경영할 수 있게 되
므로 자본가나 노동자 양계급 모두에게 이익이 되어 최대의 번영을 도
모할 수 있다는 것이다.

  김도연은 이 과학적 경영방법이 노동자를 경쟁시키고 우열을 분간
하여 산업계의 평화와 평등 정신을 소원하게 한다는 면에서 비난받을
점이 없지 않지만, 합리적으로 운용하면 그 단점을 제거할 수 있다고
보았다. 그는 기계응용, 관리방법, 인력이용에 대한 수리적 연구와 자
연법칙에 의한 산업개조야말로 생산의 능력, 인류의 안녕, 생산분배 등
제 문제를 인위적 법규가 아닌 자연법칙으로 해결할 수 있는 길이라고
높이 평가했다. 이는 곧 정부나 제도의 시장개입을 통해 제반 사회문
제를 해결해야 한다는 제도주의 학파의 주장을 논박하는 것으로, 자유
방임의 시장경제체제 아래서도 자본가의 사회적 봉사와 과학적 경영
기법을 통해 얼마든지 사회 일반의 부를 증진하고 행복을 누리게 할
수 있다는 주장에 다름 아니었다.[53]

  李肯鍾은 1919년부터 1925년까지 만 6년간 미국에서 유학하면서,[54]
신중상주의는 국가적 노동보호를 주장하고 있으며 외국 물품에 관세
를 부과하는 것도 국내의 노동력을 보호하기 위한 조치라고 보았다. 19

---

53) 金度演, 「產業의 科學的 經營에 對한 考察」, 『우라키』 1, 1925. 9, 98-102쪽; 張圭
植, 「일제하 미국유학생의 근대지식 수용과 국민국가 구상」, 135-136쪽; 조명근,
「일제하 金度演의 경제사상과 사회활동」.
54) 「李肯鍾碩士 미국가서 륙년만에 금의로 환향」, 『東亞日報』, 1925년 10월 17일자.

세기 이후 각국은 노동자보험제와 制裁 기관의 설치, 최저임금제 시행
과 노동시간 제한, 노동자의 단결과 직접행동의 용인 등 다양한 사회법
령으로 국내의 노동자를 보호하고 있다고 하였다. 그는 노동은 자금과
같이 생산요소의 하나라고 보고 노동을 천히 여기고 노동자를 자본가
의 노예처럼 간주하며 잔학무리하게 기계처럼 사용함은 인도상 不德
이오 경제상 無謀요 이론상 非法이라는 입장이었다. 경제적인 면에서
자금증진이 생산에 유리함 같이 노동자 보호, 노력증진은 국가생산에
극히 필요한 방법이라고 보았다. 그러므로 구미에서는 정치인은 물론
자본가도 새로운 각오와 예민한 타산에서 자진하여 노동자 보호와 노
력 증진에 노력하는데, 이는 국가적 노동보호가 생산 전체에 극히 유리
함을 깨달은 까닭이라는 것이다. 자본가가 노동자를 압제하거나 노동
자가 자본가를 압제하는 것은 다 부덕이오 비법이오 무모의 사상으로
서, 현금 구미제국에서 노동자를 보호하는 관념이 농후하고 수단이 주
도함은 실로 인류문화상 기쁜 일이오 경제이해가 밝은 행동이라고 평
하였다. 그리하여야 사회의 이상진화와 경제의 완전한 발전을 기대할
수 있다는 것이다.[55]

요컨대 일제하에 대부분의 미국 유학생들은 조선의 현실을 타개하
기 위해 생산문제의 중요성을 강조하면서 특히 공업의 발전을 제시하
는 경제적 자유주의의 입장을 지녔다. 이들은 노동문제에 대해 구체적
으로 대안을 제시하는 경우는 드물었지만, 대개 당시 미국의 산업계가
보여준 과학적 산업경영을 이상적으로 바라보고 있었다. 다음 장에서
는 이들에 비해 분배문제와 함께 노동문제에 관심을 가지고 있었던 일
군의 유학생의 입장에 대해 살펴본다.

---

[55] 李肯鍾, 「歐米의 商業政策(下)」, 『東亞日報』 1926년 1월 7일자.

4. 경제적 민주주의 그룹의 노자협조론

민족경제의 자립문제나 자본주의 경제원리의 일반 이해에 있어서 생산문제 못지않게 분배문제의 중요성을 강조했던 계통은 제도주의 경제학풍의 세례를 받은 지식인이었다. 미국의 제도주의학파는 고전학파의 자유방임주의와 마르크스주의의 사회혁명론을 모두 배격하고 국가권력에 의한 제도개혁·사회개혁 및 협동조합운동 등을 통해 독점자본주의의 폐해와 노동문제, 분배문제를 해결하는 데 주력하였다. 그 영향을 받은 유학생들 역시 조선에서 상공업 발달의 중요성과 경영에서의 합리성·과학성의 필요를 인정하였지만, 동시에 분배문제에 관심을 가지고 노자협조의 입장에서 문제를 해결하고자 하였다.[56] 이대위, 장덕수, 한승인, 조병욱 등과 더불어, 농업경제학을 전공한 李勳求와 토지경제학을 전공한 金勳도 노자협조론의 입장에 섰던 대표적인 인물이다.[57]

해방 후 미군정기에 노동부장을 지낸 李大偉는 미국유학 이전 기독교청년회 총무로 근무하면서 『靑年』과 『基督申報』 등을 통해 사회주의와 기독교사회주의, 사회개혁에 관한 글을 활발히 발표하면서 노동문

---

[56] 노자협조론은 시기와 국가에 따라 또 노동자와 자본가의 역관계에 따라 그 내용을 달리 한다. 본고에서 서술하는 경제적 민주주의 그룹의 노자협조론은, 노동자가 노동조합과 노동입법에 의해 힘을 가짐으로써 자본가와 더불어 서로 견제와 균형의 상태를 이루고, 노사관계에 대한 국가의 개입은 중재, 조정 등의 형식으로 최소화하고자 한 영국식의 노자협조론을 이른다. 노자협조론에 대해서는 이상의, 「대공황기의 '勞資協調論'과 노동력 공급」, 『일제하 조선의 노동정책 연구』(혜안, 2006); 「일제강점기 '勞資協調論'과 工場法 論議」, 國史編纂委員會, 『國史館論叢』 94, 2000 참조.

[57] 방기중, 「일제하 李勳求의 農業論과 經濟自立思想」, 역사문제연구소, 『역사문제연구』 1, 1996, 139-144쪽; 방기중, 「일제하 미국 유학 지식인의 경제인식」, 240-242쪽 참조.

제와 농업문제에 대한 고민을 드러내었다. 1920~30년대 사회주의자들
의 반기독교운동이 거세게 진행되던 기독교계의 위기상황에서, 이대위
는 자본주의에 대한 비판적 인식을 형성하게 되었다. 그의 자본주의에
대한 비판적 인식은 노동자, 농민에 대한 자본의 착취와 분배에 대한
불균등 등 자본주의가 초래한 비인간적인 양상에 초점이 맞추어져 있
었다. 한국 기독교가 적극적인 사회변화를 주도하지 못하고 있다고 본
이대위는 사회주의가 기독교의 인도주의적 입장과 동일선상에 놓여
있으며 사회주의는 기독교적이고 기독교 속에서 사회주의를 발견할
수 있다고 보았다.58)

이대위는 노동문제가 부녀문제와 더불어 현재 세계의 양대 문제라
고 인식하였다. 그는 노동문제 발생의 원인을 분배불균, 실업문제, 노
동자의 법률상의 불공정한 대우, 그리고 단체조직과 단체행동의 기회
가 없는 것 등에서 찾았다. 식민지 조선에서 노동자와 농민은 전력을
다하여 일하지만 자본가와 지주의 착취로 빈곤해지며 종국에는 빚에
시달린다고 하였다. 이렇게 분배제도의 불공평이 개선되지 않고 민
중이 계속 착취당하는 이유는 산업발달이 부진하여 직업을 얻기 어
렵고, 법률적으로 노동자와 농민의 권리를 보장해주지 않으며, 노동
자와 농민의 이익을 대변할 단체가 없기 때문이라고 진단하였다.59)
따라서 깨우친 노동자는 새로운 방법을 찾아나가는데, 이는 사회의
질서를 문란케 하는 것이 아니라 工資를 증가하여 勞作의 시간을 감
축하고 자신도 인류생활상 동등한 지위와 기회를 얻고자 하는 것이

---

58) 신은주, 「1920년대 전반 기독교계열의 민족운동과 이대위의 사회개조론」, 연세
대 석사학위논문, 2003; 김권정, 「1920~30년대 李大偉의 기독교 사회운동」, 한국
민족운동사학회, 『한국민족운동사연구』 57, 2008. 12 참조.

59) 李大偉, 「世界覺悟中 朝鮮의 勞工問題」, 『靑年』, 1924. 8.

라고 보았다.[60]

다만 국민경제의 단계에 있는 구미국가들과 비교해 볼 때 조선은 아직 都會經濟의 단계에 있으므로 노동자의 상태가 서로 같지 않고 따라서 노동자의 고통도 같지 않으므로 노동문제를 해석하는 방법 역시 달라야 한다고 하였다. 그는 '조선은 공장공업이 아직 충분히 발전하지 않고 자본제도 조직도 별로 없어서 노자 양계급의 이해충돌이 없으므로 노동의 患은 금일에는 不在하고 오직 장래에 在하다'고 보았다. 따라서 우선은 시간, 임금, 위생 등 생활상의 필수 문제를 개선하는 소극적인 변화만 꾀하면 되고, 장기적으로는 국유산업을 진보시키고 분배의 평균을 꾀해 자본가의 발생을 방지하는 적극적인 행동을 취하여 '사회혁명의 慘을 免'할 것을 제안하였다.[61]

그는 노동문제를 근본으로 해결하는 방법은 노동자들이 자각하고 일치단결하여 생활의 향상을 꾀하는 것이라고 하였다.[62] 구미의 어느 공장이든 동맹파업이 일어나고 있지만 그들은 교육받고 훈련받아 과격한 행동으로 국가나 사회의 체면을 오손시키지 않는 합법적·도덕적 행동을 하고 있다고 하였다. 그에 비해 교육과 훈련을 받지 못한 조선의 노동자가 그같은 행동을 하면 자신에게 불행이고 사회에 최악이라고 보았다. 그리고 노동자의 이익을 실현하는 기관으로 노동조합과 노공청년회를 들면서, 조선의 경우 하등의 조직이 없고 질서가 없고 계약이 없으니 노예제와 큰 차이가 없는 것으로 보았다. 또한 조선의 노동자 중에는 지식계급이 적으므로 노동조합과 노동청년회를 조직하여 노동자들이 철저한 각오를 하고 전력으로 구 사회의 중심세력을 개조

---

60) 李大偉, 「世界覺悟中 半島의 勞動問題」, 『靑年』, 1923. 8, 5-10쪽.

61) 李大偉, 「勞動問題에 就ㅎ야」, 『新民公論』 2-7, 新民公論社, 1921. 7, 43-44쪽.

62) 李大偉, 앞의 「世界覺悟中 半島의 勞動問題」, 5-9쪽.

해야 한다고 하였다.[63]

현실적인 노동문제 해결 방법으로 이대위는 이익분배제를 강조하였다. 이는 노동자가 자신이 종사하는 사업에서 이익의 일부를 얻게되는 제도로서 더 열성으로 종사하게 되므로 결국 노자 쌍방에게 이익이 된다는 것이다. 곧 이 제도를 실시하면 노동자가 기계를 주의해 다루고 원료를 절약하며, 열심히 복무하여 산출량이 증가하고 품질도 우량해질 것이며, 轉職을 고려하지 않아 이익이 커질 것이고, 동맹파공과 사보타지 등의 노동운동이 감소하게 되어, 노동문제를 해결하고 사회의 질서를 유지하는 양책이라고 보았다.[64] 자본가 양해하의 이익분배, 노자협조를 제기한 것이다. 그러나 이는 현실적으로 식민지 상황에서 일본자본을 상대로 한 공허한 주문에 불과하였고, 노동자를 대상으로 한 심적수양과 지식계발 등의 교육에 그쳐야했다.[65]

자본주의의 반인간성을 비판하면서 사회주의와의 공감대 형성을 꾀하고, 기독교 원리에 입각한 사회개조의 실천방안으로서 다양한 대안을 모색하던 그가 제시한 것은 합작운동, 즉 협동조합운동이었다. 여기에서 이대위는 노동문제 해결을 위한 방법으로서 사상, 언론, 연구의 자유를 보장하여 인민 전체의 행복을 도모하며 노동자, 자본가, 사회

---

[63] 따라서 무산계급으로 있는 유지식자는 노동자를 위하여 기관을 조직하여 훈련을 시키고, 소수의 자본가는 공장을 설치하여 다수의 노동자의 생활을 풍요롭게 하여 장래의 患을 免케 하고, 노동자는 적합한 수양과 훈련을 받아 합의적·도덕적으로 실행하여 사회와 국가의 질서를 유지함이 그 本務라고 하였다. 여기에서 그가 말한 교육이란 품격수양, 지식계발, 심신단련, 생활향상, 피로회복, 건강유지, 능률증진 등을 내용으로 하였다(李大偉, 「勞動問題에 就ᄒ야」, 45-47쪽).

[64] 李大偉, 「世界覺悟中 半島의 勞動問題」, 10쪽.

[65] 신은주, 「1920년대 전반 기독교계열의 민족운동과 이대위의 사회개조론」, 46-48쪽.

전체 인민이 공동협작하는 영국식의 방법을 지지하였다.[66] 기독의 교훈을 원칙으로 노자가 협조하여 노동문제를 공동으로 해결해나갈 것을 주장한 것이다. 그러면서 무산자가 자본가에게 희생하는 것보다 자본가가 먼저 깨달아 자아주의를 버리고 이타주의를 실현해야 한다고 주문하였다.[67] 곧 사회혁명 대신 자본가들의 사회적 책임에 대한 각성을 촉구하고 互助의 정신으로 약탈경쟁을 대신할 경제제도 개혁의 필요성을 거론한 것이다. 그것은 기독교 원리에 입각한 사회주의로서, 개인의 자발성과 극빈계급에 대한 박애정신에 기초하여 평화적이고 점진적으로 노자의 대립과 사회적 빈곤을 없애 나가자는 것으로서, 그 본질은 무산대중을 대상으로 한 인도주의이자 사회개량적 노자협조주의였다.[68]

이대위는 1920년대 전반 사회개혁에 관련된 글을 활발히 발표했던데 비해, 1925년부터 2년 반 가량 미국에 유학하고 귀국해서는 발표한 글의 편수도 줄어들었고, 그 내용도 사회주의나 기독교 사회주의와는 관련이 적어지는 것이 확인된다. 이는 1930년대 조선의 기독교가 보수화되어 진보적 기독교인들이 위축되는 시대적 상황과 관련이 있겠지만,[69] 이대위 개인으로서도 미국유학 당시 그 사회의 영향을 받으면서 이후 사상에 적지 않은 변화를 맞았기 때문으로 보인다. 이러한 이대위의 노자협조적 입장과 그 변화는 해방 후 노동문제 담당자가 되어 보여준 모습에서 확인된다.[70]

---

[66] 신은주, 위의 논문, 39·46쪽; 이대위, 「世界覺悟中 朝鮮의 勞工問題」, 『靑年』, 1924. 8.

[67] 李大偉, 「世界覺悟中 朝鮮의 勞工問題」.

[68] 장규식, 『일제하 한국 기독교민족주의 연구』 (혜안, 2001), 170-171쪽; 신은주, 「1920년대 전반 기독교계열의 민족운동과 이대위의 사회개조론」, 47-48쪽.

[69] 채현석, 「이대위의 기독교사회주의에 관한 연구」.

 이러한 인식은 張德秀에게서도 유사한 내용을 찾아볼 수 있다. 장덕
수는 유학생 내에서는 드물게 노동문제를 주제로 하는 학위논문을 작
성하였다. 그는 1920년대 초반 국내에서 활발하게 사회활동을 하다가
1923년 도미하여 1936년 말까지 장기간 미국에서 유학하였는데, 그의
사회인식은 당시 유학생들에게 적지 않은 영향을 미쳤다. 장덕수 역시
많은 유학생들과 마찬가지로 조선경제가 피폐한 원인을 조선산업의
낙후성에서 찾고 있었으며, 근본 원인인 식민지경제의 수탈체제에 대
해서는 주목하지 않는 모습을 보였다.[71] 곧 조선의 경제상황이 악화되
는 데 대해 미국과의 무역 증진을 대책으로 제기하여, 조선의 정치적
상황은 배제한 채 실력양성을 강조하는 입장을 보였다.[72]

 장덕수는 콜럼비아 대학 정치학과에서 석·박사과정을 거치면서 그
대학의 '반마르크스주의적' 분위기와 보수 경제주의적 입장 및 정치학
과 교수들의 성향에서 많은 영향을 받았던 것으로 보인다.[73] 그는 1936
년『산업평화의 영국적 방법―노동분쟁에서의 민주주의 연구』라는 주

---

70) 「노동부장 이대위, 소년노동자 보호법령 준수 요망」,『朝鮮日報』1947년 1월 5일
  자;「노동부장 이대위, 월권적인 노조는 불인정한다고 발표」,『朝鮮日報』1947년
  6월 8일자;「노동부장 이대위, 각 생산공장의 파업에 대하여 언명」,『東亞日報』
  1948년 1월 11일자;「노동부장 이대위, 경전의 노동쟁의에 대하여 담화」,『東亞日
  報』1948년 2월 2일자 등 참조.

71) 장덕수는 1937년 귀국한 이후 여러 친일단체에 참가하여 활동하였다. 해방 이후
  에는 송진우, 김성수 등과 함께 우파세력을 결집해서 한국민주당을 창당하고 이
  승만의 노선을 지지하는 등 해방정국에서 우파 정치활동의 주도적 인물로서 활
  동하다가 1947년 12월 암살당하였다(沈在昱,「雪山 張德秀(1894~1947)의 政治活
  動과 國家認識」, 3쪽).

72) 張德秀,「朝鮮과 美國貿易增進에 對한 決議 及 要領」,『현대평론』1-8, 1927. 9.

73) 특히 영국 고전정치경제를 연구하고 노동경제학에 관심이 컸던 씨거(Henry R.
  Seager)와 '정부와 公法'에 대해 강의한 로저스(Lindsay Rogers) 등의 영향으로, 자
  본주의 체제에 대한 옹호와 더불어 산업정책에서 국가의 입법을 통한 사회안전정
  책의 시행은 각 계급 간에 형성될 수 있는 갈등을 해소시킬 수 있다는 입장을 형성
  해 갔다(沈在昱,「雪山 張德秀(1894~1947)의 政治活動과 國家認識」, 113-117쪽).

제로 박사학위논문을 제출하였다.[74] 이 논문에서는 영국 자본주의의 특징, 영국 민주주의가 가능하게 하는 내외의 특수조건, 노동귀족층의 형성과 산업민주주의 또는 산업평화의 사회적 배경, 영국 조합주의의 물질적 기초 등에 관심을 보이면서 영국 노동정책의 특징에 대해 고찰하였다.

그는 산업화 과정에서 노동자와 고용주 간에 노동쟁의가 발생하고 이로 인해 사회불안이 야기되지만 산업민주주의 혹은 고용자들의 노동조합에 대한 성실한 평가를 바탕으로 산업의 안정·노동평화가 이루어진다고 하였다. 그리고 양자 사이에서 발생하는 노동 관련 이슈들은 강력하게 조직된 노동조합과 고용주 사이의 집단교섭을 통해 안정될 수 있다고 하여, 노동쟁의의 양 당사자인 노동자와 고용주 간의 협력·조정을 주장하였다. 이 과정에서 나타나는 대다수의 이슈들은 양자 간의 협의를 통해 해결될 수 있으므로 정부의 개입은 최소한도로 하여야 한다고 보았다. 즉 그는 정부 기관들에 의해 노동쟁의를 강제적으로 조정하는 것은 민주주의에서 바람직한 것이 아니라는 견해를 표명하였다. 그러나 정부의 개입을 절대적으로 부정하지는 않았다. 양자 간의 격렬한 대립은 사회의 안정을 저해할 수 있기 때문에, 이들의 집단교섭이 파괴되려 할 때에는 정부가 중재와 자발적 조정을 위해 산업위원회 같은 기관을 통해 노동자와 고용주가 화해할 수 있도록 도와주어

---

74) 논문의 원 제목은 "British Methods of Industrial Peace-A Study of Democracy in Relation to Labor Disputes"이다. 이 제목은 콜럼비아대학의 지도교수에게서 지정받은 것으로서, 장덕수는 이 연구를 위해 영국에서도 3년간 유학하였다. 이 논문은 1936년 10월 콜럼비아대학 정치과에서 편찬하는 『역사, 경제, 公法연구』(Studies in History, Economcis and Public Law) 제425호에 게재되었고, 콜럼비아대학 출판부에서 단행본으로 출판되었다(「張德秀 博士의 歸國 第一聲, 14년만에 12월 下旬 서울에 歸하다」, 『三千里』 9-1, 1937. 1; 印貞植, 「張德秀氏의 「博士論文」, 「산업평화의 영국적 방법」과 그 학문적 가치」, 『三千里』 9-4, 1937. 5).

야 한다고 하였다. 화해에 대한 완고한 규칙과 원칙의 적용보다는 '자발적인' 정부의 개입을 통해서 이익추구와 양자 간의 상대적인 경제력에 기초한 결정이 성립될 것이라는 주장이다.[75]

장덕수는 영국이 세계에서 가장 고도로 산업화된 나라이며 가장 현명하게 정제된 민주주의의 나라라고 하면서 이상적인 '산업평화' 국가로 보았는데, 그 배경을 영국 자본주의의 역사적·경제적 특징보다는 영국인의 '심오한 정신적 또는 사회적 성격', 곧 '민주주의적 기질'에서 찾았다. 또한 영국 산업평화의 요인을 '영국적 특색'인 150년간의 장기간에 걸쳐 마련된 사회보장체계와 노동조합의 완전한 공인이라고 보았다. 그러나 19세기 광대한 식민지를 차지하고 있었던 영국의 막대한 초과이윤 획득 과정이나, 노동귀족의 중심부대 조성, 산업혁명에 의해 노예화한 노동자들의 집요한 투쟁과 희생에 따른 단결권 승인 과정 등에 대해서는 주목하지 않았다.[76] 1930년 영국에서 노동조합법이 제정 공포된 것에 대해서도, 장덕수는 노동조합을 영국의 합법적인 사회기관으로 인식함으로써 노동자들의 단결과 그를 통한 자본가들과의 협상과 투쟁을 필요불가결한 요소로 인정하였다. 그러나 한편 노사분쟁은 평화적으로 해결될 수 있다고 하면서 그 중요한 요소로 분쟁 당사자들 간의 중재와 국가에 의한 조정을 제시하였다. 곧 그는 사회구성원 간의 민주주의적 정서를 통한 협동과 조화 및 '상황에 따른 입법'을 통한 점진적인 개량을 사회발전, 평화의 원칙으로 주장하고 있었다.[77]

---

[75] 장덕수의 석사학위논문과 박사학위논문 내용에 대해서는 沈在昱, 「雪山 張德秀 (1894~1947)의 政治活動과 國家認識」에서 상세히 언급하고 있다.

[76] 이러한 면 때문에 장덕수는 인정식에 의해 「色盲」, 「英國式 民主主義의 過度의 崇拜者」 또는 「현상 나열에만 만족하려는 俗學的인 태도」를 지녔다는 등의 혹평을 받았다(印貞植, 「張德秀씨 박사 논문, 「産業平和의 英國的 方法」과 그 學問的 價値(2)」, 『三千里』 9-5, 1937. 10).

韓昇寅은 1926년부터 1933년까지 미국에서 유학하면서, 미국이 1920
년대 후반 극도의 번영을 누리다가 대공황으로 엄청난 위기에 직면하
고 이를 극복하는 과정을 현장에서 지켜보았다. 극심한 물가폭락과 기
업도산, 그리고 실업격증의 경제위기는 미국경제는 물론이고 세계경제
를 파탄으로 몰아가고 있었다. 일각에서는 이를 자본주의의 일반적 위
기상황과 파멸로 인식하기도 했는데, 그의 생각은 이와 달랐다. 물론
그도 미국경제의 위기는 극소수에 대한 부의 편재와 대재벌의 독점적
경영, 국제적 고립주의에 따른 관세인상, 주식·부동산에 대한 지나친
투기행위 등의 모순이 초래한 것으로서 '작은 수술로는 고칠 수 없는
중병상태'라는 점에는 동의했다. 그러나 미국에서 추진된 뉴딜정책을
비롯한 일련의 공황타개책에 주목하여, 미국인들이 난국을 벗어나기
위해 일치 협력한 덕분에 최악의 역경에서도 평온과 질서를 유지하여
부흥에 성공할 수 있었다고 평가하였다.[78]

한승인이 유학을 마치고 귀국할 당시 조선의 상업계는 백화점, 연쇄
점 등 대상업자본에 의한 중소상인의 압박이 점차 사회, 경제문제로 비
화되고 있었다. 그는 조선의 중소상업 문제는 대상업자본의 진출 보다
는 조선인 상인의 무능에 의한 것으로 보고 그 해결방법에서도 조선인
상인의 질적 개선에 초점을 맞추었다. 상인의 질적 개선을 위해서는
과학적 경영, 합리적 경영에 의해 경영을 혁신하고[79] 올바른 상업도덕
을 확립하며, 이를 널리 확산시키기 위해 상업교육과 종업원의 훈련을

---

77) 심재욱, 앞의 「美國 儒學時期 雪山 張德秀의 活動과 社會認識」, 172-174쪽. 장덕
수는 영국의 노동정책에 대해 연구하고 그것을 이상적으로 평가하였지만, 아쉽
게도 조선의 노동문제에 대해서 그 방향을 제시한 글은 별로 드러나지 않는다.

78) 韓昇寅, 「米國經濟復興策의 將來와 그 難關(1~6회)」, 『東亞日報』 1934년 1월
16~23일자.

79) 韓昇寅, 「朝鮮實業界에」, 북미유학생총회, 『우라키』 5, 1931, 33-34쪽.

실시해야 한다고 보았다. 이에 한승인은 한편으로는 자본가의 온정주의적 노무관리에 기반하여 종업원에 대한 처우의 개선을 주장하였으며, 다른 한편으로는 종업원 훈련을 통하여 새로운 상업도덕, 서비스, 판매전략을 주입시킬 것을 자본가들에게 충고하였다.[80]

그의 이러한 인식에는 경제위기는 자본가와 노동자의 협조에 의하여 타개될 수 있다는 이른바 노자협조관이 자리잡고 있었다. 그는 경제발전을 위해서 자본가는 생산, 분배, 관리의 세가지 활동을 조화시켜 이익을 극대화해야 하는데 여기에는 노동자의 협조가 필수적이라고 생각하였다.[81] 따라서 노동자는 자기가 맡은 직업에 충성을 다하고 고용주는 노동자에게 상당한 보수를 주어야 한다고 하였다. 노동자로 하여금 그 직업에 정력을 다하게 하려면 칭찬과 강제가 아닌 물질적 보수와 인류적 대우에 의해서만 가능하다고 하였다.

곧 노동자에게 ① 노동에 상당한 임금을 지불하고 ② 직업을 보증하며 ③ 회사의 관리에 일정한 권리를 주어서 회사의 일에 취미를 두게 하며 ④ 노동시간을 단축하여 여가를 이용하게 하고 ⑤ 작업소를 개량하여 노동자의 건강을 보존하게 하며 ⑥ 그들을 훈련하여 지위를 향상시키며 ⑦ 노동조합과 협조하여 그들의 요구를 어느 정도까지 청취해야 한다는 것이다.[82] 또한 자본가들에게 노동자의 실업방지를 위해서 계절에 따른 노동수요 격차 완화, 실업보험제도 마련, 노동조건 개선 등의 대책을 마련할 것을 촉구하였다. 이러한 그의 노동관과 실업대책은 기본적으로 자본가가 노동자를 상품으로 간주하지 말고 같은 인류

---

80) 吳鎭錫, 「일제하·미군정기 韓昇寅의 정치활동과 경제인식」, 94-95쪽.

81) 吳鎭錫, 위의 논문, 80-81쪽.

82) 韓昇寅, 「實業政策論」, 『우라키』 6, 1933, 15-19쪽; 韓昇寅, 「資本主의 失業緩和策」, 북미유학생총회, 『우라키』 5, 1931, 20-25쪽.

로 대우해 줄 것을 바라는 온정주의적 성격이 강하였다.[83]

한승인의 노동문제 인식은 앞에서 살펴본 포드주의와 테일러주의로 대변되는 20세기 전반 미국의 산업경영 방식을 배경으로 하였다. 예컨대 1926년 포드자동차사에서 주5일 노동제를 단행하면서 6일간의 임금을 지불하고, 이어 다시 1일 6시간 노동제를 실시하여 미국의 의복제조계와 연료업계, 나아가 유럽에까지 영향을 미치게 된 것이 그것이다.[84] 이러한 양상에 대해 한승인은 미국노동자는 계급의식이 박약하고 임금에 대한 의식이 강대하여, 영국이나 일본 노동자처럼 정치적으로 자본계급에 대항하려 하는 경향이 적고 단시간 노동과 높은 임금에 만족하는 경향이 크다고 하였다. 그리고 그 이유에 대해 노동자로 하여금 자동차를 타게 하고 라디오를 듣게 하고 극장에 갈 수 있게 한 경제의 번영에 기인하는 것도 사실이지만, 미국자본가들의 선견과 지혜로운 고용정책에도 원인이 있다고 보았다. 곧 어떤 사람은 자본가와 노동자의 이해가 상반되어 도저히 타협할 수 없다고 하지만 미국에서는 양자의 이해가 잘 맞는다는 견지에서 보조를 같이하는 경우가 많다는 것이다.[85]

그러면서도 한승인은 노동자들의 집단행동에 대해 그 필요성을 언급하였다. 자본가가 자진하여 노동자를 위한 정책을 펼치는 경우는 극소수에 불과하고, 현재 각국에서 노동자를 위하여 실시되는 모든 정책이나 법률은 노동자의 자각과 공동 행동에 의해 어쩔 수 없이 하게 된 것으로서, 노동자의 공동행동이 강대해야 한다고 제기하였다.[86] 그러

---

83) 吳鎭錫, 「일제하·미군정기 韓昇寅의 정치활동과 경제인식」, 80-81쪽; 韓昇寅, 「實業政策論」, 15-19쪽.
84) 이해 영국실업가협회에서 미국으로 파견한 실업단도 미국 경제번영의 원인의 하나로 자본가와 노동자의 협조를 꼽았다 (韓昇寅, 「資本主의 失業緩和策」, 23쪽).
85) 韓昇寅, 위의 글, 20쪽.
86) 韓昇寅, 위의 글, 20-25·9쪽.

나 한편으로 기업에서 노동자를 고용할 때는 그들의 체력과 지력, 성격, 경험 등은 물론이고 그들의 사상까지 잘 관찰해야 한다고 하였다. 어떤 노동자는 사상이 온건하지 못하여 함부로 동맹파업을 책동하고 무리한 요구를 강청하는 폐습이 있는 까닭이라는 것이다.[87] 곧 그는 이른바 산업합리화라는 이름으로 자본가들의 처분에 의해 만들어진 풍요로운 노동조건을 바탕으로 한 미국식의 노자협조적 노사관계를 가장 이상적인 상태로 보았다.[88]

해방 후 극단적인 반공주의 성향을 드러냈던 趙炳玉도 1920~30년대에는 노자협조론의 입장을 보이고 있었다. 조병옥은 1914년부터 1925년까지 장기간 미국에서 유학하면서 미국 사회과학계의 흐름을 체계적으로 접할 수 있었다. 그는 1923년 콜럼비아 대학에서 금융, 재정학 관련 논문으로 석사학위를 받고, 이어 경제학 연구를 지속하여 박사과정을 수료하였다.[89] 콜럼비아 학풍의 영향과[90] 기독교의 종교윤리를

---

87) 韓昇寅, 앞의 「實業政策論」, 16쪽.

88) 해방 후 한승인은 자신의 정치 경제인식을 기반으로 신국가건설에 본격적으로 뛰어든다. 가장 먼저 구미유학생을 중심으로 조직된 한미협회에 참여하고 김성수 등 우익인사들이 주축이 된 한국민주당에도 적극 참여한다. 앞에서 본 이대위를 비롯한 한미협회의 임원들은 미군정청의 주요 관리로 활약하였는데, 한승인 또한 상무국장에 임명되었다(吳鎭錫, 「일제하·미군정기 韓昇寅의 정치활동과 경제인식」, 98-99쪽).

89) 그의 회고록에는 「한국의 토지제도」("Land Tenure in Korea")라는 논문을 제출하여 콜럼비아대학에서 1925년에 철학박사 학위를 받은 것으로 기록되어 있으며 [조병옥, 『나의 회고록 – "개인보다는 당, 당보다는 국가"』(선진, 2003), 56쪽], 1926년 발행된 『우라키』에서는 "콜럼비아 대학 경제과에서 철학박사의 학위를 불원에 엇을 군은 경성 연희전문학교 경제부 교수로 현직"이라고 기록해, 조만간 박사학위를 받을 것이라고 소개하고 있다(「雜記–消息」, 『우라키』 2, 1926, 159쪽). 다만 콜럼비아 대학 동창회 사무실에는 조병옥의 박사학위 수여 기록이 없다고 하고(브루스 커밍스 저, 김자동 옮김, 『한국전쟁의 기원』(일월서각, 1986), 212쪽), 필자 역시 그의 학위논문을 찾고자 애쓰는 과정에서 논문은 찾지 못하고 그 대학의 도서관 사서에게 '조병옥이 우리 대학에서 박사학위를 받은 것이 맞느냐?'는 반문을 들었던 경험이 있다.

토대로 하여 조병옥은 자본주의의 정당성과 점진적인 사회개조에 기
초한 자유민주주의 체제의 확립을 골자로 한 사회경제론을 전개하였
다. 여기에서 자유의 실현은 무엇보다도 사회적 불평등의 해소에서 출
발하였다. 그런데 물질적 경제적 변화에 조응하는 사회진보·자유의
실현은 폭력적 방법이나 급격한 사회혁명이 아닌 평화적 수단으로써
사회의 투쟁점을 해결하려는 점진적 개량·개조였으며,[91] 이는 그의
오랜 신념인 기독교의 평화주의 원칙에도 부합되는 것이었다. 이런 의
미에서 그는 여론이 사회운영의 지배적인 원리로 관철되는 사회야말
로 가장 문명화된 민주적 사회이며, 미국이 바로 그러한 사회라고 간주
하였다.[92]

그러나 현실에서의 자본주의는 많은 문제점을 안고 있었다. 이익을
목적으로 하는 경제관계에 기초한 자본의 이기적인 지배가 바로 그것
이었다. 자본이 노동을 수요하고 노동가치를 높인다는 자본 중심의 사
고에서 조병옥은 사회생산력 증진의 필수조건으로 자본의 윤리를 강
조하였다. 이에 조선의 경제적 파멸을 통탄하는 유산가는 자신의 사치
를 公衆奢侈로 변화시키고, 자본의 저축과 자본의 융통으로 노동의 가
치를 높여 사회적 빈궁을 막아야 한다고 주장하였다.[93] 곧 생산·산업

---

90) 그는 대학 재학시 클라크(J.B.Clark)의 한계생산력설과 씽코비치(V.G. Simkhovitch)
의 공산주의 비판론, 존 듀이(J.Dewey)의 실용주의 철학에 깊은 감화와 영향을
받아 자유민주주의, 자본주의의 이념과 가치를 내면화시켜 갔다. 이 시절 조병옥
의 학문편력에 대해서는 趙炳玉, 『나의 回顧錄』(民敎社, 1959), 57-65쪽; 李秀日,
「美國 유학시절 維石 趙炳玉의 활동과 '近代'의 수용」 참조.

91) 趙炳玉, 「宗敎家도 革命家가 될수 잇슬가?」, 『靑年』 7-2, 1927. 3, 117쪽.

92) 이수일, 「1920~1930년대 한국의 經濟學風과 經濟硏究의 동향: 延專商科 및 普專
商科를 중심으로」; 李秀日, 「美國 유학시절 維石 趙炳玉의 활동과 '近代'의 수용」,
619쪽; 이수일, 「1920年代 중후반 維石 趙炳玉의 民族運動과 現實認識」, 『實學思
想硏究』 15·16, 2001, 447-448쪽.

93) 趙炳玉, 「有産者의 責任」, 『時代日報』 1926년 1월 2일자.

활동에 헌신하는 것이 자본가의 사회봉사요 그러한 경제적 봉사의 대가가 바로 富라고 보는 입장에서, 자본가가 자본윤리에 입각하여 합리적으로 사익을 추구하면 사회 전반에 노동의식이 고양되고 노동을 의무로 하는 직업윤리도 쉽게 정착할 것으로 보았다.

그런데 자본가의 각성이나 자본윤리의 확립에는 무엇보다 분배구조의 합리성·공정성이 전제되어야 했다. 공정한 분배구조의 확립은 경제 주체의 윤리성을 고양시키는 가장 현실적인 요인으로서, 낡은 개인적 자본주의를 '과학적 근거에 둔 경제조직'으로, '협동정신에 기초한 사회적 협동주의의 경제관계'로 전환시키는 핵심 사안이었다. 조병옥은 분배의 구체적인 방법을 제시하지는 않았지만, 기본적으로 사회주의적 분배원리는 인간의 고유한 본성과 기독의 정신에 기초한 도덕적 심의에 부합하지 않는 것으로 보았다. 결국 협동정신에 기초한 경제관계의 수립은 곧 노자협조주의일 것이며, 자본과 더불어 생산의 또 다른 주체인 노동력의 보호, 육성이라는 측면을 고려한 것으로 보인다. 자본주의를 운영·지탱하는 두 기둥인 사적소유와 자유경쟁은 바로 자본의 도덕성과 분배의 공정성이 전제될 때 비로소 그 정당성이 발휘될 수 있다고 보았던 것이다.[94]

분배의 문제는 곧바로 민족의 문제로 연결되었다. 조병옥은 조선경제의 문제는 분배문제로 수렴되며, 조선인과 일본인이 생활투쟁을 하게 됨에 분배의 불공평이 정치적 의식을 조장케 하며 분배의 경제적 투쟁이 민족운동과 연결된다고 보았다. 조선경제의 모습은 발전도상에 있는 것처럼 보였지만, 그 내면은 경제파멸의 현실에 놓여 있었다. 그것은 조선경제의 파멸이 아니라 조선인경제의 파멸이었다.[95]

---

94) 이수일, 「1920年代 중후반 維石 趙炳玉의 民族運動과 現實認識」, 『實學思想研究』, 450-452쪽.

일본인과 일본자본이 모든 것을 독점 지배하고 있는 현실에서 조선 경제의 발전이란 일본인과 일본경제의 발전이었으며, 일본인과 조선인 사이에는 필연적으로 통치자와 피통치자의 구별, 유산자와 무산자의 경제적 계급이 발생해갔다. 일본인이 관리, 지주, 자본가, 기업가의 위치를 점령하고 있고 일본인 위주의 정치·법률제도가 시행되는 위에서 분배정의는 찾아볼 수 없었다. 그러므로 조선인 자본이나 노동력의 경쟁력은 더욱 약화되고, 조선민족의 경제적 무산자화는 가속화된다는 것이다. 그나마 존재하는 소수의 조선인 유산자도 극히 불리한 경쟁조건하에서 점점 몰락해가고 있으며, 식민지 수탈경제 속에서 대량으로 양산되고 있는 조선의 노동자도 기아적 임금으로 2세의 교육은 고사하고 스스로의 노동력 보전마저 어려운 참담한 상황에 빠져 있었다.[96]

조병옥은 경제적 빈궁과 파탄 속에서는 이성적 사회의식의 함양은 물론이고 인격수양도 기대하기 어려운 일이라고 보았다. 따라서 그는 민족운동의 방략으로 조선의 문명적 개조=민족 장래성의 배양을 강력하게 주장하였다. 조선문명을 근대적으로 개조하는 물적 기초를 마련하기 위해서는, 윤리적 차원에서 자본주의가 문제가 있다 해도 당연히 자본주의 산업화에 의해서만 가능한 것이었다. 자본주의 산업화를 목표로 하는 경제운동의 당면과제는 '과학적 학술과 기술을 계발하며

---

[95] 이수일, 위의 논문, 452-455쪽; 趙炳玉, 「經濟問題의 一觀(上)」, 『東亞日報』 1927년 1월 16일자.

[96] 趙炳玉, 「經濟問題의 一觀(下)」, 『東亞日報』 1927년 1월 18일자. 이러한 '일본인 = 통치자 = 유산자', '조선인 = 피통치자 = 무산자'라는 이른바 '총체적 무산자화론'은 조병옥이 공산주의 사상에 대한 근본적인 의구심에도 불구하고 신간회라는 민족통일전선에 적극적으로 참가할 수 있는 기본전제가 되었다(이수일, 「1920年代 중후반 維石 趙炳玉의 民族運動과 現實認識」, 419-441쪽).

경제적 지식과 방법을 권장하여 조선인 실업을 진흥'하여 조선인 경제
의 자립화, 민족의 경제적 생존권을 확립하는 것이었다.[97] 곧 조병옥은
조선이 식민지의 현실 속에서 제일 먼저 할 일은 경제력을 기르는 것
이라고 하여 경제운동을 민족적 실력양성의 현안으로 규정하였다. 식
민지 조선의 현실 속에서 요구되는 조선인 자본가·유산자의 책무는
다름 아닌 '민족경제의 자립화'라는 현실적 과제에 부응하는 것이었
다.[98] 그리고 그러한 자본가·유산자의 도덕적 판단과 선택에 의지하
여 분배문제와 노동문제를 해결해 나가고자 추구하여, 이대위나 장덕
수, 한승인과 마찬가지로 노자협조론의 입장을 유지하고 있었다.

5. 맺음말

이상에서 일제하에 미국에서 유학했던 지식인들의 자본주의 근대화
론과 노동관에 대해 살펴보았다. 20세기 전반 자본주의의 심장부였던
미국에 있었던 유학생들은 조선의 현실과 자신의 책무를 자각하면서
도 미국사회의 사회진화론적 인식, 대량생산과 그에 따른 물질적 풍요,
자유주의적 분위기에 압도당하면서 그 영향을 받고 있었다. 그런가 하
면 기독교와 적색공포의 영향 아래 철저한 반사회주의 경향을 보이면

---

97) 李秀日, 「美國 유학시절 維石 趙炳玉의 활동과 '近代'의 수용」, 620-621쪽.

98) 대부분의 미국 유학생들이 그러하듯이 조병옥도 산업의 중추가 농업이 아니라
공업에 있다고 보았다. 당시 조선인구의 8할을 차지하던 농민·농업문제에 대한
관심은 거의 나타나지 않는다. 이는 그들이 배운 미국 경제학의 성향이나 그들
을 압도한 미국사회가 과학에 의거한 공업사회라는 점, 그리고 20세기 자본문명
의 특징이 고도의 발전을 보이고 있던 공업화·산업화의 시대였다는 점에서 연
유하였다(이수일, 앞의 「1920年代 중후반 維石 趙炳玉의 民族運動과 現實認識」,
452쪽).

서, 자본주의 자립경제 건설의 기초로서 생산력의 강화를 강조하는 특징을 지니고 있었다.

유학생들은 당시 미국 경제학계 내에서 신고전파 자유주의 경제학과 제도주의학파의 사회개혁적 경제학이 각축하고 있던 상황과도 관련하여, 각자가 거친 교육의 과정과 개인이 취하는 이론에 따라 입장의 차이를 보이고 있었다. 그것은 조선의 경제현실을 어떻게 타개할 것인가 하는 문제를 둘러싸고 경제자립의 방향을 달리하는 두 입장으로 구분되었다. 자유시장경제 원리에 입각해 기업활동의 보호장려를 주장하는 입장과 반독점의 견지에서 중소자본과 소농의 보호육성을 중시하는 입장이 그것이다.

이러한 인식의 연장에서 노동문제에 대해서도 서로 일치하지 않는 두가지의 인식이 존재하였다. 전자의 경우 직접 노동문제를 언급하기보다는 생산의 중요성을 강조하면서 경영 내에서의 과학적 산업경영론을 제기하였고, 후자의 경우는 상공업 발달의 중요성과 경영에서의 합리성·과학성의 필요를 인정하는 동시에 분배문제에 관심을 가지고 노자협조의 입장에서 문제를 해결하고자 하였다. 이러한 차이는 자신의 신념을 반영하기 어려웠던 일제 지배하에서는 두드러지지 않았지만, 해방 이후 이들이 미군정청과 남한정부 내에서 정책의 입안·실행을 담당하는 위치에 놓였을 때는 정책의 방향이 서로 달라지게 되는 배경이 되었다.

일제하와 해방 후의 한국사회는 연속선상에 있으면서도 국가가 존재하느냐 존재하지 않느냐의 차이만큼이나 커다란 인식의 차이가 존재하였다. 노동의 측면에서 보면, 일제하에는 노동법이 시행되지 않았고, 말기에 이르기까지 노동문제 담당부서가 존재하지 않았다. 이에 비해 해방 이후에는 노동운동의 급격한 성장을 배경으로 정부수립 후 헌법과 소위 노동4법에 의해 노동자의 권리가 법적으로 보장되기에 이르렀다. 그런데 노동자들의 권리를 옹호하고 민주적 노동운동을 할 수 있는 기초가 완성되었음에도 불구하고, 노동자들이 체감하는 노동현장에서의 노사관계 혹은 국가와 노동자의 관계는 크게 변화되지 않았다.

본 연구는 정부수립 후 노동문제에서 보이는 법조문상의 선진성과 현실정책의 후진성의 괴리현상에 착안하여 비롯되었다. 본고에서 살펴본 인물들이 대공황기 전후의 미국이라는 시대적·사회적 배경 위에서 형성·발전시킨 노동관이 해방 후 한국이라는 시공간에서 어떠한 방향으로 발현되었는지, 곧 해방 후 미군정청과 남한정부의 정책결정 과정에서 그들이 보였던 행보와 그로 인한 영향에 대해 고찰하는 작업은 다음 연구의 과제이다.

식민지시대 대만에 있어서의 통계시스템의 정착과 그 역사적 조건

문명기

1. 머리말

통계가 대체로 수량화된 지식(knowledge)과 통치(government)가 결합된 근대국민국가 특유의 지식형태라는 점은 이제 상식처럼 되었다.[1] 물론 전통시대에도 통계가 없었던 것은 아니다. 하지만 근대 국가가 필요로 하는 지식으로서의 통계는, 균질적인 국민의 창출 및 징세나 징병 등에 국민을 동원하기 위해서라도 그 중요성을 증대시켜갔다. 동아시아 국가 중에서 메이지유신을 통해 가장 먼저 근대화에 나선 일본은 물론이고 그 식민지가 된 조선이나 대만 등에서도, 근대적 통치를 위해서는 식민지사회에 대한 조사·연구 및 그 결과로서의 통계의 중요성은 아무리 강조해도 지나치지 않았을 것이다. 본고는 일본의 식민지 중 하나일 뿐만 아니라 이후 일본 식민통치의 모델로도 기능했던 대만

---

[1] 박명규·서호철, 『식민권력과 통계－조선총독부의 통계체계와 센서스』(서울대 출판부, 2003), 22-24쪽에 따르면, 근대 일본 초기(1870년대)에 statistics의 번역어로서 대장성에서 사용하던 政表와 태정관이 사용하던 統計가 대립하다가 통계로 정착하게 되었다고 한다. 다시 말해 정표와 통계는 통용될 수 있었다.

에 대한 통치와 통계의 상호연관성을 구체적으로 살펴봄으로써, 식민
제국 일본의 식민지 통치의 실상에 좀 더 다가가고자 하는 시도의 하
나이다.[2]

　다만 같은 식민지라 해도 조선과 달리 일본의 대만 통치에 관해서는
성공을 강조하는 경우가 유독 많고,[3] 식민지시대 대만의 '문명화' 역시
일본의 여타 식민지는 물론 歐美 諸國의 어떤 식민지와 비교하더라도
완성도가 높았던 것은 어느 정도 수긍할 수 있는 것 같다.[4] 어째서 많
은 사람들이 대만 통치의 성공을 운위하게 되었을까를 추적하는 것은
흥미로운 연구 주제이기도 하고 해명을 필요로 하는 문제이기도 하다.

　이때 대만 통치 성공의 다양한 설명방식의 하나로서 통계시스템의
정착 및 확산을 들 수 있는 것은 아닐까.[5] 주지하듯이 일본의 대만 통

---

[2] 대만이 이후 식민지의 모델로 기능한 점에 대해서는 문명기, 「근대 일본 식민지
통치모델의 전이와 그 의미−'대만모델'의 관동주·조선에의 적용 시도와 변용」,
『중국근현대사연구』53집, 2012을 참조.

[3] 예컨대 近藤釰一 編, 『太平洋戰下の朝鮮及び臺灣』(朝鮮史料硏究會 近藤硏究室,
1961), 89-90쪽에 따르면 대만에서는 '專制馴化'(전제통치에 의한 식민지 인민의
순화)가 용이하게 달성되었고 따라서 대만 통치는 일본의 의도를 성공리에 관철
한 반면, 조선의 경우는 '전제순화'의 각도에서 명확히 실패했다고 진단했고,
Edward I-Te Chen, "Japanese Colonialism in Korea and Formosa: A Comparison of
the Systems of Political Studies", Harvard Journal of Asiatic Studies, Vol.30, 1970,
p.126 역시 유사한 판단을 하고 있다. 동시대의 관찰자들 역시 마찬가지이다. 특
히 중의원 의원으로서 1904년에 대만을 방문한 다케코시 요사부로(竹越與三郎)
는 "대만은 이미 평화가 회복되어 질서가 생기고 생산도 일어났으며 정부의 위신
역시 수립되고 생기가 날로 왕성히 일어나니, 한마디로 말하자면 (대만의 통치
는) 완전한 성공이다."라고까지 말하고 있다(竹越與三郎, 『臺灣統治志』(東京, 博
文館, 1905), 17-18쪽). 또한 후술할 모치지 로쿠사부로(持地六三郎) 역시 "국내외
인사들이 하나같이 일본의 대만에서의 치적을 인정하고 칭찬하고 있다."고 말하
고 있다[持地六三郎, 『臺灣殖民政策』(東京, 富山房, 1912), 4-5쪽].

[4] 문명기, 「식민지 '문명화'의 격차와 그 함의−의료부문의 비교를 통해 보는 대만
과 조선의 '식민지근대'」, 고려대학교 한국학연구소, 『한국학연구』46호, 2013을
참조.

치는 방대한 규모의 조사와 연구, 그리고 시계열적으로 완비된 각종 통계의 뒷받침을 통해 더욱 공고해진 측면이 있는데,[6] 기존에는 이 문제를 주로 舊慣調査의 각도에서 접근해왔다.[7] 본고는 구관조사와 연관되면서도 일정하게 구분되는 통계 문제를 통해 이 문제에 접근하고자 한다.[8]

---

[5] 대만의 경우 내지에서 최초로 국세조사가 실시된 1920년 이전인 1905년에 이미 '臨時臺灣戶口調査'의 이름으로 센서스를 두 차례 실시했을 뿐만 아니라 조사 항목도 같은 식민지인 조선은 물론이고 내지보다 더 다양했다. 예컨대 일본과 대만의 1920년 국세조사별 조사 내용 중에서 대만의 경우에는 일본의 조사항목에 더하여 종족, 불구의 종류와 원인, 토어(대만어) 해독력, 국어(일본어) 해독력, 읽고 쓰는 정도, 아편흡연 여부, 전족 여부, 본적, 대만 도래 연도, 상주지 등의 항목이 추가되었다(박명규·서호철, 앞의 책, 109쪽).

[6] 이 점에 관해서는 鄭政誠, 『臺灣大調査－臨時臺灣舊慣調査會之研究』(博揚文化, 2005)을 참조.

[7] 예컨대 鄭政誠, 앞의 책; 山根幸夫, 吳密察 譯, 「臨時臺灣舊慣調査會的成果」, 『臺灣風物』32-1, 1982; 林佩欣, 「日治時期臺灣總督府對宗敎之調査與理解, 1895-1919」, 國立政治大學 歷史硏究所 碩士學位論文, 2003 등이 그것이다.

[8] 林世偉, 「歷年臺灣總督府統計書目錄整理與分析」, 國立暨南國際大學 經濟學硏究所 碩士學位論文, 2008은 『臺灣總督府統計書』(各年版)를 소재로 하여 식민지시대 대만의 통계 문제를 다룬 논문이긴 하지만, 전체적인 내용은 『臺灣總督府統計書』의 항목을 정리하고 시간적 추이에 따른 항목의 변화를 단조롭게 정리하고 있는 점이 아쉽다. 통계의 일부로서 대만총독부의 회계제도를 다룬 것으로는 林煒舒, 「日治時期臺灣歲計制度建立之研究(1895-1899)」, 國立中央大學 歷史硏究所 碩士學位論文, 2009가 있다. 이밖에 식민지시대 대만의 통계 문제를 직접 다룬 연구로서 劉士永, 「生命統計與疾病史硏究初探－以日據時期臺灣爲例」, 『中國社會歷史評論』第8卷, 2007이 있다. 이 논문은 식민지시대에 통치자에 의해 작성된 통계, 특히 의료사나 질병사 관련 통계가 부정확할 가능성을 제기하면서 해당 자료의 이용에 신중을 기할 것을 주문하고 있다. 하지만 저자가 말하는 生命統計가 총독부에 의해 생산된 자료 이외에 다른 자료가 거의 존재하지 않고, 통계의 부정확성이 어느 분야에서 어느 정도 발생했는지 판정하기 쉽지 않다는 점도 고려해야 한다. 따라서 통계가 부정확할 가능성을 염두에 두면서도 오류가 발생할 가능성이 상대적으로 적은 통계를 선별적으로 활용하는 것이 현재로서는 바람직한 접근방식일 것이다. 의료 관련 통계를 활용한 연구로는 문명기, 「식민지 '문명화'의 격차와 그 함의－의료부문의 비교를 통해 보는 대만과 조선의 '식민지 근대'」, 『한국학연구』46집, 2013을 참조. 식민지시대 대만의 통계 관련 연구로서

우선 총독부관료의 통계와 관련된 인식을 검토해보고자 한다. 식민
지시대 대만의 통계시스템의 정착 문제를 다루는 데 있어서 빼놓을 수
없는 요인이 바로 고토 심페이(後藤新平)로 대표되는 총독부관료의 대
만 통치에 대한 인식과 실천의 문제이다. 고토는 (다소 극단적인 견해
이긴 하지만) 대만 통치의 '奠基者'로 불릴 정도로9) 대만 통치를 총체
적으로 설계하고 집행한 인물이다. 뿐만 아니라 식민지 통치에 있어서
의 '과학적 연구'와 '문명적 시설'을 강조하고 거의 그대로 실행함으로
써10) 일본의 대만 통치에 큰 족적을 남긴 인물이기도 하다.11) 때문에

현재까지 가장 종합적이고 실증적인 연구는 佐藤正廣, 『帝國日本と統計調査-
統治初期臺灣の專門家集團』(一橋大學經濟研究叢書60) (岩波書店, 2012)이다. 이
책에 관해서는 본고의 각주 12)를 참조.

9) 張隆志, 「劉銘傳, 後藤新平與臺灣近代化論爭 - 關於十九世紀臺灣歷史轉型期研
究的再思考」, 國史館主編, 『中華民國史專題第四屆討論會民國以來的史料與史學
論文集』(國史館, 1998), 2031-2056쪽.

10) 미국의 역사학자이자 고토가 1922년에 설립한 東京市政調査會에 초대되어 조사
를 담당한 바 있는 찰스 비어드(Charles A. Beard)는 고토를 '調査政治家'라고 부
르기도 했다(春山明哲, 「後藤新平與臺灣-對植民統治與文明之間關係的考察」, 中
國社會科學院 臺灣史研究中心 主編, 中國社會科學院 近代史研究所 臺灣史研究
室 編輯, 『日據時期臺灣植民地史學術討論會論文集』(九州出版社, 2010), 448쪽
및 尾崎耕司, 「解說-後藤新平の'生物學の原則'と'帝國'」, 小路田泰直 監修, 『史
料集: 公と私の構造-日本における公共を考えるために』(第4卷: 後藤新平と帝國
と自治) (ゆまに書房, 2003), 20쪽).

11) 식민지 조선에 부임한 관료에게서는 찾아보기 힘든, 고토를 필두로 한 대만총독
부 관료집단의 대만 통치에 대한 비상한 '열정'은 일본의 대만 통치에 독특한 색
채를 입혔다고 생각한다. 예컨대 전술한 다케코시 요사부로(竹越與三郞)는 다
음과 같은 일화를 전하고 있다. "민정장관 관저 全層의 좌우 통로에 모두 서가
가 있는 것을 보고서 장서의 풍부함에 감탄하자, 고토 선생이 말하기를 '이 중
상당수는 총독부 도서이다. 우리는 총독부를 일본인이 아직 졸업하지 못한 植
民大學의 도서실로 삼고자 한다. 총독은 校長, 나는 幹事가 되고자 한다. 이 책
들은 말하자면 식민대학의 도서실인 셈이다.'라고 했다. 또 관료들은 독서회를
열어 매주 1회 정도 서로 모여 읽은 서적의 내용을 토론하는 것을 상례로 하고
있다. 내가 1905년 6월에 다시 타이베이에 갔을 때 마침 지방관회의가 열렸는
데, 나는 그들이 독서회에 참여해 강연을 경청하는 것을 보았다."(竹越與三郞,

고토 및 고토와 대만통치 인식을 공유한 총독부관료의 대만통치 인식, 그리고 그로부터 파생되는 통계 문제에 대한 이해방식을 검토하는 것이 필요하다(2장).

아울러 대만에서 통계시스템이 정착되는 과정을 주로 臺灣統計協會의 활동과 구성원에 관한 기존연구를 이용해 정리하되, 이와 거의 동시에 진행된 지방행정 개편과의 관련에서 살펴보고자 한다. 식민지시대 대만에서 통계가 생산되는 과정을 보면 대체로 총독부가 설계하고 廳·縣·支廳 등의 지방행정기구와 경찰이 수행하는 방식을 취했다. 아울러 기층 행정조직인 街·庄·社 및 경찰 보조기구인 保甲이 실무를 담당한 경우가 많기 때문에, 통계조사의 완성도는 사실상 지방행정기구가 얼마나 효율적으로 작동하고 있었는가에 달려있었다고 해도 과언이 아니다. 따라서 대만통계협회에 관한 기존 연구에 더하여 지방행정기구의 개편 과정을 살펴보고 그것이 통계시스템의 정착에 가지는 함의를 검토하는 것이 필요하다(3장).

나아가 대만에서 구축된 통계시스템이 실제로 활용된 사례로서 臨時臺灣戶口調查(1905년)를 검토하되, 그 직전에 완료된 토지조사사업과의 연관성에 초점을 맞추어 논의를 전개하고자 한다. 인민, 즉 戶口의 파악은 실제로는 토지(= 공간)에 대한 정밀한 파악을 전제로 할 때 소기의 성과를 거두기 때문이다. 본고에서는 특히 토지조사사업의 결과 제작된 臺灣堡圖가 호구조사에 대해 가지는 의미를 추적해보고자 한다(4章).[12]

___

앞의 책, 53쪽) 이러한 고토의 대만 통치에 대한 '열정'의 근원으로서 하루야마 메이테쓰(春山明哲)는 고토가 메이지유신 당시 유신파에 가담하지 않은 몰락한 동북지역 사무라이의 후예였다는 점, 따라서 그가 일본 관계나 정계에서 두각을 나타낼 기회는 주로 위기의 상황에서만 주어졌다는 점 등을 꼽았다(春山明哲, 앞의 글, 449-451쪽).

2. 총독부관료의 대만통치론(臺灣統治論)과 통계 문제의 인식

고토 심페이 등의 대만총독부 관료들은 일본 본국의 정치가나 관료에 비해 통계에 대해 더 절실한 관심을 표명하고 실제로도 그렇게 했다.[13] 1898년에는 일본 본국에 앞서 農家經濟調査를 시행했고,[14] 1905년 (본국에서는 러일전쟁으로 인해 연기된) 國勢調査가 대만에서는 예정대로 '臨時臺灣戶口調査'라는 이름으로 실시되었다. 이러한 대만총독부 관료의 적극성은 어디에서 기인하는 것일까. 이 점을 이해하기

---

12) 본고의 내용은 기본적으로 佐藤正廣, 앞의 책에 의존한 바가 적지 않다. 다만 필자는 그의 연구에 관하여 몇 가지 점에서 보완되어야 할 부분도 발견하게 되었다. 우선 식민통치 초기 대만의 통계전문가 집단이 형성됨으로써 대만에서 통계행정이 점차 원활하게 진행되었다는 점에 대해서는 수긍할 수 있지만, 통계행정은 역시 지방행정의 완성도에 좌우되었을 가능성이 크다. 따라서 본고는 통계행정의 전제조건의 하나로서 지방행정, 특히 경찰행정과 그 보조기구인 보갑이 완비되는 과정을 다뤄보고자 한다. 둘째, 佐藤의 저서에 서술된 임시대만호구조사는 기본적으로 '호적', 즉 '人籍'에 관한 조사이지만, 인적 조사가 원활하게 수행되기 위해서는 '地籍'의 확보가 중요했다. 따라서 필자는 임시대만호구조사와 토지조사사업의 연관성에 주목해보고자 한다. 마지막으로, 佐藤의 저서는 통계행정에 대응하는 대만 주민의 '자발성'이 증대해간 과정을 통계조사방식, 즉 '他計式'에서 '自計式'으로의 변화를 통해 설명하고 있다. 필자는 기본적으로 이 관점을 수용하면서도 식민지권력을 포함한 근대 국가의 통계조사에는 기본적으로 강제성이 동반될 수밖에 없었다는 생각이다. 따라서 식민지사회의 자발성을 과대평가하는 데는 신중해야 한다는 입장이다.

13) 예컨대 임시대만호구조사 당시 臨時臺灣戶口調査部 主事였던 이와이 다쓰미(祝辰巳)는 "이 일(= 임시대만호구조사)은 일본 제국의 신영토에 대한 시정에 있어서 매우 중요한 의미를 가지는 결과를 낳는 일이다. 즉 支那 民族이 일본정부 아래 통치된 결과가 判然하게 드러나게 되는 일이다."라고 말하고 있다(祝辰巳, 「警務課長會議に於ける演說」, 『臺灣統計協會雜誌』 12호, 1905, 6-8쪽). 또 모치지 로쿠사부로(持地六三郞)는 "역사는 동태적 통계이고, 통계는 靜態的 역사이다" (持地六三郞, 「臺灣總督府統計講習會開會式に於ける演說」, 『臺灣統計協會雜誌』 第1期, 1903, 13-14쪽)라고 말하고 있다.

14) 佐藤正廣, 앞의 책, 57쪽. 특히 臺北縣에서 실시된 農家經濟調査에 대해서는 佐藤正廣, 앞의 책, 253-265쪽을 참조.

위한 방편으로 대만총독부 관료들의 대만 통치 및 통계조사에 대한 인식을 살펴볼 필요가 있다.

우선 고토의 식민지통치론을 살펴보되 본고에서는 『日本植民政策一斑』과 『國家衛生原理』로 분석대상을 한정하기로 한다.[15] 청일전쟁 직후 일본 조야에서는 서구와 외교 교섭의 대등한 상대라는 걸 인식시키기 위해서는 국내 제도의 서구적 기준에 따른 정비와 함께 식민지경영 능력을 입증해야 한다는 인식이 지배적이었다.[16] 때문에 일각에서 제기되는 대만 매각 주장에 따라 대만을 포기하는 것은 국가로서도 인종으로서도 무능하다고 인식될 수 있다고 보았다.[17] 따라서 대만 통치는 성공적으로 이루어져야 했다. 그리고 대만 통치의 성공을 위해 '소환된' 고토는[18] 성공적인 식민지경영의 조건을 아래와 같이 제시했다.

즉 고토는 식민지경영의 조건을 크게 국민적 조건과 개인적 조건으로 구분하고 국민적 조건으로서 국내의 통일, 인문의 발달, 경제의 건전한

---

[15] 이 책은 1914년 5월, 일본 도쿄의 貴族院 幸俱樂部에서 행한 연속 강연의 기록을 정리한 것으로, 대만을 떠난 지 8년 만의 고토의 대만 통치 및 식민지 통치에 대한 견해라고 할 수 있다(春山明哲, 『近代日本と臺灣-霧社事件・植民地統治政策の硏究』(藤原書店, 2008), 333쪽).

[16] 春山明哲, 앞의 책, 179-180쪽. 이는 달리 표현하면 메이지정부 최대의 외교현안인 조약개정 문제를 앞두고 대만 문제가 국제적 분규의 도화선이 되어서는 곤란했음을 말하는 것이다. 고토 역시 대만 통치는 '列强의 環伺' 상태에서 진행되었다고 지적하고 있다(後藤新平, 「臺灣の實況」, 拓植大學創立百年史編輯室 編, 『後藤新平-背骨のある國際人』(拓植大學, 2001), 24쪽).

[17] 전술한 다케코시는 서구 열강이 일본의 식민통치 능력을 의심하고 있다고 보면서 "우리나라(=일본)가 植民母國으로서 대만에서 성공을 거두게 된다면 우리 국민의 식민통치에 관한 재능은 더 이상 의심받지 않을 것"이라고 말하고 있다(竹越與三郎, 『南國記』(東京, 二酉社, 1910), 285쪽). 나아가 대만이 이후의 대외 팽창의 '典範'이 되어야 한다고 주장하면서, 대만 통치 성공 여부는 일본이 '太平洋의 女王'이 될 수 있는지를 가늠하게 될 것이라고 말하고 있다(竹越與三郎, 『臺灣統治志』, 15-16쪽).

[18] 春山明哲, 앞의 글, 447-448쪽.

발전, 인구의 증가, 강대한 육해군을 들었다. 특히 인문의 발달에 관해서
고토는, 대만·조선에서 지배민족과 피지배민족 간에 인문 발달의 정도
에 큰 차이가 없다는 점을 지적한다. 즉 서구의 식민통치와 같이 미개국
과 문명국 사이의 문명적 격차를 근거로 식민지경영을 추진할 조건을 일
본은 결여하고 있다는 것이다.[19] 따라서 고토에 있어서 '문명적 우위'는
대만 통치의 성패를 결정짓는 가장 중요한 요소의 하나가 되고 있다. 고
토가 대만 통치의 '根本義'의 구체적인 내용으로 地籍과 人籍의 확정, 토
지조사, 철도건설, 축항, 水道·水利·病院의 확충 등 소위 "信愛의 情에
서 나온 인도주의의 문명적 식민정책"을 거론한 것도 우연은 아니었다.[20]

　이러한 발상은 식민지경영에 있어서의 中央研究所의 필요성을 강조
한 것에서도 잘 드러난다. 즉 연구소는 지배정책의 입안에 기여할 뿐
만 아니라, 피지배민족이 그 활동을 보고 지배민족인 일본인의 지적 우
위를 느껴 제국에 '귀의'하는 계기가 된다고 보았기 때문이다.[21] 그리
고 문명화를 추진하는 방식으로서는 급격한 동화주의를 취하지 않고
현지사회의 구래의 시스템을 온존(소위 '구관온존')시키면서 점진적으
로 문명화와 경제발전을 도모하는 입장을 취했다. 즉 식민지사회와는
이질적인 제반의 문명적 제도를 일거에 밀어붙이지 않고 식민지사회에

---

19) 後藤新平 著, 中村哲 解題, 『日本植民政策一斑』(日本評論社, 1944, 최초 간행은
　　1921년), 56-58쪽. 개인적 조건으로는 건강, 도덕적 신념, 모험적 정신, 동화력 등
　　이 열거되고 있다(같은 책, 59-60쪽).
20) 『日本植民政策一斑』, 61-62쪽.
21) 『日本植民政策一斑』, 105-111쪽. 이와 같은 인식은 『國家衛生原理』에서는 일본이
　　유럽의 독일과 같은 역할을 해야 한다는 주장으로 나타나고 있다. 즉 유럽의 독
　　일처럼 "일본도 東洋의 여러 국민에 대한 문명적·사상적으로 훌륭한 師友가 되
　　고, 그들이 일본에 와서 입신처세의 방도를 전수받아 귀국한 후에 자국의 중진이
　　되는 길을 열어야 한다."고 했다. 다시 말해 지식을 일본 스스로 생산하고 그 독
　　점을 행하여 주변국가에 '문명적 은택'을 베푸는 것이 일본의 역할이 되어야 함
　　을 강조하고 있다(尾崎耕司, 앞의 글, 18-20쪽).

내재한 맥락 속에서 구체적인 정책을 입안하여, 서서히 현지사회를 지배
목적에 적합한 형태로 개조해 나가는 것이 중요하다는 것이다. 고토의
"행정을 生物學의 기초 위에 세운다"는 유명한 구절의 내실은 바로 이것
이었다. 그리고 그 전제로서 현지사회에 관한 정확한 인식이 필요했음은
물론이다. 따라서 그의 민정장관 재임기간에 실행된 '삼대조사'인 토지
조사와 호구조사, 구관조사는 대만 통치에 불가결한 것이었다.[22]

　고토 스스로 평생의 대표작으로 여긴『國家衛生原理』에 따라 '생물
학의 원칙'을 재구성하면, 인간은 태어나면서부터 '불만족의 동물'이며
단독으로는 생존할 수 없어 항상 '생리적 원만'을 구하여 사회적 단결
을 필요로 한다는 것이다. 그리고 사회의 형성만으로는 생존경쟁을 반
복할 뿐이다. 바로 이 때문에 조정자로서의 主權이 필요해지고 여기서
국가가 생겨난다. 즉 국가란 생물의 진화 과정에서 탄생한 유기체이며
그 자체가 '至高의 人體'라는 것이다. 여기에서 고토의 과학을 중시하
는 태도가 파생되어 나온다. 특히 영국학자 윌리엄 파(William Farr)의
生命統計學을 원용하여 인류의 생존 동기인 '생리적 원만'을, '건강의
가치' 또는 인생에 있어서의 총생산액으로서 화폐가치로 계량하고 객
관화할 수 있다고 파악한 것이다. 대만 통치에 있어서 고토가 통계조
사를 광범하게 활용한 배경을 이 대목에서 이해할 수 있다.[23]

---

[22] 이러한 방침에 의거한 대만통치가 일정한 성공을 거두었고 또 유효하다고 확신
　　한 고토는 이 경험을 토대로 그 후의 滿鐵에서의 정책을 전개했는데, 이 점에 관
　　해서는 문명기, 「근대 일본 식민지 통치모델의 전이와 그 의미-'대만모델'의 관
　　동주·조선에의 적용 시도와 변용」, 204-207쪽 참조.
[23] 尾崎耕司, 앞의 글, 12-14쪽. 한편『國家衛生原理』의 주된 논술은 윌리엄 파뿐만
　　아니라 독일 학자 루이스 파펜하임(Louis Pappenheim)의 衛生警察學, 社會醫論,
　　公衆衛生法, 英國衛生法, 外國衛生法 등에서 사상적 자양분을 얻은 것이다(林呈
　　蓉,『近代國家的摸索與覺醒-日本與臺灣文明開化的進程』(吳三連臺灣史料基金
　　會, 2005), 170-171쪽).

이러한 고토의 식민지통치론은 동시대 대만총독부 관료이자 『臺灣
殖民政策』의 저자로도 잘 알려진 모치지 로쿠사부로(1867~1923)에게서
도 유사하게 발견된다.[24] 모치지의 대만통치론의 개략을 그의 저서에
즉해 정리해보자. 우선 식민통치의 '기초공정', 즉 인프라 정비에 대한
강조가 눈에 띈다. 예컨대 1909년도 경상세출의 53%, 임시세출의 78%
가 각종 인프라 정비를 중심으로 한 '생산적 비용'에 사용되었음을 지
적한다. 말레이연방이나 필리핀보다 높은 비율을 보인다고 강조하면
서 구미의 식민지경영에서도 예를 보기 힘든 다액의 투자가 대만에서
행해졌다고 주장한다.[25]

또한 고토와 마찬가지로 점진적 동화주의를 전개하고 있다. 모치지
는 일상생활의 표면상의 존재방식을 '形而下의 풍속습관', 민족 고유의
신앙이나 생사관을 '形而上의 사상신앙'으로 구분하고, 전자의 동화는
용이하지만 후자의 동화는 식민지사상 거의 유례가 없는 '難事業'이라
고 보았다. 또한 고토의 동화 문제에 관한 언급, 즉 "사상·심성·역
사·풍속·습관을 달리 하고 동등한 문화를 가지면서, 나아가 그 문화
가 과거에는 우리(= 일본인)의 先師였던 支那 민족을 급격히 동화하는
것을 통해 2,500년래의 유전과 역사에 따라 君臣의 大義를 凝成해온 야
마토 민족과 혼연일체가 되게 하는 것은 쉬운 일이 아니다"라는 지적을
인용하면서, 본국과 식민지의 조화로운 발전과 식민지 주민에 대한 점

---

[24] 1892년 고등문관시험에 합격한 모치지는 山口高等中學校 교수로 출발해 내무관
   료로서 경력을 쌓은 후 1900년 臺南縣 서기관으로서 대만 통치에 관여하기 시작
   한다. 그 후 토지조사와 구관조사에도 관여했고, 1903년부터는 民政部 총무국 학
   무과장을 맡아 약 4년간 학무에 종사한 후 1906년 총독부 국어학교 심득, 민정부
   총무국장 심득 등을 거쳐 1910년 통신국장이 된다. 1912년부터는 조선총독부에
   서 8년간 근무한 후 20년에 퇴임하게 된다(朝鮮公論社 編, 『在朝鮮內地人紳士名
   鑑』(朝鮮公論社, 1917), 560쪽).
[25] 持地六三郎, 앞의 책, 126-128쪽.

진적 동화정책을 지지하고 있다.[26]

　요컨대 모치지의 대만통치론의 특징은, 점진적 동화주의 및 (인프라 정비의 강조를 통해) 문명화의 중요성에 대한 강조 등을 꼽을 수 있다.[27] 모치지의 이러한 인식은 대만총독부의 중추에 있던 정책 집행자들 사이에 어느 정도 공유되고 있었던 것 같다.[28] 본고의 관심사인 통계와의 관련에서 중요한 점은, 대만 통치의 성패를 결정하는 요소로서 강조된 문명화를 실질적으로 구현하기 위한 준비과정으로서 조사 및 연구가 강조되었다는 점, 그리고 이는 대만사회에 대한 통계적 파악으로 나타났다는 점이다. 고토 본인의 회상에 따르면 "영국의 윌리엄 파가 지은『생명통계학』은[29] 손에 꼽을 만한 명저이고, 나 역시 위생의 관점에서 연구를 진행하여 殖民과 인생 간의 심원하고 위대한

<hr>

26) 持地六三郎, 앞의 책, 280-282쪽. 다른 곳에서는 "支那 민족은 피정복 인종이라 해도 열등인종이라고 간주하는 것은 근본적 오류"이며 "사회적·경제적 생활의 어떤 방면에서는 오히려 일본 민족에 비해 우수하다"고 서술함으로써 정복자로서의 우월의식을 갖는 것을 경계하고 있다(『臺灣殖民政策』, 403쪽).

27) 대만과 조선 두 식민지에서 관료생활을 한 모치지는 조선에 대해서는 다소 다른 판단을 하고 있다. 持地六三郎, 『日本植民地經濟論』(改造社, 1926)의 부록인 「朝鮮と臺灣との經濟的比較」(110-128쪽)에서 모치지는 "조선의 제반 행정은 대만과 같이 周到하지 못해서 극히 粗放한 행정으로 만족할 수밖에 없다. 예컨대 함경남도의 경우 道의 면적이 대만 전체와 같은데, 대만에서는 총독을 두고 5州2廳이지만 조선에서는 단 한 명의 도지사가 다스리고 있다. (중략) 우편국 분포에서도 대만에서는 면적 14邦里, 인구 20,000명에 하나의 우편국이 있지만, 조선에서는 26邦里, 인구 32,000명에 우편국이 하나 있다"고 하여 조선에서의 행정의 미비와 경비의 부족, 그리고 문명화의 상대적인 지체를 지적하고 있다.

28) 고토·모치지와 함께 대만총독부 관료였던 이와이 다쓰미(祝辰巳) 역시 "사회적 진보를 평가하는 중요 근거에는 수리적 기초가 있어야 한다. 정부의 사업과 민간의 공작을 이해하는 기본은 숫자 통계에 근거하는 것이다. 나아가 열강의 소장성쇠, 열국의 강약우열은 모두 이를 통해 판단 가능하다"고 하고 있다(祝辰巳, 「臺灣總督府統計講習會開會式に於ける式辭」, 『臺灣統計協會雜誌』 第1期, 1903, 8-9쪽).

29) 原題는 *Vital Statistics* (London: Offices of the Sanitary Institute, 1895).

관계를 비로소 발견했다. 때문에 대만 부임 이후 나의 식민정책의 출발점은 다른 식민정책론자들의 주장과 근본적으로 달랐다. (중략) 나는 생물학의 변천이라는 관점에서 고찰을 진행했고 시종 그 뜻을 바꾸지 않았다."[30]

여기서 말하는 소위 '식민과 인생 간의 심원하고 위대한 관계'를 『國家衛生原理』를 통해 보면, '위생과 理財'의 관계, 즉 인구의 경제적 가치나 식민과 모국 간의 자본 관계 등으로 표현되고 있다. 즉 식민지 주민에 대한 인구학적·위생학적 파악을 통해 식민지의 경제적 가치를 증진시키고 이로써 식민모국의 재정 부담을 덜어줌과 동시에 식민모국의 경제에도 기여하는 방향에서의 식민지통치 구상이었다고 할 수 있다.[31] 그리고 그 출발점인 인구학적·위생학적 파악의 기본전제가 정밀한 통계, 다시 말해 식민지시대 대만에 대한 방대하고도 정확한 수량적 정보의 획득임은 물론이다. 고토를 비롯한 대만총독부 관료들이 대만사회에 대한 정보와 지식의 습득에 대단히 열정적이었던 것은 이들의 대만통치론을 통해 보면 지극히 자연스러운 일이었던 것이다.[32] 그렇다면 대만의 통계시스템은 어떠한 과정을 거쳐 형성되었으며 그 구조는 어떠했는가?

---

[30] 後藤新平, 「新轉機に立つ植民政策」(1922년 1월), 拓植大學創立百年史編輯室 編, 『後藤新平-背骨のある國際人』(拓植大學, 2001), 178쪽.

[31] 後藤新平, 『國家衛生原理』, [藤原書店, 2003(1889)]의 「第五編: 衛生ト理財トノ關係」, 특히 155-161쪽.

[32] 전술한 대만 식민지관료의 독서회에 관해서는 『臺灣日日新報』에 몇 차례 기사로 나간 바 있다. 예컨대 1905년 5월 12일자 기사를 보면, 10일 오후 3시부터 적십자병원 본관에서 개최된 독서회에 고토를 필두로 한 '文武官員' 100명이 참가했다고 한다(佐藤正廣, 앞의 책, 80쪽).

3. 통계시스템의 정비와 구조

우선 식민지시대 대만의 통계시스템의 원형이라고 할 수 있는 메이지시대 일본의 근대적 통계의 도입과 활용을 간략하게 살펴보자. 일본 국내에 최초로 유효한 통계방법을 수립한 것은 蘭學者로서 番書調所에서 서양서적 번역을 가르쳐온 스기 코지(杉亨二)였다. 이후 스기는 통계학 전문가로 변신하여 1879년 일본 최초의 국세조사를 실시했고, 몇 차례의 시행착오 끝에 1897년 통계조사에 관한 구체적 실시방법을 제정하기에 이른다.[33] 메이지정부 역시 1873년 〈지조개정규칙〉을 반포하고 전국적인 토지조사를 실시한 이래, 農商務省統計表, 人口動態統計, 工業統計, 職工事情調査, 國勢調査, 家計調査, 貸金統計, 失業統計를 수행하는 등 관료기구와 행정이 강화됨에 따라 각종 행정조사 및 통계시스템 역시 점차 정비해나갔다.[34] 이러한 조사 및 통계는 해외로도 확장되어, 1890년 東邦協會가 성립한 이래 '東洋' 및 '南洋'의 지리 · 商況 · 병제 등의 연구를 취지로 하여 매달 강연회를 열고 기관지를 발행했는데, 한반도에 대해서는 自然探險員을 파견하고 러시아에 대해서는 러시아어학교 개설, 시베리아 지리에 관한 문장과 출판물 수집 등을 행했다.[35]

대만에 대해서도 1895년 이전부터 지속적인 관심과 조사가 이루어졌다. 1873년 4월에는 중국유학생 구로오카 유노조(黑岡勇之丞)가 대만 남부를 조사했고, 후쿠시마 큐세이(福島九成)는 臺南府를 조사한 바 있

---

33) 林佩欣, 「日治時期臺灣總督府對宗敎之調査與理解, 1895-1919」, 11-12쪽.

34) 川合隆男, 「近代日本社會調査史硏究序說」, 川合隆男 編, 『近代日本社會調査史』 (Ⅰ) (慶應通信株式會社, 1989), 21쪽.

35) 金子文夫, 吳密察 譯, 「日本植民地硏究的展開」(上), 『食貨月刊』 11권 8기, 29쪽.

다. 당시에는 홍콩 유학생이었고 후에 대만총독부 초대 民政長官이 된 미즈노 준(水野遵)은[36] 大料崁과 三角湧 등에 가서 원주민 상황을 조사했다. 초대 대만총독이 되는 카바야마 스케노리(華山資紀)는 1873년 육군장교들과 함께 3개월 반의 조사 기간 동안 대만 전역을 돌아다니며 조사활동을 벌였고, 특히 「臺灣記事」라는 일기를 남기고 있다.[37] 이 밖에도 1891년 駐上海 福州領事 우에노 센이치(上野專一)는 외무성에 「臺灣視察復命書」를 제출하여, 상세하게 대만의 지리·물산 및 원주민 등에 관해 기술했고, 일본 본토 역시 대만연구 풍조가 불어 대만에 관한 번역과 저작이 속속 등장했다.[38]

대만을 식민지로 영유한 1895년 이후에도 조사 및 통계에 관해서 일정한 진전이 있었다. 예컨대 1898년 臺灣協會가 성립하고 1900년 臺灣協會學校가 설립되어 식민지 인재가 배출되기 시작했다.[39] 특히 통치 초기인 군정 시기(1895년 6월~1896년 3월)에도 「軍政機密報」가 정기적으로 작성되어, 민심의 향배를 알기 위한 가요의 조사나 물가 및 화폐 조사, '토비' 및 番害 등이 조사되어왔다.[40] 1895년 9월 미즈노 준은 총

---

36) 미즈노 준(1850~1900)은 1871년 중국으로 유학을 갔고 1873년에는 해군 통역으로서 가바야마 스케노리(華山資紀)와 함께 臺灣 淡水로 와서 조사 활동을 전개했다. 다음해에 일어난 대만사건 당시에는 사이고 다카모리(西鄕隆盛)의 수행원으로 대만에 다시 온 바 있다. 그 후 나가사키영어학교 교장, 법제국 참사관, 중의원 서기관장 등을 역임했다. 1895년에는 판리공사로서 대만접수사무를 담당했고 곧바로 초대 민정장관으로 부임했다. 1897년 7월에 민정장관을 사임하고 일본으로 돌아갔다. 대만 통치에 관해서는, "변발과 전족 기타 풍속습관으로서 정치에 무해한 것은 일률적으로 구관과 민정에 따를 것"을 강조했고 항일 무장세력과 원주민에 대해서도 회유의 방식으로 접근했다. 1898년에는 臺灣協會를 조직하고 간사장이 되었다(許雪姬 主編, 『臺灣歷史辭典』(遠流出版公司, 2004), 201쪽).

37) 林佩欣, 「日治時期臺灣總督府對宗敎之調査與理解, 1895-1919」, 16-17쪽.

38) 吳文星, 「日本據臺前對臺灣之調査與硏究」, 『第一屆臺灣本土文化學術硏討會論文集』(臺灣師範大學歷史系, 1994), 568-576쪽.

39) 金子文夫, 吳密察 譯, 앞의 글, 31-32쪽.

독부 수립 이래 시행한 사무요점을 정리하여 「臺灣行政一斑」이라는 제목의 보고서를 총독에 제출했다. 보고서에서 미즈노는 舊慣·舊制·習慣 등의 용어를 사용하여 구관의 행정 추진상의 중요성을 강조하면서, 구관 인식을 위해 구관조사가 필요함을 지적했다.[41] 하지만 본격적인 통계시스템의 정비와 정확한 통계자료의 생산은 역시 1898년 고마다 겐타로(兒玉源太郎) 총독과 고토 민정장관이 부임한 1898년까지 기다려야 했다.

식민지시대 대만에서 각종 통계업무의 가장 중요한 주체는 물론 총독부관료였지만, 이들은 대만통계협회라는 조직을 통해 통계와 관련된 각종 지식과 정보를 공유하고 있었다. 대만통계협회는 1903년 제1회 통계강습회 수료식을 계기로 성립했고 성립과 동시에 『臺灣統計協會雜誌』도 발간했다. 여기에는 물론 고토의 영향력이 크게 작용하고 있었다. 고토는 한 연설에서 통계의 필요성을 강조하면서 學理와 實際 간의 괴리를 메워줄 것을 기대했는데, 이는 1905년으로 예정된 국세조사를 강하게 의식한 발언이기도 했다.[42]

대만통계협회의 성원은 총 2,878명이었다. 그중 총독부 지방관청 소

---

40) 林佩欣, 「日治時期臺灣總督府對宗教之調查與理解, 1895-1919」, 19-26쪽.

41) 春山明哲, 「臺灣舊慣調查と立法構想-岡松三太郎の調査と立案を中心に」, 260-261쪽.

42) 佐藤正廣, 앞의 책, 10-11쪽. 고토는 대만 부임 전에도 學과 術을 구분하면서, 지식이나 기술로서의 學은 각각 풍토나 관습이 다른 나라에서는 그대로 사용될 수 없으며, 術 즉 실용화시키기 위한 행정과 그 제도가 중요하다는 점을 강조했다. 다시 말해서 學을 종합하고 중앙-지방을 통해 정보를 집중하는 조직, 즉 主權의 핵심을 이루는 행정의 확립이야말로 생존경쟁을 지양하고 유기적 분업을 확립하여 국민경제를 일으켜 세우는 원동력이라고 보았다(尾崎耕司, 「解說-後藤新平の'生物學の原則'と'帝國'」, 13-14쪽). 또한 고토는 1882년 3월 7일 그의 스승인 나가요(長與)에 보내는 편지에서 "좋은 재상과 좋은 의사가 어찌 다르겠습니까"라고 하여 과학의 체현으로서의 의학과 행정의 체현으로서의 정치를 별개의 것이 아닌 것으로 파악하고 있었다(林呈蓉, 앞의 책, 170쪽).

속이 1,771명, 본청 소속이 1,002명, 은행과 신문사 소속이 62명, 일본 본국 관청 소속이 7명, 본국 개인이 6명 등으로 구성되고, 漢人(=대만인) 25명, 歐美人도 2명 있었다. 총독부관료가 압도적 다수였음을 쉽게 알 수 있는데, 특히 직접적인 대민 접촉을 통해 통계의 실무를 담당할 터인 지방관청 소속이 큰 비중(약 61.5%)을 차지하고 있었다. 전체 회원 수는 1903~1920년에 1,000~1,500명 사이였고, 『臺灣統計協會雜誌』의 발행 부수는 1,000~2,000부 정도였다. 아마도 이 수치가 대만 통계에 직간접으로 관련된 집단의 최대치라고 보아도 무방할 것이다.43)

한편 1902년 본국에서 성립한 〈國勢調査に關する法律〉을 계기로 일본 전역에서 통계강습회가 진행되었는데,44) 대만은 그중에서도 가장 조직적이고 광범하게 하급기관까지 통계강습회를 실시한 지역으로 꼽힌다. 예컨대 1903~1920년에 총 71회의 통계강습회가 실시되어 약 2,000명 정도가 참가했다. 특히 총독부 技師로서 통계행정의 중추를 담당한 미즈시나 시치사부로(水科七三郎)는 교재를 집필하여 보급하는 등45) 주도적인 역할을 담당했다.46)

1~6회까지의 통계강습회 참가자 중에서 지방청 소속이 256명으로 절반을 넘고 총독부 본청 및 직속 출선기관의 직원이 228명이었는데, 민간인의 참가가 없었던 것으로 보아 초기의 강습회는 관료 주도였음을 알 수 있다. 신분별로 보면 雇(관청이 현지에서 채용한 직원으로 국가에 의한 직접적 임면 관계는 없음)가 140명, 屬(판임관으로 고등관의 지시하에 현장의 통솔을 담당)이 134명이었다. 소속별로 보면 본청은

---

43) 佐藤正廣, 앞의 책, 11-12쪽; 52-53쪽.
44) 박명규·서호철, 앞의 책, 30-31쪽.
45) 水科七三郎 著, 林呈祿 譯, 『日臺兩文 通俗統計學大義』(臺灣統計協會, 1912).
46) 佐藤正廣, 앞의 책, 14-16쪽.

雇·屬·서기 등이 많고, 지방청은 경부·경부보·순사 등의 警官이 많았다. 그 외에 철도부·감옥·병원 등의 서기도 많이 참가한 것으로 나타난다. 본청과 지방청을 막론하고 실무를 담당하는 이들의 강습회 참여가 두드러지는 것은 당연하다고 할 것이다. 특히 지방청에서 경관들이 대거 강습회에 참여한 것은 통치 초기부터 지방행정에 있어서 경찰력이 압도적 영향력을 행사한 식민지시대 대만 지방통치의 특징을 고스란히 반영하고 있어 흥미롭다.[47]

1901년 지방관제의 개정, 특히 경찰제도의 개정을 둘러싸고 일본 본국 정부와 고토 심페이의 의견 대립이 첨예하게 드러났다. 고토는 경찰로 하여금 일반적인 경찰 업무에만 종사하게 하려는 본국 정부와 달리 民政部 내에 警察本署를 두고 警察本署長(= 경시총장)이 경찰사무에 관해 각 廳長을 지휘·감독할 수 있게 할 것을 주장했다. 고토는 향후 3~4년 간 경찰이 지방행정의 주체가 되어야 한다고 보았고, 이를 관철시킴으로써 민정장관이 경찰계통에 대한 직접적인 지휘·감독 권한을 제도적으로 보장받게 되었다. 이에 따라 지방행정의 중추적 기관인 약 80여 개의 支廳長에 모두 警部가 임명되고 휘하의 課員 모두가 경찰로 충원되었다.[48]

이로써 지방행정은 사실상 경찰에 의해 좌우되게 되었고 민정장관 -경찰본서장-지청장(경부)-지청 직원(경부보 및 순사)로 이어지는 강력한 행정체계가 구축된 것이다. 따라서 본청의 지시를 받아 처리해야 하는 대부분의 통계사무 역시 당시의 대만으로서는 가장 촘촘하게 배치된 경찰행정 계통에 의해 처리되었다. 이러한 경찰력의 지방행정

---

47) 佐藤正廣, 앞의 책, 24-25쪽.

48) 문명기, 「대만·조선의 '식민지근대'의 격차-경찰 부문의 비교를 통하여」, 『중국근현대사연구』 59집, 2013, 74-75쪽.

에의 강력한 개입이 전제될 때 비로소 전술한 통계 시스템이 유효하게 작동할 수 있었던 것은 아닐까. 즉 한편에서는 대만통계협회를 중심으로 하여 통계시스템이 정비되고, 다른 한편에서는 이 시스템을 실질적으로 감당할 수 있는 지방행정 차원의 '집행력'의 확보가 맞물리면서 식민지시대 대만의 통계시스템은 당초 의도한 결과를 도출할 수 있었다고 보아야 할 것 같다. 아울러 식민지권력이 통치상 필요로 하는 정보를 자발적으로 제공할 식민지 주민은 많지 않았을 것이라는 추측이 가능하다면,[49] 경찰의 정보수집이 실제로 집행되는 기층 주민조직에 대한 정비 역시 불가결했을 것이다.

식민지시대 대만의 기층조직으로서는 街·莊·社와 保甲을 들 수 있다. 청대 대만에서 街는 인구가 비교적 조밀한 市街로서 지방의 핵심적인 위치를 차지했고, 莊은 街를 중심으로 그 주변에 존재한 촌락이었다.[50] 1897년 6縣3廳 아래에 86개의 弁務署가 설치되고 변무서 아래에 가·장·사를 설치했으나, 고다마 총독이 부임한 후 현을 폐지하고 20청을 설치함과 동시에 변무서를 폐지하고 지청(약 80개)을 설치하는 변화를 겪으면서도 지청 이하의 가·장·사는 그대로 두었다.[51] 상급관청으로부터의 각종 명령의 전달과 교육·세무·호적·산업진흥 등의

---

49) 林佩欣, 「日治時期統計學家眼中的臺灣社會－以臨時臺灣戶口調査爲例」, 國立成功大學 歷史系 編, 『東亞歷史變遷硏究計劃－性別·身體與多元文化 博士生論文發表會』, 2010에 따르면, 기층 사회에서는 조사의 취지가 오해되어 혼란이 발생하기도 했다. 예컨대 臺灣籍 상실을 우려해 서둘러 귀가한다든가 특히 과세를 위한 조사가 아니냐는 의심도 적지 않았다. 뿐만 아니라 '天然足'(전족을 하지 않은) 여성이 가짜 전족을 한 사례도 있었고, 건장한 자가 맹인이라고 신고한 사례도 없지 않았다. 뿐만 아니라 이러저러한 이유로 조사를 회피하거나 거부한 이들에 대한 처벌 사례도 보고되고 있다.

50) 伊能嘉矩, 『臺灣文化志』(刀江書院, 1928), 648쪽.

51) 施添福, 『蘭陽平原的傳統聚落: 理論架構與基本資料(上)』(宜蘭縣立文化中心, 1996), 58-60쪽.

말단업무를 기층에서 실질적으로 담당한 가·장·사는 대만 통치의 성
패와 무관할 수 없었다.

가장과는 구별되는 계통으로서 주로 경찰 업무를 보조한 기층조직
이 바로 보갑이다. 대만총독부는 1898년 〈保甲條例〉를 발포하여 기층
주민을 조직한 지 12년 만인 1910년에 이미 대만 인구의 79.6%를 보갑
에 편제시킬 정도로 기층 주민을 급속히 조직화하는 데 성공했는데,[52]
보갑의 우두머리인 保正과 甲長은 호구조사와 보갑 내 호구의 이동, 전
염병 예방, 種痘의 시행, 아편 흡연의 단속, 害蟲獸疫의 예방, 교량과
도로의 보수, 봄과 가을 두 차례에 걸친 청결법의 시행 등을 담당했
다.[53] 따라서 형식적으로는 경찰보조기구였지만, 경찰이 지청의 장악
을 통해 일반행정을 장악한 현실하에서는 街莊 행정의 하부조직으로
서의 의미도 동시에 가지게 되었다.[54] 요컨대 경찰로 하여금 지방행정
을 장악할 수 있게 만든 제도적 장치에 더하여 경찰의 직접적인 통제
하에 가장 및 보갑 등의 기층 주민조직을 포섭했다는 사실은, 대만의
지방통치를 공고히 할 뿐만 아니라 지방통치의 기초자료인 양질의 통
계를 생산하기 위한 통계시스템의 원활한 작동을 보증할 수 있었음을
의미한다.[55]

---

52) 문명기, 「대만·조선의 '식민지근대'의 격차―경찰 부문의 비교를 통하여」, 90-92쪽.

53) 中山善史, 「日治初期臺灣地方衛生行政―以衛生組合爲中心探討」, 淡江大學 日本
研究所 碩士學位論文, 2007, 70쪽.

54) 王學新, 『日治時期臺灣保甲制度之研究(總督府檔案專題研究一)』(國史館臺灣文
獻館, 2009), 21-40쪽.

55) 佐藤正廣, 앞의 책, 228-230쪽은 일본에 의한 대만통치 10년 만에 현지 지역사회
내부에 총독부의 통치에 협력하는 사람들이 조직되기 시작했음을 지적하고 있
다. 예컨대 1905년의 임시대만호구조사를 말단에서 담당한 조사위원에는 주로
순사와 순사보, 감독위원에는 경부와 경부보가 선임되었고, 여기에 현지 주민이
조사에 참여했다고 추측하고 있다. 그 근거는, 조사 관계자가 패용한 '職員徽章'
의 경우 조사위원용 5,321개, 통역용 2,289개가 배포된 반면, 실제 배치된 인원은

　이 점은 식민지 조선에서의 호구조사와 대비해보면 더욱 잘 드러날
수 있다. 우선 조사원의 충원부터 살펴보자. 1910년대부터 호구조사의
실질적인 주체는 경찰이었고, 1920년의 임시호구조사에서는 경찰 외에
도 町總代(京城府 등)와 面 직원(지방) 등을 조사원으로 동원했고,56)
1938년부터 시작된 人口動態統計調査에 관해서는 부윤과 읍면장이 책
임기관으로 설정되는 등 점차 지방행정기관도 참여하게 된 듯하다.57)
하지만 1920년에 시행하기로 한 조선의 국세조사는, 1919년의 3·1운동
이 1년 남짓 지난 시점에서 국세조사의 실시가 민심을 동요시킬 수 있
다는 이유로 시행되지 않았다. 그 대신에 임시호구조사로 대체하게 되
는데, 실제로 국세조사가 실시되지 못한 더 근본적인 원인은 조사원을
구하기 힘들다는 사정 때문이었다. 특히 3·1운동 이후 헌병경찰에서
일반경찰로 전환되면서 일본으로부터 대폭 증원된 경찰은 조선어가
서툴렀고, 이들 일본인 경찰을 위해 일할 대규모의 통역도 조달하기 어
려웠다.58) 결국 도시 지역에서는 町總代가 동원되었지만 이들은 보수
도 없이 부려먹기만 한다는 불평의 목소리를 높이는 등 전체적으로 비
협조적인 분위기였다.59)

약 4,200여 명의 조사위원과 1,400여 명의 통역이 배치되었다는 것이다. 이러한
참여 인원의 수치상의 차이(최소 1,000명에서 최대 2,000 명)가 바로 현지주민의
참여를 암시한다는 것이다. 하지만 일반행정과 기층의 주민조직을 보갑의 형태
로 장악한 경찰의 강제력이 없었더라면 현지 주민의 협력 역시 이끌어내지 못했
을 것이라는 점에서 볼 때, 통치 초기 현지 사회의 협력을 과도하게 강조하는 것
이 역사적 현실과 어느 정도나 부합할지 의문이 들기도 한다.

56) 박명규·서호철, 앞의 책, 72-73쪽.

57) 〈朝鮮人口動態調査規則〉(朝鮮總督府令第161號)(『朝鮮總督府官報』 第3236號, 1937.
　　10. 27)의 제2조에 따르면, 해당 규칙에 의한 조사 자료는 혼인, 이혼, 출생, 사망
　　및 死産에 관하여 人口動態調査表를 사용해 부윤 또는 읍면장이 제출해야 한다
　　고 되어 있다.

58) 박명규·서호철, 앞의 책, 76-77쪽.

조사원 문제뿐만 아니라 호구조사의 내용에 있어서도 큰 차이를 보였다. 1920년 내지와 조선·대만에서 실시한 국세조사(조선에서는 임시호구조사)의 조사항목을 비교한 아래의 표를 보면 잘 드러나듯이, 일본의 조사항목을 기준으로 했을 때 대만에서는 오히려 조사항목이 추가된 반면 조선에서는 조사항목이 더 간략해져 있다.

〈표 1〉 일본·조선·대만 國勢調査別 조사 내용(1920년)[60]

일본	조선	대만
국세조사	임시호구조사	국세조사
(1) 氏名 (2) 世帶에서의 地位 (3) 性別 (4) 出生年月 (5) 配偶關係 (6) 職業 및 職業上 地位 (7) 出生地 (8) 民籍 또는 國籍	조선인: (1) 府·郡別 現住 戸數·人口 (2) 職業別 現住 戸數·人口	일본 국세조사의 모든 항목
	내지인: 氏名, 性別, 年齡, 配偶關係, 職業, 民籍	(추가) (1) 種族 (2) 不具의 種類 (3) 不具의 原因 (4) 土語 解讀力 (5) 國語(日本語) 解讀力 (6) 읽고 쓰는 정도 (7) 阿片 吸煙 여부 (8) 纏足 여부 (9) 本籍 (10) 타이완 渡來 年度 (11) 常住地

이렇게 식민지시대 대만에 비해 현격히 간소화된 조사항목을 식민지시대 조선에서 설정한 원인에 대해 기존 연구는 ① 韓國統監府(1905년) 이래 거듭된 호적조사가 조선 말기의 호적 파악률에 비해 급증을

59) 박명규·서호철, 앞의 책, 80쪽은『매일신보』와『동아일보』의 기사를 인용하여 임시호구조사에 대한 오해와 불만을 전하고 있다.
60) 박명규·서호철, 앞의 책, 109쪽. 臨時臺灣戸口調査部,『明治三十八年臺灣人口動態統計－原表之部』[臺灣總督府官房統計課, 1906(1911年 刊行)]의〈범례〉에도 "本編 통계표는 비교상의 편익을 위해 대체로 그 형식을 내각통계국이 편찬한『日本帝國人口動態統計』에 준하였다. 다만 예외가 없지 않다. 종족과 직업이 추가되었다"고 밝히고 있다.

보인 탓에 조선총독부가 과거의 조사결과에 대해 상당한 자신이 있었기 때문이라거나[61] ② 두 식민지에 대한 인류학적 관심의 차이 등으로 추정하고 있지만,[62] 필자의 관찰에 근거해 볼 때 이는 두 식민지에서의 지방 및 기층행정조직의 정비 정도, 그리고 그에 비례한 호구조사(또는 국세조사)의 집행력과 관련된 문제 아닐까.[63] 다시 말해 아직까지 근대적 통계나 각종 정보 제공에 익숙하지 않은 식민지 주민을 대상으로 한 국세조사나 호구조사는 강제력이 동반될 수밖에 없었다면, 결국 관건은 식민지 주민의 잠재적/노골적 비협조에도 불구하고 통치에 필요한 정보, 즉 통계를 얻어낼 수 있는 강제력을 식민지권력이 얼마나 가지고 있었는가가 조사항목의 다과와 조사내용의 수준을 결정한 것은 아닐까.[64]

---

[61] 藪內武司, 『日本統計發達史研究』(法律文化社, 1995), 226쪽.

[62] 박명규 · 서호철, 앞의 책, 111쪽.

[63] 婚姻 · 離婚 · 出生 · 死亡 · 死産의 다섯 항목에 대해 별도의 調査表를 만들어 편찬하는 人口動態統計의 경우에도, 대만에서는 1905년, 즉 임시대만호구조사가 실시된 해부터 실시되어 이듬해부터 해당 통계가 생산되었던 반면(臨時臺灣戶口調査部, 『明治三十八年臺灣人口動態統計－原表之部』[臺灣總督府官房統計課, 1906)], 조선에서는 1937년 10월에 가서야 근거법령인 〈朝鮮人口動態調査規則〉이 만들어지고 이듬해부터 인구동태통계가 생산되고 있다[朝鮮總督府, 『昭和十三年朝鮮人口動態統計』(1939)]. 조선총독부는 인구동태통계의 생산을 위해 선행사례인 대만의 인구동태통계를 참고하려 했던 것 같다. 한국 국립중앙도서관에 소장된 臺灣總督府 官房統計課, 『大正二年臺灣人口動態統計記述報文』[1915(大正4)]에는 조선총독부 도서임을 밝히는 인장에 '昭和12.2.15'라고 되어 있다. 왜 이 시점에 새삼스레 인구동태통계를 작성해야 했는지는 알 수 없지만, 어쨌든 인구의 이동과 변동과 관련하여 대만에서는 대단히 이른 시기부터 비교적 철저히 파악하려 했음을 엿볼 수 있는 것 같다.

[64] 이러한 주장에 대하여, 이는 두 식민지의 통치 시점(즉 1895년과 1910년)의 차이를 무시한 결과라는 반론이 있을지도 모르겠으나, 1905년에 실시된 임시대만호구조사에서도 조사항목은 1920년의 그것과 유사하게 종족, 상용어, 전족 여부, 아편 흡연 여부 등이 포함되어 내지의 국세조사 조사항목보다 많았다(佐藤正廣, 앞의 책, 202-203쪽).

한편 대만통계협회의 기관지에 해당하는 『臺灣統計協會雜誌』 기사를 보면, 전체 기사 4,414건 중 인구와 관련된 것이 1,241건으로 28%를 차지하고 있고, 통계실무에 관한 것이 282건(6%), 통계출판물 소개가 219건(5%), 강습회 보고기사가 206건(5%) 등이었다.[65] 식민지 통치와 관련해 가장 중요한 파악 대상이 토지와 인민이라면, 토지의 경우 이미 토지조사사업을 통해 관련 통계와 정보가 완비되었고, 토지조사가 완료된 1905년 이후 식민지권력의 주된 관심사는 이미 인민으로 옮겨가고 있음을 간취할 수 있다. 이는 토지조사사업의 완료에 뒤이어 임시대만호구조사로 이어진 식민지시대 대만 통계조사의 진전 과정과도 정확히 대응되는데, 두 조사의 관련성에 대해서는 다음 장에서 살펴보기로 한다.

4. 통계 시스템의 정착과 통치능력의 질적 전환

임시대만호구조사 실시 방침에 따라 대만총독부는 臨時臺灣戶口調査部를 한시적으로 설립하고 部長에 고토 심페이, 主事에 미즈시나 시치사부로를 각각 임명했다. 調査區는 약 100所帶(＝世帶)를 단위로 설정하여 각 조사구에 1명, 총 4,200여 명의 조사위원이 조사를 담당했고, 통역 역시 약 1,400여 명을 배치했다.

조사의 원활한 진행을 위해 총독부는 1903년과 1904년에 강습회를 실시했고, 1904년 8월에는 桃仔園廳 桃園街에서 시험조사도 실시되었다. 調査個票의 기입과 정리로 시작된 임시대만호구조사가 結果表의

---

65) 佐藤正廣, 앞의 책, 50-51쪽.

집계 완료(1907년 7월 31일)까지 약 2년의 기간이 소요되었고, 조사 준비부터 따지면 약 5년이 소요된, 총독부 관리의 약 6%가 연인원으로 동원된 대사업이었다. 전술했듯이 러일전쟁으로 인해 본국에서는 실시되지 않은 점을 감안하면 일본 최초의 국세조사라 할 수 있고, 조사 항목 역시 후에 실시된 본국의 국세조사보다 많았다.[66]

임시대만호구조사를 통해 대만 인민을 체계적으로 통제할 수 있는 통계적 기초가 확실히 마련되었다고 할 수 있다. 즉 대만총독부는 피식민지 주민에게 단순한 침묵이나 순응을 넘어 식민 통치에 필요한 수자·사실·진리를 성실하게 제공하도록 강제할 지식적 근거를 완비할 수 있게 된 것이다.[67] 동시에 임시대만호구조사는 식민지시대 대만에 있어서의 통계시스템 정착의 한 단계를 이룬다. 이 점을 『臺灣總督府報告例』를 통해 살펴볼 수 있는데, 1898년 이래 총독부가 실시한 조사는 대부분 『臺灣總督府報告例』에 따라 조사되고 보고되었다. 이들 報告例에 제시된 조사항목을 보면, 1898년 시점의 조사항목은 총 445개로 수치를 포함한 것이 350개, 그렇지 않은 것이 95개였다. 반면 1917년의 조사항목은 289개로 현저히 줄어들게 된다. 이는 1895년 이래 약 20년간 총독부에 의한 대만 실정에 대한 파악이 크게 진전되고 전신·전화 등의 기본적인 정보인프라의 정비가 완료된 결과로 보아도 무방할 듯하다.[68]

다만 임시대만호구조사는 그 자체로서 성립하는 것이 아니라 중요한 역사적 전제가 필요했는데, 그것이 바로 토지조사사업이다. 호구조사가 인민을 통치 권력의 의도에 맞게 재조직하고 이를 통해 통치에

---

66) 佐藤正廣, 앞의 책, 202-203쪽.
67) 姚人多, 「認識臺灣: 知識·權力與日本在臺之殖民治理性」, 『臺灣社會硏究』 42期, 2001, 155쪽.
68) 佐藤正廣, 앞의 책, 176-178쪽.

필요한 정보를 얻어내는 것이라면, 주민을 분류하고 파악하는 물리적 기초로서의 공간적 재편이 전제되기 때문이다. 이 물리적 기초는 대체로 토지조사사업을 통해 확보되었다는 것이 필자의 판단이다. 대만 토지조사사업에 관해서는 적지 않은 연구 성과가 있고[69] 또 조선 토지조사사업과의 관련에서도 논의가 이루어진 실정이다.[70] 따라서 여기서는 대만 통계시스템의 정착 문제와의 관련하에서만 토지조사사업을 다뤄보고자 한다.

토지조사사업은 근대적 토지소유권의 확립, 세수의 확대, 근대적 법률문화의 정착 외에도 全島 차원의 지도 작성이라는 중요한 성과를 낳았다. 식민지시대 대만에서는 총 6질의 실측 지형도가 제작되었다.

〈표 2〉 식민지시대에 제작된 실측 대만지형도[71]

명칭	비례	제작 張數	제작(측도) 시기	제작 기관
臺灣地形圖	1 : 50,000	85	1895~1896	陸地測量部 臨時測圖部
臺灣堡圖	1 : 20,000	466	1904	臨時臺灣土地調査局
臺灣地圖	1 : 100,000	36	1905	臨時臺灣土地調査局
臺灣蕃地地形圖	1 : 50,000	68	1907~1916	臺灣總督府 警察本署 및 臺灣總督府 蕃務本署
臺灣地形圖	1 : 25,000	177	1921~1928	陸地測量部
臺灣地形圖	1 : 50,000	117	1924~1938	陸地測量部

---

69) 涂照彦, 『日本帝國主義下の臺灣』(東京大學出版會, 1974); 江丙坤, 『臺灣地租改正の研究－日本領有初期土地調査事業の本質』(東京大學出版會, 1975) 등.

70) 宮嶋博史, 「比較史的 觀點에서 본 朝鮮土地調査事業－이집트와의 비교」, 안병직 등편, 『근대조선의 경제구조』(비봉출판사, 1989); 이영학·문명기, 「일제하 대만과 조선의 토지조사사업 비교연구－두 사업의 계승성과 차이점을 중심으로」, 『2012 포스코 아시아포럼(아시아 문화와 가치의 재발견) 발표자료집』, 2012 등이 있다.

71) 施添福, 「臺灣堡圖－日本治臺的基本圖」, 『臺灣堡圖集』(遠流, 1996)의 〈表一: 日治時代實測臺灣地形圖〉에 근거함.

이 중에서 임시대만호구조사와 밀접한 관련을 가진 것이 臺灣堡圖
이다.72) 대만보도는 대만 통치에 있어서 토지대장과 함께 가장 중요한
자료일 뿐만 아니라, 임시대만호구조사를 가능케 해주었다는 점에서도
본고와 관련하여 가장 중요한 지도이다. 대만총독부는 전면적인 토지
조사와 측량에 더하여 삼각측량 방식을 통해 全島에 걸쳐 1:600~1:
1,200의 비례를 가지는 地籍圖(총 37,869장)로 정리하고, 이 지적도를
다시 1:20,000의 비례를 가진 대만보도(총 464장)로 간행했다. 이들 지
도에는 堡別로 당시의 지형·지세는 물론이고 토지이용 상황이나 지
명, 취락의 명칭, 취락의 경계, 도로, 논밭 등에 관한 정보를 포괄하고
있었다.73)

지적도와 대만보도가 완성된 후에 비로소 대만 하급 지방행정의 관
할 범위에 확실한 경계선이 생겼다.74) 본고와의 관련에서 특히 중요한

---

72) 堡는 원래 청대부터 식민지시대인 1920년까지 曾文溪 이북에서 宜蘭에 이르기까
지의 지역에서 사용하던 일종의 지방행정단위였고, 曾文溪 이남에서 堡에 상당
하는 행정단위는 里였다. 대만 동부에서는 鄉, 澎湖에서는 澳라고 불렸다. 이들
堡·里·鄉 밑에 街·庄·社라는 자연촌락이 존재했다(施添福, 「臺灣堡圖-日
本治臺的基本圖」, 『臺灣堡圖集』(遠流, 1996)의 '(四)清末堡圖的起源和製作').

73) 施添福, 「日治時代的基地測量部和臺灣地形圖」, 『日治時代二萬五千分之一臺灣地
形圖使用手冊』(遠流, 1999); 施添福, 「臺灣堡圖-日本治臺的基本圖」, 『臺灣堡
圖集』(遠流, 1996) 등을 참조.

74) 하지만 부언해둘 것은, 식민지시대의 토지조사사업은 청말 대만 巡撫 劉銘傳의
토지조사(당시에는 '清丈'이라 불림)가 제시한 청사진을 토대로 했다는 점이다.
따라서 유명전의 토지조사를 대만보도와 관련하여 간략히 서술해둘 필요가 있
다. 원래 청대의 堡는 대부분 범위가 모호해서 명확한 공간적 경계를 가지지 않
았는데, 유명전의 토지조사에 이르러 비교적 분명한 경계를 가지게 되었다. 유명
전의 토지조사 당시 제작한 지도는 散圖, 區圖(또는 總圖), 庄圖, 堡圖 및 縣圖의
5종이었다. 실지에서 토지측량을 거친 토지를 일일이 그린 것이 散圖이고, 몇 개
의 토지를 묶어 작성한 것이 區圖, 자연촌락인 庄의 몇 개 區를 묶어 그린 것이
丈圖, 그리고 몇 개의 庄을 포괄하여 堡圖를 작성하고, 마지막으로 이들 몇 개의
堡를 묶어 상위의 행정단위인 縣에 대응한 縣圖를 제작했다. 이 모든 지도제
작의 가장 기본이 된 散圖는 삼각측량이나 水準測量 등의 근대적 방식에 의한

것은 1905년에 성립한 대만 호적제도가 바로 토지조사사업을 기초로
하고 있다는 점이다. 調査員이 인구 자료를 조사하기 전에 먼저 各戶
의 戶籍番號를 확인해야 했는데, 이 호적번호는 바로 (1900년 전후에
실시된 지방행정구역 재편과 함께) 토지조사사업 종료 후에 설정된
地籍番號였다.[75] 이 점을 蘭陽平原(현재의 대만 북부의 宜蘭縣)을 사
례로 하여 살펴보자. 1900년 말 蘭陽平原은 토지조사사업이 완료되었
고, 관할 기관인 宜蘭廳은 곧바로 토지조사사업 당시의 査定區域이었
던 街庄과 土名[76]을 근대적 행정구역으로 대체하는 작업에 착수했다.
당시 사정구역은 12개의 堡와 140개의 街庄 및 235개의 土名으로 나

엄밀한 실측도 아니었고, 또 이를 여러 단계에 걸쳐 합성해서 제작한 堡圖 역시
堡內 각 庄의 개략적인 위치만을 드러내줄 뿐이었지만, 대만의 堡와 庄에는 이
단계에 와서야 비로소 비교적 분명하고 고정적인 명칭과 구역범위가 생긴 것이
다. 또한 유명전의 토지조사 과정에서 몇 개의 庄을 합해 堡로 확정함으로써 명
확한 지방행정 구획이 성립했다. 식민지시대의 토지조사사업 당시 조사와 실측
의 단위가 된 것이 바로 이때 만들어진 지방행정구역이다. 아울러 유명전의 토
지조사사업 당시 구현하려 했던 '以圖統地'의 개념 역시 대만총독부에 의해 수용
되었다(施添福, 「臺灣堡圖 – 日本治臺的基本圖」, 『臺灣堡圖集』(遠流, 1996)의
'(四)清末堡圖的起源和製作').

[75] 施添福은 蘭陽平原을 사례로 삼아 토지대장과 호적자료 간의 밀접한 관련을 설
명했다. 총독부는 토지조사사업 당시 작성된 堡圖에 표시된 街 · 庄 · 社 등의 공
간 단위를, 이후의 총 9차례의 지방행정 조직상의 변경을 겪으면서도 기본적으
로 그대로 유지했다고 보았다(施添福, 『蘭陽平原的傳統聚落: 理論架構與基本資
料(上)』, 1996, 30-78쪽).

[76] 土名은 유명전의 토지조사와 행정구역 개편 결과 탄생한 것이다. 유명전은 토지
조사가 완료된 후 庄을 재편했는데, 이때 세 가지 상이한 형태의 庄이 만들어졌
다. 우선 원래의 庄이 그대로 단독의 庄으로 된 경우가 있다. 다음으로 몇 개의
小庄을 하나의 庄으로 합병하되 가장 유명한 庄名을 합병 후의 庄名으로 삼고
나머지는 土名(일정한 구역에 대해 과거에 관례적으로 쓰던 명칭)이 되었다.
마지막으로 몇 개의 小庄을 하나의 庄으로 합병하는 것은 두 번째와 동일하지
만 기존의 庄名을 쓰지 않고 새로운 庄名을 부여하는 경우, 원래의 各庄은 모
두 土名이 되었다(施添福, 「臺灣堡圖 – 日本治臺的基本圖」의 '(四)清末堡圖的起
源和製作').

뉘어 있었는데, 宜蘭廳長은 廳令(제1호)을 통해 사정구역에 근거하여 街庄社의 長이 관할하는 구역을 13區로 재편했다. 이때 區는 堡를 단위로 했고 堡마다 1區를 설치했다. 다시 말해 토지조사사업 당시 활용된 사정구역을 통해 더욱 체계적인 街庄 및 土名 체계를 갖추게 된 것이다.

더욱 중요한 것은, 街庄名과 土名을 단위로 하여 '땅을 통해 인민을 지배하는(以地統人)', 또는 '지적을 통해 인적을 지배하는(以地籍統人籍)' 방식이 고안된 것이다. 예컨대 한 街庄名 또는 土名 내의 토지에는 地籍을 표시하는 일련번호가 이미 매겨져 있었는데, 이 일련번호를 그대로 호적의 일련번호로 삼은 것이다. 다시 말해서 한 戶의 戶口는 해당 戶가 소재한 토지의 地號(= 地番)을 그대로 번호(= 番地)로 사용했다. 때문에 한 街庄名 또는 土名 안에서 지적과 인적, 토지와 인구가 긴밀하게 연결되었고, 식민지시대에 걸쳐 총 9번의 행정구역 개편을 거치면서도 堡圖에 표시된 街庄名 또는 土名은 그대로 유지되었다.[77] 이렇게 堡圖에 수록된 정보를 기반으로 편성된 戶口名簿를 통해 각호의 주소, 인구, 거주지, 성별, 연령, 혼인여부, 사용언어, 교육정도, 직업은 물론이고, 종족, 아편 흡연 여부, 전족 여부, 장애 여부 등의 정보까지 파악해 나간 것이다.[78]

뿐만 아니라 토지조사사업을 통해 획득한 정보는 1904년 총독부가 실시한 街庄의 실태조사에도 활용되어 보다 효과적인 기층행정을 위한 통계로서 활용되었다. 街庄 실태조사의 결과물이 「街庄狀態調査」

---

[77] 施添福, 앞의 책(上), 58-62쪽.

[78] 린원카이(林文凱), 「近代 統治理性의 역사적 형성 – 日治初期 대만 토지조사사업에 대한 재인식」, 『연세대학교 근대한국학연구소 제13회 국제학술회의(인류학과 법제사로 본 일제의 동아시아 관습조사) 자료집』, 2013, 99-100쪽.

인데, 이에 따르면 1904년 시점에서 街庄은 총 3,170개이고 廳別로 약 150개 정도였으며, 街庄에 속한 인구는 약 2,920,000명, 호구는 550,000 戶, 경지면적은 800,000甲이었다. 따라서 1街庄 = 902人 = 170戶 = 251甲 이라는 수치로 환산될 수 있었다.[79] 이는 개별 街庄의 행정을 집행하는 데 필요한 인적·물적 자원의 합리적 계산이나 동원할 수 있는 주민의 수자 등을 합리적으로 계산하는 데 기초적인 자료로서 활용되는 등,[80] 대만총독부의 총체적인 통치능력을 질적으로 전환시키는 역할을 수행하게 된다.[81]

5. 맺음말

이상의 서술을 통해 필자는 일본의 대만 통치와 통계시스템의 상호연관성을 식민지관료의 대만통치론과 통계에 관한 인식, 통계시스템의 정비과정과 구조, 그리고 토지조사사업이나 임시대만호구조사 등 개별적인 조사사업과 통계시스템의 관계 등을 통해 드러내보고자 하였다. 그 결과 대만에 있어서의 근대적 통계시스템의 도입과 정착에는 과학적 조사와 연구를 통한 '문명'의 이식을 열망한 고토 심페이 등 식민지관료의 열정이 중요한 배경을 이루고 있었다는 점, 통치 초기부터 비교적 정확한 통계자료를 양산하는 데는 통계시스

---

79) 佐藤正廣, 앞의 책, 124쪽.

80) 예컨대 1914년 실시된 泰魯閣 生番에 대한 討蕃事業 당시 약 94,754명의 役夫가 동원되었는데, 동원의 주체는 宜蘭廳, 花蓮港廳 및 警察隊였지만 실제 동원 인원을 선별하고 할당된 숫자를 실제 동원하는 데는 경찰대의 명령을 받은 보갑에 의한 것이었다(王學新, 앞의 책, 92-102쪽).

81) 린원카이(林文凱), 앞의 글, 84-85쪽.

템 자체의 정비 못지않게 정확한 통계 산출을 강제할 수 있는 (주로 경찰력을 중심으로 한) 지방행정체제의 정비, 특히 기층 주민조직의 정비가 큰 역할을 했다는 점, 그리고 통치 초기의 토지조사사업과 임시대만호구조사 등의 각종 조사사업은 완성도 높은 통계시스템과 통계자료 생산의 중요한 계기가 되었다는 점 등을 확인할 수 있었다.

이로써 식민지시대 대만사회는 대략 통치 10년 만에 동시대의 중국 대륙과는 달리 '수량적으로 관리 가능한'(mathematically manageable) 사회로 변모했고,[82] 그 결과 식민 통치의 효율만큼은 크게 증대될 수 있었던 것 같다. 일본의 대만 통치가 '작은 메이지유신'이라 불리거나[83] 동시대 및 전후 일본사회가 대만 통치를 성공한 것으로 평가하기를 그다지 주저하지 않는 것도 대만 통치의 완성도에 대한 일정한 자신감을 배경으로 하고 있음은 물론이다. 다만 이러한 성취는 그 과정에서 대만 주민을 철저히 타자화하는 '이성의 독재'이자[84] '문명의 虐政'의[85]

---

[82] 황런위(黃仁宇)는 사회의 제반 분야에서 수량관리가 이루어지는 것이 근대화라고 일관되게 주장하는데, 예컨대 황런위 지음, 이재정 옮김, 『자본주의 역사와 중국의 21세기』(이산, 2001), 42쪽은 "'효율적인 사유재산권의 행사'는 (중략) 여러 가지 경제적 요소가 공평하고 자유롭게 교환되는 단계에 이르고 그로 말미암아 국가 전반이 수량적으로 관리됨을 의미한다"고 말하고 있다. 반면 科大衛(D. Faure), 周琳·李旭佳 譯, 『近代中國商業的發展』(浙江大學出版社, 2010), 46-78쪽; 198-215쪽은 청대에 시장경제가 상당히 발달하지만, 이런 경제 형태는 계약이나 관행등 비공식적인 시스템하에 수립되었고, 종족이나 기타 사회적 '비호' 관계에 의해 경제활동에 필요한 신용관계가 지탱되었다고 본다. 반면 같은 시기 서구의 시장경제의 발달은 은행, 주식회사 및 이를 뒷받침하는 각종 법률제도 등의 공식적 시스템에 의해 지탱되었다고 보고 있다.

[83] 周婉窈, 손준식·신미정 역, 『아름다운 섬, 슬픈 역사』(신구문화사, 2003), 152쪽.

[84] 溝部英章, 「後藤新平論-鬪爭的世界像と'理性の獨裁(一)」, 『法學論叢』 100-2, 1976, 73-76쪽에 따르면 "대만에서 실험되고 성공을 거둔 것은 소위 생물학적 원칙에 기초한 통치"였고, '이성의 독재'란 "이성적으로 탁월한 통치자의 투철한 눈만이 파악할 수 있는 사물의 법칙과 그에 즉한 실천적 조치"이다.

결과라는 점도 동시에 인식해야 할 것 같다.[86] 통치의 완성도에 있어
서는 다소 뒤처졌다는 평가를 받으면서도[87] 식민지 지배로 인해 훼손
된 주체성을 확보하려는 노력이 (현재까지도) 진행되고 있는 한국(조
선)의 사례를 볼 때, 식민지시대 대만이라는 역사적 사례는 우리에게
여러 면에서 참조점을 제공하는 것 같다.

---

[85] 고토는 "대만인 300만 중 30만 명이 아편 흡연의 습관을 가지고 있다. 15만 명이
라 해도 그 ½인 5만 명이 규정을 위반해 투옥된다면, 감옥은 어떻게 건설할 것
인가? 토비가 감옥을 공격하면 어떻게 해야 하는가? 수감자가 폭동을 일으키면
어떻게 조치해야 하는가? 병력을 동원해 유혈사태를 조성해야 하는가? 이 문제
들을 병력을 동원해 해결한다 하더라도 이것을 仁政이라 부를 수 있는가, '文明
의 虐政' 아닌가?'라고 언급한 바 있다(後藤新平, 『日本植民論』(公民同盟出版部,
1915), 60쪽). 하지만 그의 대만 통치는 결과로서의 '仁政'과 과정으로서의 '虐政'
이 복잡하게 뒤얽힌 것이었고, 식민지 주민에 대해 최소한의 정치적 권리도 부여
하지 않은 채 이루어진 것이었다. 고토가 후에 '文裝的 武備'를 주장하면서 "王道
의 기치를 내걸고 覇道의 치술을 행한다"고 말한 것도 우연은 아닐 것이다(林呈
蓉, 앞의 책, 215쪽).

[86] 민두기, 『시간과의 경쟁-동아시아 근현대사 논집』(연세대학교 출판부, 2001),
228쪽은 대만의 이러한 문명화 과정을 '주체성이 빠진 근대화'로 표현하고 있다.

[87] 두 식민지의 '통치효과'의 차이에 관해서는 문명기, 「대만·조선총독부의 초기 재
정 비교연구-'식민제국' 일본의 식민지 통치역량과 관련하여」, 『중국근현대사연
구』 44집, 2009를 참조.

출처

제1부 '근대' 지식과 역사

- 김종복, 「백암 박은식의 발해사 인식과 그 서술 전거」, 『한국사학보』 54, 2014.
- 김지훈, 「근대 중국 신사학의 수용과 변용」, 『韓國史學史學報』 27, 2013.
- 이규수, 「일본의 근대학문과 국사편찬−수사(修史) 사업을 중심으로」, 『역사문화연구』 50집, 2014.
- 이진일, 「서구의 민족사 서술과 동아시아 전이−랑케 역사학의 수용을 중심으로」, 『韓國史學史學報』 29, 2014.
- 정현백, 「제국주의 시대 독일의 학자가 바라본 동아시아 역사−오토 프랑케의 『중국제국사』를 중심으로」, 『史林』 48, 2014.

제2부 식민정책과 역사인식

- 박찬흥, 「『朝鮮史』(朝鮮史編修會 編)의 편찬 체제와 성격−제1편 제1권(朝鮮史料)을 중심으로」, 『史學研究』 99, 2010.

■ 도면회, 「조선 총독부의 문화정책과 한국사 구성체계-『조선반도사』와
　　　『조선사의 길잡이』를 중심으로」, 『역사학보』 222, 2014.
■ 김종준, 「일제 시기 '(일본)국사'의 '조선사' 포섭 논리」, 『한국학연구』 29,
　　　2013; 『식민사학과 민족사학의 관학아카데미즘』(소명출판), 2013.
■ 장　신, 「1930년대 경성제국대학의 역사교과서 비판과 조선총독부의 대
　　　응」, 『동북아역사논총』 42호, 2013.

제3부 식민지식의 파동

■ 임경석, 「사상검사 이토 노리오(伊藤憲郎)의 조선 사회주의 연구」(「일본
　　　인의 조선 연구: 사상검사 이토 노리오의 사회주의 연구를 중심
　　　으로」), 『韓國史學史學報』 29, 2014.
■ 이경돈, 「신민(新民)의 신민(臣民)」, 『상허학보』 32, 2011.
■ 최규진, 「대동아공영권론과 '협력적' 지식인의 인식지형」, 『역사문화연
　　　구』 50, 2014.
■ 이상의, 「일제하 미국유학생의 자본주의 근대화론과 노동관」, 『歷史敎
　　　育』 119, 2011.
■ 문명기, 「식민지시대 대만에 있어서의 통계시스템의 정착과 그 역사적
　　　조건」, 『역사문화연구』 50, 2014.

찾아보기

【ㄱ】

간접적 식민주의(indirect colonialism)
161

『개벽』 346, 347, 349, 351, 352, 353,
354, 355, 356, 357, 358, 360, 361,
362, 364, 365, 366, 368, 369, 370,
372, 373

개조론 360

경성제국대학(경성제대) 219, 249, 256,
257, 260, 261, 269, 275, 277, 278,
279, 280, 281, 287, 289, 293, 294,
296, 297, 298, 307, 310, 311, 396,
424

경제적 민주주의 413, 430

경제적 자유주의 413, 429, 430, 434,
438

고등경찰 318

고증학 85, 103, 118, 121, 122, 123, 174

과격파 333, 342

과학적 산업경영 430, 437, 438, 455

구관조사 459, 465, 471

구관제도조사사업 176

구로이타 가쓰미(黑板勝美) 211, 214,
229, 241

국가주의 60, 61, 73, 80, 81, 115, 124,
222, 239, 245, 266, 275, 332, 416

국민정신작흥운동 222

국사교과서 240, 249, 252, 255, 259,
264, 265, 280, 282, 285, 286, 288,
289, 291, 292, 301, 305, 308, 311

국사교육 236, 239, 243, 244, 245,
246, 247, 248, 249, 250, 253, 255,
256, 257, 261, 262, 263, 265, 270,
278, 285, 304

국혼론(國魂論) 19, 20

근대화론 413, 434, 454

금석문 171, 185, 189, 191, 197, 198
金佑枰 432
金顯哲 432
金勳 433, 439
기독교 사회주의 443
김남천(金南天) 271
김도연(金度演) 430, 431, 435, 436, 437

【ㄴ】

내선일체 259, 263, 264, 265, 266, 305, 396, 397, 398, 399, 400, 406, 407
내지연장주의 219, 302, 303
노동문제 412, 413, 430, 431, 438, 439, 440, 441, 442, 443, 444, 449, 454, 455, 456
노동정책 412, 445
노자협조론 430, 439, 450, 454
노자협조주의 443, 452

【ㄷ】

단군(檀君) 19, 20, 26, 33, 169, 173, 176, 182, 183, 196, 197, 199, 213, 217, 226
단기정통론(檀箕正統論) 22
대동아공영권 267, 270, 375, 376, 378, 379, 380, 381, 382, 384, 385, 388, 389, 390, 394, 395, 397, 403, 406, 407

대동아전쟁 390, 401, 402, 403
대만총독부 220, 462, 463, 466, 467, 468, 470, 475, 479, 480, 482, 485
대만통계협회 461, 471, 474, 479
대조영 27, 28, 34, 35, 36, 37, 38, 43, 44, 46, 47
대종교(大倧敎) 20, 32, 35, 37, 40, 47
데라우치 205, 207, 208, 209, 210, 219
『동국사략(東國史略)』 25
동아신질서 265, 270, 273, 375, 376, 377, 380, 385, 386, 387, 389
동아연맹론 375, 386, 387, 388, 398
동아협동체론 375, 382, 386, 387
동양 먼로주의 384
동양학 110, 270
동화정책 201, 209, 238, 254, 275, 276, 467
동화주의 201, 464, 466, 467

【ㄹ】

람프레히트(Karl Lamprecht) 50, 51, 55, 56, 57, 58, 81, 126
랑케(Ranke) 56, 92, 96, 109, 111, 112, 118, 119, 121, 123, 124, 125, 126, 127, 128, 129, 130, 139, 140, 141, 142, 143, 157, 160, 235, 241, 265

량치차오(梁啓超) 49, 52, 53, 54, 74,
　113, 114, 115, 119, 122

【ㅁ】

마르크스주의 248, 386, 401, 439
만선사관 203, 229, 230, 231, 232, 233
만선사학 169, 181
만주사변 221, 239, 250, 256, 271,
　275, 356, 373, 381, 383, 402
메이지유신 83, 89, 457, 486
문명화 219, 451, 458, 464, 467
문부성 101, 104, 259, 264, 286, 287,
　288, 289, 290, 297, 298, 301, 302,
　303, 305, 306, 308, 310, 312
문화주의 360
문화통치 233

【ㅂ】

박은식(朴殷植) 19, 20, 21, 22, 23, 26,
　32, 33, 34, 35, 36, 37, 38, 39, 40, 42,
　43, 45, 46, 47, 172
박치우(朴致祐) 268, 269, 273, 274
반공이데올로기 316
『발해태조건국지(渤海太祖建國誌)』
　20, 21, 32, 33, 34, 35, 36, 38, 43, 45,
　46, 47, 48
북미대한인유학생총회 425
분단체제 315, 413, 420

【ㅅ】

사상검사 317, 322, 323, 324, 326,
　341, 343
『사상월보』 326, 329, 333, 337
『사상휘보(思想彙報)』 326, 329
사회 다원주의 109
사회개량적 노자협조주의 443
사회주의 69, 267, 268, 276, 315, 316,
　317, 319, 320, 321, 322, 323, 324,
　325, 326, 327, 328, 330, 331, 332,
　333, 334, 335, 337, 338, 339, 341,
　342, 343, 345, 347, 349, 363, 371,
　372, 374, 402, 405, 406, 417, 420,
　434, 439, 440, 442, 443, 452
『삼국사기』 170, 171, 176, 182, 183,
　184, 185, 187, 188, 189, 190, 191,
　195, 196, 198, 199
『삼국유사』 170, 171, 176, 189, 191,
　195, 196, 197, 198, 199
상고주의 267
서인식(徐寅植) 267, 268
세계주의 50, 51, 60, 61, 70, 72, 73,
　74, 80, 81, 387
소일조약(蘇日條約) 345, 346, 349, 372
수사(修史) 85, 86, 87, 88, 89, 91, 92,
　93, 94, 95, 98, 101, 102, 103, 122
식민사관 202, 203
식민사학 167, 198, 202, 203, 204,
　241, 258, 266, 275

식민정책 70, 72, 161, 162, 207, 464, 468

신고전파 경제학 428, 429

신라정통론(新羅正統論) 22

『신민』 345, 346, 347, 348, 349, 350, 351, 352, 353, 354, 355, 356, 357, 358, 359, 360, 361, 362, 363, 364, 365, 366, 367, 368, 369, 370, 371, 372, 373, 374

「신사학(新史學)」 52

신채호(申采浩) 19, 23, 39, 46, 214

실력양성론 360

심전개발정책 222

쑨원(孫文) 77

【ㅇ】

안재홍 271, 366

역사교육 50, 51, 57, 58, 59, 61, 74, 235, 236, 237, 239, 247, 255, 258, 262, 274, 277, 278, 286, 289, 298, 300, 301, 308, 312

역사주의 109, 111, 112, 122, 123, 126, 128, 129, 143, 148, 154, 160, 265

옌푸(嚴復) 54

吳天錫 417, 418

우가키 가즈시게(宇垣一成) 222, 224, 232

『우라키』 412, 423, 425, 430

위험 사상 333, 342

유길준 417

유득공 29, 30, 34, 45, 48

유물사관 79, 391

이각종 345, 350, 353, 359, 363, 365, 373

이긍종(李肯鍾) 430, 431, 436, 437

이대위(李大偉) 432, 439, 440, 442, 443, 454

이훈구(李勳求) 430, 433, 439

인민전선 406

인종주의 393, 394

일선동조론 202, 203, 205, 208, 209, 210, 215, 229, 232, 257

【ㅈ】

자유주의 268, 270, 386, 390, 391, 401, 413, 419, 420, 429, 430, 434, 438, 455

장덕수(張德秀) 391, 433, 439, 444, 446, 454

장지연(張志淵) 22, 37, 38, 47

전체주의 238, 259, 263, 266, 267, 268, 269, 270, 271, 273, 274, 276, 386, 387

전향 266, 267, 373, 387, 391, 397, 402

제국대학 92, 95, 96, 97, 98, 101, 102, 103, 104, 247, 260, 290

제도주의학파 경제학 428
조병옥(趙炳玉) 430, 432, 450, 451,
　452, 453, 454
조선공산당 269, 315, 327, 328, 337,
　338, 339, 346
조선교육령 255, 256, 277, 278, 279,
　301, 302, 303, 304, 312
조선교육회 237
『조선반도사』 169, 171, 172, 173, 174,
　176, 204, 205, 210, 212, 213, 214,
　215, 221, 223, 224, 225, 226, 229,
　232
『조선사(朝鮮史)』 25, 165, 166, 167,
　168, 169, 170, 171, 173, 174, 175,
　176, 177, 178, 179, 180, 181, 183,
　184, 189, 191, 196, 197, 198, 199,
　200, 204, 213, 214, 221, 223, 224,
　225, 226, 229, 233, 293
『조선사의 길잡이』 205, 223, 224,
　230, 233
조선사편수회 166, 167, 168, 177, 182,
　184, 196, 197, 198, 199, 224, 226,
　256, 257, 261, 275, 293, 294
조선사편찬위원회 168, 173, 174, 177,
　181, 212, 223, 224
조선총독부 166, 167, 170, 173, 174,
　176, 198, 199, 201, 203, 204, 205,
　207, 210, 212, 217, 218, 219, 220,
　221, 222, 223, 224, 225, 230, 231,

232, 233, 255, 256, 275, 277, 278,
　279, 285, 286, 287, 288, 289, 290,
　291, 293, 297, 298, 301, 302, 303,
　308, 310, 311, 312, 317, 318, 319,
　320, 322, 323, 325, 326, 327, 330,
　331, 334, 336, 341, 345, 346, 347,
　348, 350, 351, 354, 355, 356, 359,
　365, 370, 373, 417, 418, 478
조선학 253, 259, 260, 261, 270, 396
조선학운동 260, 266, 271, 275, 276
존왕주의 84
『중국제국사』 138, 139, 143, 147, 148,
　157, 158, 159
중일전쟁 113, 256, 356, 373, 375,
　377, 383, 384, 385, 397, 400, 401,
　402, 403, 404
지배이데올로기 377, 379, 389
지식권력 407
지정학 376, 381, 382
진화론 60, 109, 114, 115, 119

【ㅊ】

차이위안페이(蔡元培) 57, 58, 60, 76,
　78, 79
천도교 355
『천연론(天演論)』 54
총독부박물관 210, 211
최순주(崔淳周) 430, 431, 435

치안유지법 322, 333, 345, 346, 347, 372

【ㅋ】

코민테른 320, 338, 339, 342, 392, 393, 406
콜링우드(R. G. Collingwood) 235
콩트(Comte) 55, 109

【ㅌ】

태평양전쟁 270, 356, 373, 375
테일러주의 415, 449
토지조사사업 461, 479, 480, 481, 483, 484, 485, 486

【ㅍ】

파시즘 266, 272, 273, 390, 406
편년체 21, 57, 86, 89, 90, 93, 102, 165, 168, 170, 173, 174, 175, 176, 177, 178, 182, 183, 187, 196, 197, 198, 199
포드주의 415, 416, 449
포스트 식민주의 377
프랑케(Otto Franke) 134, 135, 136, 137, 138, 139, 140, 141, 142, 143, 144, 145, 146, 147, 148, 150, 151, 152, 153, 154, 155, 156, 157, 158,

159, 160, 161, 162

【ㅎ】

『한국통사(韓國痛史)』 19, 20, 21, 26, 31, 40, 41, 43, 44, 45, 46, 47, 48
한승인(韓昇寅) 430, 433, 439, 447, 448, 449, 454
향토사 247, 248, 252, 253, 255, 275, 277
헤겔 111, 140, 141, 142, 144, 146, 148, 151, 157, 241
현채(玄采) 25, 38, 39, 47, 214
협동조합운동 439, 442
호구조사 461, 465, 475, 476, 477, 478, 480
호적조사 477
황국신민 239, 263, 264, 271, 397
황도사상 84
『황성신문』 22, 23, 26, 28, 30, 39, 41, 45, 46
후스(胡適) 117, 119, 122, 127

【기타】

Korean Student Directory 419

필자소개(논문게재순)

김종복 | 안동대학교 사학과 조교수

저서로는『발해정치외교사』(일지사, 2009),『발해 대외관계사 자료 연구』(공저, 동북아역사재단, 2011) 등이 있으며, 논문으로는「당 장안성에서의 외교 의례와 외국 사신간의 외교적 갈등－신라·일본, 신라·발해 사신간의 쟁장(爭長) 사건에 대한 재검토」(『역사와 현실』94, 2014),「A buffer zone for peace: Andong Protectorate and diplomatic relations between Silla, Balhae, and Tang in the 8th to 10th centuries」(Korea Journal, Vol.54, No.3, 2014),「『大東歷史(古代史)』를 통해 본 신채호의 초기 역사학」(공저,『동방학지』162) 등이 있다.

김지훈 | 성균관대학교 동아시아 역사연구소 수석연구원

성균관 대학교 사학과 대학원을 졸업하였다. (Ph. D. 중국현대사), 현재 성균관대학교 동아시아 역사연구소에서 중국현대사를 연구하고 있으며, 주요 저서와 논문 (혹은 역서) 으로는『중국 고등학교 역사교과서의 현황과 특징』(공저),『근현대 전환기 중화의식의 지속과 변용』(공저),「1950년 경기침체와 중국정부의 사영 상공업 조정정책」,「중국 정무원 재정경제위원회의 인적 구성」,「중일전쟁기 중국공산당의 한국인식」등이 있다.

이규수 | 고려대학교 한국사연구소 연구교수

저서로는『한국과 일본, 상호인식의 변용과 기억』(어문학사, 2014),『식민지 조
선과 일본, 일본인』(다홀미디어, 2007),『제국 일본의 한국 인식, 그 왜곡의 역
사』(논형, 2007) 등이 있으며, 논문으로는「일본 '재특회'(在特會)의 혐한·배
외주의」(『일본학』38, 2014),「근대 일본의 학제 형성과 역사 지식의 제도화」
(『한국사학사학보』27, 2013),「일본의 전쟁책임문제와 네오내셔널리즘」(『아시
아문화연구』29, 2013) 등이 있다.

이진일 | 성균관대학교 동아시아역사연구소 수석연구원

저서로는『서구학문의 유입과 동아시아 지성의 변모』(공저, 선인,2012),『민족
운동과 노동』(공저, 선인, 2009),『역사의 비교. 차이의 역사』(선인 2008) 등이
있으며, 논문으로는「독일에서의 인구 – 인종주의 전개와 생명정치」(『사림』50,
2014),「근대 국민국가의 탄생과 '국사'(national history): 동아시아로의 학문적
전이를 중심으로」(『한국사학사학보』27, 2013),「서양 지리학과 동양인식: 20세
기 전환기 동아시아를 지리적으로 위치짓기」(『아시아문화연구』26, 2012) 등이
있다.

정현백 | 성균관대학교 사학과 교수

저서로는『민족과 페미니즘』(당대, 2003),『여성사 다시 쓰기』(당대, 2007),
『민족주의와 역사교육』(공저, 선인, 2007),『다시 읽는 여성의 역사』(공저, 동
녘, 2011) 등이 있으며, 논문으로는「주거현실과 주거개혁 정치 – 19세기 말에
서 바이마르공화국까지의 독일을 중심으로」(『역사교육』132, 2014),「독일여
성사 서술의 현황과 과제」(『여성과 역사』21, 2014),「독일제국과 식민지 폭
력: 남서아프리카 헤레로 봉기(1904-1907)를 중심으로」(『독일연구』26, 2013)
등이 있다.

박찬흥 | 국회도서관 독도자료조사관

저서로는『중국 근대 공문서에 나타난 韓中關係 : 「淸季駐韓使館檔案」解題』(공저, 한국학술정보, 2013),『한일 상호간 集團居住地의 역사적 연구 : 미래 지향적 한일관계의 提言』(공저, 경인문화사, 2011) 등이 있으며, 논문으로는 「'만선사'에서의 고대 만주 역사에 대한 인식」(『韓國古代史硏究』76, 2014), 「중원고구려비의 건립 목적과 신라의 위상」(『韓國史學報』51, 2013), 「백제 聖王·威德王代의 倭系百濟官僚」(『史林』39, 2011) 등이 있다.

도면회 | 대전대학교 역사문화학과 교수

저서로는『한국 근대 형사재판 제도사』(푸른역사, 2014),『역사학의 세기』(편저, 휴머니스트, 2009),『국사의 신화를 넘어서』(공저, 휴머니스트, 2004) 등이 있으며, 논문으로는 「Discontinuity and Continuity in the Traditional Korean Judicial System during its Modern Reform Period, 1894 to 1905」(Acta Koreana vol.17, 2014), 「조선총독부의 문화 정책과 한국사 구성 체계-『조선반도사』와『조선사의 길잡이』를 중심으로」(『역사학보』222, 2014), 「한국에서 근대적 역사 개념의 탄생」(『한국사학사학보』27, 2013) 등이 있다.

김종준 | 청주교육대학교 사회과교육과 조교수

저서로는『한국 근대 민권운동과 지역민』(유니스토리, 2015),『식민사학과 민족사학의 관학아카데미즘』(소명출판, 2013),『일진회의 문명화론과 친일활동』(신구문화사, 2010) 등이 있으며 논문으로는 「랑케 역사주의 흐름으로 본 한국사학계 실증사학의 방법론」(『청주교대논문집』51, 2015), 「한국사학계 반식민 역사학 정립 과정에서 실증사학의 위상 변화」(『역사문제연구』31, 2014), 「일제 시기 '역사의 과학화' 논쟁과 역사학계 '관학아카데미즘'의 문제」(『한국사학보』49, 2012) 등이 있다.

장 신 | 역사문제연구소 상임연구위원

저서로는『한국 근현대 인문학의 제도화 : 1910~1959』(공저, 혜안, 2014),『朝鮮總督府敎科書叢書(歷史篇)』(청운, 2005) 등이 있으며 논문으로는「일제말기 동근동조론(同根同祖論)의 대두와 내선일체론의 균열」(『인문과학』54, 성균관대 인문학연구원, 2014),「일제하 형무소의 사상범 대책과 전향자 처우」(『민족문화연구』64, 고려대 민족문화연구원, 2014),「일제하 조선에서 법학의 교육과 연구」(『향토서울』85, 2013) 등이 있다.

임경석 | 성균관대학교 사학과 교수

저서로는『모스크바 밀사』(푸른역사, 2012),『잊을 수 없는 혁명가들에 대한 기록』(역사비평사, 2008),『한국 사회주의의 기원』(역사비평사, 2003) 등이 있으며, 논문으로는「고려총국의 위기와 가타야마 센」(『대동문화연구』89, 2015),「13인회 연구」(『역사와현실』94, 2014) 등이 있다.

이경돈 | 한국방송통신대학교 통합인문학연구소 연구교수 · 성균관대학교 겸임교수

저서로『문학이후』(소명출판, 2009),『식민지근대의 뜨거운 만화경』(공저, 성균관대출판부, 2010),『저수하의 시간, 염상섭을 읽다』(공저, 소명출판, 2014) 등이 있으며, 논문으로는「삼천리의 세(世)와 계(界)」(『민족문학사연구』42, 2010),「신민(新民)의 신민(臣民)」(『상허학보』32, 2011),「횡보(橫步)의 문리(文理) – 염상섭과 산혼공통(散混共通)의 상상」(『상허학보』38, 2013) 등이 있다.

최규진 | 성균관대학교 동아시아역사연구소 수석연구원

저서로는『조선공산당 재건운동』(독립기념관, 2009),『근대를 보는 창20』(서해문집, 2007),『근현대 속의 한국』(공저, 방송통신대학교출판부, 2012) 등이 있으며, 논문으로는「식민지시대 조선 사회주의자들의 소비에트론」(『한국사학보』9, 2000),「우승열패의 역사인식과 '문명화'의 길」(『사총』79, 2013),「근대의 덫, 일상의 함정」(『역사연구 25, 2013) 등이 있다.

이상의 | 인천대학교 기초교육원 초빙교수

저서로는『일제하 조선의 노동정책 연구』(혜안, 2006), (『일제하 경제정책과 일상생활』(공저, 혜안, 2008),『해방후 사회경제의 변동과 일상생활』(공저, 혜안, 2009) 등이 있으며, 논문으로는 「해방후 일본에서의 조선인 미수금 공탁과정과 그 특징」(『동북아역사논총』45, 2014), 「『조선의 농촌위생』을 통해 본 일제하 조선의 농민생활과 농촌위생」(『역사교육』129, 2014), 「한국전쟁 이후의 노무동원과 노동자생활」(『한국사연구』145, 2009) 등이 있다.

문명기 | 국민대학교 국사학과 교수

저서로는『식민지라는 물음 』(공저, 소명출판, 2014),『대만을 보는 눈: 한국·대만, 공생의 길을 찾아서』(공저, 창비, 2012) 등이 있고 역서로는『잠 못 이루는 제국: 1750년 이후의 중국과 세계』(까치글방, 2014),『식민지시대 대만은 발전했는가: 쌀과 설탕의 상극, 1895~1945』(일조각, 2008) 등이 있으며 논문으로는 「왜『帝國主義下の朝鮮』은 없었는가: 야나이하라 타다오의 식민(정책)론과 대만·조선」(『사총』85, 2015), 「일제하 대만·조선 공의(公醫)제도 비교연구」(『의사학』23-2, 2014), 「대만·조선의 '식민지근대'의 격차: 경찰 부문의 비교를 통하여」(『중국근현대사연구』59, 2013) 등이 있다.